# Fundamentos do comportamento organizacional

12ª EDIÇÃO

Stephen P. **Robbins**
Universidade Estadual de San Diego

Timothy A. **Judge**
Universidade de Notre Dame

# Fundamentos do comportamento organizacional

12ª EDIÇÃO

**Revisão técnica**

Prof. Dr. Victor de la Paz Richarte-Martinez

*Doutor e mestre em administração de empresas (FEA-USP), pós-graduado em psicologia (UNIFESP), psicólogo organizacional, pesquisador em gestão de pessoas e diversidade nas organizações e professor da ESPM.*

©2014 Stephen P. Robbins e Timothy A. Judge

Todos os direitos reservados. Nenhuma parte desta publicação poderá ser reproduzida ou transmitida de qualquer modo ou por qualquer outro meio, eletrônico ou mecânico, incluindo fotocópia, gravação ou qualquer outro tipo de sistema de armazenamento e transmissão de informação, sem prévia autorização, por escrito, da Pearson Education do Brasil.

| | |
|---:|:---|
| Diretor editorial e de conteúdo | Roger Trimer |
| Gerente editorial | Kelly Tavares |
| Supervisora de produção editorial | Silvana Afonso |
| Coordenadora de produção gráfica | Tatiane Romano |
| Editor de aquisições | Vinícius Souza |
| Editora de texto | Daniela Braz |
| Editor assistente | Luiz Salla |
| Tradução | Ana Julia Perrotti Garcia e Cecília Maduro |
| Preparação | Christiane Colas |
| Revisão técnica | Victor de la Paz Richarte-Martinez |
| Revisão | Carmen Simões e Renata Truyts |
| Capa | Alberto Corrêa (Sob projeto original) |
| Projeto gráfico e diagramação | Casa de Ideias |
| Impresso no Brasil por | Docuprint DCPT 224011 |

Dados Internacionais de Catalogação na Publicação (CIP)
(Câmara Brasileira do Livro, SP, Brasil)

Robbins, Stephen P., 1943- .
  Fundamentos do comportamento organizacional/ Stephen P. Robbins, Timothy A. Judge; [tradução Ana Julia Perrotti Garcia e Cecília Maduro]. – 12. ed. – São Paulo: Pearson Education do Brasil, 2014.

  Título original: Essentials of organizational behavior.
  Bibliografia.
  ISBN 978-85-430-0448-8

  1. Comportamento organizacional I. Judge, Timothy A.. II. Título.

14-02938                                                    CDD-658.001

Índice para catálogo sistemático:
1. Comportamento organizacional: Administração de empresas 658.001

Direitos exclusivos cedidos à
Pearson Education do Brasil Ltda.,
uma empresa do grupo Pearson Education

Av. Francisco Matarazzo, 1400,
7º andar, Edifício Milano
CEP 05033-070 - São Paulo - SP - Brasil
Fone: 19 3743-2155
pearsonuniversidades@pearson.com

Distribuição
Grupo A Educação
www.grupoa.com.br
Fone: 0800 703 3444

*Este livro é dedicado aos nossos amigos e colegas da Organizational
Behavior Teaching Society que, através de seu ensino, pesquisa
e compromisso com o processo de liderança, melhoraram
significativamente a capacidade dos alunos para compreender e aplicar
os conceitos de CO.*

# Sumário

*Prefácio* XI
*Agradecimentos* XIII
*Sobre os autores* XV

## Parte 1 – Prólogo  1

### Capítulo 1  INTRODUÇÃO AO COMPORTAMENTO ORGANIZACIONAL  2

Apresentando o comportamento organizacional  3
Complementando a intuição com estudo sistemático  4
Disciplinas que contribuem para o campo do CO  5
Há poucos conceitos absolutos em CO  7
Desafios e oportunidades para o CO  8
O plano deste livro  16
    *Resumo e implicações para os gestores*  18
Estudo de caso Parte 1 — De malas prontas: nova cidade, nova empresa?  19

## Parte 2 – O indivíduo na organização  21

### Capítulo 2  DIVERSIDADE NAS ORGANIZAÇÕES  22

Diversidade  22
Características biológicas  26
Capacidade  36
Implementação de estratégias de gestão da diversidade  41
    *Resumo e implicações para os gestores*  45

### Capítulo 3  ATITUDES E SATISFAÇÃO NO TRABALHO  47

Atitudes  47
Satisfação no trabalho  55
    *Resumo e implicações para os gestores*  63

### Capítulo 4  EMOÇÕES E HUMORES  65

O que são emoções e humores?  65
Esforço emocional  74
Inteligência emocional  76
O uso das emoções e dos humores no CO  79
    *Resumo e implicações para os gestores*  84

### Capítulo 5 PERSONALIDADE E VALORES 86

Personalidade 86

Valores 98

Ligando a personalidade e os valores de um indivíduo ao local de trabalho 101

*Resumo e implicações para os gestores 109*

### Capítulo 6 PERCEPÇÃO E TOMADA DE DECISÃO 111

O que é percepção? 111

Percepção pessoal: fazendo julgamentos sobre os outros 112

Relação entre percepção e tomada de decisão 117

A tomada de decisão nas organizações 118

Restrições organizacionais na tomada de decisão 125

O que podemos dizer sobre a ética e a criatividade na tomada de decisão? 127

*Resumo e implicações para os gestores 130*

### Capítulo 7 CONCEITOS DE MOTIVAÇÃO 133

Definindo a motivação 133

As primeiras teorias da motivação 134

Teorias contemporâneas de motivação 140

*Resumo e implicações para os gestores 157*

### Capítulo 8 MOTIVAÇÃO: DOS CONCEITOS ÀS APLICAÇÕES 159

Motivando ao mudar a natureza do ambiente de trabalho 159

Envolvimento do trabalhador 171

Uso de recompensas para motivar o trabalhador 173

*Resumo e implicações para os gestores 181*

Estudo de caso Parte 2 — E agora, José Frey? 183

## Parte 3 – Grupos na organização 185

### Capítulo 9 FUNDAMENTOS DO COMPORTAMENTO DE GRUPO 186

Definição e classificação de grupos 186

Fases do desenvolvimento do grupo 188

Propriedades dos grupos: papéis, normas, status, tamanho, coesividade e diversidade 190

Tomada de decisão em grupo 202

*Resumo e implicações para os gestores 207*

**Capítulo 10**  **COMPREENDENDO AS EQUIPES DE TRABALHO 209**

Por que as equipes se tornaram tão populares? 209
Diferenças entre grupos e equipes 210
Tipos de equipes 211
Criando equipes eficazes 214
Transformando os indivíduos em membros de equipe 223
Cuidado! As equipes não são sempre a resposta 225
*Resumo e implicações para os gestores 226*

**Capítulo 11**  **COMUNICAÇÃO 227**

O processo de comunicação 227
Direção de comunicação 228
Comunicação interpessoal 230
Comunicação organizacional 233
Barreiras à comunicação eficaz 241
Implicações globais 245
*Resumo e implicações para os gestores 248*

**Capítulo 12**  **LIDERANÇA 249**

O que é liderança? 249
Teoria dos traços 249
Teorias comportamentais 251
Teorias das contingências 253
Teoria da troca líder–liderados (LMX) 256
Liderança carismática e liderança transformacional 258
Liderança autêntica: ética e confiança 267
Desafios para a construção da liderança 271
*Resumo e implicações para os gestores 274*

**Capítulo 13**  **PODER E POLÍTICA 276**

Uma definição de poder 276
Contrastando poder e liderança 278
Bases do poder 278
Táticas de poder 281
Política: poder em ação 284
Causas e consequências do comportamento político 286
A ética de comportar-se politicamente 296
*Resumo e implicações para os gestores 297*

### Capítulo 14   CONFLITO E NEGOCIAÇÃO   299

Uma definição de conflito   299
Transições na noção de conflito   300
O processo de conflito   302
Negociação   309

*Resumo e implicações para os gestores*   *319*

Estudo de caso Parte 3 — Fazemos o que está escrito?   322

## Parte 4 – O sistema organizacional   325

### Capítulo 15   FUNDAMENTOS DA ESTRUTURA ORGANIZACIONAL   326

O que é estrutura organizacional?   326
Desenhos organizacionais comuns   333
Novas opções de desenho organizacional   337
Por que as estruturas diferem?   342
Desenhos organizacionais e comportamento do funcionário   345

*Resumo e implicações para os gestores*   *347*

### Capítulo 16   CULTURA ORGANIZACIONAL   349

O que é cultura organizacional?   349
O que as culturas fazem?   352
Criação e manutenção da cultura   355
Como os funcionários aprendem a cultura   361
Criando uma cultura organizacional ética   363
Criando uma cultura organizacional positiva   364
Implicações globais   367

*Resumo e implicações para os gestores*   *368*

### Capítulo 17   MUDANÇA ORGANIZACIONAL E GESTÃO DO ESTRESSE   370

Forças para a mudança   370
Resistência à mudança   371
Abordagens para a gestão da mudança organizacional   376
Criando uma cultura de mudança   381
Estresse do trabalho e seu manejo   384

*Resumo e implicações para os gestores*   *390*

Estudo de caso Parte 4 — *Star Wars, A lista de Schindler* e *O fantástico mundo de Bobby*: metáforas para o estresse na mudança organizacional   391

Epílogo   395
Notas finais   397
Glíndice   459

# Prefácio

Este livro tenta fornecer uma cobertura equilibrada de todos os elementos-chave que incluem a disciplina de CO em um estilo que os leitores considerarão informativo e interessante. Temos o prazer de dizer que este texto alcançou uma boa amplitude em cursos breves e programas para executivos, bem como em cursos tradicionais, como um manual de consulta com experiências, desenvolvimento de habilidades, casos e livros de leituras. Vem sendo usado em mais de 500 faculdades e universidades nos Estados Unidos, Canadá, América Latina, Europa, Austrália e Ásia. Além do português, ele já foi traduzido em espanhol, japonês, chinês, holandês, polonês, turco, dinamarquês e indonésio.

## PRINCIPAIS ALTERAÇÕES PARA A DÉCIMA SEGUNDA EDIÇÃO

- ▶ Novo capítulo sobre a diversidade nas organizações, incluindo informações sobre a demografia da força de trabalho atual dos Estados Unidos, discriminação, características biográficas, habilidades e implementação de estratégias de gestão da diversidade.
- ▶ Melhor integração das implicações globais contemporâneas: com a explosão da pesquisa internacional, a pesquisa de CO global encontra-se agora presente em cada capítulo, em vez ficar contida em uma seção autônoma no final do capítulo.
- ▶ A seção de Resumo e implicações para os gestores foi revisada para trazer os tópicos junto com a aplicação para os gestores.
- ▶ Exemplos totalmente atualizados e figuras que ilustram os dados mais recentes relativos ao comportamento organizacional.
- ▶ Estudos de caso no fim de cada parte referentes aos temas aprendidos. No final de cada estudo de caso há perguntas que colocam em exercício as visões críticas, teóricas e práticas do leitor sobre o tema abordado, com base nas teorias apresentadas ao longo do livro.

## MANTIDOS DA EDIÇÃO ANTERIOR

O que os leitores apreciam neste livro? Pesquisas com usuários detectaram consenso sobre os recursos a seguir. Nem é preciso dizer, todos foram mantidos nesta edição.

- ▶ Cobertura equilibrada dos tópicos. Embora seja curto, o livro continua a fornecer cobertura equilibrada sobre todos os conceitos-chave

no CO. Isso inclui não só tópicos tradicionais, tais como personalidade, motivação e liderança, mas também questões de ponta como emoções, diversidade, negociação e trabalho em equipe.
- ▶ Estilo do texto. Este livro é com frequência escolhido por seu estilo de texto fluido e uso pelo extensivo de exemplos. Os leitores regularmente nos dizem que acham o texto deste livro um "bate-papo", "interessante", "acessível aos alunos" e "muito claro e compreensível".
- ▶ Praticidade. Este livro nunca foi exclusivamente sobre teoria. Ele é sobre o uso da teoria para explicar melhor e predizer o comportamento das pessoas nas organizações. Em cada edição, temos focado na certeza de que os leitores vejam a ligação entre as teorias de CO, a pesquisa e suas implicações para a prática.
- ▶ Integração de globalização, diversidade e ética. Os temas da globalização e as diferenças transculturais, diversidade e ética são discutidos ao longo deste livro. Em vez de serem apresentados em capítulos autônomos, estes temas foram introduzidos no contexto das questões relevantes. Os leitores nos disseram que acham que essa abordagem integrativa torna esses tópicos mais plenamente integrantes do CO e reforça a sua importância.

## MATERIAL DE APOIO DO LIVRO

O site www.grupoa.com.br oferece recursos adicionais que auxiliarão professores e alunos na exposição das aulas e no processo de aprendizagem.

Para o professor:
- ▶ Manual do professor.
- ▶ Apresentações em Powerpoint.
- ▶ Banco de exercícios.

Para o aluno:
- ▶ Exercícios de múltipla escolha.

# Agradecimentos

Temos uma dívida de gratidão para com todos aqueles na Pearson que apoiaram este livro nos últimos 25 anos e que trabalharam muito no desenvolvimento desta última edição. Em termos editoriais, queremos agradecer a editora-chefe Stephanie Wall, o editor sênior Kris Ellis-Levy, a diretora de serviços editoriais Ashley Santora, a gerente de projetos editoriais Sarah Holle e o assistente editorial Bernard Ollila. Em relação à produção, a gerente de projeto Becca Groves fez um excelente trabalho. Os autores são gratos a Lori Ehrman Tinkey por sua inestimável ajuda na edição do manuscrito e preparação. Por último, mas não menos importante, gostaríamos de agradecer ao gerente sênior de marketing Erin Gardner e à diretora de marketing Maggie Moylan e sua equipe de vendas que têm vendido este livro ao longo de suas muitas edições. Obrigado pela atenção que vocês deram a este livro.

# Sobre os autores

## Stephen P. Robbins
*Ph.D. Universidade do Arizona*

Stephen P. Robbins é professor emérito de gestão na San Diego State University e autor de livros sucesso de vendas mundiais nas áreas de gestão e comportamento organizacional. Seus livros são usados em mais de mil universidades e faculdades dos EUA, foram traduzidos para 19 línguas e têm edições adaptadas para o Canadá, Austrália, África do Sul e Índia. O Dr. Robbins é também o autor dos best-sellers *A verdade sobre gerenciar pessoas*, 2.ª ed. (Financial Times/Prentice Hall, 2008) e Decidir & Conquistar (Financial Times/Prentice Hall, 2004).

Em sua "outra vida", o Dr. Robbins participa ativamente de competições de corrida na categoria sênior. Desde que completou 50 anos, em 1993, ele ganhou 18 campeonatos nacionais nos EUA; 12 títulos mundiais; e angariou numerosos recordes nos Estados Unidos e no mundo, em seu grupo etário, nos 60, 100, 200 e 400 metros. Em 2005, o Dr. Robbins foi eleito para o Track& Field Hall da Fama de Masters dos EUA.

## Timothy A. Judge
*Ph.D. Universidade de Illinois em Urbana-Champaign*

Timothy A. Judge é atualmente o Professor Franklin D. Schurz de gestão na Mendoza College of Business, da Universidade de Notre Dame. Ele ocupou cargos acadêmicos nas Universidades da Flórida e de Iowa, Cornell University, Charles University na República Checa, Comenius University na Eslováquia e Universidade de Illinois em Urbana-Champaign. Os principais interesses de pesquisa do Dr. Judge são (1) personalidade, humores e emoções; (2) atitudes no trabalho; (3) liderança e comportamentos de influência; e (4) carreiras (adequação da pessoa à organização, sucesso na carreira).

O Dr. Judge já publicou mais de 150 artigos sobre estes e outros tópicos importantes em revistas científicas como a *Academyof Management Journal* e *Journal of Applied Psychology*. Ele é membro de várias organizações, incluindo a American Psychological Association e a Academy of Management. Em 1995, o Dr. Judge recebeu o prêmio Distinguished Early Career Contributions da Society for Industrial and Organizational Psychology, e em 2001, o prêmio Larry L. Cummings por contribuições durante sua carreira para a divisão de comportamento organizacional da Academy of Management. Ele é coautor de *Organizational Behavior*, 13. ed., com Stephen P. Robbins, 6. ed., e *Staffing Organizations*, 6ª ed., com Herbert G. Heneman III. É casado e tem três filhos: uma filha que recentemente graduou-se e obteve o título de mestre, uma filha na faculdade, e um filho na escola primária.

# Parte 1
Prólogo

# Introdução ao comportamento organizacional

**Depois de estudar este capítulo, você será capaz de:**

▶ definir comportamento organizacional (CO);

▶ demonstrar o valor do estudo sistemático para o CO;

▶ identificar as principais disciplinas das ciências comportamentais que contribuem para o CO;

▶ demonstrar por que poucos conceitos absolutos se aplicam ao CO;

▶ identificar os desafios e as oportunidades que os gestores têm ao aplicar os conceitos de CO;

▶ identificar os três níveis de análise em CO.

Quando pedimos para os gestores descreverem seus problemas mais frequentes ou incômodos, as repostas dadas por eles tendem a apresentar um tema comum. Os gestores descrevem com muita frequência problemas com pessoas. Eles falam sobre a "baixa capacidade de comunicação de seus chefes", a resistência de seus subordinados a uma reorganização da empresa e sobre outras preocupações semelhantes. Talvez você se surpreenda ao saber que só recentemente cursos sobre habilidades interpessoais tornaram-se parte dos programas das escolas de administração.

Até o final dos anos 1980, os currículos das escolas de administração enfatizavam os aspectos técnicos da gestão, com foco em economia, contabilidade, finanças e técnicas quantitativas. O comportamento humano e as habilidades interpessoais recebiam atenção relativamente menor durante os cursos. Nas últimas três décadas, o corpo docente das escolas de administração tem percebido como é importante compreender o papel que o comportamento humano exerce na determinação da eficácia de um gestor; fez-se então necessário que disciplinas sobre relações interpessoais fossem incluídas em vários currículos.

O desenvolvimento das habilidades interpessoais dos gestores também auxilia as organizações a atrair e manter funcionários de alto desempenho. Independentemente das condições do mercado de trabalho, funcionários de excelência são sempre difíceis de encontrar e manter.[1] Organizações reconhecidas como bons lugares para se trabalhar* — como Starbucks, Adobe Systems, Cisco, WholeFoods, Google, American Express, Amgen, Pfizer e Marriott — têm uma grande vantagem. Centenas de locais de trabalho foram pesquisados recentemente e mais de 200 mil respostas

---

\* Em pesquisas realizadas nos Estados Unidos. (N.R.T.)

demonstraram que as relações sociais entre colegas de trabalho e supervisores estavam fortemente relacionadas com a satisfação geral no emprego. Relações sociais positivas também foram associadas com menor estresse no trabalho e menos intenções de deixar o emprego.[2] A presença de gestores com bom relacionamento interpessoal provavelmente faz o ambiente de trabalho ser mais agradável, o que por sua vez torna mais fácil contratar e manter pessoas qualificadas. A criação de um ambiente de trabalho agradável parece também fazer sentido no aspecto econômico. Percebeu-se que organizações com reputação de serem bons lugares para se trabalhar (tais como as citadas na lista da Forbes "100 Melhores Organizações para se trabalhar nos Estados Unidos") apresentam melhores resultados financeiros.[3]

Entendemos então que, no ambiente de trabalho competitivo e exigente de hoje, gestores não poderão ser bem-sucedidos se utilizarem somente suas habilidades técnicas. Eles também têm que ter boas habilidades interpessoais. Este livro foi escrito para ajudar tanto gestores quanto gestores em potencial a desenvolver essas habilidades interpessoais.

## APRESENTANDO O COMPORTAMENTO ORGANIZACIONAL

Provamos quão importantes são as habilidades interpessoais. Porém nem este livro nem a disciplina na qual ele se baseia tem o nome de "relações interpessoais". O termo amplamente utilizado para descrever a disciplina é *comportamento organizacional*.

**Comportamento organizacional** (frequentemente abreviado CO) é um campo de estudo que investiga o impacto que indivíduos, grupos e estruturas exercem no comportamento dentro das organizações, com a finalidade de aplicar tal conhecimento na melhora da eficácia de uma organização. Parece complicado. Então, vamos por partes.

Comportamento organizacional é um campo de estudo, o que significa que é uma área distinta de expertise com um corpo de conhecimentos comuns. O que é estudado? São estudadas três determinantes de comportamento em organizações: indivíduos, grupos e estrutura. Além disso, o CO aplica o conhecimento adquirido sobre os indivíduos, os grupos e o efeito da estrutura no comportamento, com a finalidade de fazer com que as organizações trabalhem com maior eficácia.

Para resumir nossa definição, o CO é o estudo sobre o que as pessoas fazem em uma organização e como o comportamento delas afeta o desempenho dessa organização. E, como o CO considera especificamente situações relacionadas com o emprego, enfatiza o comportamento no que concerne a cargos, trabalho, absentismo, rotatividade, produtividade,

> O objetivo do CO é entender e prever o comportamento humano nas organizações. As complexidades do comportamento não são fáceis de prever, mas elas também não são aleatórias — certas consistências fundamentais estão presentes no comportamento de todos os indivíduos.

desempenho humano e gestão. Embora existam debates sobre a importância relativa de cada um desses temas, o CO abrange os seguintes tópicos:

- motivação;
- comportamento e poder do líder;
- comunicação interpessoal;
- estrutura e processos de grupos;
- desenvolvimento de atitude e percepção;
- processos de mudança;
- conflito e negociação;
- design de trabalho.[4*]

## COMPLEMENTANDO A INTUIÇÃO COM ESTUDO SISTEMÁTICO

Cada um de nós já aprendeu algo sobre comportamento. Quer já tenha pensado sobre isso de maneira explícita ou não, você vem fazendo uma "leitura" sobre as pessoas a vida inteira, observando suas ações e tentando interpretar o que vê ou prever o que as pessoas possam fazer em condições diversas. Infelizmente, a abordagem casual ou do senso comum dessa leitura pode levar a previsões erradas. Entretanto, você pode melhorar sua capacidade preditiva ao complementar intuição com uma abordagem mais sistemática.

A abordagem sistemática neste livro vai revelar fatos e relações importantes e fornecer uma base para fazer previsões de comportamento mais precisas. O que sustenta essa abordagem é a crença de que o comportamento não é aleatório. Em vez disso, podemos identificar consistências fundamentais no comportamento de todos os indivíduos e modificá-los para refletir diferenças individuais.

Essas consistências fundamentais são muito importantes. Por quê? Porque elas permitem a previsibilidade. O comportamento geralmente é previsível e seu *estudo sistemático* é um meio para que sejam feitas conjeturas razoavelmente precisas. Quando usamos o termo **estudo sistemático**, falamos de olhar para as relações, tentar atribuir causas e efeitos, e basear nossas conclusões em provas científicas — ou seja, em dados recolhidos em condições controladas e medidas e interpretados com razoável rigor.

A **gestão baseada em evidências (GBE)** complementa o estudo sistemático ao fazer que as decisões gerenciais sejam baseadas nas melhores evidências científicas disponíveis. Por exemplo, queremos que médicos tomem decisões sobre o tratamento de um paciente com base nos dados disponíveis mais recentes, e a GBE argumenta que os gestores devem fazer o mesmo,

---

\* O termo "design" pode ser compreendido como concepção, descrição e definição. (N.R.T.)

tornando-se mais científicos na forma como pensam sobre os problemas de gestão. Um gestor pode propor uma questão de gestão, pesquisar as melhores evidências disponíveis e aplicar a informação relevante para a questão ou o caso. Você pode pensar que é difícil argumentar contra isso (qual gestor diria que decisões não devem ser baseadas em evidências?), mas a vasta maioria das decisões de gestão ainda é feita no "achismo" com pouco estudo ou estudo sistemático das evidências disponíveis.[5]

O estudo sistemático e a GBE se adicionam à **intuição**, ou aqueles "pressentimentos" sobre como é o "funcionamento" dos outros (e de nós mesmos). Naturalmente, coisas nas quais você veio a acreditar de maneira não sistemática não são necessariamente erradas. Jack Welch (ex-CEO da GE) uma vez disse: "O truque, claro, é saber quando seguir sua intuição". Mas se tomarmos *todas* as decisões seguindo nossa intuição ou nossos pressentimentos, provavelmente trabalharemos com informações incompletas — seria como tomar uma decisão para um investimento tendo somente metade dos dados.

## DISCIPLINAS QUE CONTRIBUEM PARA O CAMPO DO CO

O comportamento organizacional é uma ciência comportamental aplicada e construída sobre contribuições de numerosas diciplinas comportamentais, principalmente a psicologia e a psicologia social, a sociologia e a antropologia. As contribuições da psicologia têm sido principalmente no âmbito individual ou nível micro de análise, enquanto as outras disciplinas têm contribuído para o nosso entendimento de conceitos macro, como processos de grupos e organização. A Figura 1.1 mostra uma visão geral das maiores contribuições para o estudo do comportamento organizacional.

> Diversas disciplinas das ciências humanas contribuem para o CO, porém nenhuma é mais importante que a psicologia.

## Psicologia

A **psicologia** visa a medir, explicar e, às vezes, mudar o comportamento dos seres humanos e de outros animais. Aqueles que têm contribuído e continuam a acrescentar ao conhecimento de CO são os teóricos da aprendizagem e da personalidade, psicólogos de aconselhamento e, de maneira mais importante, psicólogos organizacionais.

Os primeiros psicólogos organizacionais estudaram problemas de fadiga, tédio e outras condições de trabalho que podiam impedir que o desempenho fosse eficiente. Mais recentemente, suas contribuições têm se expandido e incluído aprendizagem, percepção, personalidade, emoções, treinamento, eficácia de liderança, necessidades e forças motivacionais, satisfação no trabalho, processos de tomada de decisões, avaliações de desempenho, mensuração de atitudes, técnicas de seleção de funcionários, design de trabalho e estresse no trabalho.

**FIGURA 1.1** ● Formando uma disciplina de CO

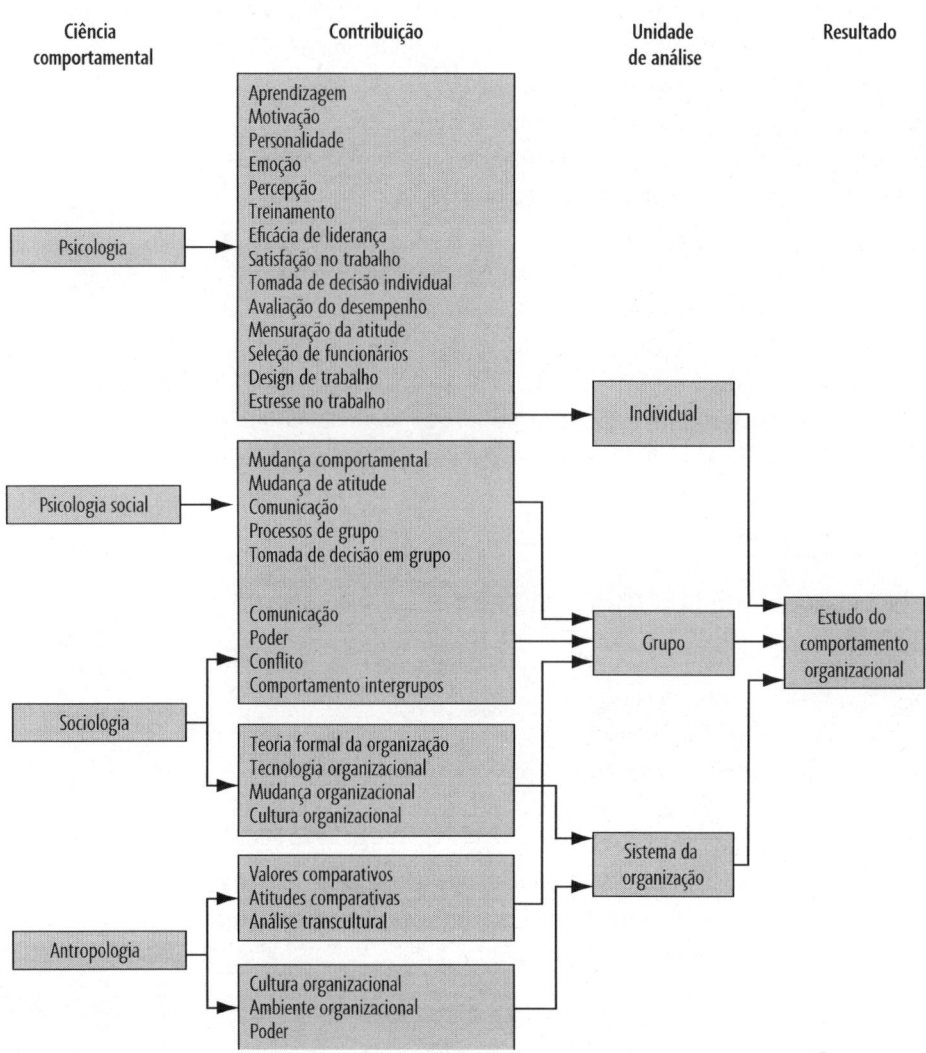

## Psicologia social

A **psicologia social**, geralmente considerada um ramo da psicologia, combina conceitos dessa ciência e da sociologia para focar a influência das pessoas entre si. Uma das maiores áreas de estudo é a *mudança* — como implementá-la e como reduzir as barreiras à sua aceitação. Os psicólogos sociais também contribuem para a mensuração, compreensão e mudança de atitudes, identificando padrões de comunicação e construindo confiança. Por fim, esses profissionais trouxeram importantes contribuições para nosso estudo de comportamento de grupo, poder e conflito.

## Sociologia

Enquanto a psicologia foca o indivíduo, a **sociologia** estuda as pessoas em relação a seus ambientes sociais e culturais. Os sociólogos têm contribuído para o CO com seu estudo do comportamento do grupo em organizações, particularmente as formais e complexas. O ponto mais importante, talvez, consiste no fato de sociólogos estudarem a cultura organizacional, a teoria e a estrutura da organização formal, a tecnologia organizacional, as comunicações, o poder e o conflito.

## Antropologia

A **antropologia** é o estudo das sociedades para aprender sobre o ser humano e suas atividades. O trabalho dos antropólogos sobre culturas e ambientes nos ajuda a entender as diferenças nos valores, nas atitudes e no comportamentos básicos entre pessoas em diferentes países e dentro de diferentes organizações. Muito de nossa compreensão atual sobre a cultura organizacional, o ambiente organizacional e as diferenças entre culturas de diversos países é o resultado do trabalho de antropólogos ou daqueles que usam seus métodos.

## HÁ POUCOS CONCEITOS ABSOLUTOS EM CO

Nas ciências físicas — química, astronomia, física — as leis são constantes e aplicam-se a uma vasta gama de situações. Elas permitem que os cientistas façam generalizações sobre a força da gravidade, ou que tenham confiança em mandar astronautas ao espaço, para consertar satélites. Mas, como um grande pesquisador do comportamento humano certa vez disse: "Deus deu todos os problemas fáceis para os físicos resolverem". Os seres humanos são complexos e poucos, se houver, princípios simples e universais explicam o comportamento organizacional. Como somos diferentes, nossa habilidade para fazer generalizações simples, precisas e drásticas é limitada. Duas pessoas muitas vezes agem de maneira diferente diante da mesma situação e o comportamento da mesma pessoa muda em situações diversas. Nem todos são motivados pelo dinheiro, e as pessoas podem se comportar de maneiras diferentes quando estão na igreja ou quando estão em uma festa.

Claro que isso não significa que nós não possamos oferecer explicações razoavelmente precisas sobre o comportamento humano ou fazer previsões válidas. O que realmente significa é que o CO deve refletir acerca das condições situacionais ou de contingência. Nós podemos dizer que $x$ leva a $y$, mas somente em certas condições especificadas em $z$ — as **variáveis de contingência**. A ciência do CO foi desenvolvida ao se aplicarem conceitos gerais a uma situação, pessoa ou grupo em particular. Por exemplo, estudiosos do CO evitariam afirmar que todos gostam de trabalhos complexos e desafiadores (o conceito geral). Por quê? Porque nem todo mundo quer um emprego que seja desafiador. Algumas pessoas preferem a rotina à variedade ou algo simples a algo complexo. Um emprego pode ser interessante para uma pessoa e não ser para outra; se é atraente ou não, vai depender da pessoa que o tem.

À medida que você avançar por este livro, encontrará uma grande variedade de teorias baseadas em pesquisas sobre como as pessoas se comportam nas organizações. Mas não espere encontrar muitas relações diretas de causa e efeito. Não há muitas! As teorias do comportamento organizacional refletem o assunto com o qual elas lidam e as pessoas são complexas e complicadas.

## DESAFIOS E OPORTUNIDADES PARA O CO

Compreender o comportamento organizacional nunca foi tão importante para os gestores. Dê uma olhada rápida nas mudanças drásticas nas organizações. O funcionário típico está ficando mais velho, mais mulheres e pessoas de diferentes etnias podem ser encontradas no local de trabalho, a dispensa de funcionários corporativos e o grande uso de empregados temporários estão cortando os laços de lealdade que ligavam muitos funcionários aos patrões; a competição global exige que os funcionários sejam mais flexíveis e lidem bem com a mudança rápida. A recessão global trouxe à frente os desafios de se trabalhar com e gerir pessoas durante tempos incertos.

Em suma, os desafios de hoje trazem oportunidades para que gestores usem os conceitos do CO. Nesta seção, revisamos alguns dos problemas mais críticos enfrentados por gestores e para os quais o CO oferece soluções — ou pelo menos um modo de olhar significativo na direção das soluções.

### Respondendo a pressões econômicas

Quando a economia dos Estados Unidos mergulhou em uma recessão profunda e prolongada em 2008, muitas das outras economias ao redor do mundo virtualmente seguiram o exemplo. Demissões e perdas de emprego foram gerais e aqueles que sobreviveram aos cortes frequentemente eram convidados a aceitar reduções salariais.

Em tempos econômicos difíceis, gestores eficazes não são fáceis de encontrar. Qualquer um pode administrar uma empresa quando os negócios estão crescendo, porque a diferença entre uma boa e uma má gestão reflete-se na diferença entre fazer muito dinheiro e fazer muito mais dinheiro. Em tempos difíceis, porém, os gestores estão na linha de frente com funcionários que devem ser despedidos, que se adaptam a trabalhar com menos recursos e se preocupam com o futuro. A diferença entre a boa e a má gestão pode ser a diferença entre ganhos e perdas ou, em última instância, entre a sobrevivência e o fracasso.

Gerenciar bem os funcionários em tempos difíceis é tão duro quanto nos bons tempos — se não mais. Mas as abordagens do CO às vezes são diferentes. Nos bons tempos, todos querem entender como recompensar, satisfazer ou reter funcionários. Nos tempos ruins, questões como estresse, tomada de decisões e o enfrentamento de situações complexas vêm à tona.

> Existem inúmeras razões pelas quais aprender conceitos de CO é mais importante que nunca.

## Respondendo à globalização

As organizações não se limitam mais às fronteiras de um país. O Burger King é propriedade de uma empresa britânica, e o McDonald's vende hambúrgueres em mais de 100 países em seis continentes. ExxonMobil, empresa considerada estadunidense, relatou que menos que 6% de seus ganhos em 2011 foram provenientes das vendas de gasolina e produtos nos Estados Unidos.[6] A Nokia, fabricante de telefones com base na Finlândia, está constantemente recrutando funcionários da Índia, China e outros países em desenvolvimento — o número de não finlandeses supera o de finlandeses no renomado centro de pesquisas em Helsinki. E todos os grandes fabricantes de automóveis agora produzem carros além de suas fronteiras. A Honda fabrica carros em Ohio, a Ford no Brasil, a Volkswagen no México e tanto a Mercedes quanto a BMW têm fábricas na África do Sul.

O mundo se tornou uma vila global. No processo, o trabalho do gestor mudou.

**AUMENTO DE TRANSFERÊNCIAS PARA O EXTERIOR** Se você é um gestor, é cada vez mais provável que venha a ser transferido por curto ou longo período para o exterior — para a divisão de operações do empregador ou para uma subsidiária em outro país. Uma vez lá, você terá que gerenciar uma força de trabalho muito diferente em suas necessidades, aspirações e atitudes daquela a que você estava acostumado em seu país.

**TRABALHANDO COM PESSOAS DE CULTURAS DIFERENTES** Mesmo em seu próprio país, você poderá se ver trabalhando com chefes, colegas e outros funcionários nascidos e criados em culturas diferentes. O que motiva você pode não os motivar. Ou seu estilo de comunicação pode ser direto e aberto, o que os outros talvez achem incômodo e ameaçador. Para trabalhar de forma eficaz com pessoas de culturas diferentes, você precisa entender como eles foram moldados por sua cultura, geografia e religião e como adaptar o estilo de gestão a essas diferenças.

**OBSERVANDO O MOVIMENTO DE EMPREGOS PARA PAÍSES COM MÃO DE OBRA BARATA** Está cada vez mais difícil para os gestores nos países avançados, onde os salários mínimos costumam ser de US$ 6 ou mais a hora, competir com as empresas que contam com trabalhadores da China e de outras nações em desenvolvimento, onde há mão de obra disponível por 30 centavos a hora. Não é por acaso que muitas pessoas nos Estados Unidos usam roupas feitas na China, trabalham com computadores cujos microchips vêm de Taiwan e assistem a filmes feitos no Canadá. Em uma economia globalizada, os empregos tendem a ir aonde os baixos custos dão aos negócios uma vantagem comparativa, embora grupos de trabalhadores, políticos e líderes de comunidades locais vejam a exportação de empregos como algo que mina o mercado de trabalho no país. Gestores enfrentam a difícil tarefa de equilibrar os interesses de suas organizações com suas responsabilidades perante as comunidades onde elas operam.

## Gestão da diversidade da força de trabalho

Um dos desafios mais importantes para as organizações é a *diversidade da força de trabalho*, ou seja, as organizações estão cada vez mais heterogêneas em termos de gênero, idade, etnia, raça, orientação sexual e inclusão de diversos outros grupos. Enquanto a globalização tem seu foco nas diferenças entre pessoas *vindas de* países diferentes, a diversidade da força de trabalho aborda as diferenças entre pessoas *dentro* de certos países.

A **diversidade da força de trabalho** reconhece a força de trabalho composta por mulheres e homens; muitos grupos raciais e étnicos; indivíduos com uma variedade de habilidades físicas e psicológicas; e pessoas que diferem em idade e orientação sexual. Administrar essa variedade é uma preocupação global. Por exemplo, na maioria dos países europeus tem havido um crescimento drástico na imigração vinda do Oriente Médio. A Argentina e a Venezuela receberam um número significativo de migrantes de outros países da América do Sul e nações como a Índia, o Iraque e a Indonésia possuem grande diversidade cultural dentro de suas fronteiras.

A mudança mais significativa na força de trabalho dos Estados Unidos durante a segunda metade do século XX foi o crescimento rápido do número de trabalhadores do sexo feminino. Em 1950, por exemplo, somente 29,6% da força de trabalho era composta por mulheres. Em 2008, essa taxa era de 46,5%. A primeira metade do século XXI será notável pelas mudanças nas composições raciais e étnicas e pelo envelhecimento da geração *baby-boom*. Até 2050, o número de hispânicos na força de trabalho crescerá dos atuais 11% para 24%, os negros aumentarão de 12% para 14%, e os asiáticos de 5% para 11%. Enquanto isso, no curto prazo, a força de trabalho estará envelhecendo. A faixa etária dos indivíduos com mais de 55 anos, hoje representando 13% da força de trabalho, aumentará para 20% até 2014.[7]

Apesar de termos mais a dizer sobre a diversidade da força de trabalho no próximo capítulo, basta citarmos aqui que ela apresenta grandes oportunidades e coloca questões desafiadoras para gestores e funcionários em todos os países. Como podemos aproveitar as diferenças dentro dos grupos para termos vantagem competitiva? Devemos tratar todos os funcionários da mesma maneira? Devemos reconhecer as diferenças individuais e culturais? Como podemos promover a consciência cultural com funcionários, sem cairmos no politicamente correto? Quais são os requisitos legais em cada país? A diversidade importa mesmo? O Quadro 1.1 descreve as questões mais importantes sobre a diversidade da força de trabalho, questões estas que os gestores, administradores e líderes precisam assegurar que sejam abordadas em suas organizações.

**QUADRO 1.1** Principais categorias de diversidade da força de trabalho

**GÊNERO**

Quase metade da força de trabalho dos Estados Unidos é composta por mulheres e sua porcentagem na força de trabalho ao redor do mundo está crescendo. As organizações precisam assegurar que as políticas de contratação e de emprego criem acesso e oportunidades iguais para todos, independentemente do gênero.

**ETNIA**

A porcentagem de hispânicos, negros e asiáticos na força de trabalho dos Estados Unidos continua aumentando. As organizações devem assegurar que as políticas proporcionem acesso e oportunidades iguais, independentemente da etnia.

**PAÍS DE PROCEDÊNCIA**

Há uma porcentagem crescente de trabalhadores nos Estados Unidos que são imigrantes ou vêm de lares onde o inglês não é a primeira língua. Como os empregadores nos Estados Unidos têm o direito de exigir que o inglês seja falado no local de trabalho durante atividades relacionadas, problemas de comunicação podem ocorrer quando a habilidade do funcionário de se comunicar em inglês é fraca.

**IDADE**

A força de trabalho nos Estados Unidos está envelhecendo, e pesquisas recentes mostram que uma porcentagem crescente de funcionários espera ainda estar trabalhando mesmo depois dos 65 anos, que é a idade na qual eles tradicionalmente se aposentariam. As organizações não podem fazer discriminações baseando-se na idade e devem se adequar às necessidades dos trabalhadores mais velhos.

*(continua)*

(*continuação*)

> **DEFICIÊNCIA**
>
> As organizações devem assegurar que os empregos e os locais de trabalho sejam acessíveis às pessoas com deficiências mentais e físicas.
>
> **PARCEIROS DOMÉSTICOS**
>
> Um número crescente de funcionários gays e lésbicas, assim como os que residem com parceiros do sexo oposto, exige para seus parceiros os mesmos direitos e benefícios que as organizações oferecem para os casais unidos por casamentos tradicionais.
>
> **RELIGIÃO**
>
> As organizações devem ter sensibilidade quanto aos costumes, rituais e feriados, assim como em relação à aparência e aos trajes de indivíduos de fé não cristã, como o judaísmo, o hinduísmo, o budismo e as religiões de origem africana, e devem assegurar que essas pessoas não sofram qualquer impacto adverso como resultado de sua aparência ou costumes.

## Melhorando o serviço ao consumidor

Hoje, a maioria dos funcionários em países desenvolvidos trabalha com prestação de serviços, incluindo 80% nos Estados Unidos. Na Austrália, 73% trabalham nas indústrias de serviços. No Reino Unido, na Alemanha e no Japão, as porcentagens são 69, 68 e 65, respectivamente. Trabalhos com serviços incluem os representantes de suporte técnico, os balconistas de lojas de fast-food, vendedores, garçons, garçonetes, enfermeiras, técnicos em consertos de automóveis, consultores, representantes de crédito, planejadores financeiros e comissários de bordo. A característica comum entre tais trabalhos é a interação substancial com os clientes de uma organização. Muitas organizações fracassaram porque seus funcionários deixaram de satisfazer aos clientes. Os gestores devem criar uma cultura que seja voltada para o cliente. Com considerável orientação do CO, os gestores podem ter ajuda para criar tais culturas — nas quais funcionários sejam gentis e corteses, acessíveis, informados, prontos para atender às necessidades dos clientes e ansiosos para fazer o que é necessário.[8]

## Melhoria das habilidades interpessoais

À medida que você avançar nos capítulos deste livro, apresentaremos conceitos relevantes e teorias que podem ajudá-lo a explicar e prever o comportamento das pessoas no trabalho. Você também vai obter *insights* sobre as habilidades interpessoais específicas que poderá usar no trabalho.

Por exemplo, vai aprender maneiras de projetar trabalhos motivadores, técnicas para escutar melhor e como criar equipes mais eficazes.

## Estimular a inovação e a mudança

O que aconteceu com Montgomery Ward, Woolworth, Smith Corona, TWA, Bethlehem Steel e WorldCom? Todos esses gigantes faliram. Por que outros gigantes como a General Motors, Sears, Boeing e Lucent Technologies efetuaram enormes programas de reduções de custo e eliminaram milhares de postos de trabalho? A resposta é: para evitar a falência.

As organizações bem-sucedidas de hoje devem promover a inovação e dominar a arte de mudar, ou se tornarão candidatas à extinção. A vitória chegará para as organizações que mantiverem sua flexibilidade, que melhorarem continuamente sua qualidade e que vencerem seus concorrentes no mercado com um constante fluxo de produtos e serviços inovadores. A Domino, sozinha, trouxe o fim das pequenas pizzarias cujos gestores achavam que podiam continuar fazendo o que vinham fazendo havia anos. A Amazon.com está fazendo muitas livrarias independentes fechar suas portas, uma vez que ela prova ser possível vender livros (e quase todas as coisas) com sucesso por meio de um *website*. Depois de anos de desempenho medíocre, a Boeing percebeu que precisava mudar seu modelo de negócios. O resultado foi o 787 Dreamliner e o retorno à posição de maior fabricante de aviões do mundo.

Os funcionários de uma organização podem ser o impulso para a inovação e a mudança ou podem ser um grande obstáculo. O desafio para os gestores é estimular a criatividade e a tolerância de seus empregados em relação à mudança. O campo do CO oferece uma riqueza de ideias e técnicas para ajudar a atingir esses objetivos.

## Lidar com o "caráter temporário"

A globalização, capacidade expandida e os avanços na tecnologia têm exigido que as organizações sejam rápidas e flexíveis, para que possam sobreviver. O resultado é que a maioria dos gestores e funcionários trabalha em um clima mais bem caracterizado como "temporário".

Os trabalhadores devem atualizar continuamente seus conhecimentos e habilidades para atender aos requisitos do novo emprego. Funcionários da produção em empresas como Caterpillar, Ford e Alcoa precisam acompanhar as mudanças em equipamentos CAD/CAM. Isso não fazia parte da descrição de seus trabalhos há vinte anos. No passado, os funcionários eram designados para um grupo específico, ganhando, assim, considerável segurança ao trabalhar com as mesmas pessoas todos os dias. Essa previsibilidade foi substituída por grupos de trabalhos temporários, com membros de departamentos diferentes, e o aumento do uso de rotação de funcionários para preencher atribuições que constantemente se alteram. Finalmente, as organizações estão em um estado de fluxo mutante. Elas continuamente reorganizam as suas diversas divisões, vendem negócios com baixo desempenho, reduzem o tamanho de suas operações, subcontratam serviços que não são críticos e operações com outras organizações e substituem funcionários permanentes por empregados temporários.

Os atuais gestores e funcionários devem aprender a lidar com provisoriedade, flexibilidade, espontaneidade e imprevisibilidade. O estudo do CO pode ajudar a compreender melhor o mundo do trabalho em contínua mudança, a superar a resistência à mudança e a criar uma cultura organizacional que prospere com a mudança. O que estamos sugerindo é que usemos as evidências, tanto quanto possível, para fornecer informações para sua intuição e experiência. Essa é a promessa do CO.

### Trabalhando em organizações em rede

As organizações em rede permitem que as pessoas se comuniquem e trabalhem juntas, mesmo que estejam a milhares de quilômetros de distância. Prestadores de serviços podem se comunicar via computador com seus locais de trabalho ao redor do mundo e mudar de emprego quando a demanda por seus serviços mudar. Programadores de software, designers gráficos, analistas de sistemas, escritores técnicos, pesquisadores de fotos, editores de livros e de mídia, tradutores e transcritores médicos são apenas alguns dos poucos exemplos de pessoas que podem trabalhar em casa ou em outros locais que não sejam o escritório.

O trabalho do gestor é diferente em uma organização em rede. Motivar e liderar pessoas e tomar decisões colaborativas on-line requer técnicas diferentes das que são utilizadas quando os indivíduos estão fisicamente presentes em um único local. À medida que mais funcionários desenvolvem seus trabalhos estando ligados aos outros por meio de redes, os gestores devem desenvolver habilidades novas. O CO pode fornecer informações valiosas para ajudar no aperfeiçoamento dessas habilidades.

### Ajudando funcionários na resolução de conflitos entre a vida pessoal e a vida profissional

O funcionário típico nas décadas de 1960 ou 1970 aparecia em um local de trabalho específico, de segunda a sexta-feira, e trabalhava durante períodos de oito ou nove horas claramente definidos. Isso não é mais verdade para um grande segmento da força de trabalho de hoje. Os funcionários cada vez mais se queixam de que a linha entre os tempos de trabalho e de não trabalho tornou-se tênue, criando assim conflitos pessoais e estresse.⁹ Ao mesmo tempo, o local de trabalho de hoje apresenta oportunidades para que os trabalhadores criem e estruturem seus próprios papéis.

Como esses conflitos entre vida pessoal e vida profissional surgiram? Primeiro, a criação de organizações globais significa que o mundo nunca dorme. Muitos funcionários de empresas globais estão "de plantão" 24 horas por dia porque eles precisam consultar colegas ou clientes que estão a oito ou dez fusos horários de distância. Segundo, a tecnologia de comunicação permite que muitos funcionários, técnicos e profissionais façam seus trabalhos em casa, nos seus carros ou em uma praia no Taiti — mas isso também significa que muitos se sentem como se nunca estivessem longe do escritório. Terceiro, as organizações têm pedido aos funcionários que trabalhem mais horas. Ao longo de um recente período de dez anos, a média da semana de trabalho nos Estados Unidos aumentou de 43 para 47 horas; e o número de pessoas que trabalham 50 horas ou mais pulou de 24% para 37%. Por fim, a ascensão do casal de dupla carreira torna difícil para os funcionários casados acharem tempo de cumprir os compromissos domésticos, com seu cônjuge, filhos, pais e amigos. Milhões de famílias monoparentais e funcionários com pais como seus dependentes representam ainda mais desafios significativos ao equilibrar trabalho e responsabilidades familiares.

Os funcionários reconhecem cada vez mais que o trabalho afeta suas vidas e eles não estão felizes com isso. Estudos recentes sugerem que os trabalhadores querem empregos que lhes deem flexibilidade em seus horários de trabalho para que possam gerenciar melhor os conflitos entre vida pessoal e vida profissional.¹⁰ Na verdade, as exigências da administração entre trabalho e vida pessoal agora superam a segurança do emprego como uma prioridade.¹¹

A próxima geração de trabalhadores vai provavelmente ter as mesmas preocupações.¹² A maioria dos alunos de faculdades ou universidades diz que obter equilíbrio entre a vida pessoal e a profissional é um objetivo primário em suas carreiras; eles querem "uma vida" tanto quanto um emprego. As organizações que não ajudam as pessoas a alcançar esse equilíbrio vão ter cada vez mais dificuldade em atrair e reter os funcionários mais capazes e motivados.

Como você verá nos próximos capítulos, o campo do CO oferece uma série de sugestões para orientar gestores no planejamento de locais de trabalho e de empregos que podem ajudar os funcionários a lidar com os conflitos entre a vida pessoal e a vida profissional.

## Melhorando o comportamento ético

Em um mundo organizacional caracterizado por cortes, expectativas de aumento de produtividade e dura concorrência, não é surpresa que muitos funcionários se sintam pressionados a economizar a qualquer custo, quebrar regras e se envolver em outras práticas questionáveis.

Cada vez mais eles enfrentam **dilemas** e **escolhas éticas**, nas quais têm que identificar a conduta certa e a errada. O que constitui um bom comportamento ético nunca foi definido claramente, e nos últimos anos, a linha de diferenciação entre o certo e o errado não é clara. Os funcionários veem as pessoas ao redor se engajarem em práticas que não são éticas — funcionários públicos que têm suas contas de despesa pagas ou que aceitam subornos; executivos de empresas que inflam seus lucros para ganhar dinheiro em negócios lucrativos no mercado de ações; e administradores de universidades que fingem não ver quando treinadores de sucesso encorajam os atletas com bolsa de estudo a escolher cursos mais fáceis. Quando são pegas, essas pessoas dão desculpas, como "Todo mundo faz isso" ou "Você tem que aproveitar todas as vantagens hoje em dia". Determinar a maneira correta de se comportar eticamente é muito difícil em uma economia global, porque culturas diferentes têm perspectivas diferentes sobre certas questões éticas.[13] O tratamento justo dos empregados em uma desaceleração econômica varia consideravelmente de uma cultura para outra, por exemplo. Surpreende que os funcionários expressem menor confiança na gestão e maior incerteza sobre o que é comportamento ético apropriado em suas organizações?[14]

Os gestores e suas organizações vêm reagindo ao problema do comportamento antiético de várias maneiras.[15] Eles têm escrito e distribuído códigos de ética para orientar os funcionário na resolução de dilemas. Têm oferecido seminários, workshops e outros programas de treinamento para tentar melhorar os comportamentos éticos. Têm fornecido consultores internos que podem ser contatados, em muitos casos, anonimamente, para o auxílio no tratamento de questões, e têm criado mecanismos de proteção para os funcionários que revelam práticas internas antiéticas.

O gestor de hoje deve promover um clima eticamente saudável para seus funcionários, num ambiente em que eles possam realizar seu trabalho de forma produtiva e com o mínimo de ambiguidade entre o comportamento errado e o certo. As empresas que promovem uma forte missão ética incentivam seus funcionários a comportarem-se com integridade, e fornecem uma liderança forte, podem influenciar as decisões dos empregados quanto a se comportarem eticamente.[16] Nos próximos capítulos, vamos discutir as ações que gestores podem tomar para criar um clima eticamente saudável e ajudar os funcionários na solução de situações ambíguas.

## O PLANO DESTE LIVRO

Como é que este livro vai ajudá-lo a melhor explicar, prever e controlar o comportamento? Nossa abordagem utiliza um processo de blocos construtivos. Conforme ilustrado na Figura 1.2, o CO caracteriza-se por três níveis de análise. À medida que avançamos do nível individual para o nível de sistema de organização, aumentamos de forma aditiva nossa compreensão do comportamento em organizações.

**FIGURA 1.2** Níveis da análise de CO

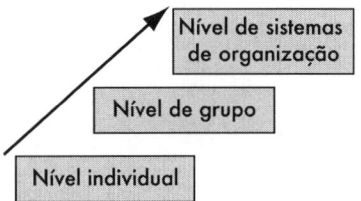

Os capítulos 2 a 8 tratam do indivíduo na organização. Começaremos por examinar tais fundamentos do comportamento individual, como personalidade e valores. Em seguida, consideraremos as percepções, a tomada de decisão e as atitudes. Posteriormente, vamos nos concentrar no papel essencial dos estados motivacionais para o comportamento individual. Concluiremos a seção com uma discussão sobre humores e emoções.

O comportamento das pessoas em grupos é algo que vai além da soma total de cada indivíduo agindo de sua própria maneira. Ele é diferente do comportamento das pessoas quando estão sozinhas. Os capítulos 9 a 14 tratam do comportamento em grupo. Introduziremos conceitos básicos, discutiremos maneiras de tornar as equipes mais eficazes, consideraremos problemas de comunicação e de tomada de decisão em grupo e, em seguida, investigaremos os importantes temas de liderança, poder, política, conflito e negociação.

O CO atinge seu nível de sofisticação mais alto quando adicionamos o sistema de organização formal ao conhecimento do comportamento individual e de grupo. Assim como os grupos são mais do que a soma de seus membros individuais, as organizações não são necessariamente apenas a somatória do comportamento de certo número de pessoas. Nos capítulos 15 a 17 discutiremos como a estrutura de uma organização afeta o comportamento, a forma como cada organização tem sua própria cultura que atua para moldar o comportamento dos seus membros e as diversas mudanças organizacionais, e as técnicas de desenvolvimento que os gestores podem usar em benefício da organização.

## RESUMO E IMPLICAÇÕES PARA OS GESTORES

Os gestores precisam desenvolver suas habilidades interpessoais para serem eficazes em seu trabalho. O comportamento organizacional (CO) investiga o impacto que indivíduos, grupos e a estrutura têm sobre o comportamento dentro de uma organização e aplica esse conhecimento para fazer com que as organizações trabalhem de forma mais eficaz. Especificamente, o CO se concentra em como melhorar a produtividade; reduzir o absentismo, a rotatividade e o comportamento fora dos padrões no local de trabalho; e aumentar o comportamento de cidadania organizacional e a satisfação no trabalho. Aqui estão algumas implicações específicas para os gestores:

- Algumas generalizações fornecem informações válidas sobre o comportamento humano, mas muitas são errôneas. O comportamento organizacional utiliza estudos sistemáticos, para melhorar as previsões de comportamento para além do uso apenas da intuição.
- Pelo fato de as pessoas serem diferentes, é preciso olhar para o CO em um quadro de contingência, utilizando variáveis situacionais para explicar as relações entre causa e efeito.
- O comportamento organizacional oferece informações específicas para melhorar as habilidades interpessoais dos gestores.
- O CO ajuda os gestores na percepção do valor da diversidade da força de trabalho e nas práticas que necessitam ser mudadas em diferentes países.
- O comportamento organizacional pode melhorar a qualidade e a produtividade dos funcionários ao mostrar para os gestores como capacitar seu pessoal, projetar e efetuar programas de mudança, melhorar o serviço ao consumidor e auxiliar os funcionários no equilíbrio de conflitos entre a vida pessoal e a vida profissional.
- O CO pode judar os gestores a lidar com um mundo de provisoriedade e a aprender a estimular a inovação.
- Por fim, o CO pode orientar os gestores na criação de um clima de trabalho eticamente saudável.

---

Acesse o Site de apoio ao livro (www.grupoa.com.br) e teste seus conhecimentos por meio dos exercícios elaborados para este capítulo.

# Estudo de caso — Parte 1

## De malas prontas: nova cidade, nova empresa?
*Elaborado por Victor de la Paz Richarte-Martinez*

Uma empresa brasileira de plásticos fundada no final da década de 1960 conta atualmente com mais de 450 funcionários em quatro unidades. Em face de incentivos fiscais atraentes para a organização, uma filial foi transferida para outro estado e houve a necessidade de reestruturação de pessoal. Alguns funcionários de São Paulo mudaram para essa nova cidade, em especial os da média liderança, com vários desafios, como criar nova rede de fornecedores, incrementar a produção com nova logística e, como destaque para a força de trabalho, contratar e desenvolver novos funcionários a fim de manter a qualidade dos produtos, tornando essa unidade mais lucrativa que a anterior.

Marcelo Silva, gerente de fábrica da grande São Paulo, aceitou a transferência para uma cidade a mais de 200 quilômetros da capital de Goiás. Ele se mudou com a esposa e dois filhos pequenos para um novo apartamento, gostaram da cidade e das perspectivas de qualidade de vida: com menos trânsito, menos poluição e mais segurança.

Na antiga unidade, ele liderava uma equipe de trinta pessoas, e agora tem o desafio de trabalhar com quinze novos trabalhadores recém-selecionados pela área de recursos humanos após sua aprovação final.

Os primeiros dias foram de definição e distribuição de atividades, linhas de comando e de autoridade, graus de responsabilidade e expectativas de resultados. Os relacionamentos eram cordiais e o clima de trabalho muito bom.

Como não houve um treinamento estruturado e dedicado ao longo dos dias, como era feito em São Paulo, os ajustes das tarefas aconteceram durante a execução das atividades. Por momentos, Marcelo se viu mais ríspido no relacionamento com os novos funcionários que demoravam a entender algumas tarefas que trabalhadores de sua antiga equipe faziam com melhor qualidade e em menor tempo. Chegou a ouvir de um funcionário que outras pessoas se queixaram da pressão para execução do trabalho em pouco tempo. Ele estranhou esse relato e pensou que poderia ser uma postura diferente dos novos colaboradores diante do trabalho ou mesmo insatisfação dos funcionários causada por características pessoais.

Na primeira reunião da diretoria, Marcelo foi avisado da necessidade de melhorar o desempenho da área, pois os números do relatório indicavam uma queda de produtividade comparados aos da unidade paulista que ele administrava anteriormente.

Ele retornou desse encontro bastante preocupado e pensando no que poderia estar acontecendo. Os funcionários pareciam aptos para o trabalho durante o processo de seleção, mas havia um clima ruim nas últimas semanas, com algumas faltas e atrasos, e ele percebeu também que quando se aproximava as pessoas se calavam.

Refletiu sobre quais de seus comportamentos estariam influenciando negativamente nos resultados da equipe. Reconheceu que também estava estressado com relação a sua vida particular, pois sua esposa constantemente comunicava que sentia falta do trabalho, fazendo-o se questionar sobre a decisão de se mudar para a nova cidade. Profissionalmente, ele se sentia sem o suporte de colegas de trabalho para algumas decisões. Lidava agora com quinze pessoas que nunca vira antes e que revelavam atitudes diferentes dos trabalhadores da antiga equipe.

A cultura era outro aspecto novo para ele. A cidade tinha outro ritmo, muitas pessoas o chamavam de "senhor Marcelo, gerente da empresa que acabou de chegar na cidade" e ele não conseguira fazer novos colegas. No trabalho, às vezes percebia que a forma de falar era interpretada de outra maneira e que ao final do expediente todos voltavam às suas casas, sem happy hour ou horas extras. Refletiu que ele também tinha que mudar, pois estava em outra cidade, em um novo ambiente de trabalho e lidando com pessoas com perfis diferentes.

Alguns questionamentos transitavam em sua cabeça:

- A empresa em que ele estava trabalhando seria a mesma de antes?
- Ele estava de roupa nova em uma nova empresa?

## Perguntas sobre o caso

1. Como os impactos pessoais dos trabalhadores afetaram o comportamento do grupo e da organização nesse caso?

2. A intuição pode ser uma aliada na análise dos resultados mensurados em relatórios? Como a ciência poderia ajudar? Mencione a contribuição dos campos científicos que compõem o comportamento organizacional no entendimento deste caso.

3. Este caso é exclusivo de liderança? Que outros fatores são responsáveis pelo quadro apresentado neste relato? Qual a responsabilidade da organização?

# Parte 2

## O indivíduo na organização

# 2 Diversidade nas organizações

Depois de estudar este capítulo, você será capaz de:

▶ descrever as duas formas principais de diversidade da força de trabalho;

▶ reconhecer os estereótipos e entender como eles funcionam em ambientes organizacionais;

▶ identificar as características demográficas fundamentais e descrever como elas são relevantes para o CO;

▶ definir *capacidade intelectual* e demonstrar sua relevância para o CO;

▶ contrastar capacidade intelectual e física;

▶ descrever como as organizações administram a diversidade de forma eficaz.

## DIVERSIDADE

Nós não somos todos iguais. Isso é bastante óbvio, mas os gestores às vezes se esquecem de que precisam reconhecer e explorar as diferenças para obter o máximo de seus funcionários. A gestão eficaz da diversidade aumenta o acesso de uma organização para o maior número possível de competências, habilidades e ideias. Os gestores também precisam reconhecer que as diferenças entre as pessoas podem levar a falhas de comunicação, equívocos ou conflitos. Neste capítulo, vamos aprender como as características individuais, como gênero, raça, etnia e capacidades, podem influenciar o desempenho do funcionário. Também veremos como os gestores podem desenvolver a consciência sobre essas características e administrar uma força de trabalho de forma eficaz.

### Características demográficas da força de trabalho nos Estados Unidos

No passado, os livros didáticos sobre CO observavam que uma rápida mudança estava prestes a acontecer à medida que a força de trabalho administrativa, predominantemente branca e masculina, estava dando lugar a uma força de trabalho equilibrada tanto em gênero quanto em etnia. Hoje, essa mudança não está mais acontecendo: ela já aconteceu e está cada vez mais refletida na composição dos empregos administrativos e profissionais. Em comparação com 1976, as mulheres hoje têm maior probabilidade de ter empregos de tempo integral, mais instrução e maiores salários do que os homens.[1] Além disso, ao longo dos últimos cinquenta anos, o diferencial de rendimentos entre os diversos grupos étnicos tem diminuído significativamente. As diferenças que existiam entre os negros e os asiáticos desapareceram ou sofreram uma inversão.[2] O número de trabalhadores com idade superior a 55 anos, que já são uma grande parte da força de trabalho, cresce cada vez mais. Essa mudança permanente em direção a uma força de trabalho diversificada significa que as organizações precisam fazer da gestão da diversidade um elemento central de suas políticas e práticas. Ao mesmo tempo, no entanto, as diferenças de salários entre grupos de gêneros, raças e etnias diferentes persistem e cargos executivos em empresas relacionadas na *Fortune 500* continuam sendo ocupados por homens brancos em números que vão muito além de sua representação no mercado de trabalho em geral.

Uma pesquisa realizada pela Sociedade de Gestão de Recursos Humanos mostra algumas das principais preocupações dos empregadores e principais oportunidades resultantes da composição demográfica da força de trabalho dos Estados Unidos.[3] O envelhecimento da força de trabalho foi sempre a maior preocupação dos gestores de RH. A perda de habilidades decorrentes da aposentadoria de muitos *baby boomers*, o aumento dos custos médicos por causa do envelhecimento de uma população ativa e as necessidades de muitos funcionários de cuidarem de parentes idosos estavam no topo da lista de preocupações. Outras questões incluem o desenvolvimento de materiais de treinamento em várias línguas e o fornecimento de benefícios de trabalho e vida para casais quando ambos trabalham.

## Níveis de diversidade

Embora muito tenha sido dito sobre diversidade de idade, etnia, gênero, raça, religião e deficiência, os especialistas reconhecem agora que essas características demográficas são apenas a ponta do *iceberg*.[4] A demografia reflete principalmente a **diversidade aparente, no nível da superfície**, não pensamentos e sentimentos, e pode levar os funcionários a perceber uns aos outros por meio de estereótipos e suposições. No entanto, evidências têm mostrado que à medida que as pessoas se conhecem, elas tornam-se menos preocupadas com as diferenças demográficas, desde que se vejam compartilhando características mais importantes, como personalidade e valores, que representam a **diversidade em nível profundo**.[5]

Para entender essa diferença entre diversidade de superfície e diversidade em nível profundo, considere alguns exemplos. Luís e Carol são colegas de trabalho que parecem ter pouco em comum à primeira vista. Luís é um jovem formado em administração, recém-contratado e criado em um bairro de língua espanhola em Miami. Carol é uma mulher mais velha, criada em uma zona rural no Kansas, que trabalha na empresa desde que terminou o ensino médio e vem subindo na hierarquia da organização. No início, esses colegas de trabalho podem experimentar algumas diferenças na comunicação com base em suas diferenças superficiais de educação, etnia, origem regional e gênero. No entanto, à medida que eles se conhecem, podem descobrir que ambos são profundamente comprometidos com suas famílias, que compartilham a mesma forma de pensar sobre importantes problemas de trabalho, que gostam de trabalhar de forma colaborativa e que estão interessados em transferências para o exterior no futuro. Essas semelhanças no nível profundo ofuscam as diferenças mais superficiais entre eles e a pesquisa sugere que eles vão trabalhar bem juntos.

Por outro lado, Steve e Dave são dois homens de Oregon, formados, solteiros e brancos e que recentemente começaram a trabalhar juntos. Superficialmente, eles parecem se dar bem. Mas Steve é muito introvertido, prefere evitar riscos, solicita a opinião dos outros antes de tomar decisões e gosta de silêncio no escritório, enquanto Dave é extrovertido, aprecia riscos, é assertivo e gosta de trabalhar em um ambiente movimentado, ativo e cheio de energia. Sua semelhança aparente não conduzirá necessariamente a interações positivas, porque eles têm diferenças fundamentais no nível profundo. Colaborar regularmente no trabalho será um grande desafio para eles e ambos terão que fazer concessões ao fazer as coisas juntos.

Ao longo deste livro, vamos encontrar diferenças entre a diversidade no nível profundo e a diversidade superficial em vários contextos. As diferenças individuais em personalidade e cultura modelam as preferências por recompensas, estilos de comunicação, reações aos líderes, estilos de negociação e muitos outros aspectos de comportamento nas organizações.

## Discriminação

Embora a diversidade não apresente muitas oportunidades para as organizações, administrá-la eficazmente significa trabalhar para eliminar a **discriminação injusta**. Discriminar é notar a diferença entre as coisas, o que em si não é necessariamente ruim. Perceber que um funcionário é mais qualificado é necessário para tomarmos decisões em uma contratação. Perceber que outro está assumindo responsabilidades de liderança excepcionalmente bem é necessário para tomarmos decisões para uma promoção. Em geral, quando falamos de discriminação, no entanto, queremos dizer que permitimos que nosso comportamento seja influenciado por estereótipos de *grupos* de pessoas. Em vez de olharmos para as características individuais, a discriminação injusta presume que todos em um grupo sejam iguais. Essa discriminação é muitas vezes prejudicial para organizações e funcionários.

O Quadro 2.1 fornece definições e exemplos de algumas formas de discriminação nas organizações. Embora muitas dessas ações sejam proibidas por lei e, portanto, não façam parte da política oficial de qualquer organização, milhares de casos de discriminação no trabalho são documentados todos os anos, e muitos outros não são notificados. Em razão do escrutínio legal e também da desaprovação social, formas mais evidentes de discriminação vêm desaparecendo progressivamente, o que talvez tenha resultado em um aumento das formas mais encobertas, como a incivilidade ou a exclusão.[6]

**QUADRO 2.1** ● Tipos de discriminação

| Tipo de discriminação | Definição | Exemplos das organizações |
|---|---|---|
| **Políticas ou práticas discriminatórias** | Medidas tomadas por representantes da organização que negam a igualdade de oportunidades para a realização de um trabalho ou que recompensam o desempenho de forma desigual. | Os trabalhadores mais velhos podem ser alvo de demissões, por serem muito bem pagos e terem grandes benefícios. |
| **Assédio sexual** | Avanços sexuais indesejados e outra conduta verbal ou física de natureza sexual que crie um ambiente de trabalho hostil ou ofensivo. | A empresa pagou a visita de seus vendedores a um clube de striptease, estes trouxeram as strippers para o escritório para comemorar promoções e espalharam rumores sexuais. |
| **Intimidação** | Ameaças explícitas ou intimidação dirigidas a membros de grupos específicos de funcionários. | Empregados afro-americanos em algumas empresas encontraram forcas penduradas sobre suas estações de trabalho. |
| **Zombaria e insultos** | Piadas ou estereótipos negativos, às vezes o resultado de piadas levadas ao extremo. | Em um escritório, perguntaram a árabes-americanos se eles estavam carregando bombas ou eram membros de organizações terroristas. |
| **Exclusão** | Exclusão de certas pessoas de oportunidades de trabalho, eventos sociais, discussões ou tutoria informal; pode ocorrer de maneira não intencional. | Muitas mulheres em finanças afirmam receber tarefas sem grande importância ou cargas leves de trabalho que não levam a promoções. |

(*continua*)

(*continuação*)

| Incivilidade | Tratamento desrespeitoso, comportamento agressivo, em que se interrompe a pessoa ou ignora-se suas opiniões. | Mulheres advogadas notam que os homens advogados frequentemente as interrompem ou não tratam seus comentários adequadamente. |
|---|---|---|

Fonte: J. Levitz e P. Shishkin, "More Workers Cite Age Bias after Layoffs", *Wall Street Journal* (11 de março, 2009), p. D1–D2; W. M. Bulkeley, "A Data-Storage Titan Confronts Bias Claims", *Wall Street Journal* (12 de setembro, 2007), p. A1, A16; D. Walker, "Incident with Noose Stirs Old Memories", *McClatchy-Tribune Business News* (29 de junho, 2008); D. Solis, "Racial Horror Stories Keep EEOC Busy", *Knight-Ridder Tribune Business News*, 30 de julho, 2005, p. 1; H. Ibish e A. Stewart, *Report on Hate Crimes and Discrimination Against Arab Americans: The Post-September 11 Backlash, 11 de setembro, 2001–11 de outubro, 2001* (Washington, DC: American-Arab Anti-Discrimination Committee, 2003); A. Raghavan, "Wall Street's Disappearing Women", *Forbes* (16 de março, 2009), p.72–78; e L. M. Cortina, "Unseen Injustice: Incivility as Modern Discrimination in Organizations", *Academy of Management Review* 33, n.1 (2008), p. 55–75.

Como você pode ver, a discriminação pode ocorrer de várias maneiras, e seus efeitos podem ser bem variados, dependendo do contexto organizacional e dos preconceitos pessoais dos seus membros. Algumas formas, como exclusão ou incivilidade, são especialmente difíceis de erradicar, porque são impossíveis de se observar e podem ocorrer apenas porque o ator não tem conhecimento dos efeitos de suas ações. Intencional ou não, a discriminação pode levar a graves consequências negativas para os empregadores, incluindo a redução da produtividade e do comportamento de cidadania, conflitos negativos e maior rotatividade. A discriminação injusta também deixa muitos candidatos qualificados para um emprego de fora da contratação inicial e de promoções. Mesmo que um processo contra a discriminação no emprego nunca seja movido, pode-se trabalhar de maneira agressiva para que a discriminação injusta seja eliminada.

*Diversidade* é um termo amplo, e a expressão *diversidade no local* de trabalho pode se referir a qualquer característica que torne as pessoas diferentes umas das outras. A próxima seção aborda algumas características superficiais que diferenciam os membros da força de trabalho.

## CARACTERÍSTICAS BIOLÓGICAS

Os funcionários podem ser diferenciados por algumas das **características biológicas** mais óbvias, como idade, gênero, raça, deficiência e tempo de serviço. Como discutido no Capítulo 1, a preocupação deste livro é encontrar e analisar as variáveis que afetam a produtividade dos funcionários, ausências, rotatividade, desvios, cidadania e satisfação. Muitos conceitos organizacionais — motivação, poder e política ou cultura organizacional, por exemplo — são difíceis de avaliar. Vamos começar, então, olhando para fatores que são facilmente definíveis e prontamente disponíveis — informações que podem ser obtidas, em grande parte, no prontuário do empregado no departamento de recursos humanos (RH). Variações dessas características no nível de superfície podem ser a base para a discriminação entre as classes de funcionários, de modo que vale a pena saber como intimamente elas se relacionam frente a importantes resultados de trabalho. Muitas não são tão importantes quanto as pessoas acreditam e uma variação muito maior ocorre dentro de grupos que compartilham características demográficas.

## Idade

A relação entre idade e desempenho no trabalho tem grande chance de ser um problema de importância crescente na próxima década, por, pelo menos, três razões: primeiro, há uma crença generalizada de que o desempenho no trabalho diminui com o aumento da idade. Independentemente de saber se isso é verdade, muitas pessoas acreditam e agem com base nisso. Segundo, a força de trabalho está envelhecendo. Muitos empregadores reconhecem que os trabalhadores mais velhos representam um grupo de candidatos de alta qualidade que possui grande potencial. Empresas como o Vanguard Group têm procurado aumentar sua atratividade aos trabalhadores mais velhos, oferecendo um treinamento específico que atenda a suas nescessidades e também horários de trabalho flexíveis e meio período para atrair aqueles que estão aposentados, mas que ainda querem continuar trabalhando.[7] A terceira razão é a legislação dos Estados Unidos que, para todos os efeitos, proíbe a aposentadoria compulsória. A maioria dos trabalhadores norte-americanos hoje já não tem que se aposentar aos 70 anos.

Qual é a percepção de trabalhadores mais velhos? Empregadores não têm uma opinião formada.[8] Eles veem que os trabalhadores mais velhos trazem uma série de qualidades positivas para seus empregos, tais como experiência, bom-senso, uma grande ética de trabalho e comprometimento com a qualidade. Mas os trabalhadores mais velhos também são vistos como pessoas com pouca flexibilidade e que resistem às novas tecnologias. E quando as organizações estão de fato procurando indivíduos adaptáveis e abertos em relação à mudança, os pontos negativos associados à idade dificultam claramente a contratação inicial de trabalhadores mais velhos e aumentam a probabilidade de sua dispensa durante os cortes.

Agora vamos dar uma olhada nas evidências. Qual efeito a idade realmente tem na rotatividade, no absentismo, na produtividade e na satisfação? Quanto mais velho você fica, é menos provável que queira deixar seu emprego. Essa conclusão baseia-se em estudos sobre a relação idade-rotatividade.[9] Claro, isso não é muito surpreendente. À medida que os trabalhadores ficam mais velhos, eles têm menos oportunidades de empregos alternativos, já que suas habilidades se tornaram mais especializadas para certos tipos de trabalho. A longa permanência na mesma empresa também propicia que tenham maiores salários, férias pagas mais longas* e benefícios de aposentadoria mais atrativos.

É tentador supor que a idade também seja inversamente proporcional ao absentismo. Afinal, se os trabalhadores mais velhos são menos propensos a deixar seus empregos, eles não vão demonstrar maior estabilidade em vir trabalhar com mais regularidade? Não necessariamente. A maioria dos estudos mostra uma relação inversa, mas um exame minucioso descobre que isso é em parte função de a ausência ser evitável ou não.[10] Em geral, os trabalhadores mais velhos têm menores taxas de ausência do que os mais jovens. No entanto, eles têm taxas iguais de ausências inevitáveis, por exemplo, as causadas por doença.

Como a idade afeta a produtividade? Muitos acreditam que a produtividade diminui com a idade. Supõe-se muitas vezes que as habilidades como velocidade, agilidade, força e coordenação decaiam com o tempo e que o tédio prolongado pelo trabalho e a falta de estímulo intelectual contribuam para a redução da produtividade. As evidências, entretanto, contradizem essas suposições. Durante um período de três anos, uma grande cadeia de lojas de ferragens tinha em uma de suas lojas somente empregados com idade superior a cinquenta anos e comparou seus resultados com os de cinco de suas lojas nas quais os empregados eram mais jovens. A loja com os funcionários com mais de cinquenta anos foi significativamente mais produtiva (em termos de vendas geradas em relação aos custos do trabalho) do que duas das lojas e foi tão boa quanto as outras três.[11] Outros resultados da pesquisa mostram que a idade e o desempenho da tarefa não são interdependentes e que os trabalhadores mais velhos tendem a se comprometer mais com o comportamento de cidadania.[12]

Nossa preocupação final é a relação entre idade e satisfação no trabalho, cujas evidências não são tão claras. Uma análise de mais de 800 estudos concluiu que os trabalhadores mais velhos tendem a ficar mais satisfeitos com seu trabalho, relatam melhor relacionamento com os colegas e são mais comprometidos com as empresas onde trabalham.[13] Outros estudos, no entanto, encontram uma relação em forma de U, o que significa que a satisfação no trabalho aumenta até a meia-idade, quando então essa mesma satisfação começa a decair.[14] Várias explicações poderiam esclarecer esses resultados; a mais plausível seria que esses estudos estão misturando funcionários profissionais e não profissionais. Quando separamos os dois tipos, a satisfação tende a aumentar continuamente entre os profissionais à

---

* Na realidade norte-americana, pois a legislação brasileira não tem essa distinção. (N.R.T.)

medida que envelhecem, enquanto cai entre os não profissionais durante a meia-idade e, em seguida, sobe novamente nos anos posteriores.

Quais são os efeitos da discriminação contra as pessoas com base na idade? Um estudo em grande escala de mais de 8 mil funcionários em 128 empresas descobriu que um clima organizacional que favorece a discriminação por idade foi associado com baixos níveis de comprometimento com a empresa. Esse menor compromisso, por sua vez, foi relacionado com níveis mais baixos de desempenho organizacional.[15] Tais resultados sugerem que o combate à discriminação de idade pode estar associado com níveis mais altos de desempenho organizacional.

## Gênero

Poucas questões iniciam mais debate, equívocos e opiniões sem fundamento do que se as mulheres desempenham seu trabalho tão bem quanto os homens.

O melhor ponto de partida para começar a considerar isso é com o reconhecimento que poucas, se houver alguma, diferenças entre os homens e as mulheres afetam o desempenho no trabalho. Não há diferenças consistentes entre homens e mulheres em capacidade de resolver problemas, capacidade analítica, impulso competitivo, motivação, sociabilidade ou capacidade de aprendizagem.[16] Estudos psicológicos concluíram que as mulheres têm mais boa vontade e são mais dispostas a obedecer a autoridades, enquanto os homens são mais agressivos e propensos a ter expectativas de sucesso, porém essas diferenças são menores. Dado o aumento significativo da participação feminina no mercado de trabalho nos últimos quarenta anos e o repensar do que constitui papéis masculinos e femininos, podemos supor que não há diferença significativa na produtividade de trabalho entre homens e mulheres.[17]

Infelizmente, os papéis de cada gênero ainda afetam nossas percepções. Por exemplo, mulheres que têm sucesso em domínios tradicionalmente masculinos são percebidas como menos simpáticas, mais hostis e menos desejáveis como supervisoras.[18] Fato curioso, a pesquisa também sugere que mulheres acreditam mais que a discriminação baseada no gênero é predominante e essas crenças são especialmente pronunciadas entre as mulheres que trabalham com um grande número de homens.[19]

Uma questão que parece diferir entre os homens e as mulheres, especialmente quando o empregado tem filhos em idade pré-escolar, é a preferência pelos horários de trabalho.[20] Mulheres empregadas tendem a trabalhar meio período, com horários flexíveis e a distância para acomodar suas reponsabilidades familiares. Elas também preferem empregos que incentivem a conciliação entre vida pessoal e vida profissional, o que limita as opções para o progresso na carreira. Um estudo de entrevistas mostrou que muitas das questões sobre a vida pessoal-vida profissional nos contextos de negócios nos Estados Unidos também são comuns na França, apesar dos subsídios do governo para os cuidados com as crianças.[21]

E sobre as taxas de absentismo e rotatividade? As mulheres são funcionárias menos estáveis que os homens? Primeiro, resultados de um estudo com quase 500 mil empregados indicam diferenças significativas, mostrando que as mulheres tendem a ter maior rotatividade do que os homens.[22] As mulheres também têm maior taxa de absentismo do que os homens.[23] A explicação mais lógica é que a pesquisa foi realizada na América do Norte e na cultura norte-americana a mulher é historicamente responsável pela casa e pela família. Quando uma criança está doente ou alguém precisa ficar em casa para esperar pelo encanador, é a mulher quem, tradicionalmente, falta ao trabalho. Entretanto, essa pesquisa está sem dúvida alguma datada. O papel das mulheres mudou definitivamente desde a geração passada.[24] Cada vez mais, os homens têm compartilhado a responsabilidade de cuidar das crianças, e um número crescente deles relata sentir conflito entre as reponsabilidades do lar e sua vida profissional.[25] Um achado interessante é que, independentemente do gênero, funcionários com filhos receberam uma classificação pior do que aqueles sem filhos quanto a comprometimento com o trabalho, esforço para realizações e confiabilidade, mas o nível de competência das mães foi classificado como especialmente baixo.[26]

Mais uma vez, vale a pena perguntar quais são as implicações da discriminação de gênero para os indivíduos. Pesquisas mostraram que trabalhadores que sofrem assédio sexual têm níveis de estresse psicológico mais elevado, e esses sentimentos, por sua vez, estão relacionados com níveis mais baixos de compromisso organizacional e satisfação no trabalho e maiores intenções de troca de emprego.[27] Tal como a discriminação de idade, os resultados sugerem que o combate à discriminação de gênero pode estar associado com melhor desempenho para a organização como um todo.

### Raça e etnia

Raça é uma questão controversa. Em muitos casos, o mero fato de trazer à tona o tema da raça e da etnia é suficiente para criar um silêncio desconfortável. De fato, as evidências sugerem que algumas pessoas acham que a interação com outros grupos raciais seja algo desconfortável, a menos que existam regras comportamentais claras para orientar seu comportamento.[28]

A maioria das pessoas nos Estados Unidos se identifica de acordo com os grupos raciais. O Departamento de Recenseamento Americano classifica os indivíduos em grandes categorias raciais, como índios americanos e nativos do Alasca, asiáticos, negros ou afrodescendentes, nativos do Havaí ou de outras ilhas do Pacífico. Também é feita uma distinção étnica entre nativos falantes da língua inglesa e hispânicos: estes podem ser de qualquer raça. Definimos *raça* neste livro como o patrimônio biológico que o povo usa para se identificar; *etnia* é o conjunto adicional de características culturais que muitas vezes se sobrepõe à raça. Essa definição permite que cada indivíduo defina sua raça e etnia.

Raça e etnia têm sido estudadas na academia americana, pois têm relação com resultados em um emprego, tais como decisões para contratação, avaliação de desempenho, remuneração e discriminação no local de trabalho. A maioria das pesquisas tem se concentrado nas diferenças em termos de resultados e atitudes entre brancos e afro-americanos, com pouco estudo sobre as questões relevantes para asiáticos, nativos americanos e populações latino-americanas. Aqui não é possível fazer justiça a toda essa pesquisa, então vamos resumir alguns pontos.

Primeiro, em ambientes de trabalho, os indivíduos tendem a favorecer um pouco os colegas de sua própria raça em avaliações de desempenho, decisões de promoção e aumentos salariais, embora essas diferenças não sejam encontradas de forma consistente, ainda mais quando métodos altamente estruturados de tomada de decisão são utilizados.[29] Segundo, existem diferenças raciais significativas em relação ao sistema de cotas, e muito mais afro-americanos do que brancos aprovam tais programas.[30] Essa diferença pode refletir o fato de que os afro-americanos e os hispânicos percebam uma maior discriminação no local de trabalho.[31] Terceiro, os afro-americanos geralmente se saem pior que os brancos em decisões profissionais. Eles recebem classificações mais baixas em entrevistas de emprego, recebem baixas classificações em desempenho de trabalho, ganham menos e são promovidos com menor frequência.[32] Ainda não há diferenças estatisticamente significativas entre os afro-americanos e brancos nos índices de ausência observados, habilidades interpessoais aplicadas no trabalho ou taxas de acidentes. Afro-americanos e hispânicos também possuem taxas de rotatividade mais elevadas do que as dos brancos.

A preocupação principal dos empregadores sobre o uso de testes de capacidade mental para a seleção, promoção, treinamento ou decisões semelhantes relacionadas com o emprego é que esses testes podem ter um impacto negativo desnecessário sobre os grupos raciais e étnicos, discriminando os funcionários que consideram qualificados.[33] Há fatos que sugerem que "apesar das diferenças de grupos no desempenho médio dos testes, há poucas evidências convincentes de que os testes bem-feitos são mais preditivos no desempenho educacional, de treinamento ou ocupacional dos membros do grupo da maioria do que dos grupos de minorias".[34] Diferenças observadas no resultados dos testes de QI do grupo étnico ou racial são menores em amostras recentes.[35] Essa questão de diferenças raciais em testes de habilidade mental geral continua a ser debatida calorosamente.[36]

A discriminação racial e étnica leva a resultados negativos no local de trabalho? A evidência não está totalmente clara. Como veremos em nossa discussão de grupos e times, evidências consideráveis sugerem que a diversidade tende a interferir na coesão do grupo e na tomada de decisões, pelo menos nos estágios iniciais de formação de grupos. Por outro lado, algumas pesquisas sugerem que um clima positivo para a diversidade em geral pode levar ao aumento das vendas.[37] Além disso, para muitos empregadores, a diversidade é um valor imperativo — eles acreditam que devem aumentar a diversidade de sua força de trabalho por razões legais ou éticas.

## Deficiência

Com a aprovação da Lei dos Americanos com Deficiências (Americans with Disabilities Act — ADA) em 1990, a representatividade de pessoas com deficiência no mercado de trabalho americano aumentou.[38] De acordo com a ADA, os empregadores são obrigados a fazer os ajustes necessários para que seus locais de trabalho sejam acessíveis aos portadores de deficiências física ou mental.

Fazer inferências sobre a relação entre *deficiência* e resultados de emprego é difícil, pois o termo deficiência é muito amplo. A Comissão Americana de Oportunidades Iguais de Emprego classifica uma pessoa como deficiente quando ela tem alguma deficiência física ou mental que limite substancialmente uma ou mais atividades principais em sua vida. Os exemplos incluem membros amputados, epilepsia, síndrome de Down, surdez, esquizofrenia, alcoolismo, diabetes e dores crônicas nas costas. Essas condições quase não possuem características comuns, então não há generalização sobre como cada situação está relacionada com o emprego. Alguns trabalhos obviamente não podem ser adaptados para certas deficiências — a lei e o bom-senso reconhecem que uma pessoa cega não pode ser motorista de ônibus, alguém com paralisia cerebral grave não pode ser cirurgião e uma pessoa com restrições de mobilidade profundas provavelmente não poderia ser um patrulheiro da polícia. No entanto, o aumento da presença da tecnologia de computadores e de outros dispositivos de adaptação tem quebrado muitas barreiras tradicionais no emprego.

Um dos aspectos mais controversos da ADA é a disposição que obriga os empregadores a fazer adaptações razoáveis para as pessoas com transtornos psiquiátricos.[39] A maioria das pessoas tem fortes preconceitos contra quem tem doenças mentais, que por sua vez podem ter certa relutância em divulgar essas informações aos empregadores. Muitos que notificam seus empregadores relatam consequências negativas.

O impacto da deficiência sobre os resultados de emprego tem sido explorado de uma variedade de perspectivas. Por um lado, uma revisão de evidências sugere que trabalhadores com deficiências recebem melhores avaliações de desempenho, sejam estas consideradas objetivas ou não. A mesma análise constatou que, apesar desses melhores resultados de desempenho, os indivíduos com deficiências tendem a encontrar expectativas de desempenho mais baixas e têm menos chance de ser empregados.[40] Esses efeitos negativos são muito maiores para quem tem deficiência mental, e há alguns indícios de que tais deficiências possam prejudicar o desempenho, mais do que as físicas. Indivíduos com problemas comuns de saúde como depressão e ansiedade, são significativamente mais propensos a se ausentar do trabalho.[41]

Vários estudos examinaram participantes que receberam currículos idênticos, com a exceção de que alguns mencionavam uma deficiência. Os currículos que mencionavam uma doença mental ou uma deficiência física receberam classificações muito baixas para a empregabilidade, principalmente em empregos que exigiam grande contato pessoal com o público.[42] As taxas de empregabilidade dos indivíduos com doenças mentais foram especialmente baixas. Da mesma forma, quando portfólios acadêmicos foram manejados aleatoriamente, os alunos preferiram não evitar trabalhar com indivíduos que possuíam uma deficiência de aprendizagem, mesmo que não houvesse efeitos da deficiência nas taxas de desempenho ou nas expectativas.[43]

Contraste esses resultados de seleção orientada com os estudos que mostram que as realizações das pessoas com deficiência são muitas vezes classificadas como mais impressionantes do que as mesmas realizações das pessoas sem deficiências. Os participantes observaram três indivíduos completando uma tarefa de carpintaria, sendo um deles descrito como hospitalizado recentemente por uma doença mental debilitante.[44] Os avaliadores de forma constante deram notas de desempenho altas para aquela pessoa. Nesse caso, pode ser que o indivíduo com deficiência estivesse sendo tratado como uma pessoa com necessidade de consideração especial. Da mesma forma, quando o estado de invalidez é manejado de forma aleatória entre os candidatos hipotéticos, as pessoas com deficiência são classificadas como tendo qualidades pessoais superiores, como confiabilidade e potencial.[45]

## Outras características demográficas: tempo de experiência de trabalho, religião, orientação sexual e identidade de gênero

O último conjunto de características demográficas que veremos inclui tempo de experiência de trabalho, religião, orientação sexual e identidade de gênero.

**TEMPO DE EXPERIÊNCIA DE TRABALHO** Exceto o gênero e as diferenças raciais, poucas questões estão mais sujeitas a equívocos e especulações do que o impacto do tempo de experiência profissional no desempenho do trabalho.

Longos estudos têm sido realizados sobre a relação tempo de trabalho-produtividade.[46] Se definirmos tempo de trabalho como o tempo em um determinado emprego, estudos recentes demonstram uma relação positiva entre essa condição e produtividade do trabalho. Assim o *tempo de trabalho*, expresso como experiência, parece ser um bom preditor de produtividade do funcionário.

A pesquisa que relacionou tempo de trabalho com absentismo é bem clara. Estudos mostram de maneira consistente que essa condição está relacionada inversamente ao absentismo.[47] Na verdade, em termos de frequência de faltas e total de dias perdidos no trabalho, o tempo de trabalho é a variável explicativa mais importante.[48]

O tempo de trabalho (conhecido ainda como senioridade) também é uma variável poderosa para explicar a rotatividade. Quanto mais tempo uma pessoa está em um emprego, menor é a probabilidade de que ela venha a deixá-lo.[49] Além disso, de acordo com as pesquisas que sugerem que o comportamento passado é o melhor fator preditivo do comportamento futuro, as evidências indicam que o tempo de serviço de um funcionário no emprego anterior é um forte preditor da rotatividade desse funcionário no futuro.[50]

As evidências mostram que o tempo de trabalho e a satisfação estão relacionados positivamente.[51] Na verdade, quando a idade e o tempo de serviço são tratados separadamente, este último parece ser um preditor de satisfação no trabalho mais consistente e estável do que a idade.

**RELIGIÃO** Não só as pessoas religiosas e não religiosas questionam os sistemas de crenças dos outros; com frequência, indivíduos de diferentes credos entram em conflito. Como demonstram a guerra no Iraque e o conflito passado na Irlanda do Norte, desavenças violentas podem irromper entre tendências da mesma religião. As leis federais dos Estados Unidos proíbem os empregadores de discriminar funcionários com base na religião, com muito poucas exceções. No entanto, isso não significa que religião não seja uma questão no CO.

Talvez o maior problema da diversidade religiosa nos Estados Unidos hoje gire em torno do islamismo. Quase dois milhões de muçulmanos vivem nos Estados Unidos e em todo o mundo o islamismo é uma das religiões predominantes. Há uma grande variedade de perspectivas sobre o islamismo. Como um estudioso islâmico observou: "Não existe uma comunidade muçulmana americana única, assim como não há uma comunidade cristã única. Os muçulmanos variam enormemente por etnia, fé, tradição, educação, renda e grau de observância religiosa".[52] Em sua maioria, os muçulmanos dos Estados Unidos têm atitudes semelhantes às dos outros cidadãos norte-americanos (embora as diferenças tendam a ser maiores para os muçulmanos mais jovens). Ainda assim, existem duas diferenças percebidas e reais. Cerca de quatro em cada dez adultos estadunidenses admitem nutrir sentimentos negativos ou preconceitos em relação aos muçulmanos americanos, e 52% acreditam que os muçulmanos americanos não respeitam as mulheres. Alguns levam esses preconceitos um passo mais à frente. Motaz Elshafi, 28 anos, engenheiro de software da Cisco Systems, nascido e criado em Nova Jersey, recebeu um e-mail de um colega de trabalho dirigindo-se a ele como "Caro Terrorista". Pesquisa mostrou que candidatos a emprego vestindo traje religioso identificado como muçulmano que concorreram a empregos hipotéticos no varejo nos Estados Unidos passaram por entrevistas mais curtas e com relações interpessoais mais negativas do que os candidatos que não usavam trajes muçulmanos identificáveis.[53]

A fé pode ser um problema de emprego, quando as crenças religiosas proíbem ou incentivam determinados comportamentos. Muitos cristãos acreditam que não devam trabalhar aos domingos e muitos judeus conservadores acreditam que não devam trabalhar aos sábados. Indivíduos religiosos também podem acreditar que têm a obrigação de manifestar sua fé no local de trabalho e aqueles que não compartilham dessas crenças podem fazer objeções a isso. Talvez, como resultado de diferentes percepções sobre o papel da religião no local de trabalho, alegações de discriminação religiosa têm sido uma fonte crescente de queixas sobre discriminação nos Estados Unidos.

ORIENTAÇÃO SEXUAL E IDENTIDADE DE GÊNERO Os empregadores diferem largamente no tratamento da orientação sexual. A lei federal não proíbe a discriminação contra os funcionários com base na orientação sexual, mas a lei de muitos estados e muitos municípios sim. Em geral, os observadores notam que, mesmo na ausência de uma legislação federal que exige a não discriminação, muitas organizações têm implantado políticas e procedimentos que protegem os funcionários com base na orientação sexual.[54]

A Raytheon, construtora de mísseis de cruzeiro Tomahawk e outros sistemas de defesa, oferece benefícios para parceiros domésticos, apoia uma grande variedade de grupos de direitos homossexuais e quer se tornar o empregador favorito desse grupo. A empresa acredita que essas políticas dão a ela uma vantagem no mercado cada vez mais competitivo para engenheiros e cientistas. A Raytheon não está sozinha. Mais da metade das empresas listadas na revista *Fortune 500* oferecem benefícios para o parceiro doméstico de casais homossexuais, incluindo a American Express, a IBM, a Intel, a Morgan Stanley, a Motorola e o Walmart. Algumas empresas se opõem aos benefícios para parceiros domésticos ou cláusulas de não discriminação para funcionários homossexuais. Dentre elas estão a Alltel, a ADM, a ExxonMobil, a H. J. Heinz, a Nissan, a Nestlé e a Rubbermaid.[55] Apesar de alguns ganhos, muitos funcionários (lésbicas, gays e bissexuais) escondem sua identidade de gênero de seus colegas por medo de serem discriminados.[56]

Quanto à identidade de gênero, cada vez mais as empresas colocam em prática políticas para controlar como sua organização trata os funcionários que mudam de gênero (muitas vezes chamados de transexuais ou transgêneros). Em 2001, apenas oito empresas listadas na revista *Fortune 500* tinham políticas sobre indentidade de gênero. Em 2006, esse número havia aumentado para 124. A IBM é uma delas. Brad Salavich, gerente de diversidade da empresa, diz: "Acreditamos que ter fortes políticas de identificação de gênero e transgêneros seja uma extensão natural da cultura corporativa da IBM". Lidar com funcionários transexuais requer algumas considerações especiais, tais como banheiros, nomes dos funcionários etc.[57]

## CAPACIDADE

Até agora, cobrimos características de superfície que, por si só, são improváveis de serem relacionadas com o desempenho do trabalho. Agora nos voltamos para as capacidades de nível profundo, que *estão* intimamente relacionadas com o desempenho do trabalho. Ao contrário do que nos foi ensinado na escola, nós não fomos todos criados iguais em nossas capacidades. A maioria das pessoas está à esquerda ou à direita da média em alguma curva de capacidade de distribuição normal. Por exemplo, independentemente do quão motivado você seja, é improvável que possa atuar como a Scarlett Johansson, jogar basquete tão bem como o LeBron James, escrever como a J. K. Rowling ou tocar violão tão bem quanto Pat Metheny. Claro, o fato de não sermos todos iguais em capacidades não implica que alguns indivíduos sejam inerentemente inferiores. Todo mundo tem pontos fortes e fracos que os fazem relativamente superiores ou inferiores aos outros na realização de determinadas tarefas ou atividades. Do ponto de vista da administração, a questão não é se as pessoas diferem em suas capacidades. Claro que diferem. A questão é usar o conhecimento de que as pessoas são diferentes para aumentar a probabilidade de um funcionário realizar bem seu trabalho.

O que significa *capacidade*? Aqui, o termo **capacidade** diz respeito à habilidade ou o saber-fazer de um indivíduo para executar as diversas tarefas em um trabalho. Capacidades gerais são feitas essencialmente por dois conjuntos de fatores: intelectuais e físicos.

## Capacidades intelectuais

**Capacidades intelectuais** são as habilidades necessárias para realizar atividades mentais — pensamento, raciocínio e resolução de problemas. A maioria das sociedades atribui um valor alto à inteligência e o faz por boas razões. As pessoas inteligentes geralmente ganham mais dinheiro e alcançam níveis mais elevados de instrução. Elas também são mais propensas a emergir como líderes de grupos. Testes de quociente de inteligência (QI), por exemplo, são desenvolvidos para avaliar a capacidade intelectual geral de um indivíduo. Assim também são os testes de admissão para a faculdade, tais como o SAT e o ACT e testes de admissão para pós-graduação em administração (GMAT), direito (LSAT) e medicina (MCAT).[*] Empresas que aplicam testes não assumem que seus instrumentos avaliam a inteligência, mas os especialistas sabem que elas avaliam sim.[58] As sete dimensões mais citadas que compõem as habilidades intelectuais são a aptidão com números, compreensão verbal, velocidade de percepção, raciocínio indutivo, raciocínio dedutivo, visualização espacial e memória.[59] O Quadro 2.2 descreve essas dimensões.

**QUADRO 2.2** ● Dimensões da capacidade intelectual

| Dimensão | Descrição | Exemplo de cargo |
|---|---|---|
| Aptidão numérica | Habilidade para resolver aritmética de maneira rápida e precisa. | Contador: calculando o imposto de vendas de um conjunto de itens. |
| Compreensão verbal | Capacidade para compreender o que é lido ou ouvido e a relação das palavras entre si. | Gerente de fábrica: seguindo as políticas corporativas na contratação. |
| Velocidade perceptiva | Capacidade de identificar semelhanças e diferenças visuais com rapidez e precisão. | Investigador de incêndios: identificando pistas que evidenciem um incêndio criminoso. |
| Raciocínio indutivo | Capacidade de identificar uma sequência lógica em um problema e, em seguida, resolvê-lo. | Pesquisador de mercado: prevendo a demanda para um produto no próximo período. |

(*continua*)

---

[*] Testes aplicados na realidade norte-americana. No Brasil, há outros tipos de teste, como o ANPAD. (N.R.T.)

(*continuação*)

| | | |
|---|---|---|
| Raciocínio dedutivo | Capacidade de usar a lógica e avaliar as implicações de um argumento. | Supervisor: escolhendo entre duas sugestões diferentes dadas por funcionários. |
| Visualização espacial | Capacidade de imaginar como um objeto ficaria se a sua posição no espaço fosse alterada. | Decorador de interiores: redecorando um escritório. |
| Memória | Capacidade de reter e recordar experiências do passado. | Vendedor: lembrando os nomes dos clientes. |

Dimensões de inteligência estão relacionadas positivamente. Então, se você tem uma alta pontuação em compreensão verbal, por exemplo, é muito provável que tenha uma alta pontuação em visualização espacial. As correlações não são perfeitas, ou seja, as pessoas têm capacidades específicas que predizem resultados importantes relacionados com o trabalho quando consideradas individualmente.[60] No entanto, elas são altas o suficiente para que os pesquisadores também reconheçam um fator geral de inteligência, **capacidade mental geral (CM)**. A evidência apoia fortemente a ideia de que as estruturas e as medidas de capacidades intelectuais são generalizadas entre as culturas. Assim, alguém na Venezuela ou no Sudão não tem um conjunto de habilidades mentais diferente do que o de um trabalhador americano ou tcheco. Há alguma evidência de que as pontuações de QI variam em certo grau em todas as culturas, mas essas diferenças são muito menores quando levamos em conta a diferença educacional ou econômica.[61]

Os trabalhos variam de acordo com a demanda por eles colocada nas capacidades intelectuais. Quanto mais complexo for um trabalho em termos de demanda de processamento de informação, mais gerais terão que ser a capacidade verbal e a capacidade de inteligência para que ele seja realizado com sucesso.[62] Nos casos em que o comportamento do funcionário é altamente rotineiro e em que há pouca ou nenhuma oportunidade para o exercício do discernimento, um QI alto não é tão importante para um bom desempenho. No entanto, isso não significa que as pessoas com QI alto não podem ter um impacto sobre trabalhos tradicionalmente menos complexos. Você pode se surpreender com o fato de que o teste de inteligência mais utilizado em decisões de contratação leva apenas doze minutos para ser concluído. É o Teste Wonderlic de Habilidade Cognitiva. Ele possui diferentes formulários e cada um tem cinquenta questões. Aqui estão alguns exemplos:

▶ Quando a corda custa R$ 0,10 o metro, quantos metros você pode comprar por R$ 0,60?

▶ Considere que as duas primeiras alternativas estão corretas. A alternativa final está:

1. Correta.
2. Errada.
3. Não tenho certeza.
   a. O menino joga beisebol.
   b. Todos os jogadores de beisebol usam bonés.
   c. O menino usa um boné.

O teste Wonderlic mede tanto a velocidade (quase ninguém tem tempo de responder a todas as perguntas) quanto a potência (as questões ficam cada vez mais difíceis), portanto a pontuação média é muito baixa — cerca de 21/50. E como ele é capaz de fornecer informações de forma barata (de 5 a 10 dólares por candidato), mais e mais empresas têm utilizado o Wonderlic em decisões de contratação. A Factory Card & Party Outlet, com 182 lojas nos Estados Unidos, utiliza esse teste, assim como a Subway, a Peoples Flowers, a Security Alarm, a Workforce Employment Solutions e muitas outras. A maioria dessas empresas não abre mão de outras ferramentas de contratação, como formulários ou entrevistas. O que elas fazem é acrescentar o teste Wonderlic por sua capacidade de fornecer dados válidos sobre os níveis de inteligência dos candidatos.

Curiosamente, embora a inteligência seja uma grande ajuda na boa realização de um trabalho, ela não torna as pessoas mais felizes ou mais satisfeitas com seus empregos. A correlação entre a inteligência e a satisfação no trabalho gira em torno de zero. Por quê? Pesquisas sugerem que, embora as pessoas inteligentes tenham melhor desempenho e tendam a ter empregos mais interessantes, elas também são mais críticas ao avaliar as suas condições de trabalho. Assim, as pessoas inteligentes estão em melhor situação, mas também desejam mais.[63]

## Capacidade física

Embora a natureza mutável do trabalho sugira que as capacidades intelectuais estejam ficando cada vez mais importantes para muitos empregos, as capacidades físicas têm sido e continuam a ser valiosas. Pesquisas sobre centenas de postos de trabalho identificaram nove capacidades básicas necessárias ao desempenho de tarefas físicas.[64] Elas estão descritas no Quadro 2.3. Os indivíduos diferem na medida em que têm cada uma dessas capacidades. Não é de surpreender que haja pouca relação entre elas: alta pontuação em uma não é garantia de alta pontuação nas outras. O alto desempenho de um funcionário será provavelmente alcançado quando a administração determinar o grau que o trabalho requer de cada uma das nove capacidades e, em seguida, garantir que os funcionários que realizam aquele trabalho tenham aquelas capacidades.

**QUADRO 2.3** As nove capacidades físicas básicas

| Fatores de força | |
|---|---|
| 1. Força dinâmica | Capacidade de exercer força muscular repetida ou continuamente ao longo do tempo. |
| 2. Força de tronco | Capacidade de exercer força muscular usando os músculos do tronco (principalmente os abdominais). |
| 3. Força estática | Capacidade para exercer força contra objetos externos. |
| 4. Força explosiva | Capacidade de despender um máximo de energia em um ou uma série de atos explosivos. |
| **Fatores de flexibilidade** | |
| 5. Flexibilidade de extensão | Capacidade de mover os músculos do tronco e das costas, tanto quanto possível. |
| 6. Flexibilidade dinâmica | Capacidade de fazer rápidos e repetidos movimentos de flexão. |
| **Outros fatores** | |
| 7. Coordenação corporal | Habilidade para coordenar as ações simultâneas das diferentes partes do corpo. |
| 8. Equilíbrio | Capacidade de manter o equilíbrio, apesar de forças contrárias. |
| 9. Vigor físico | Capacidade de continuar o esforço máximo exigindo esforço prolongado ao longo do tempo. |

## O papel das deficiências

A importância da capacidade de trabalho, obviamente, cria problemas quando tentamos formular políticas de trabalho que reconhecem a diversidade com relação ao nível de deficiência. Como já observamos, reconhecer que os indivíduos têm capacidades diferentes que podem ser levadas em conta nas decisões de contratação não é um problema. No entanto, é discriminatório fazer suposições generalizadas sobre as pessoas com base em uma deficiência. Também é possível fazer adaptações para as deficiências.

# IMPLEMENTAÇÃO DE ESTRATÉGIAS DE GESTÃO DA DIVERSIDADE

Tendo discutido uma variedade de maneiras em que as pessoas diferem, agora olhamos como um gestor pode e deve administrar as diferenças. A **gestão da diversidade** faz que todos sejam mais conscientes e sensíveis às necessidades e diferenças dos outros. Essa definição destaca o fato de que os programas de diversidade incluem e são destinados a todos. A diversidade tem mais chance de ter sucesso quando a vemos como um assunto que concerne a todos, e não quando acreditamos que ela ajude somente certos grupos de funcionários.

## Atraindo, selecionando, desenvolvendo e retendo funcionários diversos

Um método para aumentar a diversidade da força de trabalho é dirigir os anúncios de recrutamento para grupos demográficos específicos que estejam sub-representados na força de trabalho.* Isso significa colocar anúncios em publicações voltadas para grupos demográficos específicos; fazer recrutamentos em faculdades, universidades e outras instituições com número significativo de minorias sub-representadas e formar parcerias com associações como a Sociedade de Mulheres Engenheiras ou Associação das Minorias com Bacharelado em Administração. Esses esforços podem ser bem-sucedidos e pesquisas mostram que as mulheres e as minorias realmente têm maior interesse em empregadores que fazem esforços especiais para destacar seu compromisso com a diversidade em seus materiais de recrutamento. A publicidade que retrata grupos de funcionários diversos é considerada mais atraente por mulheres e minorias raciais e étnicas, o que provavelmente explica por que a maioria das organizações retrata de forma proeminente a diversidade da força de trabalho no seu material de recrutamento. Anúncios sobre a diversidade que não mostram mulheres e minorias em posições de liderança dentro da organização enviam uma mensagem negativa a respeito do clima da diversidade dessa organização.[65]

O processo de seleção é um dos pontos mais importantes para se aplicar os esforços de diversidade. Gestores que contratam precisam valorizar a justiça e a objetividade na seleção de funcionários e se concentrar no potencial

---

* Esse procedimento é questionável, uma vez que pode ser entendido como prática discriminatória, principalmente quando dirigido a pessoas com deficiência. (N.R.T.)

produtivo deles. Felizmente, garantir que a contratação não seja tendenciosa parece funcionar. Nos lugares onde os gestores usam um protocolo bem definido para avaliar o talento do candidato e onde a organização prioriza claramente políticas não discriminatórias, as qualificações se tornam muito mais importantes na determinação de quem é contratado do que as características demográficas.[66] Organizações que não desencorajam comportamentos discriminatórios têm maior propensão a ter problemas.

A semelhança na personalidade parece afetar o progresso na carreira. Trabalhadores cujos traços de personalidade são semelhantes aos de seus colegas têm maiores chances de serem promovidos do que aqueles cujas personalidades são diferentes.[67] Há um qualificador importante nesses resultados: em culturas coletivistas, a semelhança com os supervisores é mais importante para prever progresso, enquanto em culturas individualistas a semelhança com os pares é mais importante. Mais uma vez, os fatores de diversidade de nível profundo parecem ser mais importantes na formação das reações das pessoas com as outras do que as características de nível superficial.

Resultados de um estudo de mais de 6 mil trabalhadores em uma grande empresa de varejo revelaram que, em lojas com menor apoio à diversidade, afro-americanos ou hispânicos efetuavam muito menos vendas do que os funcionários brancos, mas quando o clima sobre a diversidade era positivo, os hispânicos e os brancos vendiam aproximadamente a mesma quantidade e os afro-americanos vendiam mais que os brancos.[68] Os brancos vendiam a mesma quantidade quer houvesse clima positivo ou não para a diversidade, mas os afro-americanos e os hispânicos vendiam muito mais quando o clima era positivo. Há implicações óbvias nos resultados dessa pesquisa: lojas que promoviam um clima positivo em relação à diversidade eram capazes de capitalizar sua força de trabalho diversificada e ganhar mais dinheiro.

Alguns dados sugerem que indivíduos demograficamente diferentes de seus colegas são mais propensos a ter menor compromisso e procurar outro emprego: mulheres são mais propensas a deixar empregos onde o grupo de homens é predominante e homens deixam empregos onde o grupo de mulheres é predominante. Os não brancos deixam os empregos onde o grupo de brancos é predominante e os brancos deixam os empregos onde o grupo de não brancos é predominante.[69] Entretanto, esse comportamento é mais acentuado entre os recém-contratados. Depois que as pessoas se familiarizam melhor umas com as outras, as diferenças demográficas são menos consistentes em relação à rotatividade. Um estudo em grande escala revelou que um clima de diversidade positivo estava relacionado com um maior compromisso organizacional e menor rotatividade entre os gestores afro-americanos, hispânicos *e* brancos.[70] Em outras palavras, todos os trabalhadores pareciam preferir uma organização que valorizasse a diversidade.

## A diversidade nos grupos

A maioria dos locais de trabalho contemporâneos exige o trabalho em grupo. Quando as pessoas trabalham em equipe, elas precisam estabelecer uma forma comum de olhar e realizar as principais tarefas e precisam se comunicar umas com as outras muitas vezes. Se elas têm pouco espírito de equipe e coesão em seus grupos, todos esses atributos provavelmente irão sofrer.

Será que diversidade pode ajudar ou atrapalhar o desempenho do grupo? A resposta é "sim". Em alguns casos, a diversidade de traços pode atrapalhar o desempenho da equipe, enquanto em outros ela pode facilitá-lo.[71] Se equipes diversas ou homogêneas são mais eficazes ou não, isso depende da característica do interesse. A diversidade demográfica (em gênero, raça e etnia) não parece ajudar nem atrapalhar o desempenho da equipe, em geral. Por outro lado, equipes de indivíduos que são altamente inteligentes, cuidadosos e interessados em trabalhar em ambientes grupais são mais eficazes. Assim, a diversidade nessas variáveis tende a ser um aspecto negativo — faz pouco sentido tentar formar equipes que misturem membros que tenham menor inteligência, consciência ou que não estejam interessados em trabalho de equipe. Em outros casos, as diferenças podem ser um ponto forte. Grupos de indivíduos com diferentes tipos de conhecimento e educação são mais eficazes do que os grupos homogêneos. Da mesma maneira, um grupo composto inteiramente de pessoas assertivas, que querem estar no comando, ou uma equipe cujos membros preferem seguir a liderança dos outros, será menos eficaz do que um grupo que mistura líderes e seguidores.

Independentemente da composição do grupo, as diferenças podem ser aproveitadas para alcançar um desempenho superior. A forma mais importante é enfatizar as semelhanças de alto nível entre os membros.[72] Em outras palavras, grupos de indivíduos diversos serão muito mais eficazes se os líderes puderem mostrar como os membros têm um interesse comum no sucesso da equipe. Estudos demonstram que líderes transformacionais (cujo estilo de liderança enfatiza objetivos de ordem superior e valores) são mais eficazes na gestão de equipes diversificadas.[73]

## Programas de diversidade eficazes

As organizações usam uma variedade de esforços para obter benefícios sobre a diversidade, incluindo as políticas de recrutamento e seleção já discutidas, bem como práticas de treinamento e desenvolvimento. Programas de força de trabalho eficazes e abrangentes que incentivam a diversidade têm três componentes distintos. Primeiro, ensinam gestores sobre o quadro jurídico para a igualdade de oportunidades de emprego e incentivam o tratamento justo de todas as pessoas, independentemente de suas características demográficas. Segundo, ensinam os gestores como uma força de trabalho diversificada será mais capaz de atender a um mercado diversificado de clientes e fregueses. Terceiro, promovem práticas de desenvolvimento pessoal que realçam as competências e habilidades de todos os trabalhadores, reconhecendo como as diferenças de perspectiva podem ser uma maneira valiosa de melhorar o desempenho de todos.[74]

Muito da preocupação com a diversidade tem a ver com tratamento justo.[75] A maioria das reações negativas à discriminação no trabalho é baseada na ideia de que o tratamento discriminatório é injusto. Raça ou gênero à parte, as pessoas geralmente são a favor de programas orientados à diversidade, incluindo a ação afirmativa, se acreditarem que as políticas garantem a todos uma oportunidade justa para mostrar suas habilidades e capacidades.

Um importante estudo sobre as consequências de programas de diversidade concluiu algo que pode parecer surpreendente.[76] Organizações que proporcionavam treinamento em diversidade não apresentavam maior probabilidade de ter mulheres e minorias em posições de alta gerência, quando comparadas às empresas que não proporcionavam tais treinamentos. Em um exame mais detalhado, porém, esses resultados não são surpreendentes. Especialistas sabem há muito tempo que treinamentos de sessão única, sem estratégias para incentivar a gestão da diversidade eficaz na volta ao trabalho, não têm grande chance de serem eficazes. Alguns programas de diversidade são realmente efetivos na melhoria da representação na gestão. Eles incluem estratégias para medir a representação das mulheres e minorias em cargos gerenciais e fazem com que os gestores tenham a reponsabilidade de conseguir equipes com mais diversidade demográfica. Os pesquisadores também sugerem que as experiências de diversidade têm mais possibilidade de levar a uma adaptação positiva para todas as partes se: (1) a experiência minar as atitudes estereotipadas, (2) o observador estiver motivado e for capaz de analisar uma nova perspectiva sobre os outros, (3) o observador se envolver na supressão do estereótipo e do pensamento generalizado em resposta à experiência de diversidade e (4) a experiência positiva do enfraquecimento do estereótipo for repetida frequentemente.[77] Programas de diversidade baseados nesses princípios muito provavelmente serão mais eficazes do que a tradicional aprendizagem em sala de aula.

Líderes organizacionais devem examinar a sua força de trabalho para determinar se os grupos-alvo foram subutilizados. Se grupos de funcionários não estiverem representados proporcionalmente nos altos cargos da administração, os gestores devem procurar quaisquer barreiras ocultas que prejudiquem o avanço. Muitas vezes, eles podem melhorar as práticas de recrutamento tornar os sistemas de seleção mais transparentes e oferecer treinamento para os funcionários que não tiveram contato adequado com certos materiais no passado. A organização também deve comunicar claramente suas políticas aos funcionários para que eles possam entender como e por que certas práticas são seguidas. As comunicações devem se concentrar ao máximo em qualificações e desempenho no trabalho; enfatizar certos grupos como os que precisam de maior assistência pode não ter o resultado esperado. Um estudo de caso da multinacional finlandesa TRANSCO descobriu que era possível desenvolver uma filosofia global consistente para a gestão da diversidade. No entanto, as diferenças de fatores legais e culturais nas diferentes nações forçaram a TRANSCO a desenvolver políticas exclusivas que se adequassem aos quadros legais e culturais de cada país no qual ela operava.[78]

Para garantir que a equipe com cargos mais altos na gestão na empresa representasse a diversidade de sua força de trabalho e a base de sua clientela, a Safeway implementou o programa de Desenvolvimento de Liderança no Varejo (RLD, do termo em inglês), um programa formal de desenvolvimento de carreira. Ele está aberto a todos os funcionários, por isso é inclusivo, mas mulheres ou grupos raciais ou étnicos sub-representados são particularmente encorajados a participar. Os interessados fazem uma série de provas para determinar se têm potencial gerencial. Aqueles que apresentam um bom desempenho nos testes recebem tarefas nas quais são expostos às oportunidades de gestão. A natureza abrangente do programa é enfatizada por atividades adicionais de apoio. Todos os gestores participam de *workshops* que os ajudam a trazer as principais preocupações sobre diversidade durante as reuniões de equipe. Também são responsáveis por fornecer aos participantes do programa RLD treinamento adicional e oportunidades de desenvolvimento para garantir que eles tenham as capacidades necessárias para seu avanço. O programa incorpora o tipo de prestação de contas que, como já dissemos, é crucial para o sucesso dos esforços da diversidade. Os gestores que conseguem atingir os objetivos concretos de diversidade recebem um prêmio de desempenho. Esse programa tem sido um verdadeiro sucesso: o número de mulheres brancas que são gerentes de lojas aumentou 31% desde sua criação, e o número de mulheres negras nesse cargo aumentou 92%.[79]

## RESUMO E IMPLICAÇÕES PARA OS GESTORES

Este capítulo abordou a diversidade sob muitas perspectivas. Prestamos atenção especial a três variáveis — características demográficas, capacidade e programas de diversidade. A seguir, vamos resumir o que encontramos e considerar sua importância para um gestor que esteja tentando entender o que é o comportamento organizacional:

- Podemos observar facilmente as características demográficas, mas isso não significa que devemos usá-las de forma explícita nas decisões de gestão. A maioria das pesquisas mostra efeitos mínimos das características demográficas no desempenho do trabalho. Também precisamos estar atentos aos preconceitos implícitos que tenhamos ou que os outros gestores tenham.
- Um processo de seleção efetivo melhorará o ajuste entre funcionários e exigências de trabalho. Uma análise do trabalho fornecerá informações sobre as tarefas que estão sendo realizadas e as habilidades de que os indivíduos precisam para executá-las de maneira adequada. Os candidatos podem então ser testados, entrevistados e avaliados sobre o grau das habilidades necessárias que possuem.
- Decisões de promoção e transferência que afetam indivíduos já pertencentes à organização devem refletir as capacidades do candidato. Tal como acontece com os novos funcionários, deve-se tomar cuidado ao avaliar as capacidades críticas de que o candidato ao cargo precisará no trabalho e compará-las com as dos recursos humanos da empresa.
- Para acomodar funcionários com deficiências, os gestores podem aperfeiçoar o ajuste fino do trabalho, para melhor atender às capacidades do candidato ao cargo. Muitas vezes, modificações sem impacto significativo nas atividades básicas do trabalho, tais como a mudança de equipamento ou reorganização de tarefas dentro do grupo podem adaptar melhor o trabalho para os talentos específicos de um determinado funcionário.
- A gestão da diversidade deve ser um compromisso contínuo que atravessa todos os níveis da organização. Práticas de gestão de grupos, recrutamento, contratação, retenção e desenvolvimento podem ser desenvolvidas para que a diversidade seja usada a favor da vantagem competitiva da empresa.
- Políticas para melhorar o clima para a diversidade podem ser eficazes, desde que sejam desenvolvidas para o reconhecimento das perspectivas de todos os funcionários. Sessões únicas de treinamento de diversidade não são tão eficazes quanto programas abrangentes que tratem o clima da diversidade em múltiplos níveis.

---

Acesse o Site de apoio ao livro (www.grupoa.com.br) e teste seus conhecimentos por meio dos exercícios elaborados para este capítulo.

# Atitudes e satisfação no trabalho

# 3

Aparentemente, temos atitudes em relação a tudo, quer seja sobre nossos líderes, nossa faculdade, nossa família ou nós mesmos. Neste capítulo, vamos considerar as atitudes, suas ligações com o comportamento e como a satisfação ou insatisfação do funcionário com seu emprego afetam o local de trabalho.

## ATITUDES

**Atitudes** são declarações avaliativas — favoráveis ou desfavoráveis — sobre objetos, pessoas ou eventos. Elas refletem a forma como nos sentimos a respeito de algo. Por exemplo, quando você diz "Eu gosto do meu trabalho", está expressando sua atitude sobre o trabalho.

Atitudes são complexas. Se você perguntar às pessoas sobre a atitude delas sobre a religião, a Lady Gaga ou a organização onde trabalham, talvez obtenha uma resposta simples, mas a justificativa por trás é, provavelmente, complexa. Para compreendermos plenamente as atitudes, devemos considerar suas propriedades ou componentes fundamentais.

### Quais são os principais componentes das atitudes?

Normalmente, os pesquisadores entendem que as atitudes têm três componentes: cognitivo, afetivo e comportamental.[1] Vejamos cada um deles:

A afirmação: "Meu salário é baixo" é o **componente cognitivo** de uma atitude — uma descrição ou crença de como as coisas são. Ela prepara o terreno para a parte mais crítica de uma atitude — seu **componente afetivo**. Esse componente é o segmento de emoção e sentimento de uma atitude e se reflete na declaração: "Estou irritado com o pouco que me pagam". O componente afetivo pode levar a resultados comportamentais.

Depois de estudar este capítulo, você será capaz de:
- contrastar os três componentes de uma atitude;
- resumir a relação entre atitudes e comportamentos;
- comparar e contrastar as principais atitudes de trabalho;
- definir satisfação no trabalho e mostrar como podemos medi-la;
- resumir as principais causas de satisfação no trabalho;
- identificar quatro respostas dos funcionários quanto à insatisfação.

O **componente comportamental** de uma atitude descreve uma intenção de se comportar de certa maneira em relação a alguém ou alguma coisa — para continuar o exemplo, "Eu vou procurar outro emprego em que me paguem melhor".

Entender as atitudes como tendo três componentes — cognitivo, afetivo e comportamental — é útil para compreender a sua complexidade e a poderosa relação entre atitudes e comportamentos. É importante ter em mente que esses componentes estão intimamente relacionados; e a cognição e os sentimentos em especial são inseparáveis de muitas maneiras. Por exemplo, imagine que você percebeu que alguém acabou de lhe tratar de modo injusto. Não é de esperar que você tenha sentimentos sobre o que aconteceu e que isso ocorra praticamente junto com a percepção? Assim, cognição e sentimentos estão interligados.

A Figura 3.1 ilustra como os três componentes da atitude estão relacionados. Nesse exemplo, um funcionário não conseguiu a promoção que ele achava que merecia; em vez disso, um colega foi promovido. A atitude do empregado para com o seu supervisor é ilustrada da seguinte forma: o funcionário achava que merecia a promoção (cognição); ele realmente antipatizou com o supervisor (afetivo); e se queixou e tomou uma atitude (comportamento). Como vimos, embora muitas vezes pensemos que a cognição provoca sentimentos e estes, por sua vez, causam o comportamento, na realidade, esses componentes são frequentemente difíceis de serem separados.

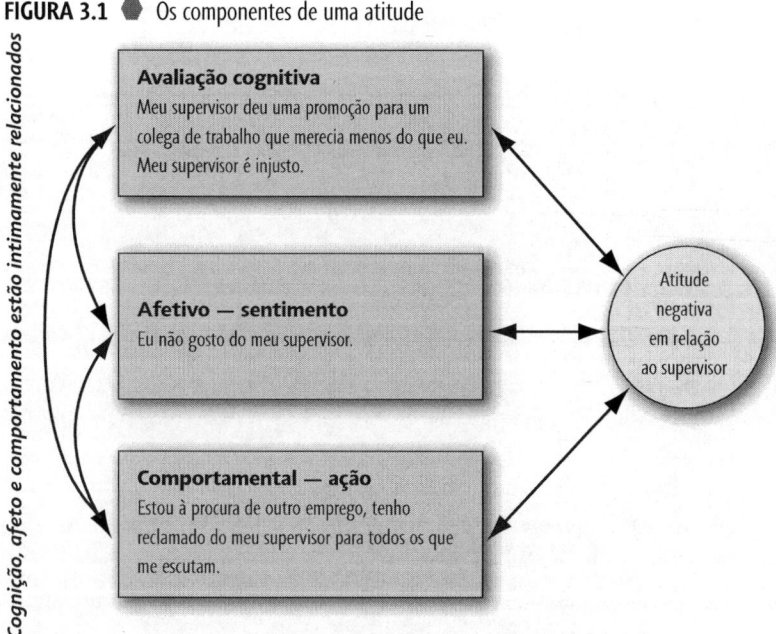

**FIGURA 3.1** ● Os componentes de uma atitude

*Cognição, afeto e comportamento estão intimamente relacionados*

**Avaliação cognitiva**
Meu supervisor deu uma promoção para um colega de trabalho que merecia menos do que eu. Meu supervisor é injusto.

**Afetivo — sentimento**
Eu não gosto do meu supervisor.

**Comportamental — ação**
Estou à procura de outro emprego, tenho reclamado do meu supervisor para todos os que me escutam.

Atitude negativa em relação ao supervisor

Nas organizações, as atitudes são importantes pelo componente comportamental. Se os funcionários acreditam, por exemplo, que os supervisores, os auditores, os chefes e engenheiros de tempos e métodos estão todos conspirando para fazer os empregados trabalhar mais, pela mesma soma de dinheiro, ou até por menos, faz sentido que tentemos entender como essas atitudes são formadas, como elas se relacionam com o comportamento no trabalho e como podem ser mudadas.

## O comportamento é sempre resultado das atitudes?

As primeiras pesquisas sobre as atitudes supunham que elas eram relacionadas casualmente com o comportamento — isto é, as atitudes das pessoas determinam o que elas fazem. O senso comum, também, sugere uma relação. Não é lógico que as pessoas assistam a programas de televisão de que gostem, ou que os funcionários tentem evitar atribuições que lhes sejam desagradáveis?

No entanto, no final da década de 1960, uma revisão das pesquisas desafiou esse suposto efeito das atitudes sobre o comportamento.[2] Um pesquisador — Leon Festinger — argumentou que as atitudes seguem o comportamento. Você já percebeu como as pessoas mudam o que dizem para não contradizer o que elas fazem? Talvez um amigo seu tenha sempre afirmado que a qualidade dos carros americanos não está à altura dos carros importados e que ele nunca teria um carro que não fosse japonês ou alemão. Então, o pai dele lhe dá o último modelo do Ford Mustang e, de repente, ele diz que os carros norte-americanos não são tão ruins assim. Festinger propôs que os casos de atitudes procedentes de comportamento ilustram os efeitos da **dissonância cognitiva**,[3] qualquer incompatibilidade que um indivíduo pode perceber entre duas ou mais atitudes ou entre comportamentos e atitudes. Festinger argumentou que qualquer forma de inconsistência é desconfortável e que as pessoas tentam, portanto, reduzi-la. Elas vão procurar um estado estável, que é o mínimo de dissonância.

Estudos concluíram que, em geral, as pessoas buscam coerência entre suas atitudes, ou entre suas atitudes e seu comportamento.[4] Elas alteram as atitudes ou o comportamento, ou desenvolvem uma racionalização para a discrepância. Executivos da indústria do tabaco são um exemplo disso.[5] Você pode se perguntar: "Como essas pessoas lidam com as constantes revelações sobre os perigos do fumo à saúde?"

- ▶ Eles podem negar qualquer relação causal direta entre o fumo e o câncer.
- ▶ Ao falar continuamente sobre os benefícios do fumo, eles acabam por se convencer de que o tabaco é realmente benéfico.

▶ Eles podem reconhecer as consequências negativas do tabagismo, mas racionalizar que as pessoas vão fumar e que as fábricas de cigarros apenas promovem a liberdade de escolha.
▶ Eles podem aceitar a prova e fazer cigarros menos perigosos ou reduzir sua disponibilidade para os grupos mais vulneráveis, como os adolescentes.
▶ Ou podem deixar seu trabalho, porque a dissonância é muito grande.

Nenhum indivíduo, é claro, pode evitar a dissonância completamente. Você sabe que sonegar impostos é errado, mas altera um pouco os números no seu imposto de renda todos os anos e espera não cair na malha fina. Ou manda seus filhos usarem fio dental, mas você mesmo não faz isso. Festinger propôs que o desejo de reduzir a dissonância depende de três fatores, incluindo a importância dos elementos que a criam e o grau de influência que acreditamos ter sobre eles. Os indivíduos estarão mais motivados a reduzir a dissonância quando a atitude for importante ou quando eles acreditam que a dissonância depende de algo que podem controlar. O terceiro fator é a recompensa da dissonância; altas recompensas que acompanham a alta dissonância tendem a reduzir a tensão inerente a ela (a dissonância é menos angustiante se acompanhada de algo bom, como um salário mais elevado do que o merecido).

Apesar de Festinger ter dito que as atitudes seguem o comportamento, outros pesquisadores se perguntavam se haveria qualquer relação entre elas. Uma pesquisa mais recente mostra que as atitudes preveem o comportamento futuro e confirmaram a ideia de Festinger de que as "variáveis moderadoras" podem fortalecer a ligação.[6]

**VARIÁVEIS MODERADORAS** Os moderadores mais poderosos do relacionamento das atitudes são a *importância* da atitude, sua *correspondência com o comportamento*, sua *acessibilidade*, a presença de *pressões sociais* e se uma pessoa tem *experiência direta* com a atitude.[7]

Atitudes importantes refletem nossos valores fundamentais, o autointeresse, ou a identificação com indivíduos ou grupos que valorizamos. Essas atitudes tendem a mostrar forte relação com nosso comportamento.

Atitudes específicas tendem a prever comportamentos específicos, ao passo que as atitudes gerais tendem a prever melhor os comportamentos gerais. Por exemplo, é bem provável que perguntar a alguém sobre sua intenção de permanecer na empresa nos próximos seis meses seja uma maneira melhor de sabermos se aquela pessoa pretende trocar de emprego do que perguntar se está satisfeita com seu trabalho. Por outro lado, a satisfação no trabalho, de modo geral, poderia prever melhor um comportamento geral, por exemplo, se o indivíduo está envolvido com seu trabalho ou motivado para contribuir com sua organização.[8]

Atitudes que nossa memória pode acessar facilmente têm maior probabilidade de predizer nosso comportamento. Curiosamente, você tem mais propensão a lembrar de atitudes que expressa com frequência. Então, quanto mais você falar sobre sua atitude em um assunto, maior será a probabilidade de se lembrar dela e maior será a probabilidade de ela moldar seu comportamento.

Discrepâncias entre atitudes e comportamento tendem a ocorrer quando a pressão social para se comportar de determinadas maneiras exerce um poder excepcional, como na maioria das organizações. Isso pode explicar por que um funcionário que detém fortes atitudes antissindicais comparece às reuniões de sindicatos ou por que executivos não fumantes da indústria do tabaco, e que tendem a acreditar na pesquisa que relaciona o fumo ao câncer, não desencorajam de maneira ativa os outros a parar de fumar.

Por fim, a relação atitude-comportamento é suscetível de ser muito mais forte se uma atitude se referir a algo com o qual tenhamos uma experiência pessoal direta. É muito menos provável prever um comportamento real perguntando a estudantes universitários, sem experiência de trabalho significativa, como reagiriam ao trabalhar para um supervisor autoritário, do que se fizermos a mesma pergunta a funcionários que realmente trabalharam para tal indivíduo.

## Quais são as principais atitudes no trabalho?

Cada um de nós tem milhares de atitudes, mas o CO dirige nossa atenção para um número muito limitado de atitudes relacionadas ao trabalho. E essas atitudes influenciam as avaliações, positivas ou negativas, que os funcionários têm sobre os aspectos de seus ambientes de trabalho. A maioria das pesquisas em CO analisou três atitudes: a satisfação no trabalho, o envolvimento no trabalho e o comprometimento organizacional.[9] Algumas outras atitudes importantes são o envolvimento dos funcionários e o apoio organizacional percebidos.

> Os indivíduos têm muitos tipos em relação ao trabalho. Das principais atitudes, compromisso organizacional e satisfação no trabalho são as mais estudadas.

Os indivíduos têm muitos tipos de atitudes em relação ao trabalho. Das principais atitudes, comprometimento organizacional e satisfação no trabalho são as mais estudadas.

SATISFAÇÃO NO TRABALHO Quando as pessoas falam de atitudes dos funcionários, elas geralmente se referem à **satisfação no trabalho**, descrita como um sentimento positivo em relação ao emprego, resultante de uma avaliação de suas características. Uma pessoa com alto nível de satisfação no trabalho tem sentimentos positivos sobre o emprego, enquanto alguém com um nível baixo tem sentimentos negativos. Porque os pesquisadores de CO dão uma grande importância à satisfação no trabalho, reveremos essa atitude em detalhes mais adiante neste capítulo.

**ENVOLVIMENTO NO TRABALHO** O **envolvimento no trabalho**[10] está relacionado com a satisfação no trabalho, que mede o grau em que as pessoas se identificam psicologicamente com o seu emprego e a importância que dão aos seus níveis de desempenho percebidos em relação à autovalorização.[11] Os funcionários com alto nível de envolvimento se identificam fortemente com o tipo de trabalho que realizam e se importam com ele. Outro conceito intimamente relacionado é o **empoderamento psicológico**, as crenças dos funcionários no grau até o qual elas influenciam seus ambientes de trabalho, suas competências, o significado de seu emprego e sua autonomia.[12] Um estudo de gestores de enfermagem em Cingapura descobriu que os bons líderes capacitam seus empregados por envolvê-los nas decisões, fazendo-os sentir que seu trabalho é importante e dando-lhes liberdade para "fazer as coisas do seu jeito".[13]

Altos níveis de envolvimento com o trabalho e empoderamento psicológico estão relacionados positivamente com o comportamento de cidadania organizacional (conhecido como CCO, esse é um comportamento discricionário que não faz parte dos requisitos de trabalho formais de um funcionário, mas contribui para o ambiente psicológico e social do local de trabalho) e desempenho.[14] O alto envolvimento no trabalho também está relacionado com poucas faltas e menores taxas de pedidos de demissão.[15]

**COMPROMETIMENTO ORGANIZACIONAL** No **comprometimento organizacional**, um funcionário se identifica com determinada organização e com suas metas e quer continuar pertencendo a ela. A maioria das pesquisas tem se concentrado na ligação emocional com uma organização e na crença em seus valores como o "padrão de excelência" para o comprometimento de um funcionário.[16]

Parece existir uma relação positiva, porém muito modesta, entre o comprometimento organizacional e a produtividade do trabalho.[17] Uma revisão de 27 estudos sugere que a relação entre o comprometimento e o desempenho é mais forte para os funcionários novos, e consideravelmente mais fraca para empregados mais experientes.[18] Curiosamente, a pesquisa indica que os funcionários que julgam que seus empregadores deixam de cumprir suas promessas sentem-se menos comprometidos e essa redução do comprometimento, por sua vez, leva a níveis mais baixos de desempenho criativo.[19] E, assim como acontece com o envolvimento no trabalho, o resultado da pesquisa demonstra que tanto o absentismo quanto a rotatividade estão negativamente relacionados com o comprometimento organizacional.[20]

Modelos teóricos sugerem que os funcionários comprometidos serão menos propensos a procurar outros empregos, mesmo se estiverem insatisfeitos, porque eles têm um senso de lealdade organizacional ou de ligação. Por outro lado, os funcionários que não são comprometidos, que se sentem menos leais à organização, tendem a apresentar níveis mais baixos de comparecimento ao trabalho, quaisquer que sejam suas posições. Pesquisas confirmam essa proposição teórica.[21] Aparentemente, mesmo se os funcionários não estiverem satisfeitos com seu trabalho, estão dispostos a fazer sacrifícios para a organização se são comprometidos o suficiente.

SUPORTE ORGANIZACIONAL PERCEBIDO  **Suporte organizacional percebido (SOP)** é o grau até o qual os funcionários acreditam que a organização valoriza suas contribuições e se preocupa com seu bem-estar (por exemplo, um empregado acredita que sua organização o ajudaria se ele tivesse um problema para cuidar de seus filhos ou que sua empresa o perdoaria no caso de um erro não intencional de sua parte). Pesquisas mostram que as pessoas percebem suas organizações como positivas quando as recompensas são consideradas justas, quando os funcionários têm voz nas decisões e quando sentem que seus supervisores lhes dão apoio.[22] Funcionários com fortes percepções de SOP provaram ter níveis mais altos de comportamentos de cidadania organizacional, menor número de atrasos e melhor prestação de serviços ao cliente.[23] Isso parece ser verdade principalmente em países onde a distância do poder, ou seja, o grau em que as pessoas aceitam que o poder nas instituições e organizações seja distribuído de forma desigual é menor. Nesses países, como os Estados Unidos, as pessoas estão mais propensas a ver o trabalho mais como uma troca do que uma obrigação moral. Isso não quer dizer que SOP não possa ser um preditor em qualquer lugar, com base em uma situação específica. Embora pouca pesquisa intercultural tenha sido feita, um estudo descobriu que o SOP previu o desempenho no trabalho e o comportamento de cidadania de funcionários chineses não tradicionais ou de baixa distância de poder — em suma, aqueles que são mais propensos a ver o trabalho como uma troca, em vez de uma obrigação moral.[24]

ENGAJAMENTO DOS FUNCIONÁRIOS  Um novo conceito é o **engajamento do funcionário**, o envolvimento, a satisfação e o entusiasmo com o trabalho que realiza. Para avaliar isso, poderíamos perguntar aos funcionários sobre a disponibilidade de recursos e as oportunidades de aprender novas habilidades, se eles sentem que seu trabalho é importante e significativo e se suas interações com colegas e supervisores são satisfatórias.[25] Funcionários altamente engajados têm paixão pelo trabalho e sentem uma profunda ligação com suas empresas; funcionários que não estão comprometidos "batem ponto" — dando seu tempo, mas não sua energia, nem sua atenção para o trabalho. O engajamento torna-se uma preocupação real para a maioria das organizações, pois as pesquisas indicam que poucos funcionários — entre 17% e 29% — encontram-se realmente engajados no trabalho. Um estudo com quase 8 mil unidades de negócios em 36 empresas detectou que aquelas cujos funcionários apresentavam níveis mais altos de engajamento tinham níveis mais altos de satisfação do cliente, eram mais produtivas, apresentavam maiores lucros e experimentavam menor rotatividade e menor número de acidentes do que as outras empresas.[26] A MolsonCoors, por exemplo, descobriu que funcionários engajados eram cinco vezes menos propensos a ter problemas de segurança no trabalho e quando um acidente ocorria, era muito menos grave e menos oneroso para um funcionário engajado do que para um não engajado (63 dólares por acidente, contra 392 dólares, respectivamente).[27] A Caterpillar decidiu aumentar o engajamento dos funcionários e registrou queda de 80% nas queixas e aumento de 34% no número de clientes altamente satisfeitos.[28]

Tais resultados promissores sobre o envolvimento do funcionário fizeram seguidores em muitas empresas de negócios e consultorias de gestão. No entanto, o conceito é relativamente novo e ainda gera intenso debate sobre a sua utilidade. Um grupo de pesquisadores concluiu: "O significado do engajamento dos funcionários é ambíguo entre os pesquisadores acadêmicos e os profissionais que o utilizam em conversas com os clientes". Outro crítico chamou o engajamento de "termo guarda-chuva que serve para qualquer coisa".[29] Uma pesquisa mais recente quis esclarecer quais são as dimensões do engajamento do funcionário. Esse trabalho demonstrou que o engajamento é distinto da satisfação e do envolvimento no trabalho; e prediz comportamentos incrementalmente, depois de levarmos em conta essas atitudes tradicionais no trabalho.

**ESSAS ATITUDES NO TRABALHO SÃO MESMO TÃO DISTINTAS?** Você pode se perguntar se as atitudes no trabalho anteriormente mencionadas são de fato distintas. Se as pessoas se sentem profundamente envolvidas por seu trabalho (um alto envolvimento no trabalho), não é provável que gostem dele também (alta satisfação no trabalho)? Indivíduos que acham que sua empresa lhes dá apoio (alto suporte organizacional percebido) não vão também se sentir comprometidos com ela (forte comprometimento organizacional)?

Evidências sugerem que essas atidudes são bastante relacionadas, talvez em um grau preocupante. Por exemplo, a correlação entre o suporte organizacional percebido e o comprometimento afetivo é muito forte.[30] Isso significa que as variáveis podem ser redundantes — se você conhece o comprometimento afetivo de alguém, conhece seu suporte organizacional percebido. Por que a redundância preocupa? Porque ela é ineficiente e confusa. Por que ter dois volantes em um carro quando você só precisa de um? Por que dois conceitos — com diferentes nomes — quando você só precisa de um?

Embora os pesquisadores de CO gostem de propor novas atitudes, muitas vezes não temos sido bons em mostrar como elas se comparam e se contrastam. Há alguma distição, mas elas se sobrepõem bastante, por várias razões, incluindo a personalidade do funcionário. Algumas pessoas têm propensão a ser positivas ou negativas em relação a quase tudo. Se alguém lhe diz que ama sua companhia, pode não significar muito se essa pessoa for positiva em relação a tudo em sua vida. Ou a sobreposição pode significar que algumas organizações são lugares melhores para se trabalhar do que outras. Se você, como gestor, conhece o nível de satisfação no trabalho de alguém, levando isso em conta, saberá quase tudo do que precisa para conhecer como aquela pessoa vê a organização — e pode prever a eficácia do empregado.

## SATISFAÇÃO NO TRABALHO

Já discutimos brevemente a satisfação no trabalho. Agora vamos dissecar o conceito com mais cuidado. Como medimos a satisfação no trabalho? O que faz um funcionário ter alto nível de satisfação no trabalho? Além disso, como é que funcionários insatisfeitos e satisfeitos afetam uma organização?

### Medindo a satisfação no trabalho

Nossa definição de satisfação no trabalho — um sentimento positivo sobre um emprego resultante de uma avaliação de suas características — é claramente ampla.[31] No entanto essa amplitude é apropriada. Um emprego é mais do que manusear papéis, escrever códigos de programação, atender clientes ou dirigir um caminhão. Trabalhos exigem interação com colegas e chefes, seguir as regras e as políticas da empresa, alcançar padrões de desempenho, conviver com as condições de trabalho, entre outras coisas.[32] A avaliação de um funcionário sobre a sua satisfação com o trabalho é, então, uma soma complexa de muitos elementos distintos. Como podemos, então, medir isso?

Duas abordagens são populares. A classificação global única é uma resposta a uma pergunta, como: "Tendo considerado tudo, quão satisfeito você está com o seu trabalho?". Os entrevistados devem circular um número entre 1 e 5, em uma escala que vai de "altamente satisfeito" até "altamente insatisfeito". O segundo método, a somatória das facetas do trabalho, é mais sofisticado. Ele identifica elementos-chave, como a natureza do trabalho, a supervisão, o salário atual, oportunidades de promoção e o relacionamento com os colegas.[33] Os entrevistados avaliam esses elementos em uma escala padronizada, e os pesquisadores adicionam as classificações para criar um resultado total de satisfação no trabalho.

Alguma dessas abordagens é superior? Intuitivamente, somando-se as respostas a uma série de fatores de trabalho, parece provável que consigamos uma avaliação mais precisa da satisfação no trabalho. A pesquisa, no entanto, descarta a intuição.[34] Esse é um daqueles casos raros em que a simplicidade parece funcionar tão bem quanto a complexidade, tornando um método essencialmente tão válido quanto o outro. A melhor explicação é que o conceito de satisfação no trabalho é tão amplo que uma única questão captura a sua essência. Ambos os métodos são úteis.

O método de classificação global única não é muito demorado, e a somatória das facetas de trabalho ajuda os gestores a se concentrar em problemas e lidar com eles mais rapidamente e com mais precisão.

### Quão satisfeitas estão as pessoas com os seus trabalhos?

A maioria das pessoas está satisfeita com seu trabalho? A resposta parece ser um "sim" qualificado nos Estados Unidos e na maioria dos países desenvolvidos. Estudos independentes realizados entre os trabalhadores norte-americanos nos últimos trinta anos em geral indicam que o número de trabalhadores satisfeitos com seus empregos é maior do que o número de insatisfeitos. Mas é importante ter cautela. Dados recentes mostram uma drástica queda nos níveis médios de satisfação no trabalho durante a retração econômica que começou no final de 2007, tanto que apenas cerca de metade dos trabalhadores afirma estar satisfeita com seus empregos atualmente.[35]

A pesquisa também mostra que os níveis de satisfação variam muito, dependendo do aspecto da satisfação no trabalho a que nos referimos. Como mostra a Figura 3.2, as pessoas normalmente têm estado mais satisfeitas com seus empregos de modo geral, com o trabalho em si e com seus

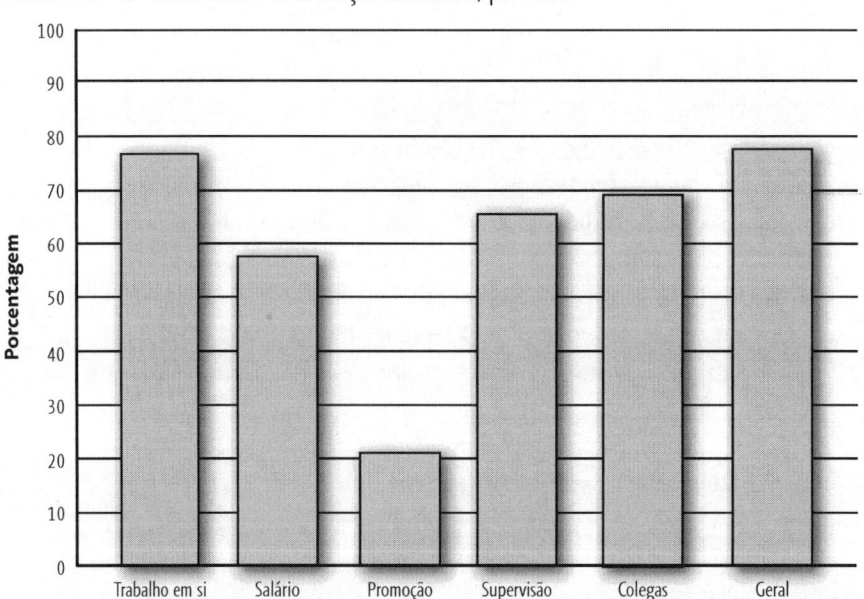

**FIGURA 3.2** Níveis médios de satisfação no trabalho, por faceta

supervisores e colegas do que com salários e oportunidades de promoção. Não está muito claro por que as pessoas estão descontentes com seus salários ou as possibilidades de promoção mais do que com os outros aspectos de seus empregos.[36]

Apesar de a satisfação no trabalho parecer relevante em todas as culturas, isso não significa que não haja diferenças culturais. Pesquisas sugerem que os funcionários em culturas ocidentais têm níveis de satisfação no trabalho mais altos do que aqueles em culturas orientais.[37] A Figura 3.3 fornece os resultados de um estudo global dos níveis de satisfação no trabalho de trabalhadores em quinze países. (Esse estudo incluiu 23 países, mas, para fins de apresentação, relatamos somente os resultados dos maiores.) Como a figura mostra, os mais altos níveis aparecem nos Estados Unidos e na Europa Ocidental. Será que os funcionários em culturas ocidentais têm empregos melhores? Ou apenas são mais positivos (e menos autocríticos)? Apesar de ambos os fatores estarem provavelmente em jogo, as evidências sugerem que os indivíduos em culturas orientais acham que as emoções negativas são menos aversivas e isso não acontece da mesma maneira em culturas ocidentais.[38] Os indivíduos em culturas ocidentais tendem a enfatizar as emoções positivas e a felicidade individual. Isso pode explicar por que os funcionários em culturas ocidentais, como nos Estados Unidos e na Escandinávia, são mais propensos a ter níveis mais elevados de satisfação.

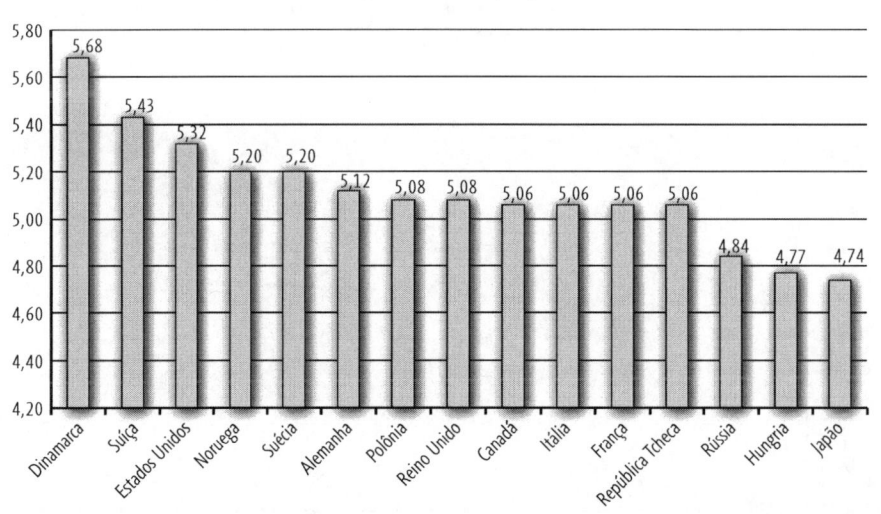

**FIGURA 3.3** ● Níveis médios de satisfação no trabalho por país

|  |  |
|---|---|
| Dinamarca | 5,68 |
| Suíça | 5,43 |
| Estados Unidos | 5,32 |
| Noruega | 5,20 |
| Suécia | 5,20 |
| Alemanha | 5,12 |
| Polônia | 5,08 |
| Reino Unido | 5,08 |
| Canadá | 5,06 |
| Itália | 5,06 |
| França | 5,06 |
| República Tcheca | 5,06 |
| Rússia | 4,84 |
| Hungria | 4,77 |
| Japão | 4,74 |

Obs.: Os números representam os níveis médios de satisfação no trabalho em cada país, avaliados em uma escala de 1 = muito insatisfeito a 10 = muito satisfeito.

Fonte: M. Benz e B. S. Frey, "The Value of Autonomy: Evidence from the Self-Employed in 23 Countries", *Journal of Economic Behavior and Organization* 68, (2008), p. 445–455.

## O que causa a satisfação no trabalho?

Pense no melhor emprego que você já teve. Por que aquele foi seu melhor emprego? Provavelmente porque você gostava do trabalho que executava e também das pessoas com as quais trabalhava. Trabalhos interessantes que oferecem treinamento, variedade, independência e controle satisfazem a maioria dos funcionários.[39] Há também uma forte relação entre a forma como as pessoas gostam do contexto social de seu local de trabalho e o quanto estão satisfeitas de modo geral. Independência, feedback, apoio social e interação com os colegas fora do local de trabalho estão fortemente relacionados com a satisfação no trabalho, mesmo depois de considerarmos as características do trabalho em si.[40]

Você já deve ter notado que muitas vezes o assunto remuneração surge na conversa quando as pessoas estão discutindo a satisfação no trabalho. Para as pessoas que são pobres ou que vivem em países menos ricos, o pagamento se correlaciona com a satisfação no trabalho e a felicidade em geral. Mas, uma vez que o indivíduo atinge um nível de vida confortável (nos Estados Unidos, isso ocorre quando o salário anual é cerca de US$ 40.000, dependendo da região e do tamanho da família), a relação entre o salário e a satisfação no trabalho praticamente desaparece. As pessoas que ganham US$ 80.000 não são, em média, mais contentes do que aquelas que ganham perto de US$ 40.000. Observe a Figura 3.4. Ela mostra a relação entre a remuneração média e o nível médio de satisfação no trabalho.

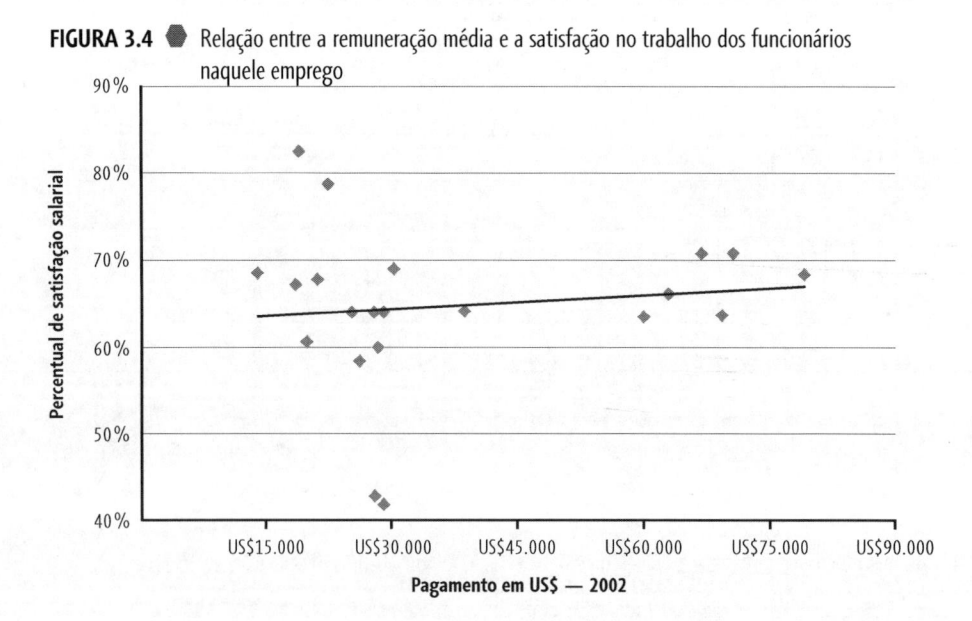

**FIGURA 3.4** Relação entre a remuneração média e a satisfação no trabalho dos funcionários naquele emprego

Fonte: Judge, T. A., Piccolo, R. F., Podsakoff, N. P., Shaw, J. C., e Rich, B. L., "The Relationship Between Pay and Job Satisfaction: A Meta-Analysis of the Literature", *Journal of Vocational Behavior* 77 (2010), p. 157–167.

Como você pode ver, não há muita relação. Empregos bem remunerados não têm níveis de satisfação maiores do que aqueles que pagam menos. Um pesquisador inclusive chegou à conclusão de que não havia diferença significativa quando o bem-estar das pessoas mais ricas citadas na revista *Forbes' 400* era comparado com o bem-estar de pastores masai na África Oriental.[41]

O dinheiro não motiva as pessoas, como descobriremos em um capítulo posterior. Mas o que nos motiva não é necessariamente o mesmo que nos torna felizes. Uma pesquisa recente da Universidade da Califórnia em Los Angeles e do Conselho de Educação Americano constatou que os calouros consideravam se tornar "muito bem financeiramente" a opção número 1 em uma lista de 19 objetivos. Essa opção vinha antes de escolhas como ajudar os outros, ter uma família ou tornar-se proficiente em uma meta acadêmica. Talvez seu objetivo não seja ser feliz. Mas se for, o dinheiro provavelmente não vai te ajudar muito a chegar lá.[42]

A satisfação no trabalho não está relacionada somente com as condições de trabalho. A personalidade também desempenha um papel importante. Pesquisas mostram que as pessoas que têm autoavaliação básica (AB) positiva — que acreditam no seu valor interno e em sua competência básica — estão mais satisfeitas com seus empregos do que aquelas com AB negativa. Além de verem seu emprego como mais gratificante e desafiador, elas são mais propensas a gravitar em torno de trabalhos desafiadores, em primeiro lugar. As pessoas com AB negativa definem metas menos ambiciosas e são mais propensas a desistir quando se confrontam com dificuldades. Dessa forma, têm mais chances de estarem em empregos chatos e repetitivos do que aquelas com AB positiva.[43]

## O impacto de funcionários satisfeitos e insatisfeitos no local de trabalho

O que acontece quando os funcionários gostam de seus empregos e quando não gostam deles? Um modelo teórico — o quadro de saída/voz/lealdade/negligência — é útil para a compreensão das consequências da insatisfação. As quatro respostas desse quadro diferem ao longo de duas dimensões: construtiva/destrutiva e ativa/passiva. As respostas são as seguintes:[44]

> ▶ Saída. A resposta de saída direciona o comportamento para a saída da organização, incluindo a procura por uma nova posição, bem como o pedido de demissão.
> ▶ Voz. A resposta de voz inclui a tentativa de melhorar as condições de forma ativa e construtiva, incluindo sugestões, melhorias, discussão de problemas com superiores e a realização de algumas formas de atividades sindicais.

A maioria dos funcionários está satisfeita com seus empregos, porém quando não está pode-se esperar uma série de ações em resposta às insatisfações.

▶ **Lealdade.** A resposta de lealdade significa esperar passivamente, mas de maneira otimista, pela melhora das condições, inclusive defender a empresa da crítica externa e confiar na organização e que os gestores "façam a coisa certa".
▶ **Negligência.** A resposta de negligência permite, de maneira passiva, que as condições piorem e inclui absentismo ou atrasos, menor esforço e aumento da taxa de erros.

A maioria dos funcionários está satisfeita com seus empregos, porém, quando não está pode-se esperar uma série de ações em resposta às insatisfações.

Os comportamentos de saída e negligência abrangem nossas variáveis de desempenho — produtividade, absentismo e rotatividade. Mas esse modelo expande a resposta do empregado e inclui voz e lealdade — comportamentos construtivos que permitem que os indivíduos tolerem situações desagradáveis ou restabeleçam condições de trabalho satisfatórias. Eles nos ajudam a compreender situações, como, por vezes, as que encontramos entre os trabalhadores sindicalizados, para quem a baixa satisfação no trabalho está associada com o baixo nível de rotatividade.[45] Os membros de sindicatos frequentemente expressam sua insatisfação pelo procedimento de queixa ou de negociações de contrato formais. Esses mecanismos de voz permitem que eles continuem em seus empregos, enquanto se convencem de que estão agindo para melhorar a situação.

Esse quadro é tão útil quanto, de certa maneira, geral. Vamos agora discutir os resultados mais específicos da satisfação no trabalho e da insatisfação no local de trabalho.

**SATISFAÇÃO NO TRABALHO E DESEMPENHO NO TRABALHO** Como vários estudos concluíram, trabalhadores satisfeitos têm mais propensão a serem trabalhadores produtivos. Alguns pesquisadores costumavam acreditar que a relação entre satisfação no trabalho e desempenho no trabalho era um mito. Mas uma revisão de trezentos estudos sugeriu que a correlação é bastante forte.[46] À medida que avançamos a partir do nível individual para o nível organizacional, também encontramos a confirmação da relação satisfação-desempenho.[47] Quando reunimos dados de satisfação e produtividade para a organização como um todo, vemos que as organizações com empregados mais satisfeitos tendem a ser mais eficazes do que aquelas onde há menos empregados satisfeitos.

**SATISFAÇÃO NO TRABALHO E O CCO** Parece lógico supor que a satisfação no trabalho deve ser um dos principais determinantes do **comportamento de cidadania organizacional** de um empregado (CCO), o comportamento discricionário que não faz parte dos requisitos de trabalho formais de um funcionário e que contribui para o ambiente psicológico e social do local de trabalho.⁴⁸ Funcionários satisfeitos parecem mais propensos a falar de forma positiva sobre a organização, a ajudar os outros e a ir além das expectativas normais de seu trabalho, talvez como forma de retribuição por suas experiênicas positivas. Coerentes com esse pensamento, as evidências sugerem que a satisfação no trabalho seja moderadamente relacionada com o CCO; as pessoas que estão mais satisfeitas com seus empregos são mais propensas a se envolver no CCO.⁴⁹ Por quê? Percepções de imparcialidade ajudam a explicar a relação.⁵⁰ Além disso, aquelas que sentem que seus colegas de trabalho as apoiam são mais propensas a se envolver em comportamentos úteis, enquanto as pessoas que têm relações antagônicas com os colegas de trabalho são menos propensas a isso.⁵¹ Os indivíduos com certos traços de personalidade também são mais satisfeitos com seu trabalho, o que, por sua vez, os leva a ficarem envolvidos em mais CCO.⁵² Por fim, a pesquisa mostra que, quando as pessoas estão de bom humor, são mais propensas a se envolver em CCO.⁵³

**SATISFAÇÃO NO TRABALHO E SATISFAÇÃO DO CLIENTE** Como observamos no Capítulo 1, os funcionários que trabalham com serviços muitas vezes interagem com os clientes. Porque os gestores da empresa de serviços devem se preocupar em agradar os clientes, é razoável perguntar: "A satisfação do funcionário está relacionada com os resultados positivos dos clientes?". Para os funcionários da linha de frente que têm contato regular com o cliente, a resposta é "sim". Funcionários satisfeitos aumentam a satisfação e a lealdade do cliente.⁵⁴

Uma série de empresas está atuando com essas evidências. O primeiro valor fundamental da varejista on-line Zappos "Deliver WOW through service" (Boas surpresas através do serviço, em uma tradução livre) parece bastante óbvio, mas a maneira que a Zappos faz isso, não. Os funcionários são incentivados a "criar diversão e um pouco de estranheza" e têm uma liberdade incomum de ação para fazer que os clientes fiquem satisfeitos; eles são encorajados a usar a imaginação, incluindo o envio de flores para clientes insatisfeitos; e a Zappos ainda oferece US$ 2.000 para que desistam do emprego depois do treinamento (para eliminar aqueles que não estão tão entusiasmados com o trabalho).⁵⁵ Outras organizações parecem funcionar de maneira completamente oposta, ou seja, ignorando o efeito que a satisfação no trabalho tem sobre a experiência do cliente. Na indústria da aviação, por exemplo, dois relatórios independentes — um sobre a Administração de Segurança de Transportes (AST) e outro sobre as queixas dos passageiros de linhas aéreas — argumentam que o moral baixo do empregado foi um fator que enfraqueceu a satisfação dos passageiros de forma determinante. Na US Airways, os funcionários postam comentários em blogs como "Nossos aviões [sic] cheiram mal" e, outro comentou, "Como posso ter orgulho desse produto?".⁵⁶

**SATISFAÇÃO NO TRABALHO E ABSENTISMO** Vemos uma relação negativa consistente entre a satisfação e o absentismo, mas ela está entre moderada e fraca.[57] Embora certamente faça sentido que os funcionários insatisfeitos sejam mais propensos a faltar ao trabalho, outros fatores afetam o relacionamento. As organizações que são liberais em fornecer benefícios de licença médica estão incentivando todos os funcionários — inclusive aqueles altamente satisfeitos — a tirar dias de folga. Você pode encontrar um emprego satisfatório, mas mesmo assim desejará desfrutar de um fim de semana de três dias, se não houver descontos ou penalidades. Quando numerosos postos de trabalho alternativos estão disponíveis, os funcionários insatisfeitos têm altas taxas de ausência, mas quando há poucos, eles têm a mesma taxa (baixa) de ausência que os funcionários satisfeitos.[58]

**SATISFAÇÃO NO TRABALHO E ROTATIVIDADE** A relação entre a satisfação no trabalho e a rotatividade é mais forte do que a satisfação e o absentismo.[59] A relação satisfação-rotatividade também é afetada por perspectivas de empregos alternativos. Se um empregado recebe uma oferta de trabalho, sem que esteja procurando um novo emprego, a insatisfação no trabalho é menos preditiva de rotatividade, porque é mais provável que ele deixe o emprego em resposta ao "vá" (o novo emprego que é sedutor) do que em resposta ao "fique" (o emprego atual que não é tão atrativo). Da mesma forma, é mais provável que a insatisfação no trabalho seja traduzida pela rotatividade quando as oportunidades de emprego são abundantes, porque os funcionários percebem que a mudança é fácil. Por fim, quando os funcionários têm alto "capital humano" (educação superior, alta capacidade), é bem provável que a insatisfação no trabalho se traduza em rotatividade, pois eles percebem ou sabem que têm muitas alternativas disponíveis.[60]

**SATISFAÇÃO NO TRABALHO E DESVIO COMPORTAMENTAL NO TRABALHO** A insatisfação no trabalho e relações antagônicas com colegas preveem uma variedade de comportamentos que as organizações consideram indesejáveis, incluindo reclamações pelo sindicato, abuso de substâncias, roubos no trabalho, socialização indevida e atrasos. Os pesquisadores argumentam que esses comportamentos são indicadores de uma síndrome mais ampla, chamada *comportamento indevido no local de trabalho* (ou *comportamento contraprodutivo* ou *retraimento do funcionário*).[61] Se os funcionários não gostam de seus ambientes de trabalho, vão responder de alguma forma, ainda que nem sempre seja fácil prever exatamente *como*. Um funcionário pode pedir demissão. Outro pode usar o tempo de trabalho para navegar na Internet ou levar para casa suprimentos do escritório para uso pessoal. Em suma, os trabalhadores que não gostam de seus empregos "se vingam" de várias maneiras — e como essas formas podem ser bem criativas, somente o controle do comportamento, por exemplo, uma política de controle de faltas, deixará a raiz do problema intacta. Para controlar efetivamente as consequências indesejáveis da insatisfação no trabalho, os empregadores devem atacar a origem do problema — a insatisfação — em vez de tentar controlar as diferentes respostas.

GESTORES MUITAS VEZES "NÃO ENTENDEM" Dadas as evidências do que acabamos de examinar, o fato de a satisfação no trabalho poder afetar o resultado não deve ser nenhuma surpresa. Um estudo realizado por uma empresa de consultoria de gestão separou grandes organizações quanto ao moral elevado (mais de 70% dos funcionários expressaram satisfação no trabalho em geral), médio ou baixo (menos de 70%). Os preços das ações das empresas do grupo de alto moral cresceram 19,4%, em comparação com os 10% do grupo de médio ou baixo moral. Apesar desses resultados, muitos gestores não se preocupam com a satisfação no trabalho dos seus funcionários. Outros ainda superestimam quão satisfeitos seus funcionários estão com seus empregos e, então, não acham que haja problemas quando na verdade eles existem. Em um estudo de 262 grandes empresas, 86% dos gestores em cargos mais altos acreditavam que suas empresas tratavam bem seus funcionários, mas apenas 55% dos funcionários concordavam com isso. Outro estudo descobriu que 55% dos gestores achavam que o moral nas suas organizações era bom, comparado com somente 38% dos funcionários.[62]

Levantamentos regulares podem reduzir as lacunas entre o que os gestores acham que os funcionários sentem e o que estes realmente sentem. Isso pode afetar os resultados em pequenos pontos de franquia, bem como em grandes empresas. Por exemplo, Jonathan McDaniel, gerente de um restaurante KFC em Houston, revê as opiniões de seus funcionários a cada três meses. Alguns resultados o fizeram promover mudanças, como deixar que seus funcionários opinem mais sobre seus dias de folga. Além disso, McDaniel acredita que o próprio processo seja valioso. "Eles realmente adoram dar suas opiniões", diz ele. "Essa é a parte mais importante do processo — que tenham voz, e que ela seja ouvida". As pesquisas não são uma panaceia, mas se as atitudes de trabalho são tão importantes quanto acreditamos, as organizações precisam descobrir onde elas podem ser melhoradas.[63]

## RESUMO E IMPLICAÇÕES PARA OS GESTORES

Os gestores devem se interessar pelas atitudes de seus funcionários, porque estas emitem sinais de problemas latentes e influenciam comportamentos. A criação de uma força de trabalho satisfeita dificilmente será garantia de um desempenho organizacional bem-sucedido, mas as evidências sugerem fortemente que qualquer coisa que os gestores façam para melhorar as atitudes dos funcionários resultará em uma eficácia organizacional mais elevada, que atingirá a alta satisfação do cliente — e os lucros. Algumas lições a serem guardadas do estudo das atitudes incluem:

> A satisfação no trabalho está relacionada com a eficácia — um grande estudo organizacional detectou que as unidades de negócios cujos funcionários tinham uma média alta dos níveis de engajamento apresentavam níveis mais altos de satisfação do cliente e níveis mais baixos de rotatividade e acidentes. Mantendo-se os demais parâmetros iguais, isso impele claramente as organizações a terem uma força de trabalho satisfeita.

- ▶ Positividade. Funcionários satisfeitos e comprometidos têm menores taxas de rotatividade, absentismo e comportamento de retraimento. Eles também têm melhor desempenho no trabalho. Dado que os gestores querem manter baixas as taxas de pedidos de demissão e faltas — especialmente entre seus funcionários mais produtivos —, eles vão querer fazer coisas que gerem atitudes positivas no emprego.
- ▶ Medição válida. Os gestores também vão querer medir as atitudes de trabalho de forma eficaz, para que possam dizer como os funcionários estão reagindo ao seu trabalho. Como um estudo afirmou, "Uma medição perfeita da atitude no trabalho em geral é uma das mais importantes informações que uma empresa pode ter a respeito de seus funcionários".[64]
- ▶ Atratividade do emprego. A coisa mais importante que os gestores podem fazer para aumentar a satisfação dos funcionários é se concentrar nas partes intrínsecas do trabalho, tal como fazer com que ele seja desafiador e interessante.
- ▶ Mais que o dinheiro. Pagar mal os empregados não atrairá empregados de alta qualidade para a empresa, nem manterá os de alto desempenho, porém os gestores devem perceber que provavelmente o alto salário sozinho não criará um ambiente de trabalho satisfatório.

---

Acesse o Site de apoio ao livro (www.grupoa.com.br) e teste seus conhecimentos por meio dos exercícios elaborados para este capítulo.

# Emoções e humores

## 4

Considerando que as emoções desempenham um papel óbvio em nossa vida, você pode ficar surpreendido ao saber que até recentemente a área do CO dava pouca atenção ao tópico das emoções.[1] Por quê? Nós oferecemos duas explicações possíveis.

A primeira é o mito da racionalidade.[2] Até recentemente, o protocolo do mundo do trabalho punha um freio sobre as emoções. Uma organização bem administrada não permitia que seus funcionários expressassem emoções, pois elas eram consideradas a antítese da racionalidade. Embora pesquisadores e gestores soubessem que as emoções eram uma parte inseparável da vida cotidiana, tentavam criar organizações totalmente desprovidas de emoções.

A segunda explicação é a crença de que as emoções eram perturbadoras.[3] Pesquisadores consideravam que fortes emoções negativas — especialmente a raiva — interfeririam na capacidade de um funcionário trabalhar com eficiência. Eles raramente viam as emoções como construtivas ou positivas.

É certo que as emoções expostas na hora errada podem prejudicar o desempenho. Mas os funcionários trazem as suas emoções para o trabalho todos os dias e nenhum estudo do CO seria completo sem que o papel delas no comportamento no local de trabalho fosse considerado.

Depois de estudar este capítulo, você será capaz de:
- diferenciar emoções de humores e listar as emoções e os humores básicos;
- identificar as fontes de emoções e humores;
- mostrar o impacto que o esforço emocional tem sobre os trabalhadores;
- comparar as evidências a favor e contra a existência da inteligência emocional;
- aplicar os conceitos sobre as emoções e os humores em questões específicas do CO;
- comparar a experiência, a interpretação e a expressão das emoções nas diferentes culturas.

## O QUE SÃO EMOÇÕES E HUMORES?

Em nossa análise, vamos precisar de três termos que estão intimamente interligados: afeto, emoções e humores.

**Afeto** é um termo genérico que cobre uma ampla gama de sentimentos que as pessoas experienciam, incluindo as emoções e os humores.[4] **Emoções** são os sentimentos intensos direcionados a alguém ou a algo.[5] **Humores** são sentimentos menos intensos do que as emoções e muitas vezes (mas nem sempre) surgem sem que um evento específico aja como estímulo.[6] A Figura 4.1 mostra as características de cada um e a relação entre eles.

**FIGURA 4.1** Afeto, emoções e humores

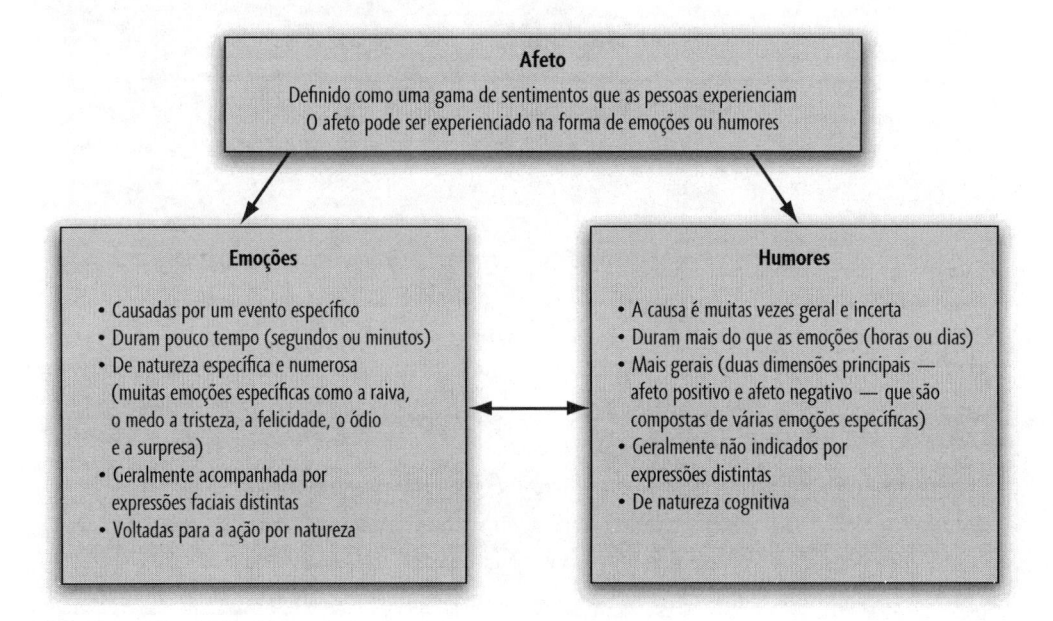

**Afeto**
Definido como uma gama de sentimentos que as pessoas experienciam
O afeto pode ser experienciado na forma de emoções ou humores

**Emoções**
- Causadas por um evento específico
- Duram pouco tempo (segundos ou minutos)
- De natureza específica e numerosa (muitas emoções específicas como a raiva, o medo a tristeza, a felicidade, o ódio e a surpresa)
- Geralmente acompanhada por expressões faciais distintas
- Voltadas para a ação por natureza

**Humores**
- A causa é muitas vezes geral e incerta
- Duram mais do que as emoções (horas ou dias)
- Mais gerais (duas dimensões principais — afeto positivo e afeto negativo — que são compostas de várias emoções específicas)
- Geralmente não indicados por expressões distintas
- De natureza cognitiva

A maioria dos especialistas acredita que as emoções sejam mais fugazes do que os humores.[7] Por exemplo, se alguém é rude com você, você vai sentir raiva. Esse sentimento intenso, provavelmente, vem e vai muito rápido, talvez em questão de segundos. O mau humor, porém, pode durar várias horas.

As emoções são reações a uma pessoa ou a um evento. Você mostra suas emoções quando está "feliz com alguma coisa, com raiva de alguém, com medo de algo".[8] Os humores, em contrapartida, não costumam ser dirigidos a uma pessoa ou a um evento. Mas as emoções podem se transformar em humores quando você perde o foco no evento ou no objeto que iniciou o sentimento. E, por isso mesmo, bons ou maus humores podem torná-lo mais emocional na sua resposta a um evento.

Assim, quando um colega critica o modo como você falou com um cliente, você pode mostrar emoção em relação a um objeto específico, mas quando a emoção pontual se dissipa, você pode apenas se sentir desanimado. Você não consegue atribuir esse sentimento a um único evento, apenas não está no seu estado habitual. Você pode então reagir de modo além do normal a outros eventos. Esse estado de afeto descreve um humor.

Primeiro, como a figura mostra, afeto é um termo amplo que engloba as emoções e os humores. Segundo, há diferenças entre as emoções e os humores. Algumas dessas diferenças são mais sutis do que as que foram discutidas anteriormente. Por exemplo, ao contrário dos humores, as emoções tendem a ser mais claramente reveladas pelas expressões faciais. Além disso, algumas emoções podem nos direcionar para uma ação — elas podem nos levar a alguma ação imediata — enquanto os humores podem ser mais cognitivos, ou seja, nos fazem pensar ou ficar preocupados.[9]

Por fim, as emoções e os humores estão intimamente ligados e podem influenciar um ao outro. Conseguir o emprego dos seus sonhos pode gerar uma emoção de alegria, que provavelmente deixará você de bom humor por muitos dias. Da mesma forma, se você estiver de bom ou de mau humor, pode experienciar uma emoção, positiva ou negativa, mais intensa do que o normal.

O afeto, as emoções e os humores são separáveis em teoria; na prática, a distinção nem sempre é tão clara. Em algumas áreas, os pesquisadores têm estudado principalmente os humores, e em outras sobretudo as emoções. Então, quando revisarmos os tópicos do CO a respeito de emoções e humores, você poderá ter mais informações sobre as emoções em uma área e sobre os humores em outra. Essa é simplesmente a situação da pesquisa.

## As emoções básicas

Por haver uma gama tão ampla de emoções, os pesquisadores têm tentado limitá-las a um conjunto básico.[10] Entretanto alguns argumentam que não faz sentido pensar em termos de emoções "básicas", porque mesmo as que raramente experienciamos, como o choque, podem ter um efeito poderoso sobre nós.[11]

É provável que psicólogos ou filósofos jamais concordem completamente sobre esse conjunto de emoções básicas. Ainda assim, muitos pesquisadores concordam sobre seis emoções essencialmente universais — a raiva, o medo, a tristeza, a felicidade, o ódio e a surpresa.[12] Alguns até as colocam em uma ordem: felicidade – surpresa – medo – tristeza – raiva – ódio.[13] Quanto mais próximas duas dessas emoções estiverem uma da outra, mais as pessoas provavelmente vão confundi-las. Às vezes, nós confundimos felicidade com surpresa, mas é raro misturarmos felicidade com ódio. Além disso, como veremos mais adiante, fatores culturais podem influenciar as interpretações.

## Os humores básicos: afeto positivo e afeto negativo

Uma maneira de classificar as emoções é identificando se elas são positivas ou negativas.[14] Emoções positivas — tais como a alegria e a gratidão — expressam uma avaliação ou sentimento favorável. As emoções negativas — tais como a raiva ou a culpa — expressam o oposto. Tenha em mente que as emoções não podem ser neutras. Ser neutro é ser alguém sem emoções.[15]

Quando agrupamos as emoções em categorias positivas e negativas, elas se tornam estados de humor, porque agora estamos olhando para elas de maneira mais geral em vez de isolarmos uma emoção em particular. Na Figura 4.2, animado é um perfeito indicador de afeto positivo alto, ao passo que entediado é um perfeito indicador de afeto positivo baixo. Nervoso é um perfeito indicador de afeto negativo alto; descontraído é um perfeito indicador de afeto negativo baixo. Por fim, algumas emoções, tais como satisfação (uma mistura de afeto positivo alto e afeto negativo baixo) e tristeza (uma mistura de afeto positivo baixo e afeto negativo alto) estão no meio delas. Algumas emoções, como a surpresa, não se encaixam bem nesse modelo, porque não são tão claramente positivas ou negativas.

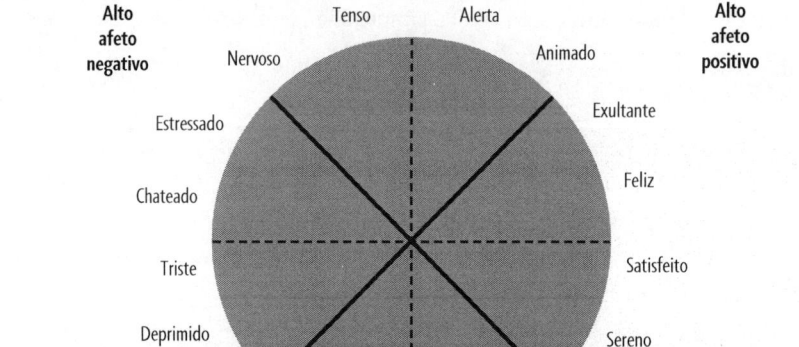

**FIGURA 4.2** A estrutura do humor

Assim, podemos entender o **afeto positivo** como uma dimensão de humor que consiste em emoções positivas tais como a animação e alegria no ponto alto e tédio e cansaço no ponto baixo. O **afeto negativo** é uma dimensão de humor composta por nervosismo, estresse e ansiedade, na extremidade alta, e descontração e equilíbrio, na extremidade baixa. (*Observação*: afeto positivo e afeto negativo são humores. Estamos usando esses rótulos, em vez de humor positivo e humor negativo, porque é assim que os pesquisadores os rotulam.)

As emoções negativas tendem a se tornar humores negativos. As pessoas pensam nos eventos que criaram fortes emoções negativas por um tempo cinco vezes maior do que nos eventos que geraram emoções positivas.[16] Portanto, devemos esperar que as pessoas recordem experiências negativas mais facilmente do que as positivas. Talvez uma das razões seja porque as experiências negativas costumam ser mais incomuns. De fato, pesquisas encontram um **deslocamento positivo**, isto é, na entrada zero (quando nada em particular está acontecendo) a maioria dos indivíduos experiencia um humor ligeiramente positivo.[17] Assim, para a maioria das pessoas, humores positivos são mais comuns do que os humores negativos.

Será que o grau em que as pessoas experienciam essas emoções positivas e negativas varia entre culturas? Sim. Na China, as pessoas relatam experienciar menos emoções positivas e negativas do que indivíduos de outras culturas, e as emoções que experienciam são menos intensas. As pessoas na maioria das culturas parecem experienciar certas emoções positivas e negativas, mas a frequência e a intensidade variam em algum grau.[18] Apesar dessas diferenças, as pessoas de todo o mundo interpretam as emoções negativas e as positivas praticamente do mesmo modo. Todos vemos as emoções negativas como perigosas e destrutivas e desejamos emoções positivas, tais como o amor e a felicidade. No entanto, algumas culturas valorizam certas emoções mais do que outras. O brio, por exemplo, é geralmente uma emoção positiva em culturas ocidentais individualistas, como a dos Estados Unidos, mas culturas orientais como a da China o veem como indesejável.[19]

## A função das emoções

SERÁ QUE AS EMOÇÕES NOS TORNAM IRRACIONAIS? O famoso astrônomo Carl Sagan uma vez disse que quando as pessoas têm emoções fortes, elas tendem a ser menos honestas consigo mesmas. Essa observação sugere que a racionalidade e a emoção estejam em conflito e que se você demonstrar emoção estará propenso a agir de modo irracional. Alguns postulam que demonstrar emoções tais como tristeza a ponto de chorar é tão tóxico para uma carreira que devemos sair da sala em vez de permitir que outras pessoas testemunhem nossas lágrimas.[20] Essas perspectivas sugerem que a demonstração ou mesmo a experiência de emoções podem nos tornar irracionais. No entanto, cada vez mais a pesquisa mostra que as emoções são realmente fundamentais para o pensamento lógico.[21]

Vamos considerar Phineas Gage, um trabalhador de estrada de ferro em Vermont. Certo dia de setembro de 1848, enquanto Gage montava uma carga explosiva no trabalho, uma barra de ferro de mais de um metro atravessou o lado esquerdo de sua mandíbula e saiu pela parte superior do crânio.

Fato extraordinário, Gage sobreviveu a essa grave lesão. Ele ainda era capaz de ler e falar e se apresentou bem acima da média em testes de capacidade cognitiva. No entanto, ficou claro que ele tinha perdido a capacidade de sentir emoção. A incapacidade de Gage para expressar emoções acabou tirando sua capacidade de raciocinar. Apesar de ser um homem inteligente, cujas habilidades intelectuais haviam saído ilesas do acidente, ele começou a fazer escolhas irracionais sobre sua vida e muitas vezes se comportou de forma estranha e contra seus próprios interesses. Ao comentar sobre as condições de Gage, um especialista disse: "A razão pode não ser tão pura quanto a maioria de nós pensa que é ou gostaria que fosse [...] emoções e sentimentos podem não ser intrusos no bastião da razão: eles podem estar entremeados na sua rede, para o bem e para o mal".[22]

O exemplo de Phineas Gage mostra que as emoções são críticas para o raciocínio lógico. Devemos ter a capacidade de experienciar emoções para sermos racionais. Por quê? Porque nossas emoções fornecem informações importantes sobre a forma como entendemos o mundo que nos rodeia. A chave para uma boa tomada de decisão é empregar tanto a razão quanto o sentimento em nossas decisões.

**AS EMOÇÕES NOS TORNAM ÉTICOS?** Um crescente corpo de pesquisa começou a examinar a relação entre as emoções e as atitudes morais.[23] Antes, acreditava-se que, assim como a tomada de decisão em geral, as tomadas de decisão mais éticas eram baseadas em processos cognitivos de alta ordem, mas a pesquisa sobre as emoções morais questiona cada vez mais essa perspectiva. Exemplos de emoções morais incluem compaixão pelo sofrimento dos outros, culpa sobre nosso próprio comportamento imoral, raiva sobre a injustiça feita aos outros, desprezo por quem se comporta de forma antiética e aversão por violações das normas morais. Numerosos estudos sugerem que essas reações são em grande parte baseadas em sentimentos em vez de somente a cognição. Pessoas que se comportam de forma ética estão, pelo menos parcialmente, tomando decisões com base em suas emoções e sentimentos, e essa reação emocional sempre será algo bom.

## Fontes de emoções e humores

Alguma vez você já disse: "Hoje acordei com o pé esquerdo"? Alguma vez você já se exasperou com um colega de trabalho ou com um membro da família sem que houvesse qualquer razão? Se a resposta é sim, isso provavelmente faz você se perguntar de onde vêm as emoções e os humores. Aqui, discutiremos algumas das principais influências.

**PERSONALIDADE** Humores e emoções têm um componente característico: a maioria das pessoas tem dentro de si tendências a experienciar certos tipos de humores e emoções com mais frequência do que os outros. As pessoas também experimentam as mesmas emoções com diferentes intensidades. Compare o ex-técnico Bobby Knight* com o ex-CEO da Microsoft Bill Gates. O primeiro é facilmente movido pela raiva, ao passo que o outro é relativamente distante e imperturbável. Knight e Gates provavelmente diferem em **intensidade de afeto**, ou o quão forte eles experienciam suas emoções.[24] Pessoas que têm afeto intenso experienciam tanto as emoções positivas como as negativas mais profundamente. Quando elas estão tristes, estão realmente tristes, e quando estão felizes, estão felizes de verdade.

DIA DA SEMANA E HORA DO DIA   Como mostra a Figura 4.3, as pessoas tendem a estar em seus piores humores (afeto negativo mais alto e afeto positivo mais baixo) no início da semana e em seus melhores humores (afeto positivo mais alto e afeto negativo mais baixo) perto do fim de semana.[25]

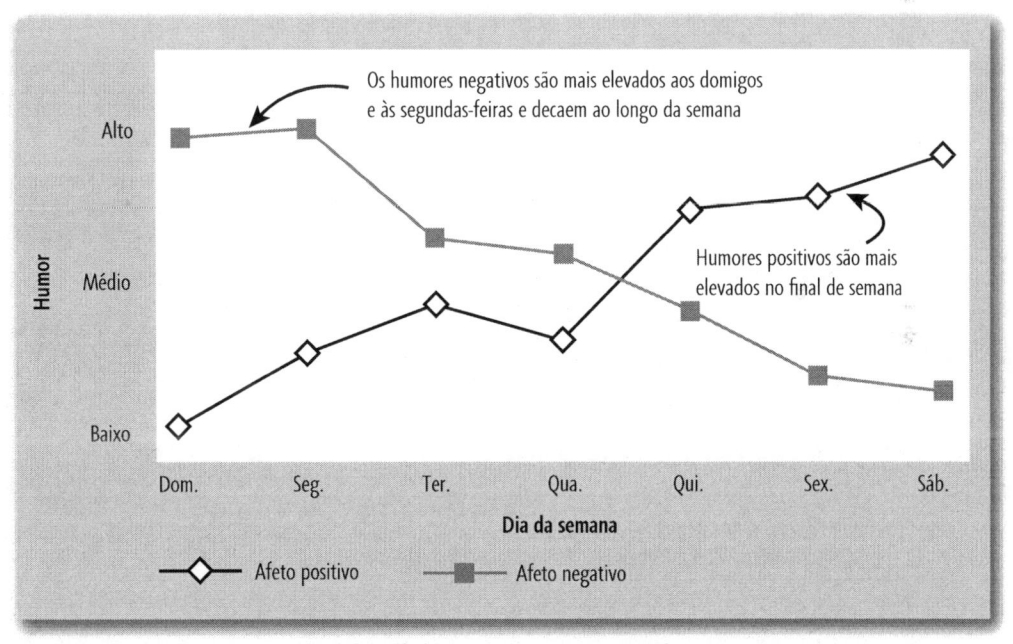

**FIGURA 4.3**  Nossos humores são afetados pelos dias da semana

Fonte: D. Watson, *Mood and Temperament* (New York: Guilford Press, 2000). Reimpressão permitida.

E quanto à hora do dia? (Veja a Figura 4.4.) Muitas vezes pensamos que somos pessoas "do dia" ou pessoas "da noite". No entanto, a maioria de nós segue na verdade o mesmo padrão. Independentemente da hora em que vamos para a cama à noite ou da hora em que levantamos de manhã, os níveis

---

\* Treinador de equipes de basquete dos Estados Undios, vencedor de diversos campeonatos nacionais e das Olimpíadas de 1984, apelidado de "General" por causa de seu temperamento autoritário. (N.R.T.)

de afeto positivo tendem a atingir seu pico por volta da metade do caminho entre o acordar e o adormecer. O afeto negativo, no entanto, mostra pouca variação ao longo do dia.

O que isso significa para o comportamento organizacional? Segunda-feira, provavelmente, não é o melhor momento para alguém pedir um favor ou transmitir más notícias. Nossas interações no local de trabalho provavelmente serão positivas do meio-dia em diante e também mais tarde na semana.

**FIGURA 4.4** Nossos humores são afetados pela hora do dia

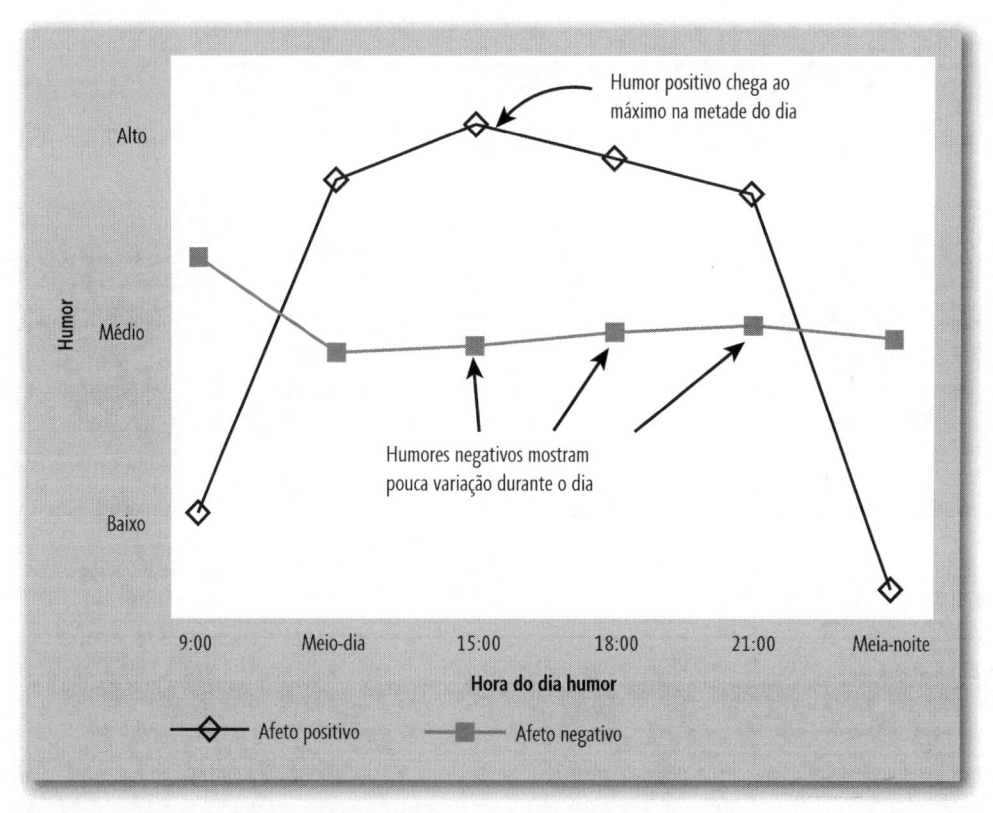

Fonte: D. Watson, *Mood and Temperament* (New York: Guilford Press, 2000). Reimpressão permitida.

CLIMA  Muitas pessoas acreditam que o humor esteja ligado ao clima. No entanto, um corpo bastante grande e detalhado de estudos sugere que as condições do tempo têm pouco efeito sobre o humor, pelo menos para a maioria das pessoas.[26] Um especialista concluiu: "Ao contrário da visão cultural vigente, esses dados indicam que as pessoas não relatam um humor melhor em dias claros e ensolarados (ou, inversamente, um humor pior em dias escuros e chuvosos)".[27] A **correlação ilusória** explica por que as pessoas tendem a pensar que o tempo bom melhora seu humor.

Isso ocorre quando os indivíduos associam dois eventos que, na realidade, não têm ligação.

ESTRESSE   Como você pode imaginar, os eventos estressantes do dia a dia no trabalho (um e-mail desagradável, os prazos, ser repreendido) afetam o humor negativamente. Os efeitos do estresse também se acumulam com o tempo. Como os autores de um estudo observaram, "[Uma] série constante de eventos estressantes, mesmo sendo estes de baixo nível de estresse, tem o potencial de fazer com que os funcionários experienciem níveis de tensão que aumentam gradualmente ao longo do tempo".[28] Níveis crescentes de estresse podem piorar nosso humor e assim experienciamos mais emoções negativas. Apesar de às vezes crescermos com o estresse, a maioria de nós acha que o estresse prejudica o humor.

ATIVIDADES SOCIAIS   Para a maioria das pessoas, as atividades sociais aumentam o humor positivo e têm pouco efeito sobre o humor negativo. Mas aqueles que têm humor positivo buscam as interações sociais ou as interações sociais levam as pessoas a ficar de bom humor? Parece que ambas são verdadeiras.[29] Será que o tipo da atividade social faz diferença? Na verdade, sim. Pesquisas sugerem que atividades físicas (esqui ou caminhadas com amigos), informais (festas) ou epicuristas (o prazer de jantar com amigos) são mais fortemente associadas ao aumento do humor positivo do que eventos formais (participar de uma reunião) ou sedentários (assistir à TV com amigos).[30]

SONO   Os americanos adultos dizem que dormem menos do que os adultos da geração anterior.[31] Isso é importante para vermos como a qualidade do sono realmente afeta o humor. Alunos de graduação e trabalhadores adultos que são privados do sono relatam que sentem muito cansaço, raiva e hostilidade.[32] Uma das razões é que o sono ruim ou reduzido prejudica a tomada de decisão e dificulta o controle das emoções.[33] Pouco sono também prejudica a satisfação no trabalho, porque as pessoas se sentem cansadas, irritadas e menos alertas.[34]

EXERCÍCIO   Pesquisas mostram de forma constante que o exercício intensifica o humor positivo das pessoas.[35] Embora no geral os efeitos não sejam extremamente fortes, eles são mais fortes para aqueles que estão deprimidos. Assim, o exercício pode ajudá-lo a melhorar o humor, mas sua influência é limitada.

IDADE   Um estudo com indivíduos com idade entre 18 e 94 anos revelou que as emoções negativas parecem ocorrer menos à medida que as pessoas envelhecem. Períodos de humor altamente positivo duravam mais no caso de indivíduos mais velhos e o mau humor desaparecia mais rapidamente.[36] O estudo conclui que a experiência emocional melhora com a idade; à medida que envelhecemos experienciamos menos emoções negativas.

SEXO   Estudos confirmam que as mulheres são *emocionalmente mais expressivas* do que os homens;[37] elas experienciam emoções mais intensamente, tendem a "ficar ligadas" às emoções por mais tempo do que os homens e exibem expressões mais frequentes de emoções positivas e negativas, exceto a raiva.[38] Resultados de um estudo com participantes de 37 países diferentes mostram que os homens relatam consistentemente ter altos níveis de emoções fortes, como a raiva, enquanto as mulheres relatam emoções mais fracas como tristeza e medo. Assim, existem algumas diferenças entre os sexos na experiência e na expressão das emoções.[39]

As pessoas também tendem a classificar as emoções dos homens e das mulheres de uma forma que pode ser baseada em estereótipos do que são reações típicas emocionais. Um estudo mostrou que os participantes que haviam lido sobre as expressões emocionais interpretaram as reações das mulheres como intrínsecas ao gênero (relacionadas à personalidade), enquanto as reações dos homens foram interpretadas como devidas à situação em torno delas.[40] Outro estudo mostrou que os participantes foram mais rápidos em detectar expressões de raiva nos rostos dos homens e expressões felizes nos rostos das mulheres; rostos neutros em homens foram percebidos como mais irritados e rostos neutros nas mulheres foram interpretados como felizes.[41]

## ESFORÇO EMOCIONAL

Todo funcionário despende esforço físico e mental colocando o corpo e a mente, respectivamente, no trabalho. Mas os empregos também requerem **esforço emocional**, a expressão de um funcionário de emoções desejadas pela organização durante as transações interpessoais no trabalho.

O conceito de esforço emocional surgiu a partir de estudos de trabalhos em prestação de serviços. As companhias aéreas esperam que seus comissários de bordo sejam alegres; nós esperamos que os agentes funerários sejam tristes e que os médicos sejam emocionalmente neutros. Todavia, o esforço emocional é relevante em quase todas as ocupações. No mínimo, os seus gestores esperam que você seja cortês, não hostil, em suas interações com colegas de trabalho. O verdadeiro desafio surge quando os funcionários têm que transmitir uma emoção enquanto sentem outra.[42] Essa disparidade é a **dissonância emocional**, e pode ser muito prejudicial. A dissonância emocional é como a dissonância cognitiva discutida no capítulo anterior, salvo que a dissonância emocional diz respeito a sentimentos em vez de pensamentos. Com a dissonância emocional, sentimentos de frustração e ressentimentos guardados podem levar à exaustão e ao burnout.*[43] É com

---

\*   Exaustão emocional e despersonalização por determinado contexto. Para mais informações, consulte Freudenberger, H. J. Staff Burn-out. *Journal of Social Issues*. Volume 30, Issue 1, p. 159-165, outono de 1974. (N.R.T.)

base na crescente importância do esforço emocional como um componente-chave para um desempenho no trabalho eficaz que devemos entender a relevância da emoção na área do CO.

Essa compreensão pode ajudá-lo, especialmente no trabalho, se você separar emoções entre sentidas e exibidas.[44] **Emoções sentidas** são as emoções reais de um indivíduo. Em contraste, **emoções exibidas** são aquelas que as organizações exigem que os funcionários demonstrem e que consideram adequadas para um determinado trabalho. Elas não são inatas, são aprendidas. "O olhar de alegria no rosto da candidata que ficou em segundo lugar quando a nova Miss Estados Unidos é anunciada é o produto da regra de exibição que diz que os perdedores devem esconder sua tristeza e demonstrar alegria pelo vencedor."[45] Da mesma forma, a maioria de nós sabe qual é o comportamento esperado em enterros e casamentos, independentemente de nossos sentimentos reais.

As pesquisas sugerem que em locais de trabalho nos Estados Unidos espera-se que normalmente exibamos emoções positivas, como felicidade e animação, e que reprimamos emoções negativas, como medo e raiva.[46] Os gestores eficazes aprenderam que devem ser sérios ao comunicar um funcionário sobre sua avaliação de desempenho negativa e que devem a esconder a raiva quando são preteridos em uma promoção. Um vendedor que não aprendeu a sorrir e parecer amigável, apesar de seus verdadeiros sentimentos no momento, normalmente não vai durar muito tempo no emprego. O modo como experienciamos uma emoção nem sempre é igual ao modo como a demonstramos.[47]

Demonstrar falsas emoções obriga-nos a suprimir as verdadeiras. **Agir de forma superficial** é esconder os sentimentos interiores e renunciar às expressões emocionais em resposta às regras de exibição. Um funcionário que sorri para um cliente, mesmo quando não se sente vontade é um exemplo de agir de forma superficial. **Ação profunda** é o ato de tentar modificar os verdadeiros sentimentos interiores de alguém com base nas regras de exibição. Um cuidador que de fato sente mais empatia por seus pacientes está agindo profundamente.[48] A ação superficial lida com emoções exibidas e a ação profunda lida com emoções sentidas. Pesquisas mostram que agir de forma superficial é mais estressante para os funcionários, pois implica negar suas verdadeiras emoções.[49] É exaustivo mostrarmos emoções que não sentimos de verdade, então é importante darmos aos funcionários que agem dessa maneira uma chance para relaxar e se recarregar. Um estudo constatou que em grupos de trabalho hospitalar em que havia pesadas demandas de exibição emocional, por exemplo, o burnout era maior do que em outros grupos semelhantes. Da mesma forma, a qualidade dos intervalos fazia diferença na recuperação.[50] Um estudo que analisou o que instrutores de líderes de torcida faziam durante as pausas no trabalho descobriu que aqueles que usavam suas pausas para descansar e relaxar eram mais eficazes depois da pausa.⁵¹ Os instrutores que faziam tarefas durante as pausas eram tão eficazes depois quanto eram antes das pausas.

## INTELIGÊNCIA EMOCIONAL

> As pessoas que conhecem suas próprias emoções e são boas em ler as emoções dos outros podem ser mais eficazes no trabalho.

As pessoas que conhecem suas próprias emoções e são boas em ler as emoções dos outros podem ser mais eficazes no trabalho.

Diane Marshall é uma gerente de escritório. Sua consciência de suas emoções e das dos outros é quase nula. Ela é mal-humorada e incapaz de gerar muito entusiasmo ou interesse em seus funcionários. Diane não entende por que os empregados se chateiam com ela. Muitas vezes reage com exagero a problemas e escolhe as respostas mais ineficazes às situações emocionais. Diane tem baixa inteligência emocional.

**Inteligência emocional (IE)** é a capacidade de uma pessoa (1) perceber suas próprias emoções e as dos outros, (2) compreender o significado dessas emoções e (3) regular as emoções de maneira adequada, em um modelo de cascata, como mostrado na Figura 4.5. As pessoas que conhecem suas próprias emoções e são boas na leitura de pistas emocionais — por exemplo, saber por que alguém está bravo e como se expressar sem violar normas — têm maior probabilidade de serem eficazes.⁵²

A IE tem sido um conceito controverso no CO, com defensores e críticos. Nas seções a seguir, analisaremos os argumentos a favor e contra a sua viabilidade.

**FIGURA 4.5** ◆ Um modelo em cascata da inteligência emocional

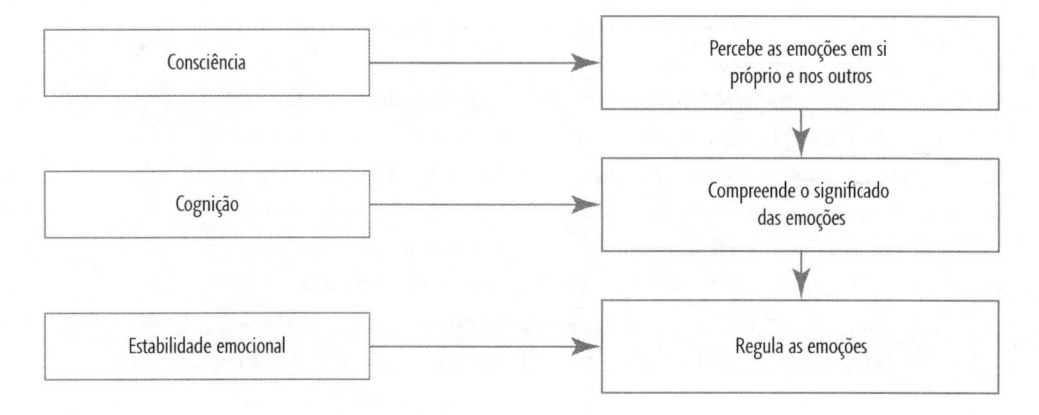

| Consciência | → | Percebe as emoções em si próprio e nos outros |
| Cognição | → | Compreende o significado das emoções |
| Estabilidade emocional | → | Regula as emoções |

### O caso a favor da IE

Os argumentos a favor da IE incluem seu apelo intuitivo, o fato de que ela prevê critérios relevantes e a ideia de que ela tem bases biológicas.

**APELO INTUITIVO** Quase todos concordam que é bom ter inteligência social. A intuição sugere que as pessoas que conseguem detectar emoções nos outros e controlar as suas terão uma vantagem no mundo dos negócios. Por exemplo, os sócios de uma empresa multinacional de consultoria que pontuaram acima da média em uma avaliação de IE produziram mais de US$ 1,2 milhão em negócios do que os outros sócios.[53]

**A IE PREVÊ CRITÉRIOS RELEVANTES** Estudos sugerem que um alto nível de IE significa que uma pessoa terá um bom desempenho no trabalho. Por exemplo, um estudo detectou que a IE previa o desempenho de funcionários em uma fábrica de cigarros na China.[54] Outro estudo constatou a capacidade de reconhecer emoções em expressões faciais dos outros e captar sinais sutis sobre as emoções das pessoas e de prever a avaliação de colegas de quão valiosas as pessoas eram para sua organização.[55] Por fim, uma revisão de estudos indicou que, em geral, a IE se correlaciona fracamente, mas de maneira positiva, ao desempenho no trabalho, mesmo depois de os pesquisadores terem levado em conta a capacidade cognitiva, a consciência e o neuroticismo.[*56]

**A IE TEM BASES BIOLÓGICAS** Em um estudo, as pessoas com danos na área do cérebro que regula o processamento emocional (área do córtex pré-frontal) não pontuaram menos com relação às medidas-padrão de inteligência do que aquelas sem danos semelhantes. Mas elas pontuaram significativamente menos nos testes de IE e tiveram dificuldade na tomada de decisão. Isso sugere que a IE tenha uma base neurológica, de forma que não está relacionada com as medidas-padrão de inteligência, como vamos discutir com mais profundidade no próximo capítulo.[57] Há também evidências de que a IE receba influência genética, apoiando ainda mais a ideia de que ela mede um verdadeiro fato biológico subjacente.[58]

## O caso contra a IE

Muitos a apoiam, mas a IE tem o mesmo número de críticos que dizem que ela é vaga e impossível de ser medida, e que questionam sua validade.

**OS PESQUISADORES DE IE NÃO CONCORDAM COM AS DEFINIÇÕES** Para muitos pesquisadores, não está claro o que é IE, porque eles usam diferentes definições desse constructo.[59] Alguns pesquisadores se concentram em inteligência emocional por meio de testes com respostas certas e erradas, avaliando a capacidade de reconhecer e controlar emoções. Esta é a perspectiva da IE que tem base na capacidade. Outros enfocam a IE como uma ampla

---

\* Nível crônico de ajustamento emocional e instabilidade. Em: NUNES, C. H. *A construção de um instrumento de medida para o fator neuroticismo/estabilidade emocional dentro do modelo de personalidade dos cinco grandes fatores*. Dissertação defendida na Universidade Federal do Rio Grande do Sul. Rio Grande do Sul, 2000. (N.R.T.)

variedade de constructos que podem ser medidos por autorrelatos e estão ligados, principalmente, pelo fato de não serem redundantes com a inteligência cognitiva. Essas duas definições são diferentes, e as medidas usadas por cada perspectiva praticamente não se relacionam.[60]

**A IE NÃO PODE SER MEDIDA**  Muitos têm levantado dúvidas sobre a medição da IE, afirmando que, como ela é uma forma de inteligência, deve haver respostas certas e erradas em testes. Certos testes realmente têm respostas certas e erradas, embora a eficácia de algumas das questões seja duvidosa. Uma medida pede que você associe sentimentos com cores, como se o azul sempre nos fizesse ter a sensação de um friozinho e não do calor. Outras medidas são autorrelatadas, como "Eu sou bom em 'ler' as outras pessoas", e não têm respostas certas ou erradas. No entanto, essas medidas autorreportadas poderiam refletir uma variedade de constructos que não têm relação com a capacidade, como a autoestima ou autoeficácia geral. As medidas da IE são diversas, e os pesquisadores ainda não as submeteram a um estudo tão rigoroso quanto os estudos das medidas de personalidade e inteligência geral.[61]

**A IE NADA MAIS É DO QUE PERSONALIDADE COM UM RÓTULO DIFERENTE**  Alguns críticos dizem que, como a IE é tão intimamente relacionada com a inteligência e a personalidade, uma vez que você tenha controle sobre esses fatores, não há nada de especial a ser oferecido. Há uma base para esse argumento. A IE parece estar correlacionada com medidas de personalidade, especialmente a estabilidade emocional.[62] Se isso for verdade, então a evidência de um componente biológico para a IE é falsa e os indicadores biológicos como a atividade cerebral e a hereditariedade podem ser atribuídos a outros constructos psicológicos, mais conhecidos e mais bem pesquisados. Até certo ponto, os pesquisadores resolveram essa questão observando que a IE é um constructo parcialmente determinado por traços como a inteligência cognitiva, a consciência e a estabilidade emocional, conforme mostra a Figura 4.5, por isso faz sentido que a IE seja correlacionada com essas características.[63]

Embora o campo esteja progredindo na compreensão da IE, muitas perguntas não foram respondidas. Ainda assim a IE é muito popular entre as empresas de consultoria e na imprensa popular. Materiais promocionais de uma empresa de consultoria que mede a IE afirmavam: "A IE responde por mais de 85% do desempenho brilhante nos maiores líderes".[64] No mínimo, é muito difícil validar essa afirmação com a literatura científica.

## Regulação emocional

Alguma vez você tentou se animar quando estava se sentindo desanimado ou se acalmar quando estava com raiva? Se isso já aconteceu, você utilizou a regulação emocional — que consiste em identificar e modificar as emoções que você sente. As estratégias para modificar as emoções incluem pensar em coisas mais agradáveis, suprimir os pensamentos negativos, se distrair ou utilizar técnicas de relaxamento.

Embora possa parecer que regular as emoções seja algo desejável, pesquisas sugerem que existe uma desvantagem quando você modifica o que está sentindo. Alterar suas emoções requer esforço e esse esforço pode ser desgastante. Às vezes, as tentativas para modificar uma emoção podem, na verdade, fazer com que ela se torne mais forte, por exemplo, tentar se convencer a não ficar com medo leva você a se concentrar mais no que o assusta, fazendo com que sinta ainda mais medo.[65] Além disso, a supressão da emoção parece ser algo difícil de ser feito de forma eficaz e pode levar a mais emoções negativas.[66] De outra perspectiva, pesquisas sugerem que evitar as experiências emocionais negativas provavelmente não nos levará a humores positivos, porém o que devemos fazer é procurar experiências emocionais positivas.[67] Por exemplo, você teria mais possibilidade de experienciar um humor positivo se tivesse uma conversa agradável com um amigo do que se tentasse evitar uma conversa desagradável com um colega de trabalho hostil.

## O USO DAS EMOÇÕES E DOS HUMORES NO CO

Nesta seção, avaliamos como a compreensão das emoções e dos humores pode melhorar nossa capacidade de explicar e prever o processo de seleção em organizações, a tomada de decisão, a criatividade, a motivação, a liderança, os conflitos interpessoais, o serviço ao consumidor, as atitudes no trabalho e os comportamentos desviantes no local de trabalho. Analisamos também como os gestores podem ter influência sobre nossos humores.

As emoções positivas podem aumentar as habilidades de resolução de problemas e nos ajudar a compreender e analisar novas informações.

> As emoções positivas podem aumentar as habilidades de resolução de problemas e nos ajudar a compreender e analisar novas informações.

### Seleção

Uma implicação da evidência da IE é que os empregadores devem vê-la como um fator importante ao contratar funcionários, especialmente para empregos que demandem um alto grau de interação social. Na verdade, mais empregadores estão começando a usar medidas de IE na contratação de pessoas. De fato, um estudo dos recrutadores da Força Aérea dos Estados Unidos mostrou que os recrutadores que tinham melhor desempenho exibiam altos níveis de IE.

### Tomada de decisão

Como você verá no Capítulo 6, as abordagens tradicionais para o estudo da tomada de decisão nas organizações têm enfatizado a racionalidade.

Mas os pesquisadores de CO têm notado que cada vez mais os humores e as emoções têm tido efeitos importantes na tomada de decisão.

Humores e emoções positivas parecem ajudar as pessoas a tomar decisões sensatas. As pessoas com bom humor ou as que experienciam emoções positivas são mais propensas a simplificar as coisas ou ser mais flexíveis[68] para que boas decisões sejam tomadas rapidamente. Emoções positivas também melhoram as habilidades de resolução de problemas, então as pessoas positivas encontram melhores soluções para os problemas.[69]

Os pesquisadores do CO continuam a debater o papel das emoções e dos humores negativos na tomada de decisão. Embora um estudo muito citado tenha sugerido que pessoas deprimidas cheguem a julgamentos mais precisos,[70] um estudo mais recente indica que elas tomam decisões ruins. Por quê? Porque deprimidos são mais lentos no processamento de informações e tendem a pesar todas as opções possíveis, em vez das mais prováveis.[71] Eles procuram a solução perfeita, quando raramente essa opção existe.

### Criatividade

As pessoas com bom humor tendem a ser mais criativas do que as de mau humor.[72] Elas produzem mais ideias e mais opções.[73] Parece que as pessoas que experienciam humores e emoções positivas são mais flexíveis e mais abertas ao pensar, e isso explicaria por que são mais criativas.[74] Supervisores devem tentar ativamente manter seus funcionários felizes, porque fazer isso gera humores melhores, o que por sua vez leva as pessoas a serem mais criativas.[75]

Alguns pesquisadores, no entanto, não acreditam que o humor positivo torne as pessoas mais criativas. Eles dizem que quando os indivíduos têm humores positivos, podem relaxar e não se engajar no pensamento crítico necessário para algumas formas de criatividade.[76] A resposta pode estar em pensarmos nos humores de forma um pouco diferente. Em vez de olharmos para o afeto positivo ou negativo, é possível conceituar os humores como sentimentos ativos, como a raiva ou a euforia, e compará-los com humores desativadores, como a tristeza ou a serenidade. Todos os humores de ativação, sejam eles positivos ou negativos, parecem levar a mais criatividade, enquanto os humores de desativação, mostrados na Figura 4.2, como os de baixo afeto, levam a menos criatividade.[77]

### Motivação

Vários estudos têm destacado a importância de humores e emoções para a motivação. Um estudo colocou dois grupos de pessoas para resolver palavras cruzadas. O primeiro grupo viu um videoclipe engraçado, para que os sujeitos ficassem de bom humor antes da atividade. O outro não viu o videoclipe e começou a trabalhar nas palavras cruzadas imediatamente. Os resultados? O grupo que tinha humor positivo apresentou como resultado maior expectativa de ser capaz de resolver as palavras cruzadas, se esforçou bastante e solucionou mais palavras cruzadas.[78]

O segundo estudo descobriu que, ao receberem um feedback — seja ele real ou falso —, as pessoas tinham seus humores influenciados, o que interferia em sua motivação.[79] Então, pode existir um ciclo no qual o humor positivo leve as pessoas a serem mais criativas, o que conduz a um feedbak positivo daqueles que observam seu trabalho. Esse feedback positivo reforça ainda mais o humor positivo, o que pode levar as pessoas a ter um desempenho ainda melhor, e assim por diante.

Outro estudo analisou os humores dos corretores de seguros em Taiwan.[80] Os corretores de bom humor foram mais prestativos em relação aos colegas e também se sentiam melhor em relação a si mesmos. Esses dois fatores, por sua vez, levaram a um desempenho superior na forma de mais vendas e melhores relatórios de desempenho de seus supervisores.

## Liderança

Os líderes eficazes dependem de apelos emocionais para ajudar a transmitir suas mensagens.[81] Na verdade, a expressão das emoções nos discursos muitas vezes é o elemento crítico que nos faz aceitar ou rejeitar a mensagem de um líder. Os políticos, por exemplo, aprenderam a mostrar entusiasmo quando falam das chances de ganhar uma eleição, mesmo quando as pesquisas sugerem o contrário.

Os executivos sabem que o conteúdo emocional é crítico se os funcionários tiverem que comprar sua visão do futuro da companhia e aceitar a mudança. Quando aqueles que estão no alto escalão oferecem novas visões com objetivos vagos e distantes, muitas vezes é difícil para os funcionários aceitarem as mudanças que elas trazem. Ao despertar emoções e ligá-las a uma visão atraente, os líderes aumentam a probabilidade de os gestores e os funcionários aceitar as mudanças.[82] Líderes que têm como foco objetivos inspiradores também geram maior otimismo e entusiasmo nos funcionários, provocando mais interação social positiva com colegas e clientes.[83]

## Negociação

A negociação é um processo emocional, no entanto, muitas vezes dizemos que um negociador habilidoso tem "cara de pau". Vários estudos têm mostrado que um negociador que finge estar com raiva leva uma vantagem sobre o adversário. Por quê? Porque quando um negociador demonstra raiva, o oponente conclui que o negociador concedeu tudo o que tinha e aí cede.[84] No entanto, a raiva deve ser usada seletivamente em uma negociação: negociadores irritados que têm menos informações ou menos energia do que seus adversários experienciam resultados significativamente piores.[85] Parece que um indivíduo poderoso e mais bem informado estará menos disposto a compartilhar informações ou chegar a um meio-termo com seu adversário.

Mostrar uma emoção negativa (como a raiva) pode ser eficaz, mas sentir-se mal com seu desempenho parece ser prejudicial a futuras negociações. Indivíduos que não se saem bem em negociações experienciam emoções negativas, desenvolvem percepções negativas de sua contraparte e ficam menos dispostos a compartilhar informações ou ser mais cooperativos em futuras negociações.[86] Curiosamente, então, enquanto os humores e as emoções têm benefícios no trabalho, em negociações — a menos que estejamos fingindo raiva — as emoções podem prejudicar o desempenho do negociador. Um estudo de 2005 concluiu que as pessoas que tinham sofrido lesões nos centros emocionais do cérebro (a mesma área do cérebro de Phineas Gage) poderiam ser os melhores negociadores, porque elas não faziam mudanças além do necessário quando confrontadas com resultados negativos.[87]

## Atendimento ao cliente

O estado emocional de um trabalhador influencia o atendimento ao cliente, que influencia os níveis de repetição de negócios e da satisfação dos clientes.[88] Fornecer um atendimento ao consumidor de alta qualidade exige dos funcionários, porque muitas vezes os coloca em um estado de dissonância emocional. Dissonância emocional em longo prazo é um preditor de burnout, deteriora o desempenho na realização da tarefa e reduz a satisfação no trabalho.[89]

As emoções dos funcionários podem ser transferidas para o cliente. Estudos indicam um efeito de correspondência entre as emoções do funcionário e as do cliente, o chamado **contágio emocional** — a "captura" das emoções uns dos outros.[90] Quando alguém experiencia emoções positivas e ri e sorri para você, você tende a responder positivamente. O contágio emocional é importante, porque os clientes que capturam os humores e as emoções positivas dos funcionários compram por um tempo maior. As emoções e os humores negativos também são contagiosos. Quando um funcionário se sente tratado de modo injusto por um cliente, por exemplo, é mais difícil para ele demonstrar as emoções positivas que a empresa espera que ele tenha.[91]

## Atitudes no trabalho

Você já ouviu o conselho "Nunca leve trabalho para casa" no sentido de que você deve esquecer o trabalho quando vai para casa? É mais fácil falar do que fazer. Vários estudos têm demonstrado que as pessoas que tiveram um bom dia no trabalho tendem a estar com um humor melhor em casa à noite ou vice-versa.[92] Indivíduos que tiveram um dia estressante no trabalho também têm problemas para relaxar quando deixam o trabalho.[93] Durante um estudo alguns casais descreveram seu humor ao longo do dia. Como se poderia suspeitar, se um deles tivesse tido um humor negativo durante o dia de trabalho, esse humor se espalhava para o cônjuge à noite.[94] Embora as pessoas levem seu trabalho emocionalmente para casa com elas, em geral no dia seguinte o efeito já passou.[95]

## Comportamento desviante no local de trabalho

Qualquer indivíduo que tenha passado muito tempo em uma empresa percebe que as pessoas muitas vezes se comportam de maneira que violam as normas estabelecidas e ameaçam a organização, seus membros ou ambos. Esses atos são chamados de comportamentos desviantes no local de trabalho.[96] Muitos deles podem ser causados por emoções negativas.

Por exemplo, a inveja é uma emoção que ocorre quando você se ressente de alguém ter algo que você não possui, mas que deseja intensamente, e isso pode levar a comportamentos mal-intencionados. Um funcionário invejoso pode apunhalar outro funcionário pelas costas, distorcer negativamente o sucesso dos outros, e distorcer positivamente suas realizações.[97] Pessoas com raiva culpam os outros por seu mau humor, interpretam o comportamento alheio como hostil e têm dificuldade em considerar o ponto de vista alheio.[98] Não é difícil ver como esses processos de pensamento podem levar à agressão verbal ou física.

Evidências sugerem que as pessoas que sentem emoções negativas, em particular a raiva ou a hostilidade, são mais propensas do que os outros a se envolver em comportamentos desviantes de curto prazo no trabalho, como a fofoca ou o uso indevido da Internet.[99] Uma vez que a agressão começa, é bem provável que as outras pessoas fiquem com raiva ou agressivas, de modo que o palco está montado para uma grave escalada de comportamento negativo.

## Segurança e lesões no trabalho

Pesquisas que relacionam a afetividade negativa com o aumento das lesões no trabalho sugerem que os empregadores podem melhorar a saúde e a segurança garantindo que os trabalhadores não se envolvam em atividades potencialmente perigosas quando estão de mau humor, pois esses humores podem contribuir de diferentes formas para que lesões aconteçam.[100] Os indivíduos que têm humores negativos tendem a ser mais ansiosos, o que pode torná-los menos capazes de lidar eficazmente com os perigos.

Alguém que está sempre com medo será mais pessimista sobre a eficácia das medidas de segurança, porque sente que vai se machucar de qualquer maneira ou pode entrar em pânico ou congelar-se quando confrontado com uma situação de risco. Humores negativos também fazem com que as pessoas se tornem mais distraídas e as distrações podem levar a comportamentos descuidados.

### Como os gestores podem influenciar o humor

Em geral, você pode melhorar o humor de um amigo assistindo com ele a um videoclipe engraçado, dando à pessoa um saquinho com doces ou mesmo oferecendo uma bebida agradável.[101] Mas o que as empresas podem fazer para melhorar o humor dos funcionários? Os gestores podem usar o humor e de várias maneiras demonstrar sua apreciação por um trabalho bem-feito. Além disso, quando os próprios líderes estão de bom humor, os membros do grupo são mais positivos e, como resultado, cooperam melhor.[102]

Por fim, a seleção de membros positivos para uma equipe pode ter um efeito de contágio, porque humores positivos são transmitidos de um membro da equipe para outro. Um estudo de times profissionais de críquete concluiu que o bom humor dos jogadores afetava os humores de todos os membros do time e influenciava positivamente o seu desempenho.[103] Faz sentido, então, que os gestores selecionem membros da equipe que estejam predispostos a experienciar humores positivos.

## RESUMO E IMPLICAÇÕES PARA OS GESTORES

A semelhança entre as emoções e os humores é que ambos são de natureza afetiva. Mas eles também são diferentes — humores são mais gerais e menos contextuais do que emoções. E os acontecimentos na verdade importam. A hora do dia e o dia da semana, eventos estressantes, atividades sociais e os padrões do sono são alguns dos fatores que influenciam as emoções e os humores.

As emoções e os humores provaram ser relevantes para praticamente qualquer tópico de CO que estudemos e têm implicações na prática de gestão.

- ▶ Cada vez mais, as organizações estão confiando na pesquisa para selecionar os funcionários que acreditam ter altos níveis de inteligência emocional.
- ▶ As emoções e os humores positivos parecem facilitar a tomada de decisão eficaz e a criatividade.
- ▶ Estudos sugerem que o humor esteja ligado à motivação, especialmente por meio de feedback.

- Os líderes dependem das emoções para aumentar a sua eficácia.
- A demonstração de emoções é importante para comportamentos sociais como a negociação e o atendimento ao cliente.
- A experiência das emoções está intimamente ligada com as atitudes no trabalho e os comportamentos que se originam das atitudes, como o comportamento desviante no local de trabalho.
- Nossa última implicação gestorial é uma pergunta: Será que os gestores podem controlar as emoções e os humores dos colegas e dos funcionários? Certamente existem limites — práticos e éticos. As emoções e os humores são uma parte natural da composição de um indivíduo. Os gestores erram ao ignorar as emoções de seus colegas ou funcionários e ao avaliar o comportamento alheio como se fosse completamente racional. Como um consultor disse com propriedade: "Você não pode separar as emoções do local de trabalho, porque você não pode tirar as emoções das pessoas".[104] Os gestores que entendem o papel das emoções e dos humores melhorarão significativamente a capacidade de explicar e prever o comportamento de seus colegas de trabalho e de seus funcionários.

---

Acesse o Site de apoio ao livro (www.grupoa.com.br) e teste seus conhecimentos por meio dos exercícios elaborados para este capítulo.

# 5 Personalidade e valores

Depois de estudar este capítulo, você será capaz de:

▶ definir personalidade, descrever como ela é medida e explicar os fatores que determinam a personalidade de um indivíduo;

▶ descrever a classificação tipológica de Myers-Briggs (MBTI) e avaliar seus pontos fortes e fracos;

▶ identificar os principais traços de personalidade do modelo dos Cinco Grandes* Fatores e demonstrar como predizem o comportamento no trabalho;

▶ identificar outros traços de personalidade relevantes para o CO;

▶ definir valores, demonstrar sua importância e contrastar valores terminais e instrumentais;

▶ identificar as cinco dimensões culturais de Hofstede.

## PERSONALIDADE

Por que algumas pessoas são calmas e passivas enquanto outras são barulhentas e agressivas? Alguns tipos de personalidade são mais adequados do que outros para determinados tipos de trabalho? Antes de respondermos a essas perguntas, temos de abordar uma questão mais básica: O que é personalidade?

### O que é personalidade?

Quando falamos sobre personalidade, não queremos dizer que uma pessoa tem charme, uma atitude positiva perante a vida ou que sempre possui um sorriso no rosto. Ao falar sobre personalidade, os psicólogos se referem ao conceito dinâmico que descreve o crescimento e o desenvolvimento de todo o sistema psicológico de uma pessoa.

**DEFININDO A PERSONALIDADE** A definição de *personalidade* que frequentemente usamos foi criada por Gordon Allport há quase setenta anos. Allport dizia que a personalidade é "a organização dinâmica dentro do indivíduo daqueles sistemas psicológicos que determinam uma forma única de ajuste ao seu meio ambiente".[1] Para os nossos propósitos, você deve pensar na **personalidade** como a soma total das maneiras pelas quais um indivíduo reage e interage com os outros. Na maioria das vezes, nós a descrevemos em termos das características mensuráveis que uma pessoa apresenta.

**MEDINDO A PERSONALIDADE** A razão mais importante pela qual os gestores precisam saber como medir a personalidade é que as pesquisam têm mostrado que os testes são úteis nas decisões de contratação e ajudam os gestores a

---

\* Em algumas obras é usado como alternativa o termo *Big Five*. (N. R. T.)

prever quem é o melhor candidato para uma posição.² O meio mais comum de avaliar a personalidade é por questionários de autoanálise, nos quais os indivíduos se autoavaliam em uma série de fatores, tais como "Eu me preocupo muito com o futuro". Embora medidas obtidas da autoanálise funcionem bem quando bem preparadas, um ponto fraco é que o entrevistado pode mentir ou manipular suas respostas para criar uma boa impressão. Quando as pessoas sabem que suas pontuações de personalidade serão usadas nas decisões de contratação, elas se avaliam tentando ser de certo modo mais conscientes e mais emocionalmente estáveis do que se estivessem fazendo o teste apenas para conhecer um pouco mais sobre si mesmas.³ Outro problema é a precisão. Um bom candidato poderia estar de mau humor ao responder à pesquisa e isso faria a pontuação ser menos precisa.

**DETERMINANTES DA PERSONALIDADE** Um debate nos primórdios das pesquisas sobre o tema quis determinar se a personalidade de um indivíduo era o resultado da hereditariedade ou do meio ambiente. Parece ser um resultado de ambos. No entanto, pode surpreendê-lo o fato de que a pesquisa tende a apoiar mais a importância da hereditariedade do que a do meio ambiente.

**Hereditariedade** refere-se a fatores determinados na concepção. Estatura física, atratividade facial, gênero, temperamento, composição muscular e reflexos, nível de energia e ritmos biológicos são considerados total ou substancialmente infuenciados por quem são seus pais — isto é, pela composição biológica, fisiológica e psicológica deles. A abordagem da hereditariedade argumenta que a explicação definitiva da personalidade de um indivíduo é a estrutura molecular dos genes, localizados nos cromossomos.

Pesquisadores em diversos países têm estudado milhares de pares de gêmeos idênticos que foram separados ao nascer e, portanto, criados separadamente.⁴ Se a hereditariedade tivesse pouca ou nenhuma importância na determinação da personalidade, esperaríamos encontrar poucas semelhanças entre os gêmeos separados. Mas os gêmeos criados separadamente têm muito em comum e uma parte significativa da semelhança de comportamento entre eles está associada aos fatores genéticos. A pesquisa encontrou dois gêmeos separados por 39 anos e criados a uma distância de sessenta quilômetros e que dirigiam carros do mesmo modelo e da mesma cor. Eles fumavam a mesma marca de cigarros, tinham cães com o mesmo nome e costumavam passar sempre férias a três quadras um do outro em uma praia a dois quilômetros de distância. Os pesquisadores descobriram que a genética é responsável por cerca de 50% das semelhanças de personalidade entre gêmeos e mais de 30% das semelhanças dos interesses ocupacionais e de lazer.

De modo curioso, os estudos com gêmeos têm sugerido que os pais não adicionam muito ao nosso desenvolvimento de personalidade. As personalidades de gêmeos idênticos criados por família diferentes são mais semelhantes entre si do que as personalidades dos irmãos com quem os gêmeos

> Personalidade — a soma total das maneiras pelas quais um indivíduo reage e interage com os outros — é em parte de origem genética; entretanto a personalidade pode ser facilmente medida por meio de vários métodos, incluindo pesquisas de autoanálise.

foram criados. Por ironia, a contribuição mais importante que nossos pais podem fazer para a nossa personalidade é dando-nos os genes!

Não queremos sugerir com isso que a personalidade nunca muda. As pontuações das pessoas nas medidas de confiabilidade tendem a aumentar com o tempo, como quando jovens adultos assumem papéis de mais responsabilidade ao começar uma família ou estabelecer uma carreira. No entanto, grandes diferenças individuais na confiabilidade permanecem. Todos tendem a mudar aproximadamente no mesmo grau, então sua ordem de classificação permanece mais ou menos a mesma.[5] Uma analogia com a inteligência pode deixar isso mais claro. As crianças tornam-se mais inteligentes à medida que envelhecem, por isso, quase todo mundo é mais inteligente aos vinte anos do que era aos dez. Ainda asssim, se Madalena é mais inteligente que Bernardo aos dez anos, é bem provável que será mais inteligente que ele aos vinte também. De acordo com a noção de que a adolescência é um período de grande exploração e mudança, as pesquisas mostram que a personalidade é mais mutável na adolescência e mais estável nos adultos.[6]

Os primeiros trabalhos sobre a estrutura da personalidade tentaram identificar e rotular as características marcantes que descrevem o comportamento de um indivíduo, incluindo timidez, agressividade, submissão, preguiça, ambição, lealdade e acanhamento. Quando alguém apresenta essas características em um grande número de situações, nós as chamamos de **traços de personalidade** daquela pessoa.[7] Quanto mais consistente for a característica ao longo do tempo, e quanto mais frequentemente ela ocorrer em diferentes situações, mais importante será essa característica na descrição do indivíduo.

Os primeiros esforços para identificar os principais traços que governam comportamentos[8] quase sempre resultavam em longas listas que eram difíceis de generalizar e que forneciam pouca orientação para os que tomavam decisões em organizações. Duas exceções são a classificação tipológica de Myers-Briggs (MBTI) e o modelo dos Cinco Grandes Fatores, os atuais modelos dominantes para a identificação e classificação dos traços.

## A Classificação Tipológica de Myers-Briggs (MBTI)

A **Classificação Tipológica de Myers-Briggs (MBTI)** é o instrumento de avaliação de personalidade mais amplamente utilizado no mundo.[9] É um teste de personalidade de cem questões que perguntam às pessoas como elas costumam se sentir ou agir em certas situações. Os entrevistados são classificados como extrovertidos ou introvertidos (E ou I), sensoriais ou intuitivos (S ou N), racionais ou sentimentais (T ou F), e julgadores ou perceptivos (J ou P). Esses termos são definidos a seguir:

- ▶ *Extrovertidos (E) ou Introvertidos (I).* Indivíduos extrovertidos são expansivos, sociáveis e assertivos. Os introvertidos são quietos e tímidos.
- ▶ *Sensoriais (S) ou Intuitivos (N).* Os tipos sensoriais são práticos e preferem a rotina e a ordem. Eles se concentram nos detalhes. Os intuitivos usam processos inconscientes e observam "o todo".
- ▶ *Racionais (T) ou Sentimentais (F).* Os tipos racionais usam a razão e a lógica para lidar com os problemas. Os tipos sentimentais confiam nos seus valores pessoais e emoções.
- ▶ *Julgadores (J) ou Perceptivos (P).* Os tipos julgadores querem controlar e preferem que seu mundo seja organizado e estruturado. Os tipos perceptivos são flexíveis e espontâneos.

Essas classificações juntas descrevem dezesseis tipos de personalidade, identificando cada pessoa por uma característica de cada um dos quatro pares. Por exemplo, as pessoas do tipo Introvertido/Intuitivo/Racional/Julgador (INTJ) são visionárias com mentes originais e grande empenho. Elas são céticas, críticas, independentes, determinadas e muitas vezes teimosas. As pessoas do tipo ESTJ são organizadoras. Elas são realistas, lógicas, analíticas e decididas e têm boa cabeça para negócios ou mecânica. Indivíduos do tipo ENTP são conceituadores, inovadores, individualistas, versáteis e atraídos por ideias empreendedoras. Essas pessoas tendem a ser criativas na resolução de problemas difíceis, mas podem negligenciar tarefas rotineiras.

O método MBTI tem sido amplamente utilizado por empresas, incluindo a Apple Computer, a AT&T, o Citigroup, a GE, a 3M Co, muitos hospitais e intituições educacionais, e até mesmo pelas Forças Armadas dos Estados Unidos. As pesquisas variam quanto à sua validade como uma medida de personalidade. No entanto, a maioria das evidências se opõe a ela.[10] Um problema é que ela força a pessoa a se encaixar em um tipo ou em outro. Ou seja, ou você é introvertido ou extrovertido. Não há meio-termo, embora na realidade as pessoas possam ser ao mesmo tempo extrovertidas e introvertidas em algum grau. O melhor que podemos dizer é que o método MBTI pode ser uma valiosa ferramenta para o aumento da autoconsciência e para uma orientação de carreira. Mas como os resultados tendem a não estarem relacionados com o desempenho no trabalho, os gestores provavelmente não deveriam usá-lo como um teste de seleção para os candidatos a um emprego.

## O modelo dos Cinco Grandes Fatores

Faltam dados para comprovar a eficácia do modelo MBTI, mas um impressionante conjunto de pesquisas sustenta a tese do **modelo dos Cinco Grandes Fatores** — no qual cinco dimensões básicas formam a base de todas as outras e abrangem a maior parte da variação significativa da personalidade humana.[11] Além disso, os resultados dos testes dessas características são muito bons quando queremos prever como as pessoas se comportam em uma variedade de situações da vida real.[12] Os Cinco Grandes Fatores são:

> Os traços de personalidade dos Cinco Grandes estão relacionados com muitos critérios do CO; cada um dos cinco traços demonstrou sua utilidade para a compreensão do comportamento individual nas organizações.

- ▶ *Extroversão*. A dimensão de **extroversão** captura nosso nível de conforto com os relacionamentos. Os extrovertidos tendem a ser gregários, assertivos e sociáveis. Os introvertidos tendem a ser reservados, tímidos e quietos.
- ▶ *Sociabilidade*. A dimensão de **sociabilidade** refere-se à propensão de um indivíduo a aceitar os outros. As pessoas altamente agradáveis são cooperativas, afetuosas e confiáveis. As pessoas que têm baixa pontuação em sociabilidade são frias, desagradáveis e antagônicas.
- ▶ *Escrupulosidade*. A dimensão de **escrupulosidade** é uma medida de confiabilidade. Uma pessoa altamente escrupulosa é responsável, organizada, confiável e persistente. Aqueles que têm baixa pontuação nessa dimensão são distraídos, desorganizados e pouco confiáveis.
- ▶ *Estabilidade emocional*. A dimensão da **estabilidade emocional** — muitas vezes chamada pelo seu oposto, neuroticismo — aborda a habilidade de uma pessoa para suportar o estresse. As pessoas com estabilidade emocional positiva tendem a ser calmas, autoconfiantes e seguras. Aquelas com altos resultados negativos tendem a ser nervosas, ansiosas, depressivas e inseguras.
- ▶ *Abertura para experiências*. A dimensão da **abertura para experiências** aborda uma variedade de interesses e fascinação pela novidade. Pessoas extremamente abertas são criativas, curiosas e artisticamente sensíveis. Aquelas na outra extremidade da categoria são convencionais e encontram conforto nas coisas familiares.

COMO OS CINCO GRANDES FATORES PREDIZEM O COMPORTAMENTO NO TRABALHO? As pesquisas descobriram relações entre essas dimensões de personalidade e o desempenho no trabalho.[13] De acordo com os autores do estudo mais citado, "A preponderância de evidências mostra que os indivíduos que são confiáveis, cuidadosos, meticulosos, capazes de planejar, organizados, trabalhadores, persistentes e que visam a realizações tendem a ter maior desempenho no trabalho na maioria — se não em todas — das ocupações."[14] Além disso, os funcionários que possuem alta pontuação em escrupulosidade desenvolvem níveis mais elevados de conhecimento do trabalho, provavelmente porque as pessoas altamente conscienciosas aprendem mais (uma revisão de 138 estudos revelou que a escrupulosidade estava fortemente relacionada com seu GPA (indicador de desempenho acadêmico para alunos norte-americanos).[15] Maiores níveis de conhecimento do trabalho então contribuem para níveis mais altos de desempenho no trabalho. Indivíduos escrupulosos que estão mais interessados na aprendizagem do que em apenas realizar um trabalho também são excepcionalmente bons em manter o desempenho, caso venham a receber um feedback negativo.[16] Pode haver "algo demasiado bom", no entanto os indivíduos extremamente escrupulosos não costumam ter um desempenho melhor do que aqueles que estão na média quanto em escrupulosidade.[17]

A escrupulosidade é tão importante para os gestores quanto para os funcionários da linha de frente. Um estudo das pontuações de personalidade de 313 candidatos a CEO em empresas de capital privado (dos quais 225 foram contratados, e o desempenho de suas empresas depois foi correlacionado com suas pontuações de personalidade) mostrou que a escrupulosidade — na forma de persistência, atenção aos detalhes e definição de padrões elevados — era mais importante do que outros traços. Esses resultados confirmam a importância da escrupulosidade para o sucesso organizacional.

Curiosamente, as pessoas escrupulosas vivem mais, porque cuidam melhor de si mesmas (elas comem melhor e se exercitam melhor) e apresentam menos comportamentos de risco, tais como o tabagismo, a bebida, as drogas e também são cuidadosas em relação ao sexo e ao dirigir veículos.[18] Ainda assim, provavelmente porque são organizadas e estruturadas, as pessoas escrupulosas não se adaptam bem às mudanças de contextos. Elas costumam visar ao desempenho e têm dificuldade em aprender habilidades complexas no início do processo de treinamento, porque seu foco está em um bom desempenho em vez de no aprendizado. Por fim, elas são menos criativas do que as pessoas menos conscienciosas, especialmente em relação às atividades artísticas.[19]

Apesar de a escrupulosidade ser mais consistentemente relacionada com o desempenho no trabalho, os outros fatores também estão relacionados com aspectos de desempenho e têm outras implicações em relação ao trabalho e à vida. Vejamos cada um deles. O Quadro 5.1 mostra o resumo.

Dos Cinco Grandes Fatores, a estabilidade emocional está mais relacionada com a satisfação com a vida, com a satisfação no trabalho e com baixos níveis de estresse. Isso é verdade talvez porque as pessoas com maior pontuação são provavelmente positivas e otimistas e experienciam poucas emoções negativas. Elas são mais felizes do que quem apresenta uma baixa pontuação. Indivíduos com baixa estabilidade emocional são hipervigilantes (sempre procurando problemas ou sinais de perigo iminente) e especialmente vulneráveis aos efeitos físicos e psicológicos do estresse.

Os extrovertidos tendem a ser mais felizes no emprego e na vida como um todo. Eles experienciam emoções mais positivas do que os introvertidos e expressam esses sentimentos mais livremente. Eles também tendem

**QUADRO 5.1** ⬢ Modelo de como os Cinco Grandes Fatores influenciam os critérios do CO

| OS CINCO GRANDES FATORES | POR QUE SÃO RELEVANTES | O QUE AFETAM? |
|---|---|---|
| Escrupulosidade | • Menos pensamento negativo e menos emoções negativas<br>• Menos hipervigilante | • Maior satisfação no trabalho e na vida<br>• Níveis mais baixos de estresse |
| Estabilidade emocional | • Melhores habilidades interpessoais<br>• Maior domínio social<br>• Mais emocionalmente expressivo | • Maior desempenho*<br>• Liderança aprimorada<br>• Maior satisfação no trabalho e na vida |
| Extroversão | • Aumento da aprendizagem<br>• Mais criativo<br>• Mais flexível & autônomo | • Treinamento de desempenho<br>• Liderança aprimorada<br>• Mais adaptável à mudança |
| Sociabilidade | • Mais apreciado<br>• Maior respeito pelas regras e adaptação | • Maior desempenho<br>• Menores níveis de comportamento desviante |
| Abertura | • Maior esfoço e persistência<br>• Maior empenho e disciplina<br>• Melhor organização e planejamento | • Maior desempenho<br>• Liderança aprimorada<br>• Maior longevidade |

*Em funções que exigem trabalho em equipe significativo ou interações interpessoais frequentes

a ter um melhor desempenho em trabalhos que exigem uma significativa interação interpessoal, talvez porque tenham habilidades sociais — costumam ter mais amigos e passar mais tempo em situações sociais do que os introvertidos. Por fim, a extroversão é um preditor de surgimento de liderança relativamente forte nos grupos. Os extrovertidos são mais dominantes socialmente, são do tipo que "assumem responsabilidades" e são em geral mais assertivos do que os introvertidos.[20] Uma desvantagem é que eles são mais impulsivos do que os introvertidos; são mais propensos a se ausentar do trabalho e a se envolver em comportamentos de risco, como sexo desprotegido, consumo de bebidas, busca de sensações diversas e outros atos impulsivos.[21] Um estudo também concluiu que os extrovertidos tinham mais propensão a contar mentiras do que os introvertidos durante as entrevistas de emprego.[22]

Você pode esperar que as pessoas sociáveis sejam mais felizes do que as não sociáveis. Elas são, mas nem tanto. Quando as pessoas escolhem parceiros românticos, amigos ou membros de uma equipe em uma empresa, os indivíduos mais sociáveis são geralmente a sua primeira opção. Indivíduos sociáveis são mais estimados do que pessoas não sociáveis, o que explica por que eles tendem a se sair melhor em empregos que lidam com pessoas, como atendimento ao cliente. Eles também são mais colaborativos, aceitam as regras e têm menos propensão a se envolver em acidentes. As pessoas sociáveis estão mais satisfeitas com o seu trabalho e contribuem para o desempenho organizacional ao apresentar um comportamento de cidadania.[23] Elas também têm menos propensão a apresentar um comportamento impróprio. Uma desvantagem é que a sociabilidade está associada com níveis inferiores de sucesso na carreira (especialmente os ganhos).

Os indivíduos com alta pontuação em abertura a experiências são mais criativos em ciência e arte do que aqueles com pontuação baixa. Como a criatividade é importante para a liderança, as pessoas abertas são mais propensas a serem líderes eficazes e a estarem mais confortáveis com a ambiguidade e a mudança. Elas lidam melhor com a mudança organizacional e são mais adaptáveis em contextos de mudança. Estudos recentes também sugerem, no entanto, que elas sejam bastante susceptíveis a acidentes de trabalho.

Os cinco fatores de personalidade identificados no modelo dos Cinco Grandes Fatores aparecem em quase todos os estudos interculturais.[24] Esses estudos incluem uma grande variedade de culturas, como China, Israel, Alemanha, Japão, Espanha, Nigéria, Noruega, Paquistão e Estados Unidos. As diferenças são complexas, mas tendem a ser principalmente sobre se esses países são predominantemente individualistas ou coletivistas. Os gestores chineses usam a categoria da escrupulosidade com maior frequência e a sociabilidade em menor frequência do que os gestores dos Estados Unidos. E os Cinco Grandes parecem prever um pouco melhor nas culturas individualistas do que nas coletivistas.[25] Mas, surpreendentemente, um grande número de pessoas concorda com isso, em especial os indivíduos de países desenvolvidos. Uma ampla revisão de estudos que analisaram pessoas provenientes dos quinze países que então compunham a Comunidade Europeia concluiu que a escrupulosidade era um preditor válido de desempenho nos postos de trabalho e em grupos.[26] Isso é exatamente o que os estudos americanos descobriram.

## Outros traços de personalidade relevantes para o CO

Embora os traços do método dos Cinco Grandes provem ser de alta relevância para o CO, eles não esgotam a gama de características que podem descrever a personalidade de alguém. Agora vamos analisar outros atributos, mais específicos, que são poderosos indicadores de comportamento nas organizações. O primeiro relaciona-se com nossa autoavaliação básica. Os outros são o maquiavelismo, o narcisismo, o automonitoramento, a propensão para assumir riscos, a personalidade proativa e a preocupação com o outro.

**A AUTOAVALIAÇÃO BÁSICA (AB)** As pessoas que têm **autoavaliações** básicas positivas gostam de si mesmas e se veem como eficazes, capazes e no controle de seu ambiente. Aquelas com autoavaliações básicas negativas tendem a não gostar de si mesmas, a questionar as suas capacidades e se veem como impotentes perante o seu meio ambiente.[27] Discutimos anteriormente que a autoavaliação básica está relacionada com a satisfação no trabalho, porque as pessoas que têm esse traço positivo veem mais desafios no seu emprego e de fato obtêm trabalhos mais complexos.

Mas e o desempenho no trabalho? As pessoas com AB positiva desempenham melhor que as outras, porque estabelecem metas mais ambiciosas, são mais comprometidas com objetivos e persistem por mais tempo na tentativa de alcançá-los. Um estudo com corretores de seguro de vida constatou que as autoavaliações básicas eram preditoras de desempenho decisivo. Noventa por cento das ofertas de seguros de vida não são aceitas, então, um corretor tem que acreditar em si mesmo para persistir. Na verdade, esse estudo mostrou que a maioria dos vendedores de sucesso tinha AB positiva.[28] Tais indivíduos também proporcionavam um melhor atendimento ao cliente, eram os mais populares no grupo, tinham carreiras que haviam começado em melhor situação e apresentavam uma ascensão mais rápida ao longo do tempo.[29] Alguns estudos sugerem que os indivíduos com AB alta têm um bom desempenho, especialmente se eles sentem que seu trabalho é significativo e útil para os outros.[30]

Podemos ser positivos demais? O que acontece quando alguém pensa que é capaz, mas na verdade é incompetente? Um estudo dos CEOs listados na revista *Fortune 500* mostrou que muitos são confiantes em excesso e a infalibilidade que exibem muitas vezes faz com que tomem más decisões.[31] Teddy Forstmann, presidente da gigante de marketing esportivo IMG, disse de si mesmo: "Eu sei que Deus me deu um cérebro incomum. Não posso negar isso. Deus me deu o talento para ver o potencial".[32] Podemos dizer que pessoas como Forstmann são confiantes demais, mas muitas vezes nós, seres humanos, não nos damos o devido valor e por causa disso somos menos felizes e menos eficazes do que poderíamos ser. Se decidirmos que não podemos fazer algo, por exemplo, não vamos tentar e ao não fazê-lo apenas reforçaremos nossas dúvidas sobre nós mesmos.

**MAQUIAVELISMO** Kuzi é um jovem gerente de banco de Taiwan. Ele teve três promoções nos últimos quatro anos e não se desculpa pelas táticas agressivas que tem usado para impulsionar a sua carreira. "Estou preparado para fazer o que eu tenho que fazer para crescer cada vez mais em minha carreira", diz ele. Kuzi seria chamado corretamente de maquiavélico.

A característica de personalidade do **maquiavelismo** (frequentemente abreviada como *Mach*) vem do nome de Niccolò Machiavelli, que escreveu no século XVI sobre como ganhar e usar o poder. Um indivíduo com alta pontuação em maquiavelismo é pragmático, mantém distância emocional e acredita que os fins podem justificar os meios. "Se funciona, use" é consistente com uma perspectiva de um Mach alto. Uma quantidade considerável de pesquisas concluiu que Machs altos manipulam mais, ganham mais, são menos persuadidos e têm o poder de persuadir os outros mais do que os Machs baixos.[33] Eles gostam menos de seus trabalhos, são mais estressados e se envolvem em mais comportamentos desviantes no trabalho.[34] Contudo, os resultados dos Machs altos são moderados por fatores situacionais.

Machs altos florescem (1) quando interagem face a face com os outros, em vez de indiretamente; (2) quando a situação tem regras e regulamentos mínimos, permitindo espaço para a improvisação; e (3) quando o envolvimento emocional com detalhes que são irrelevantes para o sucesso distrai os Machs baixos.[35] Assim, em trabalhos que exigem habilidades de negociação (como a negociação de trabalho) ou que oferecem recompensas substanciais para ganhar (como vendas comissionadas), os Machs altos serão produtivos. Mas se os fins não podem justificar os meios, se existem padrões absolutos de comportamento, ou se os três fatores situacionais que observamos não estão em evidência, a nossa capacidade de prever o desempenho de um Mach alto será drasticamente reduzida.

NARCISISMO  Hans gosta de ser o centro das atenções. Ele se olha no espelho a toda hora, tem sonhos extravagantes e se considera uma pessoa de muitos talentos. Hans é um narcisista. O termo vem do mito grego de Narciso, um homem tão vaidoso e orgulhoso que se apaixonou por sua própria imagem. Na psicologia, o **narcisismo** descreve uma pessoa que tem um sentimento grandioso de autoimportância, que requer admiração excessiva, tem um sentimento de posse e é arrogante. Estudos sugerem que os narcisistas são mais carismáticos e, portanto, mais propensos a emergir como líderes e que podem até mesmo exibir uma saúde psicológica melhor (pelo menos assim eles se descrevem).[36]

Apesar de algumas vantagens, a maioria dos estudos sugere que o narcisismo é indesejável. Um estudo constatou que, embora os narcisistas pensem serem melhores líderes que os colegas, seus supervisores na verdade os classificam como piores. Um executivo da Oracle descreveu o CEO da empresa, Larry Ellison, desta forma: "A diferença entre Deus e Larry é que Deus não acredita que Ele seja o Larry".[37] Como os narcisistas muitas vezes querem ganhar a admiração dos outros e receber a confirmação de sua superioridade, tendem a "depreciar" aqueles que os ameaçam, tratando os outros como se fossem inferiores. Os narcisistas também tendem a ser egoístas e exploradores e acreditam que os outros existem para o seu benefício.[38] Seus superiores os avaliam como menos eficazes no trabalho em relação com os outros, principalmente quando se trata de ajudar as pessoas.[39] Estudos que usaram dados compilados ao longo de cem anos concluíram que os CEOs narcisistas de organizações de beisebol tendem a gerar maiores níveis de rotatividade de gestores, embora, curiosamente, os membros de organizações externas os vejam como mais influentes.[40]

**AUTOMONITORAMENTO** Joyce McIntyre está sempre com problemas no trabalho. Embora seja competente, trabalhadora e produtiva, em suas avaliações de desempenho nunca é considerada mais do que mediana e tem encontrado chefes irritantes em sua carreira. O problema de Joyce é que ela é politicamente inepta. É incapaz de adequar seu comportamento para atender situações de mudança. Como ela mesma diz: "Eu sou fiel a mim mesma. Não mudo para agradar os outros". Nós descreveríamos a Joyce como alguém com pouco controle de si.

O **autocontrole** se refere à capacidade de o indivíduo adequar seu comportamento a fatores externos e situacionais.[41] Indivíduos com alto autocontrole demonstram uma adaptabilidade considerável em adequar seu comportamento a fatores situacionais externos. Eles são altamente sensíveis a estímulos externos e podem se comportar de maneira diferente em diferentes situações, por vezes apresentando contradições marcantes entre sua persona pública e seu eu verdadeiro. As pessoas com baixo autocontrole, como Joyce, não conseguem se comportar dessa forma. Elas tendem a mostrar suas verdadeiras disposições e atitudes em todas as situações, portanto há uma alta consistência comportamental entre quem são e o que fazem.

Estudos mostram que pessoas com elevado autocontrole prestam mais atenção ao comportamento dos outros e são mais capazes de adaptar-se do que os que têm baixo autocontrole.[42] Elas também conseguem ter melhor avaliação de desempenho, têm maior probabilidade de emergir como líderes e demonstram menor comprometimento com suas organizações.[43] Além disso, gestores com alto autocontrole tendem a ser mais móveis em suas carreiras, recebem mais promoções (tanto internas quanto interorganizacionais) e têm maior probabilidade de ocupar posições centrais em uma organização.[44]

**TOMADA DE RISCO** Donald Trump se destaca por sua disposição de assumir riscos. Ele começou com quase nada na década de 1960. Em meados da década de 1980 havia feito uma fortuna apostando no mercado imobiliário que ressurgia na cidade de Nova York. Em seguida, tentando capitalizar sobre seus sucessos, Trump extrapolou. Em 1994, ele tinha um patrimônio líquido negativo de 850 milhões de dólares. Nunca temendo arriscar, "O Donald" alavancou os poucos bens que lhe haviam sobrado de vários empreendimentos imobiliários em Nova York, em Nova Jersey e no Caribe e conseguiu chegar ao topo novamente. Em 2011, quando Trump estava pensando em uma corrida presidencial, a revista *The Atlantic* estimou seu partimônio líquido em mais de 7 bilhões de dólares.[45]

As pessoas diferem na sua vontade de arriscar, uma qualidade que afeta a quantidade de tempo e informação de que elas precisam para tomar uma decisão. Por exemplo, 79 gestores fizeram exercícios simulados que exigiam que tomassem decisões de contratação.[46] Os gestores com tomada de decisão de alto risco tomaram decisões mais rápidas e usaram menos informações do que aqueles com tomada de decisão com baixo risco. Curiosamente, a precisão das decisões foi a mesma para ambos os grupos.

Embora estudos anteriores tenham mostrado que os gestores em grandes organizações são mais avessos ao risco do que os empreendedores voltados para o crescimento que gerenciam ativamente as pequenas empresas, as descobertas recentes sugerem que os gestores em grandes organizações podem mesmo estar mais dispostos a correr riscos do que os empreendedores.[47] A população trabalhadora como um todo difere na propensão para correr riscos.[48] Faz sentido reconhecer essas diferenças e até mesmo considerar alinhá-las com as demandas de trabalho específicas. A propensão a tomar decisões de alto risco pode levar a um desempenho mais efetivo para um corretor da bolsa de valores, porque esse tipo de trabalho exige a tomada de decisão rápida. Por outro lado, a vontade de assumir riscos pode revelar-se um grande obstáculo para um contador que realiza atividades de auditoria.

**PERSONALIDADE PROATIVA** Você já notou que algumas pessoas tomam ativamente a iniciativa de melhorar as circunstâncias atuais ou criar novas situações? Essas pessoas têm **personalidade proativa**.[49] São pessoas que identificam oportunidades, mostram iniciativa, agem e perseveram até que ocorra uma mudança significativa, ao contrário de outras que reagem passivamente às situações. Os proativos criam uma mudança positiva em seu ambiente, independentemente ou mesmo a despeito de limitações ou obstáculos.[50] Não é de surpreender que eles tenham muitos comportamentos desejáveis que os tornam muito cobiçados pelas organizações. Eles têm maior propensão a serem vistos como líderes e agirem como agentes de mudança.[51] Indivíduos proativos na maioria das vezes estão satisfeitos com o trabalho e ajudam mais os outros com suas tarefas, em grande parte porque constroem mais relacionamentos com os outros.[52]

Os proativos também são mais propensos a desafiar o *status quo* ou expressar o seu descontentamento quando as situações não lhes agradam.[53] Se uma organização necessita de pessoas com iniciativa empresarial, os proativos são bons candidatos; no entanto eles também são mais propensos a deixar a empresa para iniciar seu próprio negócio.[54] Como indivíduos, os proativos são mais propensos a alcançar sucesso em suas carreiras.[55] Eles selecionam, criam e influenciam situações de trabalho que lhes favoreçam. Eles procuram emprego e informação organizacional, desenvolvem contatos nos altos escalões, se envolvem no planejamento de suas carreiras e demonstram persistência em face de obstáculos em suas carreiras.

PREOCUPAÇÃO COM O OUTRO   Algumas pessoas naturalmente parecem pensar muito nos outros, ficando preocupadas com o bem-estar e os sentimentos daqueles que estão ao seu redor. Outras se comportam como "agentes econômicos", sendo principalmente racionais e interessadas no próprio bem-estar. Essas diferenças refletem diferentes níveis de preocupação com o outro, um traço de personalidade que reflete o grau em que as decisões são afetadas por influências sociais e preocupações em oposição ao próprio bem-estar e resultados.[56]

Quais são as consequências de se ter um alto nível de preocupação com o outro? Aqueles que se preocupam com os outros se sentem mais obrigados a ajudar as pessoas que os ajudaram (retribuição passada), enquanto os que pensam mais neles próprios vão ajudar os outros quando esperarem ser ajudados no futuro (retribuição futura).[57] Funcionários que têm uma elevada preocupação com os outros também dispendem altos níveis de esforço quando estão empenhados em ter um comportamento prossocial ou quando se empenham em ajudar no trabalho.[58] Em suma, parece que ter uma forte orientação para ajudar os outros afeta alguns comportamentos que de fato importam para as organizações. No entanto, precisamos de mais pesquisas para esclarecer esse construto emergente e sua relação com a sociabilidade.

Depois de termos discutido os traços de personalidade — as características marcantes que descrevem o comportamento de uma pessoa —, voltemo-nos para os valores. Valores são com frequência muito específicos e descrevem sistemas de crenças em vez de tendências comportamentais. Algumas crenças ou valores não dizem muito sobre a personalidade de uma pessoa, e nem sempre agimos de forma consistente com nossos valores.

## VALORES

Pena de morte é algo certo ou errado? Se uma pessoa gosta de poder, isso é bom ou ruim? As respostas para essas perguntas estão carregadas de valores. Alguns poderão argumentar que a pena de morte é certa porque é uma punição adequada para crimes como assassinato ou traição. Outros poderão argumentar, também com toda a veemência, que nenhum governo tem o direito de tirar a vida de alguém.

**Valores** representam convicções básicas de que "um modo específico de conduta ou dos objetivos de vida são pessoal e socialmente preferíveis a quaisquer outras condutas ou razão de ser".[59] Eles contêm um elemento de julgamento, e neles estão baseadas as ideias de um indivíduo do que é certo, bom ou desejável. Os valores têm atributos tanto de conteúdo quanto de intensidade. O atributo de conteúdo diz que o modo de conduta ou o objetivo de vida é *importante*. O atributo da intensidade específica *o grau de sua importância*. Quando classificamos os valores de um indivíduo em termos de sua intensidade, obtemos o **sistema de valores** dessa pessoa. Todos temos uma hierarquia de valores que forma o nosso sistema de valores. Nós a encontramos na importância relativa que damos a valores como liberdade, prazer, autorrespeito, honestidade, obediência e igualdade.

Os valores são fluidos e flexíveis? De modo geral, não. Eles tendem a ser relativamente estáveis e duradouros.[60] Uma parcela significativa dos valores que temos é estabelecida nos nossos primeiros anos — por nossos pais, professores, amigos e outros. Quando crianças, ensinaram-nos que certos comportamentos ou resultados são sempre desejáveis ou sempre indesejáveis — havendo poucas áreas indefinidas. Nunca lhe ensinaram a ser somente um pouco honesto ou somente um pouco responsável, por exemplo. É essa aprendizagem absoluta de valores, ou o "preto no branco", que garante sua estabilidade e resistência. Se questionarmos nossos valores, é claro, eles podem mudar, porém é mais frequente que sejam reforçados. Há também estudos que ligam a personalidade aos valores, o que implica que nossos valores podem ser, em parte, determinados por nossos traços geneticamente transmitidos.[61]

## A importância dos valores

Os valores estabelecem a base para a nossa compreensão das atitudes e da motivação das pessoas e influenciam nossas percepções. Entramos em uma organização com noções preconcebidas do que "deveria" ou "não deveria" ser. Essas noções não são livres de valores. Pelo contrário, elas contêm nossas interpretações do certo e do errado e nossa preferência por certos comportamentos ou resultados em detrimento de outros. Como resultado, os valores obscurecem a objetividade e a racionalidade; influenciam as atitudes e o comportamento.[62]

Suponha que você entre em uma organização com a opinião de que a definição da remuneração baseada no desempenho seja certa e que a remuneração baseada na antiguidade seja errada. Como você reagiria se percebesse que a organização na qual entrou recompensa a antiguidade e não o desempenho? É provável que se decepcione — e isso pode levar à insatisfação no trabalho e a uma decisão de não se esforçar demais porque "É bem provável que eu não ganhe mais de qualquer jeito". Seriam suas atitudes e seu comportamento diferentes se os seus valores estivessem alinhados com as políticas de remuneração da organização? É bem provável que sim.

## Valores terminais *versus* valores instrumentais

Podemos classificar os valores? Sim. Nesta seção, revisaremos duas abordagens para o desenvolvimento de tipologias de valores.

**PESQUISA DE VALORES DE ROKEACH** Milton Rokeach criou a Pesquisa de Valores Rokeach (RVS).[63] Trata-se de dois conjuntos de valores, cada um contendo dezoito itens de valores individuais. Um conjunto, chamado de **valores terminais**, refere-se a objetivos finais desejáveis. Esses são os objetivos que uma pessoa gostaria de alcançar durante a vida inteira. O outro, chamado de valores instrumentais, refere-se aos modos preferíveis de comportamento, ou meios de alcançar os valores terminais. Alguns exemplos dos valores terminais na RVS incluem: a prosperidade e o sucesso econômico, a liberdade, a saúde e o bem-estar, a paz mundial, o reconhecimento social e o significado na vida. Os tipos de valores instrumentais ilustrados na RVS são o autoaperfeiçoamento, a autonomia e a autoconfiança, a disciplina pessoal, a bondade, a ambição e a orientação para objetivos.

Vários estudos confirmam que os valores da RVS variam entre os grupos.[64] Pessoas com as mesmas ocupações ou em categorias semelhantes (gestores corporativos, pais, alunos) tendem a ter valores semelhantes. Um estudo comparou executivos, membros do sindicato dos metalúrgicos e membros de um grupo comunitário ativista. Embora tenha havido uma boa dose de sobreposição,[65] também houve diferenças significativas (veja o Quadro 5.2).

Os ativistas classificaram a "igualdade" como o seu valor terminal mais importante, os executivos e os membros do sindicato classificaram esse valor em 12º e 13º lugares respectivamente. Os ativistas classificaram "prestativo" como seu segundo maior valor instrumental. Os outros dois grupos classificaram "prestativo" em 14º lugar. Como os executivos, sindicalistas e todos os ativistas se interessam pelo que as empresas fazem, essas diferenças podem criar sérios conflitos quando os grupos não concordam entre si a respeito das políticas econômicas e sociais de uma organização.[66]

**QUADRO 5.2** Valores terminais e instrumentais na Pesquisa de Valores de Rokeach

| Valores terminais | Valores instrumentais |
| --- | --- |
| Prosperidade e sucesso econômico | Autoaperfeiçoamento |
| Liberdade | Autonomia e autossuficiência |
| Saúde e bem-estar | Disciplina pessoal |
| Paz mundial | Bondade |
| Reconhecimento social | Ambição |
| Significado na vida | Foco nos objetivos |

# LIGANDO A PERSONALIDADE E OS VALORES DE UM INDIVÍDUO AO LOCAL DE TRABALHO

Trinta anos atrás, as organizações estavam preocupadas apenas com a personalidade, porque seu objetivo principal era encontrar os indivíduos certos para trabalhos específicos. Essa preocupação se expandiu e incluiu o quão bem a personalidade e também os valores do indivíduo se adaptam à organização. Por quê? Porque os gestores de hoje estão menos interessados no compromisso de um candidato com a organização e sua capacidade para realizar um trabalho específico do que com sua flexibilidade para responder às novas situações.

Vamos agora discutir em mais detalhes a adequação da pessoa ao trabalho e a adequação da pessoa à empresa.

## Adequação da pessoa ao trabalho

O esforço para atender às necessidades de trabalho com as características de personalidade é mais bem explicado na **teoria vocacional** de John Holland.[67] Holland apresenta seis tipos de personalidade e propõe que a satisfação e a propensão para deixar uma posição dependem de quanto a personalidade de um indivíduo se ajusta ao trabalho. O Quadro 5.3 descreve os seis tipos, suas características de personalidade e exemplos de ocupações congruentes para cada um.

Holland desenvolveu o questionário Inventário de Interesses e Preferências Profissionais, que contém 160 títulos profissionais. Os entrevistados indicam o que eles gostam ou não gostam e suas respostas formam um perfil de personalidade. As pesquisas apoiam firmemente o diagrama hexagonal demonstrado na Figura 5.1.[68] Quanto mais próximos dois campos ou orientações estiverem no hexágono, mais compatíveis eles serão. Categorias adjacentes são bastante semelhantes, enquanto as diagonalmente opostas são diferentes ao extremo.

O que significa tudo isso? A teoria argumenta que a satisfação é mais alta e a rotatividade mais baixa quando a personalidade e a ocupação estão de acordo. Uma pessoa realista em um trabalho realista está em uma situação mais congruente do que alguém realista em um trabalho investigativo. Uma pessoa realista em um trabalho social é a situação mais incongruente possível. Os pontos-chave desse modelo são que (1) não parece haver diferenças intrínsecas de personalidade entre os indivíduos, (2) há tipos diferentes de trabalho, e (3) as pessoas em postos de trabalho congruentes com a sua personalidade devem estar mais satisfeitas e menos propensas a demitir-se voluntariamente do que as pessoas em empregos incongruentes. Os estudos apoiam o valor da avaliação dos interesses vocacionais no processo de seleção, com uma combinação de interesses e requisitos para

**QUADRO 5.3** ● Tipologia de Personalidade de Holland e ocupações congruentes

| TIPO | CARACTERÍSTICAS DE PERSONALIDADE | OCUPAÇÕES CONGRUENTES |
|---|---|---|
| *Realista*: Prefere atividades sociais que exigem habilidade, força e coordenação | Tímido, genuíno, persistente, estável, adaptável, prático | Trabalhador em linha de montagem, fazendeiro |
| *Investigativo*: Prefere atividades que envolvam pensamento, organização e compreensão | Analítico, original, curioso, independente | Biólogo, economista, matemático e repórter |
| *Social*: Prefere atividades que envolvem ajudar e desenvolver os outros | Sociável, amigável, cooperativo, compreensivo | Assistente social, professor, conselheiro e psicólogo clínico |
| *Convencional*: Prefere atividades baseadas em regras, que sejam organizadas e inequívocas | Adaptável, eficiente, prático, sem imaginação, inflexível | Contador, gerente corporativo, caixa de banco, arquivista |
| *Empreendedor*: Prefere atividades verbais em que há oportunidades para influenciar os outros e alcançar o poder | Autoconfiante, ambicioso, energético, dominador | Advogado, corretor de imóveis, especialista em relações públicas, gerente de empresa de pequeno porte |
| *Artístico*: Prefere atividades ambíguas e não sistemáticas que permitam a expressão criativa | Imaginativo, desordenado, idealista, emocional, não prático | Pintor, músico, escritor e decorador de interiores |

**FIGURA 5.1** ● Relações entre os tipos de personalidade ocupacional

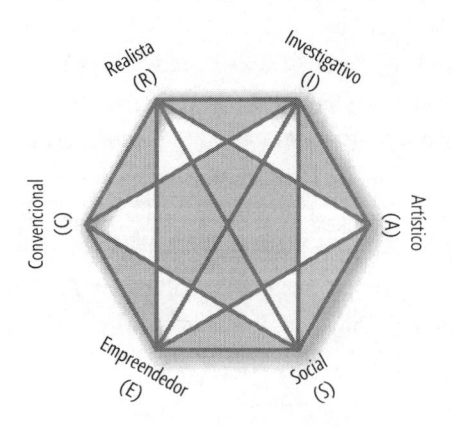

Fonte: Reproduzido com permissão especial do editor, Psychological Assessment Resources from *Making Vocational Choices*, © 1973, 1985, 1992 by Psychological Assessment Resources. Todos os direitos reservados.

o trabalho ao prever o conhecimento do trabalho, desempenho e baixa probabilidade de rotatividade.[69]

Como você pode esperar, os tipos de Holland se relacionam com as escalas de personalidade. Um estudo conclui que indivíduos com alta abertura a experiência quando crianças eram mais propensos a ter empregos com alta dimensão investigativa e artística ao se tornarem adultos, e aqueles que apresentavam escrupulosidade quando crianças eram mais propensos a ter empregos convencionais quando adultos.[70]

## Adequação da pessoa ao trabalho

Notamos que os pesquisadores têm observado a adequação das pessoas às organizações e também ao trabalho. Se uma organização possui um ambiente dinâmico, que muda constantemente, e demanda que os funcionários sejam capazes de mudar de tarefas de pronto e que se movam com facilidade entre as equipes, é mais importante que as personalidades dos funcionários se adaptem à cultura da organização como um todo do que às características de qualquer posto de trabalho.

A adequação entre a pessoa e a organização afirma na essência que os indivíduos são atraídos e selecionados por organizações que possuam valores semelhantes aos seus, e que eles deixam as organizações que não são compatíveis com sua personalidade.[71] Ao usarmos a terminologia dos Cinco Grandes Fatores, por exemplo, poderíamos esperar que as pessoas que têm alta extroversão trabalhassem bem em culturas agressivas e com foco em trabalho em equipe; que as pessoas com alta sociabilidade trabalhassem melhor em um clima organizacional que incentiva do que em um clima organizacional agressivo; e que indivíduos de alta abertura a experiências atuassem melhor em organizações que enfatizam a inovação e não a padronização.[72] A observância dessas diretrizes no momento da contratação pode identificar os novos funcionários que se ajustam melhor à cultura da organização, o que, por sua vez, resulta em maior satisfação dos funcionários e menor rotatividade. Pesquisas sobre a adequação entre as pessoas e as empresas também analisaram se os valores das pessoas se equiparam aos da cultura da organização. Essa equiparação prediz a satisfação no trabalho, o compromisso com a organização e a baixa rotatividade.[73] Curiosamente, alguns estudos concluíram que a adequação entre a pessoa e a empresa era mais importante na predição da rotatividade em uma nação coletivista (Índia) do que em uma nação mais individualista (Estados Unidos).[74]

## Valores internacionais

Uma das abordagens mais amplamente referidas para a análise das variações entre as culturas foi feita no final da década de 1970 por Geert

Hofstede.⁷⁵ Ele entrevistou mais de 116 mil funcionários da IBM em quarenta países sobre valores relacionados com o trabalho e descobriu que gestores e funcionários variavam em cinco dimensões de valores da cultura nacional:

> Os valores parecem variar entre as culturas, o que significa que, em média, os valores das pessoas em uma nação tendem a diferir daqueles em outra; no entanto, há uma variabilidade substancial nos valores dentro de uma cultura.

- ▶ *Distância do poder.* A **distância do poder** descreve o grau até o qual as pessoas em um país aceitam que o poder em instituições e organizações é distribuído desigualmente. Uma alta classificação em distância do poder significa que existem grandes desigualdades de poder e riqueza e que estas são toleradas na cultura, como em um sistema de classe ou casta que desencoraja a mobilidade ascendente. Uma classificação baixa em distância do poder caracteriza as sociedades que enfatizam a igualdade e a oportunidade.
- ▶ *Individualismo versus coletivismo.* O **individualismo** é o grau até o qual as pessoas preferem agir como indivíduos e não como membros de grupos e acreditam nos direitos individuais acima de tudo. O **coletivismo** enfatiza um quadro social estreito em que as pessoas esperam que outros nos grupos de que participam cuidem delas e as protejam.⁷⁵
- ▶ *Masculinidade versus feminilidade.* O construto de **masculinidade** de Hofstede é o grau até o qual a cultura favorece os papéis masculinos tradicionais, tais como a realização, o poder e o controle, em oposição à ideia da igualdade entre homens e mulheres. Uma classificação alta em masculinidade indica que a cultura possui papéis separados para os homens e as mulheres, com os homens dominando a sociedade. Uma classificação alta em **feminilidade** significa que a cultura vê pouca diferença entre os papéis masculinos e femininos e trata as mulheres como iguais aos homens em todos os aspectos.
- ▶ *Aversão à incerteza.* O grau até o qual as pessoas em um país preferem situações estruturadas às não estruturadas define o grau de **aversão à incerteza**. Em culturas em que a aversão à incerteza é alta, as pessoas têm um elevado nível de ansiedade em relação à incerteza e ambiguidade e usam as leis e controles para reduzir a incerteza. Indivíduos de culturas em que a aversão à incerteza é baixa aceitam mais a ambiguidade, dependem menos de regras, assumem mais riscos e aceitam a mudança mais facilmente.
- ▶ *Orientação para longo prazo versus orientação para curto prazo.* A adição mais recente à tipologia de Hofstede mede a devoção da sociedade aos valores tradicionais. As pessoas em uma cultura com **orientação para longo prazo** olham para o futuro e valorizam a parcimônia, a persistência e a tradição. Já em uma cultura com **orientação de curto prazo**, valorizam o aqui e o agora; elas aceitam mudança mais prontamente e não veem os compromissos como impedimentos à mudança.

Quais são as pontuações de diferentes países de acordo com as dimensões de Hofstede? O Quadro 5.4 mostra as classificações dos países para os quais existem dados disponíveis. Por exemplo, a distância do poder é maior na Malásia do que em qualquer outro país. Os Estados Unidos são um país muito individualista; na verdade, são a nação mais individualista de todas (seguida de perto pela Austrália e pela Grã-Bretanha). Os Estados Unidos também tendem a ter uma orientação para curto prazo e possuem uma baixa distância do poder (as pessoas nos Estados Unidos tendem a não aceitar diferenças de classes). Eles também têm baixa aversão à incerteza, ou seja, a maioria dos adultos é relativamente tolerante à incerteza e à ambiguidade. A pontuação dos Estados Unidos em masculinidade é relativamente alta; a maioria das pessoas enfatiza os papéis tradicionais de gênero (pelo menos em relação a países como a Dinamarca, a Finlândia, a Noruega e a Suécia).

**QUADRO 5.4** ● Valores culturais de Hofstede por nação

| | Distância do poder | | Individualismo versus coletivismo | | Masculinidade versus feminilidade | | Aversão à incerteza | | Orientação para longo prazo versus orientação para curto prazo | |
|---|---|---|---|---|---|---|---|---|---|---|
| País | Índice | Classificação | Índice | Classificação | Índice | Classificação | Índice | Classificação | Índice | Classificação |
| África do Sul | 49 | 35–36 | 65 | 16 | 63 | 13–14 | 49 | 39–40 | | |
| Alemanha | 35 | 42–44 | 67 | 15 | 66 | 9–10 | 65 | 29 | 31 | 22–24 |
| Argentina | 49 | 35–36 | 46 | 22–23 | 56 | 20–21 | 86 | 10–15 | | |
| Austrália | 36 | 41 | 90 | 2 | 61 | 16 | 51 | 37 | 31 | 22–24 |
| Áustria | 11 | 53 | 55 | 18 | 79 | 2 | 70 | 24–25 | 31 | 22–24 |
| Bélgica | 65 | 20 | 75 | 8 | 54 | 22 | 94 | 5–6 | 38 | 18 |
| Brasil | 69 | 14 | 38 | 26–27 | 49 | 27 | 76 | 21–22 | 65 | 6 |
| Canadá | 39 | 39 | 80 | 4–5 | 52 | 24 | 48 | 41–42 | 23 | 30 |
| Chile | 63 | 24–25 | 23 | 38 | 28 | 46 | 86 | 10–15 | | |
| Cingapura | 74 | 13 | 20 | 39–41 | 48 | 28 | 8 | 53 | 48 | 9 |
| Colômbia | 67 | 17 | 13 | 49 | 64t | 11–12 | 80 | 20 | | |
| Coreia do Sul | 60 | 27–28 | 18 | 43 | 39 | 41 | 85 | 16–17 | 75 | 5 |

*(continua)*

(continuação)

| País | Distância do poder | | Individualismo versus coletivismo | | Masculinidade versus feminilidade | | Aversão à incerteza | | Orientação para longo prazo versus orientação para curto prazo | |
|---|---|---|---|---|---|---|---|---|---|---|
| | Índice | Classificação | Índice | Classificação | Índice | Classificação | Índice | Classificação | Índice | Classificação |
| Costa Rica | 35 | 42–44 | 15 | 46 | 21 | 48–49 | 86 | 10–15 | | |
| Dinamarca | 18 | 51 | 74 | 9 | 16 | 50 | 23 | 51 | 46 | 10 |
| El Salvador | 66 | 18–19 | 19 | 42 | 40 | 40 | 94 | 5–6 | | |
| Equador | 78 | 8–9 | 8 | 52 | 63 | 13–14 | 67 | 28 | | |
| Espanha | 57 | 31 | 51 | 20 | 42 | 37–38 | 86 | 10–15 | 19 | 31–32 |
| Estados Unidos | 40 | 38 | 91 | 1 | 62 | 15 | 46 | 43 | 29 | 27 |
| Filipinas | 94 | 4 | 32 | 31 | 64 | 11–12 | 44 | 44 | 19 | 31–32 |
| Finlândia | 33 | 46 | 63 | 17 | 26 | 47 | 59 | 31–32 | 41 | 14 |
| França | 68 | 15–16 | 71 | 10–11 | 43 | 35–36 | 86 | 10–15 | 39 | 17 |
| Grã-Bretanha | 35 | 42–44 | 89 | 3 | 66 | 9–10 | 35 | 47–48 | 25 | 28–29 |
| Grécia | 60 | 27–28 | 35 | 30 | 57 | 18–19 | 112 | 1 | | |
| Guatemala | 95 | 2–3 | 6 | 53 | 37 | 43 | 101 | 3 | | |
| Holanda | 38 | 40 | 80 | 4–5 | 14 | 51 | 53 | 35 | 44 | 11–12 |
| Hong Kong | 68 | 15–16 | 25 | 37 | 57 | 18–19 | 29 | 49–50 | 96 | 2 |
| Índia | 77 | 10–11 | 48 | 21 | 56 | 20–21 | 40 | 45 | 61 | 7 |
| Indonésia | 78 | 8–9 | 14 | 47–48 | 46 | 30–31 | 48 | 41–42 | | |
| Irã | 58 | 29–30 | 41 | 24 | 43 | 35–36 | 59 | 31–32 | | |
| Irlanda | 28 | 49 | 70 | 12 | 68 | 7–8 | 35 | 47–48 | 43 | 13 |
| Israel | 13 | 52 | 54 | 19 | 47 | 29 | 81 | 19 | | |
| Itália | 50 | 34 | 76 | 7 | 70 | 4–5 | 75 | 23 | 34 | 19 |

(continua)

(continuação)

| País | Distância do poder | | Individualismo versus coletivismo | | Masculinidade versus feminilidade | | Aversão à incerteza | | Orientação para longo prazo versus orientação para curto prazo | |
|---|---|---|---|---|---|---|---|---|---|---|
| | Índice | Classificação | Índice | Classificação | Índice | Classificação | Índice | Classificação | Índice | Classificação |
| Iugoslávia | 76 | 12 | 27 | 33-35 | 21 | 48-49 | 88 | 8 | | |
| Jamaica | 45 | 37 | 39 | 25 | 68 | 7-8 | 13 | 52 | | |
| Japão | 54 | 33 | 46 | 22-23 | 95 | 1 | 92 | 7 | 80 | 4 |
| Malásia | 104 | 1 | 26 | 36 | 50 | 25-26 | 36 | 46 | | |
| México | 81 | 5-6 | 30 | 32 | 69 | 6 | 82 | 18 | | |
| Noruega | 31 | 47-48 | 69 | 13 | 8 | 52 | 50 | 38 | 44 | 11-12 |
| Nova Zelândia | 22 | 50 | 79 | 6 | 58 | 17 | 49 | 39-40 | 30 | 25-26 |
| Panamá | 95 | 2-3 | 11 | 51 | 44 | 34 | 86 | 10-15 | | |
| Paquistão | 55 | 32 | 14 | 47-48 | 50 | 25-26 | 70 | 24-25 | 0 | 34 |
| Peru | 64 | 21-23 | 16 | 45 | 42 | 37-38 | 87 | 9 | | |
| Portugal | 63 | 24-25 | 30 | 33-35 | 31 | 45 | 104 | 2 | 30 | 25-26 |
| Suécia | 31 | 47-48 | 71 | 10-11 | 5 | 53 | 29 | 49-50 | 33 | 20 |
| Suíça | 34 | 45 | 68 | 14 | 70 | 4-5 | 58 | 33 | 40 | 15-16 |
| Tailândia | 64 | 21-23 | 20 | 39-41 | 34 | 44 | 64 | 30 | 56 | 8 |
| Taiwan | 58 | 29-30 | 17 | 44 | 45 | 32-33 | 69 | 26 | 87 | 3 |
| Turquia | 66 | 18-19 | 37 | 28 | 45 | 32-33 | 85 | 16-17 | | |
| Uruguai | 61 | 26 | 36 | 29 | 38 | 42 | 100 | 4 | | |
| Venezuela | 81 | 5-6 | 12 | 50 | 73 | 3 | 76 | 21-22 | | |
| Regiões: | | | | | | | | | | |
| Países árabes | 80 | 7 | 38 | 26-27 | 53 | 23 | 68 | 27 | | |

(continua)

(*continuação*)

| País | Distância do poder | | Individualismo *versus* coletivismo | | Masculinidade *versus* feminilidade | | Aversão à incerteza | | Orientação para longo prazo *versus* orientação para curto prazo | |
|---|---|---|---|---|---|---|---|---|---|---|
| | Índice | Classificação | Índice | Classificação | Índice | Classificação | Índice | Classificação | Índice | Classificação |
| África Ocidental | 77 | 10-11 | 20 | 39-41 | 46 | 30-31 | 54 | 34 | 16 | 33 |
| África Oriental | 64 | 21-23 | 27 | 33-35 | 41 | 39 | 52 | 36 | 25 | 28-29 |

Fonte: Copyright © Geert Hofstede BV, hofstede@bovt.nl. Reproduzido com permissão.

Você notará diferenças regionais. Nações ocidentais e do norte, como o Canadá e a Holanda, tendem a ser mais individualistas. Países menos ricos, como o México e as Filipinas, tendem a ter uma pontuação mais alta em relação à distância do poder. Nações sul-americanas tendem a ter maior pontuação em aversão à incerteza do que as outras e os países asiáticos tendem a ter uma orientação em longo prazo.

As dimensões culturais de Hofstede influenciaram enormemente os pesquisadores de CO e os gestores. No entanto, sua pesquisa tem sido criticada. Primeiro, embora os dados tenham sido atualizados desde então, o trabalho original tem mais de trinta anos e foi baseado em uma única empresa (IBM). Muita coisa aconteceu no cenário mundial desde então. Algumas das mudanças mais óbvias incluem a queda da União Soviética, a transformação da Europa Central e Oriental, o fim do apartheid na África do Sul e a ascensão da China como uma potência global. Segundo, poucos pesquisadores leram os detalhes da metodologia de Hofstede atentamente e, portanto, desconhecem muitas decisões e julgamentos que ele precisou fazer (por exemplo, reduzir o número de valores culturais para apenas cinco). Alguns resultados são inesperados. O Japão, que é muitas vezes considerado uma nação altamente coletivista, tem uma avaliação apenas média em coletivismo pelas dimensões de Hofstede.[76] Apesar dessas preocupações, Hofstede tem sempre sido um dos cientistas mais citados e o seu quadro deixou uma marca duradoura no CO.

Uma pesquisa recente de 598 estudos com mais de 200 mil entrevistados investigou a relação entre os valores culturais e uma variedade de critérios organizacionais tanto no nível de análise individual como no nacional.[77] No geral, as cinco dimensões da cultura originais eram igualmente fortes preditores de resultados relevantes, o que significa que pesquisadores e gestores em exercício precisam pensar sobre a cultura de forma holística e não se concentrar apenas em uma ou duas dimensões. Os valores culturais foram mais relacionados com o compromisso organizacional, o comportamento de cidadania e as atividades em equipes do que os resultados em relação à personalidade. Por outro lado, a personalidade foi mais fortemente relacionada com os critérios comportamentais, como o desempenho, o absentismo e a rotatividade. Os pesquisadores também concluíram que as pontuações individuais eram muito melhores preditores da maioria dos resultados do que a atribuição dos mesmos valores culturais a todas as pessoas em um país. Em suma, a pesquisa sugere que o quadro de valores de Hofstede pode ser uma valiosa forma de pensar sobre as diferenças entre as pessoas, mas devemos ser cautelosos ao supor que todas as pessoas de um país têm os mesmos valores.

PROJETO GLOBE DE IDENTIFICAÇÃO DE CULTURAS  Desde 1993 o programa de pesquisa de Liderança Global e Comportamento Organizacional Eficaz [em inglês, Global Leadership and Organizational Behavior Effectiveness (GLOBE)] tem sido uma contínua pesquisa intercultural de liderança e cultura nacional. Utilizando dados de 825 organizações de 62 países, o time do GLOBE identificou nove dimensões nas quais as culturas nacionais diferem.[78] Algumas — como a distância do poder, o individualismo/coletivismo, a aversão à incerteza, a diferenciação de gênero (semelhante a masculinidade *versus* feminilidade) e a orientação para o futuro (semelhante a longo prazo *versus* curto prazo) — se parecem com as dimensões de Hofstede. A principal diferença é que o quadro GLOBE acrescentou dimensões como a orientação humana (o grau até o qual a sociedade recompensa os indivíduos por serem altruístas, generosos e gentis com os outros) e a orientação de desempenho (o grau até o qual a sociedade encoraja e recompensa membros de um grupo pela melhoria do desempenho e da excelência).

Qual quadro é melhor? É difícil dizer, e cada um tem seus adeptos. Damos mais ênfase às dimensões de Hofstede aqui, porque elas têm resistido ao teste do tempo e também porque o estudo GLOBE as fortaleceu. No entanto, os pesquisadores continuam a debater as diferenças entre elas, e estudos futuros podem favorecer a perspectiva mais nuançada do estudo GLOBE.[79]

## RESUMO E IMPLICAÇÕES PARA OS GESTORES

PERSONALIDADE  Qual o valor, se houver algum, que o modelo dos Cinco Grandes Fatores tem para os gestores? Desde o início da década de 1900 até meados da década de 1980, os pesquisadores procuraram uma ligação entre personalidade e desempenho no trabalho. No entanto, os últimos vinte anos têm sido mais promissores, em grande parte graças às descobertas sobre os Cinco Grandes Fatores.

> Tentar achar candidatos que tenham alta escrupulosidade — assim como os outros Cinco Grandes Fatores, dependendo dos critérios que uma organização ache mais importantes — deve pagar dividendos. Claro, os gestores ainda precisam considerar fatores situacionais.[80]
> Fatores como as exigências do trabalho, o grau de interação necessária com os outros e a cultura da organização são exemplos de variáveis situacionais que moderam a relação personalidade––desempenho no trabalho.
> Você precisa avaliar o emprego, o grupo de trabalho e a organização para determinar o alinhamento ideal de personalidade.
> Outras características, como a autoavaliação básica ou o narcisismo, também podem ser relevantes em determinadas situações.
> Embora o MBTI tenha sido amplamente criticado, ele pode ter algum lugar nas organizações. Nos treinamentos e em desenvolvimento, pode ajudar os funcionários a se compreenderem melhor, ajudar os membros da equipe a entenderem melhor uns aos outros, e abrir a comunicação em grupos de trabalho e possivelmente reduzir conflitos.

**VALORES** Por que é importante conhecer os valores de um indivíduo? Os valores muitas vezes são fundamentais e explicam as atitudes, os comportamentos e as percepções. Assim, o conhecimento do sistema de valores de um indivíduo pode fornecer informações sobre o que faz essa pessoa "funcionar".

O desempenho e a satisfação dos funcionários tendem a ser mais elevados se os seus valores se ajustarem bem à organização. A pessoa que dá grande importância à imaginação, independência e liberdade provavelmente não se encaixa em uma organização que procura conformidade em seus funcionários.

Os gestores são mais propensos a apreciar, avaliar positivamente e recompensar os funcionários que se adaptem, e os funcionários são mais propensos a se sentir satisfeitos se perceberem que se encaixam na empresa. Isso faz que os gestores procurem candidatos que não somente tenham a habilidade, a experiência e a motivação para o desempenho, mas que tenham também um sistema de valores compatível com o da organização.

Acesse o Site de apoio ao livro (www.grupoa.com.br) e teste seus conhecimentos por meio dos exercícios elaborados para este capítulo.

# Percepção e tomada de decisão

## 6

## O QUE É PERCEPÇÃO?

**Percepção** é um processo pelo qual indivíduos organizam e interpretam suas impressões sensoriais para dar significado ao seu ambiente. No entanto, o que percebemos pode ser substancialmente diferente da realidade objetiva. Por exemplo, todos os funcionários de uma empresa podem vê-la como um ótimo lugar para trabalhar — condições de trabalho favoráveis, atribuições interessantes, boa remuneração, excelentes benefícios, gestão compreensiva e responsável — mas, como a maioria de nós sabe, é muito raro encontrar essa combinação.

Por que a percepção é importante no estudo do CO? Simplesmente porque o comportamento das pessoas é baseado na sua percepção do que é a realidade, e não a realidade em si. *O mundo como ele é percebido é o mundo que é importante em termos comportamentais.*

## Fatores que influenciam a percepção

Como explicar o fato de que os indivíduos podem olhar para a mesma coisa e mesmo assim percebê-la de forma diferente? Vários fatores atuam na formação da percepção e às vezes a distorcem.

Esses fatores podem residir no observador; no objeto, ou alvo, que está sendo percebido; ou no contexto da situação sobre a qual a percepção está sendo feita.

- **Observador.** Quando você olha para um alvo e tenta interpretar o que vê, essa interpretação é fortemente influenciada por suas características pessoais — suas atitudes, personalidade, motivos, interesses, experiências passadas e expectativas. Por exemplo, se você imagina que os policiais sejam pessoas autoritárias ou que jovens

---

Depois de estudar este capítulo, você será capaz de:

▶ definir *percepção* e explicar os fatores que a influenciam;

▶ identificar os atalhos que os indivíduos usam para fazer julgamentos sobre os outros;

▶ explicar a relação entre percepção e tomada de decisão;

▶ listar e explicar vieses ou erros comuns de decisão;

▶ comparar os três critérios da decisão ética;

▶ definir *criatividade* e discutir os três componentes da criatividade.

---

As pessoas têm predisposições inerentes na forma de verem os outros (percepção) e na forma como tomam decisões (tomada de decisão). Podemos compreender melhor as pessoas entendendo essas predisposições.

sejam preguiçosos, você pode percebê-los como tal, independentemente das características reais deles.
- ▶ *Alvo.* As características do alvo também afetam o que percebemos. Pessoas barulhentas têm maior probabilidade de serem notadas em um grupo do que as pessoas mais quietas. Assim, também, os indivíduos que são extremamente atraentes ou não. Como não olhamos para os alvos de maneira isolada, a relação de um alvo com tudo o que ele possa implicar também influencia a percepção, assim como a nossa tendência para agrupar coisas próximas ou semelhantes. Nós muitas vezes percebemos as mulheres, os homens, os brancos, os afro-americanos, os asiáticos ou membros de qualquer outro grupo que tenha características claramente distinguíveis, como iguais em outras formas que não têm relação.
- ▶ *Situação.* O contexto também importa. O momento em que vemos um objeto ou um evento pode influenciar a nossa atenção, como também a localização, a luz, o calor ou qualquer número de fatores situacionais. Em uma boate no sábado à noite, você pode não notar alguém estiloso. No entanto, essa mesma pessoa tão enfeitada na sua aula de gestão da segunda-feira de manhã certamente chamaria a sua atenção (e do resto da classe, também). Nem o observador nem o alvo mudaram entre o sábado à noite e a segunda de manhã, mas a situação é diferente.

## PERCEPÇÃO PESSOAL: FAZENDO JULGAMENTOS SOBRE OS OUTROS

Agora nos voltamos para a aplicação dos conceitos de percepção mais relevantes para o CO — a *percepção de pessoas*, ou as percepções que as pessoas têm umas das outras.

### Teoria da atribuição

Objetos inanimados, como escrivaninhas, máquinas e prédios, estão sujeitos às leis da natureza, mas eles não têm crenças, motivos ou intenções. As pessoas sim. É por isso que, quando observamos as pessoas, tentamos explicar por que elas se comportam de determinadas maneiras. Nossa percepção e julgamento das ações de uma pessoa, então, serão significativamente influenciados pelas suposições que fazemos sobre o estado de espírito interno dessa pessoa.

A **teoria da atribuição** tenta explicar as maneiras pelas quais julgamos as pessoas de formas diferentes, dependendo do significado que atribuímos a um determinado comportamento.[1] Isso sugere que quando observamos o comportamento de um indivíduo, tentamos determinar se ele tem uma causa interna ou externa. Essa determinação, no entanto, depende muito de três fatores: (1) diferenciação, (2) consenso e (3) coerência. Primeiro, vamos esclarecer as diferenças entre a causalidade interna e, externa em seguida, explorar cada um dos três fatores determinantes.

Os comportamentos causados *internamente* são aqueles que o observador acredita estarem sob o controle do comportamento pessoal de outro indivíduo. O comportamento causado *externamente* é o que imaginamos que a situação tenha forçado o indivíduo a fazer. Se um de seus funcionários está atrasado para o trabalho, você pode atribuir isso ao fato de ele ter ficado em uma festa até altas horas ou porque ele pode ter dormido demais. Isso é uma atribuição interna. Mas, se você atribuir esse atraso a um acidente de carro que o deteve no trânsito, você estará fazendo uma atribuição externa.

Agora, vamos discutir os três fatores determinantes.

**1. Diferenciação.** A *diferenciação* está relacionada com as apresentações (ou não) de diferentes comportamentos dos indivíduos em situações distintas. Será que o funcionário que chega atrasado hoje é também aquele que costuma "furar" os compromissos? O que queremos saber é se esse comportamento é incomum, em relação aos outros. Se for, estamos propensos a dar-lhe uma atribuição externa. Se não for, provavelmente julgaremos o comportamento como interno.

**2. Consenso.** Se todo mundo que enfrenta uma situação semelhante reage da mesma forma, podemos dizer que o comportamento mostra *consenso*. O comportamento do nosso funcionário atrasado satisfaz esse critério, se todos os funcionários que fizeram o mesmo caminho também se atrasaram. Do ponto de vista de uma atribuição, se o consenso for alto, você provavelmente daria uma atribuição externa para o atraso do funcionário, porém se todos os outros empregados que fizeram o mesmo caminho chegaram na hora, você atribuiria seu atraso a uma causa interna.

**3. Coerência.** Por fim, um observador procura coerência nas ações de uma pessoa. Será que essa pessoa responde da mesma maneira ao longo do tempo? O fato de chegar dez minutos atrasado para o trabalho não é percebido da mesma maneira no caso de um funcionário que não chega atrasado há vários meses, como é percebido para um funcionário que chega atrasado duas ou três vezes por semana. Quanto mais o comportamento for consistente ao longo do tempo, mais estamos inclinados a atribuí-lo a causas internas.

A Figura 6.1 resume os elementos-chave na teoria da atribuição. Ele nos mostra, por exemplo, que se uma funcionária, Kátia, costuma executar tarefas relacionadas mais ou menos no mesmo nível de sua tarefa atual (baixa diferenciação), outros funcionários com frequência desempenham de maneira diferente — melhor ou pior — do que a Kátia naquela tarefa

**FIGURA 6.1** Teoria da atribuição

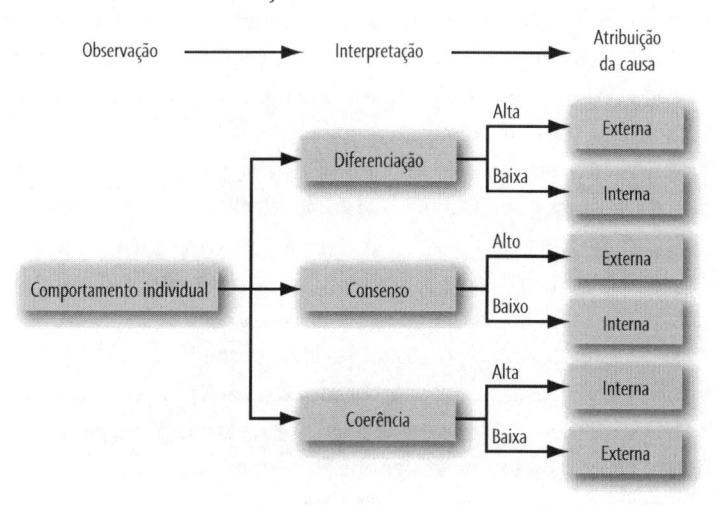

```
Observação  →  Interpretação  →  Atribuição da causa

                              ┌─ Alta  →  Externa
                  Diferenciação ┤
                              └─ Baixa →  Interna

                              ┌─ Alto  →  Externa
Comportamento → Consenso ─────┤
individual                    └─ Baixo →  Interna

                              ┌─ Alta  →  Interna
                  Coerência ──┤
                              └─ Baixa →  Externa
```

(baixo consenso) e o desempenho dela nessa tarefa atual é consistente ao longo do tempo (alta coerência), então qualquer um que julgar o trabalho da Kátia provavelmente determinará que ela seja a principal responsável pelo desempenho de sua tarefa (atribuição interna).

Uma das descobertas mais interessantes da pesquisa sobre a teoria da atribuição é que os erros ou os vieses distorcem as atribuições. Quando fazemos julgamentos sobre o comportamento das pessoas, tendemos a subestimar a influência de fatores externos e superestimar a influência de fatores internos ou pessoais.[2] Esse **erro fundamental de atribuição** pode explicar por que um gerente de vendas é propenso a atribuir o mau desempenho de seus vendedores à preguiça, em vez de atribuí-lo à linha de produtos inovadora introduzida pela concorrência. Indivíduos e organizações também tendem a atribuir seus próprios sucessos a fatores internos, como capacidade e esforço, enquanto culpam o fracasso a fatores externos como a má sorte ou colegas de trabalho barulhentos. As pessoas também tendem a considerar informações ambíguas como relativamente lisonjeiras e aceitar feedback positivo enquanto rejeitam o feedback negativo. Isso é o **viés de autoconveniência**.[3]

As evidências sobre as diferenças culturais na percepção são mistas, mas a maioria sugere que há diferenças entre as culturas nas atribuições que as pessoas fazem.[4] Um estudo concluiu que os gestores coreanos tendem a usar menos o viés de autoconveniência — eles costumam aceitar a responsabilidade por falhas do grupo "porque eu não fui um líder capaz", em vez de atribuir a falha aos membros do grupo.[5] Por outro lado, os gestores asiáticos são mais propensos a culpar instituições ou organizações inteiras, enquanto observadores ocidentais acreditam que os gestores individuais devem ser culpados ou elogiados.[6] Isso talvez explique por que os jornais estadunidenses relatam com destaque os nomes dos executivos quando as empresas não vão bem, enquanto a mídia asiática descreve como a empresa como um todo fracassou. Essa tendência de fazer atribuições baseadas no grupo também explica por que os indivíduos das culturas asiáticas são mais propensos a criar estereótipos baseados em grupos.[7] A teoria da atribuição foi desenvolvida em grande parte baseada em experiências com trabalhadores dos Estados Unidos e da Europa Ocidental. Mas esses estudos sugerem cautela ao fazer previsões da teoria da atribuição em sociedades não ocidentais, especialmente em países com fortes tradições coletivistas.

As diferenças nas tendências de atribuição não significam que os conceitos básicos da atribuição e culpa sejam completamente diferentes em todas as culturas. Vieses de autoconveniência podem ser menos comuns em culturas do Leste asiático, mas as evidências sugerem que eles ainda funcionam através das culturas.[8] Estudos recentes mostram que os gestores chineses avaliam a culpa pelos erros utilizando os mesmos sinais de diferenciação, consenso e coerência que os gestores ocidentais.[9] Eles também se zangam e punem aqueles que são considerados responsáveis pelo fracasso, uma reação apresentada em muitos estudos sobre os gestores ocidentais. Isso significa que o processo básico de atribuição aplica-se a todas as culturas, mas que mais evidências são necessárias para que os gestores asiáticos concluam que mais alguém deva ser culpado.

## Atalhos comuns no julgamento dos outros

Os atalhos que usamos para julgar os outros são com frequência valiosos. Eles nos permitem fazer percepções precisas rapidamente e nos fornecem informações válidas para fazermos previsões. No entanto, não são à prova de falhas. Eles podem nos criar problemas — e realmente os causam quando resultam em distorções significativas.

PERCEPÇÃO SELETIVA   Qualquer característica que faça uma pessoa, um objeto ou um evento se destacar aumentará a probabilidade de ser percebida por nós. Por quê? Porque é impossível que assimilemos tudo o que vemos; podemos captar somente alguns estímulos. Isso explica por que você provavelmente nota os carros parecidos com o seu, ou por que um chefe pode repreender algumas pessoas e não outras que estejam fazendo a mesma coisa. Como não podemos observar tudo o que acontece ao nosso redor, utilizamos a *percepção seletiva*. A **percepção seletiva** nos concede uma "velocidade de leitura" dos outros, mas não sem o risco de obtermos um retrato incorreto. Como vemos o que queremos ver, podemos tirar conclusões injustificadas a partir de uma situação ambígua.

**EFEITO HALO** Quando obtemos uma impressão geral de um indivíduo baseada em uma única característica, como a inteligência, a sociabilidade ou aparência, um **efeito halo** está agindo.[10] A realidade do efeito halo foi confirmada em um estudo clássico em que os participantes receberam uma lista de características, como inteligente, hábil, prático, trabalhador, determinado e caloroso. Baseando-se nessa lista eles tinham que avaliar a qual pessoa essas características se aplicavam.[11] Os participantes consideraram a pessoa sábia, bem-humorada, popular e imaginativa. Quando a mesma lista foi modificada e incluiu a palavra "fria" em vez de "calorosa", uma imagem completamente diferente surgiu. Claramente, os participantes foram permitindo que um único traço influenciasse a sua impressão geral da pessoa que eles estavam julgando.

**EFEITOS DE CONTRASTE** Um velho ditado entre os artistas é "Nunca atue com crianças ou com animais". Por quê? O público adora tanto as crianças quanto os animais, e você decerto será comparado a eles e vai perder feio. Esse exemplo demonstra como o **efeito de contraste** pode distorcer as percepções. Não avaliamos uma pessoa de modo isolado. Nossa reação é influenciada por outras pessoas que encontramos recentemente.

**ESTEREÓTIPOS** Quando julgamos alguém com base em nossa percepção do grupo ao qual ele pertence, estamos usando um atalho chamado **estereótipo**.[12]

Fazemos generalizações todos os dias, porque nos ajudam a tomar decisões rapidamente; elas são um meio de simplificar um mundo complexo. É menos difícil lidar com um número incontrolável de estímulos se usarmos *heurística** ou estereótipos. Por exemplo, faz sentido supor que o Tadeu, um novo funcionário da contabilidade, sabe algo sobre orçamentos, ou que a Aline de finanças será capaz de ajudar um colega a solucionar um problema de previsão orçamentária. O problema ocorre, é claro, quando generalizamos demais ou de forma incorreta. Em organizações, frequentemente ouvimos comentários que representam estereótipos com base no gênero, na idade, na raça, na religião, na etnia e mesmo no peso:[13] "Os homens não se interessam por cuidar das crianças", "Trabalhadores mais velhos não conseguem desenvolver novas habilidades", "Os descendentes de asiáticos são trabalhadores e escrupulosos". Uma grande quantidade de pesquisas sugere que os estereótipos atuam por meio da emoção e muitas vezes abaixo do nível de consciência, fazendo com que seja difícil desafiá-los e mudá-los.[14]

Os estereótipos podem ser profundamente arraigados e poderosos o suficiente para influenciar as decisões de vida e morte. Um estudo, para verificar

---

* Heurística: método de investigação com base na aproximação progressiva de um problema, de modo que cada etapa é considerada provisória. Fonte: *iDicionário Aulete* <http://aulete.uol.com.br/site.php?mdl=aulete_digital&op=loadVerbete&pesquisa=1&palavra=heuristica#ixzz2v6WW1E1n>. Acesso em: 11 mar. 2014. (N. R. T.)

uma grande variedade de fatores (como circunstâncias agravantes ou atenuantes), demonstrou que o grau em que os réus negros em julgamentos de assassinatos eram considerados como "estereótipo de negro" essencialmente dobrava a possibilidade de receber uma sentença de morte, se fossem considerados culpados.[15] Outro estudo experimental descobriu que estudantes que liam histórias descrevendo grandes líderes tendiam a obter maior pontuação em potencial de liderança efetiva de brancos do que das minorias, mesmo que o conteúdo das histórias fosse equivalente, sustentando a ideia de um estereótipo de brancos como melhores líderes.[16]

Um problema dos estereótipos é que são generalizações difundidas e frequentemente úteis, embora possam não conter um pingo de verdade quando aplicados a uma pessoa ou a uma situação particular. Assim, constantemente devemos nos reavaliar, para termos certeza de que não estamos utilizando um estereótipo em nossas avaliações e decisões de maneira injusta e incorreta. Os estereótipos são um exemplo do aviso "Quanto mais útil, maior será o perigo de uso indevido".

## RELAÇÃO ENTRE PERCEPÇÃO E TOMADA DE DECISÃO

Indivíduos em organizações tomam decisões, escolhem entre duas ou mais alternativas. Os gestores em altos cargos determinam os objetivos de suas organizações, quais os produtos e serviços serão oferecidos, a melhor maneira de financiar as operações ou onde será o local da nova fábrica. Os gestores de nível médio ou inferior definem os cronogramas da produção, selecionam novos funcionários e decidem como alocar os aumentos salariais. As organizações começaram a capacitar funcionários que não têm cargos administrativos para que tenham poder de decisão, algo historicamente reservado para os gestores somente. A tomada de decisão individual é, portanto, uma parte importante do comportamento organizacional. Mas a forma como os indivíduos tomam decisões e a qualidade de suas escolhas é, em grande parte, influenciada por suas percepções.

A tomada de decisão ocorre como uma reação a um **problema**.[17] Ou seja, existe uma discrepância entre o estado atual das coisas e um estado desejado, obrigando-nos a considerar cursos de ação alternativos. Se o seu carro quebrar e você depender dele para chegar ao trabalho, você tem um problema que exige uma decisão de sua parte. Infelizmente, a maior parte deles não vem nitidamente identificada como "problema". O *problema* de uma pessoa é o *estado satisfatório dos negócios* para outra. Um gestor pode visualizar os 2% de declínio das vendas trimestrais em sua divisão como um problema sério que requer ação imediata de sua parte. Por outro lado, seu colega em outra divisão, que também teve 2% de queda nas vendas, pode considerar que a situação seja bastante aceitável. Assim, a consciência de que existe um problema e que uma decisão pode ou não ser necessária é uma questão de percepção.

Toda decisão obriga-nos a interpretar e avaliar informações. Normalmente recebemos dados de múltiplas fontes e precisamos selecioná-los, processá-los e interpretá-los. Quais dados são relevantes para a decisão e quais não são? São as nossas percepções que respondem a essa pergunta. Nós também precisamos desenvolver alternativas e avaliar seus pontos fortes e fracos. Mais uma vez, o nosso processo perceptivo afetará o resultado final. Por fim, ao longo de todo o processo de tomada de decisão, os erros de percepção muitas vezes vêm à tona e podem nos levar a fazer análises e tirar conclusões tendenciosas.

## A TOMADA DE DECISÃO NAS ORGANIZAÇÕES

As escolas de administração geralmente preparam os alunos para seguirem modelos racionais de tomada de decisão. Embora os modelos tenham mérito considerável, nem sempre descrevem como as pessoas realmente tomam decisões. É aí que o CO entra: para melhorar a forma como tomamos decisões nas organizações, precisamos entender os erros de tomada de decisão que as pessoas cometem (além dos erros de percepção que já discutimos). A seguir, descreveremos esses erros, começando com uma breve visão geral do modelo de tomada de decisão racional.

### O modelo racional, limitação de racionalidade e intuição

No CO, existem três construtos de tomada de decisão geralmente aceitos que cada um de nós emprega para fazer determinações: a tomada de decisão racional, a limitação de racionalidade e a intuição. Apesar de seus processos fazerem sentido exteriormente, podem não levar às decisões mais precisas (ou melhores). Mais importante, há momentos em que uma estratégia pode levar a um resultado melhor do que outra em determinada situação.

**TOMADA DE DECISÃO RACIONAL** Muitas vezes pensamos que aquela pessoa que toma as melhores decisões é alguém **racional** e que faz escolhas de maximização de valores consistentes, dentro de certas restrições.[18] Essas decisões seguem um **modelo de tomada de decisão racional** de seis etapas.[19] As seis etapas estão listadas no Quadro 6.1.

O modelo de tomada de decisão racional baseia-se em uma série de suposições, inclusive a de que quem toma a decisão tem a informação completa, é capaz de identificar todas as opções relevantes de forma imparcial e escolhe a opção que seja mais vantajosa.[20] Como você pode imaginar, a maioria das decisões no mundo real não segue o modelo racional. As pessoas em

**QUADRO 6.1** ● Passos do modelo de tomada de decisão racional

1. Defina o problema.
2. Identifique os critérios de decisão.
3. Distribua pesos para o critério.
4. Desenvolva alternativas.
5. Avalie as alternativas.
6. Selecione a melhor alternativa.

Fonte: Para uma revisão do modelo de tomada de decisão racional, consulte E. F. Harrison, *The Managerial Decision-Making Process*, 5th ed. (Boston: Houghton Mifflin, 1999), p. 75-102.

geral ficam satisfeitas quando encontram uma solução aceitável ou razoável para um problema em vez de tentarem encontrar a solução ideal. As escolhas tendem a ser limitadas aos sintomas do problema e à alternativa que se apresenta. Como disse um especialista na tomada de decisão, "A maioria das decisões importantes é feita por julgamento, em vez de um modelo prescritivo definido".[21] E mais, as pessoas têm um desconhecimento enorme do fato de estarem tomando decisões subotimizadas.[22]

LIMITAÇÃO DE RACIONALIDADE   Nossa capacidade limitada de processamento de informação torna impossível assimilarmos e compreendermos toda a informação necessária para otimizar a tomada de decisão.[23] Então, a maioria das pessoas reage a um problema complexo reduzindo-o a um nível em que seja facilmente compreendido. Além disso, muitos problemas não têm uma solução ideal, porque são muito complicados para se ajustarem ao modelo de tomada de decisão racional. Então as pessoas se contentam com menos; buscam soluções que sejam satisfatórias e suficientes.

Como a mente humana não consegue formular e resolver problemas complexos com total racionalidade, agimos dentro dos limites da **limitação de racionalidade**. Construímos modelos simplificados que extraem as características essenciais dos problemas sem capturar toda a sua complexidade.[24] Podemos, então, comportarmo-nos racionalmente dentro dos limites do modelo simples.

Como funciona a limitação de racionalidade para um indivíduo típico? Uma vez que tenhamos identificado um problema, começamos a procurar critérios e alternativas. Mas é provável que os critérios sejam inúmeros. Identificamos escolhas fáceis de encontrar e altamente visíveis e que geralmente representem critérios familiares e soluções que possam ser verdadeiras e que já foram tentadas. Em seguida, começamos a revê-las, concentrando-nos nas alternativas que diferem pouco da escolha que está em vigor, até identificarmos uma que seja "boa o bastante" — que atenda um nível aceitável de desempenho. Isso faz que a nossa busca termine.

> Vieses e heurística na percepção e na tomada de decisão não são necessariamente ruins. Eles nos permitem processar informações de forma mais rápida e eficiente. A solução é ter suficiente autoconsciência para ver quando uma predisposição ou um atalho podem ser contraprodutivos.

Portanto, a solução representa uma escolha que satisfaz — a primeira escolha *aceitável* que encontramos — em vez de ser uma escolha ideal.

Tentar achar uma solução satisfatória não é uma má ideia — um processo simples pode muitas vezes ser mais sensato do que o modelo tradicional de tomada de decisão racional.[25] Para usar o modelo racional no mundo real, você precisa coletar uma grande quantidade de informações sobre todas as opções, calcular os pesos aplicáveis e em seguida calcular os valores por meio de um grande número de critérios. Todos esses processos podem custar tempo, energia e dinheiro. E se há muitos pesos e preferências desconhecidas, talvez o modelo totalmente racional não seja mais correto do que o melhor palpite. Às vezes, um processo rápido e frugal de resolver um problema pode ser sua melhor opção.

INTUIÇÃO  Talvez a maneira menos racional de tomada de decisão seja a **tomada de decisão intuitiva**, um processo inconsciente criado a partir de uma série de experiências.[26] Ela ocorre fora do pensamento consciente; baseia-se em associações holísticas ou ligações entre diferentes itens de informações; é rápida e tem *carga afetiva*, o que significa que geralmente envolve as emoções.[27]

Mesmo não sendo racional, a intuição não é necessariamente errada. E nem sempre ela contradiz a análise racional; ou seja, as duas podem ser complementares. Mas a intuição não é superstição, nem o produto de algum sexto sentido mágico ou paranormal. De acordo com um estudo recente, "A intuição é uma forma altamente complexa e altamente desenvolvida de raciocínio que é baseado em anos de experiência e aprendizagem".[28]

## Vieses frequentes e erros na tomada de decisão

As pessoas que tomam decisões fazem uso da limitação de racionalidade, mas também permitem que vieses e erros sistemáticos influenciem seus julgamentos.[29] Para minimizar e evitar negociações difíceis, as pessoas tendem a confiar muito em sua experiência, impulsos, palpites e regras informais. Esses atalhos podem ser úteis. Entretanto, também podem distorcer a racionalidade. Vejamos a seguir os vieses mais comuns na tomada de decisão. O Quadro 6.2 fornece algumas sugestões de como evitar cair nesses vieses e erros.

VIÉS PARA O EXCESSO DE CONFIANÇA  Já foi dito que "nenhum problema de julgamento e de tomada de decisão é mais prevalente e mais potencialmente catastrófico do que o excesso de confiança".[30] Quando temos questões factuais e precisamos julgar a probabilidade de que nossas respostas estejam corretas, tendemos a ser otimistas em excesso. Quando as pessoas dizem que têm 90% de certeza sobre o que pode acontecer em uma situação, na verdade elas possuem até cerca de 50% de chance de estarem certas — e os

## QUADRO 6.2 ● Reduzindo vieses e erros

***Foque nos objetivos.*** Sem objetivos, você não pode ser racional, não sabe de qual informação necessita, não sabe qual informação é relevante e qual é irrelevante, vai achar que é difícil fazer escolhas entre alternativas, e muito provavelmente poderá se arrepender das escolhas que venha a fazer. Metas claras fazem com que a tomada de decisão seja mais fácil e o ajudam a eliminar opções que são inconsistentes com seus interesses.

***Procure por informações que invalidem suas crenças.*** Um dos meios mais eficazes para neutralizar o excesso de confiança, o viés de confirmação e o viés de compreensão tardia é, de maneira ativa, procurar informações que contradigam suas crenças e suposições. Quando estamos abertos e consideramos que podemos estar errados de várias maneiras, nós desafiamos nossas tendências de pensar que somos mais espertos do que realmente somos.

***Não tente dar significado para eventos aleatórios.*** A mente instruída foi treinada para olhar para as relações de causa e efeito. Quando algo acontece, nós perguntamos por quê. E quando não conseguimos encontrar as razões, muitas vezes nós as inventamos. Você tem que aceitar que existem acontecimentos na vida que estão fora do seu controle. Pergunte-se se os padrões podem ser explicados significativamente ou se são meramente coincidências. Não tente atribuir um significado à coincidência.

***Aumente suas opções.*** Não importa quantas opções você tenha identificado, sua escolha final não pode ser melhor do que o melhor conjunto de opções que você selecionou. Isso demonstra a necessidade de aumentar as alternativas de decisão e de usar a criatividade no desenvolvimento de uma ampla gama de diversas opções. Quanto mais alternativas você puder gerar, e quanto mais diversas essas alternativas forem, maior será a sua chance de encontrar uma que se destaque.

especialistas não são mais precisos que os novatos em casos como esses.[31] Quando as pessoas dizem que estão 100% certas de um resultado, elas tendem a estar de 70% a 85% corretas.[32]

Indivíduos cujas habilidades intelectual e interpessoal são mais fracas são mais propensos a superestimar seu desempenho e capacidade.[33] Há também uma relação negativa entre o otimismo dos empresários e o desempenho de seus novos empreendimentos: quanto mais otimistas, menos bem-sucedidos.[34] Essa tendência de serem extremamente confiantes sobre suas ideias pode fazer com que eles não planejem como evitar problemas que surjam.

**VIÉS DE ANCORAGEM**  O **viés de ancoragem** é uma tendência de se fixar na informação inicial e não conseguir se ajustar apropriadamente às informações posteriores.[35] As âncoras são amplamente utilizadas por pessoas em profissões em que a capacidade de persuasão é importante — publicidade, gestão, política, ramo imobiliário e direito. Toda vez que uma negociação é realizada, a ancoragem acontece. Quando um possível empregador pergunta sobre o seu salário no emprego anterior, sua resposta geralmente ancora a oferta do empregador. (Lembre-se disso quando você for negociar seu salário, mas não estabeleça a âncora em uma posição mais alta do que na realidade você pode ganhar.) Por fim, quanto mais precisa for a sua âncora, menor será o ajuste. Algumas pesquisas sugerem que as pessoas pensam em fazer um ajuste depois da definição da âncora como um arredondamento de um número. Se você disser que sua pretensão salarial é de R$ 55.000, seu chefe vai considerar que de R$ 50.000 a R$ 60.000 seria uma boa margem para negociação, mas se você mencionar R$ 55.650, seu chefe estará propenso a considerar de R$ 55.000 a R$ 56.000 a margem de valores prováveis.[36]

**VIÉS DE CONFIRMAÇÃO** O processo de tomada de decisão racional pressupõe que coletemos informações objetivamente. Mas nós não fazemos isso. Nós as coletamos *seletivamente*. O **viés de confirmação** representa um caso específico de percepção seletiva: buscamos informações que corroborem nossas escolhas passadas, e descartamos aquelas que as contradizem.[37] Nós também tendemos a aceitar as informações que confirmam nossas opiniões preconcebidas sem questioná-las e ao mesmo tempo somos críticos e céticos quanto às informações que desafiam nossos pontos de vista. Portanto, as informações que coletamos são geralmente tendenciosas ao confirmar as opiniões que já temos. Curiosamente, estamos mais propensos ao viés de confirmação quando acreditamos que temos boas informações e quando acreditamos muito em nossas opiniões. Felizmente, aqueles que sentem que há uma forte necessidade de precisão na tomada de decisão são menos propensos ao viés de confirmação.

**VIÉS DE DISPONIBILIDADE** Há mais pessoas com medo de voar do que pessoas com medo de dirigir um carro. Mas, se voar em um avião comercial fosse realmente tão perigoso quanto dirigir, o equivalente a dois aviões 747 lotados cairia a cada semana, matando todos os que estivessem a bordo. Como os meios de comunicação dão muito mais atenção aos acidentes aéreos, tendemos a exagerar o risco de voar e subestimar o risco de dirigir.

O **viés da disponibilidade** é a tendência de basear nosso julgamento em informações prontamente disponíveis.[38] Eventos que evocam emoções, são particularmente intensos ou são mais recentes tendem a estar mais disponíveis em nossa memória, levando-nos a superestimar a probabilidade de eventos improváveis, como uma queda de avião. O viés da disponibilidade também pode explicar por que os gestores, ao fazerem suas avaliações de desempenho, dão mais peso ao comportamento mais recente do funcionário mais novo do que a comportamentos de seis a nove meses antes, ou por que as agências de classificação de crédito, como a Moody ou a Standard & Poor, podem emitir avaliações excessivamente positivas, baseando-se em informações apresentadas por emitentes de dívida, que têm um incentivo para oferecer dados favoráveis para seu caso.[39]

**ESCALADA DO COMPROMETIMENTO** Outra distorção que se arrasta em decisões é uma tendência em aumentar o compromisso.[40] A **escalada do comprometimento** refere-se a manter uma decisão, mesmo quando há claras evidências de que ela está errada. Pense em um amigo que namora alguém há vários anos. Embora ele admita que as coisas não estejam indo muito bem, diz que mesmo assim ainda vai se casar com ela. Sua justificativa é: "Eu investi muito nesse relacionamento!".

Os indivíduos aumentam o seu compromisso com uma ação fadada ao insucesso quando se consideram os responsáveis pelo fracasso.[41] Eles "jogam dinheiro fora" para demonstrar que sua decisão inicial não estava errada e evitam admitir que cometeram um erro.[42] Na verdade, as pessoas que cuidadosamente coletam informações consistentes com o modelo de tomada de decisão racional têm *mais* propensão a exibir esse comportamento do que aqueles que gastam menos tempo pensando em suas escolhas.[43] Talvez elas tenham se convencido de que tomaram a decisão certa e aí não atualizam seus conhecimentos quando se deparam com novas informações. Muitas vezes uma organização sofreu porque um gestor, determinado a provar que sua decisão original estava certa, continuou a comprometer recursos em uma causa perdida.

**ERROS ALEATÓRIOS** A maioria de nós gosta de pensar que tem algum controle sobre o nosso mundo e sobre o nosso destino. Nossa tendência de acreditar que podemos prever o resultado de eventos aleatórios é o **erro aleatório.**

A tomada de decisão sofre quando tentamos dar significado para eventos aleatórios, em particular quando nos voltamos para os padrões imaginários das superstições.[44] Alguns podem ser totalmente infundados ("Eu nunca tomo decisões importantes na sexta-feira 13") ou evoluir de um padrão de comportamento anterior reforçado (Tiger Woods geralmente usa camisas vermelhas durante as finais de um torneio de golfe, porque ele ganhou muitos torneios juvenis usando camisas vermelhas). Comportamentos supersticiosos podem ser debilitantes quando afetam os julgamentos diários ou influenciam decisões importantes.

**AVERSÃO AO RISCO** Matematicamente, devemos considerar a possibilidade de ganhar R$ 100 jogando cara ou coroa tão válida quanto a promessa de R$ 50 no bolso sem fazer nada. Afinal, o valor esperado da aposta depois de um número de tentativas é de R$ 50. No entanto, quase todos, exceto os jogadores de verdade, prefeririam ter os R$ 50 a correr um risco e não ganhar nada.[45] Para muitas pessoas, jogar cara ou coroa para ganhar R$ 200 não vale tanto quanto a certeza de receber os R$ 50 sem risco, mesmo que a aposta matematicamente venha a pagar o dobro! Essa tendência a preferir o resultado certo ao risco é chamada de **aversão ao risco.**

A aversão ao risco tem implicações importantes. Para compensar os riscos inerentes em um salário com base em comissões, as empresas pagam os funcionários comissionados consideravelmente mais do que pagam seus empregados com salários fixos. Empregados com aversão ao risco preferirão o modo tradicional de trabalhar, em vez de correrem riscos com métodos inovadores ou criativos. Continuar com uma estratégia que tem funcionado minimiza os riscos, mas no longo prazo leva uma estagnação. Pessoas ambiciosas com poder que pode ser retirado (a maioria dos gestores) parecem ser especialmente avessas ao risco, talvez porque não queiram perder em uma aposta tudo o que conseguiram com muito trabalho e esforço.[46] Os CEOs com possibilidade de serem demitidos também são especialmente avessos ao risco, mesmo quando uma estratégia de investimento mais arriscada é do melhor interesse da empresa.[47]

**VIÉS DE COMPREENSÃO TARDIA** O **viés de compreensão tardia** é a tendência de acreditar falsamente, depois de o resultado ser conhecido, que o teríamos previsto corretamente.[48] Quando temos um retorno positivo de um resultado, parece que somos muito bons em concluir que o resultado era óbvio.

Nos últimos dez anos, a indústria de locação de vídeos vem decaindo rapidamente, pois a distribuição de filmes on-line abocanhou o mercado.[49] A Hollywood Video declarou falência em maio de 2010 e começou a liquidar seus ativos; a Blockbuster pediu concordata em setembro de 2010. Alguns estudiosos têm sugerido que, se essas organizações tivessem aproveitado os recursos da marca e a distribuição de recursos de maneira eficaz e logo tivessem desenvolvido um serviço baseado na web, como a Netflix faz, e de distribuição de baixo custo em supermercados e lojas de conveniência, como a Redbox oferece, elas poderiam ter evitado o fracasso. Embora isso pareça óbvio agora, muitos especialistas com boas informações não conseguiram ver essas duas grandes tendências que destruiriam a indústria.

Claro que, após o fato, é fácil ver que uma combinação de distribuição automatizada e por correspondência superaria o negócio de locação de vídeos do modo tradicional, em loja física. Da mesma forma, o ex-CEO da Merrill Lynch, John Thain, e muitos outros executivos de Wall Street levaram a culpa por não terem conseguido ver o que agora parece óbvio (que os preços das casas estavam inflados, muitos empréstimos de risco haviam sido feitos e que os valores de muitos "títulos" estavam baseados em pressupostos frágeis). Embora as críticas tenham mérito, as coisas são muitas vezes bem claras em retrospecto.

**APLICAÇÃO: TOMADA DE DECISÃO FINANCEIRA** Essa discussão de erros de tomada de decisão pode ter feito você pensar em como as organizações e os indivíduos tomam decisões financeiras. Será que os erros de decisão influenciam os mercados de capital e até mesmo provocam crises como a crise financeira de 2008? Como as decisões financeiras são afetadas por erros e vieses? Os peritos identificaram várias maneiras para isso acontecer.[50]

Um dos problemas centrais que criaram a crise financeira foi que os grandes empréstimos foram feitos para pessoas que não podiam pagá-los, e as empresas de financiamento adquiriram dívidas ruins, sem perceber quão ínfimas eram as perspectivas de reembolso. Assim, o viés de excesso de confiança tanto dos credores quanto dos devedores sobre a capacidade de pagamento dos empréstimos foi claramente o fator mais importante. A maioria dos estudos sugere que as pessoas estão mais dispostas a comprar a crédito e gastar mais dinheiro quando se sentem confiantes. Embora os especialistas não estivessem mais certos ao prever os resultados financeiros do que as pessoas sem conhecimento financeiro ou habilidades em finanças, *realmente* estavam mais confiantes em suas previsões. Infelizmente, à medida que a confiança diminui em face dos dados econômicos ruins, os negócios e os consumidores se tornam mais conservadores ao gastar seu dinheiro. Isso diminui mais ainda a demanda por produtos e serviços, o que aprofunda a crise econômica em um círculo vicioso.

O excesso de confiança não é o único erro de decisão a ter relação com a crise financeira. Os investidores evitam informações negativas sobre os investimentos, um exemplo do viés de confirmação. Os credores podem ter negligenciado os problemas potenciais com as contas dos mutuários ao fazer empréstimos, e os operadores do mercado de ações podem ter ignorado informações sobre possíveis problemas com derivativos complexos, ao tomar as decisões de compra. Uma vez que o empréstimo é pago, os credores também ignoram seletivamente os efeitos da dívida, o que os torna mais propensos a fazer empréstimos imprudentes no futuro.

O que pode impedir que essas situações ocorram? Tanto os investidores quanto os consumidores devem considerar com mais cuidado se o seu nível de confiança está alinhado com a sua futura capacidade real de pagamento. Também é sempre uma boa ideia procurar informações que vão contra as suas inclinações iniciais, para garantir que você esteja consciente de toda a situação. Tenha cuidado para não cometer o viés de compreensão tardia e, depois que as crises financeiras tenham se dissipado, concluir que era óbvio que os problemas iriam ocorrer.

## RESTRIÇÕES ORGANIZACIONAIS NA TOMADA DE DECISÃO

Tendo examinado o modelo de tomada de decisão racional, limitação de racionalidade e alguns dos vieses e erros mais marcantes na tomada de decisão, voltamos aqui para uma discussão de restrições organizacionais. As organizações podem limitar os tomadores de decisão, criando desvios do modelo racional. Por exemplo, os gestores moldam suas decisões para refletir a avaliação de desempenho da organização e o sistema de recompensas, no cumprimento aos regulamentos formais e para atender às restrições de tempo impostas pela organização. Os precedentes históricos também podem limitar as decisões.

**AVALIAÇÃO DE DESEMPENHO** Os gestores são extremamente influenciados pelos critérios nos quais estão sendo avaliados. Se um gerente de divisão acredita que as fábricas sob sua responsabilidade operam melhor quando ele não ouve nada de negativo, não devemos ficar surpresos ao descobrir que seus gerentes gastam boa parte do tempo garantindo que a informação negativa não irá alcançá-los.

**SISTEMAS DE RECOMPENSAS** O sistema de recompensas de uma organização influencia os tomadores de decisões, sugerindo a eles as escolhas que lhes darão melhores retornos pessoais. Se a organização premia a aversão ao risco, os gestores são mais propensos a tomar decisões conservadoras. A partir da década de 1930 até meados dos anos 1980, a General Motors constantemente dava promoções e bônus aos gestores que mantivessem discrição e evitassem polêmicas. Esses executivos tornaram-se hábeis em evitar questões difíceis e em passar decisões polêmicas para os comitês.

**REGULAMENTOS FORMAIS** David Gonzalez, um gerente de turno em um restaurante Taco Bell em San Antonio, Texas, descreve as restrições que ele enfrenta em seu trabalho: "Eu tenho regras e regulamentos que abrangem quase todas as decisões que tomo — desde como fazer um burrito até com que frequência preciso limpar os banheiros. Não tenho muita liberdade de escolha no meu trabalho". David não é o único a estar em uma situação como essa. Todas as organizações, com exceção das menores, criam regras e políticas para programar decisões e levar as pessoas a agir da forma pretendida. E, claro, ao fazê-lo, limitam as escolhas em uma decisão.

**RESTRIÇÕES DE TEMPO IMPOSTAS PELO SISTEMA** Quase todas as decisões importantes vêm com prazos explícitos. Um relatório sobre o desenvolvimento de um novo produto pode ter que estar pronto para a revisão do comitê executivo no primeiro dia do mês. Tais condições tornam frequentemente difícil, se não impossível, para os gestores reunir todas as informações que eles gostariam de ter antes de fazer uma escolha final.

**PRECEDENTES HISTÓRICOS** As decisões não são feitas em um vácuo; elas têm um contexto. Na verdade, as decisões individuais são pontos em uma sequência de escolhas. As decisões tomadas no passado são como fantasmas que assombram e constrangem as escolhas atuais. É de conhecimento comum que o maior determinante do tamanho de qualquer orçamento para determinado ano é o orçamento do ano anterior.[51] As escolhas que são feitas hoje são em grande parte resultado das escolhas feitas ao longo dos anos.

# O QUE PODEMOS DIZER SOBRE A ÉTICA E A CRIATIVIDADE NA TOMADA DE DECISÃO?

Considerações éticas devem ser um critério importante em todas as tomadas de decisões organizacionais. Nesta seção, apresentamos três maneiras de enquadrar as decisões de maneira ética.[52] Também, todos os gestores precisam entender o importante papel que a criatividade tem no processo da tomada de decisão; os melhores gestores empregam estratégias para aumentar o potencial de criatividade de seus funcionários e colhem as ideias para a aplicação organizacional.

## Os três critérios da decisão ética

O primeiro critério ético é o **utilitarismo**, que propõe a tomada de decisão apenas com base em seus resultados, de uma forma ideal, para proporcionar o bem maior para o maior número. Essa visão domina a tomada de decisão nos negócios. Ela é consistente com objetivos como a eficiência, a produtividade e os lucros elevados.

Outro critério ético é tomar decisões consistentes com as liberdades e privilégios básicos, conforme previsto em documentos como a Declaração dos Direitos do Homem e do Cidadão. Uma ênfase em *direitos* na tomada de decisão significa respeitar e proteger os direitos básicos dos indivíduos, como o direito à privacidade, liberdade de expressão e devido processo legal. Esses critérios protegem **denunciantes** quando eles revelam à imprensa ou às agências governamentais práticas antiéticas de uma organização, utilizando o seu direito à liberdade de expressão.

Um terceiro critério é o de impor e fazer cumprir as regras de maneira justa e imparcial para garantir a *justiça* ou uma distribuição equitativa de custos e benefícios. Os sindicalistas são a favor desse ponto de vista de maneira bem representativa. Esse critério justifica o pagamento do mesmo salário para um determinado trabalho, independentemente das diferenças de desempenho e o uso do tempo de trabalho como determinante básico nas decisões de demissões.

Cada critério tem vantagens e desvantagens. Um foco no utilitarismo promove a eficiência e a produtividade, mas pode marginalizar os direitos de alguns indivíduos, particularmente aqueles que representam as minorias. O uso dos direitos protege os indivíduos contra a injustiça e é consistente com a liberdade e a privacidade, mas pode criar um ambiente legalista que dificulte a produtividade e a eficiência. Um foco sobre a justiça protege os interesses dos sub-representados e menos poderosos, mas pode encorajar um sentimento de posse que reduz a tomada de riscos, a inovação e a produtividade.

Os tomadores de decisão, especialmente em organizações com fins lucrativos, se sentem confortáveis com o utilitarismo. Os "interesses maiores" da organização e de seus acionistas podem justificar uma série de ações questionáveis, como demissões em massa. Contudo, muitos críticos acham que essa perspectiva precisa mudar.[53] A preocupação pública sobre os direitos individuais e justiça social sugere que os gestores devam desenvolver padrões éticos com base em critérios não utilitários. Isso representa um desafio porque satisfazer os direitos individuais e a justiça social cria muito mais ambiguidades do que efeitos utilitários na eficiência e nos lucros. No entanto, embora o aumento de preços, a venda de produtos com efeitos questionáveis na saúde do consumidor, o fechamento de fábricas ineficientes, a demissão de um grande número de funcionários e a transferência da produção para o exterior para cortar os custos possam ser justificados em termos utilitários, tudo isso pode deixar de ser a única medida pela qual as boas decisões são julgadas.

## Melhorando a criatividade na tomada de decisão

Embora o modelo de tomada de decisão racional muitas vezes melhore as decisões, um tomador de decisões racional também precisa ter criatividade, capacidade de produzir ideias novas e úteis.[54] Isso é diferente do que já foi feito antes, mas é adequado para o problema apresentado.

A L'Oréal faz seus gestores passarem por exercícios criativos como cozinhar ou compor música e a Universidade de Chicago exige que os alunos de MBA façam filmes curtos sobre as suas experiências.

> A criatividade permite que o tomador de decisões avalie e entenda o problema mais detalhadamente, inclusive vendo problemas que outros não conseguem enxergar.

O POTENCIAL CRIATIVO   A maioria das pessoas tem potencial criativo útil. Mas, para desencadeá-lo, têm que escapar das rotinas psicológicas nas quais muitos de nós caímos, além de ter que aprender a pensar sobre um problema de maneiras divergentes.

Criatividade excepcional é escassa. Todos nós conhecemos gênios criativos na ciência (Albert Einstein), na arte (Pablo Picasso) ou nos negócios (Steve Jobs). Mas e o indivíduo comum? As pessoas inteligentes e as que têm alta pontuação em abertura a novas experiências têm maior possibilidade de serem criativas.[55] Outras características das pessoas criativas são independência, autoconfiança, tomada de riscos, senso de autocontole, tolerância a ambiguidade, pouca necessidade de estrutura e perseverança.[56] A exposição a uma variedade de culturas também pode melhorar a criatividade. Assim, o fato de ter uma atribuição internacional ou mesmo de passar férias no exterior pode desencadear seu processo criativo.[57]

O MODELO DE CRIATIVIDADE DE TRÊS COMPONENTES   O que os indivíduos e as organizações fazem para estimular a criatividade dos funcionários? A melhor resposta está no **modelo de criatividade de três componentes,**[58] que propõe que a criatividade individual requer essencialmente conhecimento, habilidades de pensamento criativo e motivação intrínseca para a tarefa.

Estudos confirmam que quanto maior o nível de cada um desses componentes, maior será a criatividade.

O *conhecimento* é a base de todo o trabalho criativo. Quentin Tarantino, roteirista, produtor e diretor de cinema, passou a juventude trabalhando em uma videolocadora, onde ele construiu um conhecimento enciclopédico sobre filmes. O potencial de criatividade é reforçado quando os indivíduos têm capacidades, conhecimento, proficiências e habilidades semelhantes às de seu campo de atuação. Você não esperaria que alguém com conhecimento mínimo de programação fosse tão criativo quanto um engenheiro de software.

O segundo componente é a *habilidade de pensamento criativo*. Esse componente engloba as características de personalidade associadas à criatividade, à capacidade de utilizar analogias e ao talento para ver o que é familiar de uma nova perspectiva.

Uma meta-análise de 102 estudos concluiu que humores positivos aumentam a criatividade, mas isso depende do tipo de humor positivo considerado.[59] Humores como a felicidade, que estimulem a interação com o mundo, são mais condutivos a criatividade do que humores passivos como a calma. Isso significa que o conselho frequente para relaxar e acalmar nossa mente a fim de desenvolvermos ideias criativas pode não ser tão infalível. Seria melhor entrar em um clima de otimismo e visualizar seu trabalho como uma oportunidade para se divertir e experimentar. Humores negativos também nem sempre têm os mesmos efeitos sobre a criatividade. Humores negativos passivos como a tristeza não parecem ter muito efeito, mas humores negativos como o medo ou a ansiedade, relacionados com sentimentos que visam a evitar situações indesejadas, diminuem a criatividade. Quando nos sentimos ameaçados o nosso desejo de tentar novas coisas é reduzido; a aversão ao risco aumenta quando estamos com medo. Humores negativos ativos, como a raiva, no entanto, parecem aumentar a criatividade, especialmente se você está levando a sua tarefa a sério.

Ao ficarmos próximos de pessoas criativas nos tornamos mais inspirados, especialmente se estivermos com um bloqueio de criatividade.[60] Uma pesquisa concluiu que "laços fracos" com pessoas criativas — conhecendo-as mas não muito bem — facilitam a criatividade, pois as pessoas estão lá como recursos se nós precisarmos, mas elas não são tão próximas para prejudicar a nossa própria independência criativa.[61]

Analogias permitem que os tomadores de decisões apliquem uma ideia de um contexto em outro. Um dos exemplos mais famosos foi a observação de Alexander Graham Bell de que seria possível aplicar o modo como o ouvido funciona para construir sua "caixa que fala". Bell notou que os ossos do ouvido são acionados por uma membrana fina e delicada. Ele se perguntou por que uma membrana mais espessa e mais forte não seria capaz de mover um pedaço de aço. Dessa analogia, surgiu o telefone. Pensar em termos de analogias é uma habilidade intelectual complexa, que ajuda a explicar por que a capacidade cognitiva está relacionada com a criatividade. Demonstrando esse efeito, um estudo concluiu que as crianças que obtiveram alta pontuação em testes de habilidade cognitiva aos treze anos estavam significativamente mais propensas a ser extremamente criativas na vida profissional 25 anos depois.[62]

O último componente nesse modelo de criatividade é a *motivação intrínseca para a tarefa*. Esse componente é o desejo de trabalhar em algo porque esse algo é interessante, envolvente, emocionante, satisfatório ou pessoalmente desafiador. Ela é o que transforma a criatividade *potencial* em ideias criativas *reais*. Estímulos ambientais que promovam a criatividade incluem uma cultura que incentive o fluxo de ideias; julgamento justo e construtivo de ideias; recompensas e reconhecimento para o trabalho criativo; recursos financeiros, materiais e informações suficientes; a liberdade de decidir qual trabalho deve ser feito e como ele deve ser feito; um supervisor que se comunique de forma eficaz, demonstre confiança nos outros e apoie o grupo de trabalho; e membros do grupo de trabalho que apoiem e confiem uns nos outros.[63]

### Diferenças internacionais

Não existem padrões éticos globais,[64] como nos mostram os contrastes entre a Ásia e o Ocidente.[65] Porque o suborno é comum em países como a China, um canadense que esteja trabalhando lá pode enfrentar um dilema: devo pagar um suborno para assegurar os negócios se isso é aceitável na cultura daquele país? Uma gerente de uma grande companhia americana que opera na China uma vez pegou um funcionário roubando. De acordo com a política da empresa, ela o despediu e o entregou às autoridades locais. Mais tarde, ela ficou horrorizada ao saber que o empregado tinha sido sumariamente executado.[66]

Apesar de os padrões éticos parecerem ambíguos no Ocidente, os critérios que definem o certo e o errado são muito mais claros lá do que na Ásia, onde poucas questões são pretas ou brancas e muitas são cinzas. As organizações globais devem estabelecer princípios éticos para os tomadores de decisão em países como a Índia e a China e modificá-los para refletirem as normas culturais se elas quiserem preservar padrões elevados e práticas consistentes.

## RESUMO E IMPLICAÇÕES PARA OS GESTORES

**PERCEPÇÃO** Os indivíduos baseiam seu comportamento não no modo que o ambiente externo é de fato, mas, sim, sobre o que eles veem ou acreditam que ele seja.

- ▶ Se um gestor de sucesso planeja e organiza o trabalho dos funcionários e na verdade os ajuda a estruturar o seu trabalho de forma mais eficiente e eficaz, isso é muito menos importante do que a forma como os funcionários percebem os esforços do gestor.
- ▶ Os funcionários julgam questões como remuneração justa, avaliações de desempenho e condições de trabalho de forma muito individual. Para influenciar a produtividade, precisamos entender como os empregados percebem nosso trabalho.
- ▶ Absentismo, rotatividade e satisfação no trabalho também são reações da percepção de um indivíduo. A insatisfação com as condições de trabalho e a crença de que uma organização carece de oportunidades de promoção são julgamentos baseados em tentativas de criar um significado no trabalho.
- ▶ A conclusão do funcionário de que um trabalho é bom ou ruim é uma interpretação. O gestor deve gastar tempo para entender como cada indivíduo interpreta a realidade e, quando há uma diferença significativa entre o que alguém vê e o que realmente existe, ele deve tentar eliminar as distorções.

**TOMADA DE DECISÃO INDIVIDUAL** Os indivíduos pensam e raciocinam antes de agir. É por isso que a compreensão de como as pessoas tomam decisões pode ser útil para explicar e predizer seu comportamento.

Em algumas situações de decisão, as pessoas seguem o modelo de tomada de decisão racional. Mas poucas decisões importantes são simples o suficiente ou não são ambíguas para que os pressupostos do modelo racional sejam aplicados. Assim, encontramos indivíduos à procura de soluções que satisfaçam em vez de otimizarem, introduzindo vieses e preconceitos no processo de decisão e confiando na intuição.

O que os gestores podem fazer para melhorar sua tomada de decisão? Nós oferecemos quatro sugestões.

- ▶ Primeiro, analise a situação. Ajuste a sua abordagem de tomada de decisão para a cultura nacional do lugar onde você está trabalhando e de acordo com os critérios que a sua organização avalia e recompensa. Se você estiver em um país que não valorize a racionalidade, não se sinta obrigado a seguir o modelo de uma tomada de decisão racional ou a tentar fazer que suas decisões pareçam racionais. Da mesma forma, as organizações diferem na importância que colocam no risco, na utilização de grupos e assim por diante. Seu modo de tomar decisões deve ser compatível com a cultura da organização.
- ▶ Segundo, cuidado com os vieses. Tente minimizar seus impactos.
- ▶ Terceiro, combine a análise racional com a intuição. Essas não são abordagens conflitantes na tomada de decisão. Ao usar ambas,

você pode realmente melhorar a sua eficácia na tomada de decisão. À medida que adquire mais experiência gestorial, você deve sentir-se cada vez mais confiante em impor seus processos intuitivos acima da análise racional.

- Por fim, tente aumentar sua criatividade. Procure ativamente novas soluções para os problemas, tente vê-los de um novo ângulo e use analogias. Tente remover as barreiras do trabalho e da organização que possam dificultar a sua criatividade.

# Conceitos de motivação

Os debates sobre motivação podem ocupar um papel central em importantes debates sobre políticas públicas e, como veremos, também estão entre as questões mais importantes que os gestores precisam responder.

A motivação é um dos temas mais frequentemente pesquisados em CO.[1] Uma recente pesquisa da Gallup revelou uma razão — a maioria dos funcionários norte-americanos (54%) não está ativamente engajada em seu trabalho, e outra parte (17%) está ativamente desengajada.[2] Em outro estudo, os trabalhadores relataram que perdiam cerca de duas horas por dia, sem contar o almoço e as pausas programadas (geralmente na navegação na Internet e em conversas com colegas).[3] Claramente a motivação é um problema. A boa notícia é que toda essa pesquisa fornece informações úteis sobre como melhorá-la.

Neste capítulo, vamos rever os conceitos básicos de motivação, avaliar as teorias de motivação e fornecer um modelo integrativo que una as melhores teorias.

## DEFININDO A MOTIVAÇÃO

Algumas pessoas parecem ser destinadas ao sucesso. O mesmo aluno que se esforça para ler um manual por mais de vinte minutos pode devorar um livro do Harry Potter em um dia. A diferença está na situação. Assim, ao analisarmos o conceito de motivação, devemos ter em mente que o nível de motivação varia tanto entre os indivíduos quanto nos próprios indivíduos em momentos diferentes.

Definimos a motivação como os processos que representam a intensidade, a direção e a persistência de um indivíduo para alcançar uma meta.[4] Embora a motivação geral esteja relacionada com o esforço em direção a

Depois de estudar este capítulo, você será capaz de:
- descrever os três elementos-chave da motivação;
- identificar as primeiras teorias de motivação e avaliar sua aplicabilidade hoje;
- contrastar a teoria da definição de metas e a administração por metas;
- demonstrar como a justiça organizacional é um refinamento da teoria da equivalência;
- aplicar os princípios fundamentais da teoria da expectativa para motivar os funcionários.

qualquer meta, vamos limitar o foco às metas organizacionais, para que reflitam o nosso interesse no comportamento relacionado com o trabalho.

Os três elementos-chave em nossa definição são a intensidade, a direção e a persistência. *A intensidade descreve o quanto uma pessoa se esforça.* Este é o elemento no qual a maioria de nós se concentra quando falamos sobre motivação. No entanto, é pouco provável que a alta intensidade leve a resultados favoráveis de desempenho no trabalho, a menos que o esforço seja canalizado em uma direção que beneficie a organização. Por isso, consideramos a qualidade do esforço bem como a sua intensidade. O esforço direcionado às metas da organização, e consistente com elas, é o tipo de esforço que deve ser procurado. Por fim, a motivação tem uma dimensão de persistência. A persistência mede por quanto tempo uma pessoa consegue manter o esforço. Quando motivados, os indivíduos conseguem manter uma tarefa por tempo suficiente até alcançar sua meta.

## AS PRIMEIRAS TEORIAS DA MOTIVAÇÃO

Quatro teorias da motivação de funcionários, formuladas durante a década de 1950, embora de validade questionável agora, ainda são provavelmente as mais conhecidas. Discutiremos as explicações mais válidas adiante, mas essas quatro representam a base sobre a qual as teorias contemporâneas se desenvolveram, e os gestores ainda as usam, assim como suas terminologias.

### Teoria da hierarquia das necessidades

A teoria de motivação mais conhecida é a hierarquia das necessidades de Abraham Maslow.[5] Maslow levantou a hipótese de que em todo ser humano existe uma hieraquia de cinco necessidades:

1. *Fisiológicas.* A fome, a sede, o abrigo, o sexo e outras necessidades corporais.

2. *Segurança.* Segurança e proteção contra danos físicos e emocionais.

3. *Sociais.* Afeto, pertencimento, aceitação e amizade.

4. *Estima.* Fatores internos, como autoestima, autonomia e realização e fatores externos, como status, reconhecimento e atenção.

5. *Autorrealização.* Esforço para nos tornarmos o que podemos ser, incluindo crescimento, potencial alcançado e autorrealização.

Embora nenhuma necessidade seja sempre totalmente satisfeita, uma necessidade satisfeita substancialmente não é mais motivadora. Assim, quando cada uma dessas necessidades se torna substancialmente satisfeita, a próxima se torna dominante. Então, se você quer motivar alguém, de acordo com Maslow, você precisa entender em qual nível da hieraquia essa pessoa está naquele momento e focar em satisfazer suas necessidades nesse nível ou no nível acima, como mostrado na Figura 7.1.

Maslow separou as cinco necessidades em ordens superiores e inferiores. As necessidades fisiológicas e de segurança, onde a teoria diz que são o ponto inicial das pessoas, eram as de ordem mais baixa, e a autoestima e a autorrealização eram as de ordem mais alta. As necessidades de ordem mais alta são satisfeitas internamente (dentro da pessoa), enquanto as de ordem mais baixa são satisfeitas externamente (por coisas tais como remuneração, contratos de sindicatos e tempo de serviço).

A hieraquia, se aplicada de fato, se alinha com a cultura norte-americana. No Japão, na Grécia e no México, onde as características de aversão à incerteza são fortes, as necessidades de segurança estariam no topo de hierarquia, ou primeira prioridade. Países que se preocupam com seus cidadãos e cuidam deles — Dinamarca, Suécia, Noruega, Holanda e Finlândia — apresentariam as necessidades sociais e de autorrealização no topo.[6] Trabalho em grupo motivará mais os funcionários quando a cultura do país apresentar um alto nível de cuidados com seus cidadãos.

**FIGURA 7.1** ● Hierarquia de necessidades de Maslow

Fonte: A. H. Maslow, *Motivation and Personality*, 3. ed., R. D. Frager e J. Fadiman (eds.). © 1997. Adaptação permitida pela Pearson Education, Inc., Upper Saddle River, New Jersey.

A teoria de Maslow recebeu amplo reconhecimento, em particular entre os gestores. Ela é intuitivamente lógica e fácil de entender. Quando foi lançada, forneceu uma alternativa convincente em relação às teorias comportamentais que viam somente as necessidades fisiológicas e de segurança como importantes. No entanto, infelizmente, a pesquisa não lhe confere validade. Maslow não forneceu fundamentação empírica, e vários estudos que buscavam a validação para isso não conseguiram comprová-la.[7] Há pouca evidência de que as estruturas da necessidade sejam organizadas do modo que Maslow propôs, que necessidades não satisfeitas motivem, ou que uma necessidade satisfeita ative o movimento para um novo nível de necessidade.[8] Contudo, velhas teorias, em especial as intuitivamente lógicas, parecem custar a morrer.

Alguns pesquisadores têm tentado reviver componentes do conceito da hierarquia de necessidades, utilizando princípios de psicologia evolucionária.[9] Eles também observam sistemas biológicos que estão por trás dos diferentes tipos de necessidades. O tempo dirá se essas revisões da hierarquia de Maslow serão úteis para os gestores.

## A Teoria X e a Teoria Y

Douglas McGregor propôs visões distintas do ser humano: uma basicamente negativa, chamada de Teoria X, e a outra basicamente positiva, chamada de Teoria Y.[10] Depois de estudar como os gestores lidavam com os funcionários, McGregor concluiu que os pontos de vista dos gestores sobre a natureza dos seres humanos baseiam-se em certas suposições que moldam seu comportamento em relação aos funcionários.

Pela Teoria X, os gestores acreditam que os empregados têm uma aversão inerente pelo trabalho e devem por isso ser comandados ou mesmo coagidos a desempenhar suas funções. Já na Teoria Y, em contrapartida, os gestores consideram que os empregados podem enxergar o trabalho como algo tão natural quanto descanso e lazer, e por isso um indivíduo mediano pode aprender a aceitar, e mesmo procurar, responsabilidade.

Para entender melhor, pense em termos da hierarquia de Maslow. A Teoria Y supõe que as necessidades de ordem superior dominam os indivíduos. O próprio McGregor acreditava que os pressupostos da Teoria Y eram mais válidos do que os da Teoria X. Por isso, ele propôs ideias como a tomada de decisão participativa, trabalhos responsáveis e desafiadores e as boas relações de grupo para maximizar a motivação de trabalho do funcionário.

Infelizmente, nenhuma evidência confirma que um ou outro conjunto de pressupostos seja válido ou que seguir os pressupostos da Teoria Y fará que os funcionários se tornem mais motivados. As teorias de CO precisam de comprovação empírica antes que possamos aceitá-las. A Teoria X e a Teoria Y e a hieraquia das necessidades não apresentam essa comprovação.

## Teoria dos dois fatores

Acreditar na relação do indivíduo com o trabalho é algo básico e essa atitude pode determinar o sucesso ou o fracasso. O psicólogo Frederick Herzberg se perguntou: "O que as pessoas querem dos seus empregos?". Ele pediu que as pessoas descrevessem, em detalhes, situações em que se sentiram excepcionalmente bem ou mal com seus empregos. As respostas diferiram significativamente e levaram Herzberg à teoria dos dois fatores — também chamada de teoria da motivação e higiene.[11]

Como é mostrado na Figura 7.2, fatores intrínsecos, como o avanço, o reconhecimento, a responsabilidade e a realização, parecem estar relacionados com a satisfação no trabalho. Os entrevistados que se sentiam bem com seu trabalho tendiam a atribuir esses fatores a eles mesmos, enquanto os que estavam insatisfeitos tendiam a citar fatores extrínsecos, como a supervisão, a remuneração, a política da empresa e as condições de trabalho.

**FIGURA 7.2** ● Comparação de motivos de satisfação e insatisfação

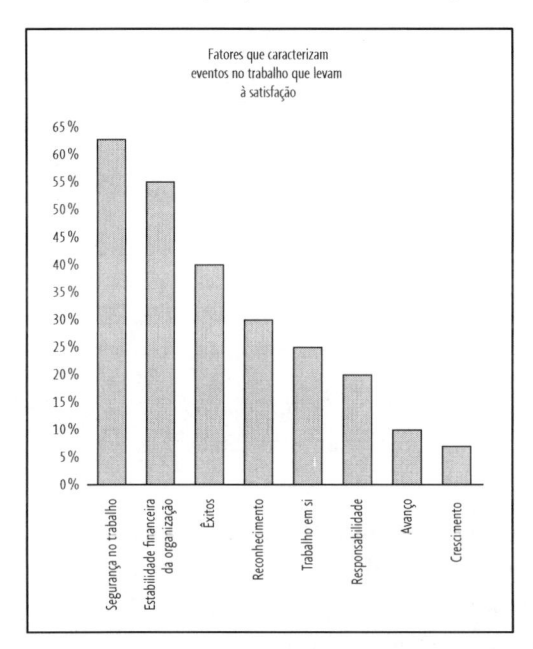

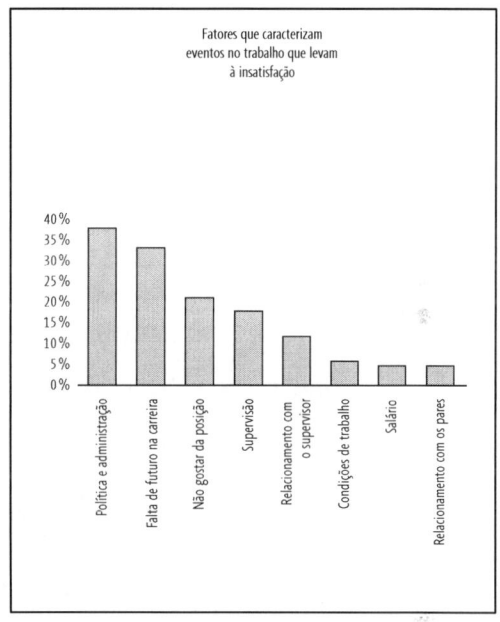

[Gráfico à esquerda: Fatores que caracterizam eventos no trabalho que levam à satisfação — Segurança no trabalho (~63%), Estabilidade financeira da organização (~55%), Êxitos (~40%), Reconhecimento (~30%), Trabalho em si (~25%), Responsabilidade (~20%), Avanço (~10%), Crescimento (~7%)]

[Gráfico à direita: Fatores que caracterizam eventos no trabalho que levam à insatisfação — Política e administração (~37%), Falta de futuro na carreira (~32%), Não gostar da posição (~22%), Supervisão (~18%), Relacionamento com o supervisor (~13%), Condições de trabalho (~7%), Salário (~6%), Relacionamento com os pares (~6%)]

Fonte: Dados compilados da Harvard Business Review. "Comparison of Satisfiers and Dissatisfiers"; an exhibit from One More Time: How Do You Motivate Employees? Por Frederick Herzberg, janeiro 2003. Disponível em: http://www.careervision.org/about/pdfs/mr_jobsatisfaction.pdf; http://www.shrm.org/research/surveyfindings/articles/documents/11-0618%20job_satisfaction_fnl.pdf.

Para Herzberg, os dados sugerem que o oposto da satisfação não é a insatisfação, como acreditávamos. Remover as características insatisfatórias de um emprego não necessariamente torna esse emprego satisfatório. Herzberg propôs um duplo contínuo: O oposto da "satisfação" é "nenhuma satisfação" e o oposto de "insatisfação" é "nenhuma insatisfação".

De acordo com Herzberg, os fatores que levam à satisfação são separados e distintos daqueles que levam à insatisfação no trabalho. Portanto, os gestores que buscam eliminar fatores que possam criar insatisfação no trabalho podem fazer que haja paz, mas não necessariamente motivação. Eles estarão apaziguando em vez de motivando seus funcionários. Como resultado, Herzberg caracterizou condições tais como qualidade de supervisão, remuneração, política da empresa, condições físicas de trabalho, as relações com os outros e a segurança no trabalho como fatores de higiene. Quando eles são adequados, as pessoas não ficarão insatisfeitas; e também não ficarão satisfeitas. Se quisermos motivar as pessoas em seus trabalhos,

Herzberg sugeriu fatores associados com o trabalho em si ou com os resultados diretamente dele derivados, como oportunidades de promoção, oportunidades de crescimento pessoal, reconhecimento, responsabilidade e realização. Essas são características que as pessoas consideram intrinsecamente gratificantes.

A teoria dos dois fatores não recebeu muito apoio em pesquisas de CO e tem muitos detratores.[12] As críticas incluem:

1. A metodologia de Herzberg é limitada, porque se baseia em autorrelatos. Quando as coisas estão indo bem, as pessoas tendem a atribuir o crédito a si mesmas. Caso contrário, elas atribuem o fracasso ao ambiente extrínseco.

2. A confiabilidade da metodologia de Herzberg é questionável. Os avaliadores têm que fazer interpretações, então eles podem contaminar os resultados ao interpretar uma resposta de uma maneira e tratar uma resposta semelhante de forma diferente.

3. Nenhuma medida geral de satisfação foi utilizada. Uma pessoa pode não gostar de parte de um trabalho, mas ainda pode achar que o trabalho é aceitável de forma geral.

4. Herzberg supôs que havia uma relação entre a satisfação e a produtividade, mas observou somente a satisfação. Para fazer que sua pesquisa seja relevante, devemos admitir a existência de uma forte relação entre a satisfação e a produtividade.

Independentemente das críticas, a teoria de Herzberg tem sido bastante influente e poucos gestores não estão familiarizados com as suas recomendações.

## Teoria das necessidades de McClelland

Você tem um saco de feijões e cinco alvos na sua frente, um cada vez mais distante do que o outro. O alvo A está bem próximo. Se você acertá-lo, ganha R$ 2,00. O alvo B está um pouco mais distante, mas cerca de 80% das pessoas que tentam acertá-lo conseguem. Ele paga R$ 4,00. O alvo C paga R$ 8,00 e cerca de metade das pessoas que tentam acertá-lo consegue. Pouquíssimas pessoas acertam o alvo D, mas a recompensa é de R$ 16,00 para aqueles que conseguem. Por fim, o alvo E paga R$ 32,00, mas é quase impossível acertá-lo. Qual alvo você tentaria acertar? Se escolheu o alvo C, é provável que você seja um grande empreendedor. Por quê? Leia.

▶ A teoria das necessidades de McClelland foi desenvolvida por David McClelland e seus associados. Ela aborda três necessidades.[13]

▶ A necessidade de realização (nAch) é a força motriz para o progresso, para alcançar algo em relação a um conjunto de padrões.
▶ A necessidade de poder (nPow) é a necessidade de fazer os outros se comportarem de uma maneira que eles não se comportariam em outras circunstâncias.
▶ A necessidade de afiliação (nAff) é o desejo por relações interpessoais amistosas e próximas.

McClelland e os pesquisadores que vieram depois dele concentraram a maior parte de sua atenção na nAch. Grandes realizadores têm melhor desempenho quando percebem a sua probabilidade de sucesso como 0,5 — ou seja, uma chance de 50–50. Eles não gostam de jogos de azar com alta probabilidade de perda porque não obtêm satisfação com o sucesso que vem com um resultado de pura sorte. Da mesma forma, não apreciam a baixa probabilidade de perda (alta probabilidade de sucesso), pois aí, então, não há nenhum desafio para as suas habilidades. Eles gostam de definir metas que exijam um pouco de esforço.

Com base em uma grande quantidade de pesquisa, podemos prever algumas relações entre a necessidade de realização e o desempenho no trabalho. Primeiro, quando os trabalhos têm um alto grau de responsabilidade pessoal e feedback e um grau médio de risco, os grandes realizadores ficam fortemente motivados. Eles são bem-sucedidos em atividades empreendedoras, como na condução de seus próprios negócios, por exemplo, e no gerenciamento de unidades autossuficientes dentro de grandes organizações.[14] Segundo, uma grande necessidade de êxito não faz de alguém um bom gestor, especialmente em grandes organizações. As pessoas com alta necessidade de êxito estão interessadas no quanto elas realizam pessoalmente e não no quanto influenciam os outros a também ter um bom desempenho. Indivíduos com alta nAch não necessariamente são bons gerentes de vendas, e bons gerentes gerais em uma grande organização não costumam ter alta necessidade de êxito.[15] Terceiro, as necessidades de afiliação e poder tendem a estar intimamente relacionadas com o sucesso gerencial. Os melhores gestores têm alto índice de necessidade de poder e baixo índice de necessidade de afiliação.[16] Na verdade, um alto motivo de poder pode ser um requisito para a eficácia na gestão.[17]

A visão de que a alta necessidade de realização age como um motivador interno pressupõe duas características culturais norte-americanas — a disposição a aceitar um grau moderado de risco (que exclui países com características de forte aversão à incerteza) e a preocupação com o desempenho (que se aplica a países com fortes características de realização). Essa combinação é encontrada em países anglo-americanos, como os Estados Unidos, o Canadá e a Grã-Bretanha,[18] e muito menos no Chile e em Portugal.

Entre as primeiras teorias de motivação, a de McClelland tem atraído o melhor apoio nas pesquisas. Infelizmente, ela tem menos efeitos práticos do que as outras. Como McClelland defendeu que as três necessidades são subconscientes — não temos consciência se as nossas são altas ou não —, mensurá-las não é fácil. Na abordagem mais comum, um perito treinado apresenta fotos para os indivíduos, pede-lhes para contar uma história sobre cada uma e, em seguida, avalia suas respostas nos termos das três necessidades. No entanto, o processo é demorado e caro e poucas organizações estão dispostas a investir no conceito de mensuração de McClelland.

## TEORIAS CONTEMPORÂNEAS DE MOTIVAÇÃO

As primeiras teorias de motivação não se sustentaram após um atento exame ou caíram em desuso. Porém as teorias contemporâneas têm uma coisa em comum: cada uma delas tem um grau razoável de documentação válida que as comprovam. Isso não significa que elas estejam inquestionavelmente corretas. Nós as chamamos de "teorias contemporâneas" porque representam o pensamento atual na explicação da motivação do funcionário.

### Teoria da autodeterminação

"É estranho", diz Marcia. "Eu comecei a trabalhar na Humane Society como voluntária. Dedicava 15 horas por semana ajudando as pessoas na adoção de animais de estimação. E amava vir para o trabalho. Então, há três meses, me contrataram em tempo integral a US$ 11 por hora. Estou fazendo o mesmo trabalho que fazia antes. Mas já não acho mais tão divertido."

Será que a reação da Marcia parece contraditória? Há uma explicação para isso. Ela se chama teoria da autodeterminação, e propõe que as pessoas preferem sentir que têm controle sobres suas ações, então qualquer coisa que faça uma tarefa antes apreciada parecer mais uma obrigação do que uma atividade escolhida livremente vai minar a motivação.[19] Muitas pesquisas sobre a teoria da autodeterminação em CO têm se centrado na teoria da avaliação cognitiva, que levanta a hipótese de que as recompensas extrínsecas reduzirão o interesse intrínseco em uma tarefa. Quando as pessoas são pagas para trabalhar, elas parecem ter menos vontade de querer fazê-lo e veem isso como algo que têm que fazer. A teoria da autodeterminação também propõe que, além de serem levadas por uma necessidade de autonomia, as pessoas buscam modos de alcançar competência e conexões positivas com os outros. Um grande número de estudos sustenta a teoria da autodeterminação.[20] Como vamos mostrar, suas principais implicações estão relacionadas com as recompensas do trabalho.

Quando as organizações usam recompensas extrínsecas como compensação para um desempenho superior, os funcionários sentem que estão fazendo um bom trabalho menos pelo desejo intrínseco de sobrepujar-se do que por ser isso o que a organização quer. Eliminar as recompensas intrínsecas também pode mudar a percepção do indivíduo do por que ele realiza uma tarefa. Isso pode passar de uma explicação externa para uma explicação interna. Se você está lendo um romance por semana porque seu professor de literatura mandou, pode atribuir esse comportamento de leitura a uma fonte externa. No entanto, se você continua a ler um romance por semana após o término do curso, a tendência natural é dizer: "Devo gostar de ler romances, porque ainda estou lendo um por semana". Aplicar recompensas extrínsecas é, portanto, fundamental na abordagem.

Os estudos que examinaram como as recompensas extrínsecas aumentam a motivação para algumas tarefas criativas sugerem que tenhamos que colocar as previsões da teoria da evolução cognitiva em um contexto maior.[21] O estabelecimento de metas é mais eficaz na melhora da motivação, por exemplo, quando oferecemos recompensas pelo alcance das metas. Os primeiros autores da teoria da autodeterminação reconhecem que as recompensas extrínsecas, tais como o elogio verbal e o feedback sobre a competência, podem melhorar até mesmo a motivação intrínseca em circunstâncias específicas. Prazos e normas de trabalho específicas também melhoram a motivação se as pessoas acreditarem que estão no controle de suas ações.[22] Isso é consistente com o tema central da teoria da autodeterminação: recompensas e prazos diminuem a motivação se as pessoas os perceberem como algo coercivo.

O que a teoria da autodeterminação sugere como oferta de recompensas? Se uma representante de vendas sênior gosta de fato de vender e fazer negócios, uma comissão indica que ela está fazendo um bom trabalho e aumenta seu senso de competência, fornecendo um feedback que pode melhorar sua motivação intrínseca. Por outro lado, se um programador de computador valoriza o fato de escrever códigos porque gosta de resolver problemas, então, uma recompensa por ter trabalhado seguindo um padrão que ele não aceita e que lhe foi imposto externamente, tal como escrever certo número de linhas do código todos os dias, pode parecer coerciva. Ele ficará menos interessado pela tarefa e pode reduzir seu esforço.

Uma recente consequência da teoria da autodeterminação é a autoconcordância, que considera quão fortes são as razões das pessoas para perseguir metas consistentes com seus interesses e valores fundamentais. Se os indivíduos têm metas por causa de um interesse intrínseco, eles são mais propensos a atingir suas metas e ficam felizes mesmo que não as atinjam. Por quê? Porque o processo de se esforçarem para alcançá-las é divertido.

Por outro lado, as pessoas que têm metas por razões extrínsecas (dinheiro, status e outros benefícios) são menos propensas a atingir essas metas e ficam menos felizes mesmo quando as atingem. Por quê? Porque as metas são menos significativas para elas.[23] Estudos de CO sugerem que as pessoas que têm metas de trabalho por razões intrínsecas estão mais satisfeitas com seus empregos, sentem que se encaixam melhor em suas organizações e podem apresentar melhor desempenho.[24]

O que significa tudo isso? Para os indivíduos, isso significa que devemos escolher o trabalho por razões que não sejam as recompensas extrínsecas. Para as organizações significa que os gestores devem oferecer incentivos intrínsecos, bem como extrínsecos. Eles precisam fazer com que o trabalho seja interessante, proporcionar o reconhecimento e ajudar no crescimento e desenvolvimento do funcionário. Os funcionários que sentem que o que fazem está sob seu controle e é o resultado da sua livre escolha são mais propensos a estarem motivados pelo trabalho e mais comprometidos com suas empresas.[25]

## Engajamento de trabalho

Quando a enfermeira Melissa Pereira chega ao trabalho, parece que tudo mais em sua vida desaparece e ela fica completamente absorvida no que está fazendo. As suas emoções, os seus pensamentos e o seu comportamento são todos voltados para os cuidados com os pacientes. Na verdade, ela fica tão absorta no trabalho que nem repara no tempo que fica lá. Como resultado desse total comprometimento, ela é mais eficaz nos cuidados com os pacientes e se sente muito bem durante todo o tempo em que está trabalhando.

Melissa tem um alto grau de engajamento de trabalho, o investimento de energias física, cognitiva e emocional de um funcionário no seu desempenho no trabalho.[26] Tanto os gestores quanto os estudiosos recentemente se tornaram interessados em facilitar o engajamento de trabalho, acreditando que algo mais profundo do que gostar de um trabalho ou achá-lo interessante melhora o desempenho. Muitos estudos tentam medir esse nível mais profundo de comprometimento.

A organização Gallup vem utilizando doze perguntas para avaliar a medida na qual o engajamento do funcionário está ligado aos resultados positivos do trabalho em milhões de funcionários nesses últimos trinta anos.[27] Há muito mais funcionários engajados em organizações altamente bem-sucedidas do que em organizações medianas, e os grupos com funcionários mais engajados têm graus mais altos de produtividade, sofrem menos acidentes e apresentam menor rotatividade. Estudos acadêmicos também encontraram resultados positivos. Um grande estudo particularmente examinou o grau de engajamento em várias unidades de negócios e encontrou uma relação positiva com uma variedade de resultados práticos.[28] Outro estudo reviu 91 investigações diferentes e encontrou níveis mais altos de engajamento associados com o desempenho de tarefa e comportamento de cidadania.[29]

O que torna as pessoas mais propensas a se envolver em seus trabalhos? Como discutimos no Capítulo 3 em relação às principais atitudes no trabalho, um ponto importante é o grau em que o funcionário acredita que seu engajamento no trabalho seja significativo. Isso é parcialmente determinado pelas características do trabalho e pelo acesso a recursos suficientes para que este seja realizado de forma eficaz.[30] Outro fator é a combinação dos valores do indivíduo com aqueles que são da organização.[31] Comportamentos de liderança que inspiram os funcionários a ter um maior senso de missão também aumentam o engajamento do funcionário.[32]

Uma das críticas do engajamento é que o construto é parcialmente redundante com as atitudes no trabalho como a satisfação ou o estresse.[33] No entanto, questionários sobre o engajamento em geral avaliam a motivação e a concentração em uma tarefa, muito diferente dos questionários sobre satisfação no trabalho. O engajamento também pode prever importantes resultados de trabalho de forma melhor do que as tradicionais atitudes no trabalho.[34] Outros críticos apontam que pode haver um "lado sombrio", como evidenciado por relações positivas entre o engajamento e o conflito família-trabalho.[35] Os indivíduos se tornam tão comprometidos com o trabalho que as responsabilidades familiares se transformam em intrusão. Mais pesquisas que explorem como o engajamento se relaciona com esses resultados negativos podem ajudar a esclarecer se funcionários altamente engajados podem "estar exagerando".

## Teoria da definição de metas

Gene Broadwater, treinador da equipe de cross-country da Hamilton High School, disse ao seu time estas últimas palavras antes de chegarem à linha de largada no campeonato de corrida: "Cada um de vocês está pronto fisicamente. Agora, saiam daqui e deem o seu melhor. Ninguém pode exigir mais do que isso de vocês".

Você mesmo já ouviu esta frase inúmeras vezes: "Faça o seu melhor. Isso é tudo o que alguém pode pedir". Mas o que significa "fazer o seu melhor"? Será que em alguma ocasião conseguimos saber se atingimos essa vaga meta? Teriam os corredores de cross-country alcançado tempos de corrida melhores se o treinador Broadwater tivesse dado a cada um deles uma meta específica? Estudos sobre a teoria da definição de metas realmente revelam efeitos impressionantes de especificidade de meta, desafio e feedback sobre o desempenho.

> Em geral, os gestores devem fazer com que as metas sejam específicas e difíceis — devem estabelecer as metas mais altas com as quais seus funcionários se comprometerão.

No final dos anos 1960, Edwin Locke propôs que as intenções de trabalhar em direção a uma meta eram uma importante fonte de motivação no trabalho.[36] Ou seja, as metas dizem ao funcionário o que tem que ser feito e quanto esforço é necessário.[37] As evidências sugerem fortemente que metas específicas aumentam o desempenho; que objetivos difíceis, quando aceitos, resultam em desempenho mais elevado do que objetivos fáceis; e que o feedback leva a um melhor desempenho do que nenhum feedback.[38]

Metas específicas produzem um maior nível do resultado do que a meta generalizada "faça o seu melhor". Por quê? A especificidade em si parece funcionar com um estímulo interno. Quando um caminhoneiro se compromete a fazer doze viagens de ida e volta por semana entre Campinas e Rio Preto, em São Paulo, essa intenção dá a ele uma meta específica a ser alcançada. Em condições iguais, ele vai se desempenhar melhor do que outro caminhoneiro que não tenha metas ou que tenha a meta generalizada de "faça o seu melhor".

Se fatores como a aceitação das metas são mantidos constantes, quanto mais difícil for a meta, maior será o grau de desempenho. Certamente, é lógico supor que metas mais fáceis sejam mais propensas a serem aceitas. Mas, uma vez que uma tarefa difícil seja aceita, podemos esperar um grande esforço por parte do funcionário para tentar executá-la.

Mas por que as pessoas são motivadas por metas difíceis?[39] Primeiro, metas desafiadoras atraem a nossa atenção e, portanto, tendem a nos ajudar na concentração. Segundo, metas difíceis nos energizam, porque temos que trabalhar mais para alcançá-las. Você estuda tanto para uma prova fácil quanto estuda para uma prova difícil? Provavelmente não. Terceiro, quando as metas são difíceis, as pessoas persistem na tentativa de alcançá-las. Por fim, metas difíceis nos levam a descobrir estratégias que nos ajudem a realizar o trabalho ou tarefa de maneira mais eficaz. Se tivermos que nos esforçar para solucionar um problema difícil, frequentemente achamos uma maneira melhor de lidar com ele.

As pessoas têm um melhor desempenho quando recebem um feedback de como estão progredindo na direção de suas metas, porque isso ajuda a identificar as discrepâncias entre o que elas fizeram e o que elas querem fazer a seguir — ou seja, o feedback direciona o comportamento. Mas nem todo feedback é igualmente poderoso. O feedback autogerado — aquele com o qual os funcionários são capazes de monitorar o seu próprio progresso — é mais poderoso do que o gerado externamente.[40]

Se os funcionários podem participar do estabelecimento de suas próprias metas, vão se esforçar mais? A evidência é mista.[41] Em alguns casos, as metas que foram estabelecidas com a participação do funcionário resultaram em um desempenho superior; em outros, o desempenho do funcionário era melhor se as metas tivessem sido estabelecidas pelo seu chefe. Mas a grande vantagem da participação pode ser a de que ela aumenta a aceitação da meta como algo desejável a ser alcançado.[42] O comprometimento é importante. Sem participação, o indivíduo que estabelece a meta precisa explicar de maneira clara o seu propósito e sua importância.[43]

Além do feedback, três outros fatores influenciam a relação metas-desempenho: *Comprometimento com a meta, características da tarefa* e *cultura nacional*.

A teoria da definição de metas pressupõe que um indivíduo é comprometido com sua meta e que está determinado a não diminuí-la ou abandoná-la. O indivíduo (1) acredita que possa alcançar a meta e (2) quer alcançá-la.[44] É mais provável que o comprometimento com a meta ocorra quando as metas se tornam públicas, quando o indivíduo tem controle interno e quando as metas são autoestabelecidas em vez de determinadas por alguém.[45] As metas por si mesmas parecem afetar o desempenho de maneira mais forte quando as tarefas são simples em vez de complexas, conhecidas em vez de novidades e independentes em vez de interdependentes.[46] Em tarefas interdependentes, metas de grupo são preferíveis.

Por fim, o estabelecimento de metas específicas, difíceis e individuais pode ter diferentes efeitos em diferentes culturas. A maioria das pesquisas sobre o estabelecimento de metas tem sido feita nos Estados Unidos e no Canadá, onde a realização e o desempenho individuais são muito valorizados. Até hoje, os estudos não demonstraram que as metas com base em grupos são mais eficazes em culturas coletivistas do que em culturas individualistas. Em culturas coletivistas e de alta classificação em distância do poder, metas alcançáveis moderadas podem ser mais altamente motivadoras do que as metas difíceis.[47] Para concluir, metas estabelecidas parecem gerar maior comprometimento com a meta em países com alta do que em países com baixa classificação em distância do poder.[48] Mais estudos são necessários para avaliar como os construtos de metas podem diferir entre as culturas.

Embora o estabelecimento de metas tenha resultados positivos, algumas metas podem ser eficazes demais.[49] Quando aprender algo é importante, o desempenho relacionado com a meta mina a adaptação e a criatividade porque as pessoas se concentram muito nos resultados e ignoram as novas condições. Nesse caso, uma meta de aprendizado e de geração de soluções alternativas será mais eficaz do que uma de desempenho. Alguns autores afirmam que as metas podem levar os funcionários a se concentrarem em um único padrão e excluir todos os outros. Considere o foco estreito no sentido de aumentar os preços das ações de curto prazo em muitos negócios — isso pode ter levado as organizações a ignorar o sucesso em longo prazo ou mesmo as ter levado a se envolverem com comportamentos antiéticos, como a fraude contábil ou investimentos excessivamente arriscados. (Obviamente, as organizações podem estabelecer metas para o desempenho ético.) Outros estudos mostram que funcionários com baixo índice de consciência e estabilidade emocional experienciam maior exaustão emocional quando seus líderes estabelecem suas metas.[50] Apesar das diferenças de opinião, a maioria dos pesquisadores concorda que as metas são poderosas no molde do comportamento. Os gestores devem se certificar de que elas estejam realmente alinhadas com as metas da empresa.

Estudos começaram a examinar as metas subconscientes — ou seja, aquelas de cujo estabelecimento não temos consciência.[51] Um estudo preparou as pessoas para pensarem sobre metas pedindo-lhes que pegassem palavras espalhadas e as colocassem em frases com temas sobre realização, enquanto outras pessoas fizeram frases que não continham temas sobre realização. As pessoas que fizeram frases sobre realização foram subconscientemente preparadas. Isso pode não soar como uma manipulação muito forte, mas esse grupo apresentou um desempenho mais eficaz em uma tarefa de brainstorming do que aqueles que tiveram metas mais fáceis. Outro estudo encontrou resultados semelhantes quando uma foto de uma mulher vencendo uma corrida foi a preparação subconsciente em vez da formação de frases. Curiosamente, esses estudos não detectaram que o estabelecimento de metas conscientes ou subconscientes esteja relacionado, o que significa que às vezes somos movidos por metas que nem nós mesmos sabemos que temos.

IMPLEMENTANDO O ESTABELECIMENTO DE METAS  Como gestor, como você faz para que a teoria da definição de metas seja operacional? Isso é muitas vezes deixado para que o indivíduo decida. Alguns gestores estabelecem metas de desempenho agressivas — as quais a General Electric chamou de "metas forçadas". Alguns CEOs, como o da Procter Gamble, A. G. Lafley, e da SAP AG, Hasso Plattner, são conhecidos pelas metas de desempenho exigentes que estabelecem. Mas muitos gestores não estabelecem metas. Quando lhes é perguntado se seu trabalho tinha metas claramente definidas, somente a minoria dos funcionários disse que sim, de acordo com uma pesquisa recente.[52]

Um meio mais sistemático de utilizar o estabelecimento de metas é com a administração por objetivos (APO), uma iniciativa muito popular na década de 1970 mas ainda em uso hoje em dia. A APO enfatiza metas estabelecidas de modo participativo que sejam tangíveis, verificáveis e mensuráveis. Como na Figura 7.3, as metas globais de uma organização são traduzidas em metas específicas para cada nível (divisão, departamento, individual). Mas, como os gestores de divisões mais baixas participam juntos do estabelecimento de suas próprias metas, a APO funciona de baixo para cima, bem como de cima para baixo. O resultado é a hierarquia que conecta as metas de um nível às outras no próximo. E para o funcionário individualmente, a APO fornece metas específicas de desempenho pessoal.

Quatro ingredientes são comuns em programas de APO: a especificidade da meta, a participação na tomada de decisão (incluindo o estabelecimento das metas), um período de tempo específico e feedback de desempenho.[53] Muitos elementos em programas de APO combinam as proposições da teoria da definição de metas. Por exemplo, ter um período determinado para alcançar as metas combina a ênfase da teoria da definição de metas com a especificidade da meta. Da mesma forma, observou-se anteriormente que o feedback sobre o progresso da meta é um elemento crítico da teoria na definição de metas. A única área de possível desacordo entre a APO e a teoria da definição de metas geral é a participação: a APO a defende veementemente enquanto a teoria da definição de metas demonstra que as metas estabelecidas pelos gestores geralmente são tão eficazes quanto ela.

**FIGURA 7.3** ● Cascata de objetivos

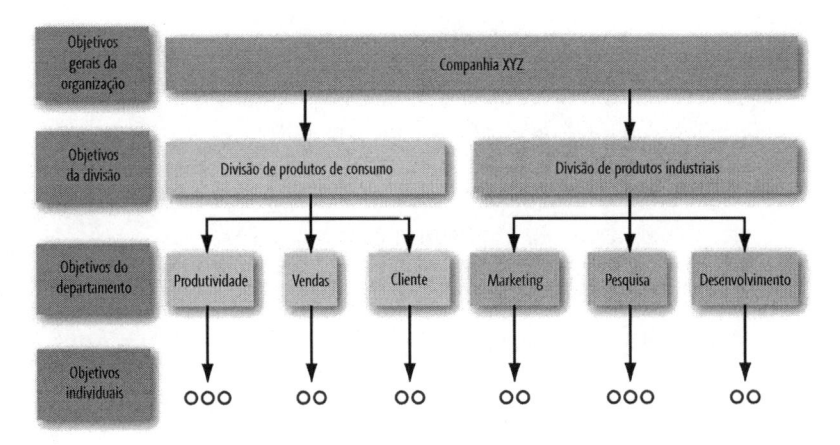

## Teoria da autoeficácia

A **autoeficácia** (também conhecida como teoria cognitiva social ou teoria de aprendizagem social) refere-se à crença de que um indivíduo é capaz de realizar uma tarefa.[54] Quanto mais alta for a autoeficácia, mais confiança se tem na própria habilidade de obter o sucesso. Assim, em situações difíceis, as pessoas com baixa autoeficácia são mais propensas a diminuir seu esforço ou mesmo a desistir de tudo, enquanto aquelas com alta autoeficácia se esforçarão muito mais para vencer o desafio.[55] A autoeficácia pode criar uma espiral positiva na qual aqueles com alta eficácia se tornam mais engajados em suas tarefas e como consequência aumentam o desempenho, que aumenta ainda mais a eficácia.[56] Mudanças na autoeficácia ao longo do tempo estão relacionadas com mudanças no desempenho criativo também.[57] Além disso, os indivíduos que têm alta autoeficácia também parecem responder ao feedback negativo com aumento de esforço e motivação, enquanto aqueles

*Os gestores aumentarão a motivação de seus funcionários ao aumentar a confiança deles de que a tarefa será completada com sucesso (autoeficácia).*

com baixa autoeficácia são propensos a diminuir seu esforço depois de um feedback negativo.[58] Como os gestores podem ajudar seus funcionários a alcançar altos níveis de autoeficácia? Unindo a teoria da definição de metas com a teoria da autoeficácia.

A teoria da definição de metas e a teoria da autoeficácia não competem entre si: elas se complementam. Como mostra a Figura 7.4, os funcionários que têm metas difíceis estabelecidas por seus superiores terão um nível mais alto de autoeficácia e estabelecerão metas mais altas para o seu desempenho. Por quê? Estabelecer metas difíceis para as pessoas comunica sua confiança nelas. Imagine saber que seu superior estabeleceu uma meta mais alta para você do que para os seus colegas. Como você interpretaria isso? Contanto que não se sentisse perseguido, você provavelmente pensaria: "Bem, acho que meu chefe pensa que sou capaz de me desempenhar melhor do que os outros". Isso põe em movimento um processo psicológico no qual você se sente mais confiante em si mesmo (autoeficácia mais alta) e estabelece metas pessoais mais altas, tendo um melhor desempenho tanto no trabalho quanto fora dele.

O pesquisador que desenvolveu a teoria da autoeficácia, Albert Bandura, propõe quatro modos de aumentar a autoeficácia:[59]

**1.** Maestria prática.

**2.** Aprendizagem por observação.

**3.** Persuasão verbal.

**4.** Excitação emocional.

**FIRGURA 7.4** ● Efeitos conjugados de metas e autoeficácia no desempenho

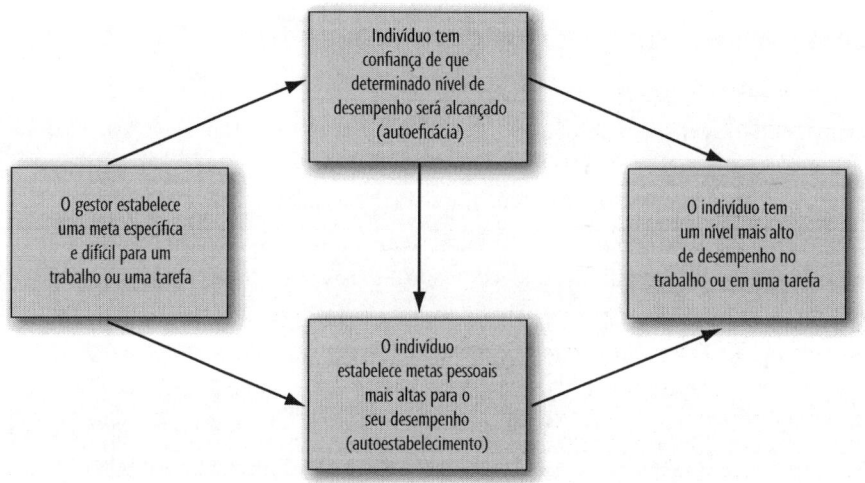

Fonte: Baseado em E. A. Locke e G. P. Latham, "Building a Practically Useful Theory of Goal Setting and Task Motivation: A 35-Year Odyssey", *American Psychologist*, set. 2002, p. 705–717.

De acordo com Bandura, a fonte mais importante para aumentar a autoeficácia é a maestria prática — ou seja, ganhar experiência relevante com a tarefa ou o trabalho. Se você foi capaz de fazer o trabalho com sucesso no passado, terá maior confiança de sua capacidade em fazê-lo no futuro.

A segunda fonte é a aprendizagem vicariante — tornar-se mais confiante, porque você vê alguém fazendo a tarefa. Se seu amigo emagrece, isso aumenta sua confiança de que você também pode perder peso. A aprendizagem vicária é mais efetiva quando você se vê da mesma forma que a pessoa que está observando. Observar o Tiger Woods dar uma tacada difícil no golfe pode não aumentar a sua confiança em ser capaz de fazer a jogada, mas se você observar um jogador de golfe com o mesmo handicap que o seu, isso é persuasivo.

A terceira fonte é a persuasão verbal: tornar-se mais confiante, porque alguém o convence de que você tem as habilidades necessárias para ter sucesso. Os palestrantes motivacionais usam essa tática.

Por fim, Bandura afirma que a excitação emocional aumenta a autoeficácia. A excitação emocional leva a um estado energizado, então a pessoa se torna "empolgada" e seu desempenho é melhor. Mas, se a tarefa requer uma perspectiva estável e discreta (digamos, editar cuidadosamente um manuscrito), a excitação emocional pode de fato prejudicar o desempenho.

A melhor maneira para um gestor usar a persuasão verbal é por meio do efeito Pigmalião ou do efeito Galateia. Como discutimos anteriormente, o efeito Pigmalião é uma forma de profecia autorrealizável na qual acreditar em algo tornar isso realidade. Em alguns estudos, os professores foram informados de que seus alunos tinham um alto QI quando, na verdade, eles variavam em uma faixa que ia de alto a baixo. Consistentes com o efeito Pigmalião, os professores passavam mais tempo com os alunos que eles pensavam ser inteligentes, davam-lhes tarefas mais desafiadoras e esperavam mais deles — e tudo isso levou à autoeficácia mais alta dos alunos e melhores notas.[60] Essa estratégia também tem sido utilizada nos locais de trabalho.[61] Marinheiros que eram informados de forma convincente que não ficariam enjoados tinham de fato menos propensão a ter enjoos.[62]

Quais são as implicações da teoria da autoeficácia? Bem, é uma questão de aplicar as fontes de autoeficácia de Bandura no ambiente de trabalho. Programas de treinamento muitas vezes usam a maestria prática ao fazer que as pessoas pratiquem e construam suas habilidades. Na verdade, uma das razões por que o treinamento funciona é que ele aumenta a autoeficácia.[63] Os indivíduos com graus mais altos de autoeficácia também parecem obter mais benefícios dos programas de treinamento e são mais propensos a usar seu treinamento no seu trabalho.[64]

A inteligência e a personalidade estão ausentes na lista de Bandura, mas podem aumentar a autoeficácia.[65] As pessoas que são inteligentes, conscientes e emocionalmente estáveis são tão mais propensas a ter uma alta autoeficácia que alguns pesquisadores argumentam que a autoeficácia é menos importante do que os estudos anteriores sugerem.[66] Elas acreditam que isso seja em parte uma consequência em uma pessoa inteligente com uma personalidade confiante. Embora Bandura discorde firmemente dessa conclusão, é necessário que haja mais pesquisas.

## Teoria da equivalência/Justiça organizacional

Jane Pearson se formou na universidade estadual no ano passado e possui um diploma de contabilidade. Depois de entrevistas com várias organizações no campus, ela aceitou um posto em uma grande empresa de contabilidade e foi designada para o escritório de Santos. Jane ficou muito satisfeita com a oferta: um trabalho desafiador com uma firma de prestígio, uma excelente oportunidade de ganhar experiência valiosa e o maior salário oferecido a qualquer formando de contabilidade naquele ano — R$ 3.000,00 por mês — mas ela era a melhor aluna de sua classe. Ela era articulada e madura e de fato esperava receber um salário à altura.

Doze meses se passaram. O trabalho provou ser tão desafiador e satisfatório quanto ela esperava. Seu empregador está contentíssimo com o seu desempenho; na verdade, Jane há pouco recebeu um aumento de R$ 500,00 por mês. No entanto, o seu grau de motivação diminuiu drasticamente nas últimas semanas. Por quê? Seu empregador acabou de contratar um recém-formado na mesma universidade, que não tem o ano de experiência que Jane tem e por R$ 3.550 por mês — R$ 50,00 a mais do que ela recebe! Jane está com muita raiva. Ela está até falando em procurar um outro emprego.

A situação de Jane ilustra o papel que a equivalência tem em relação à motivação. Os funcionários percebem o que ganham em uma situação de trabalho (níveis salariais, aumentos, reconhecimento) em relação ao que colocam nele (esforço, experiência, estudos, competência) e então comparam sua taxa dedicação-resultados com a dos outros. Isso é mostrado no Quadro 7.1. Se observamos que a nossa taxa é igual à taxa daqueles que consideramos relevantes em uma comparação, o estado de equivalência existe, observamos que nossa situação é correta e que há justiça. Quando vemos que a taxa é desigual e nos sentimos prejudicados, experienciamos uma tensão de equivalência que gera raiva. Quando nos vemos recompensados por demais, a tensão gera culpa. J. Stacy Adams propôs que esse estado negativo de tensão fornece a motivação para fazer algo para corrigir isso.[67]

A referência que um funcionário seleciona aumenta a complexidade da teoria da equivalência.[68] Há quatro comparações de referência:

1. ***Própria – dentro.*** As experiências de um funcionário em uma posição diferente dentro de sua atual organização.

2. **Própria – fora.** As experiências de um funcionário em uma situação ou posição fora de sua atual organização.

3. **Outro – dentro.** Outro indivíduo ou um grupo de indivíduos dentro de sua organização.

4. **Outro – fora.** Outro indivíduo ou um grupo de indivíduos fora de sua organização.

**QUADRO 7.1** ● Teoria da equidade

| Comparações da relação* | Percepção |
|---|---|
| $\frac{O}{I} < \frac{O}{I_B}$ | Desigualdade por remuneração mais baixa |
| $\frac{O}{I} = \frac{O}{I_B}$ | Equivalência |
| $\frac{O}{I} > \frac{O}{I_B}$ | Desigualdade por remuneração mais alta |

*onde $\frac{O}{I}$ representa o funcionário; e $\frac{O}{I_B}$ representa os outros relevantes na comparação

Os funcionários podem comparar-se aos amigos, vizinhos, colegas de trabalho ou colegas em outras organizações ou comparar seu emprego atual com empregos anteriores. A referência que o empregado escolher será influenciada pela informação que detém sobre as referências, bem como pela atratividade de tal referência. As quatro variáveis moderadoras são o gênero, o tempo na empresa, sua posição na organização e a quantidade de estudos e de profissionalismo.[69]

Com base na teoria da equivalência, os funcionários que percebem desigualdades farão uma entre seis escolhas:[70]

1. Mudança de esforço (farão menos esforço caso sejam mal pagos ou mais esforço se forem pagos em excesso).

2. Mudança de resultados (os indivíduos pagos por produção podem aumentar sua remuneração ao produzir uma maior quantidade de unidades com pior qualidade).

3. Distorção da percepção de si mesmo ("Eu pensava que trabalhava de forma moderada, mas agora percebo que trabalho muito mais do que todos os outros").

4. Distorção da percepção dos outros ("O trabalho do Miguel não é tão desejável como eu supunha").

5. Escolha de uma referência diferente ("Posso não ganhar tanto quanto o meu cunhado, mas estou em situação bem melhor do que meu pai estava quando ele tinha a minha idade").

6. Saída de campo (deixar o emprego).

Algumas dessas proposições têm sido comprovadas, outras não.[71] Primeiro, as desigualdades criadas por alta remuneração indevida não parecem afetar o comportamento de forma significativa na maioria das situações de trabalho. Aparentemente, as pessoas são mais tolerantes às diferenças de alta remuneração indevida do que às de baixa remuneração indevida ou são mais capazes de racionalizá-las. É muito prejudicial para uma teoria quando metade da equação desmorona. Segundo, nem todos são sensíveis à equivalência.[72] Poucos, na verdade, preferem a taxa resultado-esforço mais baixa do que as comparações de referências. As previsões da teoria da equivalência não têm propensão a ser muito precisas sobre esses "tipos benevolentes".

Por fim, pesquisas recentes têm ampliado o significado de equivalência ou equidade.[73] Historicamente, a teoria da equivalência focava a justiça distribuitiva, a equidade percebida pelo funcionário em relação às recompensas entre os indivíduos e quem as recebia. Mas a justiça organizacional mostra uma realidade maior. Os funcionários consideram suas organizações justas quando eles acreditam que as recompensas e o modo como elas são distruibuídas são justas. Em outras palavras, a equidade ou a equivalência pode ser subjetiva; o que uma pessoa considera injusto, outra pode considerar perfeitamente apropriado. Em geral, as pessoas percebem as atribuições e os procedimentos que as favorecem como justos.[74]

A maioria das pesquisas sobre a teoria da equivalência que descrevemos propõe uma maneira bastante racional de calcular o que é justo e o que é injusto. Mas poucas pessoas realmente calculam matematicamente suas contribuições em relação aos resultados dos outros. Em vez disso, elas se baseiam em um sentimento ou em uma reação emocional para fazer julgamentos sobre como elas acham que são tratadas em relação aos outros e suas reações são muitas vezes emocionais também.[75] Nossa discussão também tem se concentrado nas reações a erros no tratamento pessoal. No entanto, as pessoas também reagem emocionalmente às injustiças cometidas contra os outros, levando-as a tomar atitudes punitivas.[76]

Além das percepções de equidade, outro elemento-chave da justiça organizacional é a visão de que a justiça é multidimensional. O quanto somos remunerados em relação ao que achamos que devemos receber (justiça distributiva) é obviamente importante. Mas, segundo os pesquisadores, o como somos remunerados é tão importante quanto. Assim, o modelo de justiça organizacional na Figura 7.5 inclui a justiça processual — a equidade observada no processo usado para determinar a distribuição das recompensas. Dois elementos-chave da justiça processual são o controle do

---

Para promover a equidade no local de trabalho, os gestores devem considerar compartilhar abertamente as informações sobre como as decisões de alocação são feitas. Procedimentos justos e abertos são de especial importância quando o resultado é suscetível de ser visto negativamente por alguns ou todos os funcionários.

**FIGURA 7.5** ● Modelo de justiça organizacional

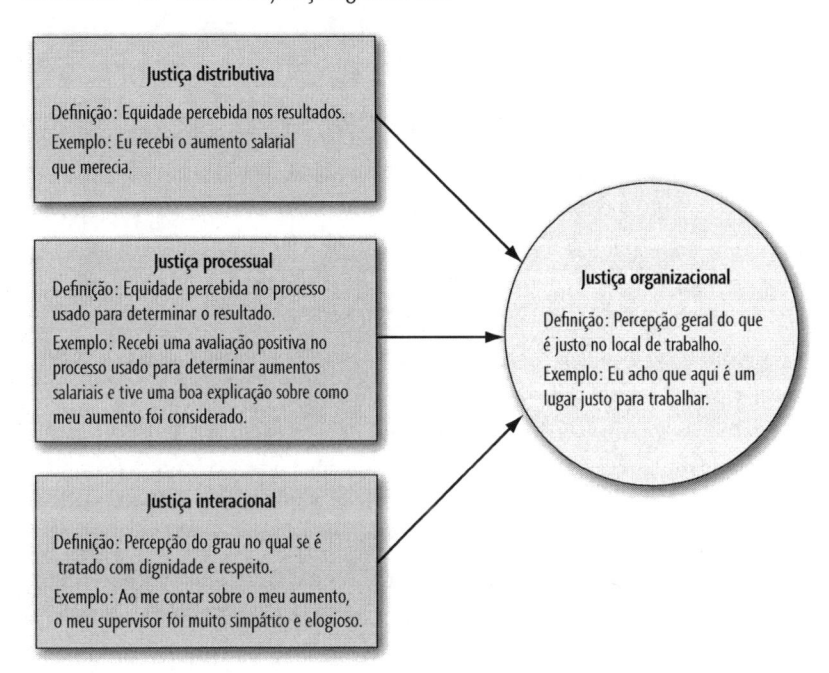

**Justiça distributiva**
Definição: Equidade percebida nos resultados.
Exemplo: Eu recebi o aumento salarial que merecia.

**Justiça processual**
Definição: Equidade percebida no processo usado para determinar o resultado.
Exemplo: Recebi uma avaliação positiva no processo usado para determinar aumentos salariais e tive uma boa explicação sobre como meu aumento foi considerado.

**Justiça interacional**
Definição: Percepção do grau no qual se é tratado com dignidade e respeito.
Exemplo: Ao me contar sobre o meu aumento, o meu supervisor foi muito simpático e elogioso.

**Justiça organizacional**
Definição: Percepção geral do que é justo no local de trabalho.
Exemplo: Eu acho que aqui é um lugar justo para trabalhar.

processo e as explicações. *Controle do processo é a oportunidade de apresentar o seu ponto de vista sobre os resultados desejados aos tomadores de decisão. Explicações são as razões claras que a gestão dá para o resultado.* Portanto, para que os funcionários considerem um processo justo, eles precisam sentir que possuem algum controle sobre o resultado e que a eles foram dadas explicações satisfatórias sobre por que o resultado ocorreu. Também é importante que o gestor seja consistente (com todas as pessoas e ao longo de todo o tempo), que seja imparcial, que tome decisões com base em informações corretas e que seja aberto a solicitações.[77]

Os efeitos da justiça processual se tornam mais importantes quando não há justiça distributiva. Isso faz sentido. Se não conseguimos o que queremos, temos a tendência de nos concentrarmos no porquê. Se o seu supervisor der um escritório confortável a um colega e não a você, você se focará muito mais no tratamento que seu supervisor lhe dá. Isso não aconteceria se ele tivesse dado o escritório a você. As explicações são benéficas quando se tornam desculpas *a posteriori* ("Eu sei que isso é ruim, e queria ter lhe dado o escritório, mas não dependia de mim) e não justificativas ("Eu decidi dar o escritório para o Sam, mas ter essa sala não é grande coisa").[78]

A **justiça interacional** descreve a percepção de um indivíduo do grau em que ele é tratado com dignidade, preocupação e respeito. Quando são tratadas de forma injusta (pelo menos do ponto de vista delas) as pessoas partem para a retaliação (por exemplo, falando mal de um supervisor).[79]

Como as pessoas intimamente conectam a justiça interativa ou a injustiça àquele que traz a informação, podemos esperar que as percepções de injustiça sejam mais estreitamente relacionadas ao supervisor. Geralmente, isso é o que a evidência sugere.[80]

Dessas três formas de justiça, a distributiva é a mais fortemente relacionada com o comprometimento organizacional e com a satisfação com resultados como a remuneração. A justiça processual está mais relacionada com a satisfação no trabalho, a confiança do funcionário, a saída do funcionário da empresa, o desempenho no trabalho e comportamentos de cidadania. Há pouca evidência em relação à justiça interativa.[81]

A teoria da equivalência ganhou um forte apoio nos Estados Unidos porque os sistemas de recompensas no estilo norte-americano supõem que os funcionários são altamente sensíveis à equivalência nas atribuições de recompensas. E nos Estados Unidos, a equivalência tem o intuito de atrelar a remuneração ao desempenho. No entanto, em culturas coletivistas, os funcionários esperam que as recompensas reflitam tanto suas necessidades inviduais quanto seu desempenho.[82] Outro estudo sugere que as contribuições e os resultados são avaliados de forma diferente em várias culturas.[83] Algumas culturas enfatizam o nível de realização individual como base para a distribuição de recursos. As culturas materialistas são mais propensas a julgar recompensas em dinheiro e outros tipos de recompensas como os mais relevantes resultados do trabalho, enquanto culturas que dão importância às relações consideram as recompensas sociais e status os resultados importantes. Os gestores internacionais devem considerar as preferências culturais de cada grupo de funcionários quando forem determinar o que é "justo" em diferentes contextos.

Estudos sugerem que os gestores são motivados a promover as percepções de justiça dos funcionários, porque querem garantir a conformidade, manter uma identidade positiva e estabelecer a equidade no trabalho.[84] Para melhorar essas percepções, eles devem perceber que os funcionários são especialmente sensíveis à injustiça em procedimentos quando más notícias devem ser comunicadas (ou seja, quando a justiça distributiva é baixa). Se os empregados sentem que foram tratados injustamente, ter oportunidades de expressar sua frustração parece reduzir o desejo de retribuição.[85] As evidências meta-analíticas demonstram que os indivíduos, tanto nas culturas individualistas como nas coletivistas, preferem uma distribuição de recompensas equitativa (os trabalhadores mais eficazes têm maior remuneração) a uma divisão equalitária (todos recebem o mesmo independentemente do desempenho).[86] Entre as nações, os mesmos princípios básicos da justiça processual são respeitados, e os trabalhadores ao redor do mundo preferem recompensas baseadas em desempenho e habilidades a recompensas baseadas na antiguidade.[87] Assim, é de especial importância compartilhar abertamente as informações sobre como as decisões de distribuição são feitas, seguir procedimentos consistentes e imparciais e se envolver em práticas semelhantes para aumentar a percepção da justiça processual. Em segundo lugar, ao abordar injustiças, os gestores precisam focar suas ações na raiz dos problemas.

## Teoria da expectativa

Uma das explicações sobre motivação mais aceitas é a teoria da expectativa de Victor Vroom.[88] Embora ela tenha seus críticos, a maioria das evidências comprova essa teoria.[89]

A teoria da expectativa afirma que a força da nossa tendência de agir de certa maneira depende da força da nossa expectativa de determinado resultado e sua atratividade. Em termos mais práticos, os funcionários estarão motivados a exercer um alto grau de esforço quando acreditarem que isso os levará a ter uma avaliação de bom desempenho; que uma boa avaliação levará a recompensas organizacionais tais como aumentos salariais e/ou recompensas intrínsecas, e que as recompensas satisfarão as metas pessoais dos funcionários. A teoria, portanto, concentra-se em três relações (veja a Figura 7.6):

1. *Relação esforço-desempenho.* A probabilidade percebida pelo indivíduo de que ao exercer uma determinada quantidade de esforço isso o levará ao desempenho.

2. *Relação desempenho-recompensa.* O grau em que o indivíduo acredita que o desempenho em um determinado nível o levará à obtenção de um resultado desejado.

3. *Relação entre as recompensas e as metas pessoais.* O grau em que as recompensas organizacionais satisfazem as metas pessoais de um indivíduo ou suas necessidades e a atratividade dessas recompensas em potencial para o indivíduo.[90]

A teoria da expectativa ajuda a explicar por que muitos empregados não estão motivados em seus trabalhos e fazem somente o mínimo necessário. Vamos transformar as três relações da teoria em perguntas que os

**FIGURA 7.6** Teoria da expectativa

Esforço individual → (1) → Desempenho individual → (2) → Recompensas organizacionais → (3) → Metas pessoais

(1) Relação esforço-desempenho
(2) Relação desempenho-recompensa
(3) Relação recompensas-metas pessoais

funcionários precisam responder de forma afirmativa se a sua motivação tiver que ser maximizada.

Primeiro, se eu me esforçar ao máximo, isso será reconhecido na minha avaliação de desempenho? Para muitos funcionários, a resposta é não. Por quê? O seu nível de habilidade pode ser deficiente, o que significa que não importa o quanto tentem, eles provavelmente não terão alto desempenho. O sistema de avaliação de desempenho da organização pode ser projetado para avaliar fatores que não estão ligados ao desempenho, como a lealdade, a iniciativa ou coragem, o que significa que o esforço não necessariamente resultará em uma avaliação melhor. Outra possibilidade é que os funcionários, com ou sem razão, entendem que o chefe não gosta deles. Como resultado, eles esperam ter uma avaliação baixa, independentemente do esforço. Esses exemplos sugerem que uma possível fonte de motivação é a crença dos funcionários de que, não importa o quão duro trabalhem, a probabilidade de obterem uma boa avaliação de desempenho é baixa.

Segundo, se eu obtiver uma boa avaliação de desempenho, isso me levará a recompensas organizacionais? Muitas organizações recompensam coisas além do desempenho. Quando a remuneração é baseada em fatores como o tempo de serviço, ser cooperativo ou "bajular" o chefe, os funcionários provavelmente considerarão a relação desempenho-recompensa como algo fraco e desmotivante.

Por fim, se eu obtiver recompensas, elas serão atrativas para mim? O funcionário se esforça muito na esperança de obter uma promoção, mas em vez disso recebe um aumento salarial. Ou deseja uma função mais interessante e desafiadora, mas recebe somente algumas palavras de elogio. Infelizmente, muitos gestores se limitam às recompensas por eles distribuídas, o que torna difícil adaptá-las às necessidades individuais dos funcionários. Alguns incorretamente supõem que todos os funcionários querem a mesma coisa, negligenciando os efeitos motivacionais da diferenciação de recompensas. Em ambos os casos, a motivação do empregado é submaximizada.

Como um exemplo vivo de como a teoria da expectativa pode funcionar, pense em analistas de mercado. Eles ganham a vida tentando prever o preço futuro de uma ação; a precisão das suas recomendações de comprar, vender ou reter é o que os mantêm no emprego ou o que faz com que sejam dispensados. Mas não é tão simples assim. Os analistas determinam a venda de poucas ações, embora em um mercado estável, por definição, há tanto um grande número de ações caindo quanto um grande número de ações subindo. A teoria da expectativa fornece uma explicação: os analistas que determinam que as ações de uma empresa devam ser vendidas têm de equilibrar os benefícios que recebem com os riscos que correm ao atrair a ira daquela companhia. Quais são os riscos? Eles incluem a repreensão pública, a rejeição profissional e a exclusão de informações. Quando os analistas definem que certas ações devam ser compradas, eles não encontram tais problemas, obviamente, as empresas adoram quando os analistas recomendam que investidores comprem suas ações. Então a estrutura de incentivos sugere que o efeito da definição de compra seja mais alto do que o da definição de venda, e é por isso que há mais definições de compra do que de vendas.[91]

A teoria da expectativa funciona? Alguns críticos sugerem que ela tem uso limitado e é mais válida quando os indivíduos percebem claramente a conexão entre esforço-desempenho e desempenho-recompensa.[92] Como poucos a percebem, a teoria tende a ser idealista. Se as organizações realmente recompensam os indivíduos pelo desempenho em vez de por antiguidade, esforço, nível de habilidades e dificuldade do trabalho, a teoria da expectativa pode ser bem mais válida. No entanto, em vez de invalidá-la, essa crítica explica por que um segmento significativo da força de trabalho exerce baixo esforço no trabalho.

## RESUMO E IMPLICAÇÕES PARA OS GESTORES

As teorias de motivação neste capítulo diferem em sua força preditiva. Aqui nós (1) revisamos as mais consagradas para determinar sua relevância na explicação da rotatividade, produtividade e outros resultados e (2) avaliamos o poder de previsão de cada uma.[93]

- ▶ Teorias das necessidades. A hierarquia de Maslow, as necessidades de McClelland e a teoria dos dois fatores se concentram nas necessidades. Nenhuma encontrou amplo apoio, apesar de a teoria de McClelland ser a mais forte, especialmente quanto à relação entre a realização e a produtividade. Em geral, as teorias das necessidades não são explicações válidas de motivação.
- ▶ A teoria da autodeterminação e a teoria da avaliação cognitiva. Como o número de pesquisas sobre os efeitos motivacionais das recompensas têm crescido, cada vez mais parece que recompensas intrínsecas podem minar a motivação, se forem consideradas coercivas. Elas podem aumentar a motivação se fornecerem informações sobre competência e relações.
- ▶ Teoria da definição de metas. Metas claras e difíceis levam a um grau maior de produtividade do funcionário, comprovando a explicação da teoria da definição de metas dessa variável secundária. No entanto, a teoria não discute o absentismo, a rotatividade ou a satisfação.
- ▶ Teoria da equivalência/Justiça organizacional. A teoria da equivalência discute as variáves da produtividade, da satisfação, da ausência e da rotatividade. No entanto, seu maior legado foi que ela

deu início à pesquisa sobre a justiça organizacional, que tem grande apoio na literatura.

▶ Teoria da expectativa. A teoria da expectativa oferece uma explicação poderosa das variáveis como a produtividade do funcionário, o absentismo e a rotatividade. Porém ela supõe que os funcionários têm alguns problemas na tomada de decisão, como a parcialidade ou a informação incompleta, e isso limita sua aplicabilidade. A teoria da expectativa tem alguma validade porque, para muitos comportamentos, as pessoas consideram os resultados esperados.

---

Acesse o Site de apoio ao livro (www.grupoa.com.br) e teste seus conhecimentos por meio dos exercícios elaborados para este capítulo.

# Motivação: dos conceitos às aplicações

8

No último capítulo, nós nos concentramos nas teorias de motivação. Neste, vamos começar a aplicar os conceitos de motivação em práticas como o envolvimento do funcionário e remuneração com base nas habilidades. Por quê? Porque uma coisa é conhecer teorias específicas; e outra bem diferente é ver como você pode usá-las na sua gestão.

## MOTIVANDO AO MUDAR A NATUREZA DO AMBIENTE DE TRABALHO

Cada vez mais as pesquisas sobre motivação concentram-se em abordagens que ligam conceitos motivacionais a mudanças na forma como o trabalho é estruturado. Pesquisas em desenho do trabalho (*job design*) sugerem que a forma como são organizados os elementos de um trabalho pode aumentar ou diminuir o esforço e também sugerem quais são esses elementos. Primeiro, vamos rever o modelo de características de trabalho e depois discutiremos algumas formas como os trabalhos podem ser redesenhados. Por fim, vamos explorar esquemas de trabalho alternativos.

### O modelo de características de trabalho

Desenvolvido por J. Richard Hackman e Greg Oldham, o modelo de características de trabalho (MCT) diz que podemos descrever todo trabalho em termos de cinco dimensões básicas:[1]

1. ***Variedade de habilidades.*** A variedade de habilidades é o grau até o qual um emprego requer uma variedade de atividades diferentes para que o funcionário possa fazer uso de um número de diferentes habilidades e talentos. O trabalho de um mecânico

Depois de estudar este capítulo, você será capaz de:

▶ descrever o modelo de características do trabalho e avaliar a forma como ele motiva os funcionários, alterando o ambiente de trabalho;

▶ comparar e contrastar os principais modos como os trabalhos podem ser redesenhados;

▶ dar exemplos de medidas do envolvimento do funcionário e mostrar como elas podem motivá-los;

▶ demonstrar como os diferentes tipos de programas de remuneração variável podem aumentar a motivação;

▶ mostrar como os benefícios flexíveis transformam os benefícios em motivadores;

▶ identificar os benefícios motivacionais das recompensas intrínsecas.

> Embora existam diferenças individuais, a maioria das pessoas responde bem às características de trabalho intrínsecas; o modelo de características de trabalho resume muito bem quais características intrínsecas podem ser alteradas para tornar o trabalho mais interessante e intrinsecamente motivador para os funcionários.

dono de uma oficina que faz reparos elétricos, conserta motores e funilarias e interage com os clientes tem alta pontuação em variedade de habilidades. O trabalho de um funcionário de uma funilaria que pinta carros oito horas por dia tem baixa pontuação nessa dimensão.

2. *Identidade da tarefa.* A identidade da tarefa é o grau até o qual uma tarefa exige a realização de um trabalho completo e identificável. Um marceneiro que planeja um móvel, seleciona a madeira, constrói o objeto e o termina com perfeição possui um trabalho que tem alta pontuação em identidade da tarefa. Um trabalho que tem uma baixa pontuação nessa dimensão é o do operador do torno que somente faz as pernas das mesas.

3. *Significado da tarefa.* O significado da tarefa é o grau até o qual uma tarefa tem um impacto substancial sobre a vida ou o trabalho de outras pessoas. O trabalho de uma enfermeira que lida com as diversas necessidades dos pacientes na unidade de terapia intensiva tem uma alta pontuação em significado da tarefa; varrer o chão em um hospital tem uma baixa pontuação.

4. *Autonomia.* A autonomia é o grau até o qual a tarefa proporciona liberdade e independência ao trabalhador e poder de decisão na programação e na determinação dos procedimentos para a sua realização. Um vendedor que faz seu próprio horário todos os dias e decide quais são as abordagens mais eficazes para cada cliente sem ter uma supervisão tem um emprego altamente autônomo. Um vendedor que recebe uma série de instruções todos os dias e é obrigado a seguir procedimentos de vendas padronizados com cada cliente potencial possui um emprego que tem baixo nível de autonomia.

5. *Feedback.* O feedback é o grau até o qual o desempenho de suas atividades de trabalho gera informações diretas e claras sobre o seu próprio desempenho. Um trabalho com alto feedback é montar iPads e testá-los para ver se funcionam corretamente. Um operário de fábrica que monta iPads mas, em seguida, os envia para o inspetor de controle de qualidade para testes e ajustes recebe baixo feedback em suas atividades.

A Figura 8.1 apresenta o modelo de características de trabalho (MCT). Observe como a variedade das três primeiras dimensões — variedade de habilidades, identidade da tarefa e significado da tarefa — se combinam para criar um trabalho significativo que será considerado importante, valioso e vantajoso por aquele que o desempenha. Observe também que trabalhos com alta autonomia proporcionam àqueles que os desempenham um sentimento de responsabilidade pessoal pelos resultados e, se um trabalho fornece feedback, os funcionários saberão quão eficaz está sendo seu desempenho. Do ponto de vista motivacional, o MCT propõe que os indivíduos obtenham recompensas internas quando são informados (conhecimento dos resultados) de que eles pessoalmente (responsabilidade da experiência) tiveram um bom desempenho na tarefa realizada (significado da experiência).[2] Quanto mais esses três estados psicológicos estiverem presentes, maiores serão a motivação, o desempenho e a satisfação do funcionário, e o absentismo e a probabilidade de deixar o emprego serão mais baixos. Como a Figura 8.1 demonstra, os indivíduos com alta necessidade de crescimento são mais propensos a experienciar os estados psicológicos críticos quando seu trabalho é enriquecido — e a responder a eles de maneira mais positiva — do que seus pares com baixa necessidade de crescimento.

**FIGURA 8.1** Modelo de características do trabalho

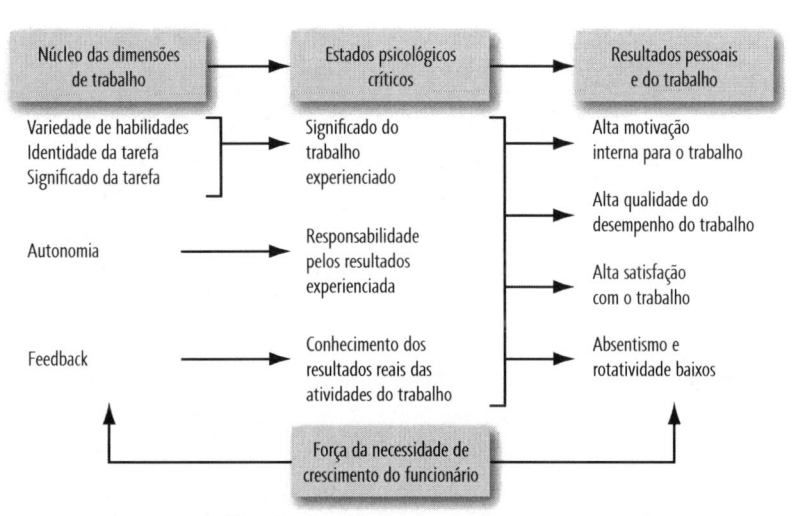

| Núcleo das dimensões de trabalho | Estados psicológicos críticos | Resultados pessoais e do trabalho |
|---|---|---|
| Variedade de habilidades<br>Identidade da tarefa<br>Significado da tarefa | Significado do trabalho experienciado | Alta motivação interna para o trabalho |
| Autonomia | Responsabilidade pelos resultados experienciada | Alta qualidade do desempenho do trabalho |
| Feedback | Conhecimento dos resultados reais das atividades do trabalho | Alta satisfação com o trabalho<br>Absentismo e rotatividade baixos |

Força da necessidade de crescimento do funcionário

Fonte: J. R. Hackman e G. R. Oldham, "Work Redesign" (Upper Saddle River, NJ: Pearson Education) p. 78-80 © 1997. Adaptação autorizada pela Pearson Education, Inc., Upper Saddle River, New Jersey. River, New Jersey.

Muitos estudos comprovam o conceito de MCT de que a presença de um conjunto de características de trabalho — variedade, identidade, significado, autonomia e feedback — realmente gera um desempenho no trabalho maior e mais satisfatório.[3] Mas, ao que parece, podemos calcular melhor o potencial de motivação apenas adicionando as características em vez de usar a fórmula multiplicativa.[4] Pense em seu trabalho. Você tem a oportunidade de desempenhar diferentes tarefas ou segue a mesma rotina todos os dias? Pode trabalhar de forma independente ou o seu supervisor ou seu colega está sempre observando o que você faz? O que você acha que suas respostas a essas perguntas dizem sobre o potencial de motivação do seu trabalho?

Alguns estudos testaram o modelo de características de trabalho em diferentes culturas, mas os resultados não são muito consistentes. Um estudo sugere que, quando os funcionários "se preocupam com o outro" (preocupando-se com o bem-estar dos outros no trabalho), a relação entre características de trabalho intrínsecas e satisfação no trabalho é mais fraca. O fato de que o modelo de características de trabalho é relativamente individualista (considerando a relação entre o funcionário e seu trabalho) sugere que as estratégias de enriquecimento do trabalho possam não ter os mesmos efeitos nas culturas coletivistas como têm nas culturas individualistas (como os Estados Unidos).[5] No entanto, outro estudo sugeriu que o grau até o qual os empregos têm características de trabalho intrínsecas previa a satisfação e o envolvimento no trabalho igualmente bem tanto para os funcionários dos Estados Unidos quanto para os do Japão e os da Hungria.[6]

## Como os trabalhos podem ser redesenhados?

"Todo dia era a mesma coisa", disse Frank Greer. "Ficar naquela linha de montagem. Esperar até que um painel de instrumentos chegue neste lugar. Desbloqueie o mecanismo e coloque-o dentro do Jeep Liberty enquanto ele se move na linha. Então, eu conectava os fios de alimentação. Eu repetia isso oito horas por dia. Não me importo se eles estão me pagando vinte e quatro dólares a hora. Eu estava ficando louco. Fiz isso por quase um ano e meio. Finalmente, eu disse para minha esposa que esse não seria o jeito que eu viveria pelo resto da minha vida. Meu cérebro estava virando gelatina naquela linha de montagem da Jeep. Então pedi demissão. Agora estou trabalhando em uma gráfica e ganho menos do que quinze dólares por hora. Mas se você quer saber, o trabalho que eu faço é realmente interessante. O trabalho muda todo o tempo, eu estou sempre aprendendo coisas novas e o trabalho realmente me desafia! Ir para o trabalho todas as manhãs me dá muito prazer".

As tarefas repetitivas no emprego de Frank Greer na fábrica da Jeep proporcionavam pouca variedade, autonomia ou motivação. Por outro lado, seu trabalho na gráfica é desafiador e estimulante. Vejamos algumas maneiras de colocar o MCT em prática para tornar os trabalhos mais motivadores.

RODÍZIO DE TRABALHO   Se os funcionários sofrem por causa de uma excessiva rotina em seus trabalhos, uma alternativa é o **rodízio de trabalho**, ou a mudança periódica de um funcionário de uma tarefa para outra que tenha requisitos de habilidades semelhantes no mesmo nível organizacional (também chamada de *treinamento multifuncional/cross training*). Muitas empresas de manufatura têm adotado a rotatividade de trabalho como um modo de aumentar a flexibilidade e de evitar dispensas.[7] Os gestores da Apex Precision Technologies, uma loja personalizada de máquinas em Indiana, fazem com que seus funcionários conheçam todos os equipamentos por meio de treinamentos para que eles possam responder a qualquer dúvida e atender qualquer pedido sem qualquer dificuldade. Embora o rodízio de trabalho muitas vezes tenha sido conceituado como uma atividade para as linhas de montagem e para os funcionários de manufatura, muitas organizações utilizam o rodízio de trabalho também para ajudar novos gestores a entender melhor o negócio como um todo.[8] Na Singapore Airlines, por exemplo, um funcionário responsável pelas passagens pode assumir as funções de um outro que cuida da bagagem. O rodízio de trabalho frequente é uma das razões da Singapore Airlines estar classificada como uma das melhores linhas aéreas do mundo e ser considerada um lugar altamente desejável para se trabalhar.

Os pontos fortes do rodízio de trabalho são que ele reduz o tédio, aumenta a motivação e ajuda os funcionários a compreender melhor como o seu trabalho contribui para a organização. Um benefício indireto é que os funcionários com uma vasta gama de habilidades dão à administração maior flexibilidade na programação do trabalho, adaptando-se às mudanças e fazendo substituições quando necessário.[9] Estudos internacionais na Itália, na Grã-Bretanha e na Turquia demonstram que o rodízio de função está associado com níveis mais altos de desempenho organizacional nos locais de manufatura.[10] No entanto, o rodízio de trabalho tem desvantagens. Os custos de treinamento aumentam e mudar um funcionário para uma nova posição reduz a produtividade exatamente quando a eficácia na tarefa anterior está criando uma economia organizacional. O rodízio de função também cria complicações quando os membros de um grupo de trabalho têm que se adaptar ao novo funcionário. E os supervisores também têm que despender mais tempo respondendo a perguntas e monitorando o trabalho dos funcionários que foram transferidos de tarefas.

ENRIQUECIMENTO DO TRABALHO   O **enriquecimento do trabalho** expande os empregos ao aumentar o grau até o qual o funcionário controla o planejamento, a execução e a avaliação do trabalho. Um trabalho enriquecido organiza as tarefas para permitir que o trabalhador execute uma atividade completa, aumenta a liberdade e a independência do funcionário, aumenta a responsabilidade e fornece um feedback para que os indivíduos possam avaliar e corrigir seu próprio desempenho.[11]

Como a gestão pode enriquecer o trabalho de um funcionário? A Figura 8.2 oferece sugestões de diretrizes com base no modelo de características de trabalho. A *combinação de tarefas* reúne as tarefas fracionadas novamente e faz com que haja um novo e maior módulo de trabalho. A *formação de unidades naturais de trabalho* faz com que as tarefas de um funcionário criem um todo identificável e significativo. O *estabelecimento das relações com os clientes* aumenta as relações diretas entre os funcionários e seus clientes (os quais podem ser internos bem como estar fora da organização). A *expansão vertical dos trabalhos* dá aos funcionários responsabilidades e controle anteriormente reservados à gestão. A *abertura de canais de feedback* faz com que os funcionários saibam o quão bem estão indo e se o seu desempenho está melhorando, se deteriorando ou permanecendo constante.

**FIGURA 8.2** Diretrizes para o enriquecimento de um trabalho

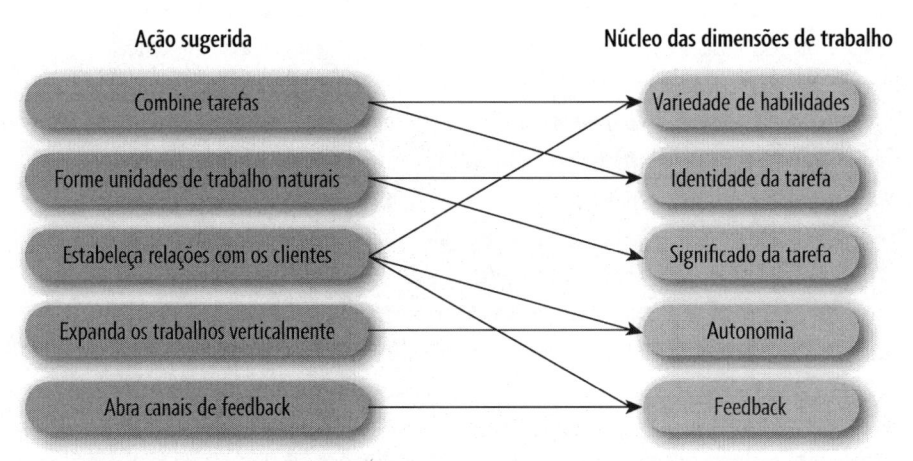

| Ação sugerida | Núcleo das dimensões de trabalho |
|---|---|
| Combine tarefas | Variedade de habilidades |
| Forme unidades de trabalho naturais | Identidade da tarefa |
| Estabeleça relações com os clientes | Significado da tarefa |
| Expanda os trabalhos verticalmente | Autonomia |
| Abra canais de feedback | Feedback |

Fonte: J. R. Hackman e J. L. Suttle (eds.), "Improving Life at Work" (Glenview, IL: Scott Foresman, 1977), p. 138. Reimpressão permitida por Richard Hackman e J. Lloyd Suttle.

Algumas versões mais recentes do enriquecimento do trabalho concentram-se especificamente na melhora do significado do trabalho. Um método consiste em relacionar as experiências do funcionário com os resultados do cliente, fornecendo ao funcionário histórias de clientes que se beneficiaram com os produtos ou serviços da companhia. A fabricante de dispositivos médicos Medtronic convida as pessoas a descreverem como os produtos da empresa melhoraram ou até mesmo salvaram suas vidas e divide essas histórias com os funcionários durante reuniões anuais, dando a todos uma poderosa lembrança do impacto de seu trabalho. Pesquisadores descobriram há pouco que, quando os responsáveis por angariar fundos para uma universidade interagiam com os alunos que receberiam o dinheiro da bolsa de estudos que eles haviam coletado, eles dedicavam 42% mais de seu tempo e angariavam o dobro do dinheiro do que aqueles que não haviam interagido com os potenciais beneficiários.[12]

Outro método para melhorar o significado do trabalho é proporcionar aos funcionários programas de assistência mútua.[13] Os funcionários que podem se ajudar diretamente por meio de seus trabalhos passam a se ver, e ver a organização para qual trabalham de modo mais positivo e pró-social. Isso, por sua vez, pode aumentar o comprometimento afetivo do funcionário.

Muitas organizações proporcionam o enriquecimento do trabalho via treinamento multifuncional (cross-training) para o aprendizado de novas habilidades e pela rotatividade de trabalho para que os funcionários desempenhem novas tarefas em outra posição. Os funcionários costumam trabalhar com seus superiores para estabelecer metas de enriquecimento do emprego, identificar competências desejadas e encontrar a colocação apropriada. Por exemplo, um funcionário que costuma trabalhar com os registros de clientes pode receber treinamento multifuncional para conhecer os sistemas de compras e contabilidade da organização. Em seguida, um funcionário da contabilidade pode se familiarizar com os processos de dados de clientes. Esses dois empregados poderiam então trocar de tarefas, de forma que um faria o trabalho do outro, permitindo assim que um pudesse substituir o outro e que também se preparassem para possíveis promoções no futuro.

As evidências sobre o enriquecimento do trabalho mostram que ele reduz os custos do absentismo e da rotatividade e aumenta a satisfação, mas nem todos os programas são igualmente eficazes.[14] Uma revisão de 83 intervenções organizacionais destinadas a melhorar a administração do desempenho mostrou que o feedback frequente e específico relacionado à solução de problemas estava ligado a um desempenho cada vez melhor, mas que o feedback esporádico que focava mais nos problemas passados do que nas futuras soluções era muito menos eficaz.[15] Algumas evidências recentes sugerem que o enriquecimento do trabalho funciona melhor quando compensa tanto o feedback fraco quanto os sistemas de recompensas fracos.[16]

## Esquemas de trabalho alternativos

Outra abordagem para a motivação é alterar cronogramas com horário flexível, compartilhamento do trabalho ou trabalho remoto. Eles tendem a ser especialmente importantes para uma força de trabalho diversificada de casais com dois salários, famílias monoparentais e funcionários que cuidam de parentes doentes ou idosos.

**HORÁRIO FLEXÍVEL** Susana Ross é a clássica "pessoa matinal". Ela acorda às cinco horas em ponto todos os dias, cheia de energia. No entanto, como ela diz: "Geralmente quero ir para a cama depois do jornal das 19 horas".

Seu horário de trabalho como analista na The Hartford Financial Services Group é flexível. Seu escritório abre às seis da manhã e fecha às sete da noite. Cabe a ela decidir como fazer sua jornada de oito horas dentro desse período de treze horas. Como Susana é uma pessoa matinal e tem também um filho de sete anos que sai da escola às três da tarde todos os dias, ela opta por trabalhar das seis da manhã às três da tarde. "Meu horário de trabalho é perfeito. Estou no trabalho quando estou mentalmente mais alerta e posso estar em casa para cuidar do meu filho depois que ele sai da escola".

O horário de trabalho de Susana é um exemplo de **horário flexível**. Os funcionários devem trabalhar um determinado número de horas por semana, mas são livres para variar dentro de certos limites. Como o Quadro 8.1 demonstra, cada dia possui um núcleo comum, em geral de seis horas, com uma faixa de flexibilidade a ser escolhida. O horário obrigatório pode ser das nove da manhã às três da tarde, sendo que o escritório está aberto das seis da manhã às seis da tarde. Todos os funcionários devem estar no trabalho durante o horário obrigatório, mas podem completar suas oito horas trabalhando as horas complementares antes, depois ou antes e depois. Alguns programas de horário flexível permitem que os empregados acumulem horas extras e as transformem em um dia de folga por mês.

O esquema de horário flexível tornou-se extremamente popular; de acordo com o Departamento de Estatísticas do Trabalho dos Estados Unidos, quase 26% das mulheres que trabalham e têm filhos possuem um esquema de trabalho flexível, comparados aos 14% em 1991.[17] E esse não é um fenômeno que acontece somente nos Estados Unidos. Na Alemanha, por exemplo, 29% das empresas oferecem o horário flexível e tais práticas estão se tornando cada vez mais comuns no Japão também.[18]

Segundo muitos, os benefícios dessa prática incluem o absentismo reduzido, o aumento da produtividade, a redução das despesas com horas extras, a redução da hostilidade em relação à gestão, a redução do congestionamento do trânsito em torno dos locais de trabalho, a eliminação de atrasos, o aumento de autonomia e responsabilidade por parte dos funcionários — e qualquer resultado entre os mencionados aumenta a satisfação no trabalho dos funcionários.[19] Mas quais são os fatos reais a respeito do horário flexível?

A maioria das evidências é favorável. O horário flexível tende a reduzir o absentismo e com frequência melhora a produtividade,[20] provavelmente por várias razões. Os funcionários podem programar suas horas de trabalho e assim alinhá-las com suas necessidades pessoais, reduzindo dessa maneira os atrasos e as faltas, e eles também podem trabalhar durante as horas em que são mais produtivos. O horário flexível também pode ajudar os funcionários a equilibrar a vida profissional e a vida familiar; esse é um critério popular para julgar o quanto a empresa dá valor para a vida familiar de seus funcionários.

A maior desvantagem do horário flexível é que ele não se aplica a todo tipo de trabalho ou a todos os trabalhadores. Ele funciona bem com tarefas de escritório nas quais a interação de um funcionário com pessoas fora do seu departamento é limitada. Não é uma opção viável para recepcionistas, vendedores em lojas de varejo, ou pessoas que prestam serviços e que têm que estar em seus postos de trabalho em horários predeterminados. Parece também que as pessoas que têm um forte desejo de separar o trabalho da vida familiar são menos propensas a aproveitar as oportunidades de optar por um horário flexível.[21] Em geral, os empregadores precisam considerar se essa opção é apropriada, tanto para o trabalho quanto para os funcionários, antes de implementarem os esquemas de horário flexível.

**QUADRO 8.1** ● Exemplo de cronogramas de horários de trabalho flexíveis

| | Cronograma de trabalho 1 |
|---|---|
| Porcentagem de tempo: | 100% = 40 horas por semana |
| Horário obrigatório: | 9h00 – 17h00, de segunda a sexta (1 hora de almoço) |
| Horário de entrada: | Entre 8h00 e 9h00 |
| Horário de saída: | Entre 17h00 e 18h00 |
| | **Cronograma de trabalho 2** |
| Porcentagem de tempo: | 100% = 40 horas por semana |
| Horário de trabalho: | 8h00 – 18h30, segunda a quinta (1/2 hora de almoço) sexta livre |
| Horário de entrada: | 8h00 |
| Horário de saída: | 18h30 |
| | **Cronograma de trabalho 3** |
| Porcentagem de tempo: | 90% = 36 horas por semana |
| Horário de trabalho: | 8h00 – 17h00, segunda a quinta (1/2 hora de almoço) |
| | 8h00 – meio-dia, sexta (sem almoço) |
| Horário de entrada: | 8h30 (segunda a quinta), 8h00 (sexta) |
| Horário de saída: | 17h00 (segunda a quinta), meio-dia (sexta) |
| | **Cronograma de trabalho 4** |
| Porcentagem de tempo: | 80% = 32 horas por semana |
| Horário de trabalho: | 8h00 – 18h00, de segunda a sexta (1/2 hora de almoço) |
| | 8h00 – 11h30, quinta (sem almoço) |
| | sexta livre |
| Horário de entrada: | Entre 8h00 e 9h00 |
| Horário de saída: | Entre 17h00 e 18h00 |

COMPARTILHAMENTO DE TRABALHO   O **compartilhamento de trabalho** permite que duas ou mais pessoas dividam um emprego tradicional de 40 horas por semana. Alguém poderia executar o trabalho das oito da manhã até o meio-dia e outra pessoa da uma às cinco da tarde, ou os dois poderiam trabalhar dias inteiros, mas alternados. Por exemplo, duas engenheiras da Ford, Julie Levine e Julie Rocco, estão em um programa de compartilhamento de trabalho que permite que ambas passem mais tempo com suas famílias enquanto trabalham no importante projeto de mudanças do Explorer. Geralmente, uma das duas trabalha durante as tardes e à noite enquanto a outra trabalha durante as manhãs. Ambas concordam que o esquema funciona bem, porém realizar tal trabalho de relacionamento exige uma grande quantidade de tempo e preparação.[22]

Cerca de 19% das grandes organizações já oferecem o compartilhamento do trabalho.[23] As razões pelas quais ele não é adotado de forma mais ampla são provavelmente a dificuldade de achar pares compatíveis para compartilhar o trabalho e as percepções negativas de indivíduos que não estão completamente comprometidos com seu trabalho.

O compartilhamento do trabalho permite que uma organização utilize os talentos de mais de um indivíduo em determinado trabalho. Um gerente de banco que supervisiona duas pessoas que compartilham um trabalho descreve o esquema como uma oportunidade de ter duas cabeças mas "pagar somente por uma".[24] Esse compartilhamento também oferece a oportunidade de adquirir trabalhadores qualificados — por exemplo, mulheres com filhos pequenos e aposentados — que não estariam disponíveis em regime de tempo integral.[25] Muitas empresas japonesas estão cada vez mais considerando o compartilhamento do trabalho — mas por uma razão bem diferente.[26] Como os executivos têm extrema relutância em dispensar as pessoas, o compartilhamento do trabalho é visto como um meio potencialmente humanitário de evitar demissões por excesso de pessoal.

Do ponto de vista do funcionário, o compartilhamento do trabalho aumenta a flexibilidade e pode aumentar a motivação e a satisfação quando um trabalho de 40 horas por semana não é tão prático. Mas o grande problema é encontrar pares de funcionários compatíveis e que possam coordenar com sucesso as complexidades de um trabalho.[27]

TRABALHO REMOTO   Pode estar perto de ser o trabalho ideal para muitas pessoas. Sem gasto de tempo nas viagens para e do escritório, horas flexíveis, liberdade para usar a roupa que quiser e pouca ou nenhuma interrupção de colegas. Isso é chamado de **trabalho remoto**, e significa trabalhar em casa pelo menos duas vezes por semana por intermédio de um computador conectado à empresa.[28] (Um termo relacionado — o escritório virtual — descreve o trabalho em casa em uma base relativamente permanente.)

O Departamento de Recenseamento dos Estados Unidos estimou que houve um aumento de 25% dos trabalhadores domiciliares autônomos de 1999 a 2005, e um aumento de 20% dos trabalhadores empregados que trabalham exclusivamente em casa.[29] Uma pesquisa recente com mais de 5 mil profissionais de RH constatou que 35% das organizações permitiam que seus funcionários trabalhassem remotamente pelo menos parte do tempo, e 21% permitiam que seus funcionários o fizessem por tempo integral.[30] A AT&T, a IBM, a American Express, a Sun Microsystems são exemplos de organizações bem conhecidas que encorajam o trabalho remoto de forma ativa.[31]

Que tipos de atividades se prestam para o trabalho remoto? Há três categorias: tarefas de rotina que lidam com informações, atividades móveis e trabalhos de conhecimentos profissionais ou de outros tipos de conhecimentos.[32] Escritores, advogados, analistas e funcionários que passam grande parte de seu tempo nos computadores ou no telefone — como os operadores de telemarketing, representantes de serviços ao consumidor, agentes de reservas e especialistas em suportes de produtos — são candidatos naturais. Como trabalhadores remotos, eles podem acessar informações em seus computadores de maneira muito fácil tanto em casa como na empresa.

As vantagens potenciais do trabalho remoto incluem uma possibilidade de mais escolhas na força de trabalho, maior produtividade, menor rotatividade, maior motivação e redução dos custos de espaço de escritório. Existe uma relação positiva entre o trabalho remoto e os índices de desempenho dos supervisores, mas nenhuma relação entre o trabalho remoto e intenções de rotatividade potencialmente menores foi evidenciada até hoje.[33] A principal desvantagem para a gestão é menor supervisão direta dos funcionários. Nos locais de trabalho de hoje, que têm o foco nos trabalhos em equipes, o trabalho remoto pode tornar mais difícil a coordenação das equipes de trabalho e pode reduzir a transferência de conhecimentos na organização.[34] Do ponto de vista do funcionário, o trabalho remoto pode oferecer um aumento considerável de flexibilidade e satisfação no trabalho — mas não sem custos.[35] Para os empregados que possuem alta necessidade social, o trabalho remoto pode aumentar os sentimentos de isolamento e reduzir a satisfação no emprego. E todos os trabalhadores remotos estão vulneráveis ao efeito "longe dos olhos, longe do coração".[36] Os funcionários que não estão em suas mesas, que perdem reuniões e que não compartilham as interações do dia a dia no local de trabalho podem ficar em desvantagem na hora de aumentos salariais e promoções.

## O contexto social e físico do trabalho

Robin e Chris terminaram juntos a faculdade há dois anos formando-se em Educação e tornando-se professores do primeiro ano em escolas em diferentes cidades. Robin logo deparou com uma série de obstáculos: vários funcionários com longo tempo de trabalho na escola foram hostis à sua contratação, havia tensão entre os administradores e os professores e os alunos tinham pouco interesse em aprender. Chris, por outro lado, tinha um colega que estava muito contente em trabalhar com um recém-formado, os alunos estavam muito interessados em aprender e a direção era extremamente incentivadora. Não é nenhuma surpresa que no final do primeiro ano Chris havia se tornado um professor consideravelmente mais eficaz do que Robin.

O modelo de características de trabalho demonstra que a maioria dos funcionários está mais motivada e satisfeita quando suas tarefas de trabalho intrínsecas são envolventes. No entanto, trabalhar em um lugar com as melhores características do mundo nem sempre leva à satisfação se você se sentir isolado de seus colegas de trabalho, e ter bons relacionamentos sociais pode fazer que até mesmo as tarefas mais chatas e onerosas sejam gratificantes. As pesquisas demonstram que os aspectos sociais e o contexto do trabalho são tão importantes quanto as outras características do trabalho.[37] Políticas como o rodízio de trabalho, a capacitação dos trabalhadores e a participação do funcionário têm efeitos positivos na produtividade, pelo menos em parte, porque elas encorajam maior comunicação e um ambiente social positivo.

Algumas características sociais que melhoram o desempenho no trabalho incluem a interdependência, o apoio social e as interações com outras pessoas fora do trabalho. As interações sociais estão fortemente relacionadas com os humores positivos e dão aos funcionários maiores oportunidades para esclarecer seus papéis no trabalho e quão bem eles estão desempenhando. O apoio social dá aos funcionários maiores oportunidades de obter ajuda em seu trabalho. Relações sociais construtivas podem trazer um ciclo de feedback positivo já que os funcionários ajudam uns aos outros em um "círculo virtuoso".

O contexto do trabalho também pode afetar a satisfação do funcionário. Um trabalho em ambiente quente, barulhento e perigoso é menos satisfatório do que o trabalho em um ambiente de temperatura controlada, relativamente calmo e que oferece segurança. Talvez seja por isso que a maioria das pessoas prefira trabalhar em uma cafeteria que em uma fundição. Exigências físicas fazem com que as pessoas se sintam fisicamente desconfortáveis, o que provavelmente é demonstrado pelos baixos níveis de satisfação no trabalho.

Para avaliar por que um funcionário não está fazendo seu trabalho da melhor maneira, observe se o ambiente de trabalho é favorável. O funcionário tem os instrumentos, os equipamentos, os materiais e os suprimentos adequados? Ele tem condições de trabalho favoráveis, colegas que colaboram, apoio mediante regras e procedimentos de trabalho, informações suficientes para tomar decisões relativas ao seu emprego e tempo suficiente para desempenhar um bom trabalho? Se a resposta for não, o desempenho será prejudicado.

## ENVOLVIMENTO DO TRABALHADOR

O **envolvimento do trabalhador** é um processo participativo que usa o esforço do funcionário para aumentar seu comprometimento com o sucesso da organização. A lógica é que se envolvermos os funcionários em decisões que os afetem e aumentarmos sua autonomia e controle de suas vidas de trabalho, eles se tornarão mais motivados, mais comprometidos com a organização, mais produtivos e mais satisfeitos com seu trabalho.[38]

Programas de envolvimento dos trabalhadores diferem entre os países.[39] Um estudo de quatro países, incluindo os Estados Unidos e a Índia, confirmou a importância da modificação das práticas para refletir a cultura.[40] Embora os funcionários americanos prontamente aceitassem os programas de envolvimento de empregados, os gestores na Índia que tentaram capacitar seus funcionários tiveram uma avaliação baixa por estes. Essas reações são consistentes com a cultura de alta distância do poder na Índia, que aceita e espera diferenças de autoridade. Da mesma forma, trabalhadores chineses que eram muito receptivos em relação aos valores tradicionais chineses demonstraram poucos benefícios na participação na tomada de decisão, mas empregados que eram menos tradicionais ficaram mais satisfeitos e apresentaram um nível mais alto de desempenho com a gestão participativa.[41]

### Exemplos de programas de envolvimento do trabalhador

Observemos duas grandes formas de envolvimento do trabalhador — a gestão participativa e a participação representativa — mais detalhadamente.

GESTÃO PARTICIPATIVA A tomada de decisão conjunta é comum em todos os programas de **gestão participativa**. Com ela os subordinados compartilham um grau significativo de poder de tomada de decisão com seus superiores imediatos. A gestão participativa às vezes tem sido promovida como uma panaceia que causa pouca motivação e baixa produtividade. Mas para que ela funcione, os funcionários devem ser envolvidos em questões relevantes para seus interesses para que fiquem motivados, eles devem ter a competência e o conhecimento para fazer contribuições de valor e é necessário que haja confiança entre todas as partes.[42]

Estudos sobre a relação entre a participação e o desempenho demonstraram resultados inconclusivos.[43] As organizações que instituíram a gestão participativa de fato obtêm aumento nos preços de suas ações, taxas de rotatividade mais baixas e melhores índices de avaliação da produtividade do trabalho, embora geralmente esses efeitos não sejam grandes.[44] Uma revisão cuidadosa da pesquisa no nível individual demonstra que a participação costuma ter apenas uma modesta influência na produtividade, na motivação e na satisfação no trabalho do funcionário. Claro, isso não significa que a gestão participativa não pode ser benéfica em condições certas. No entanto, não é um meio seguro para melhorar o desempenho.

PARTICIPAÇÃO REPRESENTATIVA  Quase todos os países da Europa Ocidental obrigam as empresas a praticar a **participação representativa**, considerada "a forma mais empregada de envolvimento do trabalhador ao redor do mundo".[45] Seu objetivo é redistribuir o poder dentro da organização, colocando o trabalho em pé de igualdade com os interesses da gestão e dos acionistas, permitindo que os trabalhadores sejam representados por um pequeno grupo de funcionários que de fato participem.

As duas formas mais comuns são os conselhos dos trabalhadores e o conselho dos representantes.[46] Os conselhos dos trabalhadores consistem de funcionários nomeados ou eleitos que devem ser consultados quando a gestão toma decisões que afetem os empregados. O conselho dos representantes é formado por funcionários que participam do conselho de diretores da empresa e que representam os interesses dos trabalhadores.

A influência da participação representativa sobre os trabalhadores parece ser mínima.[47] Os conselhos dos trabalhadores são dominados pela gestão e têm pouco impacto sobre os funcionários ou sobre a organização. Embora a participação possa aumentar a motivação e a satisfação dos representantes dos funcionários, há pouca evidência de que isso também afete os trabalhadores que eles representam. No geral, "o maior valor da participação representativa é simbólico. Se alguém estiver interessado na mudança das atitudes dos funcionários ou na melhora do desempenho organizacional, a representação participativa não seria uma boa escolha".[48]

## Vinculando programas de envolvimento do trabalhador a teorias de motivação

O envolvimento do trabalhador utiliza algumas das teorias motivacionais que discutimos no Capítulo 7. A Teoria Y é consistente com a gestão participativa e a Teoria X é consistente com o estilo autocrático mais tradicional na gestão de pessoas. Em termos da teoria dos dois fatores, os programas de envolvimento do trabalhador poderiam fornecer uma motivação intrínseca, aumentando as oportunidades de crescimento, a responsabilidade e o próprio envolvimento no trabalho. A oportunidade de tomar e pôr em prática decisões — e em seguida observar como funcionam — pode ajudar a satisfazer as necessidades que o funcionário tem de responsabilidade, realizações, reconhecimento, crescimento e fortalecimento da autoestima. Além disso, amplos programas de envolvimento do trabalhador claramente têm o potencial de aumentar a motivação intrínseca nas tarefas de trabalho.

## USO DE RECOMPENSAS PARA MOTIVAR O TRABALHADOR

Como vimos no Capítulo 3, a remuneração não é um fator primordial para que haja satisfação no trabalho. No entanto, ela motiva as pessoas, e as empresas muitas vezes subestimam sua importância na retenção dos grandes talentos. Um estudo de 2006 constatou que, enquanto 45% dos empregadores viam a remuneração como um fator importante na perda de grandes talentos, 715 dos funcionários com ótimo desempenho a consideravam uma razão importante.[49]

Considerando que a remuneração é tão importante, será que a organização vai liderar, equiparar ou ficar para trás no mercado em relação a essa questão? Como as contribuições individuais serão reconhecidas? Nesta seção, consideramos (1) pelo que remunerar os funcionários (decisão pelo estabelecimento de uma estrutura de remuneração), (2) como remunerar cada funcionário (decisão mediante planos de remuneração variável e planos de remuneração baseada em habilidades), (3) quais benefícios e escolhas oferecer (tais como benefícios flexíveis) e (4) como construir programas de reconhecimento do funcionário.

### Remunerar por quê: estabelecimento de uma estrutura de remuneração

Há muitas maneiras de remunerar os funcionários. O processo de inicialmente estabelecer níveis de remuneração implica equivalência interna — o valor do trabalho para a organização (geralmente estabelecido por um processo técnico chamado avaliação do trabalho) — e equivalência externa — a competitividade externa da remuneração paga por uma empresa em relação à remuneração paga por outros da mesma área de atividade (geralmente determinada por pesquisas salariais). Obviamente, o melhor sistema de remuneração paga o quanto o trabalho vale (equivalência interna) ao mesmo tempo em que oferece uma remuneração que seja competitiva no mercado de trabalho.

Algumas empresas preferem remunerar acima do mercado, enquanto outras remuneram abaixo porque não têm condições de pagar os valores de mercado ou porque estão dispostas a correr os riscos de pagar abaixo do mercado (ou seja, uma maior rotatividade já que as pessoas são atraídas por empregos que pagam melhor). O Walmart, por exemplo, paga menos

> Ao contrário da pesquisa sobre o modelo de características de trabalho e o redesenho do trabalho, que é mais favorável, os resultados da pesquisa sobre programas de envolvimento são decididamente inconclusivos. Não está claro que os programas de envolvimento do funcionário tenham cumprido sua promessa.

> Planos de remuneração variáveis, quando projetados e administrados de maneira adequada, realmente parecem aumentar a motivação do funcionário.

do que seus concorrentes e muitas vezes terceiriza empregos no exterior. Os trabalhadores chineses em Shenzhen ganham US$120 por mês (ou seja, US$1.440 por ano) para fazer aparelhos de som para o Walmart. Das 6 mil fábricas do mundo inteiro que são fornecedoras para o Walmart, 805 estão localizadas na China. Na verdade, um oitavo de todas as exportações chinesas para os Estados Unidos vai para o Walmart.[50]

Pague mais e aí você pode ter funcionários com melhor qualificação e, que estejam altamente motivados e que permanecerão na empresa por mais tempo. Um estudo que abrangeu 126 grandes organizações constatou que os empregados que acreditavam estar recebendo uma remuneração de nível competitivo tinham mais motivação e eram mais produtivos, e os clientes mostravam-se mais satisfeitos também.[51] Mas a remuneração é muitas vezes o mais alto custo de operação de uma organização, o que significa que pagar muito pode encarecer os produtos e serviços dessa organização. É uma decisão estratégica que a organização deve tomar, com claras vantagens e desvantagens.

### Como remunerar: recompensando os trabalhadores individualmente por meio de programas de remuneração variável

"Por que eu deveria me esforçar mais neste trabalho?", perguntou Anne Garcia, uma professoa da 4ª série de Denver, Colorado. "Eu posso ser excelente ou posso fazer o mínimo possível. Não faz diferença. Meu salário é o mesmo. Por que fazer mais do que o mínimo para continuar nesse emprego?" Comentários como o de Anne têm sido feitos por professores de 1º e 2º graus há décadas porque os aumentos salariais estão ligados ao tempo de serviço. No entanto, de uns tempos para cá, vários estados têm melhorado seus sistemas de remuneração para motivar as pessoas como Anne, vinculando os níveis de remuneração aos resultados dentro da classe, e outros estados estão considerando adotar tais programas também.[52]

Várias organizações estão deixando de efetuar remunerações apenas de acordo com as credenciais ou com o tempo de serviço. Planos de remuneração com base na produção, remuneração com base no mérito, remuneração com base nas habilidades, participação nos lucros e planos de opções de compra de ações pelos funcionários são formas de um programa de remuneração variável, que baseia uma parte da remuneração do funcionário em alguma medida de desempenho, seja ela pessoal ou organizacional. Os ganhos, portanto, flutuam para cima e para baixo.[53]

A flutuação na remuneração variável é o que torna esses programas atrativos para os gestores. Ela faz com que parte dos custos fixos de trabalho em uma organização seja transformada em custos variáveis, reduzindo assim as despesas quando o desempenho diminui. Quando a economia americana entrou em recessão em 2001 e 2008, empresas com remuneração variável foram capazes de reduzir seus custos de trabalho muito mais rapidamente do que as outras.[54] Quando a remuneração é vinculada ao desempenho, os ganhos dos funcionários também evidenciam sua contribuição para a empresa em vez de ser somente o seu direito. Com o tempo, a remuneração de pessoas com baixo desempenho fica estagnada, enquanto pessoas com alto desempenho desfrutam dos aumentos salariais compatíveis com suas contribuições.

Examinemos os diferentes tipos de programas de remuneração variável mais detalhadamente.

1. *Remuneração com base na produção.* O plano de remuneração com base na produção tem sido muito popular como forma de compensar os trabalhadores de produção com um valor fixo para cada unidade de produção completada. Um genuíno plano de remuneração com base na produção não oferece salário-base e paga ao funcionário apenas o correspondente ao que foi produzido por ele. Vendedores de amendoim e refrigerantes em estádios, em geral, são pagos dessa forma. Se eles venderem 40 sacos de amendoim a R$ 2,00 cada, eles ganham R$ 80,00. Quanto mais eles trabalharem e mais amendoim venderem, mais ganharão. A limitação desses planos é que eles não são viáveis em muitos trabalhos. Cirurgiões recebem salários significativos independentemente dos resultados de seus pacientes. Seria melhor pagá-los apenas se os seus pacientes se recuperassem totalmente? Parece improvável que a maioria deles aceitasse tal proposta e isso poderia trazer consequências imprevistas também (tais como cirurgiões evitando pacientes terminais ou em condições complicadas). Assim, embora os incentivos sejam motivadores e relevantes para alguns trabalhos, não é realista pensarmos que eles constituam a única base para a remuneração de alguns trabalhadores.

2. *Remuneração com base no mérito.* Plano de remuneração com base no mérito é um plano de pagamento com base na análise de avaliação de desempenho. Sua vantagem principal é que as pessoas que apresentam alto desempenho podem obter maiores aumentos salariais. Se desenhados corretamente, os planos de remuneração com base no mérito permitem que os indivíduos percebam uma forte relação entre seu desempenho e suas recompensas.[55] Apesar de seu apelo intuitivo, os planos com base no mérito têm várias limitações. Uma delas é que eles costumam ser baseados na avaliação de desempenho anual e, portanto, só são válidos como uma forma de avaliação de desempenho. Outra limitação é que a

quantia para a distribuição dos aumentos salariais flutua por causa das condições econômicas ou de outras que tenham pouco a ver com o desempenho individual. Certo ano, um colega de uma grande universidade que havia se saído muito bem tanto lecionando quanto fazendo pesquisas recebeu um aumento de US$ 300. Por quê? Porque a quantia para a distribuição de aumentos salariais era muito pequena. No entanto, isso dificilmente é uma remuneração com base no desempenho. Por fim, os sindicatos normalmente não concordam com os planos com base no mérito. Um número relativamente pequeno de professores está inserido em planos de remuneração com base no mérito por essa razão. Em vez disso, a remuneração com base no tempo de serviço, pela qual todos os funcionários recebem os mesmos aumentos, é a que predomina.

3. **Bônus.** Um bônus anual é um componente significativo na remuneração total em muitos trabalhos. Os efeitos do incentivo do bônus com base no desempenho devem ser maiores do que o bônus com base no mérito, porque, em vez de pagar pelo desempenho de anos atrás (que foi incluído no salário-base), o bônus recompensa o desempenho recente. Em tempos difíceis, as empresas podem cortar os bônus para reduzir custos de compensação. A siderúrgica Nucor, por exemplo, garante aos funcionários somente cerca de US$ 10 por hora, mas os bônus podem ser substanciais. Em 2006, o trabalhador médio da Nucor ganhava cerca de US$ 91 mil. Com a recessão, os bônus foram cortados dramaticamente: em 2009, a remuneração total caiu 40%.[56] Esse exemplo também destaca a desvantagem do bônus: a remuneração dos funcionários é mais vulnerável a cortes. Isso é problemático quando os bônus são uma grande porcentagem da remuneração total ou quando os funcionários veem o bônus como parte integrante de seu salário.

4. ***Remuneração com base nas habilidades.*** A remuneração com base nas habilidades (também chamada de remuneração com base nas competências ou no conhecimento) é uma alternativa para a remuneração com base no trabalho que centraliza os níveis de remuneração no número de habilidades que o funcionário tem ou no número de tarefas que ele pode desempenhar.[57] Para os empregadores, o atrativo da remuneração com base nas habilidades é o aumento da flexibilidade da força de trabalho: a contratação é mais fácil quando as habilidades do funcionário são intercambiáveis. A remuneração com base nas habilidades facilita a comunicação na empresa porque as pessoas compreendem melhor as tarefas de cada um. Um estudo constatou que em 214 organizações diferentes

a remuneração com base nas habilidades estava relacionada com a flexibilidade, com as atitudes positivas, com o comportamento de pertencimento e com a produtividade da força de trabalho.[58] Outro estudo constatou que por cinco anos o plano de remuneração com base nas habilidades estava associado com níveis mais elevados de mudanças individuais de habilidade e manutenção de habilidades.[59] Esses resultados sugerem que os planos de remuneração com base nas habilidades são eficazes para atingir seus objetivos declarados. E as desvantagens? As pessoas podem "ir além do nível mais alto estabelecido" — ou seja, elas podem adquirir todas as habilidades estabelecidas pelo programa. Isso pode frustrar os funcionários depois de terem sido desafiados por um ambiente de aprendizagem, crescimento e aumentos salariais contínuos. Por fim, os planos com base nas habilidades não abordam o nível do desempenho, mas somente o fato de alguém poder ou não executar tal habilidade. Tais fraquezas talvez tenham sido refletidas em um estudo de 97 empresas americanas que utilizavam a remuneração com base nas habilidades. Esse estudo constatou que, sete anos depois, 39% dessas empresas havia mudado para um plano mais tradicional de remuneração com base no mercado.[60]

5. *Planos de participação nos lucros.* Um plano de participação nos lucros distribui compensação com base em alguma fórmula estabelecida, concebida em torno da rentabilidade da empresa. A compensação pode ser desembolsos diretos em dinheiro ou particularmente, para gestores em altos níveis, alocações de opções de compra de ações. Quando você lê que executivos como Larry Ellison, da Oracle, recebem como remuneração US$ 75,33 milhões, quase tudo (88,8% no caso do Larry Ellison) vem da venda das opções de ações anteriormente concedidas com base no desempenho do lucro da empresa. Nem todos os planos de participação nos lucros possuem escalas tão grandiosas. Jacob Luke, de 13 anos, começou seu próprio negócio de cortar grama depois de ter ganhado um cortador de grama de seu tio. Jacob emprega seu irmão, Isaiah, e um amigo, Marcel Monroe, e paga a cada um deles 25% do lucro que obtém em cada gramado. Planos de participação nos lucros em nível organizacional parecem ter impactos positivos nas atitudes do funcionário; os funcionários relatam uma maior sensação psicológica de propriedade.[61]

6. *Participação nos resultados.* A participação nos resultados[62] é um plano de incentivo de grupo com base em uma fórmula que usa as melhorias na produtividade do grupo de um período para o outro

para determinar a quantidade total de dinheiro alocada. Sua popularidade parece estritamente focada entre as grandes empresas de manufatura, embora algumas organizações de saúde a tenham experimentado como um mecanismo de redução de custos. A participação nos resultados difere da participação nos lucros ao vincular as recompensas aos ganhos na produtividade em vez de nos lucros, assim os funcionários podem receber prêmios de incentivo mesmo quando a empresa não é rentável. Como os benefícios revertem para os grupos de trabalhadores, os que têm alto desempenho pressionam os com desempenho mais baixo para que trabalhem mais e melhor, dessa forma melhoram o desempenho para o grupo como um todo.[63]

7. ***Planos de opções de compra de ações.*** Um plano de opções de compra de ações pelos funcionários (ESOP) é um plano de benefícios criado pela empresa pelo qual os empregados adquirem ações, muitas vezes a preços abaixo do mercado, como parte de seus benefícios. Pesquisas sobre ESOPs indicam que esses planos aumentam a satisfação e a inovação do funcionário.[64] Mas seu impacto no desempenho não é tão claro. Os ESOPs têm o potencial de aumentar a satisfação no trabalho e a motivação no trabalho, mas os funcionários precisam ter a sensação psicológica de propriedade.[65] Ou seja, além de sua participação financeira na empresa, eles precisam ser regularmente informados sobre a posição dos negócios e ter a oportunidade de exercer influência sobre eles para que haja uma melhora significativa no desempenho da organização.[66] Planos de ESOP para funcionários em altos cargos na gestão podem reduzir o comportamento antiético. Quando não possuem planos ESOP, os CEOs estão mais propensos a manipular relatórios de ganhos da empresa se sua boa imagem não for favorecida no curto prazo. No entanto, quando os CEOs possuem uma grande quantidade de ações, eles relatam os ganhos com precisão, em parte porque se veem como donos da empresa. Além disso, eles não querem maiores consequências negativas como a perda do cargo se descobertos.[67]

**AVALIAÇÃO DE REMUNERAÇÃO VARIÁVEL** Os programas de remuneração variável aumentam a motivação e a produtividade? Os estudos geralmente comprovam a ideia de que as organizações com planos de participação nos lucros têm níveis mais elevados de lucratividade do que aqueles que não têm.[68] Os planos de participação nos lucros também estão vinculados a níveis mais elevados de compromisso afetivo do funcionário, especialmente nas pequenas organizações.[69] Da mesma forma, descobriu-se que a participação nos resultados melhora a produtividade na maioria dos casos e que muitas vezes tem um impacto positivo nas atitudes do funcionário.[70] O economista Ed Lazear parece estar em boa parte correto quando diz: "Os funcionários reagem aos preços exatamente como a teoria econômica prevê". Declarações de sociólogos e de outros profissionais de que incentivos monetários podem na verdade reduzir a produção são inequivocamente refutadas pelos dados. Mas isso não significa que todos respondem positivamente aos planos de remuneração variável.[71] Um estudo constatou que enquanto planos de remuneração com base na produção para melhoria do desempenho estimulavam os níveis de produtividade, esse efeito não era observado entre os funcionários com aversão a riscos.

Você provavelmente pensaria que sistemas de remuneração individual, tais como a remuneração com base no mérito ou a remuneração com base no desempenho, funcionam melhor em culturas individualistas como nos Estados Unidos ou que as recompensas baseadas no grupo como a participação nos resultados funcionam melhor nas culturas coletivistas. Infelizmente, não há muita pesquisa sobre o assunto. Um estudo recente sugere que as crenças do funcionário a respeito da imparcialidade de um plano de incentivo de grupo eram mais preditivas em relação à satisfação com a remuneração nos Estados Unidos do que em Hong Kong. Isso poderia significar que os trabalhadores americanos são mais críticos na avaliação de um plano de remuneração de grupo e, portanto, é muito importante que esse plano seja comunicado de maneira clara e administrado corretamente.[72]

## Benefícios flexíveis: desenvolvendo um pacote de benefícios

De acordo com a tese da teoria da expectativa que propõe que as recompensas organizacionais devam estar vinculadas às metas de cada funcionário, os **benefícios flexíveis** individualizam as recompensas permitindo a cada funcionário escolher o pacote de compensação que melhor satisfaça sua situação e suas necessidades naquele momento. Esses planos substituem os programas de "plano de benefícios que serve para todos" desenhados para um homem com esposa e filhos em casa que dominaram as organizações por mais de 50 anos.[73] Hoje, menos de 10% dos funcionários se encaixam nessa imagem: cerca de 25% são solteiros e um terço faz parte de famílias com duas rendas e sem filhos. Os benefícios flexíveis podem acomodar as diferenças entre as necessidades do funcionário baseadas na idade, estado civil, a situação dos benefícios do parceiro e número e idade dos dependentes.

Hoje, quase todas as grandes corporações dos Estados Unidos oferecem benefícios flexíveis. E isso está se tornando uma norma em outros países e em pequenas empresas também. Uma pesquisa recente entre 211 organizações canadenses constatou que 60% delas oferecem benefícios flexíveis, bem mais do que os 41% de 2005.[74] Uma pesquisa semelhante em empresas da Grã-Bretanha constatou que quase todas as grandes organizações ofereciam programas de benefícios flexíveis, com opções que iam desde seguro de assistência médica suplementar até negociação de férias (com os colegas de trabalho), descontos em viagens de ônibus e creche para as crianças.[75]

## Recompensas intrínsecas: programas de reconhecimento do funcionário

Laura Schendell ganha apenas US$ 8,50 por hora trabalhando em uma lanchonete em Pensacola, Florida, e seu trabalho não é muito desafiador nem interessante. No entanto, ela fala com entusiasmo sobre seu trabalho, seu chefe e sobre a empresa que a emprega. "O que me agrada é o fato de que o Guy (seu supervisor) aprecia o esforço que faço. Ele frequentemente me elogia na frente das outras pessoas do meu turno e eu já fui escolhida como a Funcionária do Mês duas vezes nos últimos seis meses. Você viu minha foto naquele quadro na parede?"

As organizações têm reconhecido cada vez mais o que a Laura sabe: as importantes recompensas de trabalho podem ser tanto intrínsecas quanto extrínsecas. As recompensas são intrínsecas na forma de programas de reconhecimento do funcionário e extrínsecas na forma de sistemas de compensação. Nesta seção, vamos lidar com as formas pelas quais os gestores podem recompensar e motivar o desempenho do funcionário.

Programas de reconhecimento do funcionário variam desde um agradecimento espontâneo e em particular até os programas formais amplamente divulgados nos quais determinados tipos de comportamento são encorajados e procedimentos para a obtenção de reconhecimento são claramente identificáveis. Algumas pesquisas sugerem que os incentivos financeiros e os benefícios possam ser mais motivadores no curto prazo, mas no longo prazo são os incentivos não financeiros que motivam mais.[76]

Há alguns anos, 1.500 funcionários foram entrevistados em uma variedade de ambientes de trabalho para que se descobrisse o que eles consideravam o motivador mais poderoso em seu local de trabalho. A resposta? Reconhecimento, reconhecimento e mais reconhecimento.

Uma vantagem óbvia dos programas de reconhecimento é que eles são baratos, já que elogios não custam nada![77] Como empresas e as organizações governamentais possuem orçamentos apertados, os incentivos não financeiros se tornam mais atrativos. A Clínica Everett no estado de Washington usa uma combinação de iniciativas locais e centralizadas para encorajar os gestores a reconhecer o trabalho dos seus funcionários.[78] Funcionários e gestores distribuem cartões "Gramas Heroicas" e "Pego em Flagrante" para os colegas por suas realizações excepcionais no trabalho. Parte do incentivo é simplesmente o recebimento do reconhecimento, mas também há distribuição de prêmios com base no número de cartões que uma pessoa recebe. Os gestores são treinados para usar os programas e recompensar o bom desempenho de maneira eficaz. Corporações multinacionais como a Symantec Corporation também aumentaram o uso de programas de reconhecimento. Programas centralizados que abrangem os vários escritórios em diferentes países podem garantir que todos os funcionários, independentemente de onde estejam trabalhando, possam ser reconhecidos por sua contribuição para o ambiente de trabalho.[79] Outro estudo constatou que os programas de reconhecimento são comuns tanto nas empresas canadenses quanto nas australianas.[80]

Apesar do aumento da popularidade dos programas de reconhecimento do funcionário, os críticos argumentam que eles são altamente suscetíveis à manipulação política pelos gestores. Quando aplicados a trabalhos para os quais os fatores de desempenho sejam relativamente objetivos, tais como vendas, os programas de reconhecimento têm grande probabilidade de serem considerados justos pelos funcionários. No entanto, na maioria dos postos de trabalho, os critérios para o bom desempenho não são autoevidentes, o que permite aos gestores manipular o sistema e reconhecerem os seus favoritos. O abuso pode minar o valor dos programas de reconhecimento e desmoralizar os funcionários.

## RESUMO E IMPLICAÇÕES PARA OS GESTORES

Embora sempre seja perigoso sintetizar um grande número de ideias complexas, as informações a seguir resumem o que sabemos sobre a motivação dos funcionários em organizações.

- ▶ *Reconheça as diferenças individuais*. Os gestores devem ser sensíveis às diferenças individuais. Por exemplo, trabalhadores em culturas asiáticas preferem não ser apontados como alguém especial, pois isso os faz se sentirem desconfortáveis. Leve o tempo que precisar para entender o que é importante para cada funcionário. Isso permite que você individualize as metas, o nível de envolvimento e as recompensas para alinhá-las com as necessidades individuais. Projete funções que se alinhem com as necessidades individuais e maximize seu potencial de motivação.
- ▶ *Use metas e feedback*. Os funcionários devem ter metas sólidas e específicas e devem receber feedback sobre quão bem estão se saindo em direção a essas metas.

- ▶ *Permita que os funcionários participem de decisões que os afetem.* Os funcionários podem contribuir para o estabelecimento das metas de trabalho, escolhendo seus próprios pacotes de benefícios e solucionando problemas de produtividade e de qualidade. A participação pode aumentar a produtividade, o comprometimento com as metas de trabalho, a motivação e a satisfação no trabalho do funcionário.
- ▶ *Vincule recompensas ao desempenho.* As recompensas devem depender do desempenho e os funcionários devem perceber o vínculo entre os dois. Independentemente de quão forte seja a relação, se os indivíduos a considerarem fraca, os resultados serão baixo desempenho, redução da satisfação no trabalho e aumento da rotatividade e do absentismo.
- ▶ *A equidade deve constar no sistema.* Os funcionários devem perceber que a experiência, as habilidades, as capacidades e qualquer outra qualidade óbvia explicam as diferenças de desempenho, portanto de remuneração, de atribuições de trabalho e de outras recompensas óbvias.

# Estudo de caso — Parte 2

### E agora, José Frey?
*Elaborado por Victor de la Paz Richarte-Martinez*

Uma consultoria de desenvolvimento organizacional conta com mais de cem empregados diretos e outras dezenas de contratados por projeto. As duas unidades em São Paulo e outra no Rio de Janeiro são decoradas visando a um ambiente de trabalho agradável, com atenção à ergonomia dos móveis e iluminação adequada, espelhando atenção da organização às necessidades físicas dos profissionais e à qualidade de vida no trabalho.

O corpo profissional é composto por duas diretorias (operações e relacionamento com o cliente) e quinze gerentes de negócios. Com a saída de alguns gerentes por aposentadoria ou por nova colocação, aconteceram substituições temporárias desses cargos por supervisores técnicos, que estão logo abaixo na hierarquia dessa organização.

Um desses assessores é José Frey, de 50 anos de idade, que trabalha há mais de dez anos na empresa desenvolvendo vários projetos de forma muito competente. Entre várias iniciativas, uma de suas grandes realizações foi a criação de uma unidade de negócio que se tornou referência de lucratividade na organização. Esse histórico tem levado José Frey a ser reconhecido por seus pares e subordinados como um gestor de projetos bastante qualificado. Porém ele acredita que mereça uma nova posição no corpo gerencial da organização.

Durante sua trajetória nessa empresa, José Frey tem mostrado traços comportamentais que favorecem o trabalho em equipe, como proatividade, busca por resultados, gestão de conflitos, tratamento justo, foco e objetividade. Às vezes, nota-se que ele delega menos do que deveria por não confiar na competência das pessoas de sua equipe, preferindo fazer em vez de esperar ser feito.

Em vários momentos, apesar de seus esforços e boa produtividade, se vê mais irritado, desanimado e com oscilações de humor, pois há mais de dois anos não são abertas vagas para gerência, e ele está começando a ficar insatisfeito com suas atividades. Apesar de ainda manter esperanças, esses momentos de desânimo levam-no a refletir se deve continuar na organização e, por vezes, resultam em conflitos com outros funcionários.

Sobre o processo seletivo para gerente, José Frey está tranquilo com sua capacidade intelectual e conhecimentos técnicos e acredita que corresponderá com eficiência à posição, pois se vê, e é identificado por outros colegas de trabalho, como um profissional muito criativo e excelente negociador. Contudo, ele acredita que sua idade possa ser vista como um empecilho, pois ele registrou que os últimos gerentes admitidos eram mais jovens. Por isso, acredita que há discriminação, apesar de isso não estar explícito nas políticas da organização e de a empresa propagar seu programa de diversidade, que oferece oportunidades a mulheres e facilita o acesso de pessoas com deficiência, sendo uma empresa referência no tema da inclusão.

José Frey também acha que deveria ser mais bem recompensado, tanto financeiramente quanto no reconhecimento formal, por meio de um novo cargo e novos desafios. Pela rádio corredor, aferiu-se uma diferença muito grande na remuneração no corpo profissional: os gerentes ganham 253% a mais que os supervisores. Essa distância salarial tem desmotivado José Frey e outros companheiros de trabalho, levando-os a refletir sobre os procedimentos éticos da empresa.

Por fim, José Frey tem percebido que não está mais tão satisfeito com seu trabalho, pois acredita que poderia desenvolver outras habilidades, e isso parece repercutir em seu comprometimento com a organização. Portanto, ele se vê em uma encruzilhada: se desanimar, pode dificultar uma indicação para o cargo de gerente quando for anunciado o processo seletivo; contudo, não se vê mais tão engajado e satisfeito com seu trabalho a longo prazo.

## Perguntas sobre o caso

1. Você acha que a dissonância cognitiva apareceu no caso relatado? Como isso poderia interferir na subjetividade e produtividade de José Frey?

2. Como gestor de pessoas frente a essa política organizacional, o que você faria para promover a motivação nas pessoas de sua equipe?

3. Qual sua opinião sobre o preconceito e a discriminação em ambientes de trabalho? Eles existem nesse espaço social? O que você faria como gestor de pessoas caso soubesse de um episódio dessa natureza em sua equipe?

4. Que impactos pessoais, na equipe e na organização, traz este caso?

5. Você entende que pode haver erro de percepção por parte de José Frey? Justifique e comente a repercussão nas dimensões pessoais e organizacionais do caso.

6. Quais teorias motivacionais poderiam explicar o comportamento de José Frey?

7. Você acha que a personalidade e os valores de José Frey contribuem para o desenvolvimento de sua carreira? Aponte teorias sobre personalidade e evidencie aspectos que favoreçam e dificultem José Frey a alcançar seus objetivos profissionais.

8. Como seria, neste caso, o suporte organizacional para promover a percepção de justiça?

# Parte 3
## Grupos na organização

# 9 Fundamentos do comportamento de grupo

Depois de estudar este capítulo, você será capaz de:

▶ definir grupo e distinguir os diferentes tipos de grupos;

▶ identificar as cinco fases do desenvolvimento de grupos;

▶ mostrar como os requisitos de papéis mudam em diferentes situações;

▶ demonstrar como as normas e o status exercem influência no comportamento de um indivíduo;

▶ comparar os pontos fortes e os pontos fracos da tomada de decisão em grupo.

---

Os grupos podem ser tanto formais quanto informais; independentemente do tipo de grupo, as normas e as identidades têm efeitos poderosos sobre o comportamento dos indivíduos.

## DEFINIÇÃO E CLASSIFICAÇÃO DE GRUPOS

Definimos um **grupo** como dois ou mais indivíduos, interagindo e interdependentes, que se uniram para alcançar objetivos específicos. Os grupos podem ser tanto formais quanto informais.

Consideramos um **grupo formal** aquele definido pela estrutura organizacional, com tarefas estabelecidas por atribuições de trabalho. Em grupos formais, os comportamentos que os membros das equipes devem apresentar são os estipulados e direcionados pelas metas organizacionais. Os seis membros de uma tripulação aérea são um grupo formal, por exemplo. Por outro lado, um **grupo informal** não é estruturado formalmente, nem determinado organizacionalmente. Os grupos informais são formações naturais no ambiente de trabalho que aparecem em resposta à necessidade de contato social. Três funcionários de diferentes departamentos que almoçam juntos ou se encontram com frequência para um café são um grupo informal. Esses tipos de interações entre os indivíduos, embora informais, afetam profundamente seu comportamento e desempenho.

É possível ir mais longe e subclassificar os grupos como de comando, de tarefa, de interesses ou de amizade.[1] Grupos de comando e de tarefa são ditados pela organização formal, enquanto os de interesses ou de amizade são alianças informais.

Um **grupo de comando** é determinado pelo organograma da organização. Ele é composto de indivíduos que se reportam diretamente a um determinado gestor. Uma diretora de uma escola primária e seus 18 professores formam um grupo de comando, assim como o grupo de um diretor de auditoria e seus cinco inspetores.

Um **grupo de tarefas**, também determinado pelo organograma, representa indivíduos que trabalham juntos para completar uma tarefa de trabalho. No entanto, os limites de um grupo de tarefas não são estabelecidos pelo superior hierárquico imediato; o grupo pode conter pessoas com relações de comando. Se um estudante universitário é acusado de um crime no campus, várias pessoas terão que lidar com o problema ao mesmo tempo. Deverá haver uma integração entre o dirertor de assuntos acadêmicos, o diretor do corpo docente, o secretário, o diretor de segurança e o conselheiro dos alunos. Tal formação constitui um grupo de tarefas. Todos os grupos de comando também são grupos de tarefas. Mas como grupos de tarefas podem incluir pessoas em qualquer posição dentro da organização, nem sempre eles são grupos de comando.

Se as pessoas estão juntas ou não em gupos de comando ou de tarefa, elas podem se agrupar para obter uma meta específica com a qual todos se preocupam. Isso cria um **grupo de interesse**. Os funcionários que se unem para ter seus horários de férias alterados, para apoiar um colega que tenha sido demitido ou que buscam melhores condições de trabalho formam um grupo unido para promover seus interesses comuns.

Os grupos muitas vezes se formam porque os membros individuais têm uma ou mais características em comum. Nós chamamos essas formações de **grupos de amizade**. As alianças sociais que frequentemente se estendem para fora da situação de trabalho podem ter como base algo comum, como a idade ou a origem étnica, a torcida por um time de futebol, o interesse pela mesma banda de rock alternativo, visões políticas semelhantes, para citar apenas algumas dessas características.

Não existe uma razão única para que os indivíduos participem de grupos. Como a maioria das pessoas pertence a vários grupos, é óbvio que os diferentes grupos oferecem diferentes benefícios para os seus membros. O Quadro 9.1 resume as razões mais comuns que as pessoas têm para se unirem em grupos.

**QUADRO 9.1** ● Por que as pessoas participam de grupos?

**SEGURANÇA** Ao participar de um grupo, as pessoas podem reduzir a insegurança de "estarem sozinhas". As pessoas se sentem mais fortes, têm menos autodúvidas e são mais resistentes a ameaças quando fazem parte de um grupo.

**STATUS** A inclusão em um grupo que é considerado importante pelos outros proporciona reconhecimento e status para os seus membros.

**AUTOESTIMA** Os grupos podem proporcionar às pessoas sentimentos de valor pessoal. Ou seja, além de transmitir status para aqueles que estão fora do grupo, a adesão também aumenta a sensação de valor para os membros do grupo.

(*continua*)

(*continuação*)

**AFILIAÇÃO**  Os grupos podem satisfazer necessidades sociais. As pessoas gostam da interação constante que vem com a adesão a um grupo. Para muitas pessoas, essas interações no trabalho são as principais fontes de satisfação de suas necessidades de afiliação.

**PODER**  O que não pode ser alcançado individualmente muitas vezes torna-se possível por meio da ação do grupo. Há poder nos números.

**REALIZAÇÃO DE METAS**  Há momentos em que é preciso mais do que uma pessoa para realizar uma tarefa específica — há necessidade de reunir talentos, conhecimento ou poder para que o trabalho seja concluído. Em tais casos, a gestão dependerá do uso de um grupo formal.

## FASES DO DESENVOLVIMENTO DO GRUPO

Os grupos passam geralmente por uma sequência previsível em sua evolução. Embora nem todos sigam esse modelo de cinco fases,[2] ele fornece uma estrutura útil para a compreensão do desenvolvimento do grupo. Nesta seção, descreveremos o modelo das cinco fases e uma alternativa para os grupos temporários que possuem prazos para cumprir.

### O modelo das cinco fases

Como mostra a Figura 9.1, o **modelo das cinco fases do desenvolvimento dos grupos** caracteriza o processo de cinco fases pelas quais os grupos passam: formação, confronto, normatização, desempenho e dissolução.[3]

A primeira fase, a **fase de formação**, é caracterizada por uma grande dose de incerteza sobre o propósito do grupo, sua estrutura e sua liderança. Os membros "testam o clima" para determinar que tipos de comportamentos são aceitáveis. Essa fase está completa quando os membros começam a se ver como parte de um grupo.

A **fase de confronto** é a de conflitos dentro do grupo. Os membros aceitam a existência do grupo, mas resistem às restrições que ele impõe sobre a individualidade. Há conflitos sobre quem vai controlar o grupo. Quando essa fase está completa, haverá uma hierarquia de liderança relativamente clara dentro do grupo.

**FIGURA 9.1** ● Fases do desenvolvimento dos grupos

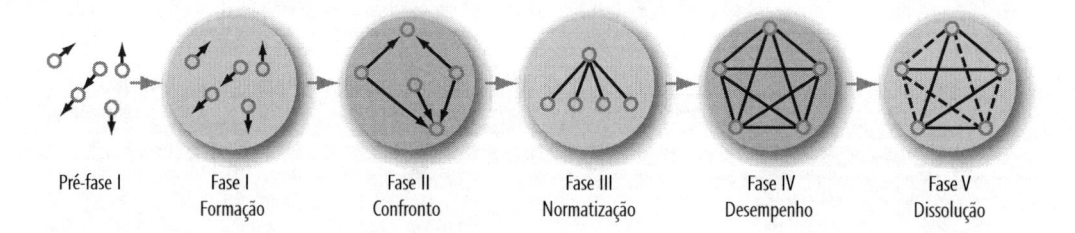

Pré-fase I | Fase I Formação | Fase II Confronto | Fase III Normatização | Fase IV Desempenho | Fase V Dissolução

Na terceira fase, relações estreitas se desenvolvem e o grupo demonstra coesividade. Existe agora um forte senso de identidade de grupo e camaradagem. A **fase de normatização** está completa quando a estrutura se solidificou e o grupo assimilou um conjunto comum de expectativas sobre o que define o comportamento correto de um membro.

A quarta fase é o **desempenho**. A estrutura nesse momento é totalmente funcional e aceita. A energia do grupo não é mais a de conhecer e entender cada um, mas a de realizar a tarefa proposta.

Para grupos de trabalho permanentes, o desempenho é a última fase do desenvolvimento. No entanto, para comitês temporários, equipes, forças-tarefa e grupos semelhantes que têm uma tarefa estipulada a cumprir, a **fase de dissolução** é para a conclusão das atividades e para a preparação da desintegração do grupo. Alguns membros do grupo sentem-se otimistas, regozijando-se com as realizações do grupo. Outros podem se sentir deprimidos pela perda da camaradagem e amizade adquiridas durante a vida do grupo de trabalho.

Muitos intérpretes do modelo das cinco fases têm admitido que um grupo se torna mais eficaz à medida que progride através das primeiras quatro fases. Embora isso possa ser em geral verdadeiro, o que faz um grupo eficaz é algo realmente mais complexo.[4] Primeiro, os membros dos grupos evoluem pelas diferentes fases de maneiras distintas. Aqueles que possuem um forte senso de propósito e de estratégia rapidamente alcançam um alto desempenho e melhoram ao longo do tempo, enquanto aqueles com menos senso de propósito apresentam de fato um desempenho pior com o tempo. Da mesma forma, os grupos que começam com um foco social positivo (recompensa) parecem alcançar a fase do "desempenho" mais rapidamente. Nem sempre os grupos progridem de uma fase para outra de maneira clara. O confronto e o desempenho podem ocorrer simultaneamente e os grupos podem até regredir para fases anteriores.

## Um modelo alternativo para grupos temporários com prazos a cumprir

Grupos temporários com prazos a cumprir parecem não seguir o modelo das cinco fases que comumente se apresenta. As pesquisas indicam que eles têm a sua própria sequência de ações (ou inações): (1) sua primeira reunião ajusta o sentido do grupo, (2) essa primeira fase da atividade do grupo é de inércia, (3) uma transição ocorre exatamente quando o grupo utilizou metade do seu tempo distribuído, (4) essa transição inicia grandes mudanças, (5) uma segunda fase de inércia segue a transição, e (6) a última reunião do grupo é caracterizada pela atividade nitidamente acelerada.[5] Esse padrão, chamado de **modelo do equilíbrio pontuado**, é mostrado na Figura 9.2.

A primeira reunião define um quadro de padrões de comportamento e pressupostos por meio dos quais o grupo abordará seu projeto, às vezes nos

**FIGURA 9.2** ● Grupos e comportamento desviante

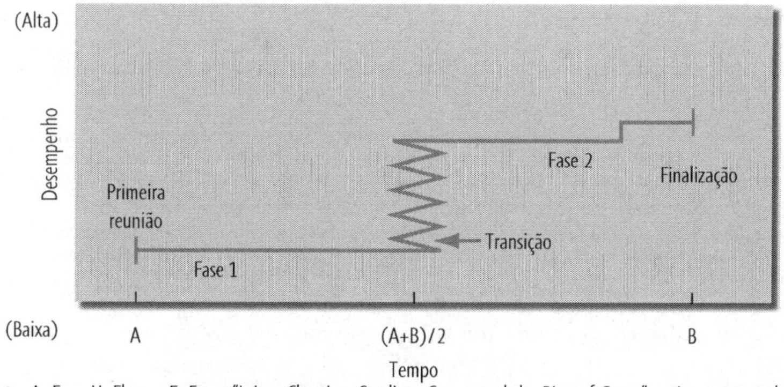

```
(Alta)
                                                    Fase 2
Desempenho                                                    Finalização
           Primeira
           reunião
                                              Transição
                      Fase 1
(Baixa)
           A                (A+B)/2                              B
                              Tempo
```

Fonte: A. Erez, H. Elms, e E. Fong, "Lying, Cheating, Stealing: Groups and the Ring of Gyges", artigo apresentado no Encontro Anual da Academia de Administração, Honolulu, HI, 8 de agosto de 2005. Reimpressão autorizada pelos autores.

primeiros segundos da existência. Uma vez definidos, a direção do grupo é solidificada e é improvável que ela seja reexaminada durante a primeira metade de sua vida. Esse é um período de inércia — o grupo tende a ficar parado ou preso a um curso de ação fixo, mesmo com novos insights que desafiem os padrões e as suposições iniciais.

Uma das descobertas mais interessantes[6] foi que cada grupo experienciou a sua transição exatamente no meio do processo entre a primeira reunião e seu prazo final oficial — tendo os membros gasto uma hora ou seis meses em seu projeto. O ponto médio parece funcionar como um despertador, aumentando a consciência dos membros de que o tempo do projeto é limitado e de que eles precisam agir. Essa transição termina a fase 1 e é caracterizada por uma explosão concentrada de mudanças, descartes de padrões antigos e adoção de novas perspectivas. A transição estabelece uma direção revista para a fase 2, um novo equilíbrio ou período de inércia no qual o grupo executa os planos criados durante o período de transição.

A última reunião do grupo é caracterizada por uma explosão final de atividade para que o trabalho seja terminado. Em resumo, o modelo do equilíbrio pontuado caracteriza os grupos como a exibição de longos períodos de inércia intercalados com breves mudanças revolucionárias, desencadeadas principalmente pela consciência que os membros têm do tempo e dos prazos. Tenha em mente, no entanto, que esse modelo não se aplica a todos os grupos. Ele é essencialmente limitado a grupos de trabalho temporário, que tenham restrições de tempo para cumprir um prazo.[7]

## PROPRIEDADES DOS GRUPOS: PAPÉIS, NORMAS, STATUS, TAMANHO, COESIVIDADE E DIVERSIDADE

Os grupos de trabalho não são bandos violentos e desorganizados; eles têm propriedades que moldam o comportamento dos membros e ajudam a explicar e prever o comportamento do indivíduo dentro do grupo, bem como o desempenho do próprio grupo. Algumas dessas propriedades são papéis, normas, status, tamanho, coesividade e diversidade.

## Propriedade do grupo 1: papéis

Shakespeare disse: "O mundo todo é um palco e todos os homens e mulheres são meramente atores". Usando a mesma metáfora, todos os membros do grupo são atores, cada um desempenhando um **papel**. Por essa expressão, queremos dizer um conjunto de padrões de comportamento esperados, atribuídos a alguém ocupando uma determinada posição em uma unidade social. A nossa compreensão do comportamento dos papéis seria simplificada drasticamente se cada um de nós pudesse escolher um papel e desempenhá-lo de maneira regular e consistente. Em vez disso, somos obrigados a ter diversas funções variadas, dentro e fora de nossos trabalhos. Como veremos, uma das tarefas na compreensão do comportamento é entender o papel que a pessoa está desempenhando naquele momento.

Bill Patterson é um gerente de fábrica nas EMM Industries, uma grande fabricante de equipamentos elétricos em Phoenix, Arizona. Ele cumpre uma série de funções — funcionário da EMM, membro da média gerência, engenheiro elétrico e principal porta-voz da empresa na comunidade. Fora do trabalho, Bill Patterson possui mais papéis ainda: marido, pai, católico, jogador de tênis, membro do Clube de Campo Thunderbird e presidente da sua associação de mutuários. Muitos desses papéis são compatíveis; alguns criam conflitos. De que modo a crença religiosa de Bill influencia suas decisões gerenciais em relação a demissões, prestação de contas de despesas e fornecimento de informações precisas aos órgãos do governo? Uma recente oferta de promoção exige que Bill mude de cidade, mas sua família quer ficar em Phoenix. As demandas do papel de Bill no trabalho podem ser conciliadas com as demandas de seus papéis como pai e marido?

Como Bill Patterson, todos temos que desempenhar uma série de papéis e o nosso comportamento varia em cada um deles. Grupos diferentes impõem exigências de papéis diferentes sobre os indivíduos.

**PERCEPÇÃO DO PAPEL** Nossa visão de como deveríamos agir em uma determinada situação é uma **percepção de papel**. Obtemos as percepções de papel dos estímulos ao nosso redor — por exemplo, amigos, livros, filmes, televisão, como quando formamos uma impressão do trabalho dos médicos ao assistirmos *Grey's Anatomy*. Programas de aprendizagem permitem que iniciantes assistam a um especialista para que eles possam aprender a agir como deveriam.

**EXPECTATIVAS DOS PAPÉIS** As **expectativas dos papéis** são a forma como os outros acreditam que você deva agir em determinado contexto. O papel de um juiz federal dos Estados Unidos é visto como um papel de decoro e dignidade, enquanto o de um treinador de futebol é visto como agressivo, dinâmico e inspirador para seus jogadores.

CONFLITO DE PAPÉIS   Quando a conformidade com os requisitos de um papel faz que seja difícil desempenhar outro, o resultado é o **conflito de papéis**.[8] Por exemplo, se lhe pedissem para fornecer feedback sobre o desempenho do seu supervisor, o seu papel como avaliador nessa tarefa e o seu papel como funcionário dessa pessoa entrariam em conflito. No extremo, duas ou mais expectativas de papéis são mutuamente contraditórias.

## Propriedade do grupo 2: normas

Você já percebeu que os jogadores de golfe não falam enquanto seus parceiros estão dando suas tacadas ou que os funcionários não criticam seus superiores em público? Por que não? A resposta é: normas.

Todos os grupos têm **normas** estabelecidas — padrões de comportamento aceitáveis compartilhados por seus membros que expressam o que deve e não deve ser feito em certas circunstâncias. Quando acordadas e aceitas pelo grupo, as normas influenciam o comportamento dos membros com o mínimo de controle externo. Diferentes grupos, comunidades e sociedades têm normas diferentes, mas todos as têm.[9]

As normas podem cobrir praticamente qualquer aspecto de comportamento de um grupo.[10] Provavelmente a mais comum é a norma de desempenho, que fornece pistas explícitas sobre o quanto os membros devem trabalhar, qual o nível de dedicação que devem apresentar, como o trabalho deve ser feito, que nível de atraso é apropriado e assim por diante. Essas normas são extremamente poderosas e capazes de modificar de modo significativo a previsão de desempenho com base apenas nas habilidades e no nível de motivação pessoal. Outras normas incluem as normas de aparência (códigos de vestimentas, regras silenciosas de quando aparentar estar muito ocupado), normas de compromissos sociais (com quem almoçar, com quem fazer amizades no trabalho e fora dele) e normas de alocação de recursos (atribuição de tarefas difíceis, distribuição de recursos como pagamento ou equipamento).

OS ESTUDOS DE HAWTHORNE   A valorização em grande escala da influência das normas sobre o comportamento do trabalhador não ocorreu até o início da década de 1930, após estudos realizados entre 1924 e 1932 na Western Electric Company's Hawthorne Works em Chicago.[11]

Os pesquisadores de Hawthorne começaram por analisar a relação entre o ambiente físico e a produtividade. À medida que o nível de luz aumentava para o grupo experimental de trabalhadores, a produção crescia naquela unidade e no grupo de controle. Mas, para sua surpresa, uma vez que a luz foi diminuída para o grupo experimental, a produtividade continuou a aumentar nos dois grupos. De fato, a produtividade no grupo experimental somente diminuiu quando a intensidade da luz foi reduzida à da luz do luar.

Como acompanhamento, os pesquisadores começaram uma segunda série de experimentos na Western Electric. Um pequeno grupo de mulheres que montava relês foi isolado do grupo de trabalho principal, para que seu comportamento pudesse ser observado mais cuidadosamente. Observações feitas ao longo de um período de vários anos constataram que a produção desse pequeno grupo crescia de forma constante. O número de faltas por motivos pessoais ou de doença foi de cerca de um terço do registrado pelas mulheres no departamento regular de produção. Tornou-se evidente que o desempenho desse grupo era significativamente influenciado pelo seu status de "especial". As participantes achavam que estar em um grupo experimental era divertido, achavam também que faziam parte de um grupo de elite e que os gestores demonstravam preocupação com seus interesses por haver realizado tal experiência. Em essência, os trabalhadores, tanto na experiência da iluminação quanto na da sala de montagem, estavam mesmo reagindo à maior atenção que recebiam.

Um terceiro estudo, na sala de transferências de remessas em um banco, foi introduzido para analisar o efeito de um sofisticado plano de incentivo salarial para o grupo. A constatação mais importante desse estudo foi a de que os funcionários não maximizaram individualmente os seus resultados. Em vez disso, sua produção passou a ser controlada por uma norma de grupo que determinava o que era um bom dia de trabalho, mesmo com a consciência da porcentagem do incentivo que cada um ganharia. Entrevistas determinaram que os membros estavam operando bem abaixo de sua capacidade e que o nivelamento foi a saída para se protegerem. Os membros receavam que, se eles aumentassem sua produção significativamente, a taxa unitária de incentivo seria eliminada, a taxa esperada de produção diária seria aumentada e que demissões pudessem ocorrer, ou que os trabalhadores mais lentos fossem repreendidos. Assim, o grupo estabeleceu a sua ideia de uma saída justa — nem muito, nem pouco. Os membros, com ajuda mútua, asseguraram que seus relatórios fossem quase satisfatórios.

As normas de grupo estabelecidas incluíam um número de "nãos". *Não* seja um estragador de taxas, apresentando uma grande produção. *Não* seja uma tartaruga, apresentando pouco trabalho. *Não* dedure qualquer um de seus pares. O que o grupo fez para que essas normas fossem cumpridas? Os métodos incluíram sarcasmo, xingamentos, ridicularização e até mesmo socos nos braços de qualquer membro que violasse as normas do grupo. Os membros também colocavam no ostracismo os indivíduos cujo comportamento ia contra o interesse do grupo.

A conformidade é um problema nos grupos: os líderes devem buscar ativamente a participação de todos os membros e evitar expressar suas próprias opiniões, especialmente nas fases iniciais da deliberação.

**CONFORMIDADE** Como um membro de um grupo, você deseja ser aceito por ele. Assim, você é suscetível à conformidade com as normas do grupo. Muitas evidências sugerem que os grupos podem exercer uma forte pressão para que os membros individuais mudem suas atitudes e comportamentos e assim se adaptem aos padrões grupais.[12] Existem inúmeras razões para a conformidade, com pesquisas recentes destacando a importância de um desejo de desenvolver relações sociais significativas com os outros ou para manter um autoconceito favorável.

As pressões para a **conformidade** que o grupo exerce têm impacto sobre o julgamento de um membro individual. Esse impacto foi demonstrado nos clássicos estudos de Solomon Asch.[13] Ashc formou grupos de sete ou oito pessoas e esses grupos tinham que comparar dois cartões que o examinador segurava. Um cartão tinha uma linha, e o outro, três linhas de variados comprimentos, uma das quais era idêntica à linha do cartão de uma linha, como mostra a Figura 9.3. A diferença de comprimento das linhas era bastante óbvia; na verdade, em condições normais, os indivíduos cometeram menos do que 1% de erros ao dizer em voz alta quais das três linhas era igual à linha única. Mas o que acontece se os membros do grupo começam a dar respostas incorretas? Será que a pressão para se conformar faz com que um sujeito sem suspeitas (USS) altere sua resposta? Asch organizou o grupo para que somente os USSs desconhecessem que a experiência tinha sido manipulada. Os assentos haviam sido previamente organizados para que os USSs fossem os últimos a anunciar sua decisão.

A experiência começou com uma série de conjuntos de exercícios de combinação. Todos os sujeitos deram as respostas certas. No terceiro conjunto, no entanto, o primeiro sujeito deu uma resposta que era obviamente errada — por exemplo, dizendo "C" na Figura 9.3. O próximo sujeito deu a mesma resposta errada e assim também os outros. Agora o dilema que os USSs estavam confrontando era o seguinte: declarar publicamente uma percepção que difere da posição anunciada dos outros no grupo, ou dar uma resposta incorreta para assim concordar com os outros.

**FIGURA 9.3** ● O modelo de equilíbrio pontuado

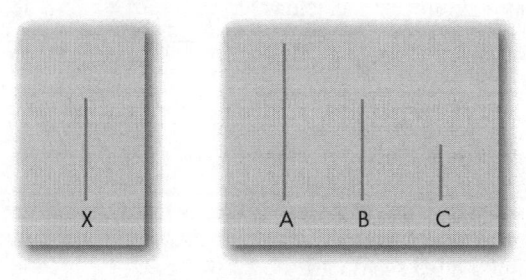

Os resultados ao longo de muitos experimentos e testes mostraram que 75% dos sujeitos deram pelo menos uma resposta que se alinhava com a dos outros — que eles sabiam estar errada, mas que era consistente com as respostas dos outros membros do grupo — e um "conformador" médio respondeu incorretamente 37% do tempo. Que significado podemos tirar desses resultados? Eles sugerem que as normas do grupo nos pressionam para a conformidade. Desejamos ser um do grupo e, portanto, evitamos ser visivelmente diferentes.

Essa pesquisa foi realizada mais de cinquenta anos atrás. Será que o tempo alterou a validade dessas conclusões? E devemos considerar que elas podem ser generalizadas em outras culturas? As evidências indicam que os níveis de conformidade vêm caindo desde os estudos de Asch no início da década de 1950, e que suas conclusões estão vinculadas à cultura dos Estados Unidos.[14] A conformidade às normas sociais é ainda maior em culturas coletivistas, mas isso é, obviamente ou ainda de forma conclusiva, uma força poderosa em grupos de países individualistas.

Há conformidade às pressões de todos os grupos aos quais os indivíduos pertencem? Decerto que não, porque as pessoas pertencem a muitos grupos e suas normas variam e, por vezes, são contraditórias. Então, o que as pessoas fazem? Nós entramos em conformidade com grupos importantes (de acordo com a nossa percepção) aos quais pertencemos ou esperamos pertencer. Esses grupos importantes são os grupos de referência, nos quais a pessoa tem consciência dos outros membros, e se define como um membro ou um futuro membro, e sente que os membros do grupo são significativos para ela. A implicação, então, é que todos os grupos não podem impor pressões de conformidade iguais aos seus membros, uma vez que a sua importância está nos olhos do observador.

**COMPORTAMENTO DESVIANTE NO LOCAL DE TRABALHO** Leandro Almeida está frustrado por causa de uma colega de trabalho que vive espalhando boatos maliciosos e infundados sobre ele. Débora Souza está cansada de um membro de sua equipe de trabalho que, ao ser confrontado com um problema, põe para fora sua frustração gritando e berrando com todos os membros da equipe. E Simone Kim recentemente pediu demissão do seu trabalho como higienista dental depois de ter sido constantemente assediada sexualmente por seu empregador.

O que esses três episódios têm em comum? Eles representam funcionários que foram expostos a comportamentos desviantes no local de trabalho.[15] Como discutimos brevemente no Capítulo 4, o **comportamento desviante no local de trabalho** (também chamado de comportamento contraprodutivo ou retraimento do funcionário) é o comportamento voluntário que viola as normas organizacionais significativas e, ao fazê-lo, ameaça o bem-estar da organização ou de seus membros.

Poucas organizações admitirão criar ou tolerar condições que encorajem e mantenham normas desviantes. No entanto, elas existem. Funcionários relatam um aumento de grosseria e descaso para com os outros por chefes e colegas de trabalho nos últimos anos. E quase 50% dos empregados que sofreram essa incivilidade dizem que isso os levou a pensar em mudar de emprego: 125 realmente se demitiram por causa disso.[16] Um estudo de quase 1.500 entrevistados detectou que, além de aumentar as intenções de rotatividade, a incivilidade no trabalho aumentava os relatos de estresse psicológico e doenças físicas.[17]

Como as normas em geral, as ações antissociais de cada funcionário são moldadas pelo contexto do grupo com o qual ele trabalha. As evidências demonstram que o comportamento desviante no local de trabalho tem grande probabilidade de aparecer onde ele é apoiado pelas normas do grupo.[18] Por exemplo, trabalhadores que se socializam, quer no trabalho ou fora dele, com pessoas que faltam frequentemente ao trabalho têm mais propensão a se ausentar também.[19] O que isso significa para os gestores é que, quando surgem normas desviantes no local de trabalho, a cooperação, o comprometimento e a motivação do funcionário provavelmente sofrem.

Quais são as consequências do desvio no local de trabalho para os grupos? Algumas pesquisas sugerem que uma reação em cadeia acontece em um grupo com altos níveis de comportamento disfuncional.[20] O processo se inicia com os comportamentos negativos, tais como quando o funcionário começa a fugir do serviço, ou quando ele quer prejudicar o trabalho de um colega ou mesmo quando invariavelmente se torna pouco cooperativo. Como resultado desses comportamentos, a equipe, de forma coletiva, passa a apresentar humores negativos. Esses humores negativos levam a uma má coordenação de esforços e baixos níveis de desempenho do grupo, especialmente quando há muita comunicação negativa não verbal entre os membros.

Um estudo sugere que aqueles que trabalham em grupo são mais propensos a mentir, enganar e roubar do que indivíduos que trabalham sozinhos. Como a Figura 9.4 demonstra, nesse estudo, nenhum indivíduo que trabalhava sozinho mentiu, mas 22% daqueles que trabalhavam em grupos sim. Eles também eram mais propensos a trapacear em uma tarefa (55% contra 23% dos que trabalhavam sozinhos) e roubar (29% contra 10% que trabalhavam sozinhos).[21] Os grupos fornecem um escudo de anonimato, por isso alguém que poderia normalmente ter medo de ser pego pode contar com o fato de que outros membros do grupo tiveram a mesma oportunidade, criando uma falsa sensação de confiança que pode resultar em um comportamento mais agressivo. Assim, os comportamentos desviantes dependem das normas do grupo que são aceitas — ou mesmo se o indivíduo é parte de um grupo.[22]

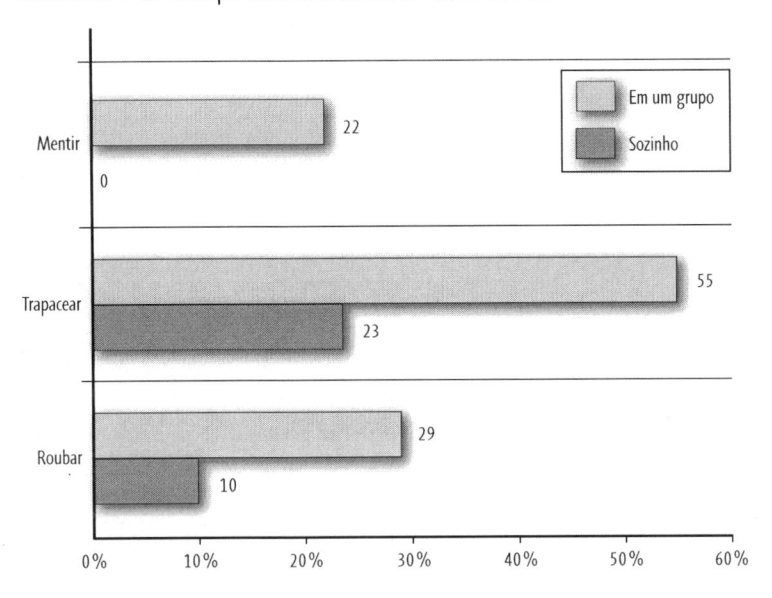

**FIGURA 9.4** Exemplo de cartões usados no estudo de Asch

| | Em um grupo | Sozinho |
|---|---|---|
| Mentir | 22 | 0 |
| Trapacear | 55 | 23 |
| Roubar | 29 | 10 |

## Propriedade do grupo 3: status

STATUS  **Status** — uma posição ou classificação socialmente definida dada por outros aos grupos ou membros do grupo — permeia todas as sociedades. Mesmo o menor grupo desenvolverá papéis, direitos e rituais para diferenciar seus membros. O status é um motivador significativo e tem importantes consequências comportamentais quando os indivíduos percebem uma disparidade entre o que eles acreditam ser seu status e o que os outros percebem que ele seja.

O QUE DETERMINA O STATUS?  De acordo com a **teoria das características de status**, o status tende a derivar de uma de três fontes:[23]

1. *O poder que uma pessoa exerce sobre os outros.* Porque elas provavelmente controlam os recursos do grupo, as pessoas que controlam os resultados tendem a ser percebidas como tendo mais status.

2. *A capacidade de uma pessoa contribuir com as metas do grupo.* Pessoas cujas contribuições são fundamentais para o sucesso do gupo tendem a ter status elevado. Alguns pensavam que a estrela da NBA, Kobe Bryant, tinha mais a dizer a respeito das decisões sobre os jogadores do que seus treinadores (embora não tanto quanto Bryant queria!).

3. *Características pessoais de um indivíduo.* Alguém cujas características pessoais sejam avaliadas positivamente pelo grupo (boa aparência, inteligência, dinheiro ou uma personalidade amigável) normalmente tem um status mais elevado do que outro com atributos de menor valor.

**STATUS E NORMAS** O status tem alguns efeitos interessantes no poder das normas e das pressões para que exista conformidade. Indivíduos com alto status muitas vezes têm maior liberdade para desviar-se das normas do que os outros membros do grupo.[24] Os médicos resistem ativamente às decisões administrativas tomadas pelos funcionários de escalão mais baixo em uma companhia de seguros.[25] As pessoas com alto status também são mais capazes de resistir às pressões de conformidade do que seus pares com menos status. Um indivíduo que é altamente valorizado por um grupo, mas que não necessita ou não se importa com as recompensas sociais do grupo, é particularmente capaz de desconsiderar as normas de conformidade.[26]

Esses resultados explicam por que muitos atletas famosos, celebridades, vendedores de alto desempenho e excelentes acadêmicos parecem ignorar as normas de aparência e sociais que limitam seus pares. Como indivíduos de status elevado, lhes é dado um nível maior de tolerância, desde que suas atividades não sejam gravemente prejudiciais para alcance das metas do grupo.[27]

**STATUS E INTERAÇÃO DO GRUPO** As pessoas com alto status tendem a ser os membros mais assertivos no grupo.[28] Elas expressam suas ideias com mais frequência, criticam mais, dão mais ordens e interrompem os outros mais vezes. Mas as diferenças de status realmente inibem a diversidade de ideias e a criatividade nos grupos, porque os membros com menor status tendem a participar das discussões de grupo menos ativamente. Quando eles possuem conhecimento e ideias que poderiam ajudar o grupo, a incapacidade de utilizar plenamente esses membros reduz o desempenho geral do grupo.

## Propriedade do grupo 4: tamanho

O tamanho do grupo afeta seu comportamento geral? Sim, mas o efeito depende das variáveis que considerarmos. Grupos menores são mais rápidos na realização de tarefas do que os maiores, e os indivíduos apresentam melhor desempenho em grupos menores.[29] No entanto, na resolução de problemas, grupos grandes constantemente obtêm notas maiores do que os grupos menores.[30] Traduzir esses resultados em números específicos é um pouco mais perigoso, mas os grupos com doze ou mais membros são bons para a obtenção de resultados diversificados. Portanto, se a meta é de averiguação, os grupos maiores devem ser mais eficazes. Os grupos menores, de cerca de sete membros, são melhores em fazer algo produtivo.

Uma das descobertas mais importantes sobre o tamanho de um grupo diz respeito à **indolência social**, a tendência que os indivíduos têm de despender menos esforço ao trabalhar coletivamente do que quando trabalham sozinhos.[31] Isso desafia diretamente o pressuposto de que a produtividade do grupo como um todo deve ser pelo menos igual à soma da produtividade de cada membro.

Como um teste disso, o psicólogo alemão Max Ringelmann comparou os resultados do desempenho individual e o de grupo na tarefa de puxar uma corda no final da década de 1920.[32] Querendo saber se o espírito de equipe estimula o esforço individual e aumenta a produtividade geral do grupo, ele esperava que três pessoas trabalhando em conjunto exercessem uma tração três vezes maior na corda, e oito pessoas oito vezes mais. Uma pessoa puxando uma corda exerceu em média 63 kg de força. Em grupos de três, a força por pessoa caiu para 53 kg. E em grupos de oito, a força caiu para somente 31 kg por pessoa, comprovando a teoria de indolência social.

Repetições da pesquisa de Ringelmann com tarefas semelhantes em geral comprovaram suas conclusões.[33] O desempenho do grupo aumenta com o tamanho do grupo, mas a adição de novos membros tem retorno de produtividade menor. Assim, mais pode ser melhor, pois a produtividade de um grupo de quatro é maior do que a de um grupo de três, mas a produtividade de cada membro do grupo decai.

O que causa a indolência social? Pode ser a crença de que os outros membros do grupo não estão fazendo a sua parte direito. Caso veja os outros como preguiçosos ou incompetentes, você pode restabelecer a equidade reduzindo seu esforço. Outra explicação é a dispersão da responsabilidade. Como os resultados do grupo não podem, ser atribuídos a uma única pessoa, a relação entre o esforço individual e o resultado do grupo é nebulosa. Os indivíduos podem, então, ser tentados a "encostar o corpo" e se aproveitar dos esforços do grupo. As implicações para o CO são significativas. Quando os gestores usam situações de trabalho coletivo para melhorar o moral e o trabalho em equipe, eles também devem ser capazes de identificar os esforços individuais. Caso contrário, devem pesar as perdas portenciais na produtividade pelo uso de grupos contra os possíveis ganhos de satisfação do trabalhador.[34]

A indolência social parece ter um viés ocidental. Ela é consistente com as culturas individualistas, como os Estados Unidos e o Canadá, que são dominadas por interesse próprio. Ela não é prevalente nas sociedades coletivas, nas quais os indivíduos são motivados por metas de grupos. Em estudos que compararam funcionários norte-americanos com empregados da República Popular da China e de Israel, os chineses e os israelenses não mostraram nenhuma propensão a se envolver em indolência social e, na verdade, tiveram melhor desempenho em um grupo do que quando sozinhos.

Existem várias maneiras de evitar a indolência social: (1) estabeleça metas grupais, para que o grupo tenha um propósito comum a alcançar; (2) aumente a concorrência entre grupos, o que novamente concentra o resultado compartilhado; (3) estabeleça a avaliação dos pares, para que cada pessoa avalie a contribuição de cada um no grupo; (4) selecione os membros que têm alta motivação e preferem trabalhar em grupos, e (5) se possível estabeleça as recompensas para o grupo em parte na contribuição única de cada membro do grupo.[35] Embora nenhum truque mágico impeça a indolência social em todos os casos, essas etapas devem ajudar a minimizar seus efeitos.

## Propriedade do grupo 5: coesividade

Os grupos diferem em sua **coesividade**, o grau até o qual os membros são atraídos entre si e motivados a permanecer no grupo. Alguns grupos de trabalho são coesos, porque os membros passaram um bom tempo juntos, ou porque seu pequeno tamanho ou propósito facilitam a alta interação, ou porque ameaças externas tornaram os membros do grupo próximos.

A coesividade afeta a produtividade do grupo.[36] Estudos demonstram de forma consistente que a relação entre a coesividade e a produtividade depende das normas de desempenho do grupo.[37] Se as normas para qualidade, produção e cooperação com elementos de fora do grupo, por exemplo, forem altas, um grupo coeso será mais produtivo do que será um grupo menos coeso. Mas, se as normas de desempenho forem baixas e a coesividade for alta, a produtividade será baixa. Se as normas de desempenho forem altas e a coesividade for baixa, a produtividade aumenta, mas menos do que em situações de normas altas e coesividade alta. Quando tanto as normas relacionadas ao desempenho quanto a coesividade são baixas, a produtividade tende a cair para o nível de baixa a moderada.

O que você pode fazer para incentivar a coesividade no grupo? (1) Faça com que o grupo seja menor, (2) incentive o acordo em relação às metas do grupo, (3) aumente o tempo que os membros passam juntos, (4) aumente o status do grupo e a dificuldade percebida de alcançar a adesão, (5) estimule a competição entre grupos, (6) recompense o grupo em vez de membros individuais e (7) isole o grupo fisicamente.[38]

## Propriedade do grupo 6: diversidade

A última propriedade que consideraremos é a **diversidade** dos membros do grupo, o grau até o qual os membros do grupo são semelhantes ou diferentes entre si. Uma grande quantidade de pesquisas está sendo feita sobre como a diversidade do grupo influencia o desempenho. Algumas pesquisas analisam a diversidade cultural e algumas das diferenças raciais de gênero e outras diferenças. Em geral, os estudos identificam tanto benefícios quanto custos na diversidade do grupo.

A diversidade parece aumentar o conflito do grupo, especialmente nas primeiras fases de sua existência, o que muitas vezes diminui o moral do grupo e aumenta as taxas de abandono. Um estudo comparou grupos que eram culturalmente diversos (compostos de pessoas de diferentes países) com grupos homogêneos (compostos de pessoas do mesmo país). Em um exercício de sobrevivência na selva, ambos apresentaram bom desempenho, mas os grupos diversos ficaram menos satisfeitos com seus grupos, foram menos coesos e tiveram maior conflito.[39] Outro estudo examinou o efeito das diferenças do tempo de serviço no desempenho de 67 grupos de pesquisa e desenvolvimento de engenharia.[40] Quando as pessoas tinham mais ou menos o mesmo tempo de serviço, o desempenho era alto, mas à medida que a variação do tempo de serviço aumentou, o desempenho caiu. Houve um qualificador importante: níveis mais elevados de diversidade de tempo de serviço não foram relacionados com o desempenho mais baixo quando existiam práticas eficazes de recursos humanos que orientavam o trabalho em equipe. Em outras palavras, as equipes em que valores e opiniões diferem tendem a experienciar maior conflito, mas os líderes que conseguem fazer o grupo se concentrar na tarefa que tem em mãos e encorajam a aprendizagem grupal são capazes de reduzir esses conflitos e aumentar a discussão sobre as questões do grupo.[41] Parece que a diversidade pode ser ruim para o desempenho, mesmo nas equipes criativas, mas o apoio organizacional adequado e a liderança podem compensar esses problemas.

No entanto, grupos com diversidade cultural e demográfica podem ter um melhor desempenho ao longo do tempo — se puderem superar seus conflitos iniciais. Por que deve ser assim?

A diversidade em nível de superfície — nas características observáveis como a nacionalidade, a etnia e o gênero — alerta as pessoas sobre um possível nível de diversidade em nível profundo — em atitudes subjacentes, valores e opiniões. Um pesquisador argumenta: "A mera presença da diversidade que pode ser constatada, como a etnia ou o gênero de uma pessoa, pode na verdade alertar uma equipe de que há grande probabilidade de diferenças de opiniões".[42] Embora essas diferenças possam levar a conflitos, elas também oferecem uma oportunidade de resolver problemas de maneira única.

Um estudo sobre o comportamento de jurados concluiu que a diversidade faz com que eles sejam mais propensos a deliberar por mais tempo, compartilhar mais informações e cometer menos erros factuais ao discutir as evidências. Dois estudos de grupos de alunos de MBA constataram que a diversidade no nível de superfície levava a maior abertura, mesmo sem a diversidade no nível profundo. Aqui, a diversidade no nível de superfície pode aletar os membros de forma subconsciente para que sejam mais abertos em seus pontos de vista.[43]

O impacto da diversidade nos grupos é misto. É difícil estar em um grupo diversificado no curto prazo. No entanto, se os membros conseguem enfrentar suas diferenças, ao longo do tempo, a diversidade pode ajudá-los a serem mais abertos e apresentarem melhor desempenho. Mas até mesmo os efeitos positivos parecem não ser especialmente fortes. Como um estudo concluiu, "As perspectivas comerciais (em termos de resultados financeiros comprovados) em relação à diversidade parecem ser difíceis de ser comprovadas com base na pesquisa existente".[44]

## TOMADA DE DECISÃO EM GRUPO

A crença — caracterizada pelo corpo de jurados — de que duas cabeças pensam melhor que uma tem sido aceita como um componente básico do sistema jurídico dos Estados Unidos e de muitos outros países. Hoje, muitas decisões nas organizações são tomadas por grupos, equipes e comitês.[45] Discutiremos as vantagens da tomada de decisão em grupo, junto com os desafios ímpares que as dinâmicas do grupo trazem para o processo de tomada de decisão. Por fim, vamos oferecer algumas técnicas para maximizar a oportunidade da tomada de decisão em grupo.

### O grupo versus o indivíduo

Os grupos de tomada de decisão podem ser amplamente usados nas organizações, mas as decisões por grupos são preferíveis àquelas tomadas por um indivíduo somente? A resposta depende de numerosos fatores. Vamos começar considerando os pontos fortes e os fracos da tomada de decisão em grupo.[46]

**PONTOS FORTES DA TOMADA DE DECISÃO EM GRUPO**  Os grupos geram *informações e conhecimentos mais completos*. Ao agregar os recursos de vários indivíduos, os grupos trazem mais informações como também heterogeneidade para o processo de decisão. Eles oferecem *maior diversidade de pontos de vista*. Isso faz que exista a oportunidade de considerar mais abordagens e mais alternativas. Por fim, os grupos levam a uma maior *aceitação de uma solução*. Os membros do grupo que participaram da tomada de decisão são mais propensos a apoiá-la com entusiasmo e incentivar os outros a aceitá-la.

**PONTOS FRACOS DA TOMADA DE DECISÃO EM GRUPO**  As decisões grupais levam muito tempo, porque os grupos em geral demoram mais para chegar a uma solução. Existem as *pressões de conformidade*. O desejo dos membros do grupo de serem aceitos e considerados importantes pode esmagar qualquer discordância manifesta. A discussão em grupo pode ser *dominada por um ou por alguns membros*. Se eles são membros de baixa e média habilidades, a eficácia total do grupo sofrerá. Por fim, as decisões do grupo sofrem de *responsabilidade ambígua*. Em uma decisão individual, está claro quem é responsável pelo resultado final. Em uma decisão de grupo, a responsabilidade de cada membro é diluída.

EFICÁCIA E EFICIÊNCIA   Os grupos são mais eficázes do que os indivíduos? A resposta vai depender de como você define a eficácia. As decisões do grupo são em geral mais *precisas* do que as decisões do indivíduo médio de um grupo, mas menos precisas que os julgamentos da pessoa mais precisa.[47] Em termos de *velocidade*, os indivíduos são melhores. Se a *criatividade* é importante, os grupos tendem a ser mais eficazes. E se a eficácia significar o grau de aceitação que a solução final consegue, o assentimento vai outra vez para o grupo.[48]

Mas nós não podemos considerar a eficácia sem também avaliar a eficiência. Com poucas exceções, a tomada de decisão em grupo consome mais horas de trabalho do que um indivíduo enfrentando o mesmo problema sozinho. As exceções tendem a ser os exemplos em que, para conseguir quantidades comparáveis de contribuições diversificadas, o único responsável pelas decisões deve gastar uma grande quantidade de tempo revendo arquivos e falando com as pessoas. Ao decidir se usarão grupos, os gestores devem avaliar se os aumentos da eficácia são mais do que suficientes para compensar as reduções de eficiência.

## Pensamento do grupo e mudança de posição grupal

Dois subprodutos da tomada de decisão em grupo têm o potencial de afetar a capacidade de um grupo para avaliar as alternativas de forma objetiva e chegar a soluções de alta qualidade.

> A tomada de decisão de grupo não é sempre melhor do que a tomada de decisão individual.

O primeiro é chamado de **pensamento do grupo** e refere-se a normas. Ele descreve situações em que as pressões para que haja conformidade vão dissuadir o grupo de avaliar criticamente pontos de vista incomuns, minoritários e impopulares. O pensamento do grupo é uma doença que ataca muitos grupos e pode prejudicar drasticamente o seu desempenho. O segundo fenômeno é a **mudança de posição grupal**, que descreve a forma como os membros tendem a exagerar as posições iniciais que têm quando discutem um determinado conjunto de alternativas e chegam a uma conclusão. Em algumas situações, a cautela é dominante e há uma mudança conservadora, enquanto em outras, os grupos tendem a mudar de posição de forma arriscada. Vamos analisar cada fenômeno em detalhes.

PENSAMENTO DO GRUPO   Alguma vez você sentiu vontade de falar em uma reunião, em uma aula ou em um grupo informal mas decidiu calar-se? Uma razão pode ter sido a timidez. Ou você pode ter sido vítima do pensamento do grupo, que ocorre quando a norma do consenso substitui a avaliação realista de cursos alternativos e a plena expressão de pontos de vista desviantes, minoritários e impopulares. A eficiência mental, o teste de realidade e o julgamento moral de um indivíduo deterioram como consequência das pressões do grupo.[49] Todos nós já vimos os sintomas do pensamento do grupo:

1. Os membros do grupo racionalizam qualquer resistência aos pressupostos que fizeram. Não importa o quão forte as evidências possam contradizer seus pressupostos básicos, eles se comportam de forma a reforçá-los.

2. Os membros aplicam pressão direta sobre aqueles que momentaneamente expressam dúvidas sobre qualquer uma das visões compartilhadas do grupo, ou que questionam a validade dos argumentos que apoiam a alternativa favorecida pela maioria.

3. Os membros que têm dúvidas ou pontos de vista diferentes procuram evitar desviar-se do que parece ser o consenso do grupo, mantendo silêncio sobre as dúvidas e até mesmo minimizando para si mesmos a importância delas.

4. Há uma ilusão de unanimidade. Se alguém não fala, presume-se que essa pessoa está de pleno acordo. A abstenção se torna um voto "sim".[50]

O pensamento do grupo parece estar estreitamente alinhado com as conclusões de Solomon Asch em seus experimentos com um dissidente solitário. Indivíduos que possuem uma posição diferente da maioria dominante estão sob pressão para reprimir, reter ou modificar suas crenças e sentimentos verdadeiros. Como membros de um grupo, achamos que é mais agradável estar de acordo com as decisões ou opiniões — para sermos uma parte positiva do grupo — do que sermos uma força destrutiva, mesmo que o desacordo seja necessário para melhorar a eficácia das decisões. Os grupos mais focados no desempenho do que na aprendizagem têm especial propensão a serem vítimas do pensamento do grupo e a suprimir as opiniões daqueles que não concordam com a maioria.[51]

O pensamento do grupo acontece em todos os grupos? Não. Parece ocorrer com mais frequência quando há uma clara identidade de grupo, quando os membros mantêm uma imagem positiva de seu grupo que querem proteger e quando o grupo percebe uma ameaça coletiva à sua imagem positiva.[52] Então, o pensamento do grupo não é um mecanismo dissidente de supressão tanto quanto é um meio para o grupo proteger sua imagem positiva. Um estudo também demonstrou que aqueles influenciados pelo pensamento do grupo eram mais confiantes em relação ao seu curso de ação desde cedo.[53] Os grupos que acreditam firmemente que seu curso de ação está correto são mais propensos a suprimir o desacordo e encorajar a conformidade do que os grupos que são mais céticos sobre seu curso de ação.

O que os gestores podem fazer para minimizar o pensamento do grupo?[54] Primeiro, eles podem monitorar o tamanho do grupo. As pessoas ficam mais intimidadas e hesitantes à medida que o tamanho do grupo aumenta e, embora não haja nenhum truque mágico que elimine o pensamento do grupo, os indivíduos tendem a sentir menos responsabilidade pessoal quando os grupos possuem mais do que dez membros. Os gestores também devem incentivar os líderes do grupo a ter um papel imparcial. Os líderes devem buscar ativamente a participação de todos os membros e evitar expressar suas próprias opiniões, especialmente nas fases iniciais da deliberação. Além disso, os gestores devem nomear um membro do grupo para desempenhar o papel de advogado do diabo, desafiando abertamente a posição da maioria e oferecendo perspectivas divergentes. Outra sugestão é a de usar exercícios que estimulem a discussão ativa de diversas alternativas sem ameaçar o grupo ou intensificar a proteção de identidade. Pedir aos membros do grupo que atrasem a discussão de possíveis ganhos para que eles possam falar primeiro sobre os perigos e os riscos inerentes a uma decisão. Exigir que os membros primeiro se concentrem nos aspectos negativos de uma alternativa torna o grupo menos propenso a sufocar as opiniões divergentes e faz que ele tenha maior probabilidade de conseguir uma avaliação objetiva.

**MUDANÇA DE POSIÇÃO GRUPAL OU POLARIZAÇÃO DO GRUPO**  Existem diferenças entre as decisões do grupo e as decisões individuais de seus membros.[55] Como discutido anteriormente, o que parece acontecer em grupos é que a discussão leva os membros a posições mais extremas do que as posições que eles já detinham. Os conservadores se tornam mais cautelosos e os tipos mais agressivos assumem mais riscos. A discussão em grupo tende a exagerar a posição inicial do grupo.

Podemos ver a polarização como um caso especial de pensamento do grupo. A decisão do grupo reflete a norma da decisão dominante que se desenvolveu durante a discussão. Se a mudança de decisão do grupo será no sentido de maior cautela ou de maior risco vai depender da norma dominante da pré-discussão.

A mudança em direção à polarização gerou várias explicações.[56] Existem alguns debates, por exemplo, de que a discussão faz os membros se sentirem mais à vontade uns com os outros e, portanto, mais dispostos a expressar versões extremas de suas posições originais. Outro argumento é que o grupo dilui a responsabilidade. As decisões de grupo liberam qualquer membro da prestação de contas sobre a escolha final, então uma posição mais extrema pode ser assumida. Também é provável que as pessoas assumam posições extremas porque querem demonstrar o quão diferentes elas são em relação ao grupo.[57] As pessoas envolvidas em movimentos políticos ou sociais assumem posições cada vez mais extremas só para provar o quanto estão comprometidas com a causa, enquanto aquelas que são mais cautelosas tendem a assumir posições extremamente moderadas para demonstrar como são razoáveis.

Então como você deve usar os resultados na mudança de posição grupal? Reconheça que as decisões do grupo exageram a posição inicial de cada membro, que a mudança muitas vezes vai na direção dos maiores riscos e que a direção da mudança feita pelo grupo é uma função das inclinações de cada membro durante a pré-discussão.

Passamos agora para as técnicas pelas quais grupos tomam decisões. Elas reduzem alguns dos aspectos disfuncionais da tomada de decisão em grupo.

## Técnicas de tomada de decisão em grupo

A forma mais comum de tomada de decisão em grupo acontece nos grupos interativos. Os membros se encontram face a face e contam com a interação verbal e não verbal para se comunicarem. Mas, como a nossa discussão sobre o pensamento do grupo demonstrou, os grupos que interagem frequentemente se censuram e cada membro é pressionado a estar de acordo com o grupo. O brainstorming e a técnica de grupo nominal podem reduzir os problemas inerentes à tradicional interação de grupo.

O **brainstorming** pode superar as pressões de conformidade que atrapalham a criatividade[58] incentivando uma ou todas as alternativas enquanto retém a crítica. Em uma sessão de brainstorming típica, seis a doze pessoas sentam ao redor de uma mesa. O líder do grupo descreve o problema de maneira clara para que todos os participantes entendam. Então os membros sugerem sem censuras tantas alternativas quanto consigam por um determinado período. Para incentivar os membros a "pensar o incomum", nenhuma crítica é permitida, nem mesmo sobre as sugestões mais bizarras, e todas as ideias são registradas para discussão e análise posteriores.

O brainstorming pode realmente gerar ideias — mas não de uma maneira muito eficiente. Pesquisas mostram de maneira consistente que indivíduos que trabalham sozinhos geram maior número de ideias do que um grupo em uma sessão de brainstorming (embora as ideias possam não ser tão criativas). Uma razão para isso é o "bloqueio de produção". Quando as pessoas geram ideias em um grupo, muitas estão falando ao mesmo tempo, o que bloqueia o processo de pensamento e no final impede que as ideias sejam compartilhadas.[59] As duas técnicas a seguir vão mais longe do que o brainstorming, ajudando os grupos a chegar à solução recomendada.[60]

A **técnica de grupo nominal** restringe a discussão ou a comunicação interpessoal durante o processo de tomada de decisão, daí o termo nominal. Todos os membros do grupo estão fisicamente presentes, como em uma reunião de comitê tradicional, mas eles operam de forma independente.

Especificamente, um problema é apresentado e em seguida o grupo obedece às seguintes etapas:

1. Antes que qualquer discussão aconteça, cada membro, de forma independente, escreve suas ideias sobre o problema.
2. Depois desse período de silêncio, cada um deles apresenta uma ideia para o grupo. Nenhuma conversa ocorre até que todas as ideias tenham sido apresentadas.
3. O grupo discute as ideias para obter maior clareza e as avalia.
4. Cada membro do grupo classifica as ideias silenciosamente e independentemente. A ideia com a maior classificação agregada determina a decisão final.

A vantagem principal da técnica de grupo nominal é que ela permite que o grupo se reúna formalmente, mas não restringe o pensamento individual, como acontece quando um grupo interage. As pesquisas demonstram que os grupos nominais têm desempenho superior aos grupos de brainstorming.[61]

Tanto o brainstorming quanto a técnica de grupo nominal têm o seu próprio conjunto de pontos fortes e fracos. A escolha depende do critério que você quer enfatizar e da relação de equilíbrio do custo-benefício. Um grupo de interação é bom para que haja o compromisso com uma solução, o brainstorming desenvolve a coesividade do grupo e a técnica de grupo nominal é uma forma barata de gerar um grande número de ideias.

## RESUMO E IMPLICAÇÕES PARA OS GESTORES

Diversas implicações podem ser extraídas da nossa discussão de grupos. O próximo capítulo vai explorar várias delas em maior profundidade.

- ▶ A percepção de papel e a avaliação de desempenho de um funcionário têm relação positiva.[62] O grau de congruência entre a percepção do trabalho do funcionário pelo funcionário e por seu chefe influencia o grau até o qual o chefe julgará a eficácia do funcionário. Um empregado cuja percepção do papel preenche as expectativas do papel que seu chefe tem em relação a ele receberá uma melhor avaliação de desempenho.
- ▶ As normas controlam o comportamento estabelecendo padrões do que é certo e do que é errado. As normas de um determinado grupo podem ajudar a explicar o comportamento dos membros para os gestores. Quando as normas encorajam a alta contribuição dos funcionários, os gestores podem esperar maior desempenho de cada um dos membros do que quando elas visam restringir a contribuição. As normas que encorajam o comportamento antissocial aumentam

a probabilidade de que as pessoas se envolvam em atividades desviantes no local de trabalho.
▶ Desigualdades de status criam frustração e podem influenciar negativamente a produtividade e a vontade de permanecer na organização. A incongruência muito provavelmente reduzirá a motivação e impulsionará a busca de meios para conseguir justiça. Como as pessoas de status inferior tendem a participar menos de discussões em grupo, os grupos com grandes diferenças de status tendem a inibir a contribuição dos membros de menor status e reduzir seu potencial.
▶ O impacto do tamanho sobre o desempenho de um grupo depende do tipo de tarefa. Grupos maiores são mais eficazes em atividades de averiguação, e grupos menores são mais eficazes em tarefas de tomada de ação. Nosso conhecimento de indolência social sugere que os gestores que usam grupos maiores também devem fornecer medidas de desempenho individual.
▶ A coesividade pode ou não influenciar o nível de produtividade do grupo, dependendo das normas relacionadas com o desempenho do grupo.
▶ A diversidade parece ter um impacto ambíguo no desempenho do grupo. Alguns estudos sugerem que ela pode ajudar o desempenho; outros sugerem que ela pode prejudicá-lo. Parece que a diferença de resultados, positivos ou negativos, depende da situação.
▶ A alta congruência entre a percepção do trabalho do funcionário por ele mesmo e por seu chefe está fortemente relacionada com a alta satisfação do funcionário.[63] O conflito de papéis está associado com a tensão induzida pelo trabalho e com a insatisfação no trabalho.[64]
▶ A maioria das pessoas prefere se comunicar com outras que têm o mesmo nível de status social do que com os que estão abaixo delas.[65] Como resultado, devemos esperar que a satisfação seja maior entre os funcionários cujo trabalho minimiza a interação com indivíduos com status mais baixos que eles.
▶ A relação tamanho do grupo-satisfação é o que intuitivamente esperamos: os grupos maiores são associados com menor satisfação.[66] À medida que o tamanho aumenta, as oportunidades para a participação e para a interação social diminuem, assim como a habilidade dos membros de identificarem-se com as realizações do grupo. Além disso, um maior número de membros propicia a discórdia, o conflito e a formação de subgrupos, e isso torna o grupo uma entidade menos agradável da qual fazer parte.

Acesse o Site de apoio ao livro (www.grupoa.com.br) e teste seus conhecimentos por meio dos exercícios elaborados para este capítulo.

# Compreendendo as equipes de trabalho

## 10

## POR QUE AS EQUIPES SE TORNARAM TÃO POPULARES?

Décadas atrás, o fato de empresas como a W. L. Gore, a Volvo e a General Foods introduzirem equipes em seus processos de produção tornou-se notícia, porque ninguém mais fazia isso. Hoje, é justamente o oposto. A organização que *não* utiliza equipes torna-se digna de virar notícia. As equipes estão por toda parte.

Como explicar a atual popularidade das equipes? Como as organizações têm se reestruturado para competir de forma mais eficaz e eficiente, elas se voltaram para as equipes como uma melhor maneira de utilizar os talentos dos funcionários. As equipes são mais flexíveis e sensíveis a mudanças do que os departamentos tradicionais ou outras formas de agrupamentos permanentes. Elas podem se formar rapidamente, implementar, ser reorientadas ou desfeitas. Mas não se esqueçam das propriedades motivacionais das equipes. De acordo com nossa discussão sobre a participação dos trabalhadores como um motivador, as equipes facilitam a participação dos empregados nas decisões operacionais. Assim, outra explicação para a sua popularidade é que elas são um meio eficaz utilizado pelos gestores para democratizar as organizações e aumentar a motivação dos funcionários.

O fato de as organizações terem se voltado para as equipes não significa necessariamente que elas sejam sempre eficazes. Os tomadores de decisões, como seres humanos, podem ser influenciados por modismos ou pelo pensamento da maioria. As equipes são mesmo eficazes? Que condições afetam o seu potencial? Como os membros trabalham juntos? Essas são algumas das perguntas que vamos responder neste capítulo.

Depois de estudar este capítulo, você será capaz de:

▶ diferenciar grupos de equipes e analisar a crescente popularidade das equipes nas organizações;

▶ comparar e contrastar quatro tipos de equipes;

▶ identificar as características das equipes eficazes;

▶ demonstrar como as organizações podem criar o espírito de equipe;

▶ decidir quando usar indivíduos em vez de equipes;

▶ mostar como o nosso entendimento sobre as equipes é diferente em um contexto global.

## DIFERENÇAS ENTRE GRUPOS E EQUIPES

Grupos e equipes não são a mesma coisa. Nesta seção, vamos definir e esclarecer a diferença entre os grupos e as equipes de trabalho.[1]

No Capítulo 9, definimos um *grupo* como dois ou mais indivíduos, interagindo e interdependentes, que se uniram para alcançar objetivos específicos. Um **grupo de trabalho** é um coletivo de qualquer tamanho que interage principalmente para compartilhar informações e tomar decisões que ajudem o desempenho de cada membro dentro de sua área de responsabilidade.

Os grupos de trabalho não têm necessidade ou oportunidade de se envolver em trabalho colaborativo que requeira esforço conjunto. Então, o seu desempenho é meramente a soma da contribuição individual de cada membro do grupo. Não há sinergia positiva que criaria um nível global de desempenho que seja maior do que a soma dos esforços.

Uma **equipe de trabalho**, por outro lado, gera uma sinergia positiva por meio do esforço coordenado. Os esforços individuais resultam em um nível de desempenho maior do que a soma das referidas contribuições individuais. Tanto nos grupos quanto nas equipes de trabalho, muitas vezes há expectativas de comportamentos dos membros, esforços de normalização coletivos, dinâmicas de grupo ativas e algum nível de tomada de decisão (mesmo que seja de maneira informal sobre a responsabilidade de cada membro). Tanto os grupos quanto as equipes de trabalho podem ser chamados para gerar ideias, reunir recursos ou coordenar a logística, tais como os horários durante os quais o grupo trabalhará, entretanto isso será limitado à coleta de informações para os tomadores de decisões fora do grupo (e não decisões de ações).

Enquanto uma equipe de trabalho pode ser vista como um subconjunto de um grupo de trabalho, a equipe é constituída para ter uma interação significativa (simbiótica) entre seus membros. Essa distinção deve ser mantida, mesmo quando os termos são mencionados de forma intercambiável em contextos diferentes. A Figura 10.1 destaca as diferenças entre os grupos e as equipes de trabalho.

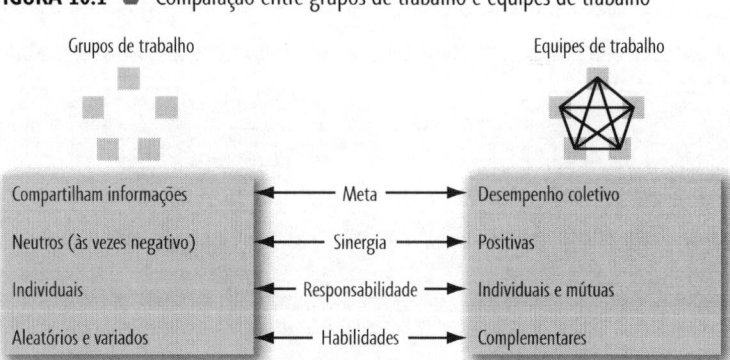

**FIGURA 10.1** Comparação entre grupos de trabalho e equipes de trabalho

| Grupos de trabalho | | Equipes de trabalho |
|---|---|---|
| Compartilham informações | ← Meta → | Desempenho coletivo |
| Neutros (às vezes negativo) | ← Sinergia → | Positivas |
| Individuais | ← Responsabilidade → | Individuais e mútuas |
| Aleatórios e variados | ← Habilidades → | Complementares |

Essas definições ajudam a esclarecer por que muitas organizações recentemente reestruturaram seus processos de trabalho ao redor de equipes. A administração está procurando sinergia positiva que permitirá que as organizações aumentem o desempenho. O uso extensivo de equipes cria o *potencial* para que uma organização gere maiores resultados sem o aumento de esforços. Note, no entanto, que dissemos *potencial*. Não há nada inerentemente mágico que garanta a realização da sinergia positiva na criação de equipes. Apenas chamar um *grupo* de *equipe* não melhora o seu desempenho automaticamente. Como mostraremos mais adiante neste capítulo, as equipes eficazes têm certas características comuns. Se a gestão espera ganhar aumentos no desempenho organizacional mediante a utilização de equipes, suas equipes devem possuir essas características.

## TIPOS DE EQUIPES

Equipes podem fazer produtos, prestar serviços, negociar acordos, coordenar projetos, oferecer aconselhamento e tomar decisões.[2] Nesta seção, descreveremos os quatro tipos mais comuns de equipes em uma organização: *equipes de resolução de problemas, equipes de trabalho autogeridas, equipes multifuncionais* e *equipes virtuais* (veja a Figura 10.2).

**FIGURA 10.2** Quatro tipos de equipes

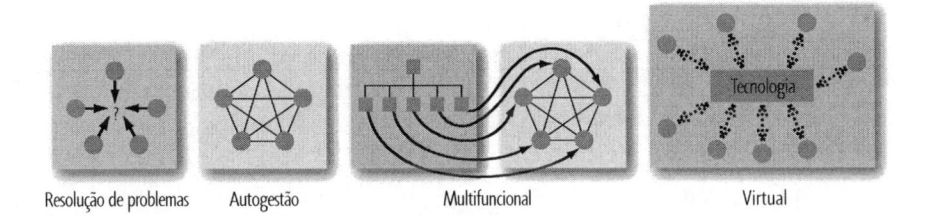

Resolução de problemas    Autogestão    Multifuncional    Virtual

## Equipes de resolução de problemas

No passado, as equipes eram geralmente compostas de grupos de 5 a 12 funcionários do mesmo departamento, que por algumas horas por semana se reuniam para discutir formas de melhorar a qualidade, a eficiência e o ambiente de trabalho.[3] Essas **equipes de resolução de problemas** raramente tinham a autoridade para implementar de modo unilateral qualquer de suas sugestões. A Merrill Lynch criou uma equipe de resolução de problemas para descobrir maneiras de reduzir o número de dias para que se pudesse abrir uma nova conta de gestão de caixa.[4] Ao sugerir a redução do número das etapas de 46 para 36, a equipe reduziu o número médio de dias de 15 para 8.

## Equipes de trabalho autogeridas

As equipes de resolução de problemas apenas fazem recomendações. Algumas organizações foram mais longe e criaram equipes que não só resolvem problemas, mas também implementam soluções e se responsabilizam pelos resultados.

As **equipes autogeridas** são grupos de funcionários (em geral de 10 a 15) que realizam trabalhos altamente relacionados ou interdependentes e assumem muitas das responsabilidades de seus antigos supervisores.[5] Em geral, essas tarefas são de planejamento ou agendamento, de atribuição de tarefas aos membros, de tomada de decisões operacionais, de decisões sobre ações em relação a problemas e de trabalho com fornecedores e clientes. As equipes que são realmente de autogestão até selecionam seus próprios membros e avaliam o desempenho de cada um. Os cargos de supervisão passam a ter menor importância e são, por vezes, eliminados.

Mas os resultados de estudos sobre a eficácia das equipes de trabalho autogeridas não têm sido positivos em sua totalidade.[6] As equipes autogeridas não costumam administrar conflitos muito bem. Quando surgem disputas, os membros param de cooperar e podem haver lutas de poder, o que leva a um menor desempenho.[7] Além disso, embora os indivíduos dessas equipes relatem níveis mais elevados de satisfação no trabalho, eles também têm, por vezes, maiores taxas de absentismo e de rotatividade. Um estudo em grande escala sobre a produtividade no trabalho em estabelecimentos britânicos descobriu que, embora a utilização de equipes em geral melhore a produtividade, nenhuma evidência sustenta a alegação de que as equipes autogeridas possuem um melhor desempenho quando comparadas às equipes tradicionais que possuem menos autoridade nas tomadas de decisões.[8]

## Equipes multifuncionais

O Starbucks criou uma equipe de indivíduos que eram provenientes da produção, RP global, comunicações globais e marketing dos Estados Unidos para desenvolver sua marca Via de café instantâneo. As sugestões da equipe resultaram em um produto que seria rentável para produzir e distribuir e que foi comercializado por meio de uma estratégia multifacetada totalmente integrada.[9] Esse exemplo ilustra a utilização de **equipes multifuncionais**, compostas por funcionários do mesmo nível hierárquico, mas de áreas de trabalho diferentes, que se reúnem para realizar uma tarefa.

Muitas organizações têm usado equipes horizontais, de maior abrangência por décadas. Na década de 1960, a IBM criou uma grande força-tarefa de funcionários de todos os departamentos para desenvolver o seu System 360, altamente bem-sucedido. Hoje, equipes multifuncionais são tão amplamente utilizadas que é difícil imaginar uma grande decisão organizacional sem a participação de alguma. Todos os principais fabricantes de automóveis — Toyota, Honda, Nissan, BMW, GM, Ford e Chrysler — atualmente utilizam essa forma de equipe para coordenar projetos complexos. A Cisco conta com equipes multifuncionais específicas para identificar e capitalizar sobre as novas tendências em diversas áreas do mercado de software. As equipes da Cisco são equivalentes aos grupos das redes sociais que colaboram em tempo real para identificar novas oportunidades de negócios na área e, em seguida, implementá-las uma a uma.[10]

As equipes multifuncionais são um meio eficaz de permitir que pessoas de diversas áreas dentro ou mesmo entre organizações troquem informações, desenvolvam novas ideias, resolvam problemas e coordenem projetos complexos. Claro, tais equipes não são facílimas de gerenciar. Seus estágios de desenvolvimento iniciais são geralmente longos, pois os membros estão aprendendo a trabalhar com a diversidade e complexidade. Leva-se tempo para construir confiança e trabalho em equipe, especialmente entre as pessoas de origens diversas, com diferentes experiências e perspectivas.

## Equipes virtuais

As equipes descritas na seção anterior fazem o seu trabalho presencialmente. As **equipes virtuais** usam a tecnologia do computador para unir os membros fisicamente dispersos e atingir uma meta comum.[11] Seus membros colaboram on-line — usando links de comunicação como as redes ampliadas, videoconferência ou e-mail — estejam eles na sala ao lado ou em outro continente. As equipes virtuais são tão difundidas e a tecnologia está tão avançada que talvez seja um equívoco chamá-las de "virtuais". Quase todas as equipes hoje em dia fazem pelo menos algum trabalho remotamente.

Apesar de sua onipresença, as equipes virtuais enfrentam desafios especiais. Elas podem sofrer porque há um relacionamento menos social e também menor interação entre os membros. Resultados de 94 estudos em que incluíram mais de 5 mil grupos constataram que as equipes virtuais são melhores em compartilhar informações exclusivas (informações detidas por membros individuais, mas não pelo grupo todo), mas tendem a compartilhar menos informação de forma geral.[12] Como resultado, os baixos níveis de virtualidade em equipes resultam em níveis mais elevados de partilha de informações, mas altos níveis de virtualidade impedem que isso aconteça. Para que as equipes virtuais sejam mais eficazes, a gestão deve assegurar que (1) a confiança seja estabelecida entre os membros (uma mensagem agressiva em um e-mail pode minar seriamente a confiança da equipe), (2) o progresso da equipe seja monitorado de perto (para que a equipe não perca de vista suas metas e para que nenhum membro da equipe "desapareça") e (3) os esforços e produtos da equipe sejam divulgados por toda a organização (para que a equipe não se torne invisível).[13]

## CRIANDO EQUIPES EFICAZES

Muitos tentaram identificar os fatores relacionados com a eficácia da equipe.[14] No entanto, alguns estudos apontaram "para uma miscelânea de características"[15] como um modelo a ser seguido.[16] A Figura 10.3 resume o que sabemos atualmente sobre o que faz as equipes serem eficazes. Como você verá, ela se baseia em muitos dos conceitos de grupo introduzidos no Capítulo 9.

A discussão a seguir é baseada no modelo da Figura 10.3. Tenha em mente dois pontos. Primeiro, as equipes diferem em forma e estrutura. O modelo tenta generalizar, desconsiderando a grande variedade de equipes, então, evite aplicar de forma rígida suas previsões para todas elas.[17] Use-o mais como um guia. Segundo, o modelo supõe que o trabalho em equipe seja preferível ao trabalho individual. Criar equipes "eficazes," quando indivíduos podem fazer o trabalho de uma forma melhor, é como resolver com perfeição o problema errado.

Podemos organizar os principais componentes de equipes eficazes em três categorias gerais. Na primeira estão os recursos e outras influências *contextuais* que compõem as equipes eficazes. A segunda diz respeito à *composição* da equipe. Por fim, na terceira, as variáveis do *processo* são eventos dentro da equipe que influenciam a eficácia. O que significa *eficácia de equipe* nesse modelo? Normalmente, ela inclui medidas objetivas da produtividade da equipe, avaliações de desempenho pelos gestores e medidas agregadas de satisfação dos membros.

**FIGURA 10.3** Modelo de eficácia da equipe

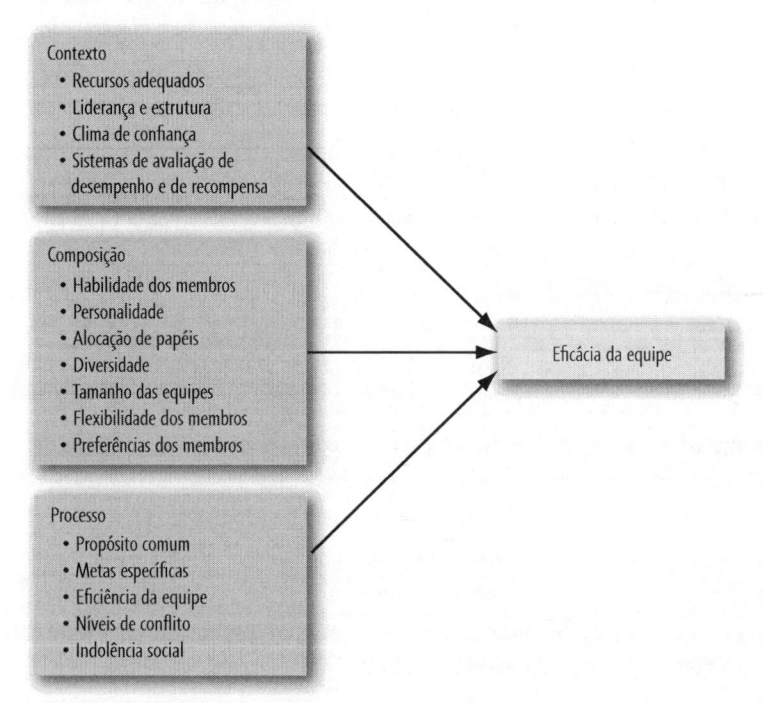

**Contexto**
- Recursos adequados
- Liderança e estrutura
- Clima de confiança
- Sistemas de avaliação de desempenho e de recompensa

**Composição**
- Habilidade dos membros
- Personalidade
- Alocação de papéis
- Diversidade
- Tamanho das equipes
- Flexibilidade dos membros
- Preferências dos membros

**Processo**
- Propósito comum
- Metas específicas
- Eficiência da equipe
- Níveis de conflito
- Indolência social

→ Eficácia da equipe

## Contexto: quais os fatores que determinam se as equipes são bem-sucedidas?

Os quatro fatores contextuais relacionados mais significativamente com o desempenho da equipe são: os recursos adequados, a liderança eficaz, um clima de confiança e um sistema de avaliação e recompensa de desempenho que reflita as contribuições da equipe.

**RECURSOS ADEQUADOS** As equipes fazem parte de um sistema de organização maior: cada uma delas depende de recursos de fora do grupo para sustentá-la. A escassez de recursos reduz diretamente a capacidade de uma equipe realizar o seu trabalho de forma eficaz e atingir as suas metas. Como um estudo concluiu, depois de examinar 13 fatores relacionados com o desempenho do grupo, "talvez uma das características mais importantes de um grupo de trabalho efetivo é o apoio que este recebe da organização".[18] Esse apoio inclui a informação na hora certa, equipamentos apropriados, funcionários adequados e encorajamento e assistência por parte da gestão.

**LIDERANÇA E ESTRUTURA** As equipes não podem funcionar se não conseguirem chegar a um acordo sobre quem deve fazer o que e garantir que todos os membros compartilhem a carga de trabalho. Concordar com as especificidades do trabalho e como elas se encaixam para integrar as competências individuais requer liderança e estrutura, quer da gestão ou dos próprios membros da equipe. É verdade que, em equipes autogeridas, os membros absorvem muitas das funções normalmente assumidas pelos gestores. No entanto, nessa hora o trabalho de um gestor torna-se o gerenciamento pelo lado *de fora* (e não de dentro) da equipe.

A liderança é de especial importância para **sistemas multiequipe**, nos quais diferentes equipes precisam coordenar seus esforços para produzir um resultado desejado. Aqui, os líderes precisam capacitar as equipes, delegando a responsabilidade para elas, e desempenham o papel de facilitadores, garantindo que as equipes trabalhem em conjunto e não umas contra as outras.[19] As equipes que estabelecem liderança compartilhada, delegando-a efetivamente, são mais eficazes do que as que possuem a estrutura tradicional de ter somente um líder.[20]

**CLIMA DE CONFIANÇA** Os membros das equipes eficazes confiam uns nos outros. Eles também demonstram confiança em seus líderes.[21] A confiança interpessoal entre os membros facilita a cooperação, reduz a necessidade de monitoramento do comportamento dos outros e une os membros na crença de que os outros na equipe não tentarão tirar vantagem deles. Os membros da equipe são mais propensos a correr riscos e expor vulnerabilidades quando acreditam que podem confiar nos outros em sua equipe. E, como veremos mais adiante no livro, a confiança é a base da liderança. Ela permite que uma equipe aceite e se comprometa com as metas e decisões do seu líder.

**AVALIAÇÕES DE DESEMPENHO E SISTEMAS DE RECOMPENSA** Como você consegue que os membros de uma equipe sejam responsáveis tanto individualmente quanto em conjunto? As avaliações de desempenho individuais e os incentivos podem interferir com o desenvolvimento das equipes de alto desempenho. Assim, além de avaliar e recompensar os funcionários por suas contribuições individuais, a gestão deve modificar o sistema tradicional que avalia e recompensa os indivíduos, que também é utilizado para refletir o desempenho da equipe, e concentrar-se em sistemas híbridos que reconheçam os membros individuais por suas contribuições excepcionais e recompensem todo o grupo pelos resultados positivos.[22] Avaliações com base na equipe, participação nos lucros, participação nos resultados, pequenos incentivos para a equipe e outras modificações no sistema podem reforçar o esforço e o comprometimento da equipe.

## A composição da equipe

> A composição da equipe é importante – a melhor maneira de constituir equipes depende da capacidade, habilidade ou característica em consideração.

A categoria de composição da equipe inclui variáveis que se relacionam com a forma como as equipes devem ser compostas — as capacidades e personalidades dos membros, alocação dos papéis e diversidade, tamanho da equipe e as preferências dos membros por trabalho em equipe.

**CAPACIDADES DOS MEMBROS** Parte do desempenho de uma equipe depende do conhecimento, das habilidades e capacidades de cada membro.[23] É verdade que, de vez em quando, lemos sobre uma equipe esportiva de jogadores medíocres que, por causa de um treinamento excelente, determinação e trabalho em equipe preciso, vence um grupo muito mais talentoso. Mas esses casos tornam-se notícias precisamente porque são incomuns. O desempenho de uma equipe não é apenas a soma das capacidades de cada membro. No entanto, essas habilidades definem os limites do que cada membro pode fazer e quão eficaz será o desempenho de cada um na equipe.

Estudos revelam alguns *insights* sobre a composição e o desempenho da equipe. Primeiro, quando a tarefa envolve muita reflexão (resolução de um problema complexo, como a reengenharia de uma linha de montagem), equipes de alta capacidade — compostas na maior parte de membros inteligentes — demonstram melhores resultados do que as equipes de baixa capacidade, em especial quando a carga de trabalho é distribuída uniformemente. Dessa forma, o desempenho da equipe não depende do elo mais fraco. Equipes de alta capacidade também são mais adaptáveis a situações de mudanças, pois podem aplicar de forma mais eficaz o conhecimento existente para novos problemas.

A capacidade do líder da equipe também é importante. Líderes inteligentes ajudam os membros da equipe que são menos inteligentes quando estes têm dificuldades em uma tarefa. Isso acontece porque o líder é capaz de contribuir para a conclusão bem-sucedida das metas da equipe por conta própria. Um líder menos inteligente pode neutralizar o efeito de uma equipe de alta capacidade.[24]

A PERSONALIDADE DOS MEMBROS   Já demonstramos que a personalidade influencia significativamente o comportamento individual do funcionário. Muitas das dimensões identificadas no modelo de personalidade dos Cinco Grandes Fatores também são relevantes para a eficácia da equipe; uma revisão de literatura sobre o CO identificou três:[25] especificamente, as equipes com melhor avaliação em relação aos níveis de escrupulosidade da relevância das tarefas e abertura a experiências tendem a apresentar melhor desempenho. Um nível mínimo de agradabilidade dos membros também é importante: as equipes apresentavam piores resultados quando tinham um ou mais membros desagradáveis. Talvez uma laranja podre realmente *possa* estragar todas as demais!

Estudos também nos proporcionaram uma boa ideia sobre por que esses traços de personalidade são importantes para as equipes. Pessoas escrupulosas apoiam os outros membros da equipe e também percebem quando o apoio é verdadeiramente necessário. Um estudo constatou que tendências comportamentais específicas, como organização pessoal, estruturação cognitiva, desejo por realizações e resiliência, estavam todas relacionadas com níveis mais elevados de desempenho da equipe.[26] Membros da equipe que estão abertos se comunicam melhor uns com os outros e oferecem mais ideias, e isso torna as equipes compostas por pessoas aberta criativas e inovadoras.[27]

Suponha que uma organização precise criar 20 equipes de quatro pessoas cada e tenha 40 pessoas altamente escrupulosas e 40 com baixo escore em escrupulosidade. Será que a organização se sairia melhor se (1) formasse 10 equipes de pessoas altamente escrupulosas e 10 equipes de membros com baixa escrupulosidade, ou (2) "espalhasse" em cada equipe duas pessoas com alta e duas com baixa escrupulosidade? Talvez surpreendentemente, as evidências sugirem que a opção 1 é a melhor; o desempenho entre as equipes será maior se a organização fizer 10 equipes altamente escrupulosas e 10 com baixa escrupulosidade. Isso ocorre porque a equipe com membros altamente escrupulosos definirá e manterá as expectativas de alto desempenho, enquanto a equipe composta por membros de diferentes níveis de escrupulosidade não vai trabalhar no nível do desempenho máximo de seus membros altamente escrupulosos. Em vez disso, uma dinâmica de ressentimento ou de normalização complicará as interações e forçará os membros altamente escrupulosos a diminuírem suas expectativas, afetando negativamente o desempenho do grupo. Em casos como este, parece fazer sentido "colocar todos os ovos (membros escrupulosos) na mesma cesta (em equipes com outros membros escrupulosos)".[28]

> Ao combinar as preferências individuais com as exigências dos papéis em uma equipe, os gestores aumentam a probabilidade de que os membros da equipe trabalharão bem juntos.

**ATRIBUIÇÃO DE FUNÇÕES** As equipes têm necessidades diferentes, e os membros devem ser selecionados para assegurar-se de que todas as várias funções sejam preenchidas. Um estudo de 778 equipes de beisebol da liga principal ao longo de 21 anos destaca a importância de atribuir funções adequadamente.[29] Como você poderia esperar, as equipes com membros mais experientes e habilidosos tiveram um melhor desempenho. No entanto, a experiência e a habilidade das pessoas em funções centrais que lidam com mais fluxo de trabalho da equipe, e que são centrais para todos os processos de trabalho (no caso, os batedores e os lançadores), eram especialmente vitais. Em outras palavras, coloque seus empregados mais capazes, experientes e escrupulosos nos papéis mais centrais em uma equipe.

Podemos identificar nove funções potenciais da equipe. As equipes de trabalho bem-sucedidas selecionam pessoas para desempenhar todas essas funções com base em suas habilidades e preferências.[30] (Em muitas equipes, os indivíduos desempenharão funções múltiplas.) Para aumentar a probabilidade de os membros da equipe trabalharem bem juntos, os gestores precisam compreender as forças individuais que as pessoas podem trazer para uma equipe, selecionar membros tendo em mente seus pontos fortes e alocar as atribuições de trabalho que se ajustem aos estilos preferidos dos membros.

**DIVERSIDADE DE MEMBROS** Há muita discussão e pesquisa sobre o efeito da diversidade em grupos. Como a diversidade *da equipe* afeta o desempenho *da equipe*? O grau em que os membros de uma unidade de trabalho (grupo, equipe ou departamento) compartilham um atributo demográfico comum, como idade, sexo, raça, nível educacional ou tempo de serviço na organização, é objeto da **demografia organizacional**. A demografia organizacional sugere que atributos tais como a idade ou a data de admissão devem nos ajudar a prever a rotatividade. A lógica é assim: a rotatividade será maior entre aqueles com experiências diferentes, porque a comunicação é mais difícil e o conflito é mais provável. Maior conflito torna a associação menos atraente, então os funcionários ficam mais propensos a pedir demissão. Da mesma forma, os perdedores em uma luta pelo poder estão mais aptos a sair voluntariamente ou a serem forçados a se demitir.[31]

Muitos de nós têm a visão otimista de que a diversidade deve ser uma coisa boa — equipes diversificadas deveriam se beneficiar de diferentes perspectivas. Duas revisões meta-analíticas da literatura de pesquisa mostram, no entanto, que a diversidade demográfica não é relacionada essencialmente com o desempenho global da equipe, enquanto uma terceira na verdade sugere que a diversidade de raça e gênero esteja relacionada negativamente com o desempenho da equipe.[32] Um qualificador é que a diversidade de gênero e etnia tem efeitos mais negativos em ocupações dominadas por funcionários masculinos ou brancos, mas em ocupações demograficamente mais equilibradas, a diversidade é um problema menor. A diversidade na função, formação acadêmica e experiência é relacionada positivamente com o desempenho do grupo, mas tais efeitos são muito pequenos e dependem da situação.

Uma liderança adequada também pode melhorar o desempenho de diversas equipes.[33] Quando os líderes fornecem um objetivo inspirador comum para os membros com diferentes tipos de educação e conhecimento, as equipes são muito criativas. Quando os líderes não fornecem tais objetivos, as equipes diversas não conseguem tirar proveito de suas habilidades únicas e são realmente *menos* criativas do que aquelas com habilidades homogêneas. No entanto, até mesmo equipes com valores diversos podem executar a tarefa eficazmente, se os líderes fornecerem um foco nas tarefas de trabalho, em vez de liderarem com base nas relações pessoais.

Discutimos a pesquisa sobre a diversidade da equipe em raça ou sexo. Mas e a diversidade criada por diferenças nacionais? Como a pesquisa anterior, aqui as evidências indicam que os elementos da diversidade interferem nos processos da equipe, pelo menos em curto prazo.[34] A diversidade cultural parece ser um trunfo para as tarefas que exigem variedade de pontos de vista. Mas as equipes culturalmente heterogêneas têm mais dificuldade em aprender a trabalhar com os outros e a resolver problemas. A boa notícia é que essas dificuldades parecem dissipar-se com o tempo. Embora as equipes recém-formadas culturalmente diversas tenham um menor desempenho do que as equipes recém-formadas culturalmente homogêneas, as diferenças desaparecem após cerca de três meses.[35] Felizmente, algumas estratégias de melhoria do desempenho da equipe parecem funcionar bem em muitas culturas. Um estudo detectou que as equipes na União Europeia compostas por membros de países coletivistas e individualistas beneficiaram-se igualmente de terem metas grupais.[36]

**TAMANHO DAS EQUIPES** A maioria dos especialistas concorda: manter equipes pequenas é uma chave para melhorar a efetividade do grupo.[37] De modo geral, as equipes mais eficazes têm de cinco a nove membros. E os especialistas sugerem usar o menor número de pessoas que possam fazer a tarefa. Infelizmente, os gestores muitas vezes erram, tornando as equipes muito grandes. Pode ser preciso apenas quatro ou cinco membros para desenvolver a diversidade de opiniões e habilidades, enquanto os problemas de coordenação podem aumentar de modo exponencial conforme mais membros são adicionados à equipe. Quando as equipes têm membros em excesso, há redução da coesividade e declínio da responsabilidade mútua, aumenta a indolência social e as pessoas se comunicam menos. Membros de grandes equipes têm problemas de coordenação com os outros, especialmente sob pressão de tempo. Se uma unidade de trabalho natural é maior e você quer um trabalho de equipe, considere repartir o grupo em subequipes, quando for difícil desenvolver processos de coordenação eficazes.[38]

**PREFERÊNCIAS DOS MEMBROS** Nem todo empregado é um membro de equipe. Dada a opção, muitos funcionários escolherão ficar *fora* da participação em equipe. Quando as pessoas que preferem trabalhar sozinhas são recrutadas para formar uma equipe, há uma ameaça direta para a motivação da equipe e para a satisfação dos membros.[39] Esse resultado sugere que, ao selecionar os membros da equipe, os gestores devem considerar as preferências individuais junto com as habilidades, personalidades e capacidade. As equipes de alto desempenho provavelmente serão compostas por pessoas que preferem trabalhar como parte de um grupo.

## Processos da equipe

A última categoria relacionada com a eficácia da equipe são as variáveis do processo, tais como o comprometimento dos membros com um propósito comum, o estabelecimento de metas específicas, a eficácia, um nível gerenciado de conflito e a minimização da indolência social. Esses pontos serão especialmente importantes em equipes maiores e nas que são altamente interdependentes.[40]

Por que os processos são importantes para a eficácia da equipe? Vamos voltar ao tema da indolência social. Descobrimos que 1+1+1 não necessariamente totalizam 3. Quando a contribuição de cada membro não é claramente visível, os indivíduos tendem a diminuir os seus esforços. Em outras palavras, a indolência social ilustra uma perda do processo pelo uso de equipes. Mas as equipes devem criar resultados maiores do que a soma de suas entradas individuais, como quando um grupo diversificado desenvolve alternativas criativas. A Figura 10.4 ilustra como os processos de grupo podem ter impacto na efetividade real.[41]

As equipes são usadas frequentemente em laboratórios de pesquisa, porque podem aglutinar as diversas habilidades de vários indivíduos, para produzir pesquisas mais significativas do que pesquisadores trabalhando de forma independente — ou seja, elas produzem sinergia positiva, e os ganhos do processo excedem as perdas.

> As equipes eficazes mantêm um plano comum e um propósito para suas ações que orientam suas ações e concentram seus esforços.

**PROPÓSITO E PLANO COMUNS** As equipes eficazes começam pela análise da missão da equipe, desenvolvendo metas para alcançar essa missão, e pela criação de estratégias para atingir os objetivos. As equipes que desempenham consistentemente melhor estabeleceram um claro senso do que precisa ser feito e de como fazê-lo.[42]

**FIGURA 10.4** Efeitos dos processos de grupo

Eficácia potencial do grupo + Ganhos do processo − Perdas do processo = Eficácia real do grupo

Os membros das equipes de sucesso investem uma quantidade enorme de tempo e esforço em discutir, dar forma e chegar a um acordo sobre um propósito que pertence a eles tanto coletiva quanto individualmente. Esse propósito comum, quando aceito pela equipe, torna-se o que o GPS é para o capitão de um navio: fornece a direção e orientação em toda e qualquer condição. Como um navio seguindo o curso errado, as equipes que não tenham boas habilidades de planejamento estão condenadas; executar com perfeição um plano errado é uma causa perdida.[43] As equipes também devem concordar sobre se seu objetivo é aprender e dominar uma tarefa ou simplesmente executá-la; as evidências sugerem que perspectivas divergentes sobre aprendizagem *versus* metas de desempenho levam a baixar os níveis de desempenho global da equipe.[44] Parece que essas diferenças na orientação dos objetivos têm seus efeitos, por reduzirem as discussões e o compartilhamento de informações. Em resumo, é importante ter todos os funcionários de uma equipe se esforçando para o mesmo *tipo* de meta.

Equipes eficazes também mostram **reflexividade**, significando que elas refletem e ajustam seu plano quando necessário. Uma equipe tem que ter um bom plano, mas também tem que estar disposta e ser capaz de se adaptar quando as condições exigirem.[45] Curiosamente, algumas evidências sugerem que as equipes com alta reflexividade são mais capazes de se adaptar aos planos e às metas conflitantes entre seus membros.[46]

**OBJETIVOS ESPECÍFICOS** Equipes bem-sucedidas traduzem seu propósito comum em metas de desempenho específicas, mensuráveis e realistas. Os objetivos específicos facilitam uma comunicação clara. Eles também ajudam as equipes a manter seu foco na obtenção de resultados.

Consistente com as pesquisas sobre metas individuais, as metas da equipe também devem ser um desafio. Metas difíceis, mas realizáveis, elevam o desempenho nos critérios para os quais foram ajustadas. Assim, por exemplo, metas para quantidade tendem a aumentar a quantidade, metas para precisão aumentam a precisão, e assim por diante.[47]

**EFICÁCIA DA EQUIPE** Equipes eficazes têm confiança em si mesmas. Elas acreditam que podem ter sucesso. Chamamos isso de *eficácia da equipe*.[48] As equipes que foram bem-sucedidas elevam suas crenças sobre o sucesso futuro, que, por sua vez, vai motivá-las a trabalhar mais. O que a gestão pode fazer para aumentar a eficácia da equipe? Duas opções estão ajudando a equipe a alcançar pequenos sucessos que constroem a confiança e proporcionam formação para melhorar as competências técnicas e interpessoais dos membros. Quanto maior forem as habilidades dos membros, mais provável a equipe desenvolver confiança e capacidade de cumprir essa expectativa.

**MODELOS MENTAIS** Equipes eficazes compartilham **modelos mentais** precisos — representações mentais organizadas dos elementos-chave no ambiente de uma equipe que os membros compartilham.[49] Se os membros da equipe têm os modelos mentais errados, que é particularmente provável com equipes em estresse agudo, seu desempenho será prejudicado.[50] Na guerra do Iraque, por exemplo, muitos líderes militares disseram que subestimaram o poder da insurgência e os conflitos internos entre as seitas religiosas iraquianas. Também é importante a semelhança dos modelos mentais com os membros da equipe. Se os membros têm ideias diferentes sobre como fazer as coisas, a equipe vai ter conflitos sobre os métodos, em vez de focar no que precisa ser feito.[51] Uma revisão de 65 estudos independentes sobre a cognição da equipe detectou que as equipes com modelos mentais compartilhados, envolvidos em interações mais frequentes com os outros, estavam mais motivadas, tinham atitudes mais positivas em relação a seu trabalho e tinham níveis mais elevados de desempenho avaliado objetivamente.[52]

**NÍVEIS DE CONFLITO** O conflito em uma equipe não é necessariamente ruim. Como discutiremos mais adiante neste livro, o conflito tem uma relação complexa com o desempenho da equipe. *Conflitos de relacionamento* — aqueles com base em incompatibilidades interpessoais, tensão e animosidade em relação aos outros — quase sempre são disfuncionais. No entanto, quando as equipes estão realizando atividades rotineiras, desacordos sobre o conteúdo da tarefa (chamados *conflitos de tarefa*) estimulam a discussão, promovem a avaliação crítica dos problemas e opções e podem levar a melhores decisões da equipe. Um estudo realizado na China detectou que níveis moderados de conflito de tarefa durante as fases iniciais do desempenho da equipe foram relacionados positivamente com a criatividade, mas níveis de conflito de tarefa muito baixos ou muito elevados foram relacionados negativamente com o desempenho da equipe.[53] Em outras palavras, tanto muito quanto pouco desacordo sobre o modo como uma equipe deve executar inicialmente uma tarefa criativa podem inibir o desempenho.

A maneira como os conflitos são resolvidos também pode fazer a diferença entre equipes eficazes e ineficazes. Um estudo sobre observações em curso feitas por 37 grupos de trabalho autônomos mostrou que as equipes eficazes resolveram os conflitos ao discutirem explicitamente as questões, enquanto as equipes ineficazes tinham conflitos concentrados mais nas personalidades e na forma como as coisas eram ditas.[54]

**INDOLÊNCIA SOCIAL** Como observamos anteriormente, os indivíduos podem participar na indolência social e reduzir os esforços do grupo quando suas contribuições particulares não puderem ser identificadas. Equipes eficazes minam essa tendência, tornando os membros individualmente e em conjunto responsáveis pelos objetivos, metas e abordagens da equipe.[55] Portanto, os membros devem ter certeza daquilo sobre o que eles são responsáveis individualmente e no que eles são corresponsáveis na equipe.

## TRANSFORMANDO OS INDIVÍDUOS EM MEMBROS DE EQUIPE

Enfatizamos o valor e a crescente popularidade das equipes. Mas muitas pessoas não são inerentemente membros de equipe, e muitas organizações têm, historicamente, alimentado as realizações individuais. Por fim, as equipes se ajustam bem em países com alta pontuação no coletivismo. Mas o que acontece se uma organização desejar introduzir equipes em uma população de trabalho de indivíduos nascidos e criados em uma sociedade individualista? Um funcionário veterano de uma grande empresa, que tinha se saído bem ao trabalhar em uma empresa individualista em um país individualista, descreveu a experiência de unir-se a uma equipe: "Aprendi minha lição. Tive minha primeira avaliação de desempenho negativa em vinte anos".[56]

Assim, o que as organizações podem fazer para melhorar a eficácia da equipe — para transformar os contribuintes individuais em membros da equipe? Aqui mostraremos opções para os gestores que tentam transformar indivíduos em membros de equipe.

### Seleção: contratação de membros de equipe

Algumas pessoas já possuem as habilidades interpessoais para serem membros de equipe eficazes. Ao empregar membros da equipe, certifique-se de que os candidatos possam cumprir seus papéis, bem como os requisitos técnicos.[57]

Quando confrontados com candidatos a emprego que não tenham habilidades de equipe, os gestores têm três opções. Primeiro, não os contrate. Se você tem que contratá-los, atribua-lhes tarefas ou cargos que não exijam o trabalho em equipe. Se isso não for viável, os candidatos podem passar por uma formação para transformá-los em membros de equipe. Em organizações estabelecidas que decidem redesenhar trabalhos em torno de equipes, alguns funcionários vão resistir a ser membros de equipe e podem ser impossíveis de treinar. Infelizmente, no geral eles tornam-se vítimas da abordagem de equipe.

Criar equipes muitas vezes significa resistir ao impulso de contratar os melhores talentos, apesar de tudo. As características pessoais também parecem tornar algumas pessoas melhores candidatas a trabalhar em equipes diversas. As equipes compostas por membros que gostam de trabalhar com quebra-cabeças mentais difíceis também parecem ser mais eficazes em capitalizar os vários pontos de vista que surgem da diversidade em idade e instrução.[58]

## Formação: criação de membros de equipe

Especialistas em formação realizam exercícios que permitem aos funcionários vivenciar a satisfação que o trabalho em equipe pode propiciar. Oficinas ajudam os funcionários a melhorar sua resolução de problemas, comunicação, negociação, gestão de conflitos e habilidades de *coaching*. A L'Oréal, por exemplo, descobriu que as equipes de vendas bem-sucedidas precisavam de muito mais do que serem compostas por vendedores de alta capacidade: a gestão tinha que concentrar grande parte de seus esforços na construção de equipes. "O que nós não considerávamos é que muitos membros da nossa equipe de topo nas vendas eram promovidos porque tinham excelentes habilidades técnicas e operacionais", comenta o VP sênior de vendas da L'Oréal, David Waldock. Como resultado do foco no treinamento da equipe, Waldock diz: "Já não somos mais uma equipe apenas no papel, trabalhando de forma independente. Agora temos um verdadeiro grupo dinâmico, e é um bom grupo".[59] Os funcionários também aprendem o modelo de desenvolvimento do grupo de cinco estágios descrito no capítulo anterior. Desenvolver uma equipe eficaz não acontece do dia para a noite — leva tempo.

## Recompensas: a concessão de incentivos por ser um bom membro de equipe

O sistema de recompensas da empresa deve ser reformulado para encorajar os esforços de cooperação em vez dos de competição.[60] A Hallmark Cards Inc. adicionou ao seu sistema básico de incentivos individuais um bônus anual com base na realização dos objetivos da equipe. A Whole Foods direciona a maioria de suas recompensas com base no desempenho para o desempenho da equipe. Como resultado, as equipes selecionam novos membros cuidadosamente, assim eles irão contribuir para a eficácia (e, consequentemente, para os bônus da equipe).[61] Em geral, é melhor definir um tom cooperativo tão logo seja possível na vida de uma equipe. Como já observamos, as equipes que alternam de um sistema competitivo para um cooperativo não compartilham informações imediatamente, e ainda tendem a tomar decisões apressadas e de má qualidade.[62] Ao que parece, a baixa confiança típica do grupo competitivo não será prontamente substituída pela alta confiança com uma mudança rápida nos sistemas de recompensa. Esses problemas não são vistos em equipes que têm sistemas consistentemente cooperativos.

Promoções, aumentos e outras formas de reconhecimento devem ser dados aos indivíduos que trabalham efetivamente como membros da equipe por meio da formação de novos colegas, compartilhamento de informações, ajudando a resolver conflitos de equipe, e que precisavam dominar novas habilidades. Isso não significa que as contribuições individuais devam ser ignoradas; em vez disso, elas devem ser contrabalançadas com as contribuições altruístas para a equipe.

Por fim, não se esqueça das recompensas intrínsecas, tais como camaradagem, que os funcionários podem receber do trabalho em equipe. É emocionante ser parte de uma equipe de sucesso. A oportunidade para o desenvolvimento pessoal e dos companheiros de equipe pode ser uma experiência muito gratificante e recompensadora.

## CUIDADO! AS EQUIPES NÃO SÃO SEMPRE A RESPOSTA

O trabalho em equipe leva mais tempo e muitas vezes mais recursos do que o trabalho individual. As equipes aumentaram as demandas de comunicação e os conflitos para gerenciar, além do número de reuniões a serem realizadas. Então, os benefícios de usar as equipes têm que exceder os custos, e isso nem sempre é o caso.[63] Antes de você se apressar e implementar equipes, avalie cuidadosamente se o trabalho requer ou irá se beneficiar de um esforço coletivo.

Como você sabe se o trabalho do seu grupo poderia ser feito melhor em equipes? Você pode aplicar três testes.[64] Primeiro, o trabalho pode ser feito melhor por mais de uma pessoa? Um bom indicador é a complexidade do trabalho e a necessidade de diferentes perspectivas. Tarefas simples, que não exigem diversas informações, são provavelmente mais adequadas se deixadas para os indivíduos. Segundo, o trabalho cria um propósito comum ou conjunto de objetivos para as pessoas no grupo, mais do que o agregado de objetivos individuais? Muitos departamentos de serviço das concessionárias de veículos novos introduziram as equipes que ligam as pessoas de atendimento ao cliente, mecânica, especialistas em peças e representantes de vendas. Tais equipes podem gerenciar melhor a responsabilidade coletiva, para garantir que as necessidades do cliente sejam satisfeitas devidamente.

O teste final é determinar se os membros do grupo são interdependentes. Usar equipes faz sentido quando há interdependência entre as tarefas — o sucesso do todo depende do sucesso de cada uma, e o sucesso de cada uma depende do sucesso dos outros. O futebol, por exemplo, é um esporte de *equipe* óbvio. O sucesso requer uma grande quantidade de coordenação entre os jogadores interdependentes. Por outro lado, exceto talvez para provas de revezamento, as equipes de natação não são equipes de fato. São grupos de indivíduos realizando tarefas individualmente, cujo desempenho total é meramente uma soma agregada dos seus desempenhos individuais.

## RESUMO E IMPLICAÇÕES PARA OS GESTORES

Poucas tendências influenciaram tanto os empregos quanto o movimento maciço para introduzir equipes no local de trabalho. A mudança de trabalhar sozinho para trabalhar em equipes requer funcionários que cooperem com os outros, compartilhem informações, confrontem as diferenças e sublimem interesses pessoais em prol do bem da equipe.

- ▶ As equipes eficazes possuem características comuns. Elas têm os recursos adequados, liderança eficaz, um clima de confiança e uma avaliação de desempenho e sistema de recompensa que refletem as contribuições da equipe. Essas equipes têm indivíduos com conhecimento técnico, bem como habilidades de resolução de problemas, de tomada de decisão e interpessoais e os traços corretos, especialmente a conscientização e a abertura.
- ▶ As equipes eficazes também tendem a ser pequenas — com menos de dez pessoas, de preferência de origens diversas. Elas têm membros que preenchem as exigências de papel e que preferem ser parte de um grupo. E o trabalho que os membros realizam promove a liberdade e a autonomia, a oportunidade de usar diferentes habilidades e talentos, a capacidade para concluir uma identificável tarefa ou produto inteiro e o trabalho que tem um impacto substancial sobre os outros.
- ▶ As equipes eficazes têm membros que acreditam nos recursos da equipe e são comprometidos com um plano e propósito comuns, um modelo mental compartilhado exato do que está para ser realizado, metas específicas, um nível gerenciável de conflito e um grau mínimo de indolência social.
- ▶ Como as organizações e sociedades individualistas atraem e recompensam as realizações individuais, pode ser difícil criar membros de equipe nesses ambientes. Para fazer a conversão, a gestão deve tentar selecionar os indivíduos que tenham as habilidades interpessoais para serem membros de equipes eficazes, fornecer treinamento para desenvolver as habilidades de trabalho em equipe e recompensar os indivíduos pelos esforços cooperativos.

---

Acesse o Site de apoio ao livro (www.grupoa.com.br) e teste seus conhecimentos por meio dos exercícios elaborados para este capítulo.

# Comunicação 11

Nenhum indivíduo, grupo ou organização pode existir sem compartilhamento de significados entre os seus membros. Só então é que podemos transmitir informações e ideias. Comunicar-se, no entanto, é mais do que simplesmente transmitir significado; o significado também deve ser entendido. Se um membro do grupo fala somente alemão, e os outros não sabem a língua, o orador alemão não vai ser totalmente compreendido. Portanto, a **comunicação** deve incluir tanto a *transferência* quanto a *compreensão do significado*.

Antes de fazer muitas generalizações relativas à comunicação e aos problemas da comunicação eficaz, precisamos descrever o processo de comunicação.

## O PROCESSO DE COMUNICAÇÃO

Antes de a comunicação poder ocorrer, ela precisa de um propósito, uma mensagem entre um emissor e um receptor. O emissor codifica a mensagem (convertendo-a para uma forma simbólica) e passa através de um meio (canal) para o receptor, que vai decodificá-la. O resultado é a transferência de significado de uma pessoa para outra.[1]

A Figura 11.1 descreve esse **processo de comunicação**. As peças-chave desse modelo são: (1) o emissor, (2) codificação, (3) a mensagem, (4) o canal, (5) decodificação, (6) o receptor, (7) os ruídos e (8) feedback.

O *emissor* inicia uma mensagem codificando um pensamento. A *mensagem* é o produto físico real da *codificação* do emissor. Quando falamos, o discurso é a mensagem. Quando escrevemos, a escrita é a mensagem. Quando fazemos gestos, os movimentos dos nossos braços e as expressões em nosso rosto são a mensagem. O *canal* é o meio pelo qual a mensagem viaja. O emissor o escolhe, determina se deve usar um canal formal ou

Depois de estudar este capítulo, você será capaz de:

▶ descrever o processo de comunicação e distinguir entre comunicação formal e informal;

▶ contrastar a comunicação descendente, ascendente e lateral e fornecer exemplos de cada uma;

▶ contrastar a comunicação oral, escrita e não verbal;

▶ identificar as barreiras comuns para uma comunicação eficaz;

▶ mostrar como superar os problemas potenciais na comunicação transcultural.

informal. **Canais formais** são estabelecidos pela organização e transmitem mensagens relacionadas com a atividade profissional dos membros. Tradicionalmente, seguem a cadeia de autoridade dentro da organização. Outras formas de mensagens, como pessoal ou social, seguem por **canais informais**, que são espontâneos e emergem como uma resposta às escolhas individuais.[2] O *receptor* é a pessoa ou as pessoas a quem é dirigida a mensagem, quem primeiro deve traduzir os símbolos de forma compreensível. Essa etapa é a *decodificação* da mensagem. O *ruído* representa as barreiras de comunicação que distorcem a clareza da mensagem, tais como problemas perceptuais, sobrecarga de informações, dificuldades semânticas ou as diferenças culturais. O link final no processo de comunicação é um laço de realimentação ou feedback. Feedback é a verificação do sucesso com que estamos enviando nossas mensagens como originalmente destinadas a transferir. Ele determina se o entendimento foi ou não conseguido.

**FIGURA 11.1** O processo de comunicação

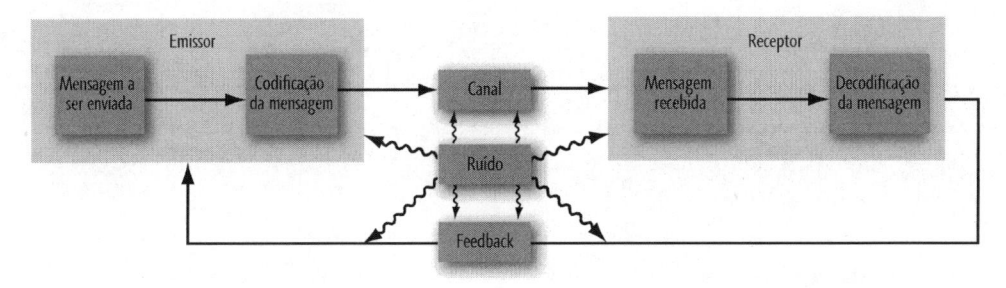

## DIREÇÃO DE COMUNICAÇÃO

As direções descendentes, ascendentes e laterais de comunicação têm seus próprios desafios; compreenda e gerencie esses desafios únicos.

A comunicação pode fluir vertical ou lateralmente. Podemos subdividir mais a dimensão vertical em direções descendente e ascendente.[3]

### Comunicação descendente

A comunicação que flui de um nível de um grupo ou organização para um nível inferior é a *comunicação descendente*. Os líderes de grupo e gestores usam essa comunicação para atribuir objetivos, fornecer instruções de trabalho, explicar as políticas e procedimentos, apontar problemas que precisam de atenção e oferecer feedback sobre o desempenho.

Ao realizar a comunicação descendente, os gestores devem explicar as razões por que uma decisão foi tomada. Um estudo detectou que os empregados eram duas vezes tão suscetíveis a se comprometer com as mudanças quando as razões por trás delas eram totalmente explicadas. Embora isto possa parecer senso comum, muitos gestores sentem que estão ocupados demais para explicar as coisas ou que explicações vão "encher a cabeça de todos de minhocas". As evidências claramente indicam, porém, que as explicações aumentam o comprometimento dos funcionários e o apoio às decisões.[4] Além disso, embora os gestores possam pensar que enviar uma mensagem uma vez basta para comunicar-se com os empregados de nível inferior, a maioria das pesquisas sugere que as comunicações gerenciais devem ser repetidas várias vezes e por uma variedade de meios diferentes para serem verdadeiramente efetivas.[5]

Outro problema na comunicação descendente é a sua natureza unidirecional. Geralmente, os gestores informam os empregados, mas é raro que solicitem seus conselhos ou opiniões. Muitos funcionários dizem que seus chefes raramente ou nunca pedem sua opinião. Ainda algumas empresas valorizam muito as ideias dos funcionários e criam programas para maximizar a eficácia do feedback. Por exemplo, a Bayer, a empresa farmacêutica alemã, instituiu um programa de nível corporativo chamado Triplo-i: Inspiração, Ideias, Inovação, que gerou mais de 9 mil ideias em um ano.[6]

Os melhores comunicadores explicam as razões por trás de suas comunicações descendentes, mas também solicitam a comunicação dos funcionários que eles supervisionam. Isso nos leva à direção seguinte: comunicação ascendente.

## Comunicação ascendente

A *comunicação ascendente* flui para um nível mais alto no grupo ou na organização. Ela é usada para fornecer um feedback aos superiores, informá-los do progresso em direção a objetivos e transmitir problemas em curso. A comunicação ascendente mantém os gestores conscientes de como os funcionários se sentem sobre seus postos de trabalho, colegas de trabalho e a organização em geral. Os gestores também dependem da comunicação ascendente para receber ideias sobre como melhorar as condições.

Dado que a maioria das responsabilidades de trabalho dos gestores tem se expandido, a comunicação ascendente é cada vez mais difícil, porque os gestores estão sobrecarregados e são facilmente distraídos. Para se envolver em uma comunicação ascendente eficaz, tente reduzir as distrações (reúna-se em uma sala de conferências, se puder, em vez de no escritório ou na sala de seu chefe), comunique-se por tópicos principais e não detalhes (seu objetivo é chamar a atenção do seu chefe, para não se envolver em uma discussão sinuosa), apoie suas ideias principais com itens acionáveis (o que você acredita que deve acontecer) e prepare uma agenda para certificar-se de que você vai usar bem a atenção do seu chefe.[7]

### Comunicação lateral

Quando a comunicação ocorre entre membros do mesmo grupo de trabalho, membros de grupos de trabalho do mesmo nível, gestores no mesmo nível, ou quaisquer outros trabalhadores horizontalmente equivalentes, podemos descrevê-la como *comunicação lateral*.

Por que a comunicação lateral é necessária se as comunicações verticais da organização ou de um grupo são eficazes? A comunicação lateral economiza tempo e facilita a coordenação. Alguns relacionamentos laterais são sancionados formalmente. Mais frequente, eles são criados informalmente para gerar um curto-circuito na hierarquia vertical e acelerar a ação. Então, do ponto de vista da administração, as comunicações laterais podem ser boas ou ruins. Como aderir estritamente à estrutura formal vertical para todas as comunicações pode ser ineficiente, a comunicação lateral, ocorrendo com conhecimento e apoio dos gestores, pode ser benéfica. Mas pode criar conflitos disfuncionais quando os canais formais verticais forem violados, quando membros passam por cima ou ao redor de seus superiores para fazer as coisas, ou quando os chefes acham que ações foram executadas ou decisões tomadas sem o conhecimento deles.

## COMUNICAÇÃO INTERPESSOAL

Como membros do grupo transferem significado uns aos outros e entre si? Eles dependem essencialmente da comunicação oral, escrita e não verbal.

### Comunicação oral

> As formas de comunicação oral, escrita e não verbal ou os meios de comunicação têm seus propósitos originais e suas limitações específicas; utilize cada meio quando for o indicado e tente evitar suas limitações.

O principal meio de transmitir mensagens é a comunicação oral. Discursos, diálogo formal um a um e discussões em grupo e a produção informal de rumores e a "rádio corredor" são formas populares de comunicação oral.

As vantagens da comunicação oral são a velocidade e o feedback. Podemos transmitir uma mensagem oral e receber uma resposta em tempo mínimo. Se o receptor estiver inseguro sobre a mensagem, um feedback rápido permite que o emissor rapidamente detecte e corrija isso. Como um profissional disse: "A comunicação face a face, em uma base consistente, ainda é a melhor maneira de obter informações de e para os funcionários".[8]

A grande desvantagem da comunicação oral surge sempre que uma mensagem tem que passar por um número de pessoas: quanto mais gente, maior a distorção potencial. Se você já brincou de "telefone sem fio", conhece o problema. Cada pessoa interpreta a mensagem de sua própria maneira. O conteúdo da mensagem, quando atinge seu destino, quase sempre é muito diferente do original. Em uma organização, onde as decisões e outros comunicados são passados oralmente acima e abaixo da hierarquia de autoridade, surgem oportunidades consideráveis para as mensagens ficarem distorcidas.

## Comunicação escrita

As comunicações escritas incluem memorandos, cartas, transmissões de fax, e-mail, mensagens instantâneas, periódicos organizacionais, notas colocadas em quadros de avisos (inclusive eletrônicos) e qualquer outro dispositivo que transmita por meio de palavras escritas ou símbolos.

Por que um emissor escolheria a comunicação escrita? Quase sempre é tangível e verificável. O emissor e o receptor têm um registro da comunicação; e a mensagem pode ser armazenada por um período indeterminado. Se houver dúvidas sobre seu conteúdo, a mensagem está fisicamente disponível para referência posterior. Essa característica é particularmente importante para as comunicações complexas e longas. O plano de marketing para um novo produto, por exemplo, provavelmente contém um número de tarefas distribuídas por vários meses. Colocando-o por escrito, aqueles que têm que iniciar o plano podem referir-se prontamente a ele ao longo de sua vida útil. Um benefício final de toda comunicação escrita vem do processo em si. As pessoas em geral são forçadas a pensar mais profundamente sobre o que querem transmitir em uma mensagem escrita do que em uma falada. Assim, as comunicações escritas são mais suscetíveis de serem bem pensadas, lógicas e claras.

Claro, as mensagens escritas têm desvantagens. Elas são demoradas. Você pode transmitir muito mais informações para um instrutor de faculdade em um exame oral de 1 hora do que em um exame escrito que dure o mesmo tempo. Na verdade, o que você consegue dizer em 10 a 15 minutos pode levar uma hora para se escrever. A outra grande desvantagem é a falta de um mecanismo de feedback interno. A comunicação oral permite que o receptor possa responder rapidamente ao que ele acha que está ouvindo. Mas enviar um memorando por e-mail ou uma mensagem instantânea não fornece nenhuma garantia de que foi recebido ou que o destinatário vai interpretá-lo como o emissor pretendia.

## Comunicação não verbal

Toda vez que comunicamos uma mensagem verbal, comunicamos também uma mensagem não verbal.[9] Às vezes, o componente não verbal pode ser suficiente. Em um bar de solteiros, um olhar, uma mirada, um sorriso, um franzir de testa e um movimento provocante do corpo são todos gestos que transmitem significado. Nenhuma discussão da comunicação, portanto, estaria completa sem consideração da *comunicação não verbal* — que inclui movimentos corporais, entonações ou ênfase que damos para palavras, expressões faciais e a distância física entre o emissor e o receptor.

Poderíamos argumentar que cada movimento corporal tem um significado, e nenhum movimento é acidental (embora alguns sejam inconscientes).

Por meio da linguagem corporal, dizemos: "Me ajude, estou só"; "Leve-me, estou disponível"; e "Me deixe em paz, estou triste". Demonstramos nosso estado com a linguagem corporal não verbal. Podemos levantar uma sobrancelha por descrença. Esfregar nosso nariz por perplexidade. Cruzar os braços para nos isolar ou nos proteger. Encolher os ombros por indiferença, dar uma piscadela para intimidade, tamborilar os dedos por impaciência, bater na testa por esquecimento.[10]

As duas mensagens mais importantes que a linguagem corporal transmite são (1) o quanto gostamos e estamos interessados no ponto de vista da outra pessoa e (2) a condição percebida entre um emissor e um receptor.[11] Estamos mais propensos a nos colocar mais perto de pessoas de quem gostamos e a tocá-las mais vezes. Da mesma forma, se você sentir que é de status mais elevado do que o outro, é mais propenso a exibir movimentos corporais — como pernas cruzadas ou posição sentada relaxada — que refletem um modo casual e descontraído.[12]

A linguagem corporal soma-se, e muitas vezes complica, a comunicação verbal. Uma posição ou movimento do corpo pode comunicar algo da emoção por trás de uma mensagem, mas quando está relacionada com a linguagem falada, dá significado mais completo à mensagem de um emissor.

Se você ler a ata de uma reunião, não compreenderá o impacto do que foi dito da mesma maneira que se estivesse lá ou pudesse ver a reunião em vídeo. Por quê? Não há nenhum registro de comunicação não verbal. A ênfase dada às palavras ou frases está ausente. O Quadro 11.1 ilustra como as *entonações* podem mudar o significado de uma mensagem. As *expressões faciais* também transmitem o significado. Uma cara fechada diz algo diferente de um sorriso. As expressões faciais, juntamente com as entonações, podem mostrar arrogância, agressividade, medo, timidez e outras características.

A *distância física* também tem significado. O que é considerado o espaçamento adequado entre as pessoas depende em grande parte das normas culturais. Uma distância profissional em alguns países europeus pode ser considerada íntima em muitas partes da América do Norte. Se alguém fica mais perto de você do que é considerado apropriado, isso pode indicar agressividade ou interesse sexual; se ficar mais longe, pode sinalizar desinteresse ou desagrado com o que está sendo dito.

É importante estar alerta para esses aspectos não verbais da comunicação e procurar pistas não verbais, bem como o significado literal das palavras de um emissor. Você deve ficar especialmente ciente das contradições entre as mensagens. Alguém que com frequência olhe para o relógio está passando a mensagem que prefere encerrar a conversa, não importa realmente o que ele disser. Nós confundimos os outros quando expressamos uma mensagem verbal, tal como confiança, mas não verbalmente comunicamos uma mensagem contraditória que diz: "Não tenho confiança em você".

**QUADRO 11.1** ⬢ Entonações: É o jeito como você diz!

| Mude seu tom de voz que você muda o significado: | |
|---|---|
| **Colocação da ênfase** | **O que significa** |
| Que tal eu levar **você** para jantar esta noite? | Eu ia levar outra pessoa. |
| Que tal **eu** levar você para jantar esta noite? | Em vez de a pessoa com quem você ia sair. |
| **E se** eu levar você para jantar esta noite? | Estou tentando encontrar uma razão por que **não deveríamos** sair. |
| **Que tal** eu levar você para jantar esta noite? | Tem algum problema comigo? |
| Que tal eu **levar** você para jantar esta noite? | Em vez de ir sozinha. |
| Que tal eu levar você para **jantar** esta noite? | Em vez de almoçar amanhã. |
| Que tal eu levar você para jantar **esta** noite? | Não amanhã à noite. |

## COMUNICAÇÃO ORGANIZACIONAL

Nesta seção, passamos da comunicação interpessoal à comunicação organizacional. Nosso primeiro foco será descrever e distinguir as redes formais e a "rádio corredor". A seguir, vamos discutir as inovações tecnológicas em comunicação.

### Redes formais de pequenos grupos

As redes organizacionais formais podem ser muito complicadas, incluindo centenas de pessoas e uma dúzia ou mais de níveis hierárquicos. Para simplificar nossa discussão, condensamos essas redes em três pequenos grupos comuns de cinco pessoas cada (consulte a Figura 11.2): cadeia, roda e todos os canais.

A *cadeia* segue rigidamente a hierarquia formal. Essa rede se aproxima dos canais de comunicação que você pode encontrar em uma organização rígida de três níveis. A *roda* se baseia em uma figura central para atuar como canal de comunicação do grupo; simula a rede de comunicação que você encontraria em uma equipe com um líder forte. A rede de *todos os canais* permite que todos os membros do grupo se comuniquem ativamente uns com os outros; é mais frequentemente caracterizada na prática por equipes autogeridas, em que todos os membros do grupo são livres para contribuir e ninguém assume um papel de liderança.

**FIGURA 11.2** ● Três redes comuns de pequenos grupos

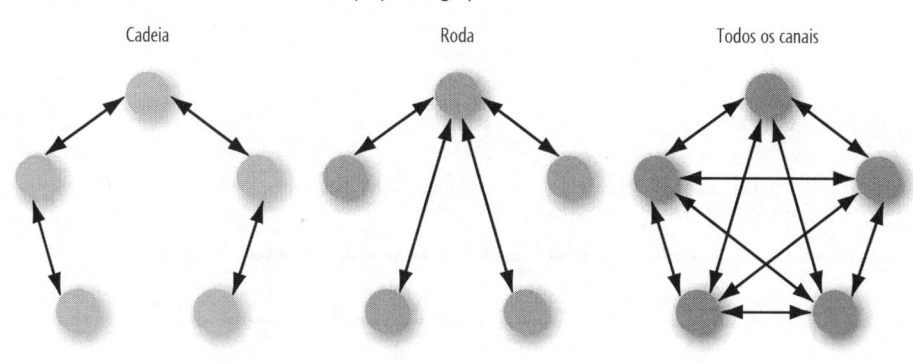

Cadeia          Roda          Todos os canais

Como demonstra o Quadro 11.2, a eficácia de cada rede depende da variável dependente que lhe diz respeito. A estrutura de roda facilita o surgimento de um líder, a rede de todos os canais é melhor se você deseja satisfação elevada dos membros, e a cadeia é melhor se a precisão for mais importante. O Quadro 11.2 nos leva à conclusão de que nenhuma rede única funcionará melhor para todas as ocasiões.

**QUADRO 11.2** ● Redes de pequenos grupos e critérios eficazes

| Critérios | Cadeia | Roda de redes | Todos os canais |
|---|---|---|---|
| Velocidade | Moderada | Rápida | Rápida |
| Precisão | Alta | Alta | Moderada |
| Surgimento de um líder | Moderada | Alta | Nenhuma |
| Satisfação dos membros | Moderada | Baixa | Alta |

## A rádio corredor

A rede de comunicação informal em um grupo ou organização é chamada de **rádio corredor**.[13] Embora os rumores e fofocas transmitidos pela rádio corredor possam ser informais, ainda é uma importante fonte de informação. Um relatório recente mostra que a rádio corredor ou as informações boca a boca de colegas sobre uma empresa têm importantes efeitos sobre se os candidatos ao emprego vão entrar em uma organização.[14]

Um dos estudos mais famosos da rádio corredor investigou os padrões de comunicação entre 67 gestores de uma pequena manufatura.[15] O estudo perguntou a cada destinatário da comunicação como ele recebeu pela primeira vez uma determinada informação, e então traçou de volta sua origem. Embora a rádio corredor tenha sido importante, apenas 10% dos executivos atuaram como indivíduos de ligação (isto é, passaram a informação para mais de uma pessoa). Quando um executivo decidiu demitir-se para entrar no negócio de seguros, 81% dos outros sabiam disso, mas apenas 11% disseram para alguém. Essa falta de divulgação de informações pela rádio corredor é interessante à luz de como muitas vezes os indivíduos pretendem receber informações dessa forma.

Com frequência, presume-se que os boatos começam por causa das fofocas. Esse raramente é o caso. Os rumores surgem como resposta a situações que são *importantes* para nós, quando há *ambiguidade*, e em condições que despertam *ansiedade*.[16] O fato de as situações de trabalho não raro conterem esses três elementos explica por que os rumores florescem nas organizações. O sigilo e a concorrência que normalmente prevalecem nas grandes organizações — sobre a nomeação de novos chefes, a nova localização de escritórios, as decisões de cortes ou o realinhamento de atribuições de trabalho — incentivam e sustentam os rumores pela rádio corredor. Um boato persistirá até que as vontades e expectativas criando a incerteza sejam saciadas, ou a ansiedade seja reduzida.

O que podemos concluir sobre a rádio corredor? Certamente é uma parte importante de qualquer rede de comunicação do grupo ou organização e vale bem a pena a compreensão. Ela dá aos gestores uma ideia do estado de espírito da sua organização, identifica problemas que os funcionários consideram importantes e ajuda a abordar as ansiedades do empregado. A rádio corredor também serve às necessidades dos empregados: conversa fiada cria um sentimento de proximidade e amizade entre aqueles que compartilham as informações, embora a pesquisa sugira que muitas vezes isso ocorra à custa daqueles que estão excluídos no grupo.[17] Há também evidências de que a fofoca seja impulsionada em grande parte por redes sociais de empregados que os gestores podem estudar para saber mais sobre como as informações positivas e negativas estão fluindo pela organização.[18] Assim, embora não possa ser sancionada ou controlada pela organização, a rádio corredor pode ser entendida.

Os gestores podem eliminar totalmente os boatos? Não. O que devem fazer, no entanto, é minimizar as consequências negativas, limitando sua abrangência e impacto. O Quadro 11.3 oferece algumas sugestões práticas.

**QUADRO 11.3** ⬢ Sugestões para reduzir as consequências negativas dos rumores

1. **Fornecer** informações — em longo prazo, a melhor defesa contra os boatos é um bom enfrentamento direto (em outras palavras, os rumores tendem a prosperar na ausência de comunicação formal).

2. **Explicar** as ações e decisões que possam parecer incoerentes, desleais ou ocultas.

3. **Abster-se** de atacar o mensageiro — os rumores são um fato natural da vida organizacional, então responda a eles com calma, racional e respeitosamente.

4. **Manter** os canais de comunicação abertos — incentive constantemente os funcionários a virem conversar com você, contando suas preocupações, sugestões e ideias.

## Comunicações eletrônicas

Um meio de comunicação indispensável — e em cerca de 71% dos casos, o principal — nas organizações de hoje é o eletrônico. As comunicações eletrônicas incluem e-mail, mensagens de texto, programas de redes, blogs e videoconferência. Vamos discutir cada uma delas.

E-MAIL  O e-mail utiliza a Internet para transmitir e receber documentos e textos gerados por computador. Seu crescimento tem sido espetacular, e seu uso é agora tão penetrante que fica difícil imaginar a vida sem ele. As mensagens de e-mail podem ser escritas rapidamente, editadas e armazenadas. Elas podem ser distribuídas para uma pessoa ou milhares com um clique do mouse. E o custo de envio de mensagens de e-mail formal aos empregados é uma fração do custo de impressão, duplicação e distribuição de uma carta ou de uma brochura.[19]

O e-mail também tem inconvenientes. A seguir estão algumas das suas limitações mais significativas e o que as organizações devem fazer para reduzir ou eliminá-las:

▶ *Risco de interpretar mal a mensagem*. É verdade, muitas vezes interpretamos mal as mensagens orais, mas o potencial para interpretar errado o e-mail é ainda maior. Uma equipe de pesquisa da Universidade de Nova York detectou que decodificamos com precisão a intenção e o tom de um e-mail apenas 50% do tempo. No entanto, a maioria de nós superestima muito nossa capacidade de enviar e interpretar mensagens claras. Se você está enviando uma mensagem importante, certifique-se de relê-la para maior clareza.[20]

- **Inconvenientes ao comunicar mensagens negativas.** O e-mail pode não ser a melhor maneira de comunicar informações negativas. Quando a Radio Shack decidiu demitir 400 funcionários, ela atraiu uma avalanche de críticas, dentro e fora da empresa, por fazê-lo via e-mail. Os funcionários precisam ter cuidado ao comunicar mensagens negativas por e-mail, também. Justen Deal, 22 anos, escreveu um e-mail criticando algumas decisões estratégicas tomadas por seu empregador, a gigante farmacêutica Kaiser Permanente, e questionou o financiamento de vários projetos de tecnologia da informação. Horas depois, o computador de Deal foi apreendido. Depois, ele foi demitido.[21]
- **Natureza demorada.** Um número estimado de 62 trilhões de e-mails é enviado todos os anos, dos quais cerca de 60%, ou 36 trilhões, são mensagens não spam que alguém tem que responder![22] Algumas pessoas, como Mark Cuban, o capitalista e dono do Dallas Mavericks, recebem mais de mil mensagens por dia (Cuban diz que 10% são da variedade "Eu quero"). Embora você provavelmente não receba *tantos* assim, a maioria de nós tem problemas para se manter em dia com todos os e-mails, especialmente conforme avançamos em nossa carreira. Os especialistas sugerem as seguintes estratégias:
    - *Não verificar e-mails de manhã.* Cuide das tarefas importantes antes de ficar enredado em e-mails. Caso contrário, você pode nunca conseguir chegar a essas tarefas.
    - *Verifique os e-mails em lotes.* Não verifique e-mails continuamente durante todo o dia. Alguns especialistas sugerem duas vezes por dia. "Você não vai fazer uma nova lavagem de roupas cada vez que tem um par de meias sujas", diz um especialista.
    - *Cancele assinaturas.* Pare de receber boletins informativos e outras assinaturas de que você realmente não precisa.
    - *Pare de mandar e-mails.* A melhor maneira de receber muitos e-mails é enviar muitos e-mails, então envie menos. E-mails mais curtos alavancam respostas mais curtas. "Uma mensagem bem escrita pode e deve ser tão concisa quanto possível", diz um especialista.
    - *Declare a falência dos e-mails.* Algumas pessoas, como o artista Moby e o investidor de risco Fred Wilson, tornaram-se tão oprimidas pelos e-mails que declararam a "falência dos e-mails". Eles deletaram toda sua caixa de entrada e começaram de novo. Embora alguns desses passos possam não funcionar para você, lembre-se de que o e-mail pode ser menos produtivo do que parece: nós muitas vezes parecemos ocupados, mas ficamos menos realizados através do e-mail do que poderíamos achar.[23]

▶ **_Expressão limitada das emoções_**. Tendemos a pensar no e-mail como uma espécie de forma de comunicação estéril, sem rosto. Alguns pesquisadores dizem que a falta de pistas visuais e vocais significa que as mensagens emocionalmente positivas, como aquelas incluindo elogios, serão vistas como mais emocionalmente neutras do que o emissor pretendia.[24] Mas como você certamente sabe, e-mails são muitas vezes altamente emocionais. O e-mail tende a ter um efeito desinibidor sobre as pessoas; sem expressão facial do destinatário para moderar sua expressão emocional, os emissores escrevem coisas que nunca se sentiriam à vontade para dizer pessoalmente. Quando os outros enviarem mensagens hostis, mantenha a calma e não tente responder da mesma forma. E, por mais duro que possa ser às vezes, tente ver a mensagem hostil do outro a partir do ponto de vista dele ou dela. Isso pode acalmar seus nervos.[25]

▶ **_Preocupações de privacidade_**. Há dois problemas de privacidade com o e-mail.[26] Primeiro, seus e-mails podem ser — e muitas vezes são — monitorados. Você não pode sempre confiar que o destinatário do seu e-mail manterá a mensagem confidencial, também. Por essas razões, você não deve escrever algo que não queira que se torne público. Segundo, você precisa ter cautela no encaminhamento de e-mail da conta de e-mail da sua empresa para uma conta de e-mail pessoal ou "público" (por exemplo, Gmail, Yahoo!, MSN). Essas contas muitas vezes não são tão seguras como as contas corporativas, assim, quando você encaminhar um e-mail da empresa para elas, pode violar a política da sua organização ou divulgar, sem querer, dados confidenciais. Muitos empregadores contratam fornecedores para filtrar e-mails, utilizando software para pegar não somente palavras-chave óbvias ("negociação sigilosa"), mas também palavras-chave vagas ("aquilo sobre o que conversamos") ou sentimentos de culpa ("arrependimento"). Outra pesquisa revelou que quase 40% das empresas têm funcionários cuja única função é ler e-mails dos outros empregados.[27]

**MENSAGENS INSTANTÂNEAS E MENSAGENS DE TEXTO** Como o e-mail, as mensagens instantâneas (IM) e as mensagens de texto (TM) usam mídias eletrônicas. Ao contrário do e-mail, no entanto, IM e TM ocorrem em tempo real (IM) ou usam dispositivos de comunicação portáteis (TM). Em poucos anos, IM e TM tornaram-se muito difundidas. Como você sem dúvida sabe por experiência própria, a IM geralmente é enviada do computador, enquanto a TM é transmitida por telefones celulares ou dispositivos portáteis, como BlackBerrys e iPhones.

Apesar de suas vantagens, IM e TM não vão substituir o e-mail. O e-mail provavelmente ainda é um dispositivo melhor para transmitir mensagens longas que devem ser salvas. A IM é preferível para mensagens de uma ou duas linhas que apenas atravancariam uma caixa de e-mail. Em contrapartida, alguns usuários de IM e TM acham a tecnologia intrusiva e geradora de distração. Sua presença contínua pode tornar difícil para os funcionários se concentrar e manter o foco. Uma pesquisa de gestores revelou que, em 86% das reuniões, pelo menos alguns participantes verificaram TMs e outra pesquisa revelou que 20% dos gestores relatam ter sido repreendidos por usar dispositivos *wireless* durante as reuniões.[28] Por fim, porque as mensagens instantâneas podem ser interceptadas facilmente, muitas organizações estão preocupadas com a segurança das IMs e TMs.[29]

Outro ponto: é importante não deixar a informalidade das mensagens de texto ("blz! kdvc? flw!") contaminar os e-mails de negócios. Muitos preferem manter a comunicação empresarial relativamente formal. Um levantamento dos empregadores revelou que 58% classificam a gramática, a ortografia e a pontuação como "muito importantes" em mensagens de e-mail.[30] Certificando-se de que suas comunicações profissionais sejam, digamos, profissionais, você vai parecer ser maduro e sério. Evite jargões e gírias, use títulos formais, use endereços de e-mail formais para si mesmo e tome cuidado para deixar sua mensagem concisa e bem escrita. Isto não significa, claro, que você tem que desistir da TM ou da IM. Você só precisa manter as diferenças entre a maneira de se comunicar com seus amigos e a maneira de se comunicar profissionalmente.

**REDES SOCIAIS** Em nenhum outro ponto a comunicação foi mais transformada do que com o surgimento das redes sociais. Sem dúvida, você está familiarizado e talvez seja um usuário das plataformas de redes sociais como Facebook e LinkedIn. Além de ser um site gigantesco, o Facebook, que tem mais de 600 milhões de usuários ativos, é na verdade composto de redes separadas com base em escolas, empresas ou regiões. Os indivíduos com mais de 25 anos são agora seu grupo com número de usuários com crescimento mais rápido. Em um desejo de manter o controle sobre o uso das redes sociais pelos empregados para fins profissionais, muitas organizações têm desenvolvido suas próprias aplicações de redes sociais internas. A empresa de pesquisa e consultoria Gartner Inc. estima que as redes sociais em breve substituirão o e-mail como a principal forma de comunicação empresarial para 20% ou mais dos usuários administrativos.[31]

Para obter o máximo das redes sociais e evitar irritar seus contatos, reserve-as apenas para itens de alto valor — não como uma ferramenta cotidiana ou mesmo a cada semana. Lembre-se de que um empregador pode verificar suas entradas no Facebook. Alguns empresários têm desenvolvido softwares que varrem esses sites buscando nome de empresas (ou pessoas) que desejam avaliar como um candidato a emprego (ou potencial pretendente). Então, tenha em mente que o que você postar pode ser lido por outras pessoas além de seus contatos pretendidos.[32]

BLOGS Um **blog (web log)** é um site sobre uma única pessoa ou empresa. Especialistas estimam que existam agora mais de 156 milhões de blogs. Milhões de trabalhadores norte-americanos têm blogs. E, claro, muitas organizações e líderes organizacionais têm blogs que falam para a organização.

O **Twitter** é um serviço de rede social híbrida que permite aos usuários postar "microblogs" para seus assinantes sobre qualquer assunto, incluindo o trabalho. Muitos líderes organizacionais enviam mensagens do Twitter ("tweets"), mas também podem vir de qualquer funcionário sobre qualquer assunto de trabalho, deixando as organizações com menos controle sobre a comunicação de informações importantes ou confidenciais.

Embora algumas empresas tenham políticas que regem o conteúdo dos blogs e as mensagens postadas no Twitter, muitas não têm, e muitos usuários dizem ter postado no blog ou comentado no Twitter coisas que poderiam ser interpretadas como prejudiciais para a reputação da sua empresa. Muitos pensam que seus blogs pessoais estão fora de jurisdição do empregador, mas se alguém da empresa ler uma postagem do blog que seja crítica ou negativa, não há nada que impeça essa pessoa de partilhar as informações com os outros e o empregado pode ser demitido como resultado disso.

Um especialista em legislação afirma: "Os blogueiros que trabalham em empresas acreditam erroneamente que a legislação democrática dos Estados Unidos dá a eles o direito de dizer o que quiserem em seus blogs pessoais. Errado!". Além disso, cuidado com as postagens no blog pessoal feitas no trabalho. Mais de 75% dos empregadores monitoram ativamente as conexões dos empregados à Internet. Em resumo, se você vai ter um blog pessoal, mantenha uma "barreira" rigorosa entre o que é pessoal e o que é profissional.[33]

VIDEOCONFERÊNCIA A *videoconferência* permite que os funcionários em uma organização tenham reuniões em tempo real com pessoas em diferentes locais. Imagens de vídeo e áudio ao vivo permitem aos participantes verem, ouvirem e falarem uns com os outros sem estarem fisicamente no mesmo local.

Peter Quirk, gestor de programa da EMC Corporation, usa a videoconferência para realizar reuniões mensais com os empregados em vários locais e também em muitos outros encontros. Desse modo, economiza despesas de viagem e tempo. No entanto, Quirk enfatiza que é especialmente importante estimular as perguntas e envolver todos os participantes, para evitar que alguém esteja ligado, mas afastado. Karen Rhode da Sun Microsystem concorda que devem ser envidados esforços especiais para envolver os participantes remotos, sugerindo: "Você pode sondar as pessoas, as pessoas podem fazer perguntas, você pode fazer uma apresentação atraente".[34]

## Gestão das informações

Todos temos atualmente mais informações à nossa disposição do que nunca. Isso nos traz muitos benefícios, mas também dois importantes desafios: sobrecarga de informações e ameaças à segurança da informação. Consideraremos uma por vez.

**LIDAR COM SOBRECARGA DE INFORMAÇÕES** Você se vê bombardeado por informações — de e-mail, blogs, Internet, IMs, telefones celulares e televisores? Você não está sozinho. Basex, uma empresa que analisa a eficiência do trabalhador, detectou que a maior parte do dia do trabalhador médio — 43% — é gasta em assuntos que não são nem importantes nem urgentes, tais como responder aos e-mails não cruciais e navegar na web. (Basex também detectou que 25% do tempo do funcionário é passado compondo e respondendo e-mails importantes.)

A Intel projetou uma experiência de oito meses para ver como limitar essa **sobrecarga de informações** poderia auxiliar na produtividade. Pediu-se a um grupo de funcionários que limitassem o contato digital e pessoal por quatro horas, às terças-feiras, enquanto outro grupo seguiu sua rotina habitual. O primeiro grupo foi mais produtivo, e 75% dos seus membros sugeriram que o programa fosse ampliado. "É um valor enorme. Esperávamos menos", observou Nathan Zeldes, um engenheiro da Intel que liderou os experimentos. "Quando as pessoas estão sem interrupções, podem sentar e desenvolver chips e realmente pensar".[35]

Já revisamos algumas maneiras de reduzir o tempo afundado em e-mails. Em geral, como mostra o estudo da Intel, pode fazer sentido conectar-se à tecnologia menos frequentemente, para, nas palavras de um artigo, "evitar deixar o batuque das mensagens digitais agitar constantemente e reordenar as listas de tarefas a realizar". Por exemplo, Lynaia Lutes, uma supervisora de contabilidade de uma pequena empresa do Texas, foi capaz de pensar mais estrategicamente graças a uma pausa nas informações digitais a cada dia. No passado, ela disse, "eu basicamente concluía uma atribuição", mas não a abordava estrategicamente. Ao criar tais intervalos particulares, você pode ser mais capaz de priorizar, pensar sobre a visão geral e, assim, ser mais eficaz.[36]

## BARREIRAS À COMUNICAÇÃO EFICAZ

Uma série de barreiras pode retardar ou distorcer a comunicação eficaz. Nesta seção, destacamos as mais importantes.

## Filtragem

**Filtragem** refere-se ao emissor manipular propositadamente as informações de modo que o receptor as veja mais favoravelmente. Um gestor que diz ao chefe o que ele acha que o chefe quer ouvir está fazendo filtragem de informações.

Quanto mais verticais forem os níveis na hierarquia da organização, mais haverá oportunidades para filtragem. Mas um pouco de filtragem ocorrerá sempre que houver diferenças de status. Fatores como o medo de transmitir más notícias e o desejo de agradar ao chefe muitas vezes levam os funcionários a contar aos seus superiores o que eles pensam que estes querem ouvir, distorcendo assim a comunicação ascendente.

## Percepção seletiva

Já mencionamos a percepção seletiva antes neste livro. Ela reaparece aqui porque os receptores no processo de comunicação veem e ouvem seletivamente, com base em suas necessidades, motivações, experiências, base e outras características pessoais. Os receptores também projetam seus interesses e expectativas nas comunicações como eles as decodificam. Um entrevistador de emprego que espera que uma candidata a um emprego coloque sua família à frente de sua carreira provavelmente verá isso em todas as candidatas, independentemente de elas realmente se sentirem dessa forma. Como dissemos no capítulo sobre percepção, não vemos a realidade; interpretamos o que vemos e chamamos de realidade.

## Sobrecarga de informações

Os indivíduos têm uma capacidade finita para processamento de dados. Quando as informações que temos para trabalhar excedem nossa capacidade de processamento, o resultado é a sobrecarga de informações. Já vimos que lidar com isso tornou-se um enorme desafio para indivíduos e organizações. É um desafio que você pode gerenciar — até certo ponto — seguindo as etapas descritas anteriormente neste capítulo.

O que acontece quando os indivíduos têm mais informações do que eles podem resolver e usar? Eles tendem a selecionar, ignorar, negligenciar ou esquecer. Ou podem adiar o processamento adicional até que a situação de sobrecarga termine. Em qualquer desses casos, teremos informações perdidas e uma comunicação menos eficaz, tornando mais importante lidar bem com essa sobrecarga.

## Emoções

Você pode interpretar a mesma mensagem de modo diferente quando está com raiva ou perturbado, do que quando está feliz. Por exemplo, os indivíduos com humores positivos estão mais confiantes sobre suas opiniões depois de ler uma mensagem persuasiva, então argumentos bem estruturados têm um impacto mais forte na sua opinião.[37] As pessoas com humores negativos são mais propensas a escrutinar mensagens em maior detalhe, enquanto as com humores positivos tendem a aceitar comunicações como são recebidas.[38] Emoções extremas como a alegria ou a depressão são mais suscetíveis de dificultar a comunicação eficaz. Em tais casos, estamos mais propensos a desrespeitar nossos processos de pensamento racional e objetivo e a substituir as decisões emocionais.

## Linguagem

Mesmo quando estamos nos comunicando no mesmo idioma, as palavras significam coisas diferentes para pessoas diferentes. A idade e o contexto são dois dos maiores fatores que influenciam tais diferenças.

Por exemplo, quando Michael Schiller, um consultor de negócios, estava conversando com sua filha de 15 anos sobre aonde ela ia com os amigos, ele falou: "Você precisa conhecer seus KPIs e acompanhá-los". Schiller disse que, em resposta, a filha "olhou para mim como se eu fosse de outro planeta". (Para que conste, KPI significa indicadores-chave de desempenho.) Os que forem novos no jargão corporativo podem achar desconcertantes siglas como KPI, termos como *entregáveis* (resultados verificáveis de um projeto), e expressões como *quickwin* (baixo esforço, alto impacto), da mesma forma que os pais podem ficar perdidos com as gírias dos adolescentes.[39]

Em suma, nosso uso da linguagem está longe de ser uniforme. Se soubéssemos como cada um de nós modifica a linguagem, poderíamos minimizar as dificuldades de comunicação, mas geralmente não sabemos. Os emissores tendem a assumir que as palavras e os termos que usam querem dizer o mesmo para o receptor. Essa suposição é muitas vezes incorreta.

## Silêncio

É fácil ignorar o silêncio ou a falta de comunicação, precisamente porque é definida pela ausência de informações. No entanto, as pesquisas sugerem que o silêncio e a supressão da comunicação são comuns e problemáticos.[40] Uma pesquisa detectou que mais de 85% dos gestores relatavam permanecer silenciosos sobre pelo menos uma questão de preocupação significativa.[41] O silêncio do empregado significa que os gestores carecem de dar informações sobre os problemas operacionais em curso. E o silêncio sobre a discriminação, assédio, corrupção e má conduta significa que a gerência de topo não pode tomar medidas para eliminar esse comportamento.

Por fim, os empregados que estão em silêncio sobre questões importantes também podem sofrer estresse psicológico.

O silêncio é menos provável onde as opiniões minoritárias são tratadas com respeito, a identificação do grupo de trabalho é alta e a alta justiça processual prevalece.[42] Na prática, isso significa que os gestores devem certificar-se de se comportar de forma solidária quando os empregados expressam opiniões divergentes ou preocupações, e eles devem levar isto em consideração. Um ato de ignorar ou menosprezar um funcionário que expresse preocupações pode levar esse empregado a evitar fazer uma comunicação importante no futuro.

## Apreensão de comunicação

Uma porcentagem estimada em 5% a 20% da população sofre de **apreensão de comunicação** debilitante, ou ansiedade social.[43] Essas pessoas experimentam tensão e ansiedade excessivas na comunicação oral, comunicação escrita, ou em ambas.[44] Elas podem achar extremamente difícil falar com as outras cara a cara, ou ficar extremamente ansiosas quando têm que usar o telefone, dependendo de memorandos ou e-mails, quando uma chamada telefônica seria mais rápida e mais conveniente.

Os estudos mostram que as pessoas apreensivas com a comunicação oral evitam situações tais como o ensino, para as quais a comunicação oral é um requisito dominante.[45] Mas quase todos os trabalhos requerem *algum* tipo de comunicação oral. De maior preocupação é a evidência de que as pessoas com grande apreensão na comunicação oral distorcem as demandas de comunicação dos seus postos de trabalho a fim de minimizar a necessidade de comunicação. Então, esteja ciente de que algumas pessoas limitam severamente sua comunicação oral e racionalizam suas ações, dizendo a si mesmas que se comunicar não é necessário para que façam seu trabalho eficazmente.

## Mentira

A barreira final para uma comunicação eficaz é a deturpação definitiva da informação, ou a mentira. As pessoas diferem em sua definição do que constitui uma mentira. Por exemplo, ao esconder deliberadamente as informações sobre um erro você está contando uma mentira, ou você precisa negar ativamente o seu papel no erro para ultrapassar o limiar da manipulação? Embora a definição de uma mentira vá continuar a confundir tanto os estudiosos da ética quanto os cientistas sociais, não há como se negar a prevalência das mentiras. No estudo de um diário, a pessoa média relatou contar uma a duas mentiras por dia, com alguns indivíduos contando consideravelmente mais.[46] Somando-se em uma grande organização, essa é uma quantidade enorme de enganação que acontece todos os dias! As evidências também mostram que as pessoas estão mais à vontade mentindo ao telefone do que cara a cara e mais à vontade para mentir nos e-mails do que quando têm que escrever com caneta e papel.[47]

Você consegue detectar os mentirosos? Apesar de muita investigação, as pesquisas em geral sugerem que a maioria das pessoas não é muito forte em detectar fraude nas outras.[48] O problema é: não há pistas não verbais ou verbais exclusivas da mentira — desviar o olhar, pausar e mudar sua postura, ainda que possivelmente sejam indicadores de mentirosos, podem também ser sinais de nervosismo, timidez ou dúvida. Além disso, a maioria das pessoas que mentem toma uma série de medidas para evitar ser detectada, então deliberadamente podem olhar uma pessoa nos olhos quando mentem, porque sabem que contato visual direto (incorretamente) é assumido como um sinal de veracidade. Por fim, muitas mentiras são incorporadas às verdades; os mentirosos geralmente dão uma versão um pouco realista, com detalhes mudados o suficiente para evitar a detecção.

Em suma, a frequência das mentiras e a dificuldade em detectar os mentirosos tornam essa prática uma barreira especialmente forte para uma comunicação eficaz nas organizações.

## IMPLICAÇÕES GLOBAIS

A comunicação eficaz é difícil, mesmo nas melhores condições. Fatores transculturais claramente criam o potencial para aumentar os problemas de comunicação. Um gesto que é bem compreendido e aceitável em uma cultura pode não ter sentido ou ser lascivo em outra. Apenas 18% das empresas documentaram as estratégias de comunicação com os empregados nas diferentes culturas, e apenas 31% exigem que as mensagens corporativas sejam personalizadas para consumo em outras culturas. A Procter & Gamble parece ser uma exceção; mais da metade dos funcionários não fala inglês como primeira língua, então a empresa se concentra em mensagens simples, para garantir que todos saibam o que é importante.[49]

### Barreiras culturais

Os pesquisadores identificaram numerosos problemas relacionados com as dificuldades de linguagem nas comunicações transculturais.[50]

Primeiro, são *barreiras causadas pela semântica*. As palavras significam coisas diferentes para pessoas diferentes, especialmente as pessoas de culturas nacionais diferentes. Algumas palavras não se traduzem entre as culturas. A palavra finlandesa *sisu* significa algo semelhante a "coragem" ou "persistência obstinada", mas é na essência intraduzível em inglês. Os novos capitalistas da Rússia podem ter dificuldade ao se comunicar

> Uma série de barreiras — tal como a cultura — muitas vezes retarda ou distorce a comunicação eficaz. Entenda essas barreiras como meio para superá-las.

com os colegas britânicos ou canadenses, porque termos em inglês tais como *eficiência, mercado livre e regulação* não têm equivalentes diretos no russo.

Segundo, temos as *barreiras causadas por conotações das palavras*. As palavras implicam coisas diferentes em diferentes línguas. As negociações entre executivos dos Estados Unidos e do Japão podem ser difíceis, porque a palavra japonesa *hai* se traduz como "sim", mas sua conotação é "Sim, estou ouvindo", em vez de "Sim, eu concordo".

Terceiro, temos as *barreiras causadas pelas diferenças de tom*. Em algumas culturas, a linguagem é formal; em outras, é informal. Em algumas culturas, o tom muda dependendo do contexto: as pessoas falam de forma diferente em casa, em situações sociais e no trabalho. Usar um estilo pessoal, informal, quando é esperado um estilo mais formal pode ser embaraçoso.

Quarto, temos as *diferenças na tolerância de conflito e métodos de resolução de conflitos*. Os indivíduos provenientes de culturas individualistas tendem a ficar mais à vontade com conflitos diretos e farão com que a fonte de suas divergências seja evidente. Os coletivistas são mais propensos a reconhecer apenas implicitamente o conflito e a evitar disputas carregadas emocionalmente. Eles podem atribuir os conflitos à situação mais do que aos indivíduos e, portanto, não exigir desculpas explícitas para reparar as relações, enquanto os individualistas preferem as declarações explícitas, aceitando a responsabilidade pelos conflitos e as desculpas públicas para restaurar relacionamentos.

## Contexto cultural

As culturas tendem a diferir no grau a que o contexto influencia os significados que os indivíduos apreendem da comunicação.[51] Em **culturas de alto contexto**, tais como na China, Coreia, Japão e Vietnã, as pessoas dependem muito de informações situacionais sutis e não verbais na comunicação com os outros e o estatuto oficial de uma pessoa, lugar na sociedade e sua reputação têm um peso considerável. O que não é dito pode ser mais significativo do que o que é dito. Em contraste, as pessoas da Europa e América do Norte refletem suas **culturas de baixo contexto**. Elas contam essencialmente com as palavras faladas e escritas para transmitir o significado. A linguagem corporal e os títulos formais são secundários.

Essas diferenças contextuais na verdade querem dizer muito em termos de comunicação. A comunicação em culturas de alto contexto implica consideravelmente mais confiança de ambas as partes. O que pode parecer conversa casual e insignificante na verdade reflete o desejo de construir um relacionamento e criar confiança. Acordos orais implicam compromissos fortes em culturas de alto contexto. E quem você é — sua idade, experiência, cargo na organização — é altamente valorizado e influencia muito a sua credibilidade. Mas nas culturas de baixo contexto, contratos executórios tendem a ser escritos, formulados com precisão e altamente legalistas. Da mesma forma, as culturas de baixo contexto valorizam a franqueza. Os gestores deverão ser explícitos e precisos ao transmitir o significado pretendido. Isso é bem diferente nas culturas de alto contexto, em que os gestores tendem a "fazer sugestões" em vez de dar ordens.

## Um guia cultural

Ao se comunicar com as pessoas de uma cultura diferente, o que você pode fazer para reduzir interpretações erradas? Comece por tentar avaliar o contexto cultural. É provável que você tenha menos dificuldades se ele for similar ao seu. As regras a seguir podem ser úteis:[52]

1. ***Assuma as diferenças até que a similaridade seja comprovada.*** A maioria de nós assume que outros são mais semelhantes a nós do que realmente são. Você terá menos chance de errar se assumir que eles são diferentes de você até prova em contrário.

2. ***Enfatize a descrição em vez da interpretação ou avaliação.*** Interpretar ou avaliar o que alguém disse ou fez revela mais da sua própria cultura e base do que sobre a situação observada. Então adie o julgamento até que você tenha tido tempo suficiente para observar e interpretar a situação de diferentes perspectivas de todos os envolvidos.

3. ***Pratique a empatia.*** Antes de enviar uma mensagem, ponha-se no lugar do destinatário. Quais são seus valores, experiências e quadros de referência? O que você sabe sobre sua educação, criação e formação que pode dar a você mais *insight*? Tente ver a outra pessoa como ela realmente é.

4. ***Trate suas interpretações como uma hipótese de trabalho.*** Uma vez que você desenvolveu uma explicação para uma nova situação ou acha que simpatiza com alguém de uma cultura estrangeira, trate sua interpretação como uma hipótese que precisa de mais testes e não como uma certeza. Avalie com cuidado o feedback que os destinatários fornecem, para ver se confirma a sua hipótese. Para decisões ou comunicados importantes, verifique com outros colegas estrangeiros e do país de origem, para certificar-se de que suas interpretações estão corretas.

## RESUMO E IMPLICAÇÕES PARA OS GESTORES

Você provavelmente descobriu neste capítulo a relação entre comunicação e satisfação do empregado: quanto menor a incerteza, maior a satisfação. Incongruências entre mensagens verbais e não verbais, ambiguidades e distorções são aspectos que aumentam a incerteza e reduzem a satisfação.[53]

- ▶ Quanto menor a distorção, mais os empregados receberão as mensagens de metas, feedback e outras mensagens gerenciais como pretendidas.[54] Isto, por sua vez, deve reduzir as ambiguidades e elucidar a tarefa do grupo.
- ▶ O uso extensivo de canais informais, laterais e verticais também aumenta o fluxo de comunicação, reduz a incerteza e melhora a satisfação e o desempenho do grupo.
- ▶ A comunicação perfeita é inatingível, contudo existe uma relação positiva entre a comunicação eficaz e a produtividade do trabalhador.[55] Escolher o canal correto, ser um ouvinte eficaz e usar o feedback podem tornar uma comunicação mais eficaz.
- ▶ Sejam quais forem as expectativas do emissor, a mensagem como decodificada na mente do receptor representa sua realidade. E essa realidade determinará o desempenho, junto com o nível de motivação do indivíduo e o grau de satisfação.
- ▶ Porque depreendemos muito significado da forma como a mensagem é comunicada, o potencial para mal-entendidos na comunicação eletrônica é grande, apesar de suas vantagens.
- ▶ Às vezes processamos mensagens de modo relativamente automático, enquanto outras vezes usamos um processo mais esforçado e controlado. Certifique-se de que você usa as estratégias de comunicação adequadas ao seu público-alvo e ao tipo de mensagem que você está enviando.
- ▶ Por fim, tendo em mente as barreiras de comunicação, como gênero e cultura, podemos superá-las e aumentar a eficácia da comunicação.

---

Acesse o Site de apoio ao livro (www.grupoa.com.br) e teste seus conhecimentos por meio dos exercícios elaborados para este capítulo.

# Liderança 12

Neste capítulo, observaremos o que torna um líder efetivo e o que diferencia líderes de não líderes. Primeiro, apresentaremos as teorias dos traços de liderança. A seguir, discutiremos os desafios para definir o significado e a importância da liderança. Contudo, antes de revisar essas abordagens, vamos esclarecer o que significa para nós o termo *liderança*.

## O QUE É LIDERANÇA?

Definimos **liderança** como a capacidade de influenciar um grupo para a realização de uma visão ou conjunto de metas. A origem dessa influência pode ser formal, tal como aquela fornecida pela hierarquia gerencial em uma organização. Mas nem todos os líderes são gestores, nem, por esta abordagem, todos os gestores são líderes. Só porque uma organização fornece a seus gestores certos direitos formais isso não assegura que eles vão liderar de modo eficaz. A liderança não sancionada — a capacidade de influenciar que se origina fora da estrutura formal da organização — frequentemente é tão ou mais importante do que a influência formal. Em outras palavras, os líderes podem emergir de dentro de um grupo assim como por indicação formal.

As organizações necessitam de liderança forte e administração forte para uma efetividade ótima. Precisamos de líderes para desafiar o *status quo*, criar visões do futuro e inspirar membros organizacionais a quererem alcançar as visões. Também precisamos de gestores para formular planos detalhados, criar estruturas organizacionais eficientes e supervisionar operações do dia a dia.

## TEORIA DOS TRAÇOS

No decorrer de toda a história, líderes fortes — Buda, Napoleão, Mao, Churchill, Roosevelt, Reagan — foram descritos em termos de seus traços.

---

Depois de estudar este capítulo, você será capaz de:

▶ definir *liderança* e contrastar liderança e administração;

▶ resumir as conclusões das teorias dos traços de liderança;

▶ avaliar as teorias de contingência de liderança por seu nível de apoio;

▶ comparar e contrastar *liderança carismática* e *transformacional*;

▶ abordar os desafios para a efetividade da liderança;

▶ avaliar se a liderança carismática e a transformacional são ou não generalizadas, mas diferentes culturas.

Desse modo, as **teorias dos traços da liderança** concentram seu foco nas qualidades de características pessoais. Nós reconhecemos líderes como Nelson Mandela, da África do Sul, Richard Branson, CEO do *Virgin Group*, Steve Jobs, cofundador da Apple, e Ken Chenault, chefe da American Express, como *carismáticos*, *entusiastas* e *corajosos*. A procura por atributos da personalidade, sociais, físicos ou intelectuais que diferenciam líderes de não líderes remonta aos estágios mais precoces das pesquisas de liderança.

Os primeiros esforços de pesquisa para isolar os traços de liderança produziram diversos resultados infrutíferos. Uma revisão de vinte estudos diferentes do final dos anos 1960 identificou quase oitenta traços de liderança, mas somente cinco eram comuns a quatro ou mais estudos.[1] Nos anos 1990, depois de numerosos estudos e análises, o melhor que poderíamos dizer era que, em sua maioria, os líderes "não são iguais às outras pessoas", mas os traços particulares que os caracterizavam variaram muitíssimo de uma revisão para outra.[2] Um achado bastante confuso.

Uma descoberta, ao acaso, aconteceu quando os pesquisadores começaram a organizar os traços em torno da personalidade Big Five (ambição e energia são parte da extroversão, por exemplo), dando forte apoio aos traços como preditores de liderança.

Uma revisão abrangente da literatura sobre liderança, quando organizada em torno das Big Five, detectou que a extroversão é a característica mais importante dos líderes eficazes,[3] porém está mais fortemente relacionada com a forma que os líderes emergem do que com a sua eficácia. Pessoas sociáveis e dominantes são mais propensas a afirmar-se em situações de grupo, mas os líderes precisam ter certeza de que não são assertivos demais — um estudo detectou que os líderes que tinham pontuação muito alta na assertividade eram menos eficazes do que aqueles que tinham escores moderadamente altos.[4]

Ao contrário da disposição e da estabilidade emocional, a consciência e a abertura às novas experiências também mostraram fortes relações com a liderança, embora não tão fortes quanto a extroversão. Em geral, a abordagem de traços tem algo a oferecer. Os líderes que gostam de estar perto de pessoas e são capazes de afirmar-se (extrovertidos), que são disciplinados e capazes de manter compromissos assumidos (conscientes) e que são criativos e flexíveis (abertos) têm uma vantagem aparente quando se trata de liderança, sugerindo que os bons líderes tenham importantes traços em comum.

Uma razão é que a consciência e a extroversão são relacionadas positivamente com a autoeficácia dos líderes, que explica a maior parte da variância na classificação dos subordinados sobre o desempenho do líder.[5] As pessoas são mais propensas a seguir alguém que está confiante de ir na direção certa.

Outro traço que pode indicar uma liderança eficaz é a inteligência emocional (IE), discutida no Capítulo 4. Os defensores da IE argumentam

---

No mundo dinâmico de hoje, a liderança tem a capacidade de influenciar um grupo para a obtenção de uma visão ou conjunto de metas.

que, sem ela, a pessoa pode ter excelente formação, uma mente altamente analítica, uma visão convincente, e uma interminável fonte de ideias fantásticas, mas mesmo assim não ser um grande líder. Isso pode ser especialmente verdadeiro conforme os indivíduos sobem em uma organização.[6] Por que a IE é tão importante para uma liderança eficaz? Um componente de núcleo da IE é a empatia. Líderes empáticos podem sentir as necessidades dos outros, ouvir o que os seguidores têm a dizer (e não dizem), e captar as reações dos outros. Um líder que efetivamente exibe e gerencia as emoções vai achar mais fácil influenciar os sentimentos dos seguidores, expressando compaixão genuína e entusiasmo para o bom desempenho e usando a irritação para aqueles que não conseguem um bom desempenho.[7]

Pode valer a pena investigar em maiores detalhes a ligação entre a eficácia de liderança e a IE.[8] Algumas pesquisas recentes têm demonstrado que as pessoas com alta IE são mais propensas a emergir como líderes, mesmo depois de levar em conta as capacidades cognitivas e a personalidade, que ajudam a responder a algumas das críticas mais significativas dessa pesquisa.[9]

Baseado nas descobertas mais recentes, oferecemos duas conclusões. Primeiro, contrariando o que acreditávamos há vinte anos e graças às Big Five, podemos dizer que os traços podem prever a liderança. Segundo, os traços fazem um trabalho melhor, prevendo mais o surgimento de líderes e o aparecimento da liderança do que realmente diferenciando entre líderes *eficazes* e *ineficazes*.[10] O fato de um indivíduo apresentar os traços e os outros o considerarem líder não necessariamente significa que o líder é bem-sucedido na orientação do grupo para alcançar seus objetivos.

## TEORIAS COMPORTAMENTAIS

As falhas dos primeiros estudos de traço levaram os pesquisadores no final da década de 1940 até a década de 1960 a se perguntar se havia algo exclusivo na forma como líderes eficazes se *comportavam*. A pesquisa de traço fornece uma base para selecionar as pessoas certas para a liderança. Em contraste, as **teorias comportamentais de liderança** implicam que nós poderíamos treinar pessoas para serem líderes.

As teorias mais abrangentes resultaram dos Estudos de Estado de Ohio na década de 1940,[11] que procuraram identificar dimensões independentes do comportamento do líder. Começando com mais de mil dimensões, os estudos reduziram a lista para duas que substancialmente representaram a maior parte do comportamento de liderança descrito pelos funcionários: *estrutura de iniciação* e *consideração*.

A **estrutura de iniciação** é a medida até a qual um líder é propenso a definir e estruturar o seu papel e o dos funcionários na busca de realização do objetivo. Isso inclui o comportamento que tenta organizar o trabalho, as relações de trabalho e os objetivos. Um líder com alta estrutura de iniciação é alguém que "atribui a membros do grupo determinadas tarefas", "espera que os trabalhadores mantenham padrões definidos de desempenho" e "enfatiza a observância dos prazos".

**Consideração** é a extensão até a qual as relações de trabalho de uma pessoa são caracterizadas por confiança mútua, respeito pelas ideias dos empregados e por seus sentimentos. Um líder com alta consideração ajuda seus funcionários em seus problemas pessoais, é amigável e acessível, trata todos os empregados como iguais e exprime apreço e apoio. Em uma pesquisa recente, quando pedido para indicar o que mais os motivou no trabalho, 66% dos empregados mencionaram apreciação.[12]

Estudos de liderança no Centro de Pesquisas da Universidade de Michigan tiveram objetivos semelhantes: localizar as características comportamentais dos líderes que pareciam ser relacionadas com a eficácia de desempenho. O grupo de Michigan também acabou reunindo duas dimensões comportamentais: o **líder orientado para o funcionário** enfatizava as relações interpessoais, tendo um interesse pessoal nas necessidades dos funcionários e aceitando as diferenças individuais entre eles, e o **líder orientado para a produção** enfatizava os aspectos técnicos ou de tarefa do trabalho, com foco na realização das tarefas do grupo. Essas dimensões são intimamente relacionadas com as dimensões do estado de Ohio. A liderança orientada para o empregado é semelhante à consideração, e a liderança orientada para a produção é semelhante à estrutura de iniciação. Na verdade, a maioria dos pesquisadores de liderança utiliza os termos como sinônimos.[13]

Em certo momento, os resultados dos testes das teorias comportamentais foram considerados decepcionantes. No entanto, uma revisão mais recente de 160 estudos detectou que os seguidores de líderes com alta consideração estavam mais satisfeitos com seus empregos, estavam mais motivados e tinham maior respeito por seu líder. A estrutura de iniciação foi mais fortemente relacionada com níveis mais altos de produtividade do grupo e da organização e avaliações de desempenho mais positivas.

Uma pesquisa do programa GLOBE, um estudo sobre valores culturais (que também focava nas diferenças culturais na liderança) que mencionamos no Capítulo 5, sugere que existam diferenças internacionais na preferência pela estrutura de iniciação e consideração.[14] Com base nos valores dos funcionários brasileiros, um gestor norte-americano liderando uma equipe no Brasil precisaria ser orientado para a equipe, participativo e humano. Os líderes com alto nível de consideração se sairiam melhor nessa cultura. Como um gestor brasileiro disse no estudo GLOBE: "Não preferimos os líderes que tomam decisões autônomas e agem sozinhos, sem envolver o grupo. Isso é parte do que somos". Comparados aos funcionários dos Estados Unidos, os franceses têm uma visão mais burocrática dos líderes e são menos propensos a esperar que sejam humanos e atenciosos. Um líder com alto nível de estrutura de iniciação (relativamente orientado para a tarefa) se sairá melhor e pode tomar decisões de forma relativamente autocrática. Um gestor com alta pontuação em consideração (orientado para as pessoas) pode achar esse estilo contraproducente na França. De acordo com o estudo GLOBE, a cultura chinesa enfatiza ser educado, atencioso e generoso, mas também tem uma orientação para o alto desempenho. Assim, tanto a consideração quanto a estrutura de iniciação podem ser importantes.

## Resumo das teorias dos traços e teorias comportamentais

Os líderes que têm certos traços e que mostram comportamentos de consideração e estruturação parecem ser mais eficazes. Talvez você esteja se perguntando se os líderes escrupulosos (traços) são mais suscetíveis de serem líderes de estruturação (comportamento) e os extrovertidos (traços) são mais suscetíveis de serem líderes atenciosos (comportamento). Infelizmente, não temos a certeza de que haja uma conexão. Pesquisas futuras serão necessárias para integrar essas abordagens.

Alguns líderes podem ter os traços certos ou exibir os comportamentos certos e ainda assim não terem sucesso. Mesmo sendo tão importantes quanto os traços e comportamentos na identificação de líderes eficazes ou ineficazes, eles não garantem o sucesso. O contexto também importa.

## TEORIAS DAS CONTINGÊNCIAS

Alguns líderes linha-dura parecem ganhar muitos admiradores quando assumem a liderança de empresas combativas e as ajudam a sair da crise. Home Depot e Chrysler não contrataram o ex-CEO Bob Nardelli por sua personalidade. No entanto, tais líderes também parecem ser rapidamente descartados quando a situação se estabiliza.

A ascensão e queda de líderes como Bob Nardelli ilustram que prever o sucesso da liderança é mais complexo do que alguns traços ou comportamentos de isolamento. Em seus casos, o que funcionou em tempos muito ruins e em tempos muito bons não parece se traduzir para o sucesso em longo prazo. Quando os pesquisadores analisaram as influências situacionais, pareceu que, na condição $a$, o estilo de liderança $x$ seria apropriado, enquanto o estilo $y$ era mais apropriado para a condição $b$ e o estilo $z$ para a condição $c$. Mas o que eram as condições $a$, $b$ e $c$? Em seguida, consideraremos as três abordagens para isolar as variáveis situacionais: o modelo de Fiedler, a teoria situacional, a teoria de caminho–meta e o modelo de participação do líder.

## O modelo de Fiedler

Fred Fiedler desenvolveu o primeiro modelo de contingência abrangente para liderança.[15] O **modelo de contingência de Fiedler** propõe que o desempenho eficaz do grupo depende da correspondência correta entre o estilo do líder e o grau a que a situação confere o controle ao líder.

IDENTIFICANDO O ESTILO DE LIDERANÇA  Fiedler acredita que um fator-chave no sucesso da liderança é o estilo de liderança básico do indivíduo. Ele criou o **questionário do colega de trabalho (LPC) menos preferido** para identificar esse estilo medindo se uma pessoa é orientada à tarefa ou ao relacionamento. O questionário LPC pede aos entrevistados para pensarem em todos os colegas que já tiveram e descreverem aquele com quem eles *menos gostaram* de trabalhar, classificando essa pessoa em uma escala de 1 a 8 para cada um dos 16 conjuntos de adjetivos contrastantes (tais como agradável–desagradável, eficiente–ineficiente, aberto–fechado, solidário––hostil). Se você descrever a pessoa com quem você é menos capaz de trabalhar em termos favoráveis (uma alta pontuação de LPC), Fiedler rotularia você como *orientado ao relacionamento*. Se você vê seu colega de trabalho menos preferido em termos desfavoráveis (uma baixa pontuação de LPC), você está interessado principalmente em produtividade e é orientado para a tarefa. Cerca de 16% dos inquiridos pontua no meio da escala[16] e, portanto, não se enquadra nas previsões da teoria. O resto da nossa discussão se relaciona com os 84% que pontuam na faixa alta ou baixa do questionário LPC.

Fiedler assume que o estilo de liderança do indivíduo é fixo. Isso significa que se uma situação requer um líder orientado para a tarefa e a pessoa em posição de liderança é orientada para o relacionamento, ou a situação tem de ser modificada ou o líder tem de ser substituído para alcançar a eficácia ideal.

DEFININDO A SITUAÇÃO  Depois de avaliar o estilo de liderança básico do indivíduo pelo questionário LPC, combinamos o líder com a situação. Fiedler identificou três dimensões situacionais ou contingências:

1. **Relações líder–membro** é o grau de segurança, confiança e respeito que os membros têm por seu líder.
2. **Estrutura da tarefa** é o grau ao qual as atribuições de trabalho seguem procedimentos (ou seja, são estruturadas ou não estruturadas).
3. **Poder de posição** é o grau de influência que um líder tem sobre as variáveis de poder tais como a contratação, demissão, disciplina, promoções e aumentos de salário.

O próximo passo é avaliar a situação em termos dessas três variáveis. Fiedler afirma que quanto melhor forem as relações líder–membro, mais altamente estruturado será o trabalho e quanto mais forte a posição de poder, o líder terá mais controle. Uma situação muito favorável (em que o líder tem uma grande quantidade de controle) pode incluir um gestor de folha de pagamento, que é muito respeitado e cujos funcionários têm confiança nele (boas relações líder–membro); que gerencia as atividades que são claras e específicas — tais como o cálculo do salário, escrituração de cheques e arquivamento de relatório (estrutura de tarefa elevada); e que tem liberdade considerável para recompensar e punir os funcionários (forte poder de posição). Uma situação desfavorável pode ser aquela de um chefe não querido de uma equipe de captação de recursos voluntários da United Way. Neste trabalho, o líder tem muito pouco controle.

CORRESPONDÊNCIA DE LÍDERES E SITUAÇÕES  Combinando as três dimensões de contingência temos oito situações possíveis em que os líderes podem se encontrar (Figura 12.1). O modelo de Fiedler propõe a correspondência entre a pontuação de LPC do indivíduo e essas oito situações para alcançar a máxima efetividade em liderança.[17] Fiedler concluiu que os líderes orientados para a tarefa têm melhor desempenho em situações muito favoráveis a eles e muito desfavoráveis. Então, quando confrontados com uma situação categoria I, II, III, VII ou VIII, os líderes orientados para a tarefa desempenham melhor. Os líderes orientados para o relacionamento, no entanto, desempenham melhor em situações moderadamente favoráveis — categorias IV, V e VI. Nos últimos anos, Fiedler condensou essas oito situações em três.[18] Ele agora diz que os líderes orientados para as tarefas desempenham melhor em situações de alto e baixo controle, enquanto os líderes orientados para o relacionamento desempenham melhor em situações de controle moderado.

Como você aplicaria as conclusões de Fiedler? Você deve corresponder os líderes — em termos de suas pontuações LPC — com o tipo de situação — em termos de relacionamentos líder–membro, estrutura de tarefa e posição de poder — para que sejam mais adequados. Mas lembre-se de que Fiedler encara o estilo de liderança do indivíduo como sendo fixo. Portanto, existem apenas duas maneiras de melhorar a eficácia do líder.

Primeiro, você pode alterar o líder para enquadrar-se à situação — como um técnico de beisebol coloca um lançador destro ou canhoto para o jogo dependendo do rebatedor. Se uma situação de grupo tiver classificação altamente desfavorável, mas for liderada por um gestor orientado para o relacionamento, o desempenho do grupo poderia ser melhorado sob um gestor orientado para a tarefa. A segunda alternativa é mudar a situação para se adaptar ao líder, reestruturando-se as tarefas ou aumentando ou diminuindo o poder do líder para controlar fatores como aumentos salariais, promoções e ações disciplinares.

**FIGURA 12.1** Achados do modelo de Fiedler

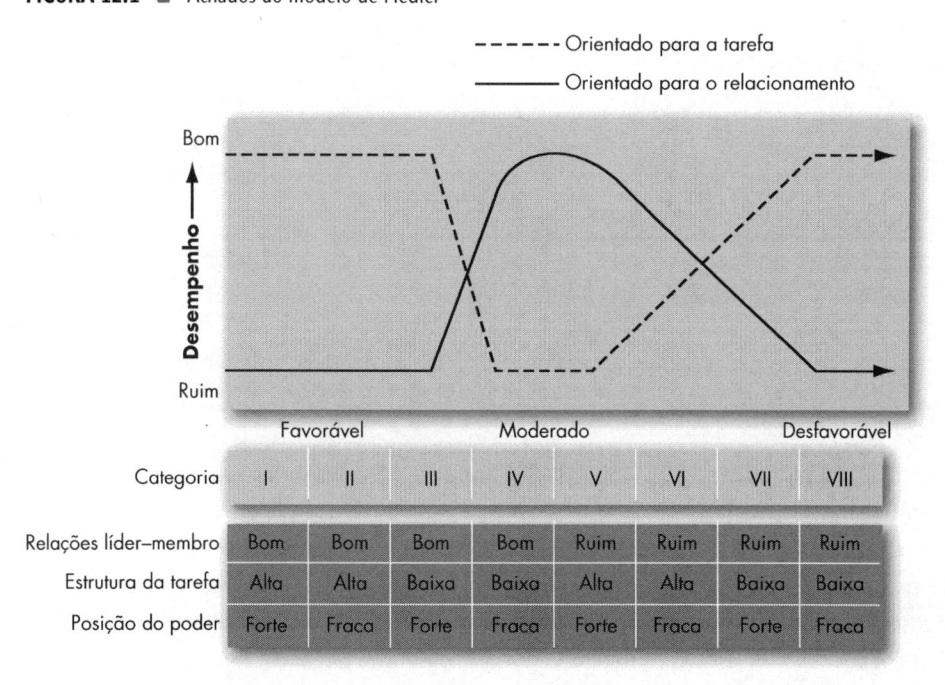

| Categoria | I | II | III | IV | V | VI | VII | VIII |
|---|---|---|---|---|---|---|---|---|
| Relações líder–membro | Bom | Bom | Bom | Bom | Ruim | Ruim | Ruim | Ruim |
| Estrutura da tarefa | Alta | Alta | Baixa | Baixa | Alta | Alta | Baixa | Baixa |
| Posição do poder | Forte | Fraca | Forte | Fraca | Forte | Fraca | Forte | Fraca |

**AVALIAÇÃO** Estudos que testam a validade geral do modelo de Fiedler detectam evidências consideráveis para apoiar partes substanciais dessa teoria.[19] Se usarmos apenas três categorias, em vez das oito originais, amplas evidências darão apoio às conclusões de Fiedler.[20] Mas a lógica subjacente ao questionário LPC não é bem compreendida, e as pontuações dos entrevistados não são estáveis.[21] As variáveis de contingência também são complexas e difíceis para os profissionais avaliarem.[22]

## TEORIA DA TROCA LÍDER–LIDERADOS (LMX)

Pense em um líder que você conhece. Esse líder tinha favoritos que compunham o seu grupo mais próximo (*in*)? Se você respondeu sim, está reconhecendo a fundamentação da **teoria da troca líder–liderados (LMX)**.[23] Essa teoria argumenta que, por causa de pressões de tempo, os líderes estabelecem relações especiais com pequenos grupos de seus seguidores. Esses indivíduos compõem o seu grupo mais próximo — eles são confiáveis, obtêm uma quantidade desproporcional de atenção do líder e são mais propensos a receber privilégios especiais. Outros seguidores ficam fora desse grupo (*out*).

A teoria propõe que, no início da história da interação entre um líder e um seguidor determinado, o líder implicitamente categoriza o seguidor como *in* ou *out* e essa relação é bastante estável ao longo do tempo. Os líderes induzem a LMX recompensando aqueles empregados com quem desejam uma ligação mais estreita e punindo aqueles com quem eles não querem.[24] Mas para o relacionamento LMX permanecer intacto, o líder e o seguidor devem investir na relação.

O modo exato como o líder escolhe quem fica em cada categoria é incerto, mas há evidências de que os membros do grupo *in* têm características demográficas, de atitude e de personalidade semelhantes às de seu líder ou um nível de competência mais alto do que os membros do grupo *out*[25] (ver Figura 12.2). Líderes e seguidores do mesmo gênero tendem a ter relacionamentos mais próximos (LMX maior) do que os de gêneros diferentes.[26] Muito embora o líder faça a escolha, as características do seguidor dirigem a decisão de categorizar.

As pesquisas para testar a teoria de LMX têm geralmente resultados favoráveis, com provas substantivas de que os líderes fazem de fato diferenças entre os seguidores. Essas disparidades estão longe de ser aleatórias; e seguidores com status de grupo *in* terão avaliações de desempenho mais elevadas, envolvem-se em comportamentos mais auxiliares ou de "cidadania" no trabalho e relatam maior satisfação com seus superiores.[27] Esses resultados positivos para os membros do grupo *in* não deveriam ser surpreendentes, dado o nosso conhecimento da profecia autorrealizável (ver Capítulo 7). Os líderes investem seus recursos naqueles que esperam desempenhar melhor. E acreditando que os membros do grupo *in* são mais competentes, os líderes os tratam como tal e sem querer cumprem a profecia. Nesse tipo de caso, espera-se que o desempenho dos membros do grupo *out* seja prejudicado, porque a percepção de justiça organizacional é a chave para a ligação entre a teoria LMX e o desempenho. Um estudo na Turquia, por exemplo, demonstrou que quando os líderes diferenciam fortemente entre seus seguidores em termos de suas relações (alguns seguidores tinham um intercâmbio líder–liderados muito positivo, outros muito pobres), os funcionários respondem com atitudes de trabalho mais negativas e níveis mais elevados de comportamento de esquiva quando a justiça organizacional é percebida como baixa.[28] Os relacionamentos líder–seguidores podem ser mais fortes quando os seguidores têm um papel mais ativo na formação de seu próprio desempenho no trabalho. Uma pesquisa sobre 287 desenvolvedores de software e 164 supervisores demonstrou que os relacionamentos líder–liderados têm um forte impacto sobre o desempenho do empregado e as atitudes quando os empregados têm níveis mais elevados de autonomia e um lócus de controle mais interno.[29]

**FIGURA 12.2** Teoria da troca líder–liderados

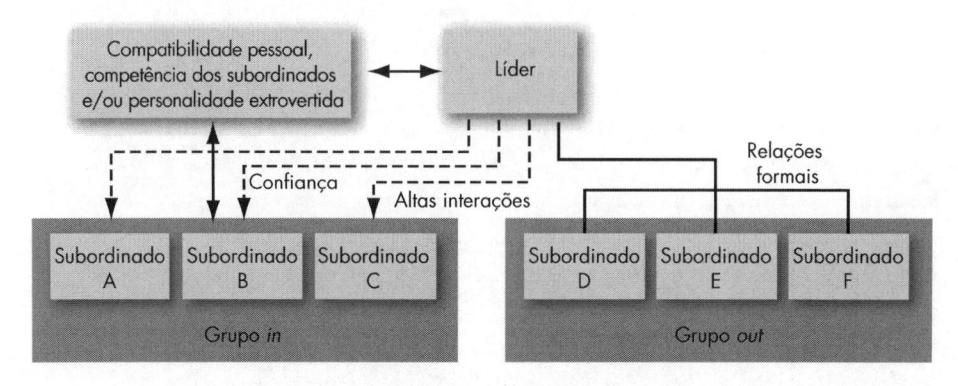

```
         Compatibilidade pessoal,
         competência dos subordinados  ◄──►   Líder
         e/ou personalidade extrovertida
                                                            Relações
                                                            formais
                        Confiança
                              Altas interações

    Subordinado  Subordinado  Subordinado    Subordinado  Subordinado  Subordinado
        A            B            C              D            E            F

              Grupo in                                  Grupo out
```

## LIDERANÇA CARISMÁTICA E LIDERANÇA TRANSFORMACIONAL

Nesta seção, apresentaremos duas teorias contemporâneas de liderança — liderança carismática e liderança transformacional — com um tema comum: elas entendem os líderes como indivíduos que inspiram seguidores por meio de suas palavras, ideias e comportamentos.

### Liderança carismática

John F. Kennedy, Martin Luther King Jr., Ronald Reagan, Bill Clinton, Mary Kay Ash (fundadora da Mary Kay Cosmetics) e Steve Jobs (cofundador da Apple Computer) são frequentemente citados como líderes carismáticos. O que eles têm em comum?

O QUE É A LIDERANÇA CARISMÁTICA? Max Weber, um sociólogo, definiu carisma (do grego "presente") há mais de um século como "certa qualidade de uma personalidade individual, em virtude da qual a pessoa destaca-se das pessoas comuns e é tratada como dotada de poderes ou qualidades sobrenaturais, sobre-humanos ou pelo menos especificamente excepcionais. Esses poderes ou qualidades não são acessíveis para as pessoas comuns e são considerados de origem divina, ou exemplar, e com base neles o indivíduo em questão é tratado como um líder".[30] Weber argumentou que a liderança carismática era um dos vários tipos ideais de autoridade.

O primeiro pesquisador a considerar a liderança carismática em termos de CO foi Robert House. De acordo com a **teoria da liderança carismática** de House, os seguidores atribuem habilidades heroicas ou extraordinárias de liderança ao observarem certos comportamentos.[31] Diversos estudos têm tentado identificar as características dos líderes carismáticos: eles têm uma visão, eles estão dispostos a assumir riscos pessoais para alcançar essa visão, eles são sensíveis às necessidades de seus seguidores e eles apresentam comportamentos extraordinários[32] (ver Quadro 12.1).

**QUADRO 12.1** ⬢ Características-chave dos líderes carismáticos

1. *Visão e articulação*. Ter uma visão – expressa como uma meta idealizada – que propõe um futuro melhor que o status quo e ser capaz de esclarecer a importância da visão em termos que sejam compreensíveis aos outros.
2. *Risco pessoal*. Disposto a correr um alto risco pessoal, pagar altos custos e fazer autossacrifício para alcançar a visão.
3. *Sensibilidade às necessidades dos seguidores*. Perceptivo às habilidades dos outros e responsivo às suas necessidades e sentimentos.
4. *Comportamento não convencional*. Assume comportamentos que são percebidos como inovadores e contrários às normas.

OS LÍDERES CARISMÁTICOS NASCEM PRONTOS OU SÃO CRIADOS? Os líderes carismáticos já *nascem* com suas qualidades? Ou as pessoas na verdade aprendem a ser líderes carismáticos? Sim e sim.

Os indivíduos nascem com traços que os tornam carismáticos. Na verdade, estudos de gêmeos idênticos observaram que ambos tinham resultados similares nas medidas de liderança carismática, mesmo que fossem criados em lares diferentes e nunca tivessem se conhecido. A personalidade também está relacionada com a liderança carismática. Os líderes carismáticos tendem a ser extrovertidos, autoconfiantes e orientados para a realização.[33] Considere os presidentes Barack Obama e Ronald Reagan: goste-se ou não deles, os dois são frequentemente comparados, porque ambos possuem as qualidades de líderes carismáticos.

A maioria dos especialistas acredita que os indivíduos podem ser treinados para exibir comportamentos carismáticos.[34] Afinal de contas, só porque herdamos certas tendências não significa que não podemos aprender a mudar. Um conjunto de autores propõe um processo de três etapas.[35] Primeiro, desenvolver uma aura de carisma, mantendo uma visão otimista; usar a paixão como um catalisador para gerar entusiasmo; e comunicar-se com o corpo todo, não apenas com as palavras. Segundo, impulsionar os outros, criando um vínculo que os inspire a seguir. Terceiro, trazer à tona o potencial dos seguidores tocando em suas emoções.

A abordagem parece funcionar, de acordo com os investigadores que pediram a estudantes de graduação em administração para "atuarem" como alguém carismático.[36] Os estudantes foram ensinados a articular um objetivo fundamental, comunicar as expectativas de alto desempenho, mostrar confiança na capacidade dos seguidores para atender a essas expectativas e empatia com as necessidades de seus seguidores. Eles aprenderam a projetar uma presença poderosa, confiante e dinâmica; e praticaram usar uma voz cativante e envolvente. Eles também foram treinados para evocar as características carismáticas não verbais: alternaram entre caminhar e sentar-se nas beiradas de suas mesas, inclinar-se para as pessoas, manter contato visual direto e ter posturas relaxadas e expressões faciais de animação. Seus seguidores tiveram maior desempenho da tarefa, ajuste de tarefa e ajuste para o líder e ao grupo do que os seguidores de líderes não carismáticos.

**COMO OS LÍDERES CARISMÁTICOS INFLUENCIAM OS SEGUIDORES** Como os líderes carismáticos realmente influenciam os seguidores? As evidências sugerem que haja um processo de quatro etapas.[37] Tudo começa com a articulação de uma **visão** atraente, uma estratégia de longo prazo para alcançar uma meta, vinculando o presente com um futuro melhor para a organização. Visões desejáveis ajustam os tempos e circunstâncias e refletem a unicidade da organização. Steve Jobs defendeu o iPod da Apple, observando: "É tão Apple quanto tudo que a Apple faz". As pessoas da organização devem também acreditar que a visão é um desafio, embora atingível.

Segundo, uma visão é incompleta sem uma **declaração de visão** que a acompanha, uma articulação formal da visão ou missão da organização. Os líderes carismáticos podem usar declarações de visão para imprimir em seguidores um objetivo e finalidade fundamental. Eles ampliam a autoestima e a confiança de seus seguidores com expectativas de alto desempenho e a crença de que os seguidores podem atingi-las. Em seguida, por meio de palavras e ações, o líder transmite um novo conjunto de valores e dá um exemplo para os seguidores imitarem. Um estudo de funcionários de bancos israelenses mostrou que os líderes carismáticos eram mais eficazes porque seus empregados se identificaram pessoalmente com eles. Os líderes carismáticos também definem um tom de cooperação e apoio mútuo. Um estudo com 115 funcionários públicos detectou que eles apresentavam um forte sentimento de pertencimento pessoal no trabalho quando tinham líderes carismáticos, aumentando sua vontade de se envolver em ajudar e em comportamentos orientados para a conformidade.[38]

Por fim, o líder carismático se envolve em comportamentos indutores de emoção e muitas vezes não convencionais para demonstrar coragem e a convicção sobre a visão. Os seguidores "capturam" as emoções que seu líder está transmitindo.[39]

**A LIDERANÇA CARISMÁTICA EFICAZ DEPENDE DA SITUAÇÃO?** As pesquisas mostram correlações impressionantes entre a liderança carismática e o alto desempenho e satisfação entre os seguidores.[40] As pessoas que trabalham para líderes carismáticos são motivadas a exercer esforços extras e, porque eles gostam de seus líderes e os respeitam, expressam maior satisfação. As organizações com CEOs carismáticos são mais rentáveis e os professores universitários carismáticos desfrutam de melhores avaliações de seus cursos.[41] No entanto, o carisma parece ser mais bem-sucedido quando a tarefa do seguidor tem um componente ideológico ou o ambiente inclui um alto grau de estresse e incerteza.[42] Mesmo em estudos de laboratório, quando as pessoas estão psicologicamente estimuladas, são mais propensas a responder aos líderes carismáticos.[43] Isso pode explicar por que, quando os líderes carismáticos se destacam, é provável que seja na política ou religião, ou durante a guerra, ou quando um negócio está começando, ou enfrentando uma crise fatal. Roosevelt ofereceu uma visão para os Estados Unidos saírem da Grande Depressão na década de 1930. Em 1997, quando a Apple estava se debatendo e com falta de direção, o conselho persuadiu seu cofundador carismático Steve Jobs a retornar como CEO interino e a empresa voltou às suas raízes inovadoras.

Outro fator situacional aparentemente limitante do carisma é o nível da organização. Os executivos do topo criam a visão; é mais difícil de utilizar as qualidades de liderança carismática da pessoa em cargos de gestão de nível inferior ou alinhar a visão com os objetivos maiores da organização.

Por fim, as pessoas são especialmente receptivas à liderança carismática quando pressentem uma crise, quando estão sob estresse ou quando temem por suas vidas. Líderes carismáticos são capazes de reduzir o estresse dos funcionários, talvez porque ajudem a fazer o trabalho parecer mais significativo e interessante.[44] E a personalidade de algumas pessoas é especialmente suscetível a líderes carismáticos.[45] Reflita sobre a autoestima. Um indivíduo que carece de autoestima e a questiona é mais propenso a absorver a direção do líder, em vez de estabelecer seu próprio jeito de liderar ou pensar.

**O LADO SOMBRIO DA LIDERANÇA CARISMÁTICA** Líderes administrativos carismáticos como Hank Greenberg da AIG, Jack Welch da GE, Dennis Kozlowski da Tyco, Herb Kelleher da Southwest Airlines, Michael Eisner da Disney e Carly Fiorina da HP tornaram-se celebridades na ordem de David Beckham e Madonna. Todas as empresas queriam um CEO carismático, e para atraí-los os conselhos de administração deram-lhes autonomia e recursos sem precedentes — o uso de jatos particulares e coberturas multimilionárias, empréstimos isentos de juros para comprar casas de praia e obras de arte, equipes de segurança e benefícios similares, condizentes com a realeza. Um estudo revelou que os CEOs carismáticos eram capazes de alavancar salários mais elevados, mesmo quando seu desempenho era medíocre.[46]

Infelizmente, os líderes carismáticos que são vistos como semideuses não necessariamente agem no melhor interesse de suas organizações.[47] Muitos permitiram que seus objetivos pessoais substituíssem os da organização. Os resultados em empresas como Enron, Tyco, WorldCom e HealthSouth foram desastrosos; os líderes usaram irresponsavelmente os recursos organizacionais para seu benefício pessoal e os gestores violaram as leis e os limites éticos para inflar os preços das ações, permitindo que lucrassem milhões de dólares em ações. Não é de se admirar que as pesquisas mostrem que os indivíduos que são narcisistas também são mais intensos em alguns comportamentos associados com a liderança carismática.[48]

Não é que a liderança carismática não seja eficaz; em geral, ela é. Mas um líder carismático nem sempre é a resposta. O sucesso depende, em certa medida, da situação e da visão do líder. Alguns líderes carismáticos — Hitler, por exemplo — são todos muito bem-sucedidos em convencer seus seguidores a perseguir uma visão que pode ser desastrosa.

## Liderança transformacional

Uma linha de pesquisas centrou-se na diferenciação de líderes transformacionais e transacionais.[49] Estudos da universidade estadual de Ohio, o modelo de Fiedler e a teoria caminho–meta descrevem os **líderes transacionais**, que guiam seus seguidores em direção a metas estabelecidas, esclarecendo a função e os requisitos da tarefa. Os **líderes transformacionais** inspiram seguidores para transcender seus interesses pessoais para o bem da organização e podem ter um efeito extraordinário sobre estes. Andrea Jung, da Avon, Richard Branson, do Virgin Group, e Jim McNerney, da Boeing, são todos líderes transformacionais. Eles prestam atenção às preocupações e necessidades dos seguidores individuais; eles mudam a consciência dos seguidores sobre as questões, ajudando-os a olhar velhos problemas de novas formas; eles estimulam e inspiram seguidores a colocar para fora o esforço extra para alcançar objetivos do grupo. O Quadro 12.2 identifica resumidamente e define as características que diferenciam esses dois tipos de líderes.

**QUADRO 12.2** ⬢ Características dos líderes transacionais e transformacionais

| Líder transacional |
|---|
| **Recompensa contingente:** Sugere trocas de recompensas por esforços, promete recompensas por bom desempenho, reconhece as realizações. |
| **Gestão por exceção (ativa):** Observa e pesquisa os desvios nas regras e padrões, realiza ações corretivas. |
| **Gestão por exceção (passiva):** Intervém somente se os padrões não foram alcançados. |
| *Laissez-faire*: Abdica de responsabilidades, evita tomar decisões. |

*(continua)*

(*continuação*)

> **Líder transformacional**
>
> **Influência idealizada:** Promove uma visão e um sentido de missão, instila o orgulho, ganha respeito e confiança.
> **Motivação inspiracional:** Comunica altas expectativas, usa símbolos para enfocar os esforços, expressa objetivos importantes de maneiras simples.
> **Estimulação intelectual:** Promove a inteligência, a racionalidade e a resolução cuidadosa dos problemas.
> **Consideração individualizada:** Dá atenção pessoal, trata cada empregado individualmente, orienta, aconselha.

Fonte: Baseado em B. M. Bass, "From Transactional to Transformational Leadership: Learning to Share the Vision", *Organizational Dynamics* (Winter 1990), p. 22; A. H. Eagly, M. C. Johannesen-Schmidt e M. L. Van Engen". Transformational, Transactional, and Laissez-faire Leadership Styles: A Meta-analysis Comparing Women and Men", *Psychological Bulletin* 129 (2003), p. 569–591; e T. A. Judge e J. E. Bono, "Five Factor Model of Personality and Transformational Leadership", *Journal of Applied Psychology* 85 (2000), p. 751–765.

A liderança transacional e a transformacional complementam uma à outra. Elas não são abordagens opostas sobre como fazer as coisas.[50] A liderança transformacional *baseia-se* na liderança transacional e produz níveis de esforço de seguidor e desempenho além do que a liderança transacional sozinha pode fazer. Mas o inverso não é verdadeiro. Então, se você for um bom líder transacional, mas não tiver qualidades transformacionais, provavelmente vai ser só um líder medíocre. Os melhores líderes são transacionais e transformacionais.

ESCALA COMPLETA DE MODELOS DE LIDERANÇA A Figura 12.3 mostra a **escala completa de modelos de liderança**. *Laissez-faire* é o comportamento de líder mais passivo e, portanto, menos eficaz.[51] A gestão por exceção — ativa ou passiva — é um pouco melhor, mas ainda é considerada ineficaz. Os líderes de gestão por exceção tendem a estar disponíveis apenas quando há um problema, que é muitas vezes tarde demais. A liderança por recompensas contingentes pode ser um estilo eficaz de liderança, mas não fará os empregados irem acima e adiante da chamada do dever.

Somente com os quatro estilos restantes — todos os aspectos da liderança transformacional — os líderes são capazes de motivar os seguidores a desempenhar acima das expectativas e a transcender seus interesses para o bem da organização. A consideração individualizada, o estímulo intelectual, a motivação inspiradora e a influência idealizada (conhecidas como os quatro Is) resultam em um esforço extra dos trabalhadores, maior produtividade, maior moral e satisfação, maior eficácia organizacional, menor rotatividade, menor absentismo e maior adaptabilidade organizacional. Com base nesse modelo, os líderes são em geral mais eficazes quando usam regularmente cada um dos quatro comportamentos transformacionais.

**FIGURA 12.3** ● Escala completa do modelo de liderança

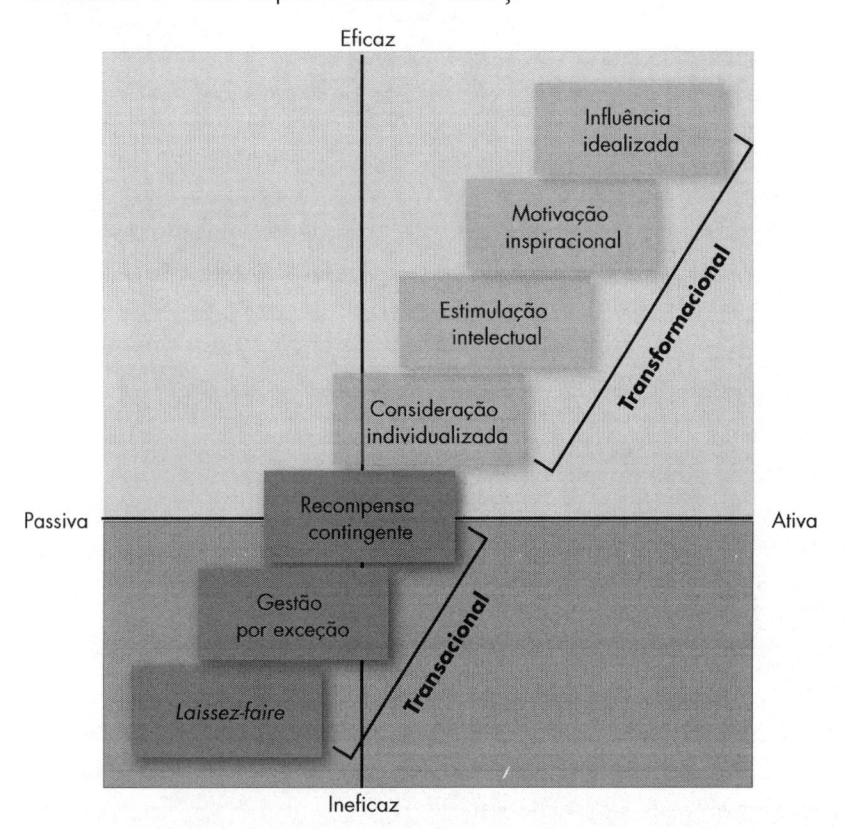

Elementos do diagrama (do mais eficaz ao menos eficaz, eixo Passiva–Ativa):
- Influência idealizada
- Motivação inspiracional
- Estimulação intelectual
- Consideração individualizada

(Transformacional)

- Recompensa contingente
- Gestão por exceção
- Laissez-faire

(Transacional)

**COMO A LIDERANÇA TRANSFORMACIONAL FUNCIONA** Os líderes transformacionais são mais eficazes, porque são mais criativos, mas também porque incentivam aqueles que os seguem para serem criativos.[52] As empresas com líderes transformacionais têm maior descentralização das responsabilidades, os gestores têm mais propensão a assumir riscos e os planos de compensação são voltados para resultados em longo prazo — os quais facilitam o empreendedorismo corporativo.[53] Um estudo de profissionais de tecnologia da informação na China, por exemplo, observou que capacitar o comportamento de liderança levou a sentimentos de controle pessoal positivo entre os trabalhadores, o que aumentou sua criatividade profissional.[54]

As empresas com líderes transformacionais também mostram maior concordância entre os gestores de topo sobre os objetivos da organização, o que leva a um maior desempenho organizacional.[55] Os militares israelenses observaram resultados semelhantes, mostrando que os líderes transformacionais melhoram o desempenho ao construírem consenso entre os membros do grupo.[56] Os líderes transformacionais são capazes de aumentar a autoeficácia dos seguidores, dando ao grupo um espírito de "podemos fazer".[57] Os seguidores são mais propensos a prosseguir os objetivos ambiciosos, a concordar com os objetivos estratégicos da organização e a acreditar que os objetivos que estão prosseguindo são pessoalmente importantes.[58]

Assim como a visão ajuda a explicar como funciona a liderança carismática, também explica parte do efeito da liderança transformacional. Um estudo detectou que a visão era mais importante que um estilo de comunicação carismático (efusivo, dinâmico, animado) para explicar o sucesso das empresas empreendedoras.[59] Por fim, a liderança transformacional é fonte de compromisso por parte dos seguidores e instila confiança maior no líder.[60]

**AVALIAÇÃO DA LIDERANÇA TRANSFORMACIONAL**  A liderança transformacional foi apoiada de forma impressionante em diversos níveis profissionais e ocupações (diretores de escola, professores, comandantes da marinha, ministros, presidentes de associações de MBA, cadetes militares, atendentes de lojas, representantes de vendas). Um estudo das empresas de P&D observou que as equipes cujos líderes de projeto tinham alta liderança transformacional produziam produtos de melhor qualidade, conforme julgado um ano depois, e lucros mais altos, avaliados cinco anos mais tarde.[61] Outro estudo que analisou mais diretamente a criatividade dos funcionários e a liderança transformacional detectou que os empregados com líderes transformacionais tinham mais confiança na sua capacidade de ser criativos no trabalho e níveis mais elevados de desempenho criativo.[62] Uma revisão de 117 estudos que testaram a liderança transformacional detectou que ela estava relacionada com níveis mais elevados de desempenho individual dos seguidores, desempenho da equipe e desempenho organizacional.[63]

A liderança transformacional não é igualmente eficaz em todas as situações. Tem um impacto maior na linha inferior em empresas menores e privadas do que em organizações mais complexas.[64] A natureza pessoal da liderança transformacional pode ser mais eficaz quando os líderes podem interagir diretamente com a força de trabalho e tomar decisões, do que quando eles se reportam a um corpo externo de administração ou lidam com uma estrutura burocrática complexa. Outro estudo mostrou que os líderes transformacionais eram mais eficazes na melhoria do potencial do grupo em equipes com alta distância de poder e coletivismo.[65] Outras pesquisas recentes usando uma amostra de empregados tanto da China quanto dos Estados Unidos constatou que a liderança transformacional tinha uma relação positiva com a justiça processual percebida, especialmente entre indivíduos que estavam em degraus mais baixos de distância de poder.[66] Os líderes transformacionais também obtiveram níveis mais elevados de confiança, algo que reduz o estresse para os seguidores.[67] Em suma, a liderança transformacional funciona por um grande número de processos diferentes.

Um estudo examinou como os diferentes tipos de liderança transformacional podem ser eficazes, dependendo de o trabalho ser avaliado em equipe ou no nível individual.[68] A liderança transformacional centrada no indivíduo é o comportamento que capacita seguidores individuais a se desenvolverem, aprimorarem suas habilidades e aumentarem a autoeficácia. A liderança transformacional voltada para a equipe enfatiza as metas do grupo, os valores e crenças compartilhados e os esforços unificados. Evidências de uma amostra de 203 membros de equipe e 60 líderes em uma unidade de negócios detectaram que a liderança transformacional individual estava associada com maior desempenho no nível do indivíduo, enquanto a voltada para a equipe captou um desempenho mais elevado no nível do grupo.

A teoria da liderança transformacional não é perfeita. A liderança com recompensas contingentes pode não caracterizar apenas os líderes transacionais. E ao contrário de toda a gama do modelo de liderança, os quatro Is na liderança transformacional nem sempre são superiores em eficácia à liderança transacional (liderança com recompensas contingentes às vezes funciona também como liderança transformacional).

Em resumo, a liderança transformacional é mais fortemente correlacionada que a liderança transacional com menores taxas de rotatividade, maior produtividade, menor estresse e *burnout* do empregado e maior satisfação deste.[69] Assim como o carisma, ela pode ser aprendida. Um estudo de gerentes de banco canadenses detectou que as agências gerenciadas por pessoas que foram submetidas a treinamento de liderança transformacional tiveram desempenhos significativamente melhores do que aquelas cujos gerentes não receberam treinamento. Outros estudos mostram resultados semelhantes.[70]

O estudo GLOBE — de 18.000 líderes de 825 organizações em 62 países — relaciona um número de elementos da liderança transformacional com uma liderança eficaz, independentemente do país.[71] Esta conclusão é muito importante, porque contesta a visão de contingência de que o estilo de liderança precisa se adaptar às diferenças culturais.

Que elementos da liderança transformacional parecem ser universais? Visão, previsão, proporcionar encorajamento, confiabilidade, dinamismo, positividade e proatividade estão no topo da lista. A equipe do estudo GLOBE concluiu que "os subordinados em qualquer país esperam que seus líderes de negócios eficazes forneçam uma visão poderosa e proativa para orientar a empresa para o futuro, tenham fortes habilidades motivacionais para estimular todos os funcionários a cumprirem a visão e excelentes habilidades de planejamento para ajudar a implementar a visão".[72]

Uma visão é importante em qualquer cultura, sim, mas pode ser necessário variar o modo como é formada e comunicada, dependendo da cultura. Um executivo da GE que usou seu estilo de liderança dos Estados Unidos no Japão recorda: "Não aconteceu nada. Rapidamente percebi que tinha de adaptar a minha abordagem, agir mais como um consultor para meus colegas e adotar um processo de tomada de decisão motivacional baseado em equipe em vez do estilo mais verbal que tende a ser comum no Ocidente. No Japão o silêncio de um líder significa muito mais do que mil palavras proferidas por outra pessoa".[73]

## LIDERANÇA AUTÊNTICA: ÉTICA E CONFIANÇA

Apesar de as teorias terem aumentado nossa compreensão de uma liderança eficaz, elas não lidam explicitamente com o papel da ética e da confiança, que alguns argumentam ser essenciais para completar o quadro. Aqui, consideraremos esses dois conceitos sob a rubrica da liderança autêntica.[74]

> Se estivermos procurando o melhor líder possível, não é suficiente ser carismático ou visionário – também é preciso ser ético e autêntico.

### O que é a liderança autêntica?

Mike Ullman, ex-CEO da JCPenney, argumenta que os líderes têm que ser altruístas, ouvir bem e ser honestos. Consistente com isso, o CEO Douglas R. Conant, das sopas Campbell, é decididamente discreto. Quando lhe pedem para refletir sobre o forte desempenho da Campbell, ele diz: "Estamos acertando nosso passo um pouco mais (que nossos pares)". Ele regularmente admite erros e muitas vezes diz: "Eu posso fazer melhor". Ullman e Conant parecem ser bons exemplos de liderança autêntica.[75]

Os **líderes autênticos** sabem quem são, sabem no que acreditam e valorizam e agem segundo os valores e crenças de modo aberto e franco. Seus seguidores os consideram pessoas éticas. A principal qualidade produzida pela liderança autêntica, portanto, é a confiança. Líderes autênticos compartilham informações, incentivam a comunicação aberta e são fiéis a seus ideais. O resultado? As pessoas têm fé neles.

Como o conceito é relativamente novo, há menos pesquisas sobre liderança autêntica do que sobre outras formas de liderança. No entanto, é um caminho promissor pensar sobre ética e confiança na liderança, porque se centra sobre os aspectos morais de ser um líder. Os líderes transformacionais ou carismáticos podem ter uma visão e comunicá-la de forma persuasiva, mas às vezes a visão é errada (como no caso de Hitler), ou o líder está mais preocupado com suas próprias necessidades ou prazeres, como Dennis Kozlowski (ex-CEO da Tyco), Jeff Skilling (ex-CEO da Enron) e Raj Rajaratnam (fundador do Grupo Galleon).[76]

## Ética e liderança

Só recentemente os pesquisadores começaram a considerar as implicações éticas na liderança.[77] Por que somente agora? Uma razão pode ser o crescente interesse em ética em todo o campo da gestão. Outra pode ser o reconhecimento de que muitos líderes do passado — como Martin Luther King Jr., John F. Kennedy e Thomas Jefferson — sofreram com deficiências éticas. Algumas empresas, como a Boeing, estão atrelando a remuneração dos executivos à ética, para reforçar a ideia de que, nas palavras do CEO Jim McNerney, "não há nenhum entrave entre fazer as coisas da maneira certa e desempenho".[78]

Ética e liderança cruzam-se em uma série de conjunturas. Podemos pensar nos líderes transformacionais como promotores de virtudes morais quando eles tentam mudar as atitudes e os comportamentos de seus seguidores.[79] O carisma, também, tem um componente ético. Líderes antiéticos usam seu carisma para aumentar o poder sobre os seguidores, direcionados para fins egoístas. Os líderes éticos usam o poder de uma forma socialmente construtiva para servir aos outros.[80] Os líderes que tratam seus seguidores com equidade, especialmente fornecendo informações honestas, frequentes e precisas, são vistos como líderes mais efetivos.[81] Os líderes classificados como altamente éticos tendem a ter seguidores que se engajam mais em comportamentos de cidadania organizacional e que estão mais dispostos a trazer problemas para compartilhar com os líderes.[82] Como os altos executivos dão o tom moral para uma organização, eles precisam definir padrões éticos elevados, demonstrá-los por seu próprio comportamento e incentivar e recompensar a integridade nos outros, evitando os abusos de poder, tais como dar grandes aumentos e bônus ao mesmo tempo em que procuram cortar custos demitindo funcionários de longa data.

A liderança não é isenta de valor. Na avaliação de sua eficácia, precisamos abordar os meios de que um líder se utiliza na tentativa de alcançar objetivos, bem como o conteúdo daqueles objetivos. Estudiosos tentaram integrar ética e liderança carismática avançando a ideia de **liderança carismática socializada** — uma liderança que transmite valores centrados nos outros (não egocêntricos) por líderes que são um modelo ético de conduta.[83] Os líderes carismáticos socializados são capazes de tornar os valores dos funcionários alinhados com seus valores por meio de suas palavras e ações.[84]

## Liderança servil

Os estudiosos recentemente têm considerado a liderança ética por um novo ângulo, examinando a **liderança servil**.[85] Os líderes servis vão além de seus próprios interesses e se concentram nas oportunidades para ajudar seus seguidores a crescerem e se desenvolverem. Eles não usam o poder para atingir seus fins; eles enfatizam a persuasão. Os comportamentos característicos incluem ouvir, ter empatia, persuadir, praticar a supervisão e desenvolver ativamente o potencial dos seguidores. Como a liderança servil centra-se em servir as necessidades dos outros, a pesquisa centrou-se sobre os seus resultados para o bem-estar dos seguidores.

Quais são os efeitos da liderança servil? Um estudo com 123 supervisores observou que ela resultava em níveis mais elevados de comprometimento com o supervisor, autoeficácia e percepções de justiça, todos aspectos relacionados com o comportamento de cidadania organizacional.[86] A relação entre a liderança servil e o comportamento de cidadania organizacional do seguidor aparenta ser mais forte quando os seguidores concentram-se em ser obedientes e responsáveis.[87] Segundo, a liderança servil aumenta a **potência da equipe** (uma crença de que seu time tem habilidades e competências acima da média), que por sua vez leva a níveis mais elevados de desempenho do grupo.[88] Terceiro, um estudo com uma amostra nacionalmente representativa de 250 trabalhadores encontrou níveis mais elevados de cidadania associados com foco no crescimento e no avanço, que por sua vez foram associados com níveis mais elevados de desempenho criativo.[89]

A liderança servil pode ser mais eficaz e mais prevalente em certas culturas.[90] Quando solicitados a desenhar imagens de líderes, as pessoas nos Estados Unidos tendem a desenhá-los à frente do grupo, dando ordens aos seguidores. Os pesquisados de Cingapura tenderam a desenhar os líderes na parte de trás do grupo, agindo mais para reunir as opiniões de um grupo e então unificá-las de trás para a frente. Isso sugere que o protótipo do Leste Asiático é mais de um líder servil, o que pode significar que tal liderança seja mais eficaz nessas culturas.

## Confiança e liderança

A **confiança** é um estado psicológico que existe quando você concorda em tornar-se vulnerável ao outro, porque tem expectativas positivas sobre como as coisas vão se transformar.[91] Mesmo que você não esteja totalmente no controle da situação, estará disposto a arriscar que a outra pessoa o protegerá.

Confiar é um atributo primário associado com a liderança; abalar essa confiança pode ter sérios efeitos adversos sobre o desempenho de um grupo.[92] Como um autor observou: "Parte da tarefa do líder tem sido e continua a ser trabalhar com as pessoas para encontrar e resolver problemas, mas se os líderes têm ou não acesso ao conhecimento e pensamento criativo de que precisam para resolver problemas depende do quanto as pessoas confiam neles. Confiança e ser confiável modulam o acesso do líder ao conhecimento e à cooperação".[93]

Os seguidores que acreditam em um líder estão confiantes de que os seus direitos e interesses não serão abusados.[94] Os líderes transformacionais criam apoio para suas ideias em parte argumentando que sua orientação será do interesse de todos. As pessoas não tendem a admirar ou seguir alguém que percebam como desonesto ou que provavelmente vá se aproveitar delas. Assim, como você poderia esperar, os líderes transformacionais geram maiores níveis de confiança de seus seguidores, que, por sua vez, estão relacionados com níveis mais elevados de confiança da equipe e, em última análise, níveis mais altos de desempenho da equipe.[95]

Em uma simples negociação contratual de bens e serviços, seu empregador está legalmente obrigado a pagar para você cumprir sua descrição de trabalho. Mas as reorganizações rápidas dos dias de hoje, a difusão da responsabilidade e o estilo de trabalho colaborativo em equipe significam que relações de trabalho não são contratos de longo prazo estáveis com termos explícitos. Em vez disso, mais do que nunca eles se baseiam fundamentalmente em relacionamentos de confiança. Você precisa confiar que, se mostrar ao seu supervisor um projeto criativo em que tem trabalhado, ele não vai roubar o crédito assim que você virar as costas. Tem que acreditar que o trabalho extra que você tem feito será reconhecido em sua avaliação de desempenho. Nas organizações contemporâneas, onde o escopo do trabalho é mais amplo, a contribuição voluntária dos empregados com base na confiança é absolutamente necessária. E só um líder confiável será capaz de incentivar os funcionários a caminharem além de si mesmos até um objetivo transformacional.

## Quais são as consequências da confiança?

A confiança entre supervisores e empregados tem uma série de vantagens importantes. Aqui estão apenas algumas que as pesquisas têm mostrado:

- ▶ *A confiança encoraja a correr riscos.* Sempre que os funcionários decidirem afastar-se da maneira habitual de fazer as coisas, ou acreditar na palavra dos seus supervisores em uma nova direção, eles estar correndo um risco. Em ambos os casos, uma relação de confiança pode facilitar esse passo.
- ▶ *A confiança facilita o compartilhamento de informações.* Uma grande razão pela qual os funcionários não conseguem expressar preocupações no trabalho é porque não se sentem psicologicamente seguros revelando seus pontos de vista. Quando os gestores demonstram que darão às ideias dos funcionários uma atenção justa e vão fazer mudanças ativamente, os funcionários estão mais dispostos a falar.[96]

- ▶ *Os grupos confiantes são mais eficazes.* Quando um líder define um tom confiante em um grupo, os membros ficam mais dispostos a se ajudar e a exercer um esforço extra um com o outro, o que aumenta ainda mais a confiança. Por outro lado, os membros de grupos com desconfiança tendem a desconfiar uns dos outros, constantemente se protegem contra a exploração e restringem a comunicação com os outros. Essas ações tendem a minar e eventualmente destruir o grupo.
- ▶ *A confiança aumenta a produtividade.* O interesse básico das empresas também parece ser influenciado positivamente pela confiança. Os funcionários que confiam em seus supervisores tendem a receber avaliações de desempenho superiores. Isso ocorre em parte porque a confiança promove respostas do empregado que são propícias ao bom desempenho do trabalho.[97] As pessoas respondem à desconfiança ocultando informações e perseguindo secretamente seus próprios interesses.

## DESAFIOS PARA A CONSTRUÇÃO DA LIDERANÇA

Jim Collins, um importante consultor de negócios, diz: "No século XVI, as pessoas atribuíam todos os eventos que não entendiam a Deus. Por que as colheitas falhavam? Deus. Por que alguém morria? Deus. Agora, nossa explicação universal é liderança".[98] Mas muito do sucesso ou do fracasso de uma organização advém de fatores fora da influência da liderança. Às vezes, é só uma questão de estar no lugar certo ou errado em um determinado momento. Nesta seção, apresentamos duas perspectivas e uma mudança tecnológica que desafiam as crenças aceitas sobre o valor da liderança.

### Liderança como uma atribuição

Como você pode se lembrar do Capítulo 6, a teoria da atribuição examina como as pessoas tentam entender as relações de causa-efeito. A **teoria da atribuição de liderança** diz que a liderança é meramente uma atribuição que as pessoas fazem para outros indivíduos.[99] Assim, atribuímos aos líderes inteligência, personalidade extrovertida, fortes habilidades verbais, agressividade, entendimento e dinamismo.[100] Em nível organizacional, tendemos a ver os líderes, com ou sem razão, como responsáveis pelo desempenho extremamente negativo ou extremamente positivo.[101]

Um estudo longitudinal de 128 grandes corporações dos Estados Unidos detectou que, embora a percepção do carisma do CEO não tenha conduzido a desempenho objetivo da empresa, o desempenho da empresa realmente levou à percepção do carisma.[102] As percepções dos empregados sobre os comportamentos de seus líderes são preditores significativos de que eles vão culpar o líder pelo fracasso, independentemente de como o líder se avalia.[103] Um estudo de mais de 3 mil funcionários da Europa Ocidental, dos Estados Unidos e do Oriente Médio detectou que as pessoas que tendem a "romantizar" a liderança em geral eram mais propensas a acreditar que seus próprios líderes eram transformacionais.[104]

Quando a Merrill Lynch começou a perder bilhões de dólares em 2008 como resultado de seus investimentos em títulos hipotecários, não demorou muito para que o CEO Stan O'Neal perdesse o emprego. Ele compareceu diante das autoridades e do Comitê de reforma do governo do Congresso dos Estados Unidos para o que um membro do Comitê denominou "uma flagelação pública". Alguns o chamaram de "criminoso", e outros ainda sugeriram que os prejuízos da empresa representavam uma "tentativa de destruição."[105]

Se O' Neal foi responsável pelas perdas da Merrill Lynch ou se merecia sua indenização de nove dígitos são perguntas difíceis de responder. No entanto, não é difícil argumentar que ele provavelmente mudou muito pouco entre 2004, quando a revista *Fortune* o descreveu como um "gênio das finanças", e 2009, quando foi demitido. O que mudou foi o desempenho da organização que ele liderava. Não é necessariamente errado despedir um CEO por fracasso ou desempenho financeiro ruim. No entanto, a história de O'Neal ilustra o poder da abordagem de atribuição de liderança: herói e gênio quando as coisas estão indo bem, vilão quando elas vão mal.

Também fazemos suposições demográficas sobre os líderes. Inquiridos em um estudo assumiram que um líder descrito sem nenhuma informação de identificação racial era branco em uma taxa além da frequência de brancos empregados em uma empresa. Em cenários onde situações idênticas de liderança são descritas, mas a etnia dos líderes é manipulada, líderes brancos são classificados como mais eficazes do que os líderes de outros grupos raciais.[106] Um estudo de resumo em grande escala (uma meta-análise) detectou que muitos indivíduos entendem os estereótipos de homens como tendo características de líder mais do que as mulheres, embora, como você poderia esperar, essa tendência de equiparar a liderança com a masculinidade venha diminuindo ao longo do tempo.[107] Outros dados sugerem que o sucesso percebido para as mulheres como líderes transformacionais pode ser baseado em características demográficas. As equipes preferem líderes masculinos quando competem agressivamente contra outras equipes, mas preferem líderes femininos quando a competição é dentro de equipes e demanda melhoria nas relações positivas dentro do grupo.[108]

A teoria da atribuição sugere que o que é importante é projetar a *aparência* de ser líder, em vez de enfocar nas *realizações reais*. Os aspirantes a líder que conseguem moldar a percepção de que eles são inteligentes, bem-apessoados, verbalmente hábeis, agressivos, trabalhadores e consistentes em seu estilo, podem aumentar a probabilidade de seus chefes, colegas e funcionários os considerarem líderes eficazes.

## Substitutos e neutralizadores de liderança

Uma teoria de liderança sugere que, em muitas situações, as ações dos líderes são irrelevantes.[109] A experiência e o treinamento estão entre os **substitutos** que podem preencher a necessidade de um líder ter apoio ou capacidade para criar a estrutura. As características organizacionais como objetivos formalizados explícitos, regras e procedimentos rígidos e grupos de trabalho coesos também podem substituir a liderança formal, enquanto a indiferença pelas recompensas organizacionais pode neutralizar seus efeitos. Os **neutralizadores** tornam impossível para o comportamento do líder fazer qualquer diferença nos resultados de seus seguidores (ver Quadro 12.3).

**QUADRO 12.3** ● Substitutos e neutralizadores da liderança

| Características definitórias | Liderança orientada ao relacionamento | Liderança orientada à tarefa |
|---|---|---|
| Indivíduo | | |
| Experiência/Treinamento | Sem efeito | Substitui |
| Profissionalismo | Substitui | Substitui |
| Indiferença às recompensas | Neutraliza | Neutraliza |
| Emprego | | |
| Tarefa altamente estruturada | Sem efeito | Sem efeito |
| Fornece seu próprio feedback | Sem efeito | Substitui |
| Intrinsecamente satisfatório | Substitui | Sem efeito |
| Organização | | |
| Metas formalizadas explícitas | Sem efeito | Substitui |
| Regras e procedimentos rígidos | Sem efeito | Substitui |
| Grupos de trabalho coesivos | Substitui | Substitui |

Fonte: Baseado em S. Kerr e J. M. Jermier, "Substitutes for Leadership: Their Meaning and Measurement", *Organizational Behavior and Human Performance* (dezembro de 1978), p. 378.

Essa observação não deve ser muito surpreendente. Afinal de contas, introduzimos um número de variáveis — tais como atitudes, personalidade, capacidade e normas do grupo — que afetam o desempenho do empregado e sua satisfação. É simplista pensar que os funcionários são orientados para realizações de objetivos unicamente pelas ações de seu líder. A liderança é apenas outra variável independente em nosso modelo global de CO.

Às vezes, a diferença entre os substitutos e os neutralizadores é turva. Se estou trabalhando em uma tarefa que é intrinsecamente agradável, a teoria prevê que a liderança será menos importante, porque a tarefa em si fornece motivação suficiente. Mas isso significa intrinsecamente que as tarefas agradáveis neutralizam os efeitos de liderança, os substituem, ou ambos? Outro problema é que, embora os substitutos para a liderança (tais como as características do empregado, a natureza da tarefa e assim por diante) importem para desempenho, isto não significa, necessariamente, que a liderança não seja importante.[110]

## Liderança on-line

Como você orienta as pessoas que estão fisicamente separadas de você e com quem você se comunica eletronicamente? Essa pergunta precisa da atenção dos pesquisadores do CO.[111] Gestores e funcionários estão cada vez mais ligados por redes de trabalho, em vez de pela proximidade geográfica.

Propomos que os líderes on-line pensem cuidadosamente sobre quais ações eles querem que suas mensagens digitais desencadeiem. Eles enfrentam desafios únicos, o maior dos quais parece ser desenvolver e manter a confiança. **Confiança baseada na identificação**, em uma compreensão mútua das intenções do outro e apreciação das vontades e desejos dos outros, é particularmente difícil de alcançar sem interação face a face.[112] E as negociações on-line também podem ser prejudicadas porque as partes expressam níveis mais baixos de confiança.[113]

De modo empírico, concluímos que a boa liderança em breve incluirá as habilidades para comunicar apoio, confiança e inspiração mediante palavras digitadas corretamente e as emoções lidas com precisão nas mensagens dos outros. Nas comunicações eletrônicas, as habilidades de escrita provavelmente vão se tornar uma extensão do relacionamento interpessoal.

## RESUMO E IMPLICAÇÕES PARA OS GESTORES

A liderança desempenha um papel central na compreensão do comportamento do grupo, porque é o líder que geralmente nos orienta em direção a nossos objetivos. Saber o que gera um bom líder deve, assim, ser valioso para melhorar o desempenho do grupo.

▶ A busca inicial de um conjunto de características de liderança universal fracassou. No entanto, esforços recentes usando a estrutura de personalidade Big Five mostram relações fortes e consistentes entre liderança e extroversão, escrupulosidade e abertura à experiência.

- A grande contribuição da abordagem comportamental foi estreitar a liderança em dois estilos, orientada à tarefa (estrutura de iniciação) e às pessoas (consideração). Considerando a situação em que o líder opera, as teorias de contingência prometeram melhorar a abordagem comportamental, mas apenas a teoria do LPC tem se saído bem nas pesquisas de liderança.
- Pesquisas sobre liderança carismática e transformacional têm trazido grandes contribuições para a nossa compreensão da eficácia da liderança. As organizações querem gestores que possam exibir qualidades de liderança transformacional e que tenham a visão e o carisma para realizá-la.
- Os gestores eficazes devem desenvolver relacionamentos de confiança com seus seguidores, porque, conforme as organizações tornam-se menos estáveis e previsíveis, fortes laços de confiança vão substituindo as regras burocráticas na definição das expectativas e dos relacionamentos.

---

Acesse o Site de apoio ao livro (www.grupoa.com.br) e teste seus conhecimentos por meio dos exercícios elaborados para este capítulo.

# 13 Poder e política

**Depois de estudar este capítulo, você será capaz de:**

▶ definir *poder* e contrastar liderança e poder;

▶ contrastar as cinco bases do poder;

▶ identificar nove táticas de poder ou influência e suas contingências;

▶ identificar as causas e consequências do comportamento político;

▶ aplicar técnicas de gestão de impressão;

▶ mostrar a influência da cultura sobre os usos e percepções da política.

Tanto nas pesquisas quanto na prática, *poder* e *política* têm sido descritos como os piores palavrões. É mais fácil para a maioria de nós falar sobre sexo ou dinheiro do que sobre comportamento político ou poder. Pessoas que têm poder negam isso, as que querem o poder tentam não parecer que o estão buscando, e aquelas que são boas em obtê-lo são reservadas sobre como o conseguiram.[1]

Neste capítulo, mostramos que o poder determina quais objetivos um grupo perseguirá e como os recursos do grupo serão distribuídos entre os seus membros. Além disso, mostramos como os membros do grupo com boas habilidades políticas usam seu poder para influenciar a distribuição dos recursos em seu favor.

## UMA DEFINIÇÃO DE PODER

**Poder** refere-se a uma capacidade que A tem de influenciar o comportamento de B de modo que B aja em conformidade com os desejos de A.[2]

Alguém pode, portanto, ter poder, mas não usá-lo; é uma capacidade ou potencial. Provavelmente o aspecto mais importante do poder é que ele é uma função da **dependência**. Quanto mais B depender de A, maior poder A terá na relação. A dependência, por sua vez, baseia-se em alternativas que B percebe e na importância que B atribui à(s) alternativa(s) que A controla. Uma pessoa terá poder sobre você somente se ela controlar alguma coisa que você deseja. Se você quer um diploma universitário e tem que passar em uma determinada disciplina para obtê-lo, e seu professor atual é o único membro do corpo docente que leciona essa disciplina, ele tem poder sobre você. Suas alternativas são altamente limitadas, e você dará um elevado grau de importância à obtenção de uma boa nota para passar nessa disciplina. Da mesma forma, se você estiver frequentando a faculdade paga integralmente por seus pais, talvez reconheça o poder que eles detêm sobre você. Você é dependente deles para ter apoio financeiro. Mas uma vez que você termina faculdade, obtém um emprego e consegue uma boa renda, o poder dos seus pais fica significativamente reduzido. Quem de nós nunca conheceu ou ouviu falar de um parente rico que é capaz de controlar um grande número de familiares meramente com a ameaça implícita ou explícita de "tirá-los do testamento"?

Como qualquer um que tem crianças pequenas (um dos grupos mais dependentes) sem dúvida já observou, a dependência aumenta o incentivo à mentira. Mas essa relação é mais forte em situações menos evidentes ou em andamento? Um estudo explorou a relação entre a dependência e a mentira em um experimento controlado com adultos que não tinham nenhuma relação externa uns com os outros. Os pesquisadores deram aos membros de um grupo de pesquisa escritórios maiores e mais autoridade, enquanto outro grupo recebeu escritórios menores e menos autoridade. Então, a metade dos indivíduos em cada condição recebeu instrução para roubar uma nota de US$ 100 e convencer o entrevistador de que não tinham pegado o dinheiro. Se eles fossem capazes de enganar o entrevistador, poderiam ficar com o dinheiro. Nas entrevistas, aqueles em posições de poder mostraram menos sinais de desonestidade e estresse, como encolher os ombros e gaguejar, quando mentiam — talvez porque se sentissem menos dependentes dos outros. Lembre-se de que essa simulação envolveu apenas poder hipotético, manipulado experimentalmente, então, imagine os efeitos quando há poder real em jogo.[3] Esse estudo também sugere que pessoas poderosas possam ser melhores mentirosas, porque são mais confiantes em seu status e menos dispostas a reconhecer a dependência de outros.

Outro estudo sobre a variável de dependência relativa ao poder investigou como as pessoas respondem ao desempenho inadequado de um subordinado dependente deles em um contexto de trabalho.[4] Nesse experimento, foi desenvolvida uma simulação de laboratório de uma avaliação de desempenho e os participantes representaram o papel dos gestores poderosos ou sem poder. O resultado? Os gestores poderosos eram mais propensos a responder aos empregados com desempenhos ruins, confrontando-os diretamente ou francamente, incentivando-os a seguir um treinamento para melhorarem. Os gestores menos poderosos adotavam estratégias para não confrontar os empregados com baixo desempenho, como compensá-los pelo desempenho ruim ou evitar os indivíduos por completo. Em outras palavras, eles eram menos propensos a entrar em um conflito potencial com os subordinados, possivelmente porque seriam mais vulneráveis se o subordinado quisesse se "vingar" pelo feedback negativo.

O poder envolve a dependência, mas, como já exploramos, a amplitude dinâmica é ampla. Os gestores fazem bem em reconhecer os papéis de dependência e poder em suas relações com os empregados, bem como para minimizar as situações que intensificam a pressão para os empregados se envolverem em comportamentos desviantes no local de trabalho.

## CONTRASTANDO PODER E LIDERANÇA

Uma comparação cuidadosa de nossa descrição do poder com nossa descrição de liderança no Capítulo 12 revela que os conceitos estão intimamente interligados. Líderes usam o poder como um meio de atingir objetivos de grupo.

Em que medida os dois termos são diferentes? O *poder* não exige compatibilidade de objetivo, apenas dependência. A liderança, por outro lado, exige uma congruência entre os objetivos do líder e daqueles que são conduzidos. Uma segunda diferença refere-se à direção da influência. A liderança centra-se sobre a influência descendente sobre os seguidores. Ela minimiza a importância dos padrões de influência lateral e ascendente. O poder, não. Em outra diferença, a pesquisa sobre liderança, na maior parte dos casos, enfatiza o estilo. Ela procura respostas para questões como estas: Quanto um líder deve apoiar seus subordinados? Quanto da tomada de decisão deve ser compartilhado com os seguidores? Por outro lado, as pesquisas sobre o poder concentram-se em táticas para ganhar a adesão. Elas vão além do indivíduo como o detentor de poder, porque grupos, bem como os indivíduos, podem usar o poder para controlar outros indivíduos ou grupos.

## BASES DO PODER

De onde vem o poder? O que dá a um indivíduo ou um grupo a influência sobre os outros? Responderemos, dividindo as bases ou fontes de poder em dois agrupamentos gerais — formal e pessoal — e então subdividindo cada um deles em categorias mais específicas.[5]

### Poder formal

O **poder formal** baseia-se na posição de um indivíduo em uma organização. Pode emanar da capacidade de coagir ou recompensar, ou da autoridade formal.

PODER COERCIVO   A base do **poder coercivo** depende do medo dos resultados negativos para quem não agir de acordo. Situa-se sobre a aplicação, ou ameaça de aplicação, de sanções físicas, tais como a imposição de dor, frustração por meio de restrição de movimento, ou por controlar pela força as necessidades básicas fisiológicas ou de segurança.

Em nível organizacional, A tem poder coercivo sobre B, se A puder demitir, suspender ou rebaixar B, considerando que B valorize seu emprego. Se A pode atribuir atividades de trabalho a B que B considera desagradáveis, ou tratar *B* de uma forma que *B* acha embaraçoso, *A* possui poder coercivo sobre *B*. O poder coercivo também pode vir de reter informações importantes. As pessoas em uma organização que detêm dados ou conhecimentos de que os outros precisam podem tornar os outros dependentes delas.

PODER DE RECOMPENSA   O oposto do poder coercivo é o **poder de recompensa**, que as pessoas respeitam, porque ele produz benefícios positivos; alguém que pode distribuir recompensas que os outros veem como valiosas terá poder sobre eles. Essas recompensas podem ser financeiras — como controlar valores de remuneração, aumentos e bônus — ou não financeiras, incluindo reconhecimento, promoções, atribuições de trabalhos interessantes, colegas amigáveis e turnos de trabalho ou territórios de venda preferenciais.[6]

PODER LEGÍTIMO   Em organizações e grupos formais, provavelmente o acesso mais comum a uma ou mais das bases de poder é pelo **poder legítimo**. Ele representa a autoridade formal para controlar e usar recursos organizacionais com base na posição estrutural na organização.

O poder legítimo é mais amplo do que o poder de coagir e recompensar. Especificamente, ele inclui a aceitação dos membros da autoridade de posição. Associamos tanto o poder ao conceito de hierarquia que o simples fato de desenhar linhas mais longas em um organograma leva as pessoas a inferirem que os líderes sejam especialmente poderosos, e quando um executivo poderoso é descrito, as pessoas tendem a colocá-lo em uma posição mais elevada quando desenham o organograma da organização.[7] Quando diretores, presidentes de bancos ou capitães do exército falam (supondo que as diretivas sejam vistas como no âmbito da autoridade de suas posições), professores, caixas e primeiros-tenentes ouvem e geralmente cumprem.

## Poder pessoal

Muitos dos mais competentes e produtivos desenvolvedores de chips na Intel têm poder, mas eles não são gestores e não têm nenhum poder formal. O que eles têm é o poder pessoal, que vem das características únicas do indivíduo. Existem duas bases de poder pessoal: a especialização e o respeito e a admiração dos outros.

PODER DA ESPECIALIZAÇÃO   O **poder da especialização** é a influência exercida como resultado da experiência, conhecimento ou habilidade especial. À medida que os empregos tornam-se mais especializados, tornamo-nos cada vez mais dependentes de especialistas para alcançar objetivos. É geralmente aceito que os médicos têm experiência e, portanto, o poder da especialização: a maioria de nós segue as orientações do nosso médico. Especialistas em computador, contadores fiscais, economistas, psicólogos organizacionais e outros especialistas exercem o poder como resultado de sua experiência.

O poder formal pode emanar da capacidade de coagir ou recompensar, ou ele pode ser originado da autoridade formal. No entanto, as evidências sugerem que o poder informal, o poder da especialização e de referência sejam os mais importantes de se adquirir.

PODER REFERENTE    O **poder referente** baseia-se na identificação com uma pessoa que tem recursos ou características pessoais desejáveis. Se eu gosto, respeito e admiro você, você pode exercer poder sobre mim, porque eu quero agradá-lo.

O poder referente se desenvolve a partir da admiração do outro e do desejo de ser como essa pessoa. Isso ajuda a explicar, por exemplo, por que as celebridades recebem milhões para endossar produtos comerciais. As pesquisas de marketing mostram que gente como LeBron James e Tom Brady têm o poder de influenciar sua escolha de calçados esportivos e cartões de crédito. Com um pouco de prática, você e eu provavelmente poderíamos fazer um anúncio comercial tão bem quanto essas celebridades, mas o público que compra não se identifica com você nem comigo. Algumas pessoas que não estão em posições de liderança formal, no entanto, têm poder referente e exercem influência sobre os outros por causa de seu dinamismo carismático, agradabilidade e seus efeitos emocionais sobre nós.

## Quais bases de poder são mais eficazes?

Das três bases de poder formal (coercitiva, recompensa, legítima) e duas bases de poder pessoal (especialização, referente), quais são mais importantes? As pesquisas sugerem claramente que as fontes pessoais de poder são mais eficazes. Tanto o poder de especialista quanto o referente relacionam-se positivamente com a satisfação dos funcionários com a supervisão, seu compromisso organizacional e seu desempenho, enquanto o poder de recompensa e o poder legítimo parecem não ter relação com esses resultados. Uma fonte de poder formal — poder coercivo —, na verdade, pode ser contraditória, já que está negativamente relacionada com a satisfação e a adesão dos empregados.[8]

Considere a empresa de Steve Stoute, Translation, que aproxima os porta-vozes de estrelas da música com empresas que querem promover suas marcas. Stoute aproximou Gwen Stefani da HP, Justin Timberlake do McDonalds, Beyoncé Knowles da Tommy Hilfiger e Jay-Z da Reebok. Os negócios de Stoute parecem se resumir no poder referente. O trabalho da sua empresa tem por objetivo usar a credibilidade desses artistas e cantores para alcançar a cultura jovem.[9] Em outras palavras, as pessoas compram produtos associados com pessoas legais, porque desejam identificar-se com elas e imitá-las.

## Poder e justiça percebida

Assim como a dependência relacional potencialmente distorce a percepção de quem está no poder, existem possíveis distorções na percepção da justiça relacionada aos indivíduos no poder. Em geral, por exemplo, pessoas em posições de poder são culpadas por suas falhas e creditadas pelos seus sucessos em maior grau do que aquelas que têm menos poder. Estudos também sugerem que os líderes e gestores em posições de poder pagam custos maiores pela injustiça e colhem benefícios maiores pela honestidade.[10] A percepção de justiça organizacional reflete nos líderes poderosos também. Especificamente, as autoridades recebem maior confiança quando têm muito poder e suas organizações são vistas como atuando de forma justa, e recebem menos confiança quando têm muito poder e suas organizações são percebidas como operando de forma injusta. Assim, parece que as pessoas acham que os líderes poderosos devem ter o discernimento para moldar políticas organizacionais e alterar regras injustas, e se não conseguirem fazê-lo, eles serão considerados especialmente negativos.

## TÁTICAS DE PODER

Que **táticas de poder** as pessoas usam para traduzir as bases de poder em ações concretas? Que opções elas têm para influenciar seus patrões, colegas de trabalho ou empregados? Nesta seção, revemos as opções táticas populares e as condições que podem tornar uma mais eficaz do que a outra.

As pesquisas identificaram nove táticas de influência distintas:[11]

1. *Legitimidade.* Basear-se na sua posição de autoridade ou fazer uma solicitação de acordo com as políticas organizacionais ou regras.

2. *Persuasão racional.* Apresentar argumentos lógicos e provas factuais para demonstrar que um pedido é razoável.

3. *Apelos inspiradores.* Desenvolver o compromisso emocional por apelar a valores do alvo, necessidades, esperanças e aspirações.

4. *Consulta.* Aumentar o apoio ao alvo, envolvendo-o em decidir como você realizará o seu plano.

5. *Permuta.* Recompensar o alvo com benefícios ou favores, em troca de um pedido.

6. *Recursos pessoais.* Pedir por colaboração com base na amizade ou lealdade.

7. *Aceitação.* Usar elogios, bajulação ou comportamento amigável antes de fazer um pedido.

8. *Pressão.* Usar pedidos reiterados, avisos e ameaças.

9. *Coalizões.* Elencar ajuda ou apoio de outros para persuadir o alvo a concordar.

> Comportamentos de influência política são um meio importante de ganhar poder e influência. Os comportamentos de influência mais eficazes — consulta e apelo inspirador — tendem a ser os menos utilizados amplamente. Você deve tornar essas táticas de influência uma parte integrante do seu repertório.

Algumas táticas são mais eficazes do que outras. Persuasão racional, apelos inspiradores e consulta tendem a ser as mais eficazes, especialmente quando o público está muito interessado nos resultados de um processo de decisão. A pressão tende a ser um tiro n'água e é normalmente a menos eficaz das nove táticas.[12] Você também pode aumentar suas chances de sucesso usando duas ou mais táticas juntas ou em sequência, desde que suas escolhas sejam compatíveis.[13] Usar aceitação e legitimidade pode diminuir as reações negativas a sua aparência de estar ditando os resultados, mas só quando o público não se importa realmente com o resultado de um processo de decisão ou a política é rotina.[14]

Vamos considerar a forma mais eficaz de conseguir um aumento. Você pode começar com persuasão racional: descobrir como seu pagamento se compara ao de seus pares, ou conseguir uma oferta de trabalho dos concorrentes ou mostrar resultados objetivos que atestem seu desempenho. Kitty Dunning, vice-presidente da Don Jagoda Associates, conseguiu um aumento de 16% quando mandou um e-mail para seu chefe, com dados mostrando que ela tinha aumentado as vendas.[15] Você também pode fazer bom uso das calculadoras de salário como a do site do Datafolha (http://datafolha.folha.uol.com.br) para comparar seu salário com o dos outros na mesma profissão.

Mas a eficácia de algumas táticas de influência depende da direção de influência.[16] Como o Quadro 13.1 mostra, a persuasão racional é a única tática eficaz em níveis organizacionais. Os apelos inspiracionais funcionam melhor como uma tática de cima para baixo, influenciando os subordinados. Quando a pressão funciona, em geral é somente para baixo. Coalizões e apelos pessoais são mais eficazes como influência lateral. Outros fatores que afetam a eficácia da influência incluem o sequenciamento de táticas, a habilidade de uma pessoa para usar as táticas e a cultura organizacional.

**QUADRO 13.1** ● Táticas de poder preferidas por direção de influência

| Influência ascendente | Influência descendente | Influência lateral |
|---|---|---|
| Persuasão racional | Persuasão racional | Persuasão racional |
|  | Apelos inspiradores | Consulta |
|  | Pressão | Aceitação |
|  | Consulta | Intercâmbio |
|  | Aceitação | Legitimidade |
|  | Intercâmbio | Pedidos pessoais |
|  | Legitimidade | Coalizões |

Você tem maior probabilidade de ser eficaz se começar com táticas "mais suaves" que dependam do poder pessoal, tais como apelos pessoais e inspiracionais, persuasão racional e consulta. Se isso falhar, pode passar para táticas "mais duras", tais como permutas, coalizões e pressão, que enfatizam o poder formal e incorrem em maiores custos e riscos.[17] Curiosamente, uma tática suave simples é mais eficaz do que uma tática dura única e combinar duas táticas suaves ou uma tática suave e a persuasão racional é mais eficaz do que qualquer tática suave ou a combinação de táticas duras.[18] A eficácia das táticas depende das pessoas a que se destinam.[19] Indivíduos muito propensos a cumprir com táticas do poder suaves tendem a ser mais reflexivos e intrinsecamente motivados. Eles têm alta autoestima e maior desejo de controle. Aquelas pessoas propensas a cumprir com táticas de poder duras são mais orientadas para a ação e extrinsecamente motivadas e concentram-se mais em ficar alinhadas com os outros do que em sua própria maneira de pensar.

Pessoas de diferentes países preferem diferentes táticas de poder.[20] As de países individualistas tendem a ver o poder em termos personalizados e como um meio legítimo de alcançar seus fins pessoais, enquanto as de países coletivistas veem o poder em termos sociais e como um meio legítimo de ajudar os outros.[21] Um estudo comparando os gestores nos Estados Unidos e na China detectou que os gestores norte-americanos preferem o apelo racional, enquanto os gestores chineses preferiam as táticas de coalizão.[22] Essas diferenças tendem a ser consistentes com os valores nesses dois países. A razão é consistente com a preferência dos Estados Unidos pelo confronto direto e a persuasão racional para influenciar os outros e resolver diferenças, enquanto as táticas de coalizão alinham-se com a preferência do povo chinês por enfrentar solicitações difíceis ou controversas com abordagens indiretas. As pesquisas também mostram que os indivíduos nas culturas ocidentais, individualistas, tendem a se engajar mais em comportamentos de autovalorização excessiva (como autopromoção) do que os indivíduos em culturas orientais mais coletivistas.[23]

As pessoas diferem em sua **habilidade política** ou capacidade de influenciar os outros para melhorar os seus próprios objetivos. Os indivíduos politicamente hábeis são usuários mais eficazes de todas as táticas de influência. A habilidade política também parece mais eficaz quando as apostas são altas — como quando o indivíduo é responsável por importantes resultados organizacionais. Por fim, as pessoas politicamente hábeis são capazes de exercer sua influência sem os outros detectarem, um elemento-chave em ser eficaz (é prejudicial ser rotulado de político).[24] No entanto, esses indivíduos também parecem mais capazes de usar suas habilidades políticas em ambientes marcados por baixos níveis de justiça distributiva e processual. Quando uma organização é administrada com regras aplicadas com justiça e abertas, livres de favoritismo ou vieses, a habilidade política é de fato relacionada negativamente com as taxas de desempenho no emprego.[25]

Por fim, sabemos que as culturas dentro das organizações diferem marcadamente — algumas são calorosas, relaxadas e dão apoio; outras são formais e conservadoras. Algumas incentivam a participação e a consulta, algumas incentivam a razão, e ainda outras se baseiam na pressão. As pessoas que se encaixam à cultura da organização tendem a obter mais influência.[26] Especificamente, os extrovertidos tendem a ser mais influentes nas organizações orientadas por equipes e as pessoas altamente conscientes são mais influentes nas organizações que valorizam o trabalho individual em tarefas técnicas. As pessoas que se encaixam à cultura são influentes porque podem desempenhar especialmente bem nos domínios considerados mais importantes para o sucesso. Em outras palavras, elas são influentes porque são competentes. Assim, a organização vai influenciar qual subconjunto de táticas de poder será visto como aceitável para uso.

## POLÍTICA: PODER EM AÇÃO

Quando as pessoas se reúnem em grupos, o poder vai ser exercido. Os indivíduos querem esculpir um nicho para exercer sua influência, ganhar recompensas e progredir nas suas carreiras. Quando empregados nas organizações convertem seu poder em ação, podemos descrevê-los como engajados na política. Aqueles com boas habilidades políticas têm a capacidade de usar suas bases de poder efetivamente.[27]

### Definição das políticas organizacionais

Não há nenhuma escassez de definições das **políticas organizacionais**. Na essência, esse tipo de política centra-se na utilização do poder de afetar a tomada de decisão em uma organização, ou nos comportamentos organizacionalmente não sancionados ou na autogestão.[28] Para nossos propósitos, o **comportamento político** nas organizações consiste em atividades que não são necessárias como parte do papel formal do indivíduo, mas que influenciam, ou tentam influenciar, a distribuição de vantagens e desvantagens dentro da organização.[29]

Essa definição abrange o que a maioria das pessoas quer dizer quando falam de política organizacional. O comportamento político são os requisitos externos do trabalho especificado. Requer algumas tentativas de usar as bases de poder. Inclui esforços para influenciar os objetivos, critérios ou processos utilizados para a tomada de decisão. Nossa definição é ampla o suficiente para incluir comportamentos políticos variados, tais como esconder informações importantes dos tomadores de decisão, juntar-se a uma coligação, delatar, espalhar boatos, vazar informações confidenciais aos meios de comunicação, trocar favores com os outros dentro da organização para benefícios mútuos e fazer lobby em benefício ou contra um indivíduo em particular ou uma alternativa de decisão.

## A realidade da política

Entrevistas com gestores experientes mostram que a maioria acredita que o comportamento político seja uma parte importante da vida organizacional.[30] Muitos gestores relatam que algum uso do comportamento político é ético e necessário, desde que não prejudique ninguém diretamente. Eles descrevem a política como um mal necessário e acreditam que alguém que *nunca* usa o comportamento político terá dificuldade para fazer as coisas. A maioria também indica que nunca tinha sido treinada a usar efetivamente o comportamento político. Mas por que, você talvez se pergunte, deve existir a política? Não é possível para uma organização ser livre de política? É *possível* — mas improvável.

As organizações são constituídas por indivíduos e grupos com diferentes valores, objetivos e interesses.[31] Isso configura o potencial de conflito sobre a alocação de recursos limitados, tais como os orçamentos departamentais, o espaço, as responsabilidades do projeto e os ajustes de salário.[32] Se os recursos fossem abundantes, então, todos os membros dentro da organização poderiam satisfazer seus objetivos. Mas, como os recursos são limitados, nem todos os interesses podem ser satisfeitos. Além disso, os ganhos por um indivíduo ou grupo muitas vezes são *percebidos* como vindos à custa dos outros membros dentro da organização (seja ou não verdade). Essas forças criam competição real entre os membros pelos recursos limitados da organização.

Talvez o fator mais importante que leva à política dentro das organizações é a percepção de que a maioria dos "fatos" usados para alocar os recursos limitados dá margem a interpretações. O que, por exemplo, significa *bom* desempenho? O que é uma melhora *adequada*? O que constitui um trabalho *insatisfatório*? Os "esforços abnegados" da pessoa "para beneficiar a organização" são vistos pelos outros como uma "tentativa flagrante de promover o interesse próprio".[33] O administrador de qualquer time de futebol de primeira divisão sabe que um artilheiro tem alto desempenho e um atacante que faz poucos gols tem baixo desempenho. Você não precisa ser um gênio do futebol para saber que deve escalar o artilheiro e deixar o outro no banco. Mas e se você tivesse que escolher entre jogadores que fizeram quantidades de gols muito próximas? Então fatores menos objetivos entrariam em cena: experiência em campo, atitude, potencial, capacidade de bater pênaltis, lealdade à equipe e assim por diante. Mais decisões gerenciais se aplicam à escolha entre dois atacantes com saldo de gol parecido do que entre um atacante goleador e um que marca muito pouco. É nesse meio de campo ambíguo e grande da vida organizacional — onde os fatos *não* falam por si — que a política floresce.

Por fim, porque a maioria das decisões tem de ser tomada em um clima de ambiguidade — onde é raro que os fatos sejam totalmente objetivos e, portanto, estão abertos a interpretação —, as pessoas dentro das organizações usarão qualquer influência para manipular os fatos a fim de apoiar seus objetivos e interesses. Isso, evidentemente, cria as atividades que chamamos de **politicagem**.

Portanto, para responder à pergunta se é ou não possível para uma organização ser isenta de política, podemos dizer que sim — se todos os membros dessa organização mantiverem os mesmos objetivos e interesses, se os recursos organizacionais não forem escassos, e se os resultados de desempenho forem completamente claros e objetivos. Mas isso não descreve o mundo organizacional em que a maioria de nós vive.

## CAUSAS E CONSEQUÊNCIAS DO COMPORTAMENTO POLÍTICO

### Fatores que contribuem para o comportamento político

Nem todos os grupos e organizações são igualmente políticos. Em algumas organizações, por exemplo, a politicagem é evidente e galopante, enquanto em outras a política desempenha um papel pequeno em influenciar os resultados. Por que existe essa variação? Observações e pesquisas recentes identificaram uma série de fatores que parecem incentivar o comportamento político. Algumas são características individuais, derivadas das qualidades únicas das pessoas que a organização emprega; outras são um resultado da cultura ou do ambiente interno da organização. Fatores individuais e organizacionais podem aumentar o comportamento político e fornecer resultados favoráveis (aumentar as recompensas e evitar punições) para indivíduos e grupos na organização.

**FATORES INDIVIDUAIS** No âmbito individual, os pesquisadores identificaram certos traços de personalidade, necessidades e outros fatores que podem estar relacionados com o comportamento político. Em termos de características, percebemos que os empregados que têm automonitoramento, possuem um lócus interno de controle e têm uma grande necessidade de poder são mais propensos a se envolver em comportamentos políticos.[34] A pessoa com alta automonitoramento é mais sensível às sugestões sociais, apresenta níveis mais elevados de conformismo social e tem mais propensão a ser hábil nos comportamentos políticos do que a de baixo automonitoramento. Porque eles acreditam que podem controlar seu ambiente, os indivíduos com um lócus interno de controle tendem mais a assumir uma postura proativa e tentar manipular situações em seu favor. Não surpreende, então, que a personalidade maquiavélica — caracterizada pela vontade de manipular e o desejo de poder — fique à vontade usando a política como um meio para promover seus próprios interesses.

Além disso, o investimento do indivíduo na organização, a percepção de alternativas e as expectativas de sucesso influenciam o grau ao qual a pessoa prosseguirá por meios ilegítimos de ação política.[35] Quanto mais uma pessoa espera maiores benefícios futuros da organização, mais tem a perder se for expulsa e menos provável será a utilização de meios ilegítimos. Quanto mais oportunidades alternativas um indivíduo tem — por um mercado de trabalho favorável ou pela carência de experiência ou conhecimento, por ter uma reputação proeminente, ou contatos influentes fora da organização —, é mais provável que o indivíduo arrisque ações políticas ilegítimas. Por fim, um indivíduo com baixas expectativas de sucesso por meios ilegítimos é pouco propenso a usá-los. As grandes expectativas de sucesso de tais medidas são mais prováveis de ser a origem tanto de indivíduos experientes e poderosos com habilidades políticas refinadas quanto de empregados inexperientes e ingênuos que julgam mal suas chances.

**FATORES ORGANIZACIONAIS** Embora reconheçamos o papel que as diferenças individuais podem desempenhar, as evidências sugerem mais fortemente que determinadas situações e culturas promovam a política. Especificamente, quando os recursos da organização estão em declínio, quando o padrão existente de recursos está mudando e/ou quando há oportunidade para promoções, é mais provável que a politicagem venha à tona.[36] Quando as organizações cortam cargos para melhorar a eficiência, os recursos devem ser reduzidos e as pessoas podem participar de ações políticas para salvaguardar o que têm. Mas *qualquer* alteração, especialmente aquelas que implicam redistribuição significativa de recursos dentro da organização, é suscetível de estimular conflitos e aumentar a politicagem. Por exemplo, observa-se de maneira consistente que a oportunidade para promoções ou evolução incentiva a concorrência por um recurso limitado, conforme as pessoas tentam influenciar positivamente o resultado da decisão.

As culturas caracterizadas por baixa confiança, ambiguidade de papel, sistemas de avaliação de desempenho pouco claros, práticas de alocação de recompensa com soma zero (ganhar-perder), tomada de decisão democrática, altas pressões de desempenho e gestores seniores de autogestão também criarão um clima favorável para politicagem.[37] Quanto menos confiança houver dentro da organização, maior o nível de comportamento político e mais provável será o tipo ilegítimo. Então, a alta confiança deveria suprimir o comportamento político em geral e inibir as ações ilegítimas em particular.

Ambiguidade de papel, em que os comportamentos prescritos para os empregados não são claros, gera menos limites para as funções e escopo das ações políticas do funcionário. Como as atividades políticas são definidas como aquelas não necessárias como parte do papel formal do empregado, quanto maior a ambiguidade de função, mais os empregados podem participar de atividades políticas talvez despercebidas.

A avaliação de desempenho está longe de ser uma ciência exata. Quanto mais as organizações usam critérios subjetivos na avaliação, enfatizam uma medida de resultado único ou deixam passar um tempo significativo entre o tempo de uma ação e seu processo de avaliação, maior será a probabilidade de que um empregado chegue longe com a politicagem. Critérios de desempenho subjetivo criam ambiguidade. O uso de uma medida de resultado único incentiva os indivíduos a fazer o que for necessário para "ficar bem" segundo aquela medida, mas muitas vezes à custa de bom desempenho nas outras partes importantes do trabalho não avaliadas.

Quanto mais uma cultura da organização enfatiza a abordagem da soma zero ou ganhar–perder para alocações de recompensa, mais os empregados serão motivados a se envolver em politicagem. A **abordagem da soma zero** trata o "bolo" de recompensa como fixo, então para uma pessoa ou grupo alcançar qualquer ganho isso tem de vir à custa de outra pessoa ou grupo. Se R$ 15 mil em aumentos anuais devem ser distribuídos entre cinco funcionários, qualquer empregado que receba mais de R$ 3 mil estará tirando dinheiro de uma ou mais pessoas. Essa prática incentiva os outros a terem inveja e aumenta a visibilidade sobre o que você faz.

Por fim, quando os empregados veem as pessoas no topo engajando-se em comportamentos políticos, especialmente com êxito ao fazê-lo e sendo recompensadas por isso, é criado um clima que estimula a politicagem. De certo modo, isso dá aos funcionários de escalões mais baixos a permissão da organização para fazer política, o que implica que tal comportamento é aceitável e até mesmo recompensado.

## Como as pessoas respondem à política organizacional?

Trish O'Donnell ama seu trabalho como redator de uma série de comédia de televisão semanal, mas odeia a política interna. "Alguns dos redatores aqui gastam mais tempo paparicando o produtor executivo do que fazendo seu trabalho. E nossa redatora-chefe claramente tem seus favoritos. Embora eles me paguem muito e fique realmente estimulada a usar minha criatividade, estou farta de ter que estar em alerta contra traidores e constantemente ter que me autopromover. Estou cansada de fazer a maior parte do trabalho e ficar com pouco do crédito." Os comentários de Trish O'Donnell são típicos de pessoas que trabalham em locais de trabalho altamente politizados? Todos sabemos de amigos ou parentes que estão sempre se queixando da política em seu trabalho. Mas como as pessoas em geral reagem às políticas organizacionais? Vamos analisar as evidências.

Em nossa discussão anterior neste capítulo sobre os fatores que contribuem para o comportamento político, focamos resultados favoráveis. Mas para a maioria das pessoas — que têm habilidades políticas modestas ou não estão dispostas a entrar no jogo da política — os resultados tendem a ser predominantemente negativos. A Figura 13.1 resume as pesquisas extensivas (em sua maioria conduzidas nos Estados Unidos) sobre a relação entre a política organizacional e os resultados individuais.[38] Evidências muito fortes indicam, por exemplo, que as percepções de políticas organizacionais estão negativamente relacionadas com satisfação no trabalho.[39] A percepção da política também tende a aumentar a ansiedade no emprego e o estresse, possivelmente porque as pessoas acreditam que podem estar perdendo terreno para outras que são políticas ativas ou, inversamente, porque sentem pressões adicionais de entrar e disputar a arena política.[40] A política pode levar a declínios autorrelatados no desempenho do empregado, talvez porque estes percebam que os ambientes políticos são injustos, o que os desmotiva.[41] Não é surpreendente que, quando a politicagem se torna muito intensa para ser administrada, pode levar os empregados a largarem o emprego.[42]

Quando os funcionários de duas agências em um estudo recente na Nigéria visualizaram seus ambientes de trabalho como políticos, eles relataram níveis mais elevados de estresse no trabalho e tornaram-se menos propensos a ajudar seus colegas. Assim, embora países em desenvolvimento como a Nigéria sejam talvez ambientes mais ambíguos e mais políticos

**FIGURA 13.1** Respostas de empregado às políticas organizacionais

para se trabalhar, as consequências negativas da política parecem ser as mesmas que nos Estados Unidos.[43]

Os pesquisadores também observaram vários qualificadores interessantes. Primeiro, a relação política–desempenho parece ser moderada pela compreensão do indivíduo dos "comos" e "por ques" da política organizacional. "Um indivíduo que tem uma compreensão clara de quem é o responsável pela tomada de decisões e por isso eles foram selecionados para serem tomadores de decisão teria um melhor entendimento de como e por que as coisas acontecem da maneira que acontecem, do que alguém que não entenda o processo de tomada de decisão na organização."[44] Quando tanto a política quanto a compreensão são elevadas, o desempenho é suscetível de aumentar, porque o indivíduo verá as ações políticas como uma oportunidade. Isto é consistente com o que você poderia esperar entre indivíduos com habilidades políticas bem desenvolvidas. Mas quando a compreensão é baixa, os indivíduos são mais propensos a ver a política como uma ameaça, que pode ter um efeito negativo no desempenho do trabalho.[45]

Segundo, o comportamento político no trabalho modera os efeitos da liderança ética.[46] Um estudo detectou que funcionários do sexo masculino eram mais responsivos à liderança ética e mostraram a maioria do comportamento de cidadania quando os níveis de política e liderança ética eram elevados. As mulheres, por outro lado, parecem ser mais propensas a se envolver em comportamentos de cidadania quando o ambiente é consistentemente *ético* e *apolítico*.

Terceiro, quando os empregados veem a política como uma ameaça, eles respondem muitas vezes com **comportamentos defensivos** — comportamentos reativos e protetores para evitar a ação, a culpa ou a mudança[47] (o Quadro 13.2 fornece alguns exemplos desses comportamentos). Quaisquer comportamentos defensivos são frequentemente associados com sentimentos negativos para o trabalho e o ambiente de trabalho.[48] No curto prazo, os funcionários podem observar que a defensiva protege seus interesses, mas no longo prazo isso vai desgastá-los. As pessoas que confiam consistentemente na defensiva observam que, por vezes, é a única maneira de elas saberem como se comportar. Nesse ponto, elas perdem a capacidade de abordar seu trabalho proativamente e a confiança e o apoio de seus pares, chefes, funcionários e clientes é comprometida negativamente.

**QUADRO 13.2** ● Comportamentos defensivos

| AÇÃO EVASIVA |
|---|
| ***Superconformismo.*** Interpretar estritamente sua responsabilidade, dizendo coisas como "As regras definem isso claramente..." ou "Esta é a maneira como sempre fizemos isso". |

*(continua)*

(*continuação*)

***Passar o bastão.*** Transferir a responsabilidade para a tomada de uma decisão ou realização da tarefa a outra pessoa.
***Fazer-se de bobo.*** Evitar uma tarefa indesejada alegando falsamente ignorância ou incapacidade.
***Enrolação.*** Prolongar uma tarefa de modo que uma pessoa aparente estar ocupada — por exemplo, transformando uma tarefa de duas semanas em um trabalho de quatro meses.
***Embromação.*** Parecer ser mais ou menos engajado em público, mas fazer muito pouco ou nada particularmente.

### EVITAR A CULPA

***Documentar-se.*** Esta é uma boa maneira para se referir a "livrar a cara". Descreve a prática de documentar com rigor a atividade, para projetar uma imagem de competência e rigor.
***Garantir-se.*** Evitar situações que possam refletir desfavoravelmente. Isso inclui assumir apenas projetos com uma alta probabilidade de sucesso, fazer que as decisões arriscadas sejam aprovadas pelos superiores, qualificar as expressões de julgamento e assumir posições neutras em conflitos.
***Justificativas.*** Desenvolver explicações que diminuam a responsabilidade por um resultado negativo e/ou pedir desculpas para demonstrar remorso, ou ambos.
***Bode expiatório.*** Colocar a culpa por um resultado negativo em fatores externos que não sejam totalmente censuráveis.
***Deturpação.*** Manipular as informações por distorção, embelezamento, enganação, apresentação seletiva ou ofuscamento.

### EVITAR A MUDANÇA

***Prevenção.*** Tentar evitar a ocorrência de uma mudança ameaçadora.
***Autoproteção.*** Agir de modo a proteger o interesse pessoal durante uma mudança, guardando informações ou outros recursos.

## Gestão de impressão

Sabemos que as pessoas têm interesse constante em como os outros as percebem e as avaliam. Por exemplo, os norte-americanos gastam bilhões de dólares em dietas, clubes de saúde, cosméticos e cirurgia plástica — todas práticas destinadas a torná-los mais atraentes para os outros.[49] Ser percebido positivamente pelos outros deve ter benefícios para as pessoas nas organizações. Pode, por exemplo, ajudá-las inicialmente a obter os trabalhos que elas querem em uma organização e, uma vez contratadas, obter avaliações favoráveis, maiores aumentos de salário e promoções rápidas. Num contexto político, pode ajudar a influenciar a distribuição de

> A gestão da impressão é um tipo específico de comportamento político, projetado para alterar as percepções imediatas que os outros têm de nós; as evidências sugerem que a eficácia das técnicas de gestão da impressão depende do contexto (ou seja, autopromoção funciona melhor na entrevista do que para a avaliação de desempenho).

vantagens em seu favor. O processo pelo qual indivíduos tentam controlar a impressão que os outros formam deles é chamado de **gestão da impressão** (**IM**, de *impression management*, em inglês).[50]

Quem podemos prever que irá se comprometer com a IM? Nenhuma surpresa aqui. É o nosso velho amigo, o automonitor excessivo.[51] Os empregados com automonitoração excessiva são bons em situações de leitura e para moldar suas aparências e comportamentos para se adequarem a cada situação. Em contraste, os empregados com baixa automonitoração tendem a apresentar imagens de si mesmos que são consistentes com suas personalidades, independentemente dos efeitos benéficos ou prejudiciais para eles. Se você quer controlar a impressão que os outros têm de você, que técnicas de IM você pode usar? O Quadro 13.3 resume algumas das mais populares.

**QUADRO 13.3** ⬢ Técnicas de gestão de impressão

---

**CONFORMIDADE**

Concordar com a opinião de outra pessoa para obter sua aprovação é uma forma de bajulação.
*Exemplo:* Um gestor diz a seu chefe: "Você está absolutamente certo em seu plano de reorganização para o escritório regional oeste. Concordo plenamente com você".

**FAVORECIMENTO**

Fazer algo bom para alguém para obter a aprovação da pessoa é uma forma de bajulação.
*Exemplo:* Um vendedor diz para um cliente potencial: "Tenho dois ingressos para o teatro hoje à noite que eu não posso usar. Fique com eles. Considere um agradecimento por gastar tempo conversando comigo".

**JUSTIFICATIVAS**

Dar explicações de um evento embaraçoso visando a minimizar a gravidade aparente da situação é uma técnica de IM defensiva.

*Exemplo:* Uma gerente de vendas diz a seu chefe: "Não conseguimos colocar o anúncio no jornal a tempo, mas ninguém responde esses anúncios mesmo".

**DESCULPAS**

Admitir a responsabilidade por um evento indesejável e simultaneamente procurar obter um perdão pela ação são uma técnica de IM defensiva.
*Exemplo:* Um funcionário diz para seu chefe: "Peço desculpas, eu cometi um erro no relatório. Por favor, me perdoe".

*(continua)*

(*continuação*)

### AUTOPROMOÇÃO

Destacar suas melhores qualidades, minimizando os defeitos, e chamar a atenção para as realizações são uma técnica de IM autofocada.
*Exemplo:* Um vendedor diz a seu chefe: "O Mateus trabalhou por três anos sem sucesso, tentando obter essa conta. Eu só precisei de seis semanas. Eu sou o melhor vendedor que esta empresa tem".

### REALCE

Alegar que algo que você fez é mais valioso do que a maioria dos outros membros das organizações acharia é uma técnica de IM autofocada.
*Exemplo:* Um jornalista diz a seu editor: "Meu trabalho sobre esta história de divórcio de celebridades foi realmente um grande impulso para as nossas vendas" (embora a história só tenha sido publicada na página 3 na seção de entretenimento).

### BAJULAÇÃO

Elogiar os outros sobre suas virtudes em um esforço de tornar-se perceptivo e simpático é uma técnica de IM assertiva.
*Exemplo:* Um novo estagiário de vendas diz para seu colega: "Você lidou com a reclamação do cliente com tanta elegância! Eu nunca teria lidado com isso assim tão bem quanto você."

### EXEMPLIFICAÇÃO

Fazer mais do que você precisa em um esforço para mostrar quanto você é dedicado e trabalhador é uma técnica de IM assertiva.
*Exemplo:* Um funcionário envia e-mails de seu computador na empresa quando ele trabalha até tarde para que o supervisor saiba quanto tempo ele tem trabalhado.

*Fonte:* Baseado em B. R. Schlenker, *Impression Management* (Monterey, CA: Brooks/Cole, 1980); W. L. Gardner e M. J. Martinko, "Impression Management in Organizations", *Journal of Management*, June 1988, p. 332; e R. B. Cialdini, "Indirect Tactics of Image Management Beyond Basking", in R. A. Giacalone e P. Rosenfeld (eds.), *Impression Management in the Organization* (Hillsdale, NJ: Lawrence Erlbaum, 1989), p. 45-71.

Tenha em mente que, quando as pessoas se envolvem em IM, elas estão enviando uma mensagem falsa que poderia ser verdadeira em outras circunstâncias.[52] As desculpas, por exemplo, podem ser oferecidas com sinceridade. Referindo-se ao exemplo no Quadro 13.3, você pode *realmente* acreditar que os anúncios contribuem pouco para as vendas em sua região.

Mas, ao dizer isso, você estará tentando mudar a impressão que seu gestor tem da situação, minimizando o impacto de sua falha de desempenho.

Uma afirmação falsa pode ter um preço elevado. Se você "tocar o alarme" demais, é provável que ninguém acredite quando o ladrão realmente chegar. Então o gestor de impressão deve ser cauteloso para não ser percebido como insincero ou manipulativo.[53] Considere o efeito de citar nomes famosos implausíveis como um exemplo desse princípio. Participantes em um estudo na Suíça não gostavam de um ator que se passava por funcionário, que dizia ser um amigo da estrela de tênis suíça Roger Federer, mas em geral gostavam de atores que se passavam por funcionários que só diziam que eram fãs do tenista.[54] Outro estudo detectou que, quando gestores atribuíam comportamentos de cidadania de um funcionário à gestão de impressão, realmente sentiam raiva (provavelmente porque se sentiam manipulados) e davam aos subordinados baixas avaliações de desempenho. Quando gestores atribuíam os mesmos comportamentos de **cidadania** a valores pró-sociais e à preocupação com a organização, eles sentiam-se felizes e atribuíam avaliações de desempenho mais elevadas.[55] Em suma, as pessoas não gostam de sentir que outros as estão manipulando por meio da gestão de impressão, então tais táticas devem ser empregadas com cautela.

Existem *situações* em que os indivíduos são mais propensos a se representar mal ou mais propensos a fugir delas? Sim — situações caracterizadas por elevada incerteza ou ambiguidade fornecem relativamente pouca informação para desafiar uma declaração fraudulenta e reduzir os riscos associados com erros de interpretação.[56] A crescente utilização de trabalho a distância pode aumentar o uso de IM. Os indivíduos que trabalham remotamente de seus supervisores envolvem níveis elevados de IM em relação àqueles que trabalham próximos de seus supervisores.[57]

A maioria dos estudos realizados para testar a eficácia das técnicas de IM relacionou dois critérios: sucesso na entrevista e avaliações de desempenho. Vamos analisar cada uma delas.

As evidências indicam que a maioria dos candidatos a emprego usam técnicas de IM nas entrevistas[58] e que isso funciona.[59] Em um estudo, por exemplo, os entrevistadores julgaram os candidatos a uma posição de representante de serviços ao cliente que utilizavam técnicas de IM como tendo um melhor desempenho na entrevista, e eles pareceram um pouco mais inclinados a contratar essas pessoas.[60] Além disso, quando os pesquisadores analisaram as credenciais dos candidatos, concluíram que as técnicas de IM sozinhas tinham influenciado os entrevistadores — não parecia fazer diferença se os candidatos eram bem ou mal qualificados. Se eles usavam técnicas de IM, iam melhor nas entrevistas.

Algumas técnicas de IM funcionam melhor em entrevistas do que outras. Os pesquisadores compararam os candidatos cujas técnicas de IM focavam em promover suas realizações (chamadas de *autopromoção*) com aqueles que focaram em cumprimentar o entrevistador e encontrar áreas de acordo (referidas como *aceitação*). Em geral, os candidatos parecem utilizar autopromoção mais do que aceitação.[61] Além disso, as táticas de autopromoção podem ser mais importantes para entrevistas bem-sucedidas do que a aceitação, embora ambas contribuam. Os candidatos que trabalham para criar uma aparência de competência, aprimorando suas realizações, assumindo o crédito pelos sucessos e explicando as falhas se saem melhor nas entrevistas. Esses efeitos vão além da entrevista: os candidatos que usam mais táticas de autopromoção também parecem conseguir mais visitas de acompanhamento no local de trabalho, mesmo após o ajuste da média para gênero e tipo de trabalho. A aceitação também funciona bem em entrevistas; os candidatos que cumprimentam o entrevistador, concordam com suas opiniões e enfatizam as áreas de ajuste se saem melhor do que aqueles que não agem assim.[62]

Em termos de avaliações de desempenho, o quadro é bem diferente. A aceitação é relacionada positivamente com as avaliações de desempenho, ou seja, aqueles que aceitam seus supervisores obtêm avaliações de desempenho superiores. No entanto, a autopromoção parece dar errado: aqueles que se autopromovem na verdade parecem receber menores avaliações de desempenho.[63] Existe um qualificador importante para esse resultado geral. Parece que os indivíduos de alta habilidade política são capazes de traduzir a IM em avaliações de desempenho mais elevadas, enquanto aqueles com menos habilidade política são mais propensos a ser prejudicados por suas tentativas de IM.[64] Por exemplo, um estudo de 760 diretores de administração constatou que os indivíduos que se mostram simpáticos com os diretores atuais (concordância expressa com o diretor, apontar atitudes e opiniões partilhadas, elogiar o diretor) aumentam suas chances de tornarem-se membros da diretoria.[65]

O que explica esses resultados? Se você pensar, eles fazem sentido. Ser simpático sempre funciona, porque todos — tanto os entrevistadores quanto os supervisores — gostam de ser tratados bem. No entanto, a autopromoção pode funcionar apenas em entrevistas e o tiro pode sair pela culatra no trabalho porque, enquanto o entrevistador tem pouca ideia se você está exagerando sobre suas realizações, o supervisor sabe, porque é o trabalho dele observá-lo. Assim, se você vai se promover, lembre-se que o que funciona em uma entrevista nem sempre funciona quando você está no trabalho, e fale sempre a verdade.

Nossas conclusões sobre as respostas à política são válidas globalmente? Deveríamos esperar que os empregados em Israel, por exemplo, respondam da mesma forma à política de seu local de trabalho que os funcionários nos Estados Unidos? Quase todas as nossas conclusões sobre reações dos empregados à política organizacional são baseadas em estudos realizados na América do Norte. Os poucos estudos que incluíram outros países sugerem algumas pequenas modificações.[66] Um estudo dos gestores na cultura estadunidense e três culturas chinesas (República Popular da China, Hong Kong e Taiwan) detectou que os gestores dos Estados Unidos avaliavam as táticas de "gentil persuasão" como consulta e apelo inspirador como mais eficazes do que os gestores chineses.[67] Outra pesquisa sugere que os líderes eficazes dos Estados Unidos alcançam influência por focarem objetivos pessoais dos membros do grupo e nas tarefas disponíveis (uma abordagem analítica), enquanto os líderes influentes do Leste Asiático enfocam as relações entre os membros do grupo e em atender as demandas das pessoas ao seu redor (uma abordagem holística).[68]

Como outro exemplo, os israelenses e os britânicos parecem geralmente responder como os norte-americanos — sua percepção das políticas organizacionais refere-se à diminuição da satisfação e ao aumento da rotatividade.[69] Mas em países que são politicamente mais instáveis, como Israel, os funcionários parecem demonstrar maior tolerância aos processos políticos intensos no local de trabalho, talvez porque estejam acostumados com as lutas de poder e tenham mais experiência em lidar com elas.[70] Isso sugere que as pessoas de países politicamente turbulentos no Oriente Médio ou na América Latina podem ser mais tolerantes com as políticas organizacionais e ainda mais dispostas a usar táticas políticas agressivas no local de trabalho do que as pessoas de países como a Grã-Bretanha ou a Suíça.

## A ÉTICA DE COMPORTAR-SE POLITICAMENTE

Existem algumas perguntas que você deve considerar ao adotar comportamentos de politicagem. Por exemplo, qual é a utilidade de se engajar nesse esforço? Às vezes fazemos isso por bons motivos simples. O jogador de beisebol da liga principal dos Estados Unidos Al Martin afirmou que jogou futebol na USC, quando na verdade ele nunca jogou. Como jogador de beisebol, ele tinha muito a ganhar ao fingir ter jogado futebol. Mentiras planejadas como esta podem ser um exemplo mais extremo da gestão da impressão, mas muitos de nós no mínimo já distorcemos as informações para causar uma impressão favorável. Uma coisa a ser lembrada é se realmente vale a pena o risco. Outra pergunta a fazer é a seguinte: como a utilidade de atingir um comportamento político pode se equilibrar com qualquer dano (ou dano potencial) que se fará aos outros? Elogiar a aparência de um supervisor a fim de obter favores é provavelmente muito menos nocivo do que roubar o crédito por um projeto que outros merecem.

Por fim, a atividade política está de acordo com os padrões de equidade e justiça? Às vezes é difícil pesar os custos e benefícios de uma ação política, mas suas implicações éticas são claras. O chefe do departamento que infla a avaliação de desempenho de um empregado favorecido e esvazia a avaliação de um funcionário desfavorecido — e, em seguida, usa essas avaliações para justificar dar ao primeiro um grande aumento e nada ao segundo — tratou o empregado desfavorecido injustamente.

Infelizmente, pessoas poderosas podem se tornar muito boas em explicar comportamentos egoístas em termos dos melhores interesses da organização. Elas podem argumentar persuasivamente que ações desleais são realmente equitativas e justas. Nosso ponto é que as pessoas imorais podem justificar praticamente todos os seus comportamentos. Quem é poderoso, articulador e persuasivo é mais vulnerável aos lapsos éticos, porque é suscetível de conseguir escapar com êxito com a adoção de práticas antiéticas. Quando confrontado com um dilema ético sobre as políticas organizacionais, tente considerar se fazer política vale o risco e se outras pessoas podem ser prejudicadas no processo. Se você tiver uma base de poder forte, reconheça a capacidade do poder para corromper. Lembre-se que é muito mais fácil para as pessoas sem poder agir eticamente, no mínimo por que eles normalmente têm muito pouca força política para explorar.

## RESUMO E IMPLICAÇÕES PARA OS GESTORES

Se você quiser conseguir as coisas em um grupo ou uma organização, ter poder ajudará. Aqui temos várias sugestões de como lidar com o poder em sua vida profissional:

- ▶ Como um gestor que quer maximizar seu poder, você vai querer aumentar a dependência que os outros tem de você. Você pode, por exemplo, aumentar o seu poder em relação a sua chefe, desenvolvendo o conhecimento ou uma habilidade de que ela precisa e para o qual ela não detecta nenhum substituto pronto. Mas você não estará sozinho na tentativa de construir suas bases de poder. Outros, particularmente os empregados e seus pares, estarão procurando aumentar a sua dependência sobre eles, enquanto você estará tentando minimizá-la e aumentar a dependência que eles têm de você. O resultado é uma batalha contínua.
- ▶ Poucos empregados gostam de não ter poder em seus postos de trabalho e organizações. Tente evitar colocar os outros em uma posição onde eles sintam isso.
- ▶ As pessoas respondem de forma diferente às diversas bases de poder. O poder da especialização e o poder referente são derivados de qualidades pessoais. Em contraste, o poder da coerção, da recompensa e o poder legítimo são essencialmente derivados da organização.

A competência parece oferecer especialmente um grande apelo e seu uso como uma base de poder resulta em alto desempenho dos membros do grupo. A mensagem para os gestores parece ser: "Desenvolva e use a sua base de poder de especialização!".

▶ Um gestor eficaz aceita a natureza política das organizações. Avaliando o comportamento em um quadro político, você pode prever melhor as ações dos outros e usar essas informações para formular estratégias políticas que vão trazer vantagens para você e sua unidade de trabalho.

▶ Algumas pessoas são muito mais politicamente astutas do que outras, ou seja, elas estão cientes da política subjacente e podem gerenciar impressões. As pessoas que são boas em jogos políticos podem esperar obter avaliações de desempenho mais elevadas e, portanto, maiores aumentos de salário e mais promoções do que os politicamente ingênuos ou ineptos. Os indivíduos politicamente astutos também tendem a apresentar maior satisfação no trabalho e são mais capazes de neutralizar os estressores do trabalho.

▶ Os empregados que têm pouca habilidade política ou não estão dispostos a jogar esse jogo geralmente relacionam a política organizacional percebida com a menor satisfação no trabalho e desempenho autorrelatado, maior ansiedade e maior rotatividade.

---

Acesse o Site de apoio ao livro (www.grupoa.com.br) e teste seus conhecimentos por meio dos exercícios elaborados para este capítulo.

# Conflito e negociação

## 14

O conflito muitas vezes pode se transformar em algo pessoal. Ele pode criar condições caóticas que tornam quase impossível para os funcionários trabalhar como uma equipe. No entanto, o conflito também tem um lado positivo menos conhecido. Vamos explicar a diferença entre conflitos positivos e negativos neste capítulo e forneceremos um guia para ajudar você a entender como se desenvolvem os conflitos. Também apresentaremos um tema estreitamente aparentado ao conflito: a negociação.

## UMA DEFINIÇÃO DE CONFLITO

Há diversas definições de *conflito*,[1] mas a ideia de que o conflito é uma percepção é comum à maioria. Se ninguém tem consciência de um conflito, então é geralmente aceito que não existe conflito. Também necessárias para começar o processo são oposição ou incompatibilidade e alguma forma de interação.

Podemos definir **conflito**, então, como um processo que começa quando uma das partes percebe que a outra parte tem ou está prestes a afetar negativamente algo que interessa à primeira.[2] Essa definição é propositalmente ampla. Ela descreve aquele ponto em qualquer atividade em andamento no qual uma interação ultrapassa o limite para tornar-se um conflito entre as partes. Ela engloba a ampla gama de conflitos que as pessoas experienciam nas organizações: incompatibilidade de objetivos, diferenças de interpretações dos fatos, desentendimentos com base em expectativas comportamentais, entre outros. Por fim, a nossa definição é flexível o suficiente para cobrir toda a gama de níveis de conflito — de atos explícitos e violentos até formas sutis de discordância.

Depois de estudar este capítulo, você será capaz de:
▶ definir *conflito* e diferenciar entre as visões tradicional, interacionista e gerenciada de conflito;
▶ descrever o processo de conflito;
▶ contrastar a negociação distributiva e a integrativa;
▶ aplicar as cinco etapas do processo de negociação;
▶ mostrar como diferenças individuais influenciam as negociações.

## TRANSIÇÕES NA NOÇÃO DE CONFLITO

> O conflito é parte inerente da vida organizacional. De fato, algum nível de conflito é provavelmente necessário para o bom funcionamento organizacional.

É inteiramente apropriado dizer que tem havido opiniões conflitantes sobre o papel dos conflitos nos grupos e nas organizações. Uma escola de pensamento argumentou que o conflito deve ser evitado — pois indica uma disfunção no interior do grupo.

Chamamos a isto de visão *tradicional*. Outra perspectiva propõe não apenas que o conflito pode ser uma força positiva em um grupo, mas que algum conflito é absolutamente necessário para um grupo ter um desempenho eficaz. Denominamos a isso visão *interacionista*. Por fim, as pesquisas recentes argumentam que, em vez de incentivar o conflito "bom" ou desencorajar o "ruim", é mais importante resolver de forma produtiva os conflitos que ocorrem naturalmente. Essa perspectiva é a visão de *conflito gerenciado*. Vamos analisar com mais profundidade cada uma dessas visões.

### A visão tradicional de conflito

A abordagem mais antiga assumia que todo conflito era ruim e devia ser evitado. O conflito era visto negativamente e discutido com termos como *violência*, *destruição* e *irracionalidade* para reforçar sua conotação negativa. Essa **visão tradicional do conflito** era consistente com as atitudes sobre o comportamento de grupo que prevaleceram nas décadas de 1930 e 1940. O conflito era um desfecho disfuncional resultante de má comunicação, falta de transparência e confiança entre as pessoas e o fracasso dos gestores para responderem às necessidades e aspirações dos seus empregados.

> O conflito de tarefa é mais construtivo do que o de processo ou, especialmente, o conflito de relação.

A visão de que todo conflito é ruim certamente oferece uma abordagem simples para olhar para o comportamento das pessoas que os criam. Basta direcionar nossa atenção para as causas do conflito e corrigir as falhas para melhorar o desempenho organizacional e do grupo. Essa visão de conflito caiu em importância por um longo tempo conforme os pesquisadores foram percebendo que algum nível de conflito era inevitável.

### A visão interacionista de conflito

A **visão interacionista de conflito** incentiva o conflito, alegando que um grupo harmonioso, calmo, tranquilo e cooperativo é propenso a se tornar estático, apático e indiferente às necessidades de mudança e inovação.[3] A grande contribuição dessa visão é reconhecer que um nível mínimo de conflito pode ajudar a manter um grupo viável, autocrítico e criativo.

A visão interacionista não propõe que todos os conflitos sejam bons. Em vez disso, o **conflito funcional** apoia os objetivos do grupo e melhora o seu desempenho e é, portanto, uma forma construtiva de conflito. Um conflito que prejudica o desempenho do grupo é um **conflito disfuncional** ou destrutivo. O que diferencia o conflito funcional do disfuncional? A evidência indica que precisamos olhar para o tipo de conflito — se ele está ligado à tarefa, ao relacionamento ou ao processo.[4]

O **conflito de tarefa** diz respeito ao conteúdo e objetivos do trabalho. O **conflito de relacionamento** enfoca as relações interpessoais. O **conflito de processo** diz respeito a como o trabalho é feito. Estudos demonstram que os conflitos de relacionamento são quase sempre disfuncionais.[5] Por quê? Parece que o atrito e as hostilidades interpessoais inerentes aos conflitos de relacionamento aumentam os confrontos de personalidade e diminuem o entendimento mútuo, o que dificulta a realização das tarefas organizacionais. Infelizmente, os gestores despendem muita energia para resolver conflitos de personalidade entre os funcionários; uma pesquisa indicou que essa tarefa consome 18% do tempo deles.[6]

Em contraste, os baixos níveis de conflito de processo e de baixo a moderado níveis de conflito de tarefa podem ser funcionais, mas apenas em casos muito específicos. Comentários recentes têm mostrado que os conflitos de tarefa têm potencial para ser tão perturbadores quanto os de relacionamento.[7] Para o conflito ser produtivo, deve ser mantido dentro de certos limites. Por exemplo, um estudo na China descobriu que níveis moderados de conflito de tarefa na fase inicial de desenvolvimento poderiam aumentar a criatividade em grupos, mas altos níveis de conflito de tarefa diminuíram o desempenho da equipe, e os conflitos de tarefa não foram mais relacionados com o desempenho, uma vez que o grupo estava em fases posteriores do desenvolvimento.[8] Discussões intensas sobre quem deve fazer o que se tornam disfuncionais quando criam incerteza sobre as funções das tarefas, aumentam o tempo para concluí-las e levam os membros a trabalhar com objetivos opostos. Níveis de conflito de tarefa baixos a moderados estimulam a discussão de ideias. Isso significa que os conflitos de tarefa se relacionam positivamente com a criatividade e a inovação, mas não estão relacionados com o desempenho de tarefas de rotina. Grupos realizando tarefas de rotina que não exigem criatividade não vão se beneficiar de um conflito de tarefa. Além disso, se o grupo já estiver envolvido na discussão ativa de ideias de forma não conflituosa, adicionar o conflito não ajudará a gerar mais ideias. O conflito de tarefa também está relacionado com esses resultados positivos apenas quando todos os membros compartilham os mesmos objetivos e têm níveis elevados de confiança.[9] Dito de outra forma, os conflitos de tarefa estão relacionados com o aumento do desempenho somente quando todos os membros acreditam que a equipe é um lugar seguro para correr riscos e que os membros deliberadamente não vão prejudicar ou rejeitar aqueles que falam mais alto.[10]

## Visão centrada na resolução do conflito

Pesquisadores, incluindo aqueles que tinham defendido firmemente a visão interacionista, começaram a reconhecer alguns problemas com o encorajamento do conflito.[11] Como veremos, existem alguns casos muito específicos em que ele pode ser benéfico. No entanto, conflitos no local de trabalho não são produtivos; roubam tempo das tarefas profissionais ou da interação com os clientes, e as mágoas e a raiva muitas vezes perduram após terem aparentemente acabado. As pessoas raramente podem isolar seus sentimentos em categorias puras de desacordos de "tarefa" ou "relação", então os conflitos de tarefa, às vezes, transformam-se em conflitos de relacionamento.[12] Um estudo realizado em Taiwan e na Indonésia detectou que quando os níveis de conflito de relacionamento são elevados, aumentos dos conflitos de tarefa consistentemente estão relacionados com a baixa dos níveis de desempenho da equipe e a satisfação de seus membros.[13] Os conflitos produzem estresse, que pode levar as pessoas a se tornarem mais irredutíveis e beligerantes.[14] Os estudos de conflito em laboratórios também deixam de levar em conta as reduções da confiança e da cooperação que ocorrem mesmo com conflitos de relacionamento. Estudos de longo prazo mostram que todos os conflitos reduzem a confiança, o respeito e a coesão dos grupos, que reduzem a sua viabilidade em longo prazo.[15]

Em síntese, a visão tradicional era míope ao assumir que todos os conflitos devem ser eliminados. A visão interacionista de que o conflito pode estimular a discussão ativa sem transbordar em emoções negativas e perturbadoras é incompleta. A perspectiva de conflito gerenciado reconhece que o conflito é inevitável na maioria das organizações, e centra-se mais na resolução de conflitos produtivos. O pêndulo da investigação tem balançado da eliminação dos conflitos para incentivo de níveis limitados de conflito, e agora para a descoberta de métodos construtivos para resolvê-los de forma produtiva, então sua influência negativa pode ser minimizada.

## O PROCESSO DE CONFLITO

O **processo de conflito** tem cinco fases: (1) oposição ou incompatibilidade potencial, (2) cognição e personalização, (3) intenções, (4) comportamento e (5) resultados. O processo é apresentado no diagrama da Figura 14.1.

### Estágio I: Oposição ou incompatibilidade potencial

O primeiro passo no processo de conflito é o aparecimento de condições que criam oportunidades para que surjam conflitos. Essas condições *não precisam* levar diretamente ao conflito, mas uma delas é necessária se

**FIGURA 14.1** ● O processo de conflito

| Estágio I | Estágio II | Estágio III | Estágio IV | Estágio V |
|---|---|---|---|---|
| Potencial oposição ou incompatibilidade | Cognição e personalização | Intenções | Comportamento | Resultados |

Condições antecedentes
• Comunicação
• Estrutura
• Variáveis pessoais

→ Conflito percebido
→ Conflito sentido

Intenções de gestão do conflito
• Competir
• Colaborar
• Comprometer-se
• Evitar
• Acomodar-se

Conflito explícito
• Comportamento das partes
• A reação do outro

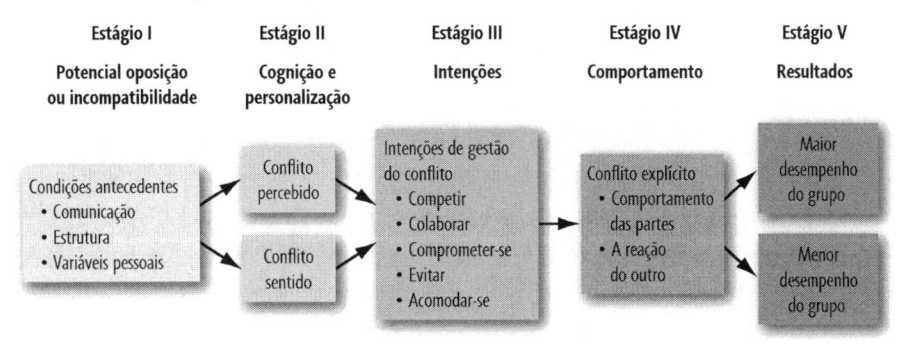

→ Maior desempenho do grupo
→ Menor desempenho do grupo

este sobrevier. Para simplificar, podemos agrupar as condições (que também podemos olhar como causas ou fontes de conflito) em três categorias gerais: comunicação, estrutura e variáveis pessoais.

COMUNICAÇÃO   A comunicação pode ser uma fonte de conflito. Ela surge de dificuldades semânticas, mal-entendidos e "ruído" nos canais de comunicação. Uma revisão da pesquisa sugere que diferentes conotações das palavras, jargões, intercâmbio insuficiente de informações e ruído no canal de comunicação são todos barreiras para comunicação e condições potenciais antecedentes ao conflito. A pesquisa demonstrou ainda mais uma descoberta surpreendente: o potencial de conflito aumenta quando ocorre muito pouca comunicação ou comunicação *excessiva*. Aparentemente, um aumento na comunicação é funcional até certo ponto, após o qual é possível comunicar em excesso, com um aumento resultante no potencial de conflito.

ESTRUTURA   O termo *estrutura* neste contexto inclui variáveis como tamanho do grupo, grau de especialização nas tarefas atribuídas a seus membros, clareza jurisdicional, compatibilidade membro–objetivo, estilos de liderança, sistemas de recompensa e o grau de dependência entre os grupos. Quanto maior for o grupo e mais especializadas suas atividades, maior a probabilidade de conflito. Estabilidade no emprego e conflito foram considerados inversamente relacionados; o potencial de conflito é maior quando os membros do grupo são mais jovens e quando a rotatividade é alta. Quanto maior for a ambiguidade sobre onde se situa a responsabilidade pelas ações, maior o potencial para emergirem conflitos. Tais ambiguidades jurisdicionais aumentam as brigas intergrupo pelo controle de recursos e território. A diversidade de objetivos entre os grupos também é uma importante fonte de conflito. Os sistemas de recompensa também criam conflito quando os ganhos de um membro ocorrem à custa dos outros. Por fim, se um grupo é dependente de outro (em contraste com os dois sendo mutuamente independentes), ou se a interdependência permite que um grupo ganhe à custa do outro, as forças opostas são estimuladas.

**VARIÁVEIS PESSOAIS** Nossa última categoria de fontes potenciais de conflito refere-se às variáveis pessoais, que incluem a personalidade, as emoções e os valores. A personalidade parece desempenhar um papel significativo no processo de conflito: algumas pessoas simplesmente têm muita tendência a entrar em conflitos. Em particular, pessoas com fortes traços de personalidade, de desagradabilidade, neuroticismo ou automonitoramento são propensas a discutir com as outras mais frequentemente e a reagir mal quando ocorrem os conflitos.[16] As emoções também podem causar conflito. Uma funcionária que vai trabalhar furiosa por causa de seu trajeto matinal agitado pode transportar essa raiva para a reunião das nove. O problema? A raiva dela pode irritar seus colegas, o que pode resultar em uma reunião tensa.[17]

## Estágio II: Cognição e personalização

Se as condições citadas no Estágio I afetarem negativamente algo com que uma das partes se preocupa, então, o potencial de oposição ou incompatibilidade torna-se ativo no segundo estágio.

Como observamos em nossa definição de conflito, uma ou mais partes devem estar cientes de que existem condições prévias. No entanto, o fato de um conflito ser um **conflito percebido** não significa que ele seja personalizado. Em outras palavras, "*A* pode estar ciente de que *B* e *A* estão em sério desentendimento... mas isso pode não fazer *A* ficar tenso ou ansioso, e pode não ter nenhum efeito sobre a afeição de *A* em relação a *B*".[18] É no nível de **conflito sentido**, quando os indivíduos se envolvem emocionalmente, que eles experimentam ansiedade, tensão, frustração ou hostilidade.

Tenha estes dois pontos em mente: primeiro, o Estágio II é importante, porque é onde as questões de conflito tendem a ser definidas, quando as partes decidem qual é o motivo do conflito.[19] A definição de conflito é importante, porque ele normalmente delineia o conjunto de acertos possíveis.

Segundo, as emoções desempenham um papel importante na formação das percepções.[20] As emoções negativas nos permitem supersimplificar os problemas, perder a confiança e colocar interpretações negativas nos comportamentos da outra parte.[21] Em contraste, os sentimentos positivos aumentam nossa tendência para ver possíveis relações entre os elementos de um problema, para ter uma visão mais ampla da situação e para desenvolver soluções mais inovadoras.[22]

## Estágio III: Intenções

As **intenções** intervêm entre a percepção e as emoções e seu comportamento explícito. São decisões de agir de um determinado modo.[23]

Separamos as intenções como uma fase distinta, porque temos de inferir a intenção do outro, para sabermos como reagir ao comportamento dele. Muitos conflitos crescem apenas porque uma das partes atribui intenções erradas à outra. Costuma haver também uma grande quantidade de desvio entre intenções e comportamento, portanto, o comportamento não reflete sempre com precisão as intenções da pessoa.

Usando duas dimensões — *cooperatividade* (o grau até o qual uma das partes tenta satisfazer as preocupações da outra parte) e *assertividade* (o grau até o qual uma das partes tenta satisfazer suas próprias preocupações) — podemos identificar cinco intenções de manipulação de conflitos: (1) *concorrente* (assertiva e não cooperativa), (2) *colaborativa* (assertiva e cooperativa), (3) *evitativa* (não assertiva e não cooperativa), (4) *acomodativa* (não assertiva e cooperativa) e (5) *compromissada* (intermediária em assertividade e cooperatividade).[24]

**1. *Concorrente*.** Quando uma pessoa procura satisfazer seus próprios interesses, independentemente do impacto sobre as outras partes no conflito, essa pessoa está **competindo**. Você compete quando faz uma aposta que só uma pessoa pode ganhar, por exemplo.

**2. *Colaborativa*.** Quando todas as partes em conflito desejam satisfazer totalmente as preocupações de todas as partes, há cooperação e uma busca por um resultado mutuamente benéfico. Ao **colaborar**, as partes pretendem resolver um problema, esclarecendo as diferenças, em vez de acomodar vários pontos de vista. Se você tentar encontrar uma solução de ganhos mútuos, que permita que os objetivos de ambas as partes sejam completamente alcançados, isso é ser colaborativo.

**3. *Evitativa*.** Uma pessoa pode reconhecer que um conflito existe e desejar eximir-se ou suprimi-lo. Exemplos de **evitação** incluem tentar ignorar um conflito e evitar as pessoas de quem você discorda.

**4. *Acomodativa*.** Uma pessoa que visa apaziguar um oponente pode estar disposta a colocar os interesses do oponente acima de seus próprios e sacrificar-se para manter a relação. Nós nos referimos a essa intenção como **acomodação**. Por exemplo, apoiar a opinião de outra pessoa, apesar das suas reservas, é um procedimento acomodativo.

**5. *Compromissada*.** Na atitude **compromissada**, não há nenhum vencedor ou perdedor. Pelo contrário, há uma vontade de racionalizar o objeto do conflito e aceitar uma solução que promova a satisfação parcial das preocupações de ambas as partes. A característica distintiva de comprometer-se, portanto, é que cada parte tem a intenção de desistir de alguma coisa.

As intenções não são sempre fixas. No decurso de um conflito, podem mudar se as partes forem capazes de ver pelo ponto de vista do outro ou responder emocionalmente ao comportamento do outro. No entanto, pesquisas indicam que as pessoas têm preferências entre as cinco intenções de manipulação de conflitos que acabamos de descrever.[25] Podemos prever melhor as intenções de uma pessoa a partir de uma combinação de características de personalidade e intelectuais.

## Estágio IV: Comportamento

Quando a maioria das pessoas pensa em situações de conflito, tendem a concentrar-se no Estágio IV, porque é onde eles se tornam visíveis. O estágio de comportamento inclui as declarações, ações e reações feitas pelas partes em conflito, geralmente como tentativas aparentes de implementar suas próprias intenções. Como resultado de erros de cálculo ou atos desqualificados, os comportamentos evidentes às vezes se afastam dessas intenções originais.[26]

Isso ajuda a pensar no estágio IV como um processo dinâmico de interação. Por exemplo, você me pede alguma coisa, eu respondo com argumentação, você me ameaça, eu ameaço você, e assim por diante. A Figura 14.2 fornece uma maneira de visualizar o comportamento de conflito. Todos os conflitos existem em algum lugar ao longo deste *continuum*. Na parte inferior encontram-se aqueles caracterizados por formas sutis, indiretas e altamente controladas de tensão, como o fato de um aluno questionar em classe uma afirmação do professor. As intensidades de conflito aumentam conforme eles se movem para cima ao longo do *continuum* até tornarem-se altamente destrutivas. Greves, tumultos e guerras claramente recaem nesse intervalo superior. Os conflitos que atingem os intervalos superiores do *continuum* quase sempre são disfuncionais. Os conflitos funcionais limitam-se em geral ao intervalo mais baixo do *continuum*.

Se um conflito for disfuncional, o que as partes podem fazer para reduzi-lo? Ou, inversamente, que opções existem se o conflito for muito baixo e precisar ser aumentado? Isso nos leva a técnicas de **gestão de conflitos**.

**FIGURA 14.2** ● *Continuum* de intensidade de conflito

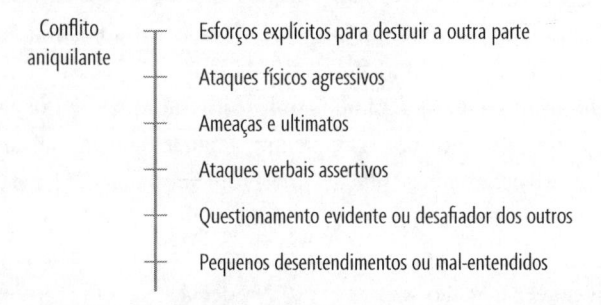

Conflito aniquilante
— Esforços explícitos para destruir a outra parte
— Ataques físicos agressivos
— Ameaças e ultimatos
— Ataques verbais assertivos
— Questionamento evidente ou desafiador dos outros
— Pequenos desentendimentos ou mal-entendidos

Fonte: Baseado em S. P. Robbins, *Managing Organizational Conflict: A Nontraditional Approach* (Upper Saddle River, NJ: Prentice Hall, 1974), pp. 93–97, e R. Glasi, "The Process of Conflict Escalation and the Roles of Third Parties", em G. B. J. Bomers e R. Peterson (eds.), *Conflict Management and Industrial Relations* (Boston: Kluwer-Nijhoff, 1982), pp. 119–140.

Já descrevemos várias intenções de manipulação de conflitos. Isso não deveria ser surpreendente. Em condições ideais, as intenções de uma pessoa devem traduzir-se em comportamentos comparáveis.

## Estágio V: Resultados

A interação ação–reação entre as partes em conflito resulta em consequências. Como demonstra o nosso modelo (veja a Figura 14.1), esses resultados podem ser funcionais se o conflito melhorar o desempenho do grupo, ou disfuncionais se prejudicar o desempenho.

**RESULTADOS FUNCIONAIS** Como o conflito pode agir como uma força para aumentar o desempenho do grupo? É difícil visualizar uma situação em que uma agressão aberta ou violenta possa ser funcional. Mas é possível ver como os níveis baixos ou moderados de conflito podem melhorar a eficácia de um grupo. Vamos considerar alguns exemplos e examinar as evidências de pesquisa. Observe que todos os nossos exemplos se concentram em conflitos de tarefa e de processo e excluem a variedade relacionamento.

O conflito é construtivo quando melhora a qualidade das decisões, estimula a criatividade e a inovação, incentiva o interesse e a curiosidade entre os membros do grupo, fornece o meio pelo qual os problemas podem ser eliminados e as tensões liberadas, e promove um ambiente de autoavaliação e mudanças. As evidências sugerem que o conflito possa melhorar a qualidade da tomada de decisão, permitindo que todos os pontos sejam ponderados, em especial aqueles que são incomuns ou realizados por uma minoria.[27] O conflito é um antídoto para o pensamento de grupo. Ele não permite que o grupo valide passivamente as decisões que possam ser baseadas em suposições fracas, a consideração insuficiente de alternativas relevantes ou outras fraquezas. O conflito desafia o *status quo* e, portanto, promove a criação de novas ideias, promove a reavaliação das atividades e objetivos do grupo e aumenta a probabilidade de que o grupo possa responder às mudanças. Uma discussão aberta, focada em objetivos de ordem superior, pode tornar esses resultados funcionais mais prováveis. Grupos extremamente polarizados não gerenciam suas discordâncias subjacentes de forma eficaz e tendem a aceitar soluções de qualidade inferior, ou evitam tomar decisões por completo, em vez de refletirem sobre o conflito.[28]

Estudos de pesquisa em diversos cenários confirmam a funcionalidade da discussão ativa. Grupos cujos membros têm diferentes interesses tendem a produzir soluções de mais alta qualidade para uma variedade de problemas do que grupos homogêneos.[29] Membros de equipes com maiores diferenças em estilos de trabalho e experiência também tendem a compartilhar mais informações entre si.[30]

**RESULTADOS DISFUNCIONAIS** As consequências destrutivas do conflito sobre o desempenho de um grupo ou uma organização são geralmente bem conhecidas: a oposição não controlada gera descontentamento, que atua para dissolver laços comuns e, por fim, leva à destruição da equipe. E, claro, um corpo substancial de textos da literatura documenta como os conflitos disfuncionais podem reduzir a eficácia do grupo.[31] Entre as consequências indesejáveis estão a má comunicação, reduções da coesão e a subordinação dos objetivos do grupo à primazia de lutas internas entre os membros. Todas as formas de conflito — até mesmo as variedades funcionais — parecem reduzir a satisfação e a confiança dos membros do grupo.[32] Quando as discussões ativas se transformam em conflitos abertos entre os membros, a partilha de informações diminui significativamente.[33] No extremo, o conflito pode levar o funcionamento do grupo a ser interrompido e ameaçar sua sobrevivência.

**GESTÃO DE CONFLITO FUNCIONAL** Se os gestores reconhecem que algumas situações de conflito podem ser benéficas, o que eles podem fazer para gerenciar efetivamente os conflitos em suas organizações? Vamos analisar algumas abordagens que as organizações estão usando para incentivar as pessoas a desafiarem o sistema e desenvolverem novas ideias.

Uma das chaves para minimizar os conflitos contraproducentes é reconhecer quando há um desacordo. Muitos aparentes conflitos são causados por pessoas que usam linguagem diferente para discutir o mesmo curso geral de ação. Por exemplo, alguém em marketing pode se concentrar em "problemas de distribuição", enquanto alguém de operações vai falar sobre "gestão da cadeia de fornecimento" para descrever na essência o mesmo problema. A gestão bem-sucedida de conflitos reconhece essas abordagens diferentes e tenta resolvê-las por incentivar a discussão aberta, franca e focada em interesses em vez de focar nos problemas (teremos mais a dizer sobre isso, quando contrastarmos estilos de negociação distributiva e integrativa). Outra abordagem é fazer grupos opostos escolherem partes da solução que são mais importantes para eles e se concentrarem em como cada lado pode ter suas principais necessidades satisfeitas. Nenhum lado pode obter exatamente o que quer, mas ambos os lados receberão as partes mais importantes de suas demandas.[34]

Os grupos que resolvem conflitos com êxito discutem as diferenças de opinião abertamente e estão preparados para gerenciar conflitos quando eles surgirem.[35] Os conflitos mais perturbadores são aqueles que nunca são abordados diretamente. Uma discussão aberta torna muito mais fácil desenvolver uma percepção compartilhada dos problemas presentes. Ela também permite que os grupos trabalhem em direção a uma solução mutuamente aceitável. Os gestores precisam enfatizar os interesses comuns na resolução de conflitos, para que os grupos que discordam entre si não se tornem entrincheirados demais em seus pontos de vista e comecem a encarar os conflitos como problemas pessoais. Os grupos com estilos de conflito cooperativo e uma forte identificação subjacente para os objetivos gerais da equipe são mais eficazes do que os grupos com um estilo competitivo.[36]

As diferenças entre países nas estratégias de resolução de conflito podem ser baseadas em tendências e intenções coletivistas.[37] As culturas coletivistas veem as pessoas como profundamente incorporadas nas situações sociais, enquanto as culturas individualistas veem as pessoas como autônomas. Como resultado, os coletivistas são mais propensos a procurar preservar relacionamentos e promover o bem do grupo como um todo. Eles evitarão a expressão direta dos conflitos, preferindo métodos indiretos para resolver as diferenças de opinião. Os coletivistas também podem estar mais interessados em demonstrações de preocupação e em trabalhar por meio de terceiros para resolver disputas, enquanto os individualistas terão maior probabilidade de enfrentar as diferenças de opinião, direta e abertamente.

Algumas pesquisas oferecem apoio a essa teoria. Comparados aos negociadores japoneses coletivistas, seus colegas estadunidenses mais individualistas são mais propensos a ver as ofertas de suas contrapartes como injustas e a rejeitá-las. Outro estudo revelou que, enquanto os gestores dos Estados Unidos eram mais inclinados a usar táticas concorrentes diante de conflitos, as táticas de comprometimento e evitação são os métodos mais preferidos de gestão de conflitos na China.[38] Dados coletados de entrevistas, no entanto, sugerem que as equipes de alta gestão em empresas chinesas de alta tecnologia optam pela colaboração ainda mais do que o compromisso e a evitação.[39]

Tendo considerado o conflito — sua natureza, causas e consequências —, voltamo-nos agora para a negociação, que muitas vezes resolve o conflito.

## NEGOCIAÇÃO

A negociação permeia as interações de quase todos os grupos e organizações. Há as óbvias: negociação trabalhista com a gestão. Há as não tão óbvias: gestores negociam com funcionários, pares e chefes; vendedores negociam com os clientes; compradores negociam com fornecedores. E há as sutis: um empregado compromete-se a substituir um colega por alguns minutos em troca de um benefício passado ou futuro. Nas organizações frouxamente estruturadas de hoje, em que os membros trabalham com colegas sobre quem eles não tem nenhuma autoridade direta e com quem podem até mesmo nem compartilhar um chefe comum, as habilidades de negociação se tornam críticas.

Podemos definir **negociação** como um processo que ocorre quando duas ou mais partes decidem como alocar escassos recursos.[40] Embora em geral

*Os negociadores mais eficazes utilizam táticas diferentes para negociação distributiva e integrativa; este capítulo fornece maneiras claras para você melhorar cada tipo de negociação.*

pensemos nos resultados da negociação em termos econômicos imediatos, como transacionar o preço de um carro, cada negociação nas organizações afeta também as relações entre os negociadores e a maneira como eles se sentem.[41] Dependendo de quanto as partes vão interagir umas com as outras, às vezes manter a relação social e comportar-se eticamente será tão importante quanto alcançar um resultado imediato da negociação. Nesta seção, vamos contrastar duas estratégias de negociação, fornecer um modelo de processo de negociação, verificar o papel dos humores e dos traços de personalidade na negociação, revisar as diferenças de gênero e culturais na negociação e dar uma breve olhada nas negociações de terceiros.

## Estratégias de negociação

Existem duas abordagens gerais para a negociação — *negociação distributiva* e *negociação integrativa*.[42] Como o Quadro 14.1 mostra, elas diferem em sua meta e motivação, foco, interesses, compartilhamento de informações e duração do relacionamento. Vamos definir cada uma e ilustrar as diferenças.

NEGOCIAÇÃO DISTRIBUTIVA   Você vê um carro usado anunciado para venda on-line. Parece ser exatamente o que você está procurando. Você vai ver o carro. É perfeito e você decide comprá-lo. O proprietário diz o preço

**QUADRO 14.1**  Negociação distributiva *versus* integrativa

| Característica da negociação | Negociação distributiva | Negociação integrativa |
| --- | --- | --- |
| Metas | Obter a maior fatia do bolo possível | Expandir o bolo de modo que ambas as partes estejam satisfeitas |
| Motivação | Ganhar-perder | Ganhos mútuos |
| Foco | Posições ("não posso ir além deste ponto sobre esta questão") | Interesses ("você poderia me explicar por que esta questão lhe é tão importante?") |
| Interesses | Opostos | Congruentes |
| Compartilhamento de informações | Baixo (o compartilhamento de informações só vai permitir que a outra parte tenha vantagem) | Alto (o compartilhamento de informações permitirá que cada parte encontre maneiras de satisfazer os interesses individuais) |
| Duração do relacionamento | Curto prazo | Longo prazo |

pedido. Você não quer pagar tanto. Os dois então negociam. A estratégia de negociação que vocês vão usar chama-se **negociação distributiva**. Sua característica de identificação é que ela opera em condições de soma zero — ou seja, qualquer ganho que eu faço será à custa de sua perda e vice-versa. Cada real que você puder fazer o vendedor cortar do preço do carro será um real que você economizará e cada real a mais que o vendedor puder obter de você sairá do seu bolso. Então, a essência da negociação distributiva está em negociar quem fica com que parte de uma **quantia fixa**. Por quantia fixa, queremos dizer uma quantidade de bens ou serviços a ser dividida. Quando a quantia é fixa, ou as partes acreditam que seja, elas tendem a negociar distributivamente.

Provavelmente, o exemplo mais citado de negociação distributiva são as negociações salariais. Em geral, os representantes dos empregados vêm à mesa de negociação determinados a obter tanto dinheiro quanto possível dos patrões. Como cada centavo que os empregados negociam aumenta os custos para os patrões, cada parte negocia agressivamente e trata o outro como um oponente que deve ser derrotado.

A essência da negociação distributiva é retratada na Figura 14.3. As partes A e B representam dois negociadores. Cada um tem um *ponto-alvo* que define o que ele gostaria de atingir. Cada um também tem um *ponto de resistência*, que marca o menor resultado aceitável — o ponto abaixo do qual a parte suspenderia as negociações, em vez de aceitar um acordo menos favorável. A área entre esses dois pontos torna-se a faixa de aspiração de cada parte. Contanto que haja alguma sobreposição entre as aspirações de A e B, existe uma faixa de acordo em que as aspirações de cada um podem ser encontradas.

Quando você está envolvido em uma negociação distributiva, as pesquisas consistentemente mostram que uma das melhores coisas que você pode fazer é lançar a primeira oferta de forma agressiva. Fazer a primeira oferta mostra poder; os indivíduos no poder são muito mais propensos a fazer ofertas iniciais, falar primeiro nas reuniões e, assim, obter a vantagem.

Outra razão pela qual esta é uma boa estratégia é o viés da ancoragem. As pessoas tendem a se fixar na informação inicial. Uma vez que

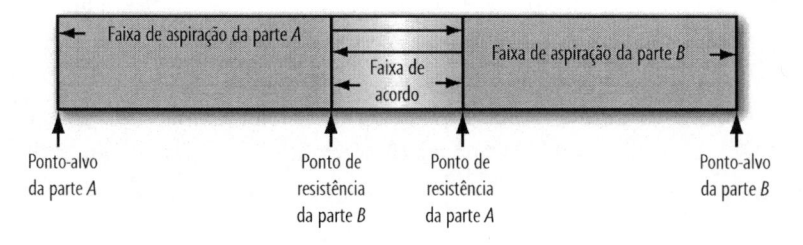

**FIGURA 14.3** Segmentação da zona de negociação

esse ponto de ancoragem seja definido, elas não são capazes de ajustá-lo adequadamente com base em informações subsequentes. Um negociador experiente define uma âncora com a oferta inicial, e os índices dos estudos de negociação mostram que tais âncoras favorecem muito a pessoa que as define.[43]

**NEGOCIAÇÃO INTEGRATIVA** Jake é uma boutique de luxo fundada há cinco anos em Chicago, de propriedade de Jim Wetzel e Lance Lawson. Nos primeiros tempos do negócio, Wetzel e Lawson não tinham nenhuma dificuldade, movimentando milhões de dólares de mercadoria de muitos estilistas em ascensão. Eles desenvolveram um relacionamento tão bom que muitos designers enviavam seus produtos para a Jake sem exigir pagamento antecipado. Quando a economia azedou em 2008, a Jake teve problemas para vender o seu estoque e os designers achavam que não estavam sendo pagos pelo que eles tinham enviado para a loja. Apesar do fato de que muitos designers estavam dispostos a trabalhar com a loja em um plano de pagamento *a posteriori*, Wetzel e Lawson pararam de retornar suas ligações. Uma designer, Doo-RiChung, lamentou: "Você meio que sente esse tipo de familiaridade pelas pessoas que apoiaram você por tanto tempo. Quando eles têm problemas de fluxo de caixa, você quer se certificar de que está lá para apoiá-los também."[44] A atitude da sra. Chung mostra a promessa de **negociação integrativa**. Em contraste com a distributiva, a negociação integrativa opera pela suposição de que um ou mais dos acordos possíveis podem criar uma solução de ganho mútuo. Claro, como o exemplo da Jake mostra e enfatizaremos depois, a negociação integrativa é "uma rua de duas mãos" — ambas as partes devem estar comprometidas para funcionar.

Em termos de comportamento intraorganizacional, todas as demais coisas sendo iguais, a negociação integrativa é preferível à negociação distributiva, porque a primeira delas constrói relacionamentos de longo prazo. A negociação integrativa fortalece os negociadores e permite-lhes sair da mesa de negociação sentindo que conseguiram uma vitória. A negociação distributiva, no entanto, deixa uma das partes se sentindo perdedora. Ela tende a construir animosidades e aprofundar as divisões quando as pessoas têm de trabalhar juntas continuamente. As pesquisas mostram que, em episódios de negociação repetidos, uma parte "perdedora" que se sinta positiva sobre o resultado da negociação é muito mais propensa a agir cooperativamente nas negociações subsequentes. Isso aponta para uma importante vantagem da negociação integrativa: mesmo quando você "ganha", quer que seu oponente se sinta bem sobre a negociação.[45]

Por que, então, não vemos mais negociações integrativas nas organizações? A resposta reside nas condições necessárias para seu sucesso. Elas incluem que as partes opostas sejam abertas às informações e sinceras sobre suas preocupações, sejam sensíveis às necessidades e confiança do outro e estejam dispostas a manter a flexibilidade.[46] Como essas condições raramente existem nas organizações, não é surpreendente que as negociações muitas vezes assumam uma dinâmica de vencer a qualquer custo.

Existem maneiras de alcançar mais resultados integrativos. Os indivíduos que negociam em equipes alcançam acordos mais integrativos do que aqueles que negociam individualmente, porque mais ideias são geradas quando mais pessoas estão na mesa de negociação. Então, tente negociar em equipes.[47] Outra maneira de conseguir maiores acordos de ganho mútuo é colocar mais questões sobre a mesa. Quanto mais questões negociáveis forem introduzidas em uma negociação, mais oportunidades de "troca de favores", onde os problemas são negociados porque as pessoas têm preferências diferentes. Isso cria melhores resultados para cada lado do que se eles negociassem cada questão individualmente.[48] Um conselho final é focar nos interesses subjacentes de ambos os lados, em vez de focar nos problemas. Em outras palavras, é preferível concentrar-se no *por que* um empregado quer um aumento, em vez de focar apenas sobre o montante do aumento — alguns potenciais imprevistos para os resultados integrativos podem surgir se ambos os lados se concentrarem no que eles de fato querem, em vez de nos itens específicos que estão negociando. Em geral, é mais fácil se concentrar nos interesses subjacentes quando as partes de uma negociação concentram-se em objetivos amplos e globais, em vez de focar nos resultados imediatos de uma decisão específica.[49] As negociações que ocorrem quando ambas as partes estão focadas na aprendizagem e compreensão do outro lado tendem também a produzir resultados conjuntos mais elevados do que aquelas em que as partes estão mais interessadas em seus resultados básicos individuais.[50]

Por fim, reconheça que o compromisso pode ser seu pior inimigo na negociação de um acordo de ganho mútuo. O compromisso reduz a pressão para negociar integrativamente. Afinal, se você ou seu oponente ceder facilmente, não será preciso que alguém seja criativo para chegar a um acordo. Assim, as pessoas acabam chegando a um acordo por menos do que poderiam ter obtido se elas tivessem sido forçadas a considerar os interesses da outra parte, negociar questões e ser criativas.[51] Pense no exemplo clássico em que duas irmãs estão discutindo sobre quem fica com uma laranja. Elas não sabem, mas, uma irmã quer a laranja para tomar o suco, ao passo que a outra quer a casca da laranja para fazer um bolo. Se uma delas simplesmente desistir e der a fruta para a outra, não serão obrigadas a explorar suas razões para quererem a laranja, e, portanto, nunca vão encontrar a solução de ganho mútuo: *ambas* poderiam ter a laranja, porque querem partes diferentes da fruta!

## O processo de negociação

A Figura 14.4 fornece um modelo simplificado do processo de negociação. Ela entende a negociação como composta de cinco etapas: (1) preparação e planejamento, (2) definição de regras básicas, (3) esclarecimento e justificativa, (4) barganha e resolução de problemas e (5) encerramento e implementação.[52]

**PREPARAÇÃO E PLANEJAMENTO**   Antes de começar a negociar, você precisa fazer seu dever de casa. Qual é a natureza do conflito? Qual é a história que antecedeu esta negociação? Quem está envolvido e quais são suas percepções do conflito? O que você quer da negociação? Quais são *seus* objetivos? Se você é gestor de fornecimento da Dell Computer, por exemplo, e seu objetivo é obter uma redução significativa dos custos do seu fornecedor de teclados, certifique-se de que este objetivo continue sendo primordial em suas discussões e não fique ofuscado por outras questões. Muitas vezes é útil colocar suas metas por escrito e desenvolver uma gama de resultados — desde o "mais esperado" até o "minimamente aceitável" — para manter a atenção focada.

Você também deve avaliar o que pensa serem as metas da outra parte. O que eles estão propensos a pedir? Quão resistente é provável que seja sua posição? Que interesses ocultos ou intangíveis podem ser importantes para eles? Que tipo de acordo eles estariam dispostos a fazer? Quando você pode prever a posição do seu oponente, está mais bem equipado para contra-argumentar com os fatos e números que apoiem a sua posição.

**FIGURA 14.4**   A negociação

```
Preparação e planejamento
        ↓
Definição de regras básicas
        ↓
Esclarecimento e justificativa
        ↓
Barganha e resolução de problemas
        ↓
Encerramento e implementação
```

Os relacionamentos vão mudar como resultado de uma negociação, então, esse é outro resultado que deve ser levado em consideração. Se você pudesse "ganhar" uma negociação, mas levar o outro lado ao ressentimento ou à animosidade, seria mais sensato adotar um estilo mais conciliador. Se preservar o relacionamento vai fazer você parecer fraco e facilmente explorado, você pode querer considerar um estilo mais agressivo. Como um exemplo de quão importante é o tom de uma relação definida em uma negociação, considere que as pessoas que se sentem bem com o processo da negociação de uma oferta de trabalho estão mais satisfeitas com seus empregos e são menos propensas a se demitir um ano mais tarde, independentemente de seus *resultados* reais nessas negociações.[53]

Uma vez que você tenha reunido suas informações, use-as para desenvolver uma estratégia. Por exemplo, os jogadores de xadrez especialistas sabem de antemão como vão responder a qualquer situação. Como parte de sua estratégia, você deve determinar a melhor alternativa para um acordo negociado (**BATNA**, sigla do termo em inglês *best alternative to a negociated agreement*) para você e para a outra parte.[54] Seu BATNA determina o menor valor aceitável para um acordo negociado. Qualquer oferta que você receba que seja maior do que o seu BATNA é melhor do que um impasse. Por outro lado, você não deve esperar sucesso no seu esforço de negociação, a menos que seja capaz de fazer ao outro lado uma oferta que ele ache mais atraente do que o BATNA dele. Se você entrar em uma negociação tendo uma boa ideia de qual é o BATNA da outra parte, mesmo que não seja capaz de alcançá-lo, pode conseguir provocar uma mudança. Pense com cuidado no que o outro lado está disposto a desistir. As pessoas que subestimam a vontade do seu oponente em abrir mão de questões-chave, antes de a negociação sequer iniciar, acabam com resultados inferiores em uma negociação.[55]

**DEFINIÇÃO DE REGRAS BÁSICAS** Depois de ter feito seu planejamento e desenvolvido uma estratégia, você está pronto para começar a definição com a outra parte sobre as regras e os procedimentos básicos da negociação em si. Quem vai fazer a negociação? Onde isso ocorrerá? Que restrições de tempo, se houver, serão aplicadas? A quais questões a negociação será limitada? Você seguirá um procedimento específico, se chegar a um impasse? Durante essa fase, as partes também trocarão suas propostas iniciais ou demandas.

**ESCLARECIMENTO E JUSTIFICATIVA** Quando tiverem trocado as posições iniciais, você e a outra parte vão explicar, ampliar, esclarecer, reforçar e justificar suas demandas originais. Essa etapa não precisa ser conflituosa. Pelo contrário, é uma oportunidade para instruir e informar uns aos outros sobre as questões, por que elas são importantes, e como você chegou a suas demandas iniciais. Forneça à outra parte toda a documentação que ajude a dar suporte à sua posição.

**BARGANHA E RESOLUÇÃO DE PROBLEMAS** A essência do processo de negociação é o dar e receber real na tentativa de estabelecer um acordo. É aqui que ambas as partes, sem dúvida, vão precisar fazer concessões.

**ENCERRAMENTO E IMPLEMENTAÇÃO** A etapa final no processo de negociação é a formalização do acordo que você conseguiu e o desenvolvimento de quaisquer procedimentos necessários para a execução e o acompanhamento. Para grandes negociações — desde aquelas entre patrões e empregados a negociações sobre os termos de contrato para a compra de um imóvel, até negociar uma oferta de emprego para um cargo de gerência sênior — isso requer a definição dos detalhes específicos em um contrato formal. Para a maioria dos casos, no entanto, o encerramento do processo de negociação não é nada mais formal do que um aperto de mão.

## Diferenças individuais na eficácia da negociação

Algumas pessoas são melhores negociadoras do que outras? A resposta é mais complexa do que você imagina. Quatro fatores influenciam como os indivíduos efetivamente negociam: personalidade, humor/emoções, cultura e gênero.

**TRAÇOS DE PERSONALIDADE NA NEGOCIAÇÃO** Você pode prever as táticas de negociação de um adversário se souber algo sobre sua personalidade? Como a personalidade e os resultados da negociação estão relacionados, mas apenas fracamente, a resposta é, na melhor das hipóteses, "um pouco". Os negociadores agradáveis ou extrovertidos não são muito bem-sucedidos na negociação distributiva. Por quê? Como os extrovertidos são comunicativos e simpáticos, eles tendem a compartilhar mais informações do que deveriam. E pessoas agradáveis estão mais interessadas em encontrar maneiras de cooperar em vez de brigar. Essas características, embora um pouco úteis nas negociações integrativas, são negativas quando os interesses se opõem. Então, o melhor negociador distributivo parece ser uma pessoa introvertida e desagradável — alguém mais interessado em seus próprios resultados do que em agradar a outra parte e em ter uma relação social agradável. As pessoas que estão muito interessadas em ter relações positivas com os outros, e que não estão muito preocupadas com seus próprios resultados, são negociadores especialmente inadequados. Elas tendem a ser muito ansiosas sobre os desentendimentos e pretendem ceder logo, para evitar conflitos desagradáveis antes mesmo de as negociações iniciarem.[56]

**HUMOR/EMOÇÕES NA NEGOCIAÇÃO** Humores e emoções influenciam a negociação? Sim, mas a maneira como isso ocorre parece depender do tipo de negociação. Nas distributivas, parece que os negociadores em uma posição de poder ou status igual que mostram raiva negociam melhores resultados, porque sua raiva induz concessões de seus oponentes. Os negociadores zangados também se sentem mais focados e assertivos para concluir uma negociação. Isso parece ser verdade mesmo quando os negociadores são instruídos a mostrar raiva, apesar de não estarem verdadeiramente irritados. Por outro lado, para aqueles em uma posição menos poderosa, mostrar raiva leva a resultados piores. Assim, se você é um chefe negociando com um colega ou um subordinado, mostrar raiva pode ajudá-lo, mas se você for um empregado negociando com um chefe, isso pode prejudicá-lo.[57] Então, o que acontece quando as duas partes têm que negociar e uma demonstrou raiva no passado? Será que a outra tenta obter vingança e age de maneira mais dura ainda, ou esta parte tem algum medo residual de que o negociador raivoso possa ficar zangado outra vez? A evidência sugere que ficar bravo tem um efeito residual, de modo que os negociadores raivosos são percebidos como "durões", quando as partes se reunirem uma segunda vez, o que leva os parceiros de negociação a fazerem mais concessões novamente.[58]

A ansiedade também parece ter um impacto na negociação. Por exemplo, um estudo observou que os indivíduos que tiveram mais ansiedade em uma negociação demonstraram mais decepções em lidar com os outros.[59] Outro estudo observou que os negociadores ansiosos esperam resultados menores nas negociações, respondem a ofertas e saem do processo de negociação mais rapidamente, o que os leva a obter os piores resultados.[60]

Todas essas conclusões relativas às emoções têm sido relacionadas às negociações distributivas. Em negociações integrativas, por outro lado, as emoções e os humores positivos parecem levar a mais acordos integrativos (níveis mais elevados do ganho comum). Isso pode acontecer porque, como observamos no capítulo anterior, o estado de espírito positivo está relacionado com a criatividade.[61]

**CULTURA NAS NEGOCIAÇÕES** Um estudo comparou os negociadores norte-americanos e os japoneses e observou que os negociadores japoneses, que em geral evitam o conflito, tendem a se comunicar indiretamente e a adaptar seus comportamentos à situação. Um estudo longitudinal mostrou que, enquanto as ofertas iniciais pelos gestores norte-americanos levavam ao efeito de ancoragem que observamos quando se discutiu a negociação distributiva, para os negociadores japoneses, as ofertas iniciais levavam ao maior compartilhamento de informações e a melhores resultados integrativos.[62] Em outro estudo, os gestores com altos níveis de poder econômico de Hong Kong, que é um país de elevada distância do poder, foram mais cooperativos nas negociações sobre um recurso compartilhado do que os gestores alemães e norte-americanos, que tinham menor distância do poder.[63] Isso sugere que, em países de altas distâncias do poder, aqueles em posições de poder podem exercer uma pressão maior.

Outro estudo analisou as diferenças entre os negociadores dos Estados Unidos e da Índia.[64] Os entrevistados indianos relataram ter menos confiança em seus oponentes da negociação do que os entrevistados norte-americanos. Esses baixos níveis de confiança foram associados com menor descoberta de interesses comuns entre as partes, que ocorreram porque os negociadores indianos estavam menos dispostos a divulgar e a solicitar informações. Em ambas as culturas, a utilização de métodos de pergunta e resposta durante a negociação foi associada com resultados superiores na negociação. Assim, embora existam algumas diferenças culturais nos estilos de negociação, parece que algumas táticas de negociação produzem resultados superiores nas diferentes culturas.

**DIFERENÇAS DE GÊNERO NAS NEGOCIAÇÕES** Homens e mulheres negociam de formas diferentes? E o gênero afeta os resultados da negociação? A resposta à primeira pergunta parece ser não.[65] A resposta à segunda é um sim qualificado.[66]

Um estereótipo popular é que as mulheres são mais cooperativas e agradáveis nas negociações do que os homens. As evidências não sustentam essa crença. No entanto, detectou-se que os homens negociam melhores resultados do que as mulheres, embora a diferença seja relativamente pequena. Postula-se que homens e mulheres dão valores desiguais aos resultados. "É possível que mais algumas centenas de reais no salário ou o escritório executivo sejam menos importantes para as mulheres do que formar e manter um relacionamento interpessoal".[67]

Como se espera que as mulheres sejam "doces" e os homens sejam "duros", a pesquisa mostra que mulheres são penalizadas quando iniciam as negociações.[68] Mais que isso, quando homens e mulheres realmente estão de acordo com esses estereótipos — as mulheres agem "docemente" e os homens "duramente" — torna-se uma profecia autorrealizável, reforçando as diferenças de gênero estereotipadas entre os negociadores masculinos e femininos.[69] Assim, um dos motivos de as negociações favorecerem os homens é que as mulheres são "ferradas se fizerem, e ferradas se não fizerem". Se negociarem duramente elas serão penalizadas por violarem um estereótipo do gênero. Se negociarem docemente, isso só reforçará e permitirá que os outros tirem proveito do estereótipo.

As evidências sugerem também que os comportamentos e atitudes das mulheres sejam prejudiciais a elas nas negociações. Mulheres em cargos de gestão demonstram menos confiança do que os homens na expectativa de negociar e estão menos satisfeitas com seu desempenho posterior, mesmo quando seu desempenho e os resultados conseguidos são semelhantes aos dos homens.[70] As mulheres também têm menor probabilidade do que os homens de verem uma situação ambígua como uma oportunidade para negociação. Parece que as mulheres podem punir-se indevidamente por não conseguirem se envolver nas negociações que seriam em seus melhores interesses. Algumas pesquisas sugerem que as mulheres sejam menos agressivas nas negociações, porque estão preocupadas com a reação dos outros. Há um qualificador interessante para esse resultado: as mulheres são mais propensas a se envolverem na negociação assertiva quando estão negociando em nome de alguém do que quando estão negociando em seu próprio benefício.[71]

## RESUMO E IMPLICAÇÕES PARA OS GESTORES

Embora muitas pessoas assumam que o conflito diminui o desempenho organizacional e do grupo, esta suposição é frequentemente incorreta. O conflito pode ser construtivo ou destrutivo para o funcionamento de um grupo ou unidade. Como mostra a Figura 14.5, níveis de conflito podem ser muito altos ou muito baixos para serem construtivos. Qualquer extremo prejudica o desempenho. Um nível ideal é aquele que impede a estagnação, estimula a criatividade, permite que as tensões sejam liberadas e dissemina as sementes da mudança sem ser prejudicial ou impedir a coordenação das atividades.

Que conselhos podemos dar aos gestores que enfrentam um conflito excessivo e a necessidade de reduzi-lo? Não presuma que uma estratégia de manipulação de conflito será sempre a melhor. Selecione uma estratégia adequada para a situação. Aqui estão algumas orientações:[72]

- ▶ Use a *competitividade* quando for necessária uma ação rápida e decisiva (em casos de emergência), quando as questões forem importantes, quando as ações impopulares precisam ser implementadas (em corte de custos, imposição de regras impopulares, disciplina), quando a questão for vital para o bem-estar da organização, e você souber que está certo, e quando os outros estão se aproveitando do comportamento não competitivo.
- ▶ Use a *colaboração* para encontrar uma solução integrativa, quando os dois grupos de preocupações são muito importantes para serem comprometidos, quando seu objetivo for aprender, quando você desejar mesclar ideias de pessoas com diferentes perspectivas ou obter comprometimento incorporando preocupações para chegar a um consenso, e quando você precisar trabalhar através de sentimentos que tenham interferido com um relacionamento.
- ▶ Use a *evitação* quando um problema for trivial ou sintomático de outros problemas, quando problemas mais importantes estiverem pressionando, quando você não perceber nenhuma possibilidade de satisfazer seus interesses, quando o rompimento potencial compensar os benefícios da definição, quando as pessoas precisarem relaxar e recuperar a

perspectiva, quando coletar informações substitui a decisão imediata, e quando outros puderem resolver o conflito mais eficazmente.

▶ Use a *acomodação* quando você achar que está errado, quando precisar aprender ou mostrar a razoabilidade, quando tiver de permitir que uma posição melhor seja ouvida, quando as questões forem mais importantes para os outros do que para você mesmo, quando você desejar satisfazer os outros e manter a cooperação, quando você quiser construir créditos sociais para a solução de questões posteriores, quando você estiver em desvantagem e perdendo (para minimizar a perda), quando a harmonia e a estabilidade forem especialmente importantes, e quando os empregados puderem se desenvolver aprendendo com os erros.

**FIGURA 14.5** ● Conflito e desempenho da unidade

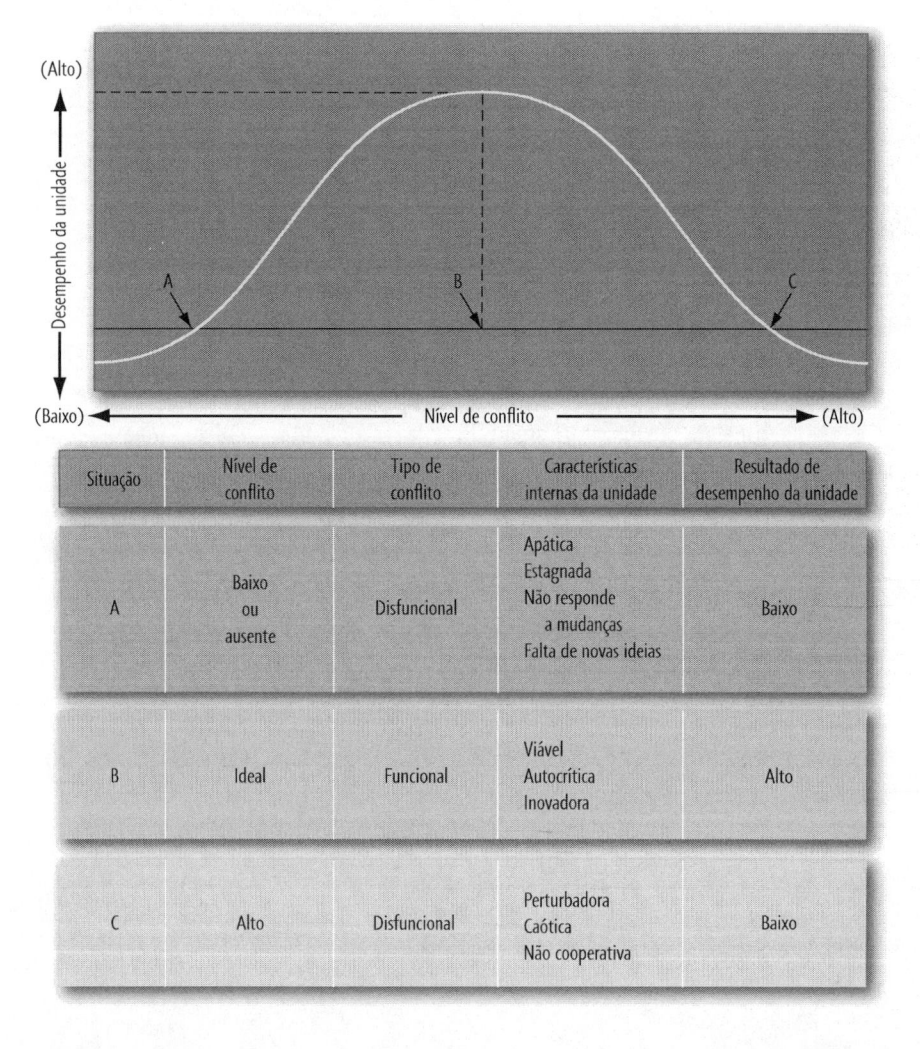

| Situação | Nível de conflito | Tipo de conflito | Características internas da unidade | Resultado de desempenho da unidade |
|---|---|---|---|---|
| A | Baixo ou ausente | Disfuncional | Apática<br>Estagnada<br>Não responde a mudanças<br>Falta de novas ideias | Baixo |
| B | Ideal | Funcional | Viável<br>Autocrítica<br>Inovadora | Alto |
| C | Alto | Disfuncional | Perturbadora<br>Caótica<br>Não cooperativa | Baixo |

- Use o *compromisso* quando as metas forem importantes, mas não valerem o esforço da ruptura potencial das abordagens mais assertivas, quando os adversários com igual poder estiverem comprometidos com metas mutuamente exclusivas, quando você procurar acordos temporários para questões complexas, quando você precisar produzir soluções sob pressão de tempo e como um recurso quando a colaboração ou a competição forem malsucedidas.
- A negociação distributiva pode resolver disputas, mas muitas vezes reduz a satisfação de um ou mais negociadores, porque é conflituosa e focada no curto prazo. A negociação integrativa, por outro lado, tende a fornecer resultados que satisfaçam todas as partes e a construir relações duradouras.
- Certifique-se de definir metas agressivas de negociação e tentar encontrar maneiras criativas para atingir os objetivos de ambas as partes, especialmente quando você valoriza o relacionamento de longo prazo com a outra parte. Isso não significa sacrificar o seu interesse pessoal; pelo contrário, significa tentar encontrar soluções criativas que deem a ambas as partes o que elas realmente querem.

Acesse o Site de apoio ao livro (www.grupoa.com.br) e teste seus conhecimentos por meio dos exercícios elaborados para este capítulo.

# Estudo de caso — Parte 3

**Fazemos o que está escrito?**
*Elaborado por Victor de la Paz Richarte-Martinez*

Uma corporação francesa possui várias unidades em diversos países da Europa, da Ásia e da América. Seus três negócios movimentam todos os meses milhões de dólares, empregando milhares de trabalhadores, cuja gestão de pessoas está subordinada à legislação local. Nesta corporação, as políticas e os programas direcionados às pessoas são estabelecidos na matriz, determinando quais objetos devem ser levados em todas as suas filiais. Muitas vezes eles são adaptados conforme a cultura local e, principalmente, em *compliance* à legislação nacional.

Uma das apostas dessa multinacional é o respeito e inclusão à diversidade humana que consta no código de ética disponibilizado fisicamente em todas as unidades ao redor do mundo, além da versão virtual. Na comunicação corporativa são veiculadas mensagens sobre a valorização da mulher, a contratação de pessoas com deficiência e as orientações organizacionais para a não discriminação e não tolerância ao preconceito em qualquer unidade do grupo. As políticas em gestão de pessoas primam pela relevância da competência, importância da pessoa e da qualidade de vida no trabalho. Além do *compliance*, a empresa apresenta um pacote de benefícios que inclui bolsa de estudos, bônus, premiações, mobilidade de carreira, oportunidades de trabalho nas diversas unidades e outras vantagens comuns em empresas com atuação global.

Porém, no dia a dia, as pessoas, mesmo com orientações organizacionais de como se comportar naquele espaço social, agem e interpretam orientações de acordo com valores pessoais. Apesar das instruções organizacionais para a conduta ética de seus funcionários, o dia a dia espelha comportamentos que podem ir de encontro a essas orientações. Vejamos três episódios.

Em uma unidade espanhola, no quadro de comunicação na sala do café, se via afixada uma cópia de *spam* sobre a origem da calça baixa que deixa parte da cueca à mostra, estilo de moda também conhecido como *sagging*.[1] Essa mensagem expressava que essa forma de se vestir era creditada a favores sexuais em presídios masculinos americanos. Logo abaixo dessa narrativa, lia-se o recado de um funcionário: "Você não vai se vestir assim, aqui, não é?".

Em uma das fábricas no Brasil, os funcionários sentiram o choque da nova gestão. O diretor viera de outro segmento industrial, conhecido por um perfil mais impessoal, autoritário e focado em resultados. Os antigos funcionários dessa fábrica, e mesmo os mais novos, estranharam o novo ocupante da direção. Antes, eles tinham acesso mais facilitado para conversar para melhorias de atividades, gerir conflitos entre áreas, entre outras possibilidades de diálogo. Certa vez, esse diretor gritou com um gestor de área, em reunião com vários profissionais. Outros trabalhadores confirmaram essa mudança, relatando como era antigamente quando o antigo gestor descia "ao chão de fábrica para ver como as coisas estavam e se dispunha a ter uma prosa".

---

[1] *Fonte:* Wikipedia. Disponível em http://pt.wikipedia.org/wiki/Cal%C3%A7a_baixa. Acesso em 25 de abril de 2014.

Outra unidade brasileira costuma receber muitos estrangeiros, que ficam dias e por vezes até meses na empresa em determinados projetos. Além de conviver com outros idiomas, essa troca de experiências possibilita conhecer novos pontos de vista e hábitos culturais. Certa vez a empresa recebeu, por dois meses, um grupo de indianos que não falava português e queria se comunicar com os empregados em inglês, mas, em muitas vezes, recorriam a tradutores. Alguns achavam que eles eram antipáticos, pois não buscavam interação, enquanto outros creditavam à variação cultural a explicação de certos comportamentos. Getúlio, que trabalha há mais de três anos na empresa explica: "[...] é muito estranho. Quando eles (os indianos) saem do expediente e vão embora para o hotel, eles ficam de mãos dadas. Você já viu homens andando de mãos juntas?".

Getúlio diz que, apesar dos comentários, as piadas pararam quando um dos trabalhadores da equipe disse que isso era um hábito cultural: "O pessoal estranha, mas entende que é a cultura deles. Para eles (indianos), isso é normal".

Retomando o *sagging*, o presidente norte-americano Barack Obama,[2] em entrevista à MTV, respondeu àqueles funcionários que se preocupam com esse estilo de vestir. "Qualquer funcionário púbico que esteja se preocupando com calças largas deve redirecionar seu foco para temas mais pertinentes." Você concorda com esse ponto de vista?

## Perguntas sobre o caso

1. Apesar do argumento do bom humor, o que o episódio da mensagem afixada transmite a respeito da comunicação informal na organização?

2. Que consequências, em gestão de pessoas e comportamento organizacional, podem advir dessa mensagem que, aparentemente, é uma brincadeira?

3. Existe diferença de ação, na perspectiva do comportamento organizacional, frente aos episódios do *spam* e dos trabalhadores indianos no Brasil? Se você fosse gestor de pessoas nessas duas unidades, qual seria sua conduta? E se você não tivesse cargo de liderança, teria a mesma atitude?

4. Quais conflitos podem emergir nos episódios retratados? Com base na teoria de negociação, como você agiria nessas situações?

5. Cite tipos de poder presentes nos três episódios retratados neste caso.

6. Em sua opinião, qual o papel da liderança e como alinhar as políticas organizacionais de inclusão e respeito à diversidade com o comportamento das pessoas nas várias unidades do mundo?

7. Qual a importância da estrutura, da função e dos tipos de grupos para entender o comportamento organizacional dos episódios retratados?

---

[2] *Fonte: Jornal Estado de Minas.* Disponível em: http://www.em.com.br/app/noticia/internacional/2013/04/15/interna_internacional,371633/lei-aprovada-nos-estados-unidos-proibe-calcas-com-cueca-aparecendo.shtml. Acesso em 25 de abril de 2014.

# Parte 4

## O sistema organizacional

# 15 Fundamentos da estrutura organizacional

**Depois de estudar este capítulo, você será capaz de:**
- identificar os seis elementos da estrutura de uma organização;
- descrever os desenhos/concepções organizacionais comuns;
- comparar e contrastar as organizações sem fronteiras e virtuais;
- demonstrar como diferem as estruturas organizacionais;
- analisar as implicações comportamentais dos diferentes desenhos organizacionais.

O tema deste capítulo é que as organizações têm estruturas diferentes, estruturas estas que têm uma influência sobre as atitudes e comportamentos do empregado. Mais especificamente, nas páginas a seguir, definiremos os principais componentes que formam a estrutura de uma organização, apresentando alguns desenhos estruturais preferíveis em situações diferentes, e concluiremos considerando os diferentes efeitos que as várias estruturas organizacionais têm sobre o comportamento do empregado.

## O QUE É ESTRUTURA ORGANIZACIONAL?

Uma **estrutura organizacional** define como as tarefas de trabalho são formalmente divididas, agrupadas e coordenadas. Os gestores têm de lidar com seis elementos-chave quando projetam a estrutura da sua organização: especialização do trabalho, departamentalização, cadeia de comando, amplitude de controle, centralização e descentralização, e formalização.[1] O Quadro 15.1 apresenta cada um desses elementos como respostas a uma questão estrutural importante, e as seções a seguir descrevem-nos.

**QUADRO 15.1** ● Perguntas e respostas-chave de desenho para projetar a estrutura organizacional adequada

| A pergunta-chave | A resposta é fornecida por |
| --- | --- |
| 1. Até que ponto as atividades são subdivididas em trabalhos separados? | Especialização do trabalho |
| 2. Com que base os empregos serão agrupados juntos? | Departamentalização |

*(continua)*

(*continuação*)

| | |
|---|---|
| 3. A quem indivíduos e grupos se reportam? | Cadeia de comando |
| 4. Quantos empregados um gestor pode dirigir eficientemente e eficazmente? | Amplitude de controle |
| 5. Onde se situa a autoridade decisória? | Centralização e descentralização |
| 6. Até que ponto haverá regras e regulamentos para direcionar os funcionários e gerentes? | Formalização |

## Especialização do trabalho

No início do século XX, Henry Ford tornou-se rico com a construção de automóveis em linha de montagem. A cada um dos trabalhadores da Ford foi atribuída uma tarefa específica, repetitiva, como colocar a roda dianteira direita ou instalar a porta dianteira direita. Dividindo-se os postos de trabalho em pequenas tarefas padronizadas que poderiam ser executadas repetidamente, Ford foi capaz de produzir um carro a cada dez segundos, usando empregados que tinham habilidades relativamente limitadas.

Ford demonstrou que o trabalho pode ser executado do modo mais eficiente se os funcionários puderem especializar-se. Hoje, usamos o termo **especialização do trabalho**, ou *divisão do trabalho*, para descrever o grau em que as atividades da organização são divididas em trabalhos separados. A essência da especialização do trabalho é dividir um serviço em várias etapas, cada uma concluída por um indivíduo separado. Em essência, os indivíduos se especializam em fazer parte de uma atividade em vez da totalidade.

Pela década de 1940, a maioria dos empregos na indústria nos países industrializados contou com trabalho de alta especialização. Como nem todos os empregados em uma organização têm as mesmas habilidades, a gestão viu a especialização como um meio de fazer o mais eficiente uso das habilidades dos funcionários e até mesmo melhorá-las com êxito mediante a repetição. Menos tempo é gasto em alterar as tarefas, guardar ferramentas e equipamentos de uma etapa prévia e preparar-se para a seguinte. De igual importância, é mais fácil e menos dispendioso encontrar e treinar os trabalhadores para tarefas específicas e repetitivas, em especial operações altamente sofisticadas e complexas. Será que a Cessna produziria um jato Citation por ano se uma pessoa tivesse que construir todo o avião sozinho? Provavelmente não! Por fim, a especialização do trabalho aumenta a eficiência e a produtividade, incentivando a criação de máquinas e invenções especiais.

Assim, durante grande parte da primeira metade do século XX, os gestores visualizaram a especialização do trabalho como uma fonte inesgotável de aumento da produtividade. E eles provavelmente tinham razão. Quando a especialização não era praticada em larga escala, sua introdução quase sempre gerava maior produtividade. Mas na década de 1960, cada vez mais parecia que uma coisa boa poderia ser levada longe demais. As deseconomias* de especialização humanas começaram a surgir na forma de tédio, fadiga, estresse, baixa produtividade, má qualidade, aumento de absentismo e alta rotatividade, que superavam em muito as vantagens econômicas (ver Figura 15.1). Os gestores podiam agora aumentar a produtividade ampliando, em vez de reduzindo, o escopo de atividades do trabalho. Dar aos funcionários uma variedade de atividades para fazer, permitir-lhes fazer um trabalho inteiro e completo e colocá-los em equipes com habilidades intercambiáveis é uma estratégia que frequentemente alcança resultados significativamente maiores, com aumento da satisfação dos empregados.

**FIGURA 15.1** Economias e deseconomias da especialização do trabalho

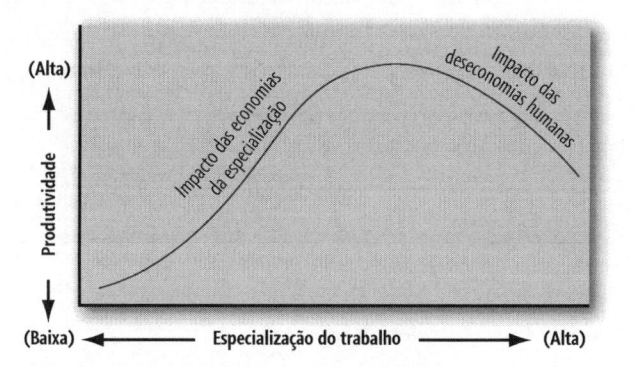

A maioria dos gestores atuais reconhece as economias que a especialização traz em determinados postos de trabalho e os problemas, quando é levada longe demais. A alta especialização do trabalho ajuda o McDonald's a produzir e vender hambúrgueres e batatas fritas com eficiência e auxilia especialistas médicos na maioria das organizações de manutenção de saúde. O programa MechanicalTurk da Amazon, TopCoder e outros como ele têm facilitado uma nova tendência em microespecialização em que partes extremamente pequenas da programação, processamento de dados ou tarefas de avaliação são delegadas a uma rede global de indivíduos por um gestor de programa, que então monta os resultados.[2] Por exemplo, um gestor que

---

\* Deseconomia, segundo o iDicionário Aulete, é o fenômeno que se observa quando o crescimento da produção de uma empresa ultrapassa a escala de seus recursos, provocando, em consequência, a elevação dos custos médios. Fonte: <http://aulete.uol.com.br/site.php?mdl=aulete_digital&op=loadVerbete&pesquisa=1&palavra=deseconomia#ixzz2tsjklNyS>. Acesso em: 14/03/2014. (N.R.T.)

tem um programa de computador complexo mas rotineiro para escrever pode enviar um pedido de subcomponentes específicos do código a ser escrito e testado por dezenas de indivíduos subcontratados na rede (que se estende por todo o globo), permitindo que o projeto seja concluído muito mais rapidamente do que se um único programador estivesse escrevendo as partes. Essa tendência emergente sugere que ainda pode haver vantagens na especialização.

## Departamentalização

Uma vez que as atividades foram divididas por meio da especialização do trabalho, elas devem ser reagrupadas para que tarefas comuns possam ser coordenadas. A base pela qual os empregos são agrupados é chamada de **departamentalização**.

Uma das maneiras mais populares para as atividades do grupo é por *funções* desempenhadas. Um gestor de manufatura pode organizar uma planta em departamentos especialistas de engenharia, contabilidade, fabricação, pessoal e de abastecimento. Um hospital pode ter departamentos dedicados à pesquisa, cirurgia, cuidados intensivos, contabilidade e assim por diante. Uma franquia de futebol profissional pode ter departamentos direcionados para o pessoal dos jogadores, a venda de bilhetes e viagens e acomodações. A grande vantagem desse tipo de departamentalização funcional é a eficiência obtida ao se agrupar especialistas.

Nós também podemos departamentalizar trabalhos por tipo de *produto* ou *serviço* que a organização produz. A Procter & Gamble coloca cada produto principal — tais como Tide, Pampers, Charmin e Pringles — sob um executivo que tem a responsabilidade global completa sobre ele. A grande vantagem aqui é a maior responsabilização por desempenho, porque todas as atividades relacionadas com um produto ou serviço específico estão sob a direção de um único gestor.

Quando uma empresa é departamentalizada com base na *geografia*, ou no território, a função de vendas, por exemplo, pode ter as regiões oeste, sul, centro-oeste e leste, cada uma, em efeito, sendo um departamento organizado em torno da geografia. Essa forma é valiosa quando os clientes de uma organização estão espalhados por uma área geográfica grande e têm necessidades semelhantes com base em sua localização.

O processo de departamentalização funciona para o processamento de clientes, bem como de produtos. Se um estadunidense vai a um posto estadual de registro de veículos para lacrar o carro, ele provavelmente passa por vários departamentos antes de receber a placa. Em um serviço típico, os interessados passam por três etapas, cada uma tratada por um departamento separado: (1) validação pela divisão de veículos automotores,

Como as tarefas tornaram-se mais complexas e foram necessárias habilidades mais diversificadas para realizá-las, a administração voltou-se para equipes multifuncionais.

(2) processamento pelo departamento de licenciamento e (3) cobranças pelo departamento de tesouraria.

Uma categoria final de departamentalização usa o tipo de *consumidor* que a organização pretende alcançar. A Microsoft, por exemplo, é organizada em torno de quatro mercados de clientes: consumidores, grandes empresas, desenvolvedores de software e pequenas empresas. Os clientes em cada departamento têm um conjunto comum de problemas e necessidades, mais bem conhecidos por ter especialistas para cada um.

## Cadeia de comando

Embora a cadeia de comando fosse no passado um pilar básico na concepção das organizações, tem muito menos importância na atualidade.[3] Mas os gestores contemporâneos ainda devem considerar suas implicações. A **cadeia de comando** é uma linha contínua de autoridade que se estende do topo da organização até o mais baixo escalão e esclarece quem se reporta a quem.

Não podemos discutir a cadeia de comando sem discutir também a *autoridade* e a *unidade de comando*. **Autoridade** refere-se aos direitos inerentes a uma posição gerencial de dar ordens e esperar que sejam obedecidas. Para facilitar a coordenação, a cada posição gerencial é dado um lugar na cadeia de comando, e a cada gestor é atribuído um grau de autoridade para cumprir as suas responsabilidades. O princípio da **unidade de comando** ajuda a preservar o conceito de uma linha contínua de autoridade. Ele diz que uma pessoa deveria ter apenas um superior a quem responder diretamente. Se a unidade de comando for quebrada, um funcionário pode ter de lidar com as demandas ou prioridades conflitantes de vários superiores, como é frequentemente o caso em relacionamentos hierárquicos de organizações com indeterminação de funções.

Os tempos mudam, bem como os princípios básicos do desenho organizacional. Um funcionário de baixo nível hoje pode acessar informações em segundos que estavam disponíveis apenas para a alta gestão há uma geração. Funcionários operacionais são habilitados a tomar decisões anteriormente reservadas à gestão. Adicione a popularidade das equipes autogeridas e multifuncionais, bem como a criação de novos projetos estruturais que incluem chefes múltiplos, e você pode ver por que a autoridade e a unidade de comando podem parecer ter menos relevância. Muitas organizações ainda acham que podem ser mais produtivas pela aplicação da cadeia de comando. Na verdade, uma pesquisa de mais de 1.000 gestores detectou que 59% deles concordaram com a afirmação, "há uma linha imaginária no organograma da minha empresa. A estratégia é criada por pessoas acima dessa linha, enquanto a estratégia é executada por pessoas abaixo da linha".[4] No entanto, a mesma pesquisa detectou que o acesso à estratégia da organização por empregados de nível inferior foi inibida pela demasiada confiança na hierarquia para tomada de decisão.

## Amplitude de controle

Quantos empregados um gestor pode dirigir de modo eficiente e eficaz? Essa questão da **amplitude de controle** é importante, porque em grande parte determina o número de níveis e gestores que uma organização tem. Todas as coisas sendo iguais, quanto mais larga ou maior for a amplitude, mais eficiente será a organização.

Considere que duas organizações têm cada uma cerca de 4.100 funcionários de nível operacional. A primeira tem uma amplitude uniforme de quatro e a outra uma amplitude de oito. Como a Figura 15.2 ilustra, a abrangência mais ampla terá menos dois níveis e cerca de 800 gestores a menos. Se o gestor médio tem um salário de R$ 50 mil por ano, a abrangência mais ampla vai economizar R$ 40 milhões por ano em salários de gestão. Obviamente, abrangências mais amplas são mais eficientes em termos de custo. No entanto, em algum momento, quando os supervisores não tiverem mais tempo para fornecer a necessária liderança e apoio, eles reduzem a eficácia e o desempenho do empregado sofre.

**FIGURA 15.2** ● Contrastando as amplitudes de controle

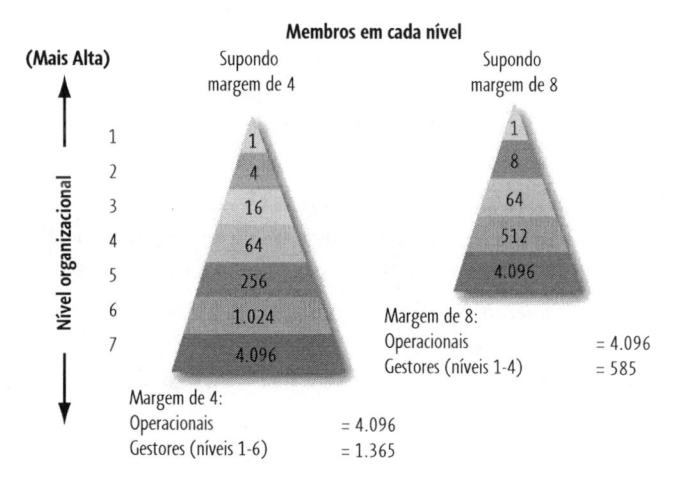

**Membros em cada nível**

| Nível | Supondo margem de 4 | Supondo margem de 8 |
|---|---|---|
| 1 | 1 | 1 |
| 2 | 4 | 8 |
| 3 | 16 | 64 |
| 4 | 64 | 512 |
| 5 | 256 | 4.096 |
| 6 | 1.024 | |
| 7 | 4.096 | |

Margem de 4:
Operacionais = 4.096
Gestores (níveis 1-6) = 1.365

Margem de 8:
Operacionais = 4.096
Gestores (níveis 1-4) = 585

Margens estreitas ou pequenas têm seus defensores. Deixando a margem de controle em cinco ou seis funcionários, um gestor pode manter controle rigoroso.[5] Mas as margens estreitas têm três desvantagens principais. Primeira, elas são caras, porque adicionam níveis de gestão. Segunda, elas tornam a comunicação vertical na organização mais complexa. Os níveis da hierarquia adicionados reduzem a velocidade de tomada de decisão e tendem a isolar a alta cúpula de gestores. Terceira, as margens estreitas incentivam a supervisão excessivamente rigorosa e desencorajam a autonomia do empregado.

A tendência nos últimos anos tem sido em direção a margens de controle maiores.[6] Elas são compatíveis com os esforços das empresas de reduzir custos, cortar sobrecarga, acelerar a tomada de decisão, aumentar a flexibilidade, aproximar-se de clientes e capacitar os funcionários. No entanto, para garantir que o desempenho não sofra por causa dessas margens mais amplas, as organizações vêm investindo fortemente em treinamento de funcionários. Os gestores reconhecem que podem lidar melhor com uma margem ampla quando os empregados sabem suas tarefas com precisão ou podem recorrer aos colegas de trabalho quando tiverem dúvidas.

### Centralização e descentralização

A **centralização** refere-se ao grau até o qual a tomada de decisão é concentrada em um único ponto em uma organização. Em empresas centralizadas, os gestores de topo tomam todas as decisões, e os de nível inferior apenas realizam suas diretivas. No outro extremo, a tomada de decisão descentralizada é empurrada para baixo, para os gestores mais próximos da ação, ou mesmo para grupos de trabalho.

O conceito de centralização inclui apenas a autoridade formal — isto é, os direitos inerentes a uma posição. Uma organização caracterizada pela centralização é inerentemente diferente na estrutura de uma que seja descentralizada. Uma organização descentralizada pode agir com mais rapidez para resolver os problemas, mais pessoas fornecem opiniões nas decisões, e os empregados são menos propensos a sentirem-se alienados por aqueles que tomam decisões que afetam suas vidas profissionais.

Esforços de gestão para tornar as organizações mais flexíveis e responsivas produziram uma tendência recente de tomada de decisão descentralizada por gestores de nível inferior, que estão mais perto da ação e normalmente têm mais conhecimento pormenorizado sobre os problemas do que a alta gestão. Sears e JCPenney deram a seus gestores de loja consideravelmente mais independência na hora de escolher qual mercadoria ter em estoque. Isso permite a essas lojas competir mais eficazmente com os comerciantes locais. Da mesma forma, quando a Procter & Gamble deu poderes a pequenos grupos de funcionários de tomarem muitas decisões sobre o desenvolvimento de novos produtos independentes da hierarquia habitual, foi capaz de aumentar rapidamente a proporção de novos produtos prontos para o mercado.[7] Uma pesquisa que investigou um grande número de organizações finlandesas demonstrou que as empresas com escritórios de pesquisa e desenvolvimento descentralizados em vários locais eram melhores na produção de inovação do que as empresas que centralizaram toda a pesquisa e desenvolvimento em um único escritório.[8]

## Formalização

A **formalização** refere-se ao grau até o qual os postos de trabalho dentro da organização são padronizados. Se um trabalho é altamente formalizado, o empresário tem uma quantidade mínima de independência sobre o que, quando e como fazer. Os empregados podem esperar sempre lidar com as mesmas informações, exatamente da mesma forma, resultando em um produto consistente e uniforme. Há descrições explícitas das tarefas, dos conjuntos de regras organizacionais e dos procedimentos claramente definidos, abrangendo os processos de trabalho em organizações em que há alta formalização. Onde a formalização é baixa, os comportamentos de trabalho são relativamente não programados, e os empregados têm muita liberdade de exercer independência em seu trabalho. A padronização não só elimina a possibilidade de funcionários engajarem-se em comportamentos alternativos, mas elimina até mesmo a necessidade de os funcionários considerarem alternativas.

O grau de formalização pode variar amplamente entre organizações e dentro delas. Os representantes editoriais que visitam os professores universitários para informá-los de novas publicações têm uma grande quantidade de liberdade em seus empregos. Eles têm apenas um discurso de vendas geral, que podem adaptar conforme necessário, e as regras e procedimentos que regem o seu comportamento podem ser pouco mais do que a obrigação de apresentar um relatório de vendas semanal e sugestões sobre o que enfatizar nos títulos futuros. No outro extremo, empregados gerenciais e editoriais nas mesmas editoras podem precisar trabalhar presencialmente a partir das 8h00 e seguir um conjunto de procedimentos precisos, ditados pela gestão.

## DESENHOS ORGANIZACIONAIS COMUNS

Voltamo-nos agora para três dos desenhos organizacionais mais comuns: a *estrutura simples*, a *burocracia* e a *estrutura de matriz*.

### A estrutura simples

O que têm em comum uma loja pequena, uma empresa de eletrônica dirigida por um empresário de pulso firme e uma "sala de controle" da companhia aérea em meio a uma greve de pilotos? Todos eles provavelmente usam a **estrutura simples**.

Podemos pensar na estrutura simples em termos do que não é mais do que o que é. A estrutura simples não é elaborada.[9] Ela tem um baixo grau de departamentalização, grande margem de controle, autoridade centralizada em uma única pessoa e pouca formalização. É uma organização "plana";

> A estrutura simples tem um baixo grau de departamentalização, grande amplitude de controle, autoridade centralizada em uma única pessoa e pouca formalização.

geralmente tem apenas dois ou três níveis verticais, um corpo flutuante de empregados e um indivíduo no qual a autoridade de decisão é centralizada.

A estrutura simples é adotada mais amplamente nas pequenas empresas, em que o gestor e o proprietário são a mesma pessoa. Considere uma loja masculina de venda a varejo que pertença e seja gerida por João Dourado. Ele emprega cinco vendedores em tempo integral, uma caixa e o pessoal extra para fins de semana e feriados, mas é João quem "manda no pedaço". Embora ele seja típico, grandes empresas em tempos de crise frequentemente simplificam suas estruturas como um meio de concentrar recursos.

A força da estrutura simples reside na sua simplicidade. É rápida, flexível e barata para operar, e a responsabilidade é clara. Um grande ponto fraco é que se torna cada vez mais inadequado que uma organização cresça, porque sua baixa formalização e alta centralização tendem a criar sobrecarga de informações no topo. À medida que aumenta de tamanho, a tomada de decisões, normalmente, torna-se mais lenta e pode chegar a uma paralisação quando o único executivo tenta continuar tomando todas as decisões. Isso prova a ruína de muitas pequenas empresas. Se a estrutura não for alterada e mais elaborada, a empresa muitas vezes perde ímpeto e pode eventualmente fracassar. Outro ponto fraco da estrutura simples é que ela é arriscada — tudo depende de uma pessoa. Uma doença pode destruir literalmente o centro de informações e de tomada de decisões da organização.

## A burocracia

Padronização! Esse é o conceito-chave subjacente a todas as burocracias. Considere o banco onde você tem conta; a loja de departamentos onde você compra roupas; ou os escritórios estatais que recolhem seus impostos, impõem normas sanitárias ou fornecem proteção contra incêndios locais. Todos eles dependem de processos de trabalho padronizados para coordenação e controle.

A **burocracia** caracteriza-se por tarefas operacionais altamente rotineiras, alcançadas por meio da especialização, regras e regulamentos estritamente formalizados, tarefas agrupadas em departamentos funcionais, autoridade centralizada, estreitas margens de controle e tomada de decisão que segue a cadeia de comando. *Burocracia* é um palavrão na mente de muitas pessoas. No entanto, ela tem vantagens. Sua principal força é a capacidade de executar atividades padronizadas de uma maneira altamente eficiente. Colocar juntas especialidades semelhantes em departamentos funcionais resulta em economias de escala, mínima duplicação de pessoas e equipamentos e funcionários que falam "a mesma língua" entre pares. As burocracias podem conviver com gestores menos talentosos — e, portanto, menos onerosos — de nível médio e inferior, porque as regras e os regulamentos substituem a independência gerencial. Operações padronizadas e alta formalização permitem que a tomada de decisões seja centralizada. Há pouca necessidade de tomadores de decisão inovadores e experientes abaixo do nível de altos executivos.

Ouça um diálogo entre quatro executivos em uma empresa: "Você sabe, nada acontece neste lugar, até que a gente *produza* algo", disse o executivo de produção. "Errado", comentou o gestor de pesquisa e desenvolvimento. "Para algo acontecer neste lugar, nós temos de *projetar* algo!" "O que vocês estão falando?", perguntou o executivo de marketing. "Para algo acontecer, nós temos de *vender* alguma coisa!" O gestor de contabilidade, exasperado, respondeu: "Não importa o que você produz, projeta ou vende. Ninguém sabe o que acontece até que nós tenhamos *contabilizado os resultados*!". Essa conversa destaca que a especialização burocrática pode criar conflitos nos quais as metas das unidades funcionais substituem os objetivos globais da organização.

A outra fraqueza importante de uma burocracia é algo que todos nós já testemunhamos: preocupação obsessiva com as regras a seguir. Quando os casos não se ajustam precisamente às regras, não há espaço para modificação. A burocracia é eficiente apenas enquanto funcionários confrontam problemas com os quais estejam familiarizados com as regras de decisão programadas.

## A estrutura matricial

Você encontrará a **estrutura matricial** em agências de publicidade, empresas aeroespaciais, laboratórios de pesquisa e desenvolvimento, construtoras, hospitais, agências governamentais, universidades, empresas de consultoria de gestão e empresas de entretenimento.[10] Ela combina duas formas de departamentalização: funcional e de produto. Empresas que utilizam estruturas matriciais incluem ABB, Boeing, BMW, IBM e P&G.

A força da departamentalização funcional é reunir especialistas similares, o que minimiza o número necessário enquanto permite o agrupamento e compartilhamento de recursos especializados entre os produtos. Sua principal desvantagem é a dificuldade de coordenar as tarefas dos diversos especialistas funcionais no prazo e dentro do orçamento. A departamentalização de produto possui exatamente os benefícios e desvantagens opostos. Ela facilita a coordenação entre especialidades para alcançar a conclusão em tempo e cumprir as metas do orçamento. Ela proporciona uma responsabilidade clara para todas as atividades relacionadas com um produto, mas com a duplicação de atividades e custos. A matriz tenta ganhar os pontos fortes de cada um, evitando suas fraquezas.

A característica estrutural mais óbvia da matriz é que ela quebra o conceito de unidade de comando. Funcionários na matriz têm dois chefes: seus gestores de departamento funcional e seus gestores de produto.

O Quadro 15.2 mostra a forma de matriz em uma faculdade de administração de empresas. Os departamentos acadêmicos de contabilidade, sistemas de informação e decisão, marketing e assim por diante são unidades funcionais. Sobrepostos a eles estão programas específicos (ou seja, produtos). Assim, os membros de uma estrutura matricial têm uma dupla cadeia de comando: seu departamento funcional e seus grupos de produtos. Um professor de contabilidade que dá aulas em um curso de graduação pode reportar-se ao diretor de programas de graduação, bem como ao chefe do departamento de contabilidade.

**QUADRO 15.2** ● Estrutura matricial para uma faculdade de administração de empresas

| Programas / Departamentos acadêmicos | Cursos de graduação | Mestrado | Doutorado | Pesquisas | Desenvolvimento de executivos | Serviço comunitário |
|---|---|---|---|---|---|---|
| Contabilidade | | | | | | |
| Finanças | | | | | | |
| Sistemas de informação e decisão | | | | | | |
| Gestão | | | | | | |
| Marketing | | | | | | |

A força da matriz é sua capacidade de facilitar a coordenação quando a organização tem uma série de atividades complexas e interdependentes. Contatos diretos e frequentes entre diferentes especialidades na matriz podem deixar as informações permearem a organização e chegarem mais rápido a quem precisa. A matriz reduz as "patologias burocráticas" — as linhas duplas de autoridade reduzem a tendência de as pessoas ficarem tão ocupadas protegendo seus pequenos mundos que os objetivos da organização acabam se tornando secundários. Uma matriz também atinge as economias de escala e facilita a alocação de especialistas, fornecendo tanto os melhores recursos quanto uma forma eficaz de garantir sua implantação eficiente.

As principais desvantagens da matriz situam-se na confusão que ela cria, sua tendência para promover a luta pelo poder e o estresse que ela gera nos indivíduos.[11] Sem o conceito de unidade de comando, a ambiguidade sobre quem se reporta a quem é significativamente maior e muitas vezes leva ao conflito. Não é incomum para os gestores de produto lutarem para ter os melhores especialistas atribuídos aos seus produtos. A burocracia reduz o potencial para ganhar poder, definindo as regras do jogo. Quando essas regras são "ganhar a qualquer custo" em uma matriz, resultam em lutas de poder entre os gestores funcionais e de produto. Para os indivíduos que desejam segurança e ausência de ambiguidade, esse clima de trabalho pode ser estressante. Reportar-se a mais de um chefe traz à baila conflitos de função, e as expectativas pouco claras introduzem ambiguidade de função. O conforto da previsibilidade da burocracia é substituído pela insegurança e pelo estresse.

## NOVAS OPÇÕES DE DESENHO ORGANIZACIONAL

Gestores seniores em algumas organizações têm desenvolvido novas opções estruturais, com menos camadas de hierarquia e mais ênfase na abertura dos limites da organização.[12] Nesta seção, descreveremos dois desses projetos: a *organização virtual* e a *organização sem fronteiras*. Também discutiremos como os esforços para reduzir a burocracia e aumentar o foco estratégico tornaram a redução de pessoal uma rotina.

### A organização virtual

Por que ser dono quando você pode alugar? Essa pergunta capta a essência da **organização virtual** (às vezes também chamada de organização em rede, ou modular), normalmente uma pequena organização nuclear que terceiriza suas principais funções de negócios.[13] Em termos estruturais, a organização virtual é altamente centralizada, com pouca ou nenhuma departamentalização.

O protótipo da estrutura virtual é uma organização atual de produção de filmes. Na era dourada de Hollywood, os filmes foram feitos por corporações enormes, integradas verticalmente. Estúdios como MGM, Warner Brothers e 20th Century Fox eram donos de grandes áreas de filmagem e empregavam milhares de especialistas em tempo integral — cenógrafos, câmeras, editores de cinema, diretores e mesmo atores. Hoje, a maioria dos filmes é feita por um conjunto de indivíduos e pequenas empresas que se juntam e fazem filmes projeto por projeto.[14] Essa forma estrutural permite que cada projeto seja formado com o talento mais bem adaptado às suas exigências, e não apenas com as pessoas empregadas pelo estúdio. Ela minimiza a sobrecarga burocrática, porque não há nenhuma organização duradoura para manter. E diminui os custos e riscos em longo prazo, porque não há nenhum longo prazo — uma equipe é montada por um período finito e então se desfaz.

Philip Rosedale dirige uma empresa virtual chamada LoveMachine que permite que os funcionários enviem mensagens eletrônicas curtas para os outros para reconhecerem um trabalho bem-feito que depois pode ser usado para facilitar o acesso ao bônus da empresa. A empresa não tem nenhuma equipe de desenvolvimento de software em tempo integral — em vez disso, a LoveMachine terceiriza atribuições para freelancers que apresentarem propostas para projetos como software de eliminação de bugs ou criação de novas funcionalidades. Os programadores atuam presencialmente ou trabalham em algum lugar de todo o mundo, incluindo Rússia, Índia, Austrália e Estados Unidos.[15] De modo similar, Newman's Own, a empresa de produtos alimentícios fundada por Paul Newman, vende centenas de milhões de dólares em alimentos a cada ano, contudo emprega apenas 28 pessoas. Isso é possível porque ele terceiriza quase tudo: fabricação, aquisição, transporte e controle de qualidade.

A Figura 15.3 mostra uma organização virtual, em que a gestão terceiriza todas as funções principais do negócio. O núcleo da organização é um pequeno grupo de executivos, cujo trabalho é supervisionar diretamente quaisquer atividades feitas dentro da empresa e coordenar as relações com as outras organizações que fabricam, distribuem e executam outras funções cruciais para a organização virtual. As linhas pontilhadas representam as relações normalmente mantidas sob contratos. Em essência, os gestores em estruturas virtuais passam a maior parte do tempo coordenando e controlando as relações externas, normalmente mediante ligações de redes de computador.

**FIGURA 15.3** Uma organização virtual

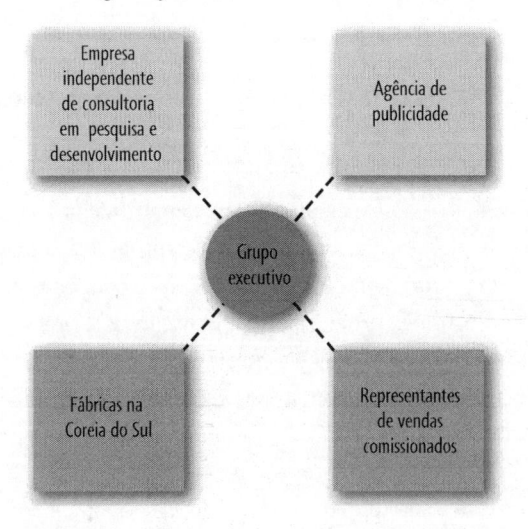

A principal vantagem da organização virtual é sua flexibilidade, que permite aos indivíduos com uma ideia inovadora e pouco dinheiro competirem com sucesso contra organizações maiores, mais estabelecidas. As organizações virtuais também economizam uma grande quantidade de dinheiro, eliminando escritórios permanentes e funções hierárquicas.[16]

As desvantagens das organizações virtuais tornaram-se cada vez mais claras conforme sua popularidade tem crescido.[17] Elas estão em um estado de fluxo perpétuo e reorganização, o que significa que as funções, metas e responsabilidades não são claras, preparando o cenário para o comportamento político. O alinhamento cultural e os objetivos compartilhados podem ser perdidos por causa do baixo grau de interação entre os membros. Membros da equipe que estão dispersos geograficamente e comunicam-se com pouca frequência têm dificuldade de compartilhar informações e conhecimento, o que pode limitar a inovação e tornar lento o tempo de resposta. Por ironia, algumas organizações virtuais são menos adaptáveis e inovadoras do que aquelas com redes de comunicação e colaboração bem estabelecidas. Uma presença de liderança que reforça o propósito da organização e facilita a comunicação, portanto, é especialmente valiosa.

## A organização sem fronteiras

O ex-presidente da General Electric, Jack Welch, cunhou o termo **organizações sem fronteiras** para descrever em que ele queria transformar GE: uma "quitanda familiar".[18] Ou seja, apesar do tamanho monstruoso da GE (a receita de 2010 foi de US$ 150 bilhões), Welch queria eliminar os limites horizontais e verticais dentro dela e destruir as barreiras externas entre a empresa e seus clientes e fornecedores. A organização sem fronteiras visa a eliminar a cadeia de comando, tem amplitude de controle ilimitada e substitui os departamentos por equipes autônomas. Embora a GE ainda não tenha atingido esse estado sem fronteiras — e provavelmente nunca atingirá —, ela tem feito progressos significativos para esse fim. Assim também outras empresas, como Hewlett-Packard, Motorola, AT&T e 3M. Vamos ver quais são as características de uma organização sem fronteiras e o que algumas organizações estão fazendo para tornar esse conceito uma realidade.[19]

Removendo os limites verticais, a gestão nivela a hierarquia e minimiza status e categorias. As equipes multi-hierárquicas (que incluem os altos executivos, gestores de nível médio, supervisores e funcionários operacionais), as práticas de tomada de decisão participativa e a utilização de avaliações de desempenho de 360 graus (em que os pares e outros acima e abaixo do empregado avaliam seu desempenho) são exemplos do que a GE está fazendo para quebrar limites verticais. Na Oticon A/S, uma fabricante dinamarquesa de produtos auditivos que fatura US$ 160 milhões por ano, todos os vestígios de hierarquia desapareceram. Todos trabalham em estações de trabalho móveis uniformes e as equipes de projeto, não as funções ou departamentos, coordenam o trabalho.

Os departamentos funcionais criam limites horizontais que sufocam a interação entre funções, linhas de produtos e unidades. A maneira de reduzi-los é substituir os departamentos funcionais por equipes multifuncionais e organizar atividades em torno de processos. A Xerox agora desenvolve novos produtos por meio de equipes multidisciplinares que trabalham em um único processo em vez de em tarefas funcionais estreitas. Algumas unidades da AT&T preparam orçamentos anuais baseados não em funções ou departamentos, mas em processos, como a manutenção de uma rede de telecomunicações mundial. Outra maneira de reduzir barreiras horizontais é promover o rodízio das pessoas por diferentes áreas funcionais usando transferências laterais. Essa abordagem transforma especialistas em generalistas.

Quando totalmente operacional, a organização sem fronteiras também quebra as barreiras geográficas. Hoje, a maioria das grandes empresas dos Estados Unidos vê-se como corporações globais. Muitas, como a Coca-Cola e o McDonald's, fazem tanto negócios no exterior quanto nos Estados Unidos, e algumas se esforçam para incorporar regiões geográficas em sua estrutura. A organização sem fronteiras fornece uma solução, porque considera a geografia mais uma questão de logística ou tática do que um aspecto estrutural. Em suma, o objetivo é destruir as barreiras culturais.

Uma maneira de fazer isso é por meio de alianças estratégicas.[20] Companhias como NEC Corporation, Boeing e Apple têm alianças estratégicas ou parcerias conjuntas com dezenas de empresas. Essas alianças obscurecem a distinção entre uma organização e outra, já que os funcionários trabalham em projetos comuns. E algumas empresas permitem que os clientes executem funções antes realizadas pela administração. Algumas unidades da AT&T recebem bônus com base nas avaliações dos clientes das equipes que os atenderam. Por fim, o trabalho a distância também está apagando as fronteiras organizacionais. A analista de segurança do Merrill Lynch, que faz seu trabalho de sua fazenda em Montana, ou o designer de software em Boulder, Colorado, que trabalha para uma empresa de San Francisco, são apenas dois dos milhões de trabalhadores que operam fora dos limites físicos das instalações dos seus empregadores.

### A organização enxuta: redução de pessoal

O objetivo das novas formas organizacionais que descrevi é melhorar a agilidade, criando uma organização enxuta, focada e flexível. *A redução de pessoal* (também conhecida como *downsizing*) é um esforço sistemático para fazer uma organização mais enxuta pelo fechamento de locais, reduzindo pessoal ou vendendo unidades de negócios que não agregam valor.

O encolhimento radical da Chrysler e da General Motors nos últimos anos foi um caso de downsizing para sobreviver, em razão da perda de quota de mercado e de mudanças na demanda do consumidor. Outras empresas, incluindo a Research in Motion (fabricante do BlackBerry) e a Cisco, reduziram o tamanho para direcionar todos os esforços para suas competências essenciais.

Apesar das vantagens de ser uma organização enxuta, o impacto da redução no desempenho organizacional tem sido muito controvertido.[21] Reduzir o tamanho da força de trabalho tem um resultado imediatamente positivo na forma de custos mais baixos com salários. Empresas que fazem reduções para melhorar o foco estratégico muitas vezes veem efeitos positivos sobre os preços das ações após o anúncio. Por outro lado, entre as empresas que apenas cortaram funcionários, mas não reestruturaram, os lucros e os preços das ações geralmente caem. Parte do problema é o efeito da redução de pessoal nas atitudes dos empregados. Aqueles que permanecem muitas vezes se sentem preocupados com futuras demissões, e podem ser menos comprometidos com a organização.[22] As reações de estresse podem levar a aumento das faltas por doença, menor concentração no trabalho e criatividade inferior. Em empresas que não investem muito nos empregados, a redução de pessoal também pode levar a mais rotatividade voluntária, então, o capital humano vital é perdido. O resultado é uma empresa mais anêmica do que magra.

As empresas podem reduzir os impactos negativos, preparando-se com antecedência, assim aliviando parte do estresse dos funcionários e fortalecendo o suporte para a nova direção.[23] A seguir vejamos algumas estratégias eficazes para a redução de pessoal. A maioria está intimamente ligada aos princípios de justiça organizacional que discutimos anteriormente:

- ▶ *Investimento.* Empresas que reduzirem de tamanho para concentrar-se nas competências essenciais são mais eficazes quando investem em práticas de trabalho de alto envolvimento posteriormente.
- ▶ *Comunicações.* Quando os empregadores fazem esforços para discutir a redução de pessoal com os funcionários em uma fase precoce, os funcionários estão menos preocupados com os resultados e sentem que a empresa está levando em conta suas perspectivas.
- ▶ *Participação.* Os empregados preocupam-se menos se puderem participar do processo de alguma forma. Programas voluntários de aposentadoria antecipada ou pacotes de indenização podem ajudar a alcançar uma organização enxuta sem demissões.
- ▶ *Assistência.* Indenização e pacotes, benefícios de planos de saúde estendidos e assistência na procura de trabalho demonstram que uma empresa se preocupa com seus colaboradores e honra a contribuição deles.

Em suma, as empresas que se tornam mais enxutas podem ser mais ágeis, eficientes e produtivas — mas apenas se elas fizerem cortes cuidadosamente e ajudarem os funcionários durante o processo.

## POR QUE AS ESTRUTURAS DIFEREM?

Já descrevemos desenhos organizacionais que vão desde a burocracia altamente estruturada à organização amorfa e sem fronteiras. Os outros desenhos que discutimos são intermediários.

A Figura 15.4 resume nossas discussões, apresentando dois modelos extremos de desenho organizacional. Um deles chamaremos de **modelo mecanicista**. É geralmente sinônimo da burocracia que tem processos altamente padronizados para trabalho, alta formalização e mais hierarquia gerencial. O outro extremo, o **modelo orgânico**, parece muito com a organização sem fronteiras. É plano, tem menos procedimentos formais para a tomada de decisões, tem vários tomadores de decisão e favorece as práticas flexíveis.[24]

**FIGURA 15.4** ⬢ Modelos mecanicistas versus orgânicos

O modelo mecanicista

- Alta especialização
- Departamentalização rígida
- Cadeia de comando transparente
- Amplitudes de controle estreitas
- Centralização
- Alta formalização

O modelo orgânico

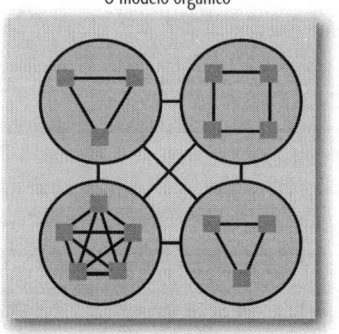

- Equipes multifuncionais
- Equipes trans-hierárquicas
- Livre fluxo de informações
- Grande grau de amplitude de controle
- Descentralização
- Baixa formalização

Com esses dois modelos em mente, vamos fazer algumas perguntas: Por que algumas organizações estão estruturadas ao longo de linhas mais mecanicistas, enquanto outras seguem características orgânicas? Que forças influenciam a escolha do modelo? Nesta seção, apresentaremos as principais causas ou determinantes da estrutura de uma organização.[25]

## Estratégia organizacional

Como a estrutura é um meio para alcançar objetivos, e objetivos derivam da estratégia global da organização, é lógico que a estrutura deve seguir a estratégia. Se a gestão altera significativamente a estratégia da organização, a estrutura deve mudar para se acomodar.[26] A maioria das estruturas de estratégia atual se concentra em três dimensões da estratégia — inovação, imitação e minimização de custos — e o desenho estrutural que funciona melhor com cada uma delas.[27]

Até que ponto uma organização apresenta novos produtos ou serviços importantes? Uma **estratégia de inovação** se esforça para alcançar inovações significativas e originais. Claro, nem todas as empresas perseguem a inovação. Apple e 3M são inovadoras, mas o varejista conservador Marks & Spencer não. Empresas inovadoras usarão o salário competitivo e benefícios para atrair os melhores candidatos e motivar os colaboradores a assumirem riscos. Algum grau de estrutura mecanicista pode realmente beneficiar a inovação. Canais de comunicação bem desenvolvidos, condições para reforçar o compromisso em longo prazo e canais de autoridade claros são características que podem facilitar que as rápidas mudanças ocorram sem problemas.

Uma organização que persegue firmemente uma estratégia de **minimização de custos** controla os custos, evita incorrer em gastos desnecessários e faz cortes de preços na venda de um produto básico. Isso descreve a estratégia seguida pelo Walmart e os fabricantes de produtos genéricos de mercearia ou produtos de "marca própria". As organizações que minimizam os custos perseguem menos políticas dirigidas a desenvolver o comprometimento de sua força de trabalho.

As organizações que seguem uma **estratégia de imitação** tentam minimizar riscos e maximizar a oportunidade de lucro, mudando para novos produtos ou entrando em novos mercados somente depois que os inovadores tiverem provado a sua viabilidade. Fabricantes de moda do mercado de massa que copiam estilos de designers seguem essa estratégia, assim como empresas como a Hewlett-Packard e a Caterpillar. Elas seguem os concorrentes menores e mais inovadores com produtos superiores, mas só depois de os concorrentes demonstrarem que o mercado existe.

## Tamanho da organização

O tamanho de uma organização afeta significativamente sua estrutura.[28] Organizações que empregam 2 mil ou mais pessoas tendem a ter mais especialização, mais departamentalização, mais níveis verticais e mais regras e regulamentos do que as pequenas empresas. No entanto, o tamanho torna-se menos importante quando uma organização se expande. Por quê? Com cerca de 2 mil funcionários, uma organização já é bastante mecanicista; 500 funcionários a mais não terão muito impacto significativo. Mas adicionar 500 empregados a uma organização de apenas 300 provavelmente a deslocará significativamente em direção a uma estrutura mais mecanicista.

## Tecnologia

A **tecnologia** descreve a maneira pela qual uma organização transforma suas entradas em resultados. Cada organização tem pelo menos uma tecnologia de conversão de recursos financeiros, humanos e físicos em produtos ou serviços. Ford Motor Company usa um processo de linha de montagem para fazer seus produtos. As faculdades podem utilizar um número de tecnologias instrucionais — o sempre popular método de aulas, análise de casos, o exercício vivencial, aprendizagem programada e instrução on-line e ensino a distância. Independentemente disso, as estruturas organizacionais adaptam-se a sua tecnologia.

Numerosos estudos têm examinado a relação entre tecnologia e estrutura.[29] O que diferencia as tecnologias é seu grau de rotina. Atividades de rotina são caracterizadas por operações automatizadas e padronizadas. Exemplos são a produção de moldes de injeção de botões plásticos, o processamento de transação automatizada de vendas e a impressão e a encadernação deste livro. As atividades não rotineiras são personalizadas e exigem frequente revisão e atualização. Elas incluem a restauração de mobiliário, calçados personalizados, pesquisa genética e a escrita e edição deste livro. Em geral, as organizações envolvidas em atividades não rotineiras tendem a preferir estruturas orgânicas, enquanto aquelas que realizam atividades rotineiras preferem estruturas mecanicistas.

## Ambiente

O **ambiente** de uma organização inclui instituições ou as forças externas que podem afetar seu desempenho, tais como fornecedores, clientes, concorrentes, agências reguladoras do governo e grupos públicos que exercem pressão. Ambientes dinâmicos criam significativamente mais incerteza para os gestores do que os estáticos. Para minimizar a incerteza, os gestores podem ampliar sua estrutura para sentir e responder a ameaças. Por exemplo, a maioria das empresas, incluindo a Pepsi e a Southwest Airlines, adicionou departamentos de redes sociais para enfrentar as informações negativas postadas em blogs. Ou então as empresas podem formar alianças estratégicas com outras empresas.

O ambiente de qualquer organização tem três dimensões: capacidade, volatilidade e complexidade.[30] A *capacidade* refere-se ao grau em que o ambiente pode suportar o crescimento. Ambientes ricos e crescentes geram recursos em excesso, que podem ajudar a organização em tempos de escassez relativa.

A *volatilidade* descreve o grau de instabilidade no ambiente. Um ambiente dinâmico com alto grau de mudança imprevisível torna difícil para a gestão fazer previsões precisas. Como a tecnologia da informação muda em uma velocidade rápida, por exemplo, mais ambientes de organizações estão tornando-se voláteis.

Por fim, a *complexidade* é o grau de heterogeneidade e concentração entre os elementos do ambiente. Ambientes simples — como a indústria do tabaco, onde os métodos de produção, ambiente competitivo, pressões regulatórias e afins não mudaram há algum tempo — são homogêneos e concentrados. Ambientes caracterizados pela heterogeneidade e dispersão — como a indústria de produtos para Internet — são complexos e diversificados, com inúmeros concorrentes.

As setas indicam o movimento em direção a maior incerteza. As organizações que operam em ambientes caracterizados como escassos, dinâmicos e complexos enfrentam o maior grau de incerteza, porque têm alta imprevisibilidade, pouco espaço para erro e um conjunto diversificado de elementos no ambiente para monitorar constantemente. Dada essa definição tridimensional do *ambiente*, podemos oferecer algumas conclusões gerais sobre a incerteza ambiental e os arranjos estruturais. Quanto mais escasso, dinâmico e complexo for o ambiente, mais orgânica deve ser a estrutura. Quanto mais abundante, estável e simples for o ambiente, mais preferencial será a estrutura mecanicista.

## DESENHOS ORGANIZACIONAIS E COMPORTAMENTO DO FUNCIONÁRIO

Abrimos este capítulo afirmando que a estrutura de uma organização pode ter efeitos significativos em seus membros. Quais seriam esses efeitos?

Uma revisão das evidências conduz a uma conclusão muito clara: você não pode generalizar! Nem todo mundo prefere a liberdade e a flexibilidade das estruturas orgânicas. Diferentes fatores destacam-se também em estruturas diferentes. Em organizações altamente formalizadas, fortemente estruturadas, mecanicistas, o nível de equidade nas políticas formais e nos procedimentos é um importante preditor de satisfação. Em organizações orgânicas mais pessoais, individualmente adaptáveis, os empregados valorizam mais a justiça interpessoal.[31] Algumas pessoas são mais produtivas e satisfeitas quando as tarefas de trabalho são padronizadas e a ambiguidade é minimizada — ou seja, em estruturas mecanicistas. Portanto, qualquer discussão sobre o efeito do design organizacional sobre o comportamento do empregado tem de abordar as diferenças individuais. Para fazer isso, vamos considerar as preferências de funcionário para especialização do trabalho, margem de controle e centralização.[32]

As provas geralmente indicam que a especialização do trabalho contribui para maior produtividade dos funcionários — mas com o preço da satisfação de trabalho reduzida. No entanto, a especialização do trabalho não é uma fonte interminável de maior produtividade. Os problemas começam a aparecer, e a produtividade começa a sofrer quando as deseconomias humanas de fazer tarefas repetitivas e tacanhas ultrapassam a economia da especialização. Como a força de trabalho tornou-se mais altamente educada e desejosa de ocupações que sejam intrinsecamente gratificantes, conseguimos chegar ao ponto em que a produtividade começa a declinar em função da especialização mais rapidamente do que no passado.

Há ainda um segmento da força de trabalho que prefere a rotina e a repetitividade dos empregos altamente especializados. Alguns indivíduos querem o trabalho que faz exigências intelectuais mínimas e fornece a segurança da rotina. Para eles, o trabalho de alta especialização é uma fonte de satisfação profissional. A questão, é claro, é se eles representam 2% da força de trabalho ou 52%. A pesquisa sugere que a resposta "real" esteja mais próxima de 2% do que de 52%. A resposta muitas vezes varia dependendo do trabalho, da organização e do mercado de trabalho. Dado que alguns critérios pessoais operam na escolha das carreiras, pode-se concluir que os resultados comportamentais negativos da alta especialização são mais prováveis de emergir em trabalhos profissionais ocupados por indivíduos com alta necessidade de diversidade e de crescimento pessoal.

É seguro dizer que nenhuma evidência apoia uma relação entre a amplitude de controle e a satisfação ou o desempenho do empregado. Embora seja intuitivamente atraente argumentar que grandes margens podem levar a maior desempenho do empregado, porque fornecem supervisão mais distante e mais oportunidade para a iniciativa pessoal, a pesquisa não é capaz de apoiar essa proposição. Algumas pessoas gostam de ser deixadas sozinhas; outras preferem a segurança de um patrão que esteja prontamente disponível em todos os momentos. O que vai ao encontro das várias teorias de contingência da liderança discutidas no Capítulo 12. De acordo com as várias teorias de contingência da liderança, esperaríamos que fatores como habilidades e experiências dos funcionários e o grau de estrutura em suas tarefas explicassem quando as amplitudes de controle largas ou estreitas são suscetíveis de contribuir para o seu desempenho e satisfação no trabalho. No entanto, algumas evidências indicam que a satisfação no trabalho do gestor aumenta conforme aumenta o número de funcionários supervisionados.

Encontramos fortes evidências ligando a centralização com a satisfação no trabalho. Em geral, organizações menos centralizadas têm uma quantidade maior de autonomia. E a autonomia parece estar relacionada positivamente com a satisfação no trabalho. Mas, novamente, enquanto um empregado pode valorizar a liberdade, outro pode considerar ambientes autônomos frustrantemente ambíguos.

Nossa conclusão: para maximizar a satisfação e o desempenho do empregado, os gestores devem levar em conta diferenças individuais, como experiência, personalidade e a tarefa de trabalho. A cultura deve ser um fator também.

Podemos tirar uma conclusão óbvia: deixando as outras características iguais, as pessoas não escolhem os empregadores ao acaso. Elas são atraídas, são selecionadas e ficam com as organizações que se ajustam a suas características pessoais.[33] Os candidatos ao emprego que preferem a previsibilidade são propensos a procurar e aceitar o emprego em estruturas mecanicistas, e aqueles que querem autonomia são mais propensos a acabar em uma estrutura orgânica. Assim, o efeito da estrutura sobre o comportamento do empregado, sem dúvida, é reduzido quando o processo de seleção facilita a correspondência correta das características individuais com as características organizacionais.

Embora a pesquisa seja escassa, ela sugere que a cultura nacional influencie a preferência pela estrutura.[34] As organizações que operam com pessoas de culturas de alta distância do poder, como a Grécia, a França e a maior parte da América Latina, consideram que seus empregados são muito mais tolerantes a estruturas mecanicistas do que os empregados de países com pouca distância do poder. Então, considere as diferenças culturais, junto com as diferenças individuais, ao prever como a estrutura afetará o desempenho e a satisfação do empregado.

> Globalização, alianças estratégicas, relações consumidor-organização e trabalho a distância são exemplos de práticas que reduzem os limites externos.

## RESUMO E IMPLICAÇÕES PARA OS GESTORES

O tema deste capítulo é que a estrutura interna da organização contribui para explicar e predizer o comportamento. Ou seja, além de fatores individuais e de grupo, as relações estruturais em que as pessoas trabalham têm um efeito sobre o comportamento e as atitudes do empregado. Qual é a base para esse argumento? Na medida em que a estrutura de uma organização reduz a ambiguidade para os empregados e esclarece questões tais como "o que devo fazer?", "Como eu devo fazer isso?", "A quem me reporto?" e "A quem recorro, se tiver um problema?", ela modela suas atitudes e facilita e motiva os funcionários a terem altos níveis de desempenho.

- ▶ Embora a especialização possa trazer eficiência, a especialização excessiva também pode produzir insatisfação e motivação reduzida.
- ▶ Hierarquias formais oferecem vantagens, como a unificação da missão e dos objetivos, enquanto empregados em hierarquias excessivamente

rígidas podem sentir que não têm nenhum poder ou autonomia. Como com a especialização, a chave é encontrar o equilíbrio certo.
- As formas virtual e sem fronteiras estão mudando a face de muitas organizações. Os gestores contemporâneos devem compreender completamente suas implicações e reconhecer as vantagens e possíveis armadilhas.
- Downsizing organizacional pode levar a grandes economias e focar as organizações em torno de suas principais competências, mas pode deixar os trabalhadores insatisfeitos e preocupados com o futuro de seus empregos.
- Ao determinar uma forma organizacional apropriada, os gestores precisarão considerar a escassez, o dinamismo e a complexidade do ambiente e equilibrar os elementos orgânicos e mecanicistas adequados ao ambiente da sua organização.

---

Acesse o Site de apoio ao livro (www.grupoa.com.br) e teste seus conhecimentos por meio dos exercícios elaborados para este capítulo.

# Cultura organizacional 16

Assim como os indivíduos, as organizações também têm personalidades. No Capítulo 5, descobrimos que os indivíduos têm traços relativamente duradouros e estáveis que nos ajudam a prever suas atitudes e comportamentos. Naquele capítulo, propusemos que as organizações, como as pessoas, podem ser caracterizadas, por exemplo, como rígidas, amigáveis, calorosas, inovadoras ou conservadoras. Esses traços, por sua vez, podem então ser usados para prever as atitudes e comportamentos das pessoas dentro dessas organizações.

A cultura de uma organização, embora possa ser difícil de medir com precisão, de fato existe, e é geralmente reconhecida por seus empregados. Chamamos essa variável de *cultura organizacional*. Assim como as culturas tribais têm totens e tabus que ditam como cada membro agirá em relação aos colegas e estranhos, as organizações têm culturas que determinam como os membros se comportam. Neste capítulo, abordaremos apenas o que é a cultura organizacional, como ela afeta o comportamento e as atitudes do funcionário, de onde vem, e se pode ou não ser mudada.

## O QUE É CULTURA ORGANIZACIONAL?

Certa vez foi perguntado a um executivo o que ele achava que cultura organizacional significava. Ele deu em essência a mesma resposta que o Supremo Tribunal de Justiça norte-americano uma vez deu na tentativa de definir a pornografia: "Não posso defini-la, mas reconheço quando a vejo". No entanto, temos uma definição básica de uma cultura organizacional para melhor compreender o fenômeno. Nesta seção, vamos propor uma ideia e rever várias outras relacionadas.

Depois de estudar este capítulo, você será capaz de:
- definir cultura organizacional e descrever suas características comuns;
- comparar os efeitos funcionais e disfuncionais da cultura organizacional sobre as pessoas e a organização;
- identificar os fatores que criam e sustentam a cultura de uma organização;
- mostrar como a cultura é transmitida aos funcionários;
- demonstrar como pode ser criada uma cultura ética;
- mostrar como a cultura nacional pode afetar a maneira como a cultura organizacional é transportada para um país diferente.

## Uma definição de cultura organizacional

> A cultura de uma organização se desenvolve ao longo de muitos anos e está enraizada em valores profundamente mantidos, para os quais os funcionários estão fortemente comprometidos.

**Cultura organizacional** refere-se a um sistema de significado compartilhado mantido por membros, que distingue a organização de outras organizações.[1] Sete características primárias parecem capturar a essência da cultura de uma organização:[2]

1. *Inovar e assumir riscos.* O grau até o qual os empregados são encorajados a inovar e assumir riscos.
2. *Atenção aos detalhes.* O grau até o qual se espera que os empregados tenham precisão, análise e atenção aos detalhes.
3. *Orientação para resultados.* O grau até o qual a gestão centra-se em resultados ou nos desfechos, em vez de nas técnicas e processos usados para alcançá-los.
4. *Orientação às pessoas.* O grau até o qual as decisões da gestão levam em consideração o efeito dos resultados sobre as pessoas dentro da organização.
5. *Orientação à equipe.* O grau até o qual as atividades de trabalho são organizadas em torno de equipes em vez de indivíduos.
6. *Agressividade.* O grau até o qual as pessoas são agressivas e competitivas em vez de descontraídas.
7. *Estabilidade.* O grau até o qual as atividades organizacionais enfatizam a manutenção do status quo em contraste com o crescimento.

Cada uma dessas características existe em um continuum de baixa até alta. Avaliando a organização com base nessas características, então, teremos uma imagem composta de sua cultura e uma base da compreensão compartilhada que os membros têm sobre a organização, como as coisas são feitas nela, e como devem se comportar.

## Cultura é um termo descritivo

*Cultura organizacional* mostra como os empregados percebem as características da cultura de uma organização, não se eles gostam dessas características — ou seja, é um termo descritivo. Isso é importante porque diferencia a cultura da satisfação no trabalho.

Pesquisas sobre cultura organizacional têm procurado medir como os funcionários veem sua organização: será que ela incentiva o trabalho em equipe? Ela recompensa a inovação? Sufoca a iniciativa? Em contrapartida, a satisfação no trabalho visa a medir como os funcionários se sentem sobre as expectativas da organização, as práticas de recompensa e aspectos correlatos. Embora os dois termos tenham características sobrepostas, tenha em mente que a *cultura organizacional* é descritiva, enquanto a *satisfação no trabalho* é avaliativa.

## As organizações têm culturas uniformes?

Cultura organizacional representa uma percepção comum que os membros da organização possuem. Devemos esperar, portanto, que os indivíduos com diferentes experiências, ou em diferentes níveis da organização, descrevam sua cultura com termos semelhantes.[3]

Isso não significa, no entanto, que não existam subculturas. A maioria das grandes organizações possui uma cultura dominante e numerosas subculturas.[4] Uma **cultura dominante** exprime os **valores fundamentais** que a maior parte dos membros compartilha e que dão à organização sua unicidade distinta.[5] As **subculturas** tendem a desenvolver-se em grandes organizações para refletir problemas ou experiências comuns que os membros enfrentam no mesmo departamento ou localização. O departamento de compras pode ter uma subcultura que inclui os valores fundamentais da cultura dominante mais valores adicionais exclusivos para os membros desse departamento.

Se as organizações fossem compostas apenas de várias subculturas, a cultura organizacional como uma variável independente seria significativamente menos potente. É o aspecto de "significado compartilhado" da cultura que a torna um dispositivo tão potente para guiar e modelar o comportamento. Isso é o que nos permite dizer, por exemplo, que a cultura da Zappos valoriza carinho e dedicação ao cliente, em detrimento da velocidade e eficiência, e usar essas informações para entender melhor o comportamento dos executivos e empregados da Zappos.[6] Mas as subculturas também podem influenciar o comportamento dos membros.

## Culturas fortes versus culturas fracas

É possível diferenciar entre culturas fortes e fracas.[7] Se a maioria dos funcionários (respondendo às pesquisas de gestão) têm as mesmas opiniões sobre a missão e os valores da organização, a cultura é forte. Se as opiniões variarem amplamente, a cultura é fraca.

Em uma **cultura forte**, os valores fundamentais da organização são mantidos intensamente e amplamente compartilhados.[8] Quanto mais membros aceitam os valores fundamentais e quanto maior seu empenho, mais forte será a cultura e maior sua influência sobre o comportamento de membros, porque o alto grau de intensidade e compartilhamento cria um clima de alto controle comportamental. Os funcionários da Nordstrom sabem, em termos inequívocos, o que é esperado deles, e essas expectativas percorrem um caminho para moldar seu comportamento. Em contraste, sua concorrente, a Macy's, que tem lutado em meio a uma crise de identidade, está trabalhando para refazer sua cultura.

Uma cultura forte deve reduzir a rotatividade de funcionários, porque ela demonstra alta concordância sobre o que a organização representa. Tal unanimidade de propósitos constrói coesão, lealdade e comprometimento organizacional. Essas qualidades, por sua vez, diminuem a propensão dos trabalhadores para deixar o emprego.[9] Um estudo, por exemplo, detectou que quanto mais os empregados concordavam com a orientação em relação aos clientes em uma organização de prestação serviços, maior a rentabilidade da unidade de negócios.[10] Outro estudo descobriu que, quando os gestores e os membros da equipe discordavam sobre as percepções de apoio organizacional, havia humores mais negativos entre os membros da equipe e o desempenho das equipes era menor.[11] Esses efeitos negativos são especialmente fortes quando os gestores acreditam que a organização fornece mais apoio do que os próprios empregados pensam.

### Cultura versus formalização

Já vimos que a formalização alta cria ordem, previsibilidade e consistência. Uma cultura forte atinge o mesmo fim, sem a necessidade de documentação escrita.[12] Portanto, devemos ver a formalização e a cultura como dois caminhos diferentes para um destino comum. Quanto mais forte for a cultura de uma organização, menos os gestores precisam preocupar-se com o desenvolvimento de regras e regulamentos formais para orientar o comportamento dos empregados. Esses guias serão internalizados pelos empregados quando eles aceitarem a cultura da organização.

## O QUE AS CULTURAS FAZEM?

Vamos rever o papel que a cultura desempenha e se ela pode ser um peso para uma organização.

### Funções da cultura

Primeiro, a cultura tem um papel de definição de limites: ela cria distinções entre uma organização e as outras. Segundo, transmite um senso de identidade para os membros da organização. Terceiro, a cultura facilita o compromisso com algo maior do que interesses individuais. Quarto, melhora a estabilidade do sistema social. A cultura é a cola social que ajuda a manter a organização unida, fornecendo padrões para aquilo que os funcionários devem dizer e fazer. Por fim, é um mecanismo de produção de sentido e controle, que orienta e condiciona as atitudes e o comportamento dos empregados. Essa última função é de particular interesse para nós.[13] A cultura define as regras do jogo.

A tendência de hoje em organizações descentralizadas torna a cultura mais importante do que nunca, mas ironicamente também dificulta o estabelecimento de uma cultura forte. Quando os sistemas formais de autoridade e controle são reduzidos, os significados compartilhados da cultura podem apontar todos para a mesma direção. No entanto, funcionários organizados em equipes podem mostrar fidelidade maior a seu grupo e seus valores do que à organização como um todo. Em organizações virtuais, a falta de contato presencial frequente torna muito difícil estabelecer um conjunto comum de normas. Uma liderança forte, que se comunica com frequência sobre metas e prioridades comuns, é especialmente importante em organizações inovadoras.[14]

O "ajuste" indivíduo–organização — isto é, se as atitudes e o comportamento do candidato ou do empregado são compatíveis com a cultura — exerce forte influência em quem recebe uma oferta de trabalho, uma revisão de desempenho favorável ou uma promoção. Não é por acaso que os funcionários do parque temático Disney mostram-se quase no mundo todo como atraentes, limpos e saudáveis, com sorrisos brilhantes. A empresa seleciona funcionários que manterão essa imagem. No trabalho, uma cultura forte, apoiada pelos regulamentos e regras formais, garante que eles agirão de forma relativamente uniforme e previsível.

## A cultura cria clima

Se você já trabalhou com alguém cuja atitude positiva inspirou-o a fazer o seu melhor, ou com uma equipe sem brio, que minou sua motivação, já experimentou os efeitos das alterações do clima organizacional. O termo **clima organizacional** refere-se às percepções compartilhadas que os membros têm sobre a organização e seu ambiente de trabalho.[15] Quando todo mundo tem o mesmo sentimento geral sobre o que é importante ou o quanto as coisas estão funcionando, o efeito dessas atitudes será mais do que a soma das partes individuais. Uma meta-análise detectou que, em dezenas de amostras diferentes, o clima psicológico foi fortemente relacionado ao nível de satisfação dos indivíduos no trabalho, seu envolvimento, compromisso e motivação.[16] Um clima de trabalho geral positivo tem sido associado com maior satisfação do cliente e também com o desempenho financeiro da empresa.[17]

Foram estudadas diversas dimensões de clima, incluindo segurança, justiça, diversidade e serviços ao consumidor.[18] Uma pessoa que encontra um clima positivo para o desempenho vai pensar em fazer um bom trabalho mais frequentemente e vai acreditar que outros apoiam o seu sucesso. Alguém que encontra um clima positivo para diversidade se sentirá mais à vontade para colaborar com os colegas independentemente da origem demográfica deles. Os climas podem interagir uns com os outros para produzir o comportamento. Por exemplo, um clima positivo para a capacitação do trabalhador pode levar a níveis mais elevados de desempenho em organizações que tenham também um clima para responsabilidade pessoal.[19] O clima influencia ainda os hábitos que as pessoas adotam. Se o clima para segurança for positivo, todo mundo usará o equipamento de segurança e seguirá os procedimentos de segurança, mesmo que individualmente eles não pensem muito sobre o assunto — de fato, muitos estudos têm mostrado que um clima de segurança positivo diminui o número de acidentes de trabalho documentados.[20]

## Cultura como uma desvantagem

A cultura pode realçar o compromisso organizacional e aumentar a consistência do comportamento do empregado, benefícios claros para uma organização. Ela também é valiosa para os funcionários, porque enuncia como as coisas serão feitas e o que é importante. Mas não devemos ignorar os aspectos potencialmente disfuncionais da cultura, em especial um ponto forte, sobre a eficácia da organização.

**INSTITUCIONALIZAÇÃO** Quando uma organização passa por **institucionalização** e torna-se institucionalizada — ou seja, é valorizada por si e não pelos bens ou serviços que produz —, ela assume uma vida própria, à parte da de seus fundadores ou membros.[21] Ela não sai mais do mercado, mesmo que seus objetivos originais não sejam mais relevantes. Modos aceitáveis de comportamento tornam-se evidentes em grande parte para os membros e, embora não seja totalmente negativo, isso significa que certos comportamentos e hábitos que deveriam ser questionados e analisados passam a ser considerados normais, uma postura que pode sufocar a inovação e tornar a manutenção da cultura da organização um fim em si mesmo.

**BARREIRAS À MUDANÇA** A cultura é uma desvantagem quando os valores compartilhados não concordam com aqueles que aumentam a eficácia da organização. Isto é mais provável quando o ambiente de uma organização está passando por uma rápida mudança, e sua cultura enraizada já não pode ser adequada.[22] A consistência de comportamento, um bem em um ambiente estável, pode então sobrecarregar a organização e torná-la difícil de reagir às mudanças.

**BARREIRAS À DIVERSIDADE** Novos colaboradores que diferem da maioria em raça, idade, gênero, deficiência ou outras características criam um paradoxo:[23] o gestor quer demonstrar apoio às diferenças que esses funcionários trazem para o local de trabalho, mas os recém-chegados que desejam se adaptar devem aceitar valores culturais fundamentais da organização e o grupo misto atual. Como diversos comportamentos e pontos fortes exclusivos são suscetíveis de diminuir conforme as pessoas tentam assimilá-los, as culturas fortes podem tornar-se um fardo quando eliminam eficazmente essas vantagens. Uma cultura forte que tolera preconceitos, dá apoio para discriminações ou torna-se insensível às pessoas diferentes pode até mesmo minar a políticas formais de diversidade corporativa.

**BARREIRAS PARA FUSÕES E AQUISIÇÕES** Historicamente, quando o gestor analisava as decisões de aquisição ou fusão, os fatores-chave eram a vantagem financeira e a sinergia de produto. Nos últimos anos, a compatibilidade cultural tornou-se a principal preocupação.[24] Sendo os demais parâmetros todos iguais, a chance da aquisição realmente funcionar parece ter mais a ver com o nível de harmonia entre as culturas das duas organizações.

Uma pesquisa feita pela consultoria A. T. Kearney revelou que 58% das fusões não conseguiram alcançar suas metas financeiras.[25] Como um especialista comentou: "As fusões têm uma taxa de fracasso anormalmente elevada, e é sempre em razão de problemas com o pessoal" — em outras palavras, culturas organizacionais conflitantes. A fusão de US$ 183 bilhões entre a America Online (AOL) e a Time Warner em 2001 foi a maior da história corporativa dos Estados Unidos. Foi também um desastre. Apenas dois anos mais tarde, as ações tinham caído uma taxa espantosa de 90%, e a nova empresa relatou que era o maior prejuízo financeiro da história dos Estados Unidos. Até recentemente, as ações da Time Warner — negociadas em torno de 32 dólares cada no final de 2011 — atingiram apenas uma fração do seu preço anterior (em torno de 200 dólares por ação antes da fusão). O choque de culturas é com frequência discutido como uma das causas dos problemas da AOL Time Warner. Como um especialista observou: "De certa forma, a fusão da AOL e da Time Warner foi parecida com o casamento de uma adolescente com um banqueiro de meia-idade. As culturas eram muito diferentes. Havia jeans e camisetas na AOL. A Time Warner usava trajes mais sóbrios".[26]

## CRIAÇÃO E MANUTENÇÃO DA CULTURA

A cultura de uma organização não cai do céu e, uma vez estabelecida, raramente desaparece. O que influencia a criação de uma cultura? O que reforça e sustenta a cultura, uma vez estabelecida?

### Como uma cultura começa

Os costumes em vigor, as tradições e a maneira geral de fazer as coisas de uma organização são em grande parte originados do que ela fez antes e teve sucesso em fazê-lo. Isso nos leva para a principal fonte da cultura de uma organização: seus fundadores.[27] Livre de costumes anteriores ou ideologias da organização, os fundadores têm uma visão do que deve ser a organização e o tamanho pequeno da empresa facilita a imposição dessa visão sobre todos os membros.

A criação da cultura ocorre de três maneiras.[28] Primeiro, os fundadores contratam e mantêm apenas os empregados que pensam e sentem da mesma forma que eles. Segundo, eles doutrinam e socializam esses funcionários com seu modo de pensar e de sentir. E por fim, o comportamento dos fundadores incentiva os empregados a identificarem-se com eles e a interiorizarem suas crenças, valores e suposições. Quando a organização é bem-sucedida, a personalidade dos fundadores torna-se incorporada à cultura.

O estilo feroz, competitivo, e a natureza disciplinada, autoritária, da Hyundai, o conglomerado gigante coreano, apresentam as mesmas características, frequentemente usadas para descrever o fundador Chung Ju-Yung. Outros fundadores com impacto imensurável na cultura da sua organização incluem Bill Gates na Microsoft, Ingvar Kamprad na IKEA, Herb Kelleher na Southwest Airlines, Fred Smith na FedEx e Richard Branson na Virgin Group.

## Mantendo viva uma cultura

Uma vez que uma cultura esteja estabelecida, as práticas dentro da organização a mantêm, dando aos funcionários um conjunto de experiências semelhantes.[29] O processo de seleção, critérios de avaliação de desempenho, treinamento e atividades de desenvolvimento e procedimentos de promoção garantem que aqueles que foram contratados se ajustem à cultura, premiando os que a apoiam e penalizando (ou até expulsando) quem a contesta.Três forças desempenham um papel particularmente importante na manutenção de uma cultura: práticas de seleção, as ações da alta gestão e os métodos de socialização. Vamos analisar cada um deles.

SELEÇÃO  O objetivo explícito do processo de seleção é identificar e contratar pessoas com conhecimento, capacidades e habilidades para desempenhar seu trabalho com êxito. A decisão final, por ser significativamente influenciada pelo julgamento do tomador de decisão sobre quão bem os candidatos vão se adaptar à organização, identifica as pessoas cujos valores são consistentes com pelo menos uma boa parte dos da organização.[30] A seleção também fornece informações para os candidatos. Aqueles que percebem um conflito entre seus valores e os da organização podem retirar-se do conjunto de candidatos. Assim, a seleção torna-se uma rua de duas mãos, pois permite que o empregador ou o candidato evitem uma incompatibilidade e, ao excluir aqueles que podem atacar ou prejudicar seus valores fundamentais, sustenta a cultura da organização.

W. L. Gore & Associados, fabricante do tecido Gore-Tex, usado em roupas para caminhada, orgulha-se de sua cultura democrática e do trabalho em equipe. Não existe cargo oficial na Gore, nem chefes ou cadeias de comando. Todo o trabalho é feito em equipes. No processo de seleção, as equipes de funcionários passam os candidatos por diversas entrevistas para garantir que eles possam lidar com o nível de incerteza, flexibilidade e trabalho em grupo que é normal nas fábricas da Gore. Não surpreende que a W. L. Gore apareça regularmente na lista da revista *Fortune* das "100 melhores empresas para trabalhar" (número 31 em 2011).[31]

**ALTA GESTÃO** As ações da alta gestão também têm um impacto importante na cultura organizacional.[32] Por meio de palavras e comportamentos, os executivos seniores estabelecem as normas que permeiam a organização, por exemplo, se é desejável correr riscos, quanta liberdade os gestores dão aos empregados, qual é o vestuário adequado e que ações ganham aumentos, promoções e outras recompensas.

A cultura da rede de supermercados Wegmans — que acredita que empregados orientados, felizes e leais estão mais ávidos para ajudar uns aos outros e fornecer atendimento exemplar — é um resultado direto das crenças da família Wegman. A rede começou em 1930, quando os irmãos John e Walter Wegman abriram sua primeira loja de supermercados em Rochester, Nova York. Seu foco em alimentos finos rapidamente os diferenciou das outras lojas de conveniência — um foco mantido pelos funcionários da empresa, muitos dos quais são contratados com base em seu interesse por comida. Em 1950, Robert, o filho de Walter, tornou-se presidente e acrescentou generosos benefícios e como participação nos lucros e cobertura médica totalmente paga pela empresa. Agora, Danny, o filho de Robert, é o presidente, e ele continuou a tradição Wegmans de cuidar dos empregados. Até esta data, a Wegmans já pagou mais de US$ 54 milhões em bolsas de estudo universitário para seus empregados, tanto os de tempo integral quanto os de jornada parcial. O salário é bem superior à média do mercado, tornando a rotatividade anual de empregados em tempo integral apenas 6%, de acordo com o Food Marketing Institute. (A média do setor é 24%.) A Wegmans aparece regularmente na lista da *Fortune*; era a número 3 em 2011.

**SOCIALIZAÇÃO** Não importa a alta qualidade do trabalho da organização em recrutamento e seleção: novos colaboradores precisam de ajuda para se adaptarem à cultura prevalente. Essa ajuda chama-se **socialização**.[33] Por exemplo, todos os fuzileiros navais dos Estados Unidos devem frequentar um campo de treinamento, onde eles provam seu compromisso e aprendem a maneira "Marine" de ser. A consultoria Booz Allen Hamilton começa seu processo de fazer a integração dos novos empregados mesmo antes de eles começarem seu primeiro dia de trabalho. Novos recrutas vão para um portal interno da web para saber mais sobre a empresa e participar de algumas atividades que os ajudem a entender a cultura da organização. Depois de começarem a trabalhar, eles continuam a aprender sobre a organização por meio de um aplicativo de rede social contínuo, que conecta os novos trabalhadores com membros mais antigos da empresa e ajuda a garantir que a cultura seja transmitida com o passar do tempo.[34]

Podemos pensar na socialização como um processo com três fases: pré-chegada, encontro e metamorfose.[35] Este processo, mostrado na Figura 16.1, tem um impacto na produtividade do trabalho do novo empregado, seu compromisso com os objetivos da organização e a eventual decisão de permanecer na organização.

**FIGURA 16.1** Um modelo de socialização

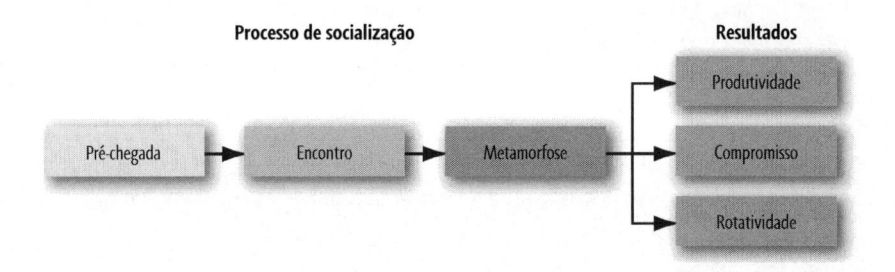

Processo de socialização: Pré-chegada → Encontro → Metamorfose

Resultados: Produtividade, Compromisso, Rotatividade

A **fase de pré-chegada** reconhece que cada indivíduo chega com um conjunto de valores, atitudes e expectativas sobre o trabalho e a organização. Uma das principais finalidades de um curso de administração, por exemplo, é socializar os alunos de administração com as atitudes e os comportamentos que as empresas de negócios querem. Os recém-chegados nas organizações de alto nível, com uma forte posição no mercado, farão suas próprias suposições sobre como deve ser trabalhar ali.[36] A maioria dos novos candidatos espera que a Nike seja dinâmica e estimulante, que um prestigiado escritório de advocacia tenha alta pressão e recompensas, e que o corpo de fuzileiros navais exija disciplina e coragem. No entanto, não importa o quanto os gestores imaginam que podem socializar os recém-chegados, o mais importante preditor do comportamento futuro é o comportamento passado. O que as pessoas sabem antes de se juntarem à organização, o quanto sua personalidade é proativa, são importantes preditores de quão bem eles vão se ajustar a uma nova cultura.[37]

Uma forma de capitalizar sobre as características pré-contratação na socialização é usar o processo seletivo para informar empregados potenciais sobre a organização como um todo. Também vimos como o processo de seleção garante a inclusão do "tipo certo" — aquele que vai estar mais adaptado. "Na verdade, a capacidade de o indivíduo apresentar o tipo adequado durante o processo de seleção determina sua capacidade de mudar para a organização em primeiro lugar. Assim, o sucesso depende do grau até o qual o candidato antecipou corretamente as expectativas e desejos das pessoas na organização responsáveis pela seleção."[38]

Ao se integrar à organização, o novo membro entra na **fase de encontro** e enfrenta a possibilidade de as expectativas — sobre o trabalho, os colegas, o chefe e a organização em geral — diferirem da realidade. Se as expectativas eram bastante precisas, o estágio de encontro apenas concretiza as percepções anteriores. No entanto, muitas vezes não é esse o caso. No extremo, um novo membro pode tornar-se bastante desiludido e demitir-se. Recrutamento e seleção adequados devem reduzir significativamente esse desfecho, além de encorajar laços de amizade na organização — os recém-chegados são mais comprometidos quando os amigos e colegas de trabalho os ajudam a "aprender o caminho das pedras".[39]

Por fim, para resolver quaisquer problemas descobertos durante a fase de encontro, o novo membro muda ou passa pela **fase de metamorfose**. As opções apresentadas no Quadro 16.1 são alternativas projetadas para fazer ocorrer a transformação desejada. A maioria das pesquisas sugere que existem dois grandes "pacotes" de práticas de socialização. Quanto mais o gestor baseia-se em programas de socialização formais, coletivos, fixos e seriados, embora enfatizando a diferenciação, mais provável que as diferenças dos recém-chegados sejam eliminadas e substituídas por comportamentos previsíveis padronizados. Essas práticas institucionais são comuns em departamentos de polícia, bombeiros e outras organizações que valorizam a obediência às regras e à ordem. Programas informais, individuais, aleatórios e variáveis, embora enfatizando o investimento, têm mais probabilidade de dar aos recém-chegados um sentido inovador do seu papel e métodos de trabalho. Campos criativos, como pesquisa e desenvolvimento, publicidade e cinema, dependem dessas práticas individuais. A maioria das pesquisas sugere que altos níveis de práticas institucionais incentivam o alinhamento pessoa–organização e altos níveis de compromisso, enquanto as práticas individuais produzem mais inovação nas funções.[40]

**QUADRO 16.1** Opções de socialização de entrada

**FORMAL VERSUS INFORMAL** Quanto mais um novo empregado é segregado de um ambiente de trabalho vigente e diferenciado de alguma forma de modo a tornar explícito seu papel de recém-chegado, mais formal é a socialização. Orientação específica e programas de treinamento são exemplos. A socialização informal coloca o novo empregado diretamente no trabalho, com pouca ou nenhuma atenção especial.

**INDIVIDUAL VERSUS COLETIVO** Novos membros podem ser socializados individualmente. Esse título descreve como isso é feito em muitos escritórios profissionais. Eles também podem ser agrupados e passar por um processo com um conjunto idêntico de experiências, como no campo de treinamento militar.

(*continua*)

(*continuação*)

**FIXO VERSUS VARIÁVEL** Isto se refere ao cronograma em que os recém-chegados fazem a transição de externos para internos. Um cronograma fixo estabelece fases de transição padronizadas. É o que caracteriza os programas de treinamento rotacionais. Ele também inclui períodos de estágio, tais como o status de "associado" por oito a dez anos usado em contabilidade e advocacia, antes de decidir se um candidato será sócio. Cronogramas variáveis não dão aviso prévio do seu calendário de transição. Os cronogramas variáveis descrevem o sistema de promoção típico, em que um empregado não é avançado para a próxima fase até que esteja "pronto".

**SERIADA VERSUS ALEATÓRIA** A socialização seriada é caracterizada pelo uso de modelos que treinam e encorajam o recém-chegado. Aprendizagem e programas de tutoria são exemplos. Na socialização randômica, os exemplos são eliminados deliberadamente. Os novos colaboradores são deixados por conta própria para descobrirem como fazer as coisas.

**INVESTIDURA VERSUS DESPOJAMENTO** A socialização por investidura pressupõe que as qualidades e qualificações do recém-chegado sejam os ingredientes necessários para o sucesso do trabalho, então essas qualidades e qualificações são confirmadas e apoiadas. A socialização por desinvestidura tenta tirar certas características do candidato. Fraternidades e "candidatos" a irmandades desenvolvem-se pela socialização por desinvestidura para moldá-los em seu papel adequado.

O processo de socialização de entrada em três partes está completo quando os novos membros interiorizarem e aceitarem as normas da organização e de seu grupo de trabalho, estiverem confiantes em sua competência e se sentirem seguros e valorizados por seus pares. Eles entendem o sistema — não somente suas próprias tarefas, mas também as regras, os procedimentos e as práticas informalmente aceitas. Por fim, sabem o que é esperado deles e que critérios serão usados para medir e avaliar o seu trabalho. Como o Quadro 16.1 mostra, a metamorfose bem-sucedida deve ter um impacto positivo sobre a produtividade dos funcionários novos e seu compromisso com a organização, reduzindo sua propensão a deixar a empresa.

Os pesquisadores começaram a examinar como as atitudes do empregado mudam durante a socialização, medindo vários pontos durante os primeiros meses. Um estudo documentou padrões de "lua de mel" e "ressaca" para novos trabalhadores, mostrando que o período de adaptação inicial é muitas vezes marcado por diminuição na satisfação no trabalho à medida que suas esperanças idealizadas entram em contato com a realidade da vida organizacional.[41] Outra pesquisa sugere que o conflito de função e a sobrecarga de funções para os recém-chegados crescem ao longo do tempo, e os trabalhadores com os maiores aumentos nesses problemas funcionais experimentam a maior diminuição em seu comprometimento e satisfação.[42] Pode ser que o período de adaptação inicial para os recém-chegados apresente demandas e dificuldades crescentes, pelo menos em curto prazo.

## Resumo: como as culturas se formam

A Figura 16.2 resume como a cultura da organização é estabelecida e mantida. A cultura original deriva da filosofia do fundador e influencia fortemente os critérios de contratação, conforme a empresa cresce. As ações da alta gestão definem o clima geral, inclusive o que é um comportamento aceitável e o que não é. A maneira como os empregados são socializados dependerá tanto do grau de sucesso alcançado nos valores dos novos funcionários em relação aos da organização no processo seletivo quanto da preferência da alta gestão pelos métodos de socialização.

**FIGURA 16.2** Como se forma a cultura de uma organização

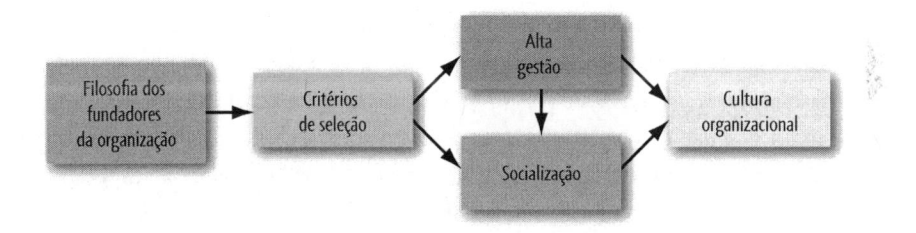

Filosofia dos fundadores da organização → Critérios de seleção → Alta gestão / Socialização → Cultura organizacional

## COMO OS FUNCIONÁRIOS APRENDEM A CULTURA

A cultura é transmitida aos funcionários de diferentes formas, sendo as mais potentes as histórias, os rituais, os símbolos materiais e a linguagem.

### Histórias

Quando Henry Ford II era presidente da Ford Motor Company, seria difícil encontrar um gerente que não tivesse ouvido falar de como ele lembrava seus executivos, quando eles ficavam muito arrogantes, "é meu nome que está sobre o prédio". A mensagem era clara: Henry Ford II dirigia a empresa.

Um número de altos executivos da Nike gasta muito do seu tempo servindo como contadores da história corporativa.[43] Quando eles contam como o cofundador (e treinador de atletismo do Oregon) Bill Bowerman foi para sua oficina e derramou borracha na máquina de waffles da mulher para criar um tênis de corrida melhor, estão falando sobre o espírito de inovação da Nike. Quando novos contratados ouvem histórias de Steve Prefontaine, estrela de corridas do Oregon, em sua luta para tornar a corrida um esporte profissional e alcançar equipamentos com melhor desempenho, eles aprendem o compromisso da Nike em ajudar os atletas.

Histórias como essas circulam por muitas organizações, ancorando o presente no passado e legitimando as práticas atuais. Elas em geral incluem narrativas sobre os fundadores da organização, quebra de regras, sucessos meteóricos, reduções na força de trabalho, realocação de empregados, reações aos erros do passado e enfrentamento organizacional.[44] Os empregados também criam suas próprias narrativas sobre como eles chegaram ou não a se adaptar à organização durante o processo de socialização, incluindo os primeiros dias de trabalho, as primeiras interações com os outros e as primeiras impressões da vida organizacional.[45]

### Rituais

Os **rituais** são as sequências de atividades repetitivas que expressam e reforçam os valores fundamentais da organização — que metas são mais importantes e que pessoas são importantes, bem como quais estão dispensáveis.[46] Um dos rituais mais conhecidos é o canto da empresa Walmart. Iniciado pelo fundador da companhia, o falecido Sam Walton, como uma forma de motivar e unir sua força de trabalho, esse canto tornou-se um ritual que une os trabalhadores e reforça a crença de Walton na contribuição de seus empregados para o sucesso da empresa. Cânticos corporativos semelhantes são usados pela IBM, Ericsson, Novell, Deutsche Bank e PricewaterhouseCoopers.[47]

### Símbolos materiais

A sede da Alcoa não se parece com a típica sede de sua empresa. Há poucos escritórios individuais, mesmo para altos executivos. O espaço é essencialmente composto por compartimentos, áreas comuns e salas de reuniões. Essa informalidade transmite aos funcionários os valores da Alcoa de transparência, igualdade, criatividade e flexibilidade. Algumas empresas disponibilizam a seus principais executivos limusines com motorista e um jato corporativo. Outros CEOs dirigem o carro da empresa e viajam na classe econômica.

O layout da sede corporativa, os tipos de automóveis que os altos executivos recebem e a presença ou ausência de aviões executivos são alguns exemplos de **símbolos materiais**. Outros incluem o tamanho dos escritórios, a elegância do mobiliário, as regalias executivas e as vestimentas.[48] Elas transmitem aos empregados quem é importante, o grau de igualitarismo que a alta gestão deseja e os tipos de comportamento adequados, tais como correr riscos, ser conservador, autoritário, participativo, individualista ou social.

### Linguagem

Muitas organizações e subunidades dentro delas usam a linguagem para auxiliar os membros a se identificar com a cultura, atestar sua aceitação e ajudar a preservá-la. Termos originais descrevem equipamentos, agentes, indivíduos-chave, fornecedores, clientes ou produtos que se relacionam com o negócio. Novos funcionários podem, de início, ser oprimidos por siglas e jargões que, uma vez assimilados, atuam como um denominador comum para unir os membros de uma determinada cultura ou subcultura.

## CRIANDO UMA CULTURA ORGANIZACIONAL ÉTICA

A cultura organizacional mais propensa a formar elevados padrões éticos entre os seus membros tem alta tolerância ao risco, agressividade baixa a moderada e está concentrada nos meios, bem como nos fins.[49] Esse tipo de cultura leva a uma perspectiva de longo prazo e equilibra os direitos das várias partes interessadas, incluindo funcionários, acionistas e a comunidade. Os gestores são apoiados para assumir riscos e inovar, são desencorajados a engajar-se em concorrência desenfreada e orientados a buscar não apenas quais objetivos serão alcançados, mas também *como* fazê-lo.

Se a cultura for forte e apoiar padrões éticos elevados, deve ter uma influência muito poderosa e positiva sobre o comportamento do empregado. Exemplos de organizações que não conseguiram estabelecer códigos adequados de conduta ética podem ser encontrados na mídia quase todos os dias. Algumas iludem ativamente os consumidores ou clientes. Outras fabricam produtos que prejudicam os consumidores ou o ambiente, ou assediam ou discriminam determinados grupos de trabalhadores. Outras são mais sutis e encobrem ou não relatam a infração. As consequências negativas de uma cultura sistemática de comportamento antiético podem ser graves e incluem boicotes dos clientes, multas, ações judiciais e regulamentação governamental das práticas de uma organização.

O que os gestores podem fazer para criar uma cultura mais ética? Eles podem respeitar os seguintes princípios:[50]

- ▶ *Ser um modelo de conduta visível.* Os empregados observarão as ações da alta gestão, como uma referência para o comportamento adequado. Envie uma mensagem positiva.
- ▶ *Comunicar as expectativas éticas.* Minimize ambiguidades éticas partilhando um código de ética organizacional que informe os valores primários e as regras éticas que os empregados devem seguir.
- ▶ *Fornecer treinamento ético.* Planeje seminários, workshops e programas de treinamento para reforçar as normas de conduta da organização, para esclarecer que práticas são inadmissíveis e abordar potenciais dilemas éticos.
- ▶ *Premiar visivelmente atos éticos e punir aqueles antiéticos.* Avalie como as decisões dos gestores são adequadas em relação ao código de ética da organização. Reveja os meios, bem como os fins.

Recompense visivelmente aqueles que agirem com ética e puna de modo conspícuo aqueles que não agirem assim.
- ▶ **Fornecer mecanismos de proteção.** Forneça mecanismos formais para que funcionários possam discutir dilemas éticos e relatar o comportamento antiético, sem medo de repreensão. Estes podem incluir conselheiros éticos, ombudsman ou agentes éticos.

O trabalho de criação de um clima ético positivo tem que começar no topo da organização.[51] Um estudo com 195 gestores demonstrou que, quando a alta direção enfatiza valores éticos fortes, os supervisores são mais propensos a praticar a liderança ética. As atitudes éticas positivas são transferidas para os empregados de linha, que mostram níveis mais baixos de comportamento desviante e mais elevados de cooperação e assistência. Um estudo envolvendo auditores detectou que a pressão percebida pelos líderes organizacionais para se comportarem com falta de ética foi associada com aumento das intenções de participar de práticas antiéticas.[52] De modo claro, o tipo errado de cultura organizacional pode influenciar negativamente o comportamento ético dos empregados. Por fim, os empregados cujos valores éticos são semelhantes aos do seu departamento são mais propensos a ser promovidos, então, podemos pensar em cultura ética como fluindo também de baixo para cima.[53]

## CRIANDO UMA CULTURA ORGANIZACIONAL POSITIVA

> É possível formar culturas éticas e culturas organizacionais positivas, mas os meios pelos quais tais culturas são atingidas são bastante diferentes.

À primeira vista, criar uma cultura positiva pode parecer irremediavelmente ingênuo ou como uma conspiração ao estilo Dilbert.* A única coisa que nos faz acreditar que essa tendência esteja aqui para ficar, no entanto, são os sinais de que a prática de gestão e a pesquisa em CO estão convergindo.

Uma **cultura organizacional positiva** enfatiza a construção sobre os pontos fortes do funcionário, recompensa mais do que pune, e enfatiza a vitalidade individual e o crescimento.[54] Vamos considerar cada uma dessas áreas.

### Baseando-se nos pontos fortes do funcionário

Apesar de uma cultura organizacional positiva não ignorar os problemas, ela enfatiza a importância de mostrar aos trabalhadores como eles podem valorizar seus pontos fortes. Como o guru da administração Peter Drucker disse: "A maioria dos norte-americanos não sabe quais são seus pontos fortes. Quando você pergunta isso a eles, olham para você com um olhar vazio, ou respondem em termos de conhecimento do assunto, que é

---

\* Referência a personagem de história em quadrinhos, famoso por retratar o mundo corporativo. (N.R.T.)

a resposta errada". Não seria melhor estar em uma cultura organizacional que o ajudasse a descobrir seus pontos fortes e aprender a tirar o maior proveito deles?

Larry Hammond usou essa abordagem quando você menos esperaria: durante os dias mais sombrios da sua empresa. Hammond é CEO da Auglaize Provico, uma empresa de agronegócios com sede em Ohio. No meio das piores lutas financeiras da empresa, quando teve que despedir um quarto da mão de obra, Hammond decidiu tentar uma abordagem diferente. Em vez de se debruçar sobre o que estava errado, ele aproveitou o que estava certo. "Se você realmente quer [ter excelência], tem que conhecer a si mesmo — tem que saber no que você é bom, e tem que saber no que você não é tão bom", diz Hammond. Com a ajuda do consultor Barry Conchie, da Gallup, Hammond centrou-se em descobrir e usar os pontos fortes dos empregados e ajudou a empresa a transformar-se totalmente. "Você pergunta para o Larry [Hammond] qual é a diferença, e ele vai dizer que são os indivíduos usando seus talentos naturais", diz Conchie.[55]

## Premiar mais do que punir

Embora a maioria das organizações seja suficientemente focada em recompensas extrínsecas como salário e promoções, muitas vezes esquecem do poder das recompensas menores (e mais baratas) como o elogio. Parte da criação de uma cultura organizacional positiva é "detectar os empregados que estão fazendo a coisa certa". Muitos gestores evitam elogiar, porque têm medo que os funcionários alterem seu comportamento ou porque acham que o elogio não é valorizado. Os funcionários em geral não pedem elogios e os gestores em geral não percebem os custos de não fazê-los.

Considere Elżbieta Górska-Kolodziejczyk, uma gestora de instalação da International Paper em Kwidzyn, na Polônia. Os empregados trabalham em um porão sombrio sem janelas. O pessoal é cerca de um terço de seu nível anterior, enquanto a produção triplicou. Esses desafios tinham acabado com os três gestores anteriores. Então, quando Górska-Kolodziejczyk assumiu, apesar de ter muitas ideias sobre a transformação da organização, entre as mais importantes estavam reconhecimento e elogios. Ela inicialmente achou difícil fazer elogios para aqueles que não estavam habituados a isso, principalmente os homens. "Eles eram duros como rocha no início", disse ela. "Como rocha". Com o tempo, no entanto, ela percebeu que eles valorizavam e até devolviam o elogio. Um dia um supervisor do departamento a parou para dizer que ela estava fazendo um bom trabalho. "Isso eu lembro, sim", disse ela.[56]

## Enfatizando a vitalidade e o crescimento

Nenhuma organização obterá o melhor de empregados que se veem como meras engrenagens na máquina. Uma cultura positiva reconhece a diferença entre um emprego e uma carreira. Apoia não só o que o empregado contribui para a eficácia da organização, mas também como a organização pode tornar o funcionário mais eficaz — no âmbito pessoal e no profissional.

Embora seja preciso mais criatividade para incentivar o crescimento do empregado em alguns tipos de indústrias, considere a indústria de alimentos. Na Masterfoods na Bélgica, Philippe Lescornez lidera uma equipe de funcionários, incluindo Didier Brynaert, que trabalha em Luxemburgo, a quase 150 km de distância. Brynaert era considerado um bom promotor de vendas que estava atendendo às expectativas quando Lescornez decidiu que o trabalho do Brynaert poderia se tornar mais importante se ele fosse visto menos como promotor de vendas e mais como um perito nas características únicas do mercado de Luxemburgo. Então, Lescornez pediu a Brynaert informações que ele pudesse compartilhar com o escritório central. Ele esperava que, ao elevar o perfil de Brynaert em Bruxelas, poderia criar nele um maior sentido de propriedade de seu território de vendas remoto. "Comecei a comunicar muito mais o que ele fazia para as outras pessoas [dentro da empresa], porque há bastante distância entre o escritório de Bruxelas e a seção em que ele está trabalhando. Então, comecei a comunicar, comunicar, comunicar. Quanto mais eu comunicava, mais ele começava a fornecer material", diz Lescornez. Como resultado, "agora ele é reconhecido como o especialista para Luxemburgo — o cara que é capaz de construir um forte relacionamento com os clientes de Luxemburgo", diz Lescornez. O que é bom para Brynaert é, claro, bom também para Lescornez, que obtém crédito para ajudar Brynaert a crescer e se desenvolver.[57]

## Limites da cultura positiva

Uma cultura positiva é uma panaceia? Embora empresas como GE, Boeing, Xerox e 3M tenham abraçado os aspectos de uma cultura organizacional positiva, é uma ideia nova o suficiente para nos tornar incertos sobre como e quando ela funciona melhor.

Nem todas as culturas valorizam tanto a positividade quanto a dos Estados Unidos, e, até mesmo dentro da cultura dos Estados Unidos, com certeza há limites para até onde temos de ir para preservar uma cultura positiva. Por exemplo, a Admiral, uma companhia de seguros britânica, estabeleceu um Ministério da Diversão em seus call centers para organizar momentos de escrita de poemas, jogos de pebolim, conker (um jogo britânico envolvendo castanhas) e dias de fantasia. Quando a busca de uma cultura positiva começa a parecer coercitiva ou mesmo orwelliana?* Como um crítico observa: "Promover uma ortodoxia social de positividade focaliza uma constelação particular de estados e traços desejáveis, mas, ao fazê-lo, pode estigmatizar aqueles que não conseguem se adaptar ao modelo".[58] Pode haver benefícios para o estabelecimento de uma cultura positiva, mas uma organização também precisa ser objetiva e não persegui-la além da eficácia.

## IMPLICAÇÕES GLOBAIS

Consideramos valores culturais globais (coletivismo–individualismo, distância do poder etc.) no Capítulo 5. Aqui, nosso foco é um pouco mais estreito: como a cultura organizacional é afetada por um contexto global? A cultura organizacional é tão poderosa, que muitas vezes ultrapassa as fronteiras nacionais. Mas isso não significa que as organizações devam, ou possam, ignorar a cultura local.

As culturas organizacionais frequentemente refletem a cultura nacional. A cultura na AirAsia, uma companhia aérea baseada na Malásia, enfatiza a vestimenta informal para não criar diferenças de status. A empresa tem muitas subdivisões, gestão participativa e não há escritórios privados, refletindo a cultura relativamente coletivista da Malásia. A cultura da US Airways não reflete o mesmo grau de informalidade. Se a US Airways fosse montar operações na Malásia ou fundir-se com a AirAsia, seria necessário levar em conta essas diferenças culturais.

Uma das principais coisas que os gestores norte-americanos podem fazer é ser culturalmente sensíveis. Os Estados Unidos são uma força dominante nos negócios e na cultura — e com essa influência vem uma reputação. "Somos vistos em todo o mundo como pessoas arrogantes, totalmente egocêntricos e que falam alto", diz um executivo norte-americano. Empresas como a American Airlines, Lowe, Novell, ExxonMobil e Microsoft têm implementado programas de treinamento para sensibilizar os seus gestores para as diferenças culturais. Algumas maneiras de nós gestores podermos ser culturalmente sensíveis incluem falar em um tom de voz baixo, falar lentamente, ouvir mais e evitar discussões sobre religião e política.

A gestão de comportamento ético é uma área onde a cultura nacional pode atritar-se contra a cultura corporativa.[59] Os gestores norte-americanos endossam a supremacia das forças de mercado anônimas e implicitamente ou explicitamente veem a maximização do lucro como uma obrigação moral para organizações empresariais. Essa visão do mundo vê o suborno, nepotismo e favorecimento de contatos pessoais como altamente antiéticos.

> A cultura organizacional e a cultura nacional não são a mesma coisa, embora, em algum grau, a cultura de uma organização reflita os valores dominantes do seu país de acolhimento.

---

\* Alusão ao escritor George Orwell que, em suas obras, destaca o totalitarismo. (N.R.T.)

Qualquer ação que se desvie da maximização do lucro pode indicar que possa estar ocorrendo comportamento impróprio ou corrupto. Em contraste, os gestores nas economias em desenvolvimento são mais propensos a ver as decisões éticas como incorporadas em um ambiente social. Isso significa que fazer favores especiais para família e amigos não é apenas apropriado, mas possivelmente até mesmo uma responsabilidade ética. Os gestores em muitas nações também veem o capitalismo com ceticismo e acreditam que os interesses dos trabalhadores devem ser colocados em pé de igualdade com os dos acionistas.

Os funcionários dos Estados Unidos não são os únicos que precisam ser culturalmente sensíveis. Três vezes por semana, empregados na unidade canadense da fabricante japonesa de videogames Koei começam o dia ao lado de suas mesas, olhando de frente para seus chefes e dizendo "Bom dia" em uníssono. Os empregados então fazem curtos discursos sobre temas que variam de princípios corporativos a aparelhos de jogo 3D. A Koei também faz seus funcionários baterem o ponto e pede que as mulheres sirvam chá aos executivos visitantes. Embora essas práticas sejam consistentes com a cultura da Koei, elas não cabem muito bem na cultura canadense. "É como uma escola", diz um empregado canadense.[60]

## RESUMO E IMPLICAÇÕES PARA OS GESTORES

Os funcionários formam uma percepção global subjetiva da organização baseada em fatores como o grau de tolerância ao risco, destaque da equipe e apoio das pessoas. Essa percepção global torna-se, com efeito, a cultura ou a identidade da organização e afeta o desempenho do empregado e sua satisfação, com culturas mais fortes, tendo um impacto maior.

- ▶ Assim como a personalidade dos indivíduos tende a ser estável com o tempo, o mesmo ocorre com as culturas fortes. Isso torna uma cultura forte difícil para os gestores mudarem, se ela ficar incompatível com o ambiente. Mudar a cultura de uma organização é um processo longo e difícil. Assim, pelo menos em curto prazo, os gestores devem tratar a cultura da sua organização como relativamente fixa.
- ▶ Uma das implicações gerenciais mais importantes da cultura organizacional relaciona-se com as decisões de seleção. A contratação de indivíduos cujos valores não se alinham com os da organização é suscetível de produzir empregados que tenham pouca motivação e compromisso, e que estejam insatisfeitos com seus empregos e com a organização.[61] Não chega a surpreender que esses "desajustes" tenham taxas de rotatividade consideravelmente mais elevadas.

- O desempenho do funcionário também depende em um grau considerável de saber o que fazer e não fazer. Compreender o caminho certo para fazer um trabalho indica socialização adequada.
- Como um gestor, você pode moldar a cultura de seu ambiente de trabalho, às vezes tanto quanto ela molda você. Todos os gestores podem fazer sua parte especialmente para criar uma cultura ética.

Acesse o Site de apoio ao livro (www.grupoa.com.br) e teste seus conhecimentos por meio dos exercícios elaborados para este capítulo.

# 17 Mudança organizacional e gestão do estresse

Depois de estudar este capítulo, você será capaz de:
- identificar as forças que atuam como estimulantes para a mudança;
- descrever as fontes de resistência à mudança;
- comparar as quatro principais abordagens para a gestão da mudança organizacional;
- demonstrar duas formas de criar uma cultura de mudança;
- descrever as causas e consequências do estresse no trabalho.

Este capítulo é sobre a mudança e o estresse. Descrevemos as forças ambientais que exigem a mudança das empresas, por que as pessoas e as organizações muitas vezes resistem à mudança, e como essa resistência pode ser superada. Vamos rever os processos para a gestão da mudança organizacional. Então vamos, abordar o estresse e suas fontes e consequências. No fechamento, discutiremos o que indivíduos e organizações podem fazer para melhor gerenciar os níveis de estresse.

## FORÇAS PARA A MUDANÇA

Hoje, nenhuma empresa está em um ambiente particularmente estável. Mesmo aquelas com uma parcela dominante do mercado devem mudar, às vezes radicalmente. Mesmo que a Apple tenha sido bem-sucedida com seu iPad, o crescente número de concorrentes no campo de computadores tablets sugere que a Apple terá de atualizar-se e inovar continuamente para se manter à frente do mercado.

"Mudar ou morrer!" é o grito de guerra entre os gestores atuais, em todo o mundo. Em diversos pontos neste livro, discutimos a natureza mutante da força de trabalho. Quase todas as organizações devem adaptar-se a um ambiente multicultural, a mudanças demográficas, à imigração e à terceirização. A *tecnologia* está mudando continuamente os empregos e as organizações. Não é difícil imaginar que a ideia de um escritório vai se tornar um conceito antiquado num futuro próximo.

Os setores de armazenagem e finanças recentemente sofreram *choques econômicos* extraordinários, levando à eliminação, bancarrota ou aquisição de algumas das empresas estadunidenses mais conhecidas e consagradas, incluindo Bear Stearns, Merrill Lynch, Lehman Brothers, Countrywide

Financial, Washington Mutual e Ameriquest. Milhares de empregos foram perdidos e podem jamais ser recuperados. Após anos de quedas no número de bancarrotas, a recessão global causou a quebra das indústrias automobilísticas General Motors e Chrysler, dos varejistas Borders e Sharper Image, e uma série de outras organizações.

A *concorrência* está mudando. Os concorrentes têm a mesma probabilidade de virem do outro lado do oceano ou de alguma parte da mesma cidade. As organizações bem-sucedidas serão céleres, capazes de desenvolver novos produtos com rapidez e colocá-los no mercado velozmente. Em outras palavras, serão flexíveis e exigirão uma força de trabalho igualmente flexível e responsiva. Cada vez mais, nos Estados Unidos e na Europa, o governo regula as práticas comerciais, inclusive a remuneração dos executivos.

As *tendências sociais* tampouco permanecem estáticas. Os consumidores que eram desconhecidos agora se encontram e compartilham informações sobre o produto em salas de chat e blogs. As empresas devem ajustar continuamente seus produtos e estratégias para serem sensíveis às novas tendências sociais, como Liz Claiborne fez quando vendeu marcas de moda (como Ellen Tracy), diminuiu a ênfase nos grandes fornecedores como a Macy's, racionalizou as operações e reduziu o número de empregados. Consumidores, empregados e líderes organizacionais estão mais sensíveis às preocupações ambientais. As práticas "verdes" rapidamente estão se tornando posturas esperadas e não mais opcionais.

Nem mesmo os mais fortes proponentes da globalização poderiam imaginar como a *política mundial* mudaria nos últimos anos. Testemunhamos uma série importante de crises financeiras que abalaram os mercados globais, uma drástica elevação no poder e na influência da China, e dramáticas agitações nos governos dos países árabes. Em todo o mundo industrializado, os negócios — principalmente nos setores bancários e financeiros — foram submetidos a novas provações.

## RESISTÊNCIA À MUDANÇA

Nossos egos são frágeis, e com frequência entendemos as mudanças como ameaças. Um estudo recente demonstrou que, mesmo ao serem apresentados a dados sugestivos de que eles precisam mudar, os empregados vão em busca de quaisquer dados que sugiram que eles estão bem e não necessitam fazer mudanças.[1] Os empregados que têm sentimentos negativos sobre uma mudança lidam com a situação ignorando-a, aumentando o número de licenças médicas e largando o emprego. Todas essas reações podem sugar a energia vital da organização, quando ela é mais necessária.[2]

Uma das descobertas mais bem documentadas de estudos do comportamento individual e organizacional é que as organizações e seus membros resistem à mudança.

A resistência à mudança pode ser positiva se conduzir a uma discussão aberta e ao debate.[3]

Essas respostas em geral são preferíveis à apatia e ao silêncio, e podem indicar que os membros da organização estão comprometidos no processo, dando aos agentes de mudança uma oportunidade para explicarem os esforços de mudança. Os agentes de mudança também podem usar a resistência para modificar as transformações, para que se ajustem às preferências de outros membros da organização. Quando eles tratam a mudança apenas como uma ameaça, em vez de um ponto de vista a ser discutido, podem intensificar o conflito disfuncional.

A resistência não necessariamente se superficializa de maneiras padronizadas. Ela pode ser explícita, implícita, imediata ou tardia. É mais fácil para os gestores lidarem com a resistência explícita e imediata que se mostra nas queixas, redução da produtividade e ameaça de greve. O maior desafio é gerenciar a resistência que é implícita ou tardia. Como as respostas comportamentais, tais como a perda de motivação, aumento dos erros e elevação da taxa de absentismo, podem ter muitas causas, elas são mais sutis e mais difíceis de reconhecer pela maneira como se expressam. As ações tardias também dificultam a determinação da relação entre as mudanças e a reação a elas, e podem surgir semanas, meses ou até mesmo anos mais tarde. Ou uma mudança única, de pouco impacto inerente pode ser a gota d'água, porque a resistência a mudanças prévias foi adiada e acumulada.

O Quadro 17.1 resume as principais forças para a resistência à mudança, classificadas segundo suas origens. As fontes individuais residem nas características humanas, tais como as percepções, personalidades e necessidades. As fontes organizacionais residem na composição estrutural própria das organizações.

**QUADRO 17.1** ⬢ Fontes de resistência à mudança

| FONTES INDIVIDUAIS |
|---|
| Hábito — para lidar com as complexidades da vida, dependemos de hábitos ou respostas programadas. Mas quando somos confrontados com a mudança, essa tendência a responder em nossos modos usuais torna-se uma fonte de resistência. |
| Segurança — pessoas com uma alta necessidade de segurança têm mais probabilidade de resistir à mudança, porque ela ameaça os sentimentos de segurança. |
| Fatores econômicos — alterações nas tarefas ou rotinas de trabalho estabelecidas podem suscitar receios econômicos, se as pessoas estão preocupadas que não vão ser capazes de realizar as novas tarefas ou rotinas com seus padrões anteriores, em especial quando o pagamento está intimamente ligado à produtividade. |

*(continua)*

(*continuação*)

Medo do desconhecido — a mudança substitui a ambiguidade e a incerteza pelo desconhecido.

Processamento de informação seletiva — indivíduos são culpados de processar seletivamente as informações a fim de manter intactas suas percepções. Eles ouvem o que querem ouvir e ignoram as informações que desafiam o mundo que criaram.

### FONTES ORGANIZACIONAIS

Inércia estrutural — as organizações têm mecanismos internos — como seus processos de seleção e regulamentos formalizados — para produzir estabilidade. Quando uma organização é confrontada com a mudança, essa inércia estrutural atua como um contrapeso para manter a estabilidade.

Foco de mudança limitado — as organizações são constituídas por um número de subsistemas interdependentes. Um não pode ser mudado sem afetar os outros. Portanto, alterações limitadas em subsistemas tendem a ser anuladas pelo sistema maior.

Inércia de grupo — mesmo que indivíduos queiram mudar seu comportamento, as normas do grupo podem atuar como uma restrição.

Ameaça à especialização — mudanças nos padrões organizacionais podem ameaçar a competência de grupos especializados.

Ameaça às relações de poder estabelecidas — qualquer redistribuição de autoridade de tomada de decisões pode ameaçar as relações de poder há muito estabelecidas dentro da organização.

Ameaça para alocações de recursos estabelecidos — grupos na organização que controlam recursos consideráveis muitas vezes veem as mudanças como uma ameaça. Eles tendem a se contentar com a forma como as coisas são.

É importante salientar que nem toda mudança é benéfica. A pressa pode levar à tomada de decisões ruins, e algumas vezes as pessoas que dão início às mudanças podem não perceber a magnitude total dos efeitos ou seus custos reais. A mudança transformacional rápida é arriscada, e algumas organizações foram ao colapso por essa razão.[4] Os agentes de mudança precisam pensar cuidadosamente nas implicações globais.

## Superar a resistência à mudança

Oito táticas podem ajudar os agentes de mudança a lidarem com a resistência.[5] Vamos revisá-las de modo breve.

**EDUCAÇÃO E COMUNICAÇÃO**  Explicar a lógica de uma mudança pode reduzir a resistência do empregado em dois níveis. Primeiro, combate os efeitos da falta de informações e a má comunicação: se os empregados recebem as informações completas e esclarecem as dúvidas e os mal-entendidos, a resistência costuma desaparecer. Segundo lugar, a comunicação pode ajudar a "vender" a necessidade de mudanças, ao apresentá-la em uma embalagem adequada.[6] Um estudo realizado com empresas da Alemanha revelou que as mudanças são mais efetivas quando uma empresa comunica aos empregados quais os motivos que equilibram os interesses de vários participantes (acionistas, empregados, comunidade, consumidores) em vez de apenas os interesses dos acionistas.[7] Um outro estudo de uma organização em fase de mudança nas Filipinas detectou que as sessões de informações formais sobre as mudanças reduziram a ansiedade dos empregados, ao mesmo tempo em que fornecer informações de alta qualidade sobre as mudanças aumentou o compromisso com elas.[8]

PARTICIPAÇÃO  É difícil resistir à decisão de mudança da qual nós participamos. Assumindo-se que os participantes têm a capacidade de dar contribuições significativas, seu envolvimento pode reduzir a resistência, estimular o comprometimento e aumentar a qualidade da decisão de mudança. Contudo, contra essas vantagens há pontos negativos: potencial para uma solução inadequada e o consumo de tempo.

CONSTRUÇÃO DO APOIO E DO COMPROMETIMENTO  Quando o medo e a ansiedade dos empregados são grandes, aconselhamento e terapia, treino de novas habilidades e uma curta licença remunerada podem facilitar o ajuste. Quando os gestores ou os empregados têm um compromisso emocional baixo para mudar, favorecem o *status quo* e resistem às mudanças.[9] Os empregados também aceitam mais as mudanças quando são comprometidos com a organização como um todo.[10] Assim, estimular os empregados e enfatizar seu compromisso com a organização pode também os ajudar emocionalmente a se comprometerem com a mudança, em vez de ficarem fixados ao *status quo*.

DESENVOLVA RELACIONAMENTOS POSITIVOS  As pessoas têm mais vontade de aceitar as mudanças quando elas confiam nos gestores que vão implementá-las.[11] Um estudo fez um levantamento de 235 empregados de uma grande empresa de armazenamento nos Países Baixos a qual ia passar por uma fusão. Os empregados com mais relacionamentos positivos com seus supervisores, e que achavam que o ambiente de trabalho estimulava o desenvolvimento, tiveram uma postura muito mais positiva em relação ao processo de mudança.[12] Um outro conjunto de estudos detectou que os indivíduos que tinham predisposição à resistência às mudanças sentiam-se mais otimistas se confiassem no agente de mudanças.[13] Essa pesquisa sugere que, se os gestores forem capazes de facilitar os relacionamentos positivos, serão capazes de superar a resistência à mudança, mesmo entre os empregados que em geral não gostam de mudanças.

IMPLEMENTAR MUDANÇAS JUSTAS  Uma maneira pela qual as organizações podem minimizar o impacto negativo é certificar-se de que a mudança é implementada de modo justo. Como vimos no Capítulo 7, a justiça processual é de especial importância quando os empregados percebem um resultado como negativo, assim é crucial que os empregados vejam a razão para a mudança e percebam sua execução como consistente e justa.[14]

MANIPULAÇÃO E COOPTAÇÃO  O termo *manipulação* refere-se às tentativas de influência implícita. Distorcer os fatos para torná-los mais atraentes, reter informações e criar falsos rumores para forçar os empregados a aceitarem a mudança são exemplos de manipulação. Se a gestão ameaça fechar uma fábrica cujos funcionários estão resistindo a um corte de pagamentos externo, e se a ameaça não for realmente verdade, a gestão estará usando a manipulação. A *cooptação*, por outro lado, combina a manipulação e a participação. Procura-se conquistar os líderes de um grupo de resistência, dando-lhes um papel fundamental, procurando seus conselhos, não para encontrar uma solução melhor, mas para obter o apoio deles. Tanto a manipulação quanto a cooptação são maneiras relativamente baratas de ganhar o apoio dos adversários, mas podem sair pela culatra se os alvos estiverem conscientes de que estão sendo enganados ou usados. Uma vez que a estratégia é descoberta, a credibilidade do agente de mudança pode cair para zero.

SELEÇÃO DE PESSOAS QUE ACEITAM A MUDANÇA  As pesquisas sugerem que a habilidade para aceitar e se adaptar facilmente à mudança está relacionada à personalidade — alguns indivíduos têm simplesmente atitudes mais positivas sobre a mudança do que outros.[15] Tais indivíduos estão abertos à experiência, têm uma atitude positiva com relação à mudança, estão dispostos a correr riscos e são flexíveis em seu comportamento. Um estudo com gestores nos Estados Unidos, na Europa e na Ásia detectou que as pessoas com autoconceito positivo e alta tolerância ao risco enfrentavam melhor a mudança organizacional. Um estudo que incluiu 258 policiais detectou que aqueles com maior força de crescimento, ponto de controle interno e motivação interna para o trabalho tinham atitudes mais positivas sobre os esforços de mudança organizacional.[16] Os indivíduos com maior habilidade mental também são mais capazes de aprender e de se adaptar às modificações no local de trabalho.[17] Em síntese, um conjunto impressionante de evidências revela que as organizações podem facilitar as mudanças, selecionando pessoas predispostas a aceitá-las.

Além de selecionar indivíduos que queiram aceitar as modificações, também é possível selecionar equipes que sejam mais adaptáveis. Estudos demonstraram que as equipes que são fortemente motivadas para aprender e dominar as tarefas são mais capazes de se adaptarem aos ambientes em modificação.[18] Essa pesquisa sugere que pode ser necessário considerar não apenas a motivação individual, mas também a motivação do grupo quando tentamos implementar as modificações.

**COERÇÃO** A última das estratégias listadas é a *coerção*, a aplicação de ameaças diretas ou forças aos resistentes. Se a gestão realmente estiver determinada a fechar uma fábrica cujos empregados não aceitem os cortes de salários, a empresa estará usando de coerção. Outros exemplos são ameaças de transferência, perda de promoções, avaliações de desempenho negativas e cartas de recomendação com texto pouco atraente. As vantagens e desvantagens da coerção são mais ou menos as mesmas que as da manipulação e da cooptação.

## ABORDAGENS PARA A GESTÃO DA MUDANÇA ORGANIZACIONAL

Agora vamos tratar de várias estratégias para a gestão das mudanças: o modelo clássico de Lewin em três etapas do processo de mudança, o plano em oito passos de Kotter, a pesquisa de ação e o desenvolvimento organizacional.

### Modelo de três passos de Lewin

Kurt Lewin afirmava que uma mudança bem-sucedida nas organizações deveria seguir três passos: **descongelamento** do *status quo*, **movimento** para um estado final desejado, e **recongelamento** da nova condição, para torná-la permanente.[19] (Ver Figura 17.1.)

**FIGURA 17.1** Modelo de mudança de três etapas de Lewin

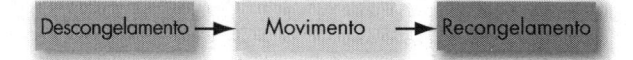

Descongelamento → Movimento → Recongelamento

O *status quo* é um estado de equilíbrio. Para mover-se de um equilíbrio — para superar as pressões de resistência individual e de conformidade do grupo — o descongelamento deve acontecer de uma das três maneiras (ver Figura 17.2). As **forças motrizes**, que afastam o comportamento do *status quo*, podem ser aumentadas. As **forças restritivas**, que bloqueiam o movimento de afastamento do equilíbrio, podem ser reduzidas. Uma terceira alternativa é combinar as duas primeiras abordagens. As empresas que foram bem-sucedidas no passado são propensas a encontrar forças de restrição, porque as pessoas questionam a necessidade de mudanças.[20] Da mesma forma, a pesquisa mostra que as empresas com culturas fortes primam por uma mudança incremental, mas são superadas por forças restritivas contra a mudança radical.[21]

**FIGURA 17.2** ● Descongelamento do *status quo*

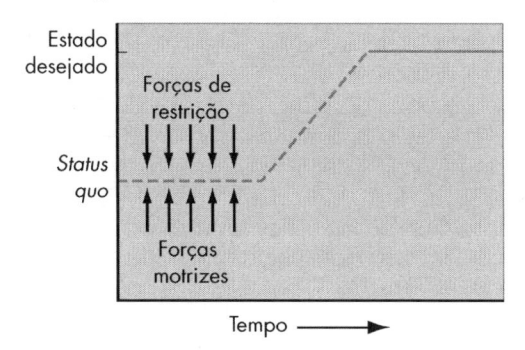

[Figura: gráfico mostrando o eixo vertical com "Estado desejado" no topo e "Status quo" abaixo, e o eixo horizontal "Tempo". Setas para baixo indicam "Forças de restrição" e setas para cima indicam "Forças motrizes". Uma linha tracejada sobe do status quo até o estado desejado.]

A pesquisa sobre a mudança organizacional demonstrou que, para ser efetiva, a mudança real deve acontecer rapidamente.[22] As organizações que evoluem devagar para a mudança têm piores resultados do que aquelas que passam com rapidez pelos estágios de modificação.

Uma vez implementada, para ser bem-sucedida, a nova situação deve ser recongelada, de modo que possa ser mantida com o passar do tempo. Sem esta última etapa, a mudança provavelmente será de curta duração e os empregados tentarão reverter para o estado de equilíbrio anterior. O objetivo do recongelamento, então, é estabilizar a nova situação, equilibrando as forças de restrição e motrizes.

## Plano de oito passos de Kotter para implementar a mudança

John Kotter, da Harvard Business School, modificou o modelo de três passos de Lewin para criar uma abordagem mais detalhada para a implementação das mudanças.[23] Kotter começou listando erros comuns que os gestores fazem ao tentar iniciar a mudança. Eles podem falhar em criar um sentido de urgência sobre a necessidade de mudança, criar uma coalizão para gerenciar o processo, ter uma visão para a mudança e efetivamente comunicá-la, remover os obstáculos que impedem a realização da visão, fornecer metas em curto prazo e realizáveis ou ancorar as mudanças na cultura da organização. Eles também podem declarar a vitória cedo demais.

Kotter criou então oito passos sequenciais para superar esses problemas. Eles estão listados no Quadro 17.2. Observe como os quatro primeiros passos de Kotter extrapolam essencialmente a fase de "descongelamento" de Lewin. Os passos 5, 6 e 7 representam o "movimento", e o passo final funciona para "recongelar". Então, a contribuição de Kotter situa-se em fornecer aos gestores e agentes de mudança um guia mais detalhado para a execução eficaz da mudança.

**QUADRO 17.2** ● Plano de oito etapas de Kotter para implementar a mudança

1. Estabelecer um senso de urgência, criando uma razão convincente de por que a mudança é necessária.
2. Formar uma coligação com energia suficiente para liderar a mudança.
3. Criar uma nova visão para direcionar a mudança e as estratégias para alcançar a visão.
4. Comunicar a visão para toda a organização.
5. Capacitar os outros a agirem sobre a visão, removendo barreiras à mudança e encorajando-os a correrem riscos e resolverem problemas de forma criativa.
6. Planejar, criar e recompensar "vitórias" em curto prazo que movam a organização em direção à nova visão.
7. Consolidar melhorias, reavaliar as mudanças e fazer os ajustes necessários nos novos programas.
8. Reforçar as mudanças, demonstrando a relação entre novos comportamentos e o sucesso organizacional.

## Desenvolvimento organizacional

O **desenvolvimento organizacional (DO)** é uma coleção de métodos de mudança que tentam melhorar a eficácia organizacional e o bem-estar do empregado.[24]

Os métodos de DO valorizam o crescimento humano e organizacional, os processos colaborativos e participativos e um espírito investigativo.[25] O DO contemporâneo tem forte relação com a filosofia pós-moderna ao colocar muita ênfase sobre as formas subjetivas pelas quais as pessoas veem o seu ambiente. O foco é sobre como os indivíduos compreendem seu ambiente de trabalho. O agente de mudanças pode liderar o DO, mas existe uma ênfase muito grande na colaboração. Estes são os valores subjacentes, na maioria dos esforços de DO:

1. *Respeito pelas pessoas.* Os indivíduos são percebidos como responsáveis, conscientes e atenciosos. Devem ser tratados com dignidade e respeito.
2. *Confiança e apoio.* Uma organização eficaz e saudável é caracterizada por um clima favorável, autenticidade, abertura e confiança.
3. *Equalização do poder.* Organizações eficazes retiram a ênfase no controle e na autoridade hierárquica.
4. *Confrontação.* Os problemas devem ser confrontados abertamente, não varridos para debaixo do tapete.

5. *Participação.* Quanto mais envolvidos nas decisões estiverem, mais pessoas afetadas por uma mudança serão comprometidas em implementá-la.

Quais as técnicas ou intervenções de DO para se obterem as mudanças? Aqui estão cinco delas.

1. *Reavaliação da pesquisa.* Uma ferramenta para avaliar as atitudes tomadas pelos membros da organização, identificar discrepâncias entre as percepções dos membros e resolver essas diferenças é a abordagem de **reavaliação da pesquisa**.[26] Todos os membros de uma organização podem participar na reavaliação da pesquisa, mas é fundamental a presença da "família" organizacional — o gestor de uma determinada unidade e os empregados que se reportam diretamente a ele. Todos em geral preenchem um questionário sobre suas percepções e atitudes sobre uma série de assuntos, inclusive as práticas de tomada de decisões; efetividade de comunicação; coordenação entre as unidades; e satisfação com a organização, emprego, pares e supervisor imediato.

   Os dados desse questionário são tabulados com os dados pertencentes à "família" específica de um indivíduo e de toda a organização, e então são distribuídos para os empregados. Esses dados tornam-se o ponto de partida para a identificação de problemas e a elucidação de aspectos que podem estar criando dificuldades para as pessoas. Deve-se dar uma atenção especial para encorajar as discussões e assegurar o foco nos aspectos e ideias e não em atacar os indivíduos. Por exemplo, as pessoas estão escutando? Novas ideias estão sendo geradas? É possível melhorar a tomada de decisão, as relações interpessoais e a atribuição de tarefas? As respostas devem levar o grupo a comprometer-se com várias soluções para os problemas identificados.

2. *Consultoria do processo.* Os gestores frequentemente sentem que o desempenho de sua unidade pode ser melhorado, mas não são capazes de identificar o que deve ser melhorado e nem sabem como. O objetivo da **consultoria do processo (CP)** é que um consultor externo ajude um cliente, em geral um gestor, a "perceber, compreender e agir sobre os eventos do processo" com o qual o gestor deve lidar.[27]

   A CP é similar ao treinamento de sensibilidade ao assumir que podemos melhorar a efetividade organizacional, lidando com os problemas interpessoais e enfatizando o envolvimento.

Mas ela é mais dirigida às tarefas, e os consultores estão ali para "dar ao cliente o 'insight' sobre o que acontece ao seu redor, dentro dele e entre ele e outras pessoas".[28] Eles não resolvem os problemas da organização, mas guiam ou direcionam o cliente para resolver seus próprios problemas após diagnosticarem *conjuntamente* o que precisa ser melhorado. O cliente desenvolve a habilidade para analisar os processos em sua unidade e pode continuar a enfrentar os problemas sozinho muito tempo depois que o consultor se foi.

3. *Montagem da equipe.* Notamos ao longo deste livro que as organizações dependem cada vez mais das equipes para realizar tarefas de trabalho. A **montagem da equipe** usa atividades de alta interação com o grupo para aumentar a confiança e a abertura entre os membros, melhorar os esforços de coordenação e aumentar o desempenho da equipe.[29] A montagem da equipe costuma incluir definição de metas, desenvolvimento de relações interpessoais entre os membros da equipe, análise do papel para elucidar as funções e as responsabilidades de cada membro e análise de processos da equipe. Pode enfatizar ou excluir certas atividades, dependendo do propósito do esforço de desenvolvimento e dos problemas específicos com os quais a equipe é confrontada.

4. *Desenvolvimento intergrupal.* A principal área de preocupação da DO é o conflito disfuncional entre os grupos. O **desenvolvimento intergrupal** visa a mudar as atitudes, estereótipos e percepções dos grupos uns dos outros. Aqui, as sessões lembram muito o treinamento para a diversidade (de fato, o treinamento para a diversidade evoluiu em grande parte do desenvolvimento intergrupal em DO), exceto porque, em vez de enfatizar mais as diferenças demográficas, ele enfoca as diferenças entre as ocupações, departamentos ou divisões dentro de uma organização. Entre as várias abordagens para melhorar as relações intergrupais, uma muito popular enfatiza a solução de problemas.[30] Cada grupo se reúne de modo independente para listar suas percepções de si mesmo e do outro grupo e como acredita que sejam as percepções do outro grupo. Os grupos compartilham suas listas, discutem similaridades e diferenças e procuram as causas para as disparidades. Uma vez que identificaram as causas das dificuldades, os grupos movimentam-se para a fase de integração — desenvolvendo soluções para melhorar as relações. Podem

ser formados subgrupos de membros de cada um dos grupos conflitantes, para conduzir um diagnóstico mais aprofundado e formular soluções alternativas.

5. *Investigação apreciativa.* A maioria das abordagens de DO é centrada nos problemas. Elas identificam um problema ou conjunto de problemas, e então procuram uma solução. A **investigação apreciativa (IA)**, ao contrário, acentua os pontos positivos.[31] Em vez de procurar os problemas para corrigi-los, ela busca as qualidades únicas e os pontos fortes especiais de uma organização, que os membros podem fortalecer para melhorar o desempenho. Ou seja, a IA enfoca os sucessos de uma organização em vez de seus problemas. O processo de IA consiste de quatro passos — descoberta, sonho, planejamento e destino — em geral executados em uma reunião com grupos grandes durante dois a três dias, supervisionada por um agente de mudanças treinado. A *descoberta* identifica o que as pessoas consideram que sejam os pontos fortes da organização. Os empregados relembram as ocasiões em que eles achavam que a organização trabalhava melhor ou quando eles se sentiam especificamente mais satisfeitos com seus empregos. No *sonho,* os empregados usam as informações da fase de descobertas para especular sobre os possíveis futuros, por exemplo, como a organização estará daqui a cinco anos. Na fase de *planejamento*, os participantes buscam uma visão comum de como a organização estará no futuro e chegam a um consenso sobre suas qualidades únicas. Para o quarto passo, os participantes buscam definir o *destino* da organização e como realizar seus sonhos, e escrevem os planos de ação e desenvolvem as estratégias de implementação.

## CRIANDO UMA CULTURA DE MUDANÇA

Já tecemos considerações sobre como as organizações podem se *adaptar* às mudanças. Mas, recentemente, alguns pesquisadores do CO têm enfocado em uma abordagem mais proativa — como as organizações podem *abraçar* a mudança, transformando suas culturas. Nesta seção, vamos revisar duas abordagens desse tipo: estímulo de uma cultura inovadora e a criação de uma organização que aprende.

Várias abordagens podem ser usadas para gerenciar a mudança organizacional e para o desenvolvimento de uma cultura de mudança; é improvável que uma abordagem sempre seja a melhor em todas as situações.

### Estimulando uma cultura da inovação

Como uma organização pode se tornar mais inovadora? Um excelente modelo é a W. L. Gore, uma empresa que faz US$ 2,6 bilhões por ano, mais conhecida como fabricante do tecido Gore-Tex.[32] A Gore desenvolveu a reputação de ser uma das empresas mais inovadoras dos Estados Unidos, ao criar uma gama de produtos diversos — incluindo cordas para guitarra, fio dental, dispositivos de uso médico e células para combustível.

Qual é o segredo do sucesso da Gore? O que as outras organizações fazem para reproduzir seu caminho de inovação? Embora não exista uma fórmula garantida, certas características surgem repetidas vezes quando os pesquisadores estudam as organizações inovadoras. Agrupamos essas características em categorias estruturais, culturais e de recursos humanos. Os agentes de mudanças deveriam considerar a introdução dessas características em sua organização, para criarem um clima inovador. Antes de analisarmos essas características, contudo, vamos esclarecer o que significa inovação.

**DEFINIÇÃO DE INOVAÇÃO** Já dissemos que mudar significa fazer coisas diferentes. **Inovação**, um tipo mais especializado de mudança, é uma nova ideia aplicada a iniciar ou melhorar um produto, processo ou serviço.[33] Então, todas as inovações implicam mudanças, mas nem todas as modificações introduzem necessariamente novas ideias ou levam a melhoras significativas. As inovações podem variar desde melhoras incrementais pequenas, como os computadores portáteis, até avanços radicais, como o carro elétrico Leaf da Nissan.

**FONTES DE INOVAÇÃO** As *variáveis estruturais* têm sido a fonte de inovação potencial mais estudada.[34] Uma revisão abrangente da relação estrutura––inovação leva às seguintes conclusões:[35]

1. As estruturas orgânicas influenciam positivamente a inovação. Como elas têm menor diferenciação vertical, formalização e centralização, as organizações orgânicas facilitam a flexibilidade, a adaptação e a fertilização cruzada, que ajudam a adoção de inovações.

2. A longa carreira de um gestor está associada com a sua capacidade de inovação. Estar há mais tempo no cargo parece fornecer legitimidade e conhecimento sobre como realizar as tarefas e obter os resultados desejados.

3. A inovação é alimentada quando há recursos escassos. Quando há abundância de recursos, é possível que uma organização tenha dinheiro suficiente para comprar as inovações, arcar com os custos de sua instituição e absorver os fracassos.

4. A comunicação interunidade é alta nas organizações inovadoras.[36] Essas organizações utilizam muitos comitês forças-tarefa, equipes transfuncionais e outros mecanismos que facilitam a interação entre as linhas departamentais.

As organizações inovadoras tendem a ter *culturas* similares. Elas encorajam a experimentação. Elas recompensam tanto os casos de sucesso quanto os de fracasso. Celebram os erros. Infelizmente, em muitas organizações, as pessoas são recompensadas pela ausência de fracassos, mais do que pela presença de sucessos. Algumas culturas evitam correr riscos e eliminam a inovação. As pessoas vão sugerir e tentar novas ideias somente quando sentirem que tais comportamentos não estão ligados a penalidades. Os gestores nas organizações inovadoras reconhecem que os fracassos são um subproduto natural de exploração de campos desconhecidos.

Dentro da categoria de *recursos humanos*, as organizações inovadoras promovem ativamente o treinamento e o desenvolvimento de seus membros para que se mantenham atualizados, oferecem alta segurança no cargo de modo que os empregados não tenham medo de ser demitidos por terem cometido erros, e encorajam os indivíduos a se tornarem campeões de mudanças. Uma vez que uma nova ideia seja desenvolvida, os **campeões de ideias** a promoverão ativamente e com entusiasmo, criarão apoio, superarão a resistência e assegurarão a sua implementação.[37] Os campeões têm características comuns de personalidade: autoconfiança extremamente alta, persistência, energia e uma tendência de correr riscos. Também mostram características associadas com a liderança transformacional — eles inspiram e energizam os colegas com sua visão de um potencial de inovação e sua forte convicção pessoal sobre sua missão. Os campeões de ideias são bons em conseguir o comprometimento dos outros, e seu trabalho promove uma considerável definição de tomada de decisões; essa autonomia os ajuda a introduzir e implementar as inovações.[38]

Os campeões de ideias bem-sucedidos fazem coisas diferentes nas diferentes culturas? Sim.[39] As pessoas nas culturas coletivistas preferem apelos de apoio multifuncional para os esforços de inovação. As pessoas em culturas com alta distância do poder preferem que os campeões trabalhem próximos daqueles com autoridade para aprovar as atividades inovadoras antes que o trabalho comece. E quanto maior for a tendência de evitar a incerteza em uma sociedade, mais os campeões terão de trabalhar dentro das regras da organização e dos procedimentos para desenvolver a inovação. Esses achados sugerem que os gestores eficazes alterarão suas estratégias de vitória nas organizações para que reflitam os valores culturais. Assim, por exemplo, embora os campeões de ideias na Rússia possam ter sucesso ignorando as limitações orçamentárias e trabalhando com procedimentos confinados, os campeões na Áustria, Dinamarca, Alemanha e em outras culturas com grande tendência a evitar as incertezas serão mais eficazes ao seguir de perto os orçamentos e procedimentos.

Sergio Marcchione, CEO da Fiat-Chrysler, agiu como um campeão de ideias pelo único objetivo de atualizar a linha de veículos para a Chrysler.

Para facilitar essa mudança, ele alterou radicalmente a burocracia, eliminando todo o organograma da Chrysler e introduzindo uma estrutura mais plana, passando a ser o líder da empresa. Como resultado, a companhia introduziu uma linha de veículos mais inovadores e planejou sozinha novos designs ou a modernização significativa de 75% de sua linha de montagem em 2010.[40]

## ESTRESSE DO TRABALHO E SEU MANEJO

Os amigos dizem que estão estressados por carga de trabalho crescente e longas horas de trabalho, por causa dos cortes de pessoal em suas empresas. Os pais se preocupam com a falta de estabilidade no emprego e lembram-se com saudades de um tempo em que o emprego em uma grande empresa era uma segurança vitalícia. Lemos pesquisas nas quais os empregados se queixam de estresse por tentarem equilibrar as responsabilidades familiares e de trabalho.[41] De fato, o trabalho é, para a maioria das pessoas, a fonte mais importante de estresse na vida. Quais as causas e as consequências do estresse, e o que os indivíduos e as organizações podem fazer para reduzi-lo?

### O que é estresse?

**Estresse** é uma condição dinâmica na qual um indivíduo é confrontado com uma oportunidade, uma demanda ou um recurso relacionado com desejos individuais e para os quais se considera que o resultado seja incerto e com causas e consequências importantes.[42] Esta é uma definição complexa. Vamos observar seus componentes mais de perto.

Embora o estresse seja tipicamente discutido em um contexto negativo, nem sempre ele é ruim em sua essência, ele também tem um valor positivo.[43] É uma oportunidade quando oferece um ganho potencial. Considere, por exemplo, o desempenho superior de um atleta ou ator teatral em uma situação "limite". Tais indivíduos em geral usam o estresse positivamente para elevar seu desempenho a um nível máximo. Da mesma forma, muitos profissionais veem as pressões da carga de trabalho pesada e dos prazos curtos como desafios positivos que melhoram a qualidade de seu trabalho e a satisfação que eles têm com seu emprego.

Recentemente, os pesquisadores afirmaram que os **estressores por desafio** — fatores estressantes associados com a carga de trabalho, a pressão para finalização de tarefas e a urgência de tempo — operam de modo bem diferente dos **estressores por obstáculo** — fatores estressantes que impedem você de alcançar suas metas (por exemplo, excesso de burocracia, política interna, confusão na atribuição das responsabilidades profissionais). Embora a pesquisa esteja apenas começando a coletar seus dados,

---

A mudança é muitas vezes estressante para os indivíduos, mas, assim como a mudança, os investigadores estão começando a aceitar que nem todo estresse é prejudicial.

as evidências iniciais sugerem que os estressores por desafio produzam menos tensão do que os estressores por obstáculo.[44]

Os pesquisadores têm buscado esclarecer as condições nas quais ocorre cada tipo de estresse. Parece que os empregados que têm um compromisso afetivo mais forte com sua organização podem transferir estresse psicológico para um foco maior e melhor desempenho de vendas, enquanto os com baixos níveis de compromisso executam pior sob estresse.[45] E quando o estresse por desafio aumenta, aqueles com altos níveis de apoio organizacional têm maior desempenho na função, mas aqueles com baixos níveis de apoio organizacional não se portam assim.[46]

O mais comum é o estresse associado com as **demandas** e os **recursos**. As demandas são responsabilidades, pressões, obrigações e até mesmo as incertezas que os indivíduos enfrentam no local de trabalho. Os recursos são as coisas dentro do controle do indivíduo que ele pode usar para resolver as demandas. Vamos discutir o que esse modelo demandas–recursos significa.[47]

Ao fazer uma prova na escola ou se submeter a sua avaliação anual de desempenho no trabalho, você se sente sob estresse, porque enfrenta as oportunidades e as pressões de desempenho. Uma boa avaliação de desempenho pode levar a uma promoção, responsabilidades maiores e um salário mais elevado. Uma avaliação ruim pode impedi-lo de conseguir uma promoção. Uma avaliação extremamente ruim pode até resultar em sua demissão. Na medida em que você pode aplicar os recursos às demandas — como quando está preparado, coloca a prova ou a avaliação em perspectiva ou obtém apoio social —, vai sentir menos estresse.

As pesquisas sugerem que recursos adequados ajudam a reduzir a natureza estressante das demandas, quando demandas e recursos estão em sintonia. Se as demandas emocionais estão estressando você, ter recursos emocionais na forma de apoio social é de especial importância. Se as demandas são cognitivas — por exemplo, sobrecarga de informação —, então os recursos de trabalho, na forma de apoio computacional ou informações, são mais importantes. Assim, da perspectiva de demandas–recursos, ter recursos para lidar com o estresse é tão importante para reduzi-lo quanto as demandas o são para aumentá-lo.[48]

## Consequências do estresse

O estresse mostra-se de diferentes maneiras, tais como hipertensão arterial, úlceras, irritabilidade, dificuldade de tomar decisões rotineiras, perda de apetite, propensão para acidentes, entre outras. Esses sintomas se encaixam em três categorias gerais: sintomas fisiológicos, psicológicos e comportamentais.[49]

**SINTOMAS FISIOLÓGICOS** A maior parte da preocupação inicial com o estresse foi dirigida aos sintomas fisiológicos, porque a maioria dos pesquisadores era especialista em ciências médicas e da saúde. Seu trabalho levou à conclusão de que o estresse poderia criar alterações no metabolismo, aumentar a frequência cardíaca e respiratória e a pressão arterial, gerar dores de cabeça e induzir ataques cardíacos.

Agora, as evidências sugerem claramente que o estresse pode ter efeitos fisiológicos prejudiciais amplos. Um estudo relacionou as demandas de trabalhos estressantes com o aumento da suscetibilidade a doenças do trato respiratório superior e baixa função do sistema imunológico, especialmente para indivíduos com baixa autoeficácia.[50] Um estudo de longo prazo realizado no Reino Unido detectou que a tensão no trabalho foi associada com níveis mais elevados de doença arterial coronariana.[51] Ainda outro estudo realizado com trabalhadores de serviços humanos dinamarqueses detectou que níveis mais elevados de *burnout* psicológico no âmbito da unidade de trabalho estavam relacionados com níveis significativamente mais altos de faltas por doença.[52] Muitos outros estudos mostraram resultados semelhantes, ligando o estresse do trabalho a uma variedade de indicadores de saúde fraca.

**SINTOMAS PSICOLÓGICOS** A insatisfação no trabalho é "o mais simples e mais evidente efeito psicológico" do estresse.[53] Mas o estresse revela-se em outros estados psicológicos — por exemplo, tensão, ansiedade, irritabilidade, tédio e procrastinação. Por exemplo, um estudo que rastreou as respostas fisiológicas dos trabalhadores ao longo do tempo descobriu que o estresse por altas cargas de trabalho estava relacionado com aumento da pressão arterial e redução do bem-estar emocional.[54]

Empregos que fazem demandas múltiplas e conflitantes ou que têm falta de clareza sobre os deveres, autoridade e responsabilidades do profissional aumentam tanto o estresse quanto a insatisfação.[55] Da mesma forma, quanto menos controle as pessoas têm sobre o ritmo do seu trabalho, maior seu estresse e insatisfação. Empregos que fornecem um nível baixo de variedade, significado, autonomia, feedback e identidade parecem criar o estresse e reduzir a satisfação e o envolvimento com o trabalho.[56] Nem todo mundo reage à autonomia da mesma forma, no entanto. Para aqueles com um lócus de controle externo, o maior controle do trabalho aumenta a tendência a apresentar estresse e exaustão.[57]

**SINTOMAS COMPORTAMENTAIS** Já foram realizadas pesquisas sobre comportamento e estresse em vários países e ao longo do tempo, e as relações parecem relativamente consistentes. Os sintomas de estresse relacionados com o comportamento incluem redução de produtividade, ausência e rotatividade, bem como mudanças nos hábitos alimentares, intensificação do tabagismo ou do consumo de álcool, fala rápida, inquietação e alterações do sono.[58]

## Manejo do estresse

Como níveis baixos a moderados de estresse podem ser funcionais e levar a maior desempenho, os gestores podem não se preocupar quando funcionários estão sob estresse. No entanto, os empregados provavelmente percebem como indesejáveis até mesmo níveis baixos de estresse. Não é improvável, portanto, que os funcionários e a gestão tenham noções diferentes do que constitui um nível aceitável de estresse no trabalho. O que os gestores podem ver como "um estímulo positivo que mantém a adrenalina correndo" é muito provável de ser sentido pelo empregado como "pressão excessiva". Tenha isso em mente quando formos discutir as abordagens individuais e organizacionais para a gestão de estresse.[59]

**ABORDAGENS INDIVIDUAIS** Um funcionário pode assumir a responsabilidade pessoal de reduzir os níveis de estresse. As estratégias individuais que têm se mostrado eficazes incluem técnicas de gerenciamento de tempo, aumento das atividades físicas, treinamento de relaxamento e expansão das redes de apoio social.

Muitas pessoas gerenciam mal seu tempo. O empregado bem organizado, como o aluno bem organizado, muitas vezes pode realizar o dobro de tarefas de uma pessoa que é mal organizada. Então, a compreensão e utilização dos princípios básicos de gerenciamento de tempo podem ajudar indivíduos a lidarem melhor com as tensões criadas pelas demandas do trabalho.[60] Alguns dos princípios de gestão de tempo mais conhecidos são (1) fazer listas diárias de atividades a serem realizadas, (2) priorizar as atividades pela importância e urgência, (3) agendar as atividades de acordo com o conjunto de prioridades, (4) conhecer seu ciclo diário e lidar com as partes mais exigentes de seu trabalho quando você está mais alerta e produtivo, e (5) evitar distrações eletrônicas, como verificação frequente de e-mail, que podem limitar a atenção e reduzir a eficácia.[61] Essas habilidades de gerenciamento do tempo podem ajudar a minimizar a procrastinação, concentrando esforços em objetivos imediatos e impulsionando a motivação, mesmo diante de tarefas que são menos desejáveis.[62]

Os médicos recomendam os *exercícios físicos* não competitivos, tais como aeróbica, caminhadas, *jogging*, natação e ciclismo, como uma maneira de lidar com níveis excessivos de estresse. Essas atividades aumentam a capacidade pulmonar, diminuem a frequência cardíaca de repouso e fornecem uma distração mental das pressões de trabalho, reduzindo efetivamente os níveis de estresse relacionado ao trabalho.[63]

Os indivíduos também podem aprender a reduzir a tensão mediante *técnicas de relaxamento*, como meditação, respiração profunda e hipnose. O objetivo é alcançar um estado de relaxamento físico profundo, em que você concentre toda sua energia na liberação da tensão.[64] O relaxamento profundo de 15 ou 20 minutos por dia libera a tensão e proporciona uma sensação profunda de tranquilidade, bem como mudanças significativas na frequência cardíaca, pressão arterial e outros fatores fisiológicos. Um conjunto crescente de pesquisas demonstra que a simples realização de intervalos rotineiros no trabalho pode facilitar a recuperação psicológica e reduzir o estresse significativamente e pode melhorar o desempenho no trabalho, e esses efeitos são ainda maiores se forem empregadas técnicas de relaxamento.[65]

Como observamos, amigos, família ou colegas de trabalho podem fornecer uma via de escape, quando os níveis de estresse se tornam excessivos. Expandir sua *rede de apoio social* disponibiliza alguém para ouvir seus problemas e oferece uma perspectiva mais objetiva sobre uma situação estressante do que a pessoa conseguiria sozinha.

**ABORDAGENS ORGANIZACIONAIS** Vários fatores organizacionais que causam estresse — particularmente as demandas de tarefa e função — são controlados pela gestão e, portanto, podem ser modificados ou alterados. As estratégias a serem consideradas incluem melhor seleção de empregados e colocação no emprego, treinamento, estabelecimento de objetivos realistas, redesenho de postos de trabalho, envolvimento crescente dos trabalhadores, melhoria da comunicação organizacional, licenças sabáticas para o empregado e programas de bem-estar corporativo.

Alguns trabalhos são mais estressantes do que outros, mas, como já vimos, os indivíduos diferem na resposta a situações estressantes. Sabemos que pessoas com pouca experiência ou um lócus de controle externo tendem a ser mais propensas ao estresse. *Seleção e colocação* de decisões devem levar esses fatos em consideração. Obviamente, a gestão não deve restringir a contratação a apenas indivíduos experientes, com um lócus interno, mas tais indivíduos podem se adaptar melhor a empregos de alta tensão e executar os trabalhos mais eficazmente. Da mesma forma, o treinamento pode aumentar a autoeficácia do indivíduo e, assim, diminuir a tensão de trabalho.

Discutimos a *definição de metas* no Capítulo 7. Os indivíduos desempenham melhor quando têm objetivos específicos e desafiadores e recebem feedback sobre seu progresso em direção a esses objetivos. As metas podem reduzir o estresse, bem como fornecer motivação.[66] Os empregados que são altamente comprometidos com seus objetivos e enxergam o propósito em seus empregos experimentam menos estresse, porque são mais propensos a perceber os estressores como desafios em vez de obstáculos. Objetivos específicos, percebidos como atingíveis, esclarecem as expectativas de desempenho. Além disso, o feedback das metas reduz as incertezas sobre o desempenho real do trabalho. O resultado é menos frustração do empregado, menor ambiguidade de função e diminuição do estresse.

*Redesenhar cargos* para dar aos empregados mais responsabilidade, trabalho mais significativo, mais autonomia e maior feedback pode reduzir o estresse, porque esses fatores dão aos empregados maior controle sobre as atividades de trabalho e diminuem a dependência de outros. Mas, como observamos em nossa discussão do desenho de trabalho, nem todos os funcionários querem cargos mais complexos. O redesenho correto para os empregados com uma baixa necessidade de crescimento pode ser menos responsabilidade e maior especialização. Se os indivíduos preferem estrutura e rotina, reduzir a variedade de habilidades deve também diminuir as incertezas e os níveis de estresse.

O estresse da função é muito prejudicial, porque os empregados sentem-se inseguros sobre as metas, expectativas, como serão avaliados e outros aspectos relacionados. Ao dar a esses empregados a voz nas decisões que afetam diretamente seu desempenho no trabalho, os gestores podem aumentar o controle do empregado e reduzir o estresse da função. Assim, os gestores devem considerar *aumentar o envolvimento dos empregados* na tomada de decisão, porque as evidências mostram claramente que o aumento no empoderamento dos empregados reduz a tensão psicológica.[67]

Aumentar a *comunicação organizacional* formal com funcionários reduz a incerteza pela diminuição de ambiguidade de funções e conflito de funções. Dada a importância que as percepções têm em moderar o relacionamento estresse-resposta, os gestores também podem usar a comunicação eficaz como meio para delinear as percepções do empregado. Lembre-se de que aquilo que os funcionários classificam como demandas, ameaças ou oportunidades no trabalho é uma interpretação, e que a interpretação pode ser afetada pelas palavras e ações comunicadas pela administração.

Nossa sugestão final é **programas de bem-estar** apoiados pela organização. Estes normalmente oferecem oficinas para ajudar as pessoas a parar de fumar, controlar o uso de álcool, perder peso, comer melhor e desenvolver um programa de exercícios regulares. Esses programas se concentram na condição física e mental total do empregado.[68] Alguns ajudam os funcionários a melhorar a sua saúde psicológica também. Uma meta-análise de 36 programas concebidos para reduzir o estresse (incluindo programas de bem-estar) mostrou que as intervenções para ajudar os funcionários a reformularem as situações estressantes e usarem estratégias de enfrentamento ativo reduziram sensivelmente os níveis de estresse.[69] A maioria dos programas de bem-estar considera que os empregados precisam ter responsabilidade pessoal para a sua saúde física e mental e que a organização é apenas um meio para esse fim.

## RESUMO E IMPLICAÇÕES PARA OS GESTORES

A necessidade de mudança tem sido implícita ao longo deste texto. "Uma reflexão casual sobre a mudança deve indicar que ela abrange quase todos os nossos conceitos na literatura de comportamento organizacional".[70] Por exemplo, pense sobre as atitudes, a motivação, as equipes de trabalho, a comunicação, a liderança, as estruturas organizacionais, as práticas de recursos humanos e as culturas organizacionais. A mudança foi parte integrante de nossa discussão de cada uma delas. Se os ambientes fossem perfeitamente estáticos, se as competências e habilidades dos funcionários estivessem sempre atualizadas e fossem incapazes de deteriorar, e se o amanhã sempre fosse exatamente igual ao hoje, a mudança organizacional teria pouca ou nenhuma relevância para os gestores. Mas o mundo real é turbulento e exige que as organizações e seus membros se submetam à mudança dinâmica se quiserem atuar em níveis competitivos.

- ▶ Os gestores são o principal agente de mudanças na maioria das organizações. Pelas decisões que tomam e seus comportamentos de modelagem de funções, moldam a cultura de mudança da organização.
- ▶ As decisões de gestão relacionadas com o projeto estrutural, fatores culturais e políticas de recursos humanos determinam em grande medida o nível de inovação dentro da organização.
- ▶ As políticas e as práticas de gestão determinarão o grau em que a organização aprende e se adapta às mudanças dos fatores ambientais.
- ▶ A existência de estresse no trabalho, por si só, não precisa implicar um desempenho inferior. A evidência indica que o estresse pode ser uma influência positiva ou negativa sobre o desempenho do empregado.
- ▶ Quantidades baixas a moderadas de estresse permitem que muitas pessoas realizem melhor seus trabalhos, aumentando sua intensidade de trabalho, estado de alerta e capacidade de reagir. Isto é especialmente verdadeiro se o estresse surgir por desafios no trabalho em vez de obstáculos que impeçam os empregados de fazerem seus trabalhos efetivamente.
- ▶ No entanto, um elevado nível de estresse, ou até mesmo uma quantidade moderadamente sustentada durante um longo período, eventualmente cobra o seu preço e o desempenho declina.

---

Acesse o Site de apoio ao livro (www.grupoa.com.br) e teste seus conhecimentos por meio dos exercícios elaborados para este capítulo.

# Estudo de caso — Parte 4

*Star Wars, A lista de Schindler* e *O fantástico mundo de Bobby*:
metáforas para o estresse na mudança organizacional
*Elaborado por Victor de la Paz Richarte-Martinez*

Uma organização educacional presente em todo o Brasil informou a seus funcionários que, em cinco meses, as unidades A e B se mesclariam criando um novo centro de ensino, objetivando redução de custos, sinergia para aprendizagem organizacional, centralização de informações, otimização do tempo, aceleração de tomada de decisão e maior produtividade.

O gerente da unidade A, que antes liderava uma equipe de trinta pessoas, com a entrada da outra, comandaria 48 pessoas. Em consequência da junção das duas unidades, passariam a coabitar no mesmo ambiente organizacional os empregados responsáveis pelas mesmas funções. Por exemplo: para a função de secretária educacional, havia profissionais das unidades A e B no mesmo espaço, sentadas às mesas colocadas lado a lado, e assim para as demais funções.

## Antes do encontro

Durante os dois primeiros meses, as pessoas não tiveram mais informação sobre o futuro que se aproximava. Os gerentes das unidades A e B diziam para os funcionários que as mudanças seriam para melhor, que ninguém perderia o emprego e que todos teriam melhorias no trabalho. Em virtude dessa falta de informação, algumas pessoas oriundas das diferentes unidades começavam a se aproximar nos cafés, saíam para almoçar juntas, sempre em busca de tentar descobrir novas informações que talvez não estivessem sendo divulgadas.

Como justificativa para esta primeira fase, foi comunicado aos funcionários que ficariam nesta nova unidade os melhores de cada setor, e aqueles que estivessem ocupando uma função com duplicidade poderiam vir a executar uma nova atividade ou seriam transferidos para outra unidade.

Mesmo antes do encontro, houve mudança nos grupos de trabalhadores: na equipe A, aqueles mais distantes se aproximaram para trocar ideias nos cafés, nos almoços, sempre em busca de novas informações daqueles que viriam. Na outra equipe, a ansiedade generalizada versava sobre o que seria feito deles na nova configuração organizacional.

Para amainar o clima de competitividade e minimizar possíveis resistências, os gerentes das unidades A e B, junto com a alta liderança, decidiram promover dois encontros entre as duas equipes na unidade que os uniria. Assim, a unidade A receberia os funcionários da B, com um café da manhã generoso como sinal de boas vindas. Fora contratado um facilitador de encontros que propôs dinâmicas de grupos em que os funcionários conversaram sobre suas competências, o que pensavam dessa junção e da importância de estarem preparados para as mudanças, tidas como inevitáveis em um mundo em que a inovação virou imperativo organizacional. Alguns funcionários expressaram contentamento e simpatia à nova equipe, mas outros desconfiaram do propósito desse treinamento, pois nada foi dito sobre os cargos e as novas atividades pelas quais cada um se responsabilizaria.

## Enfim, a mudança

Nos primeiros dias após esta união, era nítido o desconforto nas dinâmicas pessoais. As pessoas mal se falavam e houve disputa pelas melhores ocupações nas salas. Os antigos funcionários do espaço se organizaram para escolher os melhores lugares e manter certa distância dos "novatos", ou seja, daqueles que trabalhavam na empresa há dois, cinco, dez anos, mas estavam entrando na unidade que já tinha território.

O "novo" gestor, que na verdade era gestor da equipe A, mas agora liderava também os funcionários da equipe B, criou outras formas de avaliação de desempenho com novas atividades laborais e novos critérios de resultados e ainda compartilhou alguns projetos antes exclusivos à unidade A. Isso acarretou em situações de conflitos por novos recursos, marcação de território organizacional e reconhecimento de competências. Neste momento, com novas regras, não só os funcionários da unidade B ficaram incomodados como também os da A, que conheciam esse gerente e suas regras e passaram a se sentir incomodados, sendo tirados de uma zona de conforto e jogados numa arena onde a competição em ser o melhor lhes garantiria sua permanência na unidade.

## Depois de algum tempo juntos

O clima de tensão era quase tocável e formaram-se duas "panelas" distintas. As pessoas bastante estressadas, ríspidas, pouco conversavam com o gerente. Apareceram as fofocas e coalisões para competir contra outro grupo, buscando promover o serviço e, muitas vezes, menosprezando o trabalho do outro grupo.

Tanto os funcionários da A quanto os da B passaram a não acreditar mais na fala do gerente, comentando nos corredores que ele tinha conhecimento de quem mandaria embora e da existência de uma "*A lista de Schindler*"[1] dos demitidos. Costumeiramente, encontravam-se pessoas, pelo corredor, chorando e se lamentando por não verem seus trabalhos reconhecidos.

O número de ausências por motivo de saúde aumentou consideravelmente, segundo o RH da empresa, se comparado ao ano anterior. Devido ao aumento de vales-refeição percebeu-se que as pessoas estavam trabalhando mais e ficando além da carga horária.

Os "novatos" começaram a desenvolver seus produtos e serviços, ajustando-os às novas ordens. Estranharam como a "antiga" equipe desenvolvia tantos produtos por mês, pois a programação de vendas anual da unidade B era trabalhada em um mês na unidade A. Um dos funcionários da B ilustrou o pensamento do grupo B a respeito do novo ambiente físico, das novas demandas, do novo desenho de cargos, do novo gerente e principalmente das

---

[1] *A lista de Schindler*, filme dirigido por Steven Spielberg, conta a história do empresário alemão Oskar Schindler, que, ao empregar funcionários judeus em sua fábrica, salvou-os do extermínio no Holocausto. Disponível em: http://pt.wikipedia.org/wiki/A_Lista_de_Schindler. Acesso em 28 de abril de 2014.

cobranças e do clima de trabalho: "Antes, a gente era feliz e não sabia. Nós estávamos no *Fantástico mundo de Bobby*[2] e agora estamos no *Star Wars*[3]".

## Perguntas sobre o caso

1. Como a prática organizacional desvela a cultura organizacional e as respectivas subculturas, além das declarações de visão, missão e valores?

2. Houve migração de um modelo mecanicista para orgânico? Qual sua leitura?

3. Você acha que houve mudança da cultura organizacional? E de subculturas? Desenvolva seu raciocínio sobre as implicações disso para o gestor de pessoas, para a alta liderança e para a organização.

4. Você concorda com o processo que a empresa adotou no tocante à gestão de pessoas? O que você acrescentaria ou modificaria? Expresse os resultados idealizados no seu processo.

5. Como você entende as barreiras que as pessoas apresentaram? Elas foram devidas à aquisição e fusão de equipes, à diversidade ou simplesmente à mudança?

6. Como você idealizaria o processo de socialização nos primeiros dias da nova equipe?

7. Tendo o caso como base, qual a função das metáforas no clima de trabalho?

---

[2] *O fantástico mundo de Bobby*, famoso desenho animado da década de 1990, conta a história de um menino que fantasia seu próprio mundo. Disponível em: http://pt.wikipedia.org/wiki/Bobby%27s_World. Acesso em 26 de abril de 2014.

[3] *Star Wars* é o título da saga cinematográfica de George Lucas que representa a luta entre forças galácticas. Disponível em: http://pt.wikipedia.org/wiki/Star_wars. Acesso em 26 de abril de 2014.

# Epílogo

O final de um livro, normalmente, tem o mesmo significado para o autor e para o leitor: ele gera sentimentos de realização e de alívio. Como ambos estamos contentes tendo completado nosso tour dos conceitos essenciais em comportamento organizacional, este é um bom momento para examinar onde estamos e o que tudo significa.

O tema subjacente a este livro foi que o comportamento das pessoas no trabalho não é um fenômeno aleatório. Os empregados são entidades complexas, mas suas atitudes e comportamentos, no entanto, podem ser explicados e previstos com um grau de precisão razoável. Nossa abordagem foi olhar para o comportamento organizacional em três níveis: o indivíduo, o grupo e o sistema organizacional.

Começamos com o indivíduo e revisamos as maiores contribuições psicológicas para compreender por que os indivíduos agem de certo modo. Descobrimos que muitas das diferenças individuais entre os funcionários podem ser rotuladas e categorizadas sistematicamente e, portanto, podem ser feitas generalizações. Por exemplo, sabemos que os indivíduos com um tipo convencional de personalidade correspondem melhor a determinados postos de trabalho em gestão empresarial do que as pessoas com personalidades investigativas. Então, colocando as pessoas em postos de trabalho compatíveis com os tipos de personalidade devemos conseguir um desempenho mais alto e empregados mais satisfeitos.

Em seguida, nossa análise voltou-se para o nível de grupo. Argumentamos que a compreensão do comportamento do grupo é mais complexa do que simplesmente multiplicar o que sabemos sobre os indivíduos pelo número de membros do grupo, porque as pessoas agem de formas diferentes em um grupo do que quando estão sozinhas. Demonstramos como funções, normas, estilos de liderança, relações de poder e outros fatores similares do grupo afetam o comportamento dos empregados.

Por fim, englobamos todo o sistema de variáveis no nosso conhecimento do indivíduo e do comportamento de grupo, para melhorar ainda mais a nossa compreensão do comportamento organizacional. Grande ênfase foi dada para mostrar como a estrutura de uma organização, seu desenho e cultura afetam tanto as atitudes quanto o comportamento dos empregados.

Pode ser tentador criticar a ênfase deste livro em conceitos teóricos, mas como o notável psicólogo Kurt Lewin parece ter dito: "Não há nada tão prático quanto uma boa teoria". Claro, também é verdade que não há nada tão pouco prático quanto uma boa teoria que não sirva para nada. Para evitar apresentar teorias que não levem a lugar nenhum, este livro inclui uma fartura de exemplos e ilustrações. E regularmente paramos para indagar sobre as implicações da teoria para a prática da gestão. O resultado foi a apresentação de inúmeros conceitos que, individualmente, oferecem algumas ideias sobre o comportamento, mas que, quando tomados em conjunto, fornecem um complexo sistema para ajudar a explicar, prever e controlar o comportamento organizacional.

# Notas finais

## CAPÍTULO 1

1. Veja, por exemplo, PENTTILA, C. "Hiring Hardships," *Entrepreneur* (out. 2002), p. 34–35.
2. HUMPHREY S. E.HUMPHREY, NAHRGANG J. D. NAHRGANG,& MORGESON, F. P.MORGESON, "Integrating Motivational, Social & Contextual Work Design Features: A Meta-Analytic Summary and Theoretical Extension of the Work Design Literature," *Journal of Applied Psychology* 92, n. 5 (2007), p. 1.332–1.356.
3. FULMER, I. GERHART, S. B. & SCOTT, K. S. "Are the 100 Best Better? An Empirical Investigation of the Relationship Between Being a 'Great Place to Work' and Firm Performance," *Personnel Psychology* (inv. 2003), p. 965–993.
4. Veja, por exemplo, HEATH, C., SITKIN, S. B. "Big-B Versus Big-O: What Is *Organizational* about Organizational Behavior?" *Journal of Organizational Behavior* (fev.2001), p. 43–58.
   Para uma revisão do que um eminente pesquisador acredita que *deve ser* incluído no comportamento organizacional, com base no levantamento de dados, consulte MINER J. B., "The Rated Importance, Scientific Validity & Practical Usefulness of Organizational Behavior Theories: A Quantitative Review, "*Academy of Management Learning & Education* (set. 2003), p. 250–268.
5. ROUSSEAU, D. M. & McCARTHY, S. "Educating Managers from an Evidence-Based Perspective," *Academy of Management Learning & Education* 6, n.1 (2007), p. 84–101; e RYNES, S. L., GILUK, T. L. & BROWN, K. G. "The Very Separate Worlds of Academic and Practitioner Periodicals in Human Resource Management: Implications for Evidence-Based Management," *Academy of Management Journal* 50, n. 5 (2007), p. 987–1.008.
6. Citação de Ken COHEN, vice-presidente da Exxon Mobil de assuntos públicos e governamentais, em www.exxonmobileperspectives.com/2012/01/31/the-facts-behind-exxonmobils-earnings/.
7. TOOSSI, M. "A New Look at LONG-Term Labor Force Projections to 2050," *Monthly Labor Review* (nov. 2006), p. 19–20.
8. Veja, por exemplo, WORKMAN, M. & BOMMER, W. "Redesigning Computer Call Center Work: A Longitudinal Field Experiment," *Journal of Organizational Behavior* (maio 2004), p. 317–337.
9. Veja, por exemplo, MAJOR, V. S. KLEIN, K. J. & EHRHART, M. G. "Work Time, Work Interference with Family & Psychological Distress," *Journal of Applied Psychology* (jun. 2002), p. 427–436; D. BRADY, "Rethinking the Rat Race" *Business Week* (26 ago. 2002), p. 142–143; e BRETT, J. M. & STROH, L. K. "Working 61 Plus Hours a Week: Why Do Managers Do It?" *Journal of Applied Psychology* (fev. 2003), p. 67–78.
10. Veja, por exemplo, *The 2002 National Study of the Changing Workforce* (Nova York: Families and Work Institute, 2002); e CASPER, W. J. & BUFFARDI, L. C. "Work-Life Benefits and Job Pursuit Intentions: The Role of Anticipated Organizational Support," *Journal of Vocational Behavior* 65, n. 3 (2004), p. 391–410.
11. Citado em ARMOUR, S. "Workers Put Family First Despite Slow Economy, Jobless Fears," *USA Today* (6 jun. 2002), p. 38.
12. SHELLENBARGER, S. "What Job Candidates Really Want to Know: Will I Have a Life?" *Wall Street Journal* (17 nov. 1999), p. B1; e "U.S. Employers Polish Image to Woo a Demanding New Generation," *Manpower Argus* (fev. 2000), p. 2.
13. BAILEY, W. & SPICER, A. "When Does National Identity Matter? Convergence and Divergence in

International Business Ethics," *Academy of Management Journal* 50, n. 6(2007), p. 1.462–1.480; e OUMLIL, A. B. & BALLOUN, J. L. "Ethical Decision-Making Differences between American and Moroccan Managers," *Journal of Business Ethics* 84, n. 4 (2009), p. 457–478.

14. MERRITT, J. "For MBAs, Soul-Searching 101," *Business Week* (16 set. 2002), p. 64–66; e GREENHOUSE, S. "The Mood at Work: Anger and Anxiety," *New York Times* (29 out. 2002), p. E1.

15. Veja, por exemplo, WEAVER, G. R., TREVINO, L. K. & COCHRAN, P. L. "Corporate Ethics Practices in the Mid-1990's: An Empirical Study of the Fortune 1000," *Journal of Business Ethics* (fev. 1999), p. 283–294; e DE MESA GRAZIANO, C. "Promoting Ethical Conduct: A Review of Corporate Practices," *Strategic Investor Relations* (Outono 2002), p. 29–35.

16. MAYER, D. M.; KUENZI, M.; GREENBAUM, R.; BARDES, M. & SALVADOR, R. "How Low Does Ethical Leadership Flow? Test of a Trickle-Down Model," *Organizational Behavior and Human Decision Processes* 108, n.1 (2009), p. 1–13; e ARDICHVILI, A.; MITCHELL, J. A. & JONDLE, D. "Characteristics of Ethical Business Cultures," *Journal of Business Ethics* 85, n. 4 (2009), p. 445–451.

# CAPÍTULO 2

1. DINATALE, M. & BORAAS, S. "The Labor Force Experience of Women from Generation X," *Monthly Labor Review* (mar. 2002), p. 1–15.

2. Veja, por exemplo, WELCH, F. "Catching Up: Wages of Black Men," *The American Economic Review* 93, n. 2 (2003), p. 320–325; SAKAMOTO, A.; WU, H. & TZENG, J. M. "The Declining Significance of Race Among American Men During the Latter Half of the Twentieth Century," *Demography* 37 (jan. 2000), p. 41–51; e SAKOMOTO, A.; GOYETTE, K. A. & KIM, C. "Socioeconomic Attainments of Asian Americans," *Annual Review of Sociology* 35, (2009), p. 255–276.

3. SCHRAM, J. *SHRM Workplace Forecast* (Alexandria, VA: Society for Human Resource Management, 2006).

4. HARRISON, D. A.; PRICE, K. H.; GAVIN, J. H. & FLOREY, A. T. "Time, Teams & Task Performance: Changing Effects of Surface and Deep-Level Diversity on Group Functioning," *Academy of Management Journal* 45, n. 5 (2002), p. 1.029–1.045; e EAGLY, A. H. & CHIN, J. L. "Are Memberships in Race, Ethnicity & Gender Categories Merely Surface Characteristics?" *American Psychologist* 65 (2010), p. 934–935.

5. CHATTOPADHYAY, P.; TLUCHOWSKA, M. & GEORGE, E. "Identifying the Ingroup: A Closer Look at the Influence of Demographic Dissimilarity on Employee Social Identity," *Academy of Management Review* 29, n. 2 (2004), p. 180–202; e CHATTOPADHYAY, P. "Beyond Direct and Symmetrical Effects: The Influence of Demographic Dissimilarity on Organizational Citizenship Behavior," *Academy of Management Journal* 42, n. 3 (1999), p. 273–287.

6. CORTINA, L. M. "Unseen Injustice: Incivility as Modern Discrimination in Organizations," *Academy of Management Review* 33, n. 1 (2008), p. 55–75.

7. GROSSMAN, R. J. "KEE,p Pace with Older Workers," *HR Magazine* (maio 2008), p. 39–46.

8. WRENN, K. A. & MAURER, T. J. "Beliefs About Older Workers' Learning and Development Behavior in Relation to Beliefs About Malleability of Skills, Age-Related Decline & Control," *Journal of Applied Social Psychology* 34, n. 2 (2004), p. 223–242; e POSTHUMA, R. A. e CAMPION, M. A. "Age Stereotypes in the Workplace: Common Stereotypes, Moderators & Future Research Directions," *Journal of Management* 35 (2009), p. 158–188.

9. NG, T. W. H. & FELDMAN, D. C. "Re-examining the Relationship Between Age and Voluntary Turnover," *Journal of Vocational Behavior* 74 (2009), p. 283–294.

10. NG, T. W. H. & FELDMAN, D. C. NG. "The Relationship of Age to Ten Dimensions of Job Performance," *Journal of Applied Psychology* 93 (2008), p. 392–423.

11. Citado em LABICH, K. "The New Unemployed," *Fortune* (8 mar. 1993), p. 43.

12. Veja NG & FELDMAN, "The Relationship of Age to Ten Dimensions of Job Performance."

13. NG, T. W. H. & FELDMAN, D. C. NG "The Relationship of Age with Job Attitudes: A Meta-Analysis," *Personnel Psychology* 63 (2010), p. 677–718.

14. KACMAR, K. M. & FERRIS, G. R. "Theoretical and Methodological Considerations in the Age–Job Satisfaction Relationship," *Journal of Applied Psychology* (abr. 1989), p. 201–207; e HOCHWARTER, W. A.; FERRIS, G. R.; PERREWE, P. L.; WITT, L. A. & KIEWITZ, C. "A Note on the Nonlinearity of the Age–Job Satisfaction Relationship," *Journal of Applied Social Psychology* (jun. 2001), p. 1.223–1.237.

15. KUNZE, F.; BOEHM, S. A. & BRUCH, H. "Age Diversity, Age Discrimination Climate and Performance Consequences — A Cross Organizational Study," *Journal of Organizational Behavior* 32 (2011), p. 264–290.

16. Veja WEISS, E. M.; KEMMLER, G.; DEISENHAMMER, E. A.; FLEISCHHACKER, W. W. & DELAZER, M. "Sex Differences in Cognitive Functions," *Personality and Individual Differences* (set. 2003), p. 863–875; e JORM, A. F.; ANSTEY,K. J.; CHRISTENSEN, H. & RODGERS, B. "Gender Differences in Cognitive Abilities: The Mediating Role of Health State and Health Habits," *Intelligence* (jan. 2004), p. 7–23.

17. Veja BLACK, M. M. e HOLDEN, E. W. "The Impact of Gender on Productivity and Satisfaction

Among Medical School Psychologists," *Journal of Clinical Psychology in Medical Settings* (mar. 1998), p. 117–131.
18. HEILMAN, M. E. & OKIMOTO, T. G. "Why Are Women Penalized for Success at Male Tasks? The Implied Communality Deficit" *Journal of Applied Psychology* 92, n. 1 (2007), p. 81–92.
19. AVERY, D. R.; McKAY, P F. & WILSON, D. C. "What are the Odds? How Demographic Similarity Affects the Prevalence of Perceived Employment Discrimination," *Journal of Applied Psychology* 93 (2008), p. 235–249.
20. KIRCHMEYER, C. "The Different Effects of Family on Objective Career Success Across Gender: A Test of Alternative Explanations," *Journal of Vocational Behavior* 68, n. 2 (2006), p. 323–346; e GUILLAUME, C. & POCHIC, S. "What Would You Sacrifice? Access to Top Management and the Work-Life Balance," *Gender, Work & Organization* 16, n. 1 (2009), p. 14–36.
21. GUILLAUME, C. & POCHIC, S. "What Would You Sacrifice? Access to Top Management and the Work-Life Balance."
22. HOM, P. W.; ROBERSON, L. & ELLIS, A. D. "Challenging Conventional Wisdom About Who Quits: Revelations from Corporate America," *Journal of Applied Psychology* 93, n. 1 (2008), p. 1–34.
23. Veja, por exemplo, SCOTT, K. D. & McCLELLAN, E. L. "Gender Differences in Absenteeism," *Public Personnel Management* (Verão 1990), p. 229–253; e VAN DEN HEUVEL, A. & WOODEN, M. "Do Explanations of Absenteeism Differ for Men and Women?" *Human Relations* (nov. 1995), p. 1309–1329.
24. Veja, por exemplo, TAIT, M.; PADGETT, M. Y. & BALDWIN, T. T. "Job and Life Satisfaction: A Reevaluation of the Strength of the Relationship and Gender Effects as a Function of the Date of the Study," *Journal of Applied Psychology* (jun. 1989), p. 502–507; e GROVER, M. B. "Daddy Stress," *Forbes* (set. 6, 1999), p. 202–208.
25. HALRYNJO, S. "Men's Work-Life Conflict: Career, Care and Self-Realization: Patterns of Privileges and Dilemmas," *Gender, Work & Organization* 16, n. 1 (2009), p. 98–125; e JAYSON, S. "Gender Roles See a 'Conflict' Shift," *USA Today* (26 mar. 2009), p. 1A.
26. HEILMAN, M. E. & OKIMOTO, T. G. "Motherhood: A Potential Source of Bias in Employment Decisions," *Journal of Applied Psychology* 93, n. 1 (2008), p. 189–198.
27. RAVER, J. L. & NISHII, L. H. "Once, Twice, or Three Times as Harmful? Ethnic Harassment, Gender Harassment & Generalized Workplace Harassment," *Journal of Applied Psychology* 95 (2010), p. 236–254.
28. AVERY, D. R.; RICHESON, J. A.; HEBL, M R. & AMBADY, N. "It Does Not Have to Be Uncomfortable: The Role of Behavioral Scripts in Black-White Interracial Interactions," *Journal of Applied Psychology* 94 (2009), p. 1.382–1.393.

29. McCARTHY, J. M.; VAN IDDEKINGE, C. H. & CAMPION, M. A. "Are Highly Structured Job Interviews Resistant to Demographic Similarity Effects?" *Personnel Psychology* 63 (2010), p. 325–359; e POWELL, G. N. & BUTTERFIELD, D. A. "Exploring the Influence of Decision Makers' Race and Gender on Actual Promotions to Top Management," *Personnel Psychology* 55, n. 2 (2002), p. 397–428.
30. KRAVITZ, D. A.; MAYER, D. M.; LESLIE, L. M. & LEV-AREY, D. "Understanding Attitudes Toward Affirmative Action Programs in Employment: Summary and Meta-Analysis of 35 Years of Research," *Journal of Applied Psychology* 91 (2006), p. 1.013–1.036.
31. AVERY, D. R.; McKAY, P F. & WILSON, D. C. "What Are the Odds? How Demographic Similarity Affects the Prevalence of Perceived Employment Discrimination," *Journal of Applied Psychology* 93 (2008), p. 235–249.
32. SACCO, J. M.; SCHEU, C. R.; RYAN, A. M. & SCHMITT, N. "An Investigation of Race and Sex Similarity Effects in Interviews: A Multilevel Approach to Relational Demography," *Journal of Applied Psychology* 88, n. 5 (2003), p. 852–865; e McKAY, P. F. & McDANIEL, M. A. "A Reexamination of Black-White Mean Differences in Work Performance: More Data, More Moderators," *Journal of Applied Psychology* 91,n. 3 (2006), p. 538–554.
33. BOBKO, P.; ROTH, P. L. & POTOSKY, D. "Derivation and Implications of a Meta-Analytic Matrix Incorporating Cognitive Ability, Alternative Predictors & Job Performance," *Personnel Psychology* (Aut. 1999), p. 561–589.
34. REE, M. J. T.; CARRETTA, R. & STEINDL, J. R. "Cognitive Ability," in ANDERSON, N.; ONES, D. S. SINANGIL, H. K. & VISWESVARAN, C. (eds.), *Handbook of Industrial, Work, and Organizational Psychology*, v. 1 (Londres: Sage Publications, 2001), p. 219–232.
35. DICKENS, W. T. & FLYNN, J. R. "Black Americans Reduce the Racial IQ Gap: Evidence from Standardization Samples," *Psychological Science* 17 (2006), p. 913–920; e MURRAY, C. "The Magnitude and Components of Change in the Black-White IQ Difference from 1920 to 1991: A Birth Cohort Analysis of the Woodcock-JOHNSON, Standardizations," *Intelligence* 35, n. 44 (2007), p. 305–318.
36. Veja RUSHTON, J. P. & JENSON, A. R. "Thirty Years of Research on Race Differences in Cognitive Ability," *Psychology, Public Policy & the Law* 11, n. 2 (2005), p. 235–295; e NISBETT, R. E. "Heredity, Environment & Race Differences in IQ: A Commentary on Rushton and Jensen (2005),"*Psychology, Public Policy & the Law* 11, n. 2 (2005), p. 302–310.
37. McKAY,. P. F.; AVERY, D. R. & MORRIS, M. A. "Mean Racial-Ethnic Differences in Employee Sales Performance: The Moderating Role of Diversity Climate," *Personnel Psychology* 61, n. 2 (2008), p. 349–374.

38. *Americans with Disabilities Act,* 42 U.S.C. § 12.101, et seq. (1990).
39. GOLDBERG, S. G.; KILLEEN, M. B. & O'DAY, B. "The Disclosure Conundrum: How People with Psychiatric Disabilities Navigate Employment," *Psychology, Public Policy & Law* 11, n. 3 (2005), p. 463–500; ELLISON, M. L.; RUSSINOVA, Z.; MacDONALD-WILSON, K. L.; & LYASS, A. "Patterns and Correlates of Workplace Disclosure Among Professionals and Managers with Psychiatric Conditions," *Journal of Vocational Rehabilitation* 18, n. 1 (2003), p. 3–13.
40. REN, R. L. PAETZOLD&A. COLELLA, "A Meta-Analysis of Experimental Studies on the Effects of Disability on Human Resource Judgments," *Human Resource Management Review* 18, n. 3 (2008), p. 191–203.
41. ALMOND, S. & HEALEY, A. "Mental Health and Absence from Work: New Evidence from the UK Quarterly Labour Force Survey," *Work, Employment & Society* 17, n. 4 (2003), p. 731–742.
42. LOUVET, E. "Social Judgment Toward Job Applicants with Disabilities: Perception of Personal Qualities and Competences," *Rehabilitation Psychology* 52, n. 3 (2007), p. 297–303; e GOUVIER, W. D.; SYTSMA-JORDAN, S. & MAYVILLE, S. "Patterns of Discrimination in Hiring Job Applicants with Disabilities: The Role of Disability Type, Job Complexity & Public Contact," *Rehabilitation Psychology* 48, n. 3 (2003), p. 175–181.
43. COLELLA, A.; De NISI, A. S. & VARMA, A. "The Impact of Ratee's Disability on Performance Judgments and Choice as Partner: The Role of Disability-Job Fit Stereotypes and Interdependence of Rewards," *Journal of Applied Psychology* 83, n. 1 (1998), p. 102–111.
44. CZAJKA, J. M. & DeNISI, A. S. "Effects of Emotional Disability and Clear Performance Standards on Performance Ratings," *Academy of Management Journal* 31, n. 2 (1988), p. 394–404.
45. BELL, B. S. & KLEIN, K. J. "Effect of Disability, Gender, and Job Level on Ratings of Job Applicants," *Rehabilitation Psychology* 46, n. 3 (2001), p. 229–246; e LOUVET, "Social Judgment Toward Job Applicants with Disabilities: Perception of Personal Qualities and Competences."
46. NG, T. W. H. & FELDMAN, D. C. "Organizational Tenure and Job Performance," *Journal of Management* 36, (2010), p. 1.220–1.250.
47. GELLATLY, I. R. "Individual and Group Determinants of Employee Absenteeism: Test of a Causal Model," *Journal of Organizational Behavior* (set. 1995), p. 469–485.
48. POPP, P. O. & BELOHLAV, J. A. "Absenteeism in a Low Status Work Environment," *Academy of Management Journal* (set. 1982), p. 681.
49. GRIFFETH, R. W.; HOM, P. W. & GAERTNER, S. "A Meta-analysis of Antecedents and Correlates of Employee Turnover: Update, Moderator Tests & Research Implications for the Next Millennium," *Journal of Management* 26, n. 3 (2000), p. 463–488.
50. BARRICK, M. R. & ZIMMERMAN, R. D. "Hiring for Retention and Performance," *Human Resource Management* 48 (2009), p. 183–206.
51. Van BREUKELEN, W.; Van der VLIST R.; & STEENSMA, H. "Voluntary Employee Turnover: Combining Variables from the 'Traditional' Turnover Literature with the Theory of Planned Behavior," *Journal of Organizational Behavior* 25, n. 7 (2004), p. 893–914.
52. ELIAS, M. "USA's Muslims Under a Cloud," *USA Today* (10 ago. 2006), p. 1D, 2D; e HASTINGS, R. R. "Muslims Seek Acknowledgement of Mainstream Americans," *HR Week* (11 maio 2007), p. 1.
53. KING, E. B. & AHMAD, A. S. "An Experimental Field Study of Interpersonal Discrimination Toward Muslim Job Applicants," *Personnel Psychology* 63 (2010), p. 881–906.
54. Veja, por exemplo, KING, E. B. & CORTINA, J. M. "The Social and Economic Imperative of Lesbian, Gay, Bisexual, and Transgendered Supportive Organizational Policies," *Industrial and Organizational Psychology: Perspectives on Science and Practice* 3 (2010), p. 69–78.
55. *HRC Corporate Equality Index,* 2011, www.hrc.org/documents/HRC-CEI-2011-Final.pdf; e HASTINGS, R. R. "Necessity Breeds Inclusion: Reconsidering 'Don't Ask, Don't Tell,'" *HR Week* (jan. 2007), p. 1–2.
56. RAGINS, B. R. "Disclosure Disconnects: Antecedents and Consequences of Disclosing Invisible Stigmas Across Life Domains," *Academy of Management Review* 33 (2008), p. 194–215.
57. LEONARD, B. "Transgender Issues Test Diversity Limits" *HR Magazine* (jun. 2007), p. 32–34.
58. GOTTFREDSON, L. S. "The Challenge and Promise of Cognitive Career Assessment," *Journal of Career Assessment* 11, n. 2 (2003), p. 115–135.
59. DUNNETTE, M. D. "Aptitudes, Abilities & Skills," in DUNNETTE, M. D. (ed.), *Handbook of Industrial and Organizational Psychology* (Chicago: Rand McNally,1976), p. 478–483.
60. LANG, J. W. B.; KERSTING, M. U. HÜLSCHEGER, R. & LANG, J. "General Mental Ability, Narrower Cognitive Abilities & Job Performance: The Perspective of the Nested-Factors Model of Cognitive Abilities" *Personnel Psychology* 63 (2010), p. 595–640.
61. BARBER, N. "Educational and Ecological Correlates of IQ: ACross-National Investigation," *Intelligence* (maio–jun. 2005), p. 273–284.
62. SALGADO, J. F.; ANDERSON, N.; MOSCOSO, S.; BERTUA, C.; de FRUYT F.; & ROLLAND, J. P. "A Meta-analytic Study of General Mental Ability Validity for Different Occupations in the European Community," *Journal of Applied Psychology* (dez. 2003), p. 1.068–1.081; e SCHMIDT, F. L. & HUNTER, J. E. "Select on Intelligence," in LOCKE, E.

A. (ed.), *Handbook of Principles of Organizational Behavior* (Malden, MA: Blackwell, 2004).
63. GANZACH, Y. "Intelligence and Job Satisfaction," *Academy of Management Journal* 41, n. 5 (1998), p. 526–539; & GANZACH, Y. "Intelligence, Education & Facets of Job Satisfaction," *Work and Occupations* 30, n. 1 (2003), p. 97–122.
64. FLEISHMAN, E. A. "Evaluating Physical Abilities Required by Jobs," *Personnel Administrator* (jun. 1979), p. 82–92.
65. AVERY, D. R. "Reactions to Diversity in Recruitment Advertising: Are the Differences Black and White?" *Journal of Applied Psychology* 88, n. 4 (2003), p. 672–679; McKAY, P. F. & AVERY, D. R. "What Has Race Got to Do with It? Unraveling the Role of Racioethnicity in Job Seekers' Reactions to Site Visits," *Personnel Psychology* 59, n. 2 (2006), p. 395–429; e AVERY, D. R. & McKAY,P. F. "Target Practice: An Organizational Impression Management Approach to Attracting Minority and Female Job Applicants," *Personnel Psychology* 59, n. 1 (2006), p. 157–187.
66. BUCKLEY, M. R.; JACKSON, K. A.; BOLINO, M. C.; VERES, J. G. & FIELD, H. S. "The Influence of Relational Demography on Panel Interview Ratings: A Field Experiment," *Personnel Psychology* 60 (2007), p. 627–646; SACCO, J. M.; SCHEU, C. R.; A. RYAN, M. & SCHMITT, N. "An Investigation of Race and Sex Similarity Effects in Interviews: A Multilevel Approach to Relational Demography," *Journal of Applied Psychology* 88 (2003), p. 852–865; e ZIEGERT, J. C. & HANGES, P. J. "Employment Discrimination: The Role of Implicit Attitudes, Motivation & a Climate for Racial Bias," *Journal of Applied Psychology* 90 (2005), p. 553–562.
67. SCHAUBROECK, J. & LAM, S. S. K. "How Similarity to Peers and Supervisor Influences Organizational Advancement in Different Cultures," *Academy of Management Journal* 45(2002), p. 1.120–1.136.
68. McKAY,P. F.; AVERY, D. R. & MORRIS, M. A. "Mean Racial-Ethnic Differences in Employee Sales Performance: The Moderating Role of Diversity Climate," *Personnel Psychology* 61, n. 2 (2008), p. 349–374.
69. TSUI, A. S.; EGAN, T. D. & O'REILLY, C. A. "Being Different: Relational Demography and Organizational Attachment," *Administrative Science Quarterly* 37 (1992), p. 547–579; e SACCO, J. M. & SCHMITT, N. "A Dynamic Multilevel Model of Demographic Diversity and Misfit Effects," *Journal of Applied Psychology* 90 (2005), p. 203–231.
70. McKAY,P. F.; AVERY, D. R.; TONIDANDEL, S.; MORRIS, M. A.; HERNANDEZ, M. & HEBL, M. R. "Racial Differences in Employee Retention: Are Diversity Climate Perceptions the Key?" *Personnel Psychology* 60, n. 1 (2007), p. 35–62.
71. BELL, S. T. "Deep-Level Composition Variables as Predictors of Team Performance: A Meta–Analysis," *Journal of Applied Psychology* 92, n. 3 (2007), p. 595–615; HORWITZAND, S. K.; HORWITZ, I. B. "The Effects of Team Diversity on Team Outcomes: A Meta-Analytic Review of Team Demography," *Journal of Management* 33, n. 6 (2007), p. 987–1015; STEWART, G. L. "A Meta-Analytic Review of Relationships between Team Design Features and Team Performance," *Journal of Management* 32, n. 1 (2006), p. 29–54; e JOSHI, A. & ROH, H. "The Role of Context in Work Team Diversity Research: A Meta-Analytic Review," *Academy of Management Journal* 52, n. 3 (2009), p. 599–627.
72. HOMAN, A. C.; HOLLENBECK, J. R.; HUMPHREY, S. E.; Van KNIPPENBERG, D.; ILGEN, D. R. & van KLEEF, G. A. "Facing Differences with an Open Mind: Openness to Experience, Salience of Intragroup Differences & Performance of Diverse Work Groups," *Academy of Management Journal* 51, n. 6 (2008), p. 1.204–1.222.
73. KEARNEY, E. & GEBERT, D. "Managing Diversity and Enhancing Team Outcomes: The Promise of Transformational Leadership," *Journal of Applied Psychology* 94, n. 1 (2009), p. 77–89.
74. HOLLADAY, C. L. & QUIÑONES, M. A. "The Influence of Training Focus and Trainer Characteristics on Diversity Training Effectiveness," *Academy of Management Learning and Education* 7, n. 3 (2008), p. 343–354; e ANANDAND, R.; WINTERS, M. "A Retrospective View of Corporate Diversity Training from 1964 to the Present," *Academy of Management Learning and Education* 7, n. 3 (2008), p. 356–372.
75. ROBERSON, Q. M. & STEVENS,C. K. "Making Sense of Diversity in the Workplace: Organizational Justice and Language Abstraction in Employees' Accounts of Diversity-Related Incidents," *Journal of Applied Psychology* 91 (2006), p. 379–391; e HARRISON, D. A.; KRAVITZ, D. A.; MAYER,D. M.; LESLIE, L. M. & LEV-AREY, D. "Understanding Attitudes Toward Affirmative Action Programs in Employment: Summary and Meta-Analysis of 35 Years of Research," *Journal of Applied Psychology* 91 (2006), p. 1.013–1.036.
76. KALEV, A.; DOBBIN F. & KELLY, E. "Best Practices or Best Guesses? Assessing the Efficacy of Corporate Affirmative Action and Diversity Policies," *American Sociological Review* 71, n. 4 (2006), p. 589–617.
77. CRISP, R. J. & TURNER, R. N. "Cognitive Adaptation to the Experience of Social and Cultural Diversity," *Psychological Bulletin* 137 (2011), p. 242–266.
78. SIPPOLA, A. & SMALE, A. "The Global Integration of Diversity Management: A Longitudinal Case Study," *International Journal of Human Resource Management* 18, n. 11 (2007), p. 1.895–1.916.
79. POMEROY, A. "Cultivating Female Leaders," *HR Magazine* (fev. 2007), p. 44.

## CAPÍTULO 3

1. BRECKLER, S. J. "Empirical Validation of Affect, Behavior, and Cognition as Distinct Components of Attitude," *Journal of Personality and Social Psychology* (maio 1984), p. 1.191–1.205.
2. WICKER, A. W. "Attitude Versus Action: The Relationship of Verbal and Overt Behavioral Responses to Attitude Objects," *Journal of Social Issues* (Aut. 1969), p. 41–78.
3. FESTINGER, L. *A Theory of Cognitive Dissonance* (Stanford, CA: Stanford University Press, 1957).
4. Veja, por exemplo, FABRIGAR, L. R.; PETTY, R. E.; SMITH, S. M. & CRITES, S. L. "Understanding Knowledge Effects on Attitude-Behavior Consistency: The Role of Relevance, Complexity, and Amount of Knowledge," *Journal of Personality and Social Psychology* 90, n. 4 (2006), p. 556–577; e SCHLEICHER, D. J.; WATT, J. D. & GREGURAS, G. J. "Reexamining the Job Satisfaction-Performance Relationship: The Complexity of Attitudes," *Journal of Applied Psychology* 89, n. 1 (2004), p. 165–177.
5. Veja, por exemplo, NOCERA, J. "If It's Good for Philip Morris, Can It Also Be Good for Public Health?" *New York Times* (18 jun. 2006).
6. Veja GLASMAN, L. R. & ALBARRACÍN, D. "Forming Attitudes That Predict Future Behavior: A Meta-Analysis of the Attitude–Behavior Relation," *Psychological Bulletin* (set. 2006), p. 778–822; AJZEN, I. "Nature and Operation of Attitudes," in FISKE, S. T.; SCHACTER, D. L. & ZAHN-WAXLER, C. (eds.), *Annual Review of Psychology,* v.52 (Palo Alto, CA: Annual Reviews, 2001), p. 27–58; e RIKETTA, M. "The Causal Relation Between Job Attitudes and Performance: A Meta-Analysis of Panel Studies," *Journal of Applied Psychology* 93, n. 2 (2008), p. 472–481.
7. Ibid.
8. HARRISON, D. A.; NEWMAN, D. A. & ROTH, P. L. "How Important Are Job Attitudes? Meta-Analytic Comparisons of Integrative Behavioral Outcomes and Time Sequences," *Academy of Management Journal* 49, n. 2 (2006), p. 305–325.
9. MOYNIHAN, D. P. & S PANDEY,. K. "Finding Workable Levers Over Work Motivation: Comparing Job Satisfaction, Job Involvement & Organizational Commitment," *Administration & Society* 39, n. 7 (2007), p. 803–832.
10. Veja, por exemplo, DIEFENDORFF, J. M.; BROWN D. J. & KAMIN, A. M. "Examining the Roles of Job Involvement and Work Centrality in Predicting Organizational Citizenship Behaviors and Job Performance," *Journal of Organizational Behavior* (fev. 2002), p. 93–108.
11. Baseado em BLAU, G. J. & BOAL, K. R. "Conceptualizing How Job Involvement and Organizational Commitment Affect Turnover and Absenteeism," *Academy of Management Review* (abr. 1987), p. 290.
12. CHEN, G. & KLIMOSKI, R. J. "The Impact of Expectations on Newcomer Performance in Teams as Mediated by Work Characteristics, Social Exchanges & Empowerment," *Academy of Management Journal* 46, n. 5 (2003), p. 591–607; ERGENELI, A.; SAGLAM, G. & METIN, S. "Psychological Empowerment and Its Relationship to Trust in Immediate Managers," *Journal of Business Research* (jan. 2007), p. 41–49; e SEIBERT, S. E.; SILVER, S. R. & RANDOLPH, W. A. "Taking Empowerment to the Next Level: A Multiple-Level Model of Empowerment, Performance & Satisfaction," *Academy of Management Journal* 47, n. 3 (2004), p. 332–349.
13. AVOLIO, B. J.; ZHU, W.; KOH, W. & BHATIA, P. "Transformational Leadership and Organizational Commitment: Mediating Role of Psychological Empowerment and Moderating Role of Structural Distance," *Journal of Organizational Behavior* 25, n. 8 (2004), p. 951–968.
14. DIEFENDORFF, J. M.; BROWN,D. J. A.; KAMIN, M. & LORD, R. G. "Examining the Roles of Job Involvement and Work Centrality in Predicting Organizational Citizenship Behaviors and Job Performance," *Journal of Organizational Behavior* (fev. 2002), p. 93–108.
15. BARRICK, M. R.; MOUNT, M. K. & STRAUSS, J. P. "Antecedents of Involuntary Turnover Due to a Reduction in Force," *Personnel Psychology* 47, n. 3 (1994), p. 515–535.
16. SOLINGER, O. N.; Van OLFFEN, W. & ROE, R. A. "Beyond the Three-Component Model of Organizational Commitment," *Journal of Applied Psychology* 93 (2008), p. 70–83.
17. HOFFMAN, B. J.; BLAIR, C. A.; MERIA, J. P. & WOEHR, D. J. "Expanding the Criterion Domain? A Quantitative Review of the OCB Literature," *Journal of Applied Psychology* 92, n. 2 (2007), p. 555–566.
18. WRIGHT, T. A. & BONETT, D. G. "The Moderating Effects of Employee Tenure on the Relation Between Organizational Commitment and Job Performance: A Meta-Analysis," *Journal of Applied Psychology* (dez. 2002), p. 1.183–1.190.
19. NG, T. W.; FELDMAN, H. D. C. & LAM, S. S. K. "Psychological Contract Breaches, Organizational Commitment & Innovation-Related Behaviors: A Latent Growth Modeling Approach," *Journal of Applied Psychology* 95 (2010), p. 744–751.
20. Veja, por exemplo, BENTEIN, K.; VANDENBERGHE, C.; VANDENBERG, R. & STINGLHAMBER, F. "The Role of Change in the Relationship between Commitment and Turnover: A Latent Growth Modeling Approach," *Journal of Applied Psychology* 90 (2005), p. 468–482; e KAMMEYER-MUELLER, J. D.; WANBERG, C. R.; GLOMB, T. M. & AHLBURG, D. "The Role of Temporal Shifts in Turnover Processes: It's About Time." *Journal of Applied Psychology* 90 (2005), p. 644–658.

21. HAUSKNECHT, J. P.; HILLER, N. J. & VANCE, R. J. "Work-Unit Absenteeism: Effects of Satisfaction, Commitment, Labor Market Conditions & Time," *Academy of Management Journal* 51 (2008), p. 1.223–1.245.
22. RHOADES, L.; EISENBERGER, R. & ARMELI, S. "Affective Commitment to the Organization: The Contribution of Perceived Organizational Support," *Journal of Applied Psychology* 86, n. 5 (2001), p. 825–836.
23. VANDENBERGHE, C.; BENTEIN, K.; MICHON, R.; CHEBAT, J.; TREMBLAY, M. & FILS, J. "An Examination of the Role of Perceived Support and Employee Commitment in Employee–Customer Encounters," *Journal of Applied Psychology* 92, n. 4 (2007), p. 1.177–1.187; e EDER, P. & EISENBERGER, R. "Perceived Organizational Support: Reducing the Negative Influence of Coworker Withdrawal Behavior," *Journal of Management* 34, n. 1 (2008), p. 55–68.
24. FARH, J.; HACKETT, R. D. & LIANG, J. "Individual-Level Cultural Values as Moderators of Perceived Organizational Support—Employee Outcome Relationships in China: Comparing the Effects of Power Distance and Traditionality," *Academy of Management Journal* 50, n. 3 (2007), p. 715–729.
25. RICH, B. L.; LEPINE, J. A. & CRAWFORD, E. R. "Job Engagement: Antecedents and Effects on Job Performance," *Academy of Management Journal* 53 (2010), p. 617–635.
26. HARTER, J. K.; SCHMIDT, F. L. & HAYES, T. L. "Business-Unit-Level Relationship Between Employee Satisfaction, Employee Engagement & Business Outcomes: A Meta-Analysis," *Journal of Applied Psychology* 87, n. 2 (2002), p. 268–279.
27. VANCE, R. J. "Employee Engagement and Commitment: A Guide to Understanding, Measuring & Increasing Engagement in Your Organization" em www.shrm.org.
28. LOCKWOOD, N. R. *Leveraging Employee Engagement for Competitive Advantage* (Alexandria, VA: Society for Human Resource Management, 2007); e VANCE, R. J. *Employee Engagement and Commitment* (Alexandria, VA: Society for Human Resource Management, 2006).
29. MACEY, W. H. & SCHNEIDER, B. "The Meaning of Employee Engagement," *Industrial and Organizational Psychology* 1 (2008), p. 3–30; SAKS, A. "The Meaning and Bleeding of Employee Engagement: How Muddy Is the Water?" *Industrial and Organizational Psychology* 1 (2008), p. 40–43.
30. RHOADES, L. & EISENBERGER, R. "Perceived Organizational Support: A Review of the Literature," *Journal of Applied Psychology* 87, n. 4 (2002), p. 698–714; e PAYNEAND, R. L.; MORRISON, D. "The Differential Effects of Negative Affectivity on Measures of Well-Being Versus Job Satisfaction and Organizational Commitment," *Anxiety, Stress &Coping: An International Journal* 15, n. 3 (2002), p. 231–244.
31. Para problemas com o conceito de satisfação no trabalho, veja HODSON, R. "Workplace Behaviors," *Work and Occupations* (ago. 1991), p. 271–290; e WEISS H. M. & CROPANZANO, R. "Affective Events Theory: A Theoretical Discussion of the Structure, Causes and Consequences of Affective Experiences at Work," in STAW B. M.; & CUMMINGS, L. L. (eds.), *Research in Organizational Behavior*, v. 18 (Greenwich, CT: JAI Press, 1996), p. 1–3.
32. O estudo nacional Work America de 1989 da empresa Wyatt identificou 12 dimensões de satisfação: organização do trabalho, condições de trabalho, comunicações, desempenho do trabalho e revisão do desempenho, colaboradores, supervisão, gestão da empresa, pagamentos benefícios, desenvolvimento da carreira e treinamento, conteúdo do trabalho, e satisfação & imagem e mudanças da empresa.
33. Veja SPECTOR, E. *Job Satisfaction: Application, Assessment, Causes & Consequences* (Thousand Oaks, CA: Sage, 1997), p. 3.
34. WANOUS, J.; REICHERS, A. E. & HUDY, M. J. "Overall Job Satisfaction: How Good Are Single-Item Measures?" *Journal of Applied Psychology* (abr. 1997), p. 247–252.
35. CHELTE, A. F.; WRIGHT, J. & TAUSKY, C. "Did Job Satisfaction Really Drop During the 1970s?" *Monthly Labor Review* (nov. 1982), p. 33–36; "Job Satisfaction High in America, Says Conference Board Study," *Monthly Labor Review* (fev. 1985), p. 52; BOWMAN, K. "Attitudes About Work, Chores & Leisure in America," *AEI Opinion Studies* (ago. 25, 2003); e PEPITONE, J. "U.S. Job Satisfaction Hits 22-Year Low," *CNNMoney.com* (5 jan. 2010).
36. BALZER, W. K.; J. KIHM, A.; SMITH, P. C.; IRWIN, J. L.; BACHIOCHI, P. D.; ROBIE, C.; SINAR, E. F. & PARRA, L. F. *"Users' Manual for the Job Descriptive Index (JDI; 1997 Revision) and the Job in General Scales"* (Bowling Green, OH: Bowling Green State University, 1997).
37. GELFAND, M. J.; EREZ, M. & AYCAN, Z. "Cross-Cultural Organizational Behavior," Annual Review of Psychology 58 (2007), p. 479–514; e TSUI, A. S.; NIFADKAR, S. S. & OU, A. Y. "Cross-National, Cross-Cultural Organizational Behavior Research: Advances, Gaps & Recommendations," Journal of Management (jun. 2007), p. 426–478.
38. BENZ, M. & FREY, B. S. "The Value of Autonomy: Evidence from the Self-Employed in 23 Countries," working paper 173,Institute for Empirical Research in Economics, University of Zurich, November 2003 (ssrn.com/abstract[equals]475140); and WARR, P. Work, Happiness & Unhappiness (Mahwah, NJ: Laurence Erlbaum, 2007).
39. BARLING, J.; KELLOWAY, E. K. & IVERSON, R. D. "High-Quality Work, Job Satisfaction & Occupational Injuries," *Journal of Applied Psychology* 88,

n. 2 (2003), p. 276–283; e BOND F. W. & BUNCE, D. "The Role of Acceptance and Job Control in Mental Health, Job Satisfaction & Work Performance," *Journal of Applied Psychology* 88, n. 6 (2003), p. 1.057–1.067.

40. HUMPHREY, S. E.; NAHRGANG, J. D. & MORGESON, F. P. "Integrating Motivational, Social & Contextual Work Design Features: A Meta-Analytic Summary and Theoretical Extension of the Work Design Literature," *Journal of Applied Psychology* 92, n. 5 (2007), p. 1.332–1.356; e CHIABURU, D. S. & HARRISON, D. A. "Do Peers Make the Place? Conceptual Synthesis and Meta-Analysis of Coworker Effect on Perceptions, Attitudes, OCBs & Performance," *Journal of Applied Psychology* 93, n. 5 (2008), p. 1082–1103.

41. DIENER, E.; SANDVIK, E.; SEIDLITZ, L. & DIENER, M. "The Relationship between Income and Subjective Well-Being: Relative or Absolute?" *Social Indicators Research* 28 (1993), p. 195–223.

42. DIENER, E. & SELIGMAN, M. E. P. "Beyond Money: Toward an Economy of Well-Being," *Psychological Science in the Public Interest* 5, n. 1 (2004), p. 1–31; e GRANT, A. "Money = Happiness? That's Rich: Here's the Science behind the Axiom," *The (South Mississippi) Sun Herald* (8 jan. 2005).

43. JUDGE, T. A. & HURST, C. "The Benefits and Possible Costs of Positive Core Self-Evaluations: A Review and Agenda for Future Research," in NELSON, D. e COOPER, C. L. (eds.), *Positive Organizational Behavior* (Londres, UK: Sage Publications, 2007), p. 159–174.

44. Veja FARRELL, D. "Exit, Voice, Loyalty & Neglect as Responses to Job Dissatisfaction: A Multidimensional Scaling Study," *Academy of Management Journal* (dez. 1983), p. 596–606; RUSBULT, C. E.; FARRELL, D.; ROGERS, G. & MAINOUS III, A. G. "Impact of Exchange Variables on Exit, Voice, Loyalty & Neglect: An Integrative Model of Responses to Declining Job Satisfaction," *Academy of Management Journal* (set. 1988), p. 599–627; WITHEY, M. J. & COOPER, W. H. "Predicting Exit, Voice, Loyalty & Neglect," *Administrative Science Quarterly* ( dez. 1989), p. 521–539; ZHOU J. & GEORGE, J. M. "When Job Dissatisfaction Leads to Creativity: Encouraging the Expression of Voice," *Academy of Management Journal* (ago. 2001), p. 682–696; OLSON-BUCHANAN J. B. & BOSWELL, W. R. "The Role of Employee Loyalty and Formality in Voicing Discontent," *Journal of Applied Psychology* (dez. 2002), p. 1.167–1.174; e DAVIS-BLAKE, A.; BROSCHAK, J. P. & GEORGE, E. "Happy Together? How Using Nonstandard Workers Affects Exit, Voice & Loyalty Among Standard Employees," *Academy of Management Journal* 46, n. 4 (2003), p. 475–485.

45. FREEMAN, R. B. "Job Satisfaction as an Economic Variable" *American Economic Review* (jan. 1978), p. 135–141.

46. JUDGE, T. A., THORESEN, C. J., BONO, J. E., & PATTON, G. K. "The Job Satisfaction–Job Performance Relationship: A Qualitative and Quantitative Review," *Psychological Bulletin* (maio 2001), p. 376–407.

47. C. OSTROFF, "The Relationship between Satisfaction, Attitudes, and Performance: An Organizational Level Analysis," *Journal of Applied Psychology* (dez. 1992), p. 963–974; RYAN, A. M.; SCHMIT, M. J. & JOHNSON, R. "Attitudes and Effectiveness: Examining Relations at an Organizational Level," *Personnel Psychology* (Inv. 1996), p. 853–882; e HARTER, J. K.; SCHMIDT, F. L. & HAYES, T. L. "Business-Unit Level Relationship Between Employee Satisfaction, Employee Engagement & Business Outcomes: A Meta-Analysis," *Journal of Applied Psychology* (abr. 2002), p. 268–279.

48. Veja PODSAKOFF, P.; MACKENZIE, S. B.; PAINE, J. B. & BACHRACH, D. G. "Organizational Citizenship Behaviors: A Critical Review of the Theoretical and Empirical Literature and Suggestions for Future Research," *Journal of Management* 26, n. 3 (2000), p. 513–563.

49. HOFFMAN, B. J.; BLAIR, C. A.; MAERIAC, J. P. & WOEHR, D. J. "Expanding the Criterion Domain? A Quantitative Review of the OCB Literature," *Journal of Applied Psychology* 92, n. 2 (2007), p. 555–566.

50. BLADER S. L. & TYLER, T. R. "Testing and Extending the Group Engagement Model: Linkages between Social Identity, Procedural Justice, Economic Outcomes & Extrarole Behavior," *Journal of Applied Psychology* 94, n. 2 (2009), p. 445–464.

51. CHIABURU, D. S. & HARRISON, D. A. "Do Peers Make the Place? Conceptual Synthesis and Meta-Analysis of Coworker Effect on Perceptions, Attitudes, OCBs & Performance," *Journal of Applied Psychology* 93, n. 5 (2008), p. 1082–1103.

52. ILIES, R.; FULMER, I. S.; SPITZMULLER, M. & JOHNSON, M. D. "Personality and Citizenship Behavior: The Mediating Role of Job Satisfaction," *Journal of Applied Psychology* 94 (2009), p. 945–959.

53. ILIES, R.; SCOTT, B. A.; &T. JUDGE, A. "The Interactive Effects of Personal Traits and Experienced States on Intraindividual Patterns of Citizenship Behavior," *Academy of Management Journal* 49 (2006), p. 561–575.

54. Veja, por exemplo, KOYS, D. J. "The Effects of Employee Satisfaction, Organizational Citizenship Behavior & Turnover on Organizational Effectiveness: A Unit-Level, Longitudinal Study," *Personnel Psychology* (primav. 2001), p. 101–114; e VANDENBERGHE, C.; BENTEIN, K.; MICHON, R.; CHEBAT, J.; TREMBLAY, M. & FILS, J. "An Examination of the Role of Perceived Support and Employee Commitment in Employee-Customer Encounters," *Journal of Applied Psychology* 92, n. 4 (2007), p. 1.177–1.187; e SCHULTE, M.; OSTROFF, C.; SHMULYIAN, S. & KINICKI, A. "Organizational Climate Configurations: Relationships to Collective Attitudes, Custo-

mer Satisfaction & Financial Performance," *Journal of Applied Psychology* 94 (2009), p. 618–634.
55. O'BRIEN, J. M. "Zappos Knows How to Kick It," *Fortune* (2 fev. 2009), p. 55–60.
56. FRANK, T. "Report: Low Morale May Hurt Airport Security," *USA Today* (25 jun. 2008), p. 3A; e BAILEY, J. "Fliers Fed Up? The Employees Feel the Same," *New York Times* (22 dez. 2007), p. A1, A18.
57. LOCKE, E. A. "The Nature and Causes of Job Satisfaction," in DUNNETTE, M. D. (ed.), *Handbook of Industrial and Organizational Psychology* (Chicago: Rand McNally, 1976), p. 1.331; SCOTT, K. D. & TAYLOR, G. S. "An Examination of Conflicting Findings on the Relationship Between Job Satisfaction and Absenteeism: A Meta-Analysis," *Academy of Management Journal* (set. 1985), p. 599–612; e STEEL R. & RENTSCH, J. R. "Influence of Cumulation Strategies on the LONG-Range Prediction of Absenteeism," *Academy of Management Journal* (dez. 1995), p. 1616–1634.
58. HAUSKNECHT, J. P.; HILLER, N. J. & VANCE, R. J. "Work-Unit Absenteeism: Effects of Satisfaction, Commitment, Labor Market Conditions & Time," *Academy of Management Journal* 51, n. 6 (2008), p. 1.123–1.245.
59. HOM, W. & GRIFFETH, R. W. *Employee Turnover* (Cincinnati, OH: South-Western Publishing, 1995); GRIFFETH, R. W.; HOM, P. W. & GAERTNER, S. "A Meta-Analysis of Antecedents and Correlates of Employee Turnover: Update, Moderator Tests, and Research Implications for the Next Millennium," *Journal of Management* 26, n. 3 (2000), p. 479.
60. T. H. LEE, B. GERHART, I. WELLER & C. O. TREVOR, "Understanding Voluntary Turnover: Path-Specific Job Satisfaction Effects and the Importance of Unsolicited Job Offers," *Academy of Management Journal* 51, n. 4 (2008), p. 651–671.
61. SPECTOR, P. E.; FOX, S.; PENNEY, L. M.; BRUURSEMA, K.; GOH, A. & KESSLER, S. "The Dimensionality of Counter productivity: Are All Counterproductive Behaviors Created Equal?" *Journal of Vocational Behavior* 68, n. 3 (2006), p. 446–460; e CHIABURU, D. S. & HARRISON, D. A. "Do Peers Make the Place? Conceptual Synthesis and Meta-Analysis of Coworker Effect on Perceptions, Attitudes, OCBs & Performance," *Journal of Applied Psychology* 93, n. 5 (2008), p. 1.082–1.103.
62. HOLLAND, K. "Inside the Minds of Your Employees," *New York Times* (28 jan. 2007), p. B1; "Study Sees Link between Morale and Stock Price," *Workforce Management* (27 fev. 2006), p. 15; e "The Workplace as a Solar System," *New York Times* (28 out. 2006), p. B5.
63. WHITE, E. "How Surveying Workers Can Pay Off," *Wall Street Journal* (18 jun. 2007), p. B3.
64. HARRISON, D. A.; NEWMAN, D. A. & ROTH, P. L., "How Important Are Job Attitudes?: Meta-analytic Comparisons for Integrative Behavioral Outcomes and Time Sequences," *Academy of Management Journal*, n. 49 (2006), p. 320–321.

# CAPÍTULO 4

1. Veja, por exemplo, FISHER, C. D. & ASHKANASY, N. M. "The Emerging Role of Emotions in Work Life: An Introduction," *Journal of Organizational Behavior,* Special Issue 2000, p. 123–129; ASHKANASY, N. M.; HARTEL, C. E. J. & ZERBE, W. J. (eds.), *Emotions in the Workplace: Research, Theory & Practice* (Westport, CT: Quorum Books, 2000); ASHKANASYAND, N. M.; DAUS, C. S. "Emotion in the Workplace: The New Challenge for Managers," *Academy of Management Executive* (fev. 2002), p. 76–86; e ASHKANASY, N. M.; HARTEL, C. E. J. & DAUS, C. S. "Diversity and Emotion: The New Frontiers in Organizational Behavior Research," *Journal of Management* 28, n. 3 (2002), p. 307–338.
2. Veja, por exemplo, PUTNAM, L. L. & MUMBY, D. K. "Organizations, Emotion and the Myth of Rationality," in FINEMAN, S. (ed.), *Emotion in Organizations* (Thousand Oaks, CA: Sage, 1993), p. 36–57; e J. MARTIN, KNOPOFF, K. & BECKMAN, C. "An Alternative to Bureaucratic Impersonality and Emotional Labor: Bounded Emotionality at the Body Shop," *Administrative Science Quarterly* (jun. 1998), p. 429–469.
3. ASHFORTH, B. E. & HUMPHREY, R. H. "Emotion in the Workplace: A Reappraisal," *Human Relations* (fev. 1995), p. 97–125.
4. BARSADE, S. G. & GIBSON, D. E. "Why Does Affect Matter in Organizations?" *Academy of Management Perspectives* (fev. 2007), p. 36–59.
5. Veja FRIJDA, N. H. "Moods, Emotion Episodes and Emotions," in LEWIS, M. & HAVILAND, J. M. (eds.), *Handbook of Emotions* (Nova York: Guilford Press, 1993), p. 381–403.
6. WEISS, H. M. & CROPANZANO, R. "Affective Events Theory: A Theoretical Discussion of the Structure, Causes and Consequences of Affective Experiences at Work," in STAW, B. M. & CUMMINGS, L. L. (eds.), *Research in Organizational Behavior,* v. 18 (Greenwich, CT: JAI Press, 1996), p. 17–19.
7. Veja EKMAN, P. & DAVIDSON, R. J. (eds.), *The Nature of Emotions: Fundamental Questions* (Oxford, UK: Oxford University Press, 1994).
8. FRIJDA, "Moods, Emotion Episodes and Emotions," p. 381.
9. Veja EKMAN and DAVIDSON (eds.), *The Nature of Emotions.*
10. Veja, por exemplo, EKMAN, P. "An Argument for Basic Emotions," *Cognition and Emotion* (maio/jul. 1992), p. 169–200; IZARD, C. E. "Basic Emotions, Relations Among Emotions, and Emotion–Cognition Relations," *Psychological Bulletin* (nov. 1992), p. 561–565; e TRACY, J. L. & ROBINS, R. W. "Emerging Insights into the Nature and Function of Pride,

"Current Directions in Psychological Science 16, n. 3 (2007), p. 147-150.
11. SOLOMON, R. C. "Back to Basics: On the Very Idea of 'Basic Emotions,'" Journal for the Theory of Social Behavior 32, n. 2 (jun. 2002), p. 115-144.
12. WEISS & CROPANZANO, "Affective Events Theory," p. 20-22.
13. Citado em WOODWORTH, R. D. Experimental Psychology (Nova York: Holt, 1938).
14. WATSON, D.; CLARK, L. A. & TELLEGEN, A. "Development and Validation of Brief Measures of Positive and Negative Affect: The PANAS Scales," Journal of Personality and Social Psychology (1988), p. 1.063-1.070.
15. BEN-ZE'EV, A. The Subtlety of Emotions (Cambridge, MA: MIT Press, 2000), p. 94.
16. BEN-ZE'EV, The Subtlety of Emotions, p. 99.
17. CACIOPPO, J. T. & GARDNER, W. L. "Emotion," in Annual Review of Psychology, v. 50 (Palo Alto, CA: Annual Reviews, 1999), p. 191-214.
18. OISHI, S.; DIENER, E. & NAPA SCOLLON, C. "Cross-Situational Consistency of Affective Experiences Across Cultures, "Journal of Personality & Social Psychology 86, n. 3 (2004), p. 460-472.
19. EID & DIENER, "Norms for Experiencing Emotions in Different Cultures."
20. POVERNY, L. M. & PICASCIA, S. "There Is No Crying in Business," Womensmedia.com, 20 out. 2009, www.womensmedia.com/new/Crying-at-Work.shtml.
21. DAMASIO, A. R. Descartes' Error: Emotion, Reason & the Human Brain (Nova York: Quill, 1994).
22. Ibid.
23. HAIDT, J. "The New Synthesis in Moral Psychology," Science 316 (18 maio 2007), p. 998, 1002; De HOOGE, I. E.; NELISSEN, R. M. A.; BREUGELMANS, S. M. & ZEELENBERG, M. "What is Moral about Guilt? Acting 'Prosocially' at the Disadvantage of Others," Journal of Personality and Social Psychology 100 (2011), p. 462-473; e HUTCHERSON, C. A. & GROSS, J. J. "The Moral Emotions: A Social-Functionalist Account of Anger, Disgust & Contempt," Journal of Personality and Social Psychology 100 (2011), p. 719-737.
24. LARSEN, R. J. & DIENER, E. "Affect Intensity as an Individual Difference Characteristic: A Review," Journal of Research in Personality 21 (1987), p. 1-39.
25. WATSON, D. Mood and Temperament (Nova York: Guilford Press, 2000).
26. DENISSEN, J. J. A.; BUTALID, L.; PENKE, L. & VANAKEN, M. A. G. "The Effects of Weather on Daily Mood: A Multilevel Approach," Emotion 8, n. 5 (2008), p. 662-667; KELLER, M. C. B.; FREDRICKSON, L.; YBARRA, O.; CÔTÉ, S.; JOHNSON, K.; MIKELS, J.; CONWAY, A. & WAGNER, T. "A Warm Heart and a Clear Head: The Contingent Effects of Weather on Mood and Cognition," Psychological Science 16 (2005) p. 724-731; e WATSON, Mood and Temperament.
27. WATSON, Mood and Temperament, p. 100.
28. FULLER, J. A.; STANTON, J. M.; FISHER, G. G.; SPITZMÜLLER, C.; RUSSELL, S. S. & SMITH, P. C. "A Lengthy Look at the Daily Grind: Time Series Analysis of Events, Mood, Stress, and Satisfaction," Journal of Applied Psychology 88, n. 6 (dez. 2003), p. 1.019-1.033.
29. ISEN, A. M. "Positive Affect as a Source of Human Strength," in ASPINWALL, L. G. & STAUDINGER, U. (eds.), The Psychology of Human Strengths (Washington, DC: American Psychological Association, 2003), p. 179-195.
30. WATSON, Mood and Temperament.
31. Sleep in America Poll (Washington, DC: National Sleep Foundation, 2005), www.kintera.org/atf/cf/%7Bf6bf2668-a1b4-4fe8-8d1a-a5d39340d-9cb%7D/2005_summary_of_findings.pdf.
32. LAVIDOR, M.; WELLER, A. & BABKOFF, H. "How Sleep Is Related to Fatigue," British Journal of Health Psychology 8 (2003), p. 95-105; e PILCHER, J. J. & OTT, E. "The Relationships Between Sleep and Measures of Health and Well-Being in College Students: A Repeated Measures Approach," Behavioral Medicine 23 (1998), p. 170-178.
33. MILLER, E. K. & COHEN, J. D. "An Integrative Theory of Prefrontal Cortex Function," Annual Review of Neuroscience 24 (2001), p. 167-202.
34. SCOTT, B. A. & JUDGE, T. A. "Insomnia, Emotions & Job Satisfaction: A Multilevel Study," Journal of Management 32, n. 5 (2006), p. 622-645.
35. GIACOBBI, P. R.; HAUSENBLAS, H. A. & FRYE, N. "A Naturalistic Assessment of the Relationship between Personality, Daily Life Events, Leisure-Time Exercise & Mood," Psychology of Sport & Exercise 6, n. 1 (jan. 2005), p. 67-81.
36. CARSTENSEN, L. L.; PASUPATHI, M.; ULRICH, M. & NESSELROADE, J. R. "Emotional Experience in Everyday Life across the Adult Life Span," Journal of Personality and Social Psychology 79, n. 4 (2000), p. 644-655.
37. LAFRANCE, M. & BANAJI, M. "Toward a Reconsideration of the Gender–Emotion Relationship," in M. CLARK (ed.), Review of Personality and Social Psychology, v. 14 (Novabury PARK, CA: Sage, 1992), p. 178-197; e KRING, A. M. and GORDON, A. H. "Sex Differences in Emotion: Expression, Experience & Physiology," Journal of Personality and Social Psychology (mar. 1998), p. 686-703.
38. GARD, M. G. & KRING, A. M. "Sex Differences in the Time Course of Emotion," Emotion 7, n. 2 (2007), p. 429-437; JAKUPCAK, M.; SALTERS, K.; GRATZ, K. L. & ROEMER, L. "Masculinity and Emotionality: An Investigation of Men's Primary and Secondary Emotional Responding," Sex Roles 49 (2003), p. 111-120; e GROSSMAN, M. & WOOD, W. "Sex Differences in Intensity of Emotional Ex-

perience: A Social Role Interpretation," *Journal of Personality and Social Psychology* (nov. 1992), p. 1010-1022.
39. FISCHER, A. H.; RODRIGUEZ MOSQUERA, P. M.; VANVIANEN, A. E. M. & MANSTEAD, A. S. R. "Gender and Culture Differences in Emotion," *Emotion* 4 (2004), p. 84-87.
40. BARRETT, L. F. & BLISS-MOREAU, E. "She's Emotional. He's Having a Bad Day: Attributional Explanations for Emotion Stereotypes," *Emotion* 9 (2009), p. 649-658.
41. BECKER, D. V.; KENRICK, D. T.; NEUBERG, S. L.; BLACKWELL, K. C. & SMITH, D. M. "The Confounded Nature of Angry Men and Happy Women," *Journal of Personality and Social Psychology* 92 (2007), p. 179-190.
42. EKMAN, P.; FRIESEN W. V. & O'SULLIVAN, M. "Smiles When Lying," in EKMAN P. & ROSENBERG, E. L. (eds.), *What the Face Reveals: Basic and Applied Studies of Spontaneous Expression Using the Facial Action Coding System (FACS)* (Londres: Oxford University Press, 1997), p. 201-216.
43. GRANDEY, A. "Emotion Regulation in the Workplace: A New Way to Conceptualize Emotional Labor," *Journal of Occupational Health Psychology* 5, n. 1 (2000), p. 95-110; e CROPANZANO, R.; RUPP, D. E. & BYRNE, Z. S. "The Relationship of Emotional Exhaustion to Work Attitudes, Job Performance & Organizational Citizenship Behavior," *Journal of Applied Psychology* (fev. 2003), p. 160-169.
44. HOCHSCHILD, A. R. "Emotion Work, Feeling Rules & Social Structure," *American Journal of Sociology* (nov. 1979), p. 551-575; TSAI, W.-C. "Determinants and Consequences of Employee Displayed Positive Emotions," *Journal of Management* 27, n. 4 (2001), p. 497-512; KRAMERAND, M. W.; HESS, J. A. "Communication Rules for the Display of Emotions in Organizational Settings," *Management Communication Quarterly* (ago. 2002), p. 66-80; e DIEFENDORFF J. M. & RICHARD, E. M. "Antecedents and Consequences of Emotional Display Rule Perceptions," *Journal of Applied Psychology* (abr. 2003), p. 284-294.
45. DePAULO, B. M. "Nonverbal Behavior and Self-Presentation," *Psychological Bulletin* (mar. 1992), p. 203-243.
46. DIEFENDORFF, J. M. & GREGURAS, G. J. "Contextualizing Emotional Display Rules: Examining the Roles of Targets and Discrete Emotions in Shaping Display Rule Perceptions," *Journal of Management* 35 (2009), p. 880-898.
47. SOLOMON, "Back to Basics."
48. BROTHERIDGE, C. M. & LEE, R. T. "Development and Validation of the Emotional Labour Scale," *Journal of Occupational & Organizational Psychology* 76 (2003), p. 365-379.
49. A. A. GRANDEY, "When 'The Show Must Go On': Surface Acting and Deep Acting as Determinants of Emotional Exhaustion and Peer-Rated Service Delivery," *Academy of Management Journal* (fev. 2003), p. 86-96; e GRANDEY, A. A.; DICKTER, D. N. & SIN, H. "The Customer Is Not Always Right: Customer Aggression and Emotion Regulation of Service Employees," *Journal of Organizational Behavior* 25 (2004), p. 397-418.
50. DIEFENDORFF, J. M.; ERICKSON, R. J.; GRANDEY, A. A. & DAHLING, J. J. "Emotional Display Rules as Work Unit Norms: A Multilevel Analysis of Emotional Labor among Nurses, "Journal of Occupational Health Psychology 16 (2011), p. 170-186.
51. TROUGAKOS, J. P.; BEAL, D. J.; GREEN, S. G. & WEISS, H. M. "Making the Break Count: An Episodic Examination of Recovery Activities, Emotional Experiences & Positive Affective Displays," *Academy of Management Journal* 51 (2008), p. 131-146.
52. Esta seção é baseada em GOLEMAN, D., *Emotional Intelligence* (Nova York: Bantam, 1995); SALOVEY, P. & GREWAL, D. "The Science of Emotional Intelligence," *Current Directions in Psychological Science* 14, n. 6 (2005), p. 281-285; DAVIES, M.; STANKOV, L. & ROBERTS, R. D. "Emotional Intelligence: In Search of an Elusive Construct," *Journal of Personality and Social Psychology* (out. 1998), p. 989-1015; GEDDES, D. & CALLISTER, R. R. "Crossing the Line(s): A Dual Threshold Model of Anger in Organizations," *Academy of Management Review* 32, n. 3 (2007), p. 721-746.
53. CHERNISS, C. "The Business Case for Emotional Intelligence," *Consortium for Research on Emotional Intelligence in Organizations*, 1999, www.eiconsortium.org/reports/business_case_for_ei.html.
54. LAW, K. S.; WONG, C. & SONG, L. J. "The Construct and Criterion Validity of Emotional Intelligence and Its Potential Utility for Management Studies," *Journal of Applied Psychology* 89, n. 3 (2004), p. 483-496.
55. ELFENBEIN, H. A. & AMBADY, N. "Predicting Workplace Outcomes from the Ability to Eavesdrop on Feelings," *Journal of Applied Psychology* 87, n. 5 (out. 2002), p. 963-971.
56. JOSEPH, D. L. & NEWMAN, D. A. "Emotional Intelligence: An Integrative Meta-Analysis and Cascading Model," *Journal of Applied Psychology* 95 (2010), p. 54-78.
57. BAR-ON, R.; TRANEL, D.; DENBURG, N. L. & BECHARA, A. "Exploring the Neurological Substrate of Emotional and Social Intelligence," *Brain* 126, n. 8 (ago. 2003), p. 1790-1800.
58. VERNON, P. A.; PETRIDES, K. V.; BRATKO, D. & SCHERMER, J. A. "A Behavioral Genetic Study of Trait Emotional Intelligence," *Emotion* 8, n. 5 (2008), p. 635-642.
59. LOCKE, E. A. "Why Emotional Intelligence Is an Invalid Concept," *Journal of Organizational Behavior* 26, n. 4 (jun. 2005), p. 425-431.
60. MAYER, J. D.; ROBERTS, R. D. & BARSADE, S. G. "Human Abilities: Emotional Intelligence," *Annual Review of Psychology* 59 (2008), p. 507-536;

ELFENBEIN, H. A. "Emotion in Organizations: A Review and Theoretical Integration," *Academy of Management Annals* 1 (2008), p. 315–386; e JOSEPH, D. L. & NEWMAN, D. A. "Emotional Intelligence: An Integrative Meta-Analysis and Cascading Model," *Journal of Applied Psychology* 95 (2010), p. 54–78.

61. CONTE, J. M. "A Review and Critique of Emotional Intelligence Measures," *Journal of Organizational Behavior* 26, n. 4 (jun. 2005), p. 433–440; e DAVIES, M.; STANKOV, L. & ROBERTS, R. D. "Emotional Intelligence," p. 989–1015.

62. DECKER, T. "Is Emotional Intelligence a Viable Concept?"*Academy of Management Review* 28, n. 2 (abr. 2003),p. 433–440; e DAVIES, STANKOV & ROBERTS, "Emotional Intelligence."

63. JOSEPH, D. L. & NEWMAN, D. A. "Emotional Intelligence: An Integrative Meta-Analysis and Cascading Model," *Journal of Applied Psychology* 95 (2010), p. 54–78.

64. LANDY, F. J. "Some Historical and Scientific Issues Related to Research on Emotional Intelligence," *Journal of Organizational Behavior* 26, n. 4 (jun. 2005), p. 411–424.

65. KOOLE, S. L. "The Psychology of Emotion Regulation: An Integrative Review," *Cognition and Emotion* 23 (2009),p. 4–41.

66. SRIVASTAVA, S.; TAMIR, M.; McGONIGAL, K. M.; JOHN, O. P. & GROSS, J. J. "The Social Costs of Emotional Suppression: A Prospective Study of the Transition to College," *Journal of Personality and Social Psychology* 96 (2009), p. 883–897; LIU, Y.; PRATI, L. M.; PERREWÉ, P. L. & BRYMER, R. A. "Individual Differences in Emotion Regulation, Emotional Experiences at Work & Work-Related Outcomes: A Two-Study Investigation," *Journal of Applied Social Psychology* 40 (2010), p. 1.515–1.538; e WADLINGER, H. A. & ISAACOWITZ, D. M. "Fixing our Focus: Training Attention to Regulate Emotion," *Personality and Social Psychology Review* 15(2011), p. 75–102.

67. BARBER, L. K.; BAGSBY P. G.; & MUNZ, D. C. "Affect Regulation Strategies for Promoting (or Preventing) Flourishing Emotional Health," *Personality and Individual Differences* 49 (2010), p. 663–666.

68. PARK, J. & BANAJI, M. R. "Mood and Heuristics: The Influence of Happy and Sad States on Sensitivity and Bias in Stereotyping," *Journal of Personality and Social Psychology* 78, n. 6 (2000), p. 1.005–1.023.

69. Veja ISEN, A. M. "Positive Affect and Decision Making," in LEWIS, M. & HAVILAND-JONES, J. M. (eds.), *Handbook of Emotions,* 2. ed. (Nova York: Guilford, 2000), p. 261–277.

70. ALLOY, L. B. & ABRAMSON, L. Y. "Judgment of Contingency in Depressed and Nondepressed Students: Sadder but Wiser?"*Journal of Experimental Psychology: General* 108 (1979), p. 441–485.

71. AMBADY, N. & GRAY, H. M. "On Being Sad and Mistaken: Mood Effects on the Accuracy of Thin-Slice Judgments," *Journal of Personality and Social Psychology* 83, n. 4(2002), p. 947–961.

72. LYUBOMIRSKY, S.; KING, L. & DIENER, E. "The Benefits of Frequent Positive Affect: Does Happiness Lead to Success?" *Psychological Bulletin* 131, n. 6 (2005), p. 803–855; e BAAS, M.; DE DREU C. K. W. & NIJSTAD, B. A. "A Meta-Analysis of 25 Years of Mood-Creativity Research: Hedonic Tone, Activation, or Regulatory Focus," *Psychological Bulletin* 134 (2008), p. 779–806.

73. GRAWITCH, M. J.; MUNZ, D. C. & ELLIOTT, E. K. "Promoting Creativity in Temporary Problem-Solving Groups: The Effects of Positive Mood and Autonomy in Problem Definition on Idea-Generating Performance," *Group Dynamics* 7, n. 3 (set. 2003), p. 200–213.

74. LYUBOMIRSKY, S.; KING, L. & DIENER, E. "The Benefits of Frequent Positive Affect: Does Happiness Lead to Success?" *Psychological Bulletin* 131, n. 6 (2005), p. 803–855.

75. MADJAR, N.; OLDHAM, G. R. & PRATT, M. G. "There's No Place Like Home? The Contributions of Work and Nonwork Creativity Support to Employees' Creative Performance," *Academy of Management Journal* 45, n. 4 (2002), p. 757–767.

76. GEORGE, J. M. & ZHOU, J. "Understanding When Bad Moods Foster Creativity and Good ONES Don't: The Role of Context and Clarity of Feelings," *Journal of Applied Psychology* 87, n. 4 (ago. 2002), p. 687–697; e FORGAS, J. P. & GEORGE, J. M. "Affective Influences on Judgments and Behavior in Organizations: An Information Processing Perspective," *Organizational Behavior and Human Decision Processes* 86, n. 1 (2001), p. 3–34.

77. DE DREU, C. K. W.; BAAS, M. & NIJSTAD, B. A. "Hedonic Tone and Activation Level in the Mood-Creativity Link: Toward a Dual Pathway to Creativity Model," *Journal of Personality and Social Psychology* 94, n. 5 (2008), p. 739–756; GEORGE, J. M. & ZHOU, J. "Dual Tuning in a Supportive Context: Joint Contributions of Positive Mood, Negative Mood & Supervisory Behaviors to Employee Creativity," *Academy of Management Journal* 50, n. 3 (2007), p. 605–622.

78. EREZ, A. & ISEN, A. M. "The Influence of Positive Affect on the Components of Expectancy Motivation," *Journal of Applied Psychology* 87, n. 6 (2002), p. 1055–1067.

79. ILIES, R. & JUDGE, T. A. "Goal Regulation across Time: The Effect of Feedback and Affect," *Journal of Applied Psychology* 90, n. 3 (maio 2005), p. 453–467.

80. TSAI, W.; CHEN, C. & LIU, H. "Test of a Model Linking Employee Positive Moods and Task Performance," *Journal of Applied Psychology* 92, n. 6 (2007), p. 1.570–1.583.

81. LEWIS, K. M. "When Leaders Display Emotion: How Followers Respond to Negative Emotional Expression of Male and Female Leaders," *Journal of Organizational Behavior,* mar. 2000, p. 221–234;

e GEORGE, J. M. "Emotions and Leadership: The Role of Emotional Intelligence," *Human Relations* (ago. 2000), p. 1.027–1.055.
82. ASHFORTH & HUMPHREY, "Emotion in the Workplace," p. 116.
83. BONO, J. E.; FOLDES, H. J.; VINSON, G. & MUROS, J. P. "Workplace Emotions: The Role of Supervision and Leadership," *Journal of Applied Psychology* 92, n. 5 (2007), p. 1.357–1.367.
84. VAN KLEEF, G. A.; DE DREU, C. K. W. & MANSTEAD, A. S. R. "The Interpersonal Effects of Emotions in Negotiations: A Motivated Information Processing Approach," *Journal of Personality and Social Psychology* 87, n. 4 (2004), p. 510–528; e VAN KLEEF, G. A.; DE DREU, C. K. W. & MANSTEAD, A. S. R. "The Interpersonal Effects of Anger and Happiness in Negotiations," *Journal of Personality and Social Psychology* 86, n. 1 (2004), p. 57–76.
85. VAN DIJK, E.; VAN KLEEF, G. A.; STEINEL, W. & VAN BEEST, I. "A Social Functional Approach to Emotions in Bargaining: When Communicating Anger Pays and When It Backfires," *Journal of Personality and Social Psychology* 94, n. 4(2008), p. 600–614.
86. O'CONNOR, K. M. & ARNOLD, J. A. "Distributive Spirals: Negotiation Impasses and the Moderating Role of Disputant Self-Efficacy," *Organizational Behavior and Human Decision Processes* 84, n. 1 (2001), p. 148–176.
87. SHIV, B.; LOEWENSTEIN, G.; BECHARA, A.; DAMASIO H. & DAMASIO, A. R. "Investment Behavior and the Negative Side of Emotion," *Psychological Science* 16, n. 6 (2005), p. 435–439.
88. TSAI, W.-C. & HUANG, Y.-M. "Mechanisms Linking Employee Affective Delivery and Customer Behavioral Intentions," *Journal of Applied Psychology* (out. 2002), p. 1.001–1.008.
89. GRANDEY, "When 'The Show Must Go On.'"
90. Veja BARKER, P. B. & GRANDEY, A. A. "Service with a Smile and Encounter Satisfaction: Emotional Contagion and Appraisal Mechanisms," *Academy of Management Journal* 49, n. 6 (2006), p. 1.229–1.238; e PUGH, S. D. "Service with a Smile: Emotional Contagion in the Service Encounter," *Academy of Management Journal* (out. 2001), p. 1.018–1.027.
91. RUPP, D. E. & SPENCER, S. "When Customers Lash Out: The Effects of Customer Interactional Injustice on Emotional Labor and the Mediating Role of Emotions, *Journal of Applied Psychology* 91, n. 4 (2006), p. 971–978; e TSAI & HUANG, "Mechanisms Linking Employee Affective Delivery and Customer Behavioral Intentions."
92. ILIES, R. & JUDGE, T. A. "Understanding the Dynamic Relationships among Personality, Mood & Job Satisfaction: A Field Experience Sampling Study," *Organizational Behavior and Human Decision Processes* 89 (2002), p. 1.119–1.139.
93. RAU, R. "Job Strain or Healthy Work: A Question of Task Design," *Journal of Occupational Health Psychology* 9, n. 4 (out. 2004), p. 322–338; e RAU, R. & TRIEMER, A. "Overtime in Relation to Blood Pressure and Mood During Work, Leisure & Night Time," *Social Indicators Research* 67, n. 1–2 (jun. 2004), p. 51–73.
94. SONG, Z.; FOO, M. & UY, M. A. "Mood Spillover and Crossover among Dual-Earner Couples: A Cell Phone Event Sampling Study," *Journal of Applied Psychology* 93, n. 2(2008), p. 443–452.
95. JUDGE, T. A. & ILIES, R. "Affect and Job Satisfaction: A Study of Their Relationship at Work and at Home," *Journal of Applied Psychology* 89 (2004), p. 661–673.
96. Veja BENNETT, R. J. & ROBINSON, S. L. "Development of a Measure of Workplace Deviance," *Journal of Applied Psychology,* jun. 2000, p. 349–360; veja também SACKETTE, P. R.; DEVORE, C. J. "Counterproductive Behaviors at Work," in ANDERSON, N.; ONES, D. S.; SINANGIL, H. K. & VISWESVARAN, C. (eds.), *Handbook of Industrial, Work & Organizational Psychology,* v. 1 (Thousand Oaks, CA: Sage, 2001), p. 145–164.
97. BEDEIAN, "Workplace Envy," p. 54.
98. DOUGLAS, S. C.; KIEWITZ, C.; MARTINKO, M.; HARVEY, P.; KIM, Y. & CHUN, J. U. "Cognitions, Emotions & Evaluations: An Elaboration Likelihood Model for Workplace Aggression," *Academy of Management Review* 33, n. 2 (2008), p. 425–451.
99. LEE, K. & ALLEN, N. J. "Organizational Citizenship Behavior and Workplace Deviance: The Role of Affect and Cognition," *Journal of Applied Psychology* 87, n. 1 (2002), p. 131–142; JUDGE, T.; SCOTT, A. B. A. & ILIES, R. "Hostility, Job Attitudes, and Workplace Deviance: Test of a Multilevel Model," *Journal of Applied Psychology* 91, n.1 (2006), 126–138; e KAPLAN, S.; BRADLEY, J. C.; LUCHMAN, J. N. & HAYNES, D. "On the Role of Positive and Negative Affectivity in Job Performance: A Meta-Analytic Investigation," *Journal of Applied Psychology* 94, n. 1 (2009), p. 162–176.
100. IVERSON, R. D. & ERWIN, P. J. "Predicting Occupational Injury: The Role of Affectivity," *Journal of Occupational and Organizational Psychology* 70, n. 2 (1997), p. 113–128; e KAPLAN, BRADLEY, LUCHMAN & HAYNES, "On the Role of Positive and Negative Affectivity in Job Performance: A Meta-Analytic Investigation."
101. ISEN, A. M.; LABROO, A. A. & DURLACH, P. "An Influence of Product and Brand Name on Positive Affect: Implicit and Explicit Measures," *Motivation & Emotion* 28, n. 1 (mar. 2004), p. 43–63.
102. SY, T.; CÔTÉ, S. & SAAVEDRA, R. "The Contagious Leader: Impact of the Leader's Mood on the Mood of Group Members, Group Affective Tone & Group Processes," *Journal of Applied Psychology* 90, n. 2 (2005), p. 295–305.
103. TOTTERDELL, P. "Catching Moods and Hitting Runs: Mood Linkage and Subjective Performance in Professional Sports Teams," *Journal of Applied Psychology* 85, n. 6 (2000), p. 848–859.

104. NELTON, S. "Emotions in the Workplace," *Nation's Business* (fev. 1996), p. 25.

# CAPÍTULO 5

1. ALLPORT, G. W. *Personality: A Psychological Interpretation* (Nova York: Holt, Rinehart & Winston, 1937), p. 48.
Para uma crítica resumida sobre as visões atuais do significado de personalidade, veja HOGAN, R. T. & ROBERTS, B. W. "Introduction: Personality and Industrial and Organizational Psychology," in ROBERTS, B. W. & HOGAN, R. (eds.), *Personality Psychology in the Workplace* (Washington, DC: American Psychological Association, 2001), p. 11–12.
2. Van Der ZEE, K. I.; ZAAL, J. N. & PIEKSTRA, J. "Validation of the Multicultural Personality Questionnaire in the Context of Personnel Selection," *European Journal of Personality* 17, Suppl. 1 (2003), p. S77–S100.
3. BIRKELAND, S. A.; MANSON, T. M.; KISAMORE, J. L.; BRANNICK,M. T. & SMITH, M. A. "A Meta-Analytic Investigation of Job Applicant Faking on Personality Measures," *International Journal of Selection and Assessment* 14, n. 14 (2006), p. 317–335.
4. Veja ILLIES, R.; ARVEY, R. D. & BOUCHARD, T. J. "Darwinism, Behavioral Genetics & Organizational Behavior: A Review and Agenda for Future Research," *Journal of Organizational Behavior* 27, n. 2 (2006), p. 121–141; e JOHNSON, W.; TURKHEIMER, E.; GOTTESMAN, I. I. & BOUCHARD Jr., T. J. "Beyond Heritability: Twin Studies in Behavioral Research," *Current Directions in Psychological Science* 18, n. 4 (2009), p. 217–220.
5. SRIVASTAVA, S.; JOHN, O. P. & GOSLING, S. D. "Development of Personality in Early and Middle Adulthood: Set Like Plaster or Persistent Change?" *Journal of Personality and Social Psychology* 84, n. 5 (2003), p. 1.041–1.053; e ROBERTS, B. W.; WALTON, K. E. & VIECHTBAUER, W. "Patterns of Mean-Level Change in Personality Traits across the Life Course: A Meta-Analysis of Longitudinal Studies," *Psychological Bulletin* 132, n. 1 (2006), p. 1–25.
6. HAMPSON, S. E. & GOLDBERG, L. R. "A First Large Cohort Study of Personality Trait Stability Over the 40 Years Between Elementary School and Midlife," *Journal of Personality and Social Psychology* 91, n. 4 (2006), p. 763–779.
7. Veja BUSS, A. H. "Personality as Traits," *American Psychologist* 44, n. 11 (1989), p. 1.378–1.388; McCRAE, R. R. "Trait Psychology and the Revival of Personality and Culture Studies," *American Behavioral Scientist* 44, n. 1 (2000), p. 10–31; e JAMES, L. R. & MAZEROLLE, M. D. *Personality in Work Organizations* (Thousand Oaks, CA: Sage, 2002).
8. Veja, por exemplo, ALLPORT, G. W. & ODBERT, H. S. "Trait Names, A Psycholexical Study," *Psychological Monographs*, n. 47 (1936); e CATTELL, R. B. "Personality Pinned Down," *Psychology Today* (jul. 1973), p. 40–46.
9. KENNEDY, R. B. & KENNEDY, D. A. "Using the Myers-Briggs Type Indicator in Career Counseling," *Journal of Employment Counseling* 41, n. 1 (2004), p. 38–44.
10. Veja, por exemplo, PITTENGER, D. J. "Cautionary Comments Regarding the Myers-Briggs Type Indicator," *Consulting Psychology Journal: Practice and Research* 57, n. 3 (2005), p. 10–221; BESS, L. & HARVEY, R. J. "Bimodal Score Distributions and the Myers-Briggs Type Indicator: Fact or Artifact?" *Journal of Personality Assessment* 78, n. 1 (2002), p. 176–186; CAPRARO, R. M. & CAPRARO, M. M. "Myers-Briggs Type Indicator Score Reliability Across Studies: A Meta-Analytic Reliability Generalization Study," *Educational & Psychological Measurement* 62, n. 4 (2002), p. 590–602; e ARNAU, R. C.; GREEN, B. A.; ROSEN, D. H.; GLEAVES, D. H. & MELANCON, J. G. "Are Jungian Preferences Really Categorical? An Empirical Investigation Using Taxometric Analysis," *Personality & Individual Differences* 34, n. 2 (2003), p. 233–251.
11. Veja, por exemplo, OH, I.; WANG, G. & MOUNT, M. K. "Validity of Observer Ratings of the Five-Factor Model of Personality Traits: A Meta-Analysis," *Journal of Applied Psychology* 96, n. 4 (2011), p. 762–773; e BARRICK, M. R. & MOUNT, M. K. "Yes, Personality Matters: Moving On to More Important Matters," *Human Performance* 18, n. 4 (2005), p. 359–372.
12. W. FLEESON&P. GALLAGHER, "The Implications of Big Five Standing for the Distribution of Trait Manifestation in Behavior: Fifteen Experience-Sampling Studies and a Meta-Analysis," *Journal of Personality and Social Psychology* 97, n. 6 (2009),p. 1.097–1.114.
13. Veja, por exemplo, OH, I. & BERRY, C. M. "The Five-Factor Model of Personality and Managerial Performance: Validity Gains Through the Use of 360 Degree Performance Ratings," *Journal of Applied Psychology* 94, n. 6 (2009), p. 1.498–1.513; HURTZ, G. M. & DONOVAN, J. J. "Personality and Job Performance: The Big Five Revisited," *Journal of Applied Psychology* 85, n. 6 (2000), p. 869–879; J. HOGAN&B. HOLLAND, "Using Theory to Evaluate Personality and Job-Performance Relations: A Socioanalytic Perspective," *Journal of Applied Psychology* 88, n. 1 (2003), p. 100–112; e BARRICK, M. R. & MOUNT, M. K. "Select on Conscientiousness and Emotional Stability," in E. A. LOCKE (ed.), *Handbook of Principles of Organizational Behavior* (Malden, MA: Blackwell, 2004), p. 15–28.
14. MOUNT, M. K.; BARRICK, M. R. & STRAUSS, J. P. "Validity of Observer Ratings of the Big Five Personality Factors," *Journal of Applied Psychology* 79, n. 2 (1994), p. 272. Confirmação adicional por HURTZ G. M. & DONOVAN, J. J. "Personality and Job Performance: The Big Five Revisited"; e OH &

BERRY, "The Five-Factor Model of Personality and Managerial Performance."

15. POROPAT, A. E. "A Meta-Analysis of the Five-Factor Model of Personality and Academic Performance," *Psychological Bulletin* 135, n. 2 (2009), p. 322–338.

16. CIANCI, A. M.; KLEIN, H. J. & SEIJTS, G. H. "The Effect of Negative Feedback on Tension and Subsequent Performance: The Main and Interactive Effects of Goal Content and Conscientiousness," *Journal of Applied Psychology* 95, n. 4 (2010), p. 618–630.

17. LE, H.; OH, I.; ROBBINS, S. B.; ILIES, R. ; HOLLAND, E. & WESTRICK, P. "Too Much of a Good Thing: Curvilinear Relationships Between Personality Traits and Job Performance," *Journal of Applied Psychology* 96, n. 1 (2011), p. 113–133.

18. BOGG, T. & ROBERTS, B. W. "Conscientiousness and Health-Related Behaviors: A Meta-Analysis of the Leading Behavioral Contributors to Mortality," *Psychological Bulletin* 130, n. 6 (2004), p. 887–919.

19. FEIST, G. J. "A Meta-Analysis of Personality in Scientific and Artistic Creativity," *Personality and Social Psychology Review* 2, n. 4 (1998), p. 290–309; ROBERT, C. & CHEUNG, Y. H. "An Examination of the Relationship Between Conscientiousness and Group Performance on a Creative Task," *Journal of Research in Personality* 44, n. 2 (2010), p. 222–231; e BATEY, M.; CHAMORRO-PREMUZIC, T. & FURNHAM, A. "Individual Differences in Ideational Behavior. Can the Big Five and Psychometric Intelligence Predict Creativity Scores?" *Creativity Research Journal* 22, n. 1 (2010), p. 90–97.

20. FOTI, R. J. & HAUENSTEIN, M. A. "Pattern and Variable Approaches in Leadership Emergence and Effectiveness," *Journal of Applied Psychology* 92, n. 2 (2007), p. 347–355.

21. SPIRLING, L. I. & PERSAUD, R. "Extraversion as a Risk Factor," *Journal of the American Academy of Child & Adolescent Psychiatry* 42, n. 2 (2003), p. 130.

22. WEISS, B. & FELDMAN, R. S. "Looking Good and Lying to Do It: Deception as an Impression Management Strategy in Job Interviews," *Journal of Applied Social Psychology* 36, n. 4 (2006), p. 1.070–1.086.

23. ILIES, R.; FULMER, I. S.; SPITZMULLER, M. & JOHNSON, M. D. "Personality and Citizenship Behavior: The Mediating Role of Job Satisfaction," *Journal of Applied Psychology* 94, n. 4 (2009), p. 945–959.

24. Veja, por exemplo, YAMAGATA, S.; SUZUKI, A.; ANDO, J.; ONO, Y.; YUTAKA, K.; KIJIMA, N. et al., "Is the Genetic Structure of Human Personality Universal? A Cross-Cultural Twin Study from North America, Europe & Asia," *Journal of Personality and Social Psychology* 90, n. 6 (2006), p. 987–998; TRIANDIS, H. C. & SUH, E. M.; "Cultural Influences on Personality," *Annual Review of Psychology* 53, n. 1 (2002), p. 133–160; e McCRAE, R. R.; COSTA Jr., P. T.; T. MARTIN, A.; ORYOL, V. E.; RUKAVISHNIKOV, A. A.; SENIN, I. G. et al., "Consensual Validation of Personality Traits Across Cultures," *Journal of Research in Personality* 38, n. 2 (2004), p. 179–201.

25. CHURCH, A. T. & KATIGBAK, M. S. "Trait Psychology in the Philippines," *American Behavioral Scientist* 44, n. 1, (2000), p. 73–94.

26. SALGADO, J. F. "The Five Factor Model of Personality and Job Performance in the European Community," *Journal of Applied Psychology* 82, n. 1 (1997), p. 30–43.

27. JUDGE, T. A. & BONO, J. E. "A Rose by Any Other Name... Are Self-Esteem, Generalized Self-Efficacy, Neuroticism, and Locus of Control Indicators of a Common Construct?" in ROBERTS, B. W. & HOGAN, R. (eds.), *Personality Psychology in the Workplace* (Washington, DC: American Psychological Association, 2001), p. 93–118.

28. EREZ, A. & JUDGE, T. A. "Relationship of Core Self-Evaluations to Goal Setting, Motivation & Performance," *Journal of Applied Psychology* 86, n. 6 (2001), p. 1.270–1.279.

29. SALVAGGIO, A. N.; SCHNEIDER, B.; NISHI, L. H.; MAYER, D. M.; RAMESH, A. & LYON, J. S. "Manager Personality, Manager Service Quality Orientation & Service Climate: Test of a Model," *Journal of Applied Psychology* 92, n. 6 (2007), p. 1.741–1.750; SCOTT, B. A. & JUDGE, T. A. "The Popularity Contest at Work: Who Wins, Why & What Do They Receive?" *Journal of Applied Psychology* 94, n. 1 (2009), p. 20–33; e JUDGE, T. A. & HURST, C. "How the Rich (and Happy) Get Richer (and Happier): Relationship of Core Self-Evaluations to Trajectories in Attaining Work Success," *Journal of Applied Psychology* 93, n. 4 (2008), p. 849–863.

30. GRANT, A. M. & WRZESNIEWKSI, A. "I Won't Let You Down... or Will I? Core Self-Evaluations, Other-Orientation, Anticipated Guilt and Gratitude & Job Performance," *Journal of Applied Psychology* 95, n. 1 (2010), p. 108–121.

31. MALMENDIER, U. & TATE, G. "CEO Overconfidence and Corporate Investment," *Journal of Finance* 60, n. 6 (2005), p. 2.661–2.700.

32. SANDOMIR, R. "Star Struck," *New York Times* (12 jan. 2007), p. C10, C14.

33. CHRISTIE, R. & GEIS, F. L. *Studies in Machiavellianism* (Nova York: Academic Press, 1970), p. 312; e KESSLER, S. R.; BANDELLI, A. C.; SPECTOR, P. E.; BORMAN, W. C.; NELSON, C. E.; PENNEY, L. M. "Re-Examining Machiavelli: A Three-Dimensional Model of Machiavellianism in the Workplace," *Journal of Applied Social Psychology* 40, n. 8 (2010), p. 1.868–1.896.

34. DAHLING, J. J.; WHITAKER, B. G. & LEVY, P. E. "The Development and Validation of a New Machiavellianism Scale," *Journal of Management* 35, n. 2 (2009), p. 219–257.

35. CHRISTIE & GEIS, *Studies in Machiavellianism.*

36. CRAMER, P. & JONES, C. J. "Narcissism, Identification & Longitudinal Change in Psychological Health: Dynamic Predictions," *Journal of Research in Personality* 42, n. 5 (2008), p. 1.148–1.159; GALVIN, B. M.; WALDMAN, D. A. & BALTHAZARD, P. "Visionary Communication Qualities as Mediators of the Relationship between Narcissism and Attributions of Leader Charisma," *Personnel Psychology* 63, n. 3 (2010), p. 509–537; e T. A. JUDGE, PICCOLO, R. F. & KOSALKA, T. "The Bright and Dark Sides of Leader Traits: A Review and Theoretical Extension of the Leader Trait Paradigm," *The Leadership Quarterly* 20, n. 6 (2009), p. 855–875.
37. MACCOBY, M. "Narcissistic Leaders: The Incredible Pros, the Inevitable Cons," *The Harvard Business Review* (jan.–fev. 2000), p. 69–77, www.maccoby.com/Articles/NarLeaders.shtml.
38. CAMPBELL, W. K. & FOSTER, C. A. "Narcissism and Commitment in Romantic Relationships: An Investment Model Analysis," *Personality and Social Psychology Bulletin* 28, n. 4 (2002), p. 484–495.
39. JUDGE, T. A.; LEPINE, J. A. & RICH, B. L. "The Narcissistic Personality: Relationship with Inflated Self-Ratings of Leadership and with Task and Contextual Performance," *Journal of Applied Psychology* 91, n. 4 (2006), p. 762–776.
40. RESICK, C. J.; WHITMAN, D. S.; WEINGARDEN, S. M. & HILLER, N. J. "The Bright-Side and Dark-Side of CEO Personality: Examining Core Self-Evaluations, Narcissism, Transformational Leadership & Strategic Influence," *Journal of Applied Psychology* 94, n. 6 (2009), p. 1.365–1.381.
41. Veja SNYDER, M. *Public Appearances/Private Realities: The Psychology of Self-Monitoring* (Nova York: W. H. FREEMAN, 1987); e GANGESTAD, S. W. & SNYDER, M. "Self-Monitoring: Appraisal and Reappraisal," *Psychological Bulletin* 126, n. 4 (2000), p. 530–555.
42. FLYNN, F. J. & AMES, D. R. "What's Good for the Goose May Not Be as Good for the Gander: The Benefits of Self-Monitoring for Men and Women in Task Groups and Dyadic Conflicts," *Journal of Applied Psychology* 91, n. 2 (2006), p. 272–281; e SNYDER, *Public Appearances/Private Realities.*
43. DAY, D. V.; SHLEICHER, D. J.; UNCKLESS, A. L. & HILLER, N. J. "Self-Monitoring Personality at Work: A Meta-Analytic Investigation of Construct Validity," *Journal of Applied Psychology* 87, n. 2 (2002), p. 390–401.
44. OH, H. & KILDUFF, M. "The Ripple Effect of Personality on Social Structure: Self-Monitoring Origins of Network Brokerage," *Journal of Applied Psychology* 93, n. 5 (2008), p. 1155–1164; e MEHRA, A.; KILDUFF, M. & BRASS, D. J. "The Social Networks of High and Low Self-Monitors: Implications for Workplace Performance," *Administrative Science Quarterly* 46, n. 1 (2001), p. 121–146.
45. REEVE, E. "A History of Donald Trump's Net Worth Publicity," *The Atlantic,* (21 abr. 2011), www.theatlanticwire.com.
46. TAYLOR, R. N. & DUNNETTE, M. D. "Influence of Dogmatism, Risk-Taking Propensity & Intelligence on Decision-Making Strategies for a Sample of Industrial Managers," *Journal of Applied Psychology* 59, n. 4 (1974), p. 420–423.
47. JANIS, I. L. & MANN, L. *Decision Making: A Psychological Analysis of Conflict, Choice & Commitment* (Nova York: The Free Press, 1977); STEWART Jr., W. H. & ROTH, L. "Risk Propensity Differences Between Entrepreneurs and Managers: A Meta-Analytic Review," *Journal of Applied Psychology* 86, n. 1 (2001), p. 145–153; MINER, J. B. & RAJU, N. S. "Risk Propensity Differences Between Managers and Entrepreneurs and Between Low- and High-Growth Entrepreneurs: A Reply in a More Conservative Vein," *Journal of Applied Psychology* 89, n. 1 (2004), p. 3–13; e STEWART Jr. W. H. & ROTH, P. L. "Data Quality Affects Meta-Analytic Conclusions: A Response to Miner e Raju (2004) Concerning Entrepreneurial Risk Propensity," *Journal of Applied Psychology* 89, n. 1 (2004), p. 14–21.
48. MANER, J. K.; RICHEY, J. A.; CROMER, K.; MALLOTT, M.; LEJUEZ, C. W.; JOINER, T. E. & SCHMIDT, N. B. "Dispositional Anxiety and Risk-Avoidant Decision Making," *Personality and Individual Differences* 42, n. 4 (2007), p. 665–675.
49. CRANT, J. M. "Proactive Behavior in Organizations," *Journal of Management* 26, n. 3 (2000), p. 436.
50. SEIBERT, S. E.; KRAIMER, M. L. & CRANT, J. M. "What Do Proactive People Do? A Longitudinal Model Linking Proactive Personality and Career Success," *Personnel Psychology* 54, n. 4 (2001), p. 845–874.
51. BATEMAN, T. S. & CRANT, J. M. "The Proactive Component of Organizational Behavior: A Measure and Correlates," *Journal of Organizational Behavior* 14, n. 2 (1993), p. 103–118; e CRANT, J. M. & BATEMAN, T. S. "Charismatic Leadership Viewed from Above: The Impact of Proactive Personality," *Journal of Organizational Behavior* 21, n. 1 (2000), p. 63–75.
52. LI, N.; LIANG, J. & CRANT, J. M. "The Role of Proactive Personality in Job Satisfaction and Organizational Citizenship Behavior: A Relational Perspective," *Journal of Applied Psychology* 95, n. 2 (2010), p. 395–404.
53. CRANT, "Proactive Behavior in Organizations," p. 436.
54. Veja, por exemplo, BECHERER, R. C. & MAURER, J. G. "The Proactive Personality Disposition and Entrepreneurial Behavior Among Small Company Presidents," *Journal of Small Business Management* 37, n. 1 (1999), p. 28–36.

55. SEIBERT, S. E.; CRANT, J. M. & KRAIMER, M. L. "Proactive Personality and Career Success," *Journal of Applied Psychology* 84, n. 3 (1999), p. 416–427; SEIBERT, KRAIMER & CRANT, "What Do Proactive People Do?" p. 850; BROWN, D. J.; COBER, R. T.; KANE, K.; LEVY, P. E.; & SHALHOOP, J. "Proactive Personality and the Successful Job Search: A Field Investigation with College Graduates," *Journal of Applied Psychology* 91, n. 3 (2006), p. 717–726; e KAMMEYER-MUELLER, J. D.; & WANBERG, C. R. "Unwrapping the Organizational Entry Process: Disentangling Multiple Antecedents and Their Pathways to Adjustment," *Journal of Applied Psychology* 88, n. 5 (2003), p. 779–794.
56. MEGLINO, B. M. & KORSGAARD, M. A. "Considering Situational and Dispositional Approaches to Rational Self-Interest: An Extension and Response to De DREU, (2006)," *Journal of Applied Psychology* 91, n. 6 (2006), p. 1.253–1.259; e MEGLINOAND, B. M.; KORSGAARD, M. A. "Considering Rational Self-Interest as a Disposition: Organizational Implications of Other Orientation," *Journal of Applied Psychology* 89, n. 6 (2004), p. 946–959.
57. KORSGAARD, M. A.; MEGLINO, B. M.; LESTER, S. W. & JEONG, S. S. "Paying You Back or Paying Me Forward: Understanding Rewarded and Unrewarded Organizational Citizenship Behavior," *Journal of Applied Psychology* 95, n. 2 (2010), p. 277–290.
58. GRANT & WRZESNIEWSKI, "I Won't Let You Down… Or Will I?; DE DREU, C. K. W. "Self-Interest and Other-Orientation in Organizational Behavior: Implications for Job Performance, Prosocial Behavior & Personal Initiative," *Journal of Applied Psychology* 94, n. 4 (2009), p. 913–926.
59. ROKEACH, M. *The Nature of Human Values* (Nova York: The Free Press, 1973), p. 5.
60. ROKEACH, M. & BALL-ROKEACH, S. J. "Stability and Change in American Value Priorities, 1968–1981," *American Psychologist* 44, n. 5 (1989), p. 775–784; e BARDI, A.; LEE, J. A.; HOFMANN-TOWFIGH, N. & SOUTAR, G. "The Structure of Intraindividual Value Change," *Journal of Personality and Social Psychology* 97, n. 5 (2009), p. 913–929.
61. ROCCAS, S.; SAGIV, L.; SCHWARTZ S. H. & KNAFO, A. "The Big Five Personality Factors and Personal Values," *Personality and Social Psychology Bulletin* 28, n. 6 (2002), p. 789–801.
62. Veja, por exemplo, MEGLINO, B. M. & RAVLIN, E. C. "Individual Values in Organizations: Concepts, Controversies & Research," *Journal of Management* 24, n. 3 (1998), p. 355.
63. ROKEACH, *The Nature of Human Values*, p. 6.
64. MUNSON, J. M. & POSNER, B. Z. "The Factorial Validity of a Modified Rokeach Value Survey for Four Diverse Samples," *Educational and Psychological Measurement* 40, n. 4(1980), p. 1073–1079; e FREDERICK, W. C. & WEBER, J. "The Values of Corporate Managers and Their Critics: An Empirical Description and Normative Implications," in FREDERICK, W. C. & PRESTON, L. E. (eds.), *Business Ethics: Research Issues and Empirical Studies* (Grenwich, CT: JAI Press, 1990), p. 123–144.
65. FREDERICK & WEBER, "The Values of Corporate Managers and Their Critics," p. 123–144.
66. Ibid., p. 132.
67. HOLLAND, J. L. *Making Vocational Choices: A Theory of Vocational Personalities and Work Environments* (Odessa, FL: Psychological Assessment Resources, 1997).
68. Veja, por exemplo, HOLLAND, J. L. & GOTTFREDSON, G. D. "Studies of the Hexagonal Model: An Evaluation (or, The Perils of Stalking the Perfect Hexagon)," *Journal of Vocational Behavior* 40, n. 2 (1992), p. 158–170; e TRACEY, T. J. & ROUNDS, J. "Evaluating Holland's and Gati's Vocational-Interest Models: A Structural Meta-Analysis," *Psychological Bulletin* 113, n. 2 (1993), p. 229–246.
69. VAN IDDEKINGE, C. H.; PUTKA, D. J. & CAMPBELL, J. P. "Reconsidering Vocational Interests for Personnel Selection: The Validity of an Interest-Based Selection Test in Relation to Job Knowledge, Job Performance & Continuance Intentions," *Journal of Applied Psychology* 96, n. 1 (2011), p. 13–33.
70. WOODS, S. A. & HAMPSON, S. E. "Predicting Adult Occupational Environments from Gender and Childhood Personality Traits," *Journal of Applied Psychology* 95, n. 6 (2010), p. 1045–1057.
71. Veja SCHNEIDER, B.; GOLDSTEIN, H. W. & SMITH, D. B. "The ASA Framework: An Update," *Personnel Psychology* 48, n. 4 (1995), p. 747–773; SCHNEIDER, B.; SMITH, D. B.; TAYLOR, S. & FLEENOR, J. "Personality and Organizations: A Test of the Homogeneity of Personality Hypothesis," *Journal of Applied Psychology* 83, n. 3 (1998), p. 462–470; ARTHUR Jr., W.; BELL, S. T.; A. VILLADO, J. & DOVERSPIKE, D. "The Use of Person-Organization Fit in Employment Decision-Making: An Assessment of Its Criterion-Related Validity," *Journal of Applied Psychology* 91, n. 4 (2006), p. 786–801; e EDWARDS, J. R.; CABLE, D. M.; WILLIAMSON, I. O.; LAMBERT, L. S. & SHIPP, A. J. "The Phenomenology of Fit: Linking the Person and Environment to the Subjective Experience of Person–Environment Fit," *Journal of Applied Psychology* 91, n. 4 (2006), p. 802–827.
72. Baseado em JUDGE, T. A. & CABLE, D. M. "Applicant Personality, Organizational Culture & Organization Attraction," *Personnel Psychology* 50, n. 2 (1997), p. 359–394.
73. VERQUER, M. L.; BEEHR, T. A. & WAGNER, S. E. "A Meta-Analysis of Relations Between Person–Organization Fit and Work Attitudes," *Journal of Vocational Behavior* 63, n. 3 (2003), p. 473–489; e CARR, J. C.; PEARSON, A. W.; VEST, M. J. & BOYAR, S. L. "Prior Occupational Experience, Anticipatory Socialization & Employee Retention," *Journal of Management* 32, n. 32 (2006), p. 343–359.

74. RAMESH, A. & GELFAND, M. J. "Will They Stay or Will They Go? The Role of Job Embeddedness in Predicting Turnover in Individualistic and Collectivistic Cultures," *Journal of Applied Psychology* 95, n. 5 (2010), p. 807–823.
75. HOFSTEDE, G. *Cultures and Organizations: Software of the Mind* (Londres: McGraw-HILL, 1991); HOFSTEDE, G. "Cultural Constraints in Management Theories," *Academy of Management Executive* 7, n. 1 (1993), p. 81–94; HOFSTEDE, G. & PETERSON, M. F. "National Values and Organizational Practices," in ASHKANASY, N. M.; WILDEROM, C. M. & PETERSON, M. F. (eds.), *Handbook of Organizational Culture and Climate* (Thousand Oaks, CA: Sage, 2000), p. 401–416; e HOFSTEDE, G. *Culture's Consequences: Comparing Values, Behaviors, Institutions & Organizations Across Nations*, 2a. ed. (Thousand Oaks, CA: Sage, 2001). Para críticas a essa pesquisa, veja McSWEENEY, B. "Hofstede's Model of National Cultural Differences and Their Consequences: A Triumph of Faith — A Failure of Analysis," *Human Relations* 55, n. 1 (2002), p. 89–118.
76. AILON, G. "Mirror, Mirror on the WALL : *Culture's Consequences* in a Value Test of Its Own Design," *Academy of Management Review* 33, n. 4 (2008), p. 885–904; BOND, M. H. "Comentários em Oyserman et al. (2002)," *Psychological Bulletin* 128, n. 1 (2002), p. 73–77; e HOFSTEDE, G. "The Pitfalls of Cross-National Survey Research: A Reply to the Article by SPECTOR, et al. on the Psychometric Properties of the Hofstede Values Survey Module 1994," *Applied Psychology: An International Review* 51, n. 1 (2002), p. 170–178.
77. TARAS, V.; KIRKMAN, B. L. & STEEL, P. "Examining the Impact of Culture's Consequences: A Three-Decade, Multilevel, Meta-Analytic Review of Hofstede's Cultural Value Dimensions," *Journal of Applied Psychology* 95, n. 5 (2010), p. 405–439.
78. JAVIDAN, M. & HOUSE, R. J. "Cultural Acumen for the Global Manager: Lessons from Project GLOBE," *Organizational Dynamics* 29, n. 4 (2001), p. 289–305; e HOUSE, R. J.; HANGES, P. J.; JAVIDAN, M. & DORFMAN, P. W. (eds.), *Leadership, Culture & Organizations: The GLOBE Study of 62 Societies* (Thousand Oaks, CA: Sage, 2004).
79. EARLY, P. C. "Leading Cultural Research in the Future: A Matter of Paradigms and Taste," *Journal of International Business Studies* 37, n. 6 (2006), p. 922–931; HOFSTEDE, G. "What Did GLOBE Really Measure? Researchers' Minds Versus Respondents' Minds," *Journal of International Business Studies* 37, n. 6 (2006), p. 882–896; e JAVIDAN, M.; HOUSE, R. J.; DORFMAN, P. W.; HANGES, P. J. & De LUQUE, M. S. "Conceptualizing and Measuring Cultures and Their Consequences: A Comparative Review of GLOBE's and Hofstede's Approaches," *Journal of International Business Studies* 37, n. 6 (2006), p. 897–914.
80. TETT, R. P. & BURNETT, D. D. "A Personality Trait–Based Interactionist Model of Job Performance," *Journal of Applied Psychology* 88, n. 3 (2003), p. 500–517.

# CAPÍTULO 6

1. KELLEY, H. H. "Attribution in Social Interaction," in JONES, E. et al. (eds.), *Attribution: Perceiving the Causes of Behavior* (Morristown, NJ: General Learning Press, 1972); e MARTINKO, M. J.; HARVEY, P. & DASBOROUGH, M. T. "Attribution Theory in the Organizational Sciences: A Case of Unrealized Potential," *Journal of Organizational Behavior* 32, n. 1(2011), p. 144–149.
2. Veja ROSS, L. "The Intuitive Psychologist and His Shortcomings," in BERKOWITZ, L. (ed.), *Advances in Experimental Social Psychology*, v. 10 (Orlando, FL: Academic Press, 1977), p. 174–220; e MILLER, A. G. & LAWSON, T. "The Effect of an Informational Option on the Fundamental Attribution Error," *Personality and Social Psychology Bulletin* 15, n. 2 (1989), p. 194–204.
3. Veja, por exemplo, EPLEY, N. & DUNNING, D. "Feeling 'Holier Than Thou': Are Self-Serving Assessments Produced by Errors in Self- or Social Prediction?" *Journal of Personality and Social Psychology* 76, n. 6 (2000), p. 861–875; GOERKE, M.; MOLLER, J.; SCHULZ-HARDT, S.; NAPIERSKY, U. & FREY, D. "'It's Not My Fault—But Only I Can Change It': Counterfactual and Prefactual Thoughts of Managers," *Journal of Applied Psychology* 89, n. 2 (2004), p. 279–292; e HEPPER, E. G.; GRAMZOW, R. H. & SEDIKIDES, C. "Individual Differences in Self-Enhancement and Self-Protection Strategies: An Integrative Analysis," *Journal of Personality* 78, n. 2 (2010), p. 781–814.
4. Veja, por exemplo, MEZULIS, A. H.; ABRAMSON, L. Y.; HYDE, J. S. & HANKIN, B. L. "Is There a Universal Positivity Bias in Attributions: A Meta-Analytic Review of Individual, Developmental & Cultural Differences in the Self-Serving Attributional Bias," *Psychological Bulletin* 130, n. 5 (2004), p. 711–747; FALK, C. F.; HEINE, S. J.; YUKI, M. & TAKEMURA, K. "Why Do Westerners Self-Enhance More than East Asians?" *European Journal of Personality* 23, n. 3 (2009), p. 183–203; e CHIANG, F. F. T. & BIRTCH, T. A. "Examining the Perceived Causes of Successful Employee Performance: An East–West Comparison," *International Journal of Human Resource Management* 18, n. 2 (2007), p. 232–248.
5. S. NAM, "Cultural and Managerial Attributions for Group Performance," tese de doutorado não publicada, University of Oregon. Citado em STEERS, R. M.; BISCHOFF, S. J. & HIGGINS, L. H. "Cross-Cultural Management Research," *Journal of Management Inquiry,* dez. 1992, p. 325–326.
6. MENON, T.; MORRIS, M. W.; CHIU, C. Y. & Y. HONG, Y. "Culture and the Construal of Agency:

Attribution to Individual Versus Group Dispositions," *Journal of Personality and Social Psychology* 76, n. 5 (1999), p. 701-717; e FRIEDMAN, R.; LIU, W.; CHEN, C. C. & CHI, S. S. "Causal Attribution for Interfirm Contract Violation: A Comparative Study of Chinese and American Commercial Arbitrators," *Journal of Applied Psychology* 92, n. 3 (2007), p. 856-864.
7. J. SPENCER-RODGERS, M. J. WILLIAMS, D. L. HAMILTON, K. PENG,& L. WANG, "Culture and Group Perception: Dispositional and Stereotypic Inferences about Novel and National Groups," *Journal of Personality and Social Psychology* 93, n. 4 (2007), p. 525-543.
8. J. D. Brown, "Across the (Not So) Great Divide: Cultural Similarities in Self-Evaluative Processes," *Social and Personality Psychology Compass* 4, n. 5 (2010), p. 318-330.
9. ZHANG, A.; REYNA, C.; QIAN, Z. & YU, G. "Interpersonal Attributions of Responsibility in the Chinese Workplace: A Test of Western Models in a Collectivistic Context," *Journal of Applied Social Psychology* 38, n. 9 (2008), p. 2.361-2.377; e ZHANG, A.; XIA, F. & LI, C. "The Antecedents of Help Giving in Chinese Culture: Attribution, Judgment of Responsibility, Expectation Change and the Reaction of Affect," *Social Behavior and Personality* 35, n. 1 (2007), p. 135-142.
10. Veja ROSENZWEIG, P. *The Halo Effect* (Nova York: The Free Press, 2007); DENNIS, I. "Halo Effects in Grading Student Projects," *Journal of Applied Psychology* 92, n. 4 (2007), p. 1.169-1.176; NAQUIN, C. E. & TYNAN, R. O. "The Team Halo Effect: Why Teams Are Not Blamed for Their Failures," *Journal of Applied Psychology* 88, n. 2 (2003), p. 332-340; e BECHGER, T. M.; MARIS, G. & HSIAO, Y. P. "Detecting Halo Effects in Performance-Based Evaluations," *Applied Psychological Measurement* 34, n. 8 (2010), p. 607-619.
11. ASCH, S. E. "Forming Impressions of Personality," *Journal of Abnormal and Social Psychology* 41, n. 3 (1946), p.258-290.
12. HILTON, J. L. & VON HIPPEL, W. "Stereotypes," *Annual Review of Psychology* 47 (1996), p. 237-271.
13. Veja, por exemplo, OSTROFF, C. & ATWATER, L. E. "Does Whom You Work with Matter? Effects of Referent Group Gender and Age Composition on Managers' Compensation," *Journal of Applied Psychology* 88, n. 4 (2003), p. 725-740; HEILMAN, M. E.; WALLEN, A. S.; FUCHS, D. & TAMKINS, M. M. "Penalties for Success: Reactions to Women Who Succeed at Male Gender-Typed Tasks," *Journal of Applied Psychology* 89, n. 3 (2004), p. 416-427; GUPTA, V. K.; TURBAN, D. B. & BHAWE, N. M. "The Effect of Gender Stereotype Activation on Entrepreneurial Intentions," *Journal of Applied Psychology* 93, n. 5 (2008), p. 1.053-1.061; e R. POSTHUMA, A. & CAMPION, M. A. "Age Stereotypes in the Workplace: Common Stereotypes, Moderators & Future Research Directions," *Journal of Management* 35, n. 1 (2009), p. 158-188.
14. Veja, por exemplo, DASGUPTA, N.; DESTENO, D.; WILLIAMS, L. A. & HUNSINGER, M. "Fanning the Flames of Prejudice: The Influence of Specific Incidental Emotions on Implicit Prejudice," *Emotion* 9, n. 4 (2009), p. 585-591; e ZIEGERT, J. C. & HANGES, P. C. "Strong Rebuttal for Weak Criticisms: Reply to Blanton et al. (2009)," *Journal of Applied Psychology* 94, n. 3 (2009), p. 590-597.
15. EBERHARDT, J. L.; DAVIES, P. G.; PURDIC-VAUGHNS, V. J. & JOHNSON, S. L. "Looking Deathworthy: Perceived Stereotypicality of Black Defendants Predicts Capital-Sentencing Outcomes," *Psychological Science* 17, n. 5 (2006), p. 383-386.
16. ROSETTE, A. S.; LEONARDELLI, G. J. & PHILLIPS, K. W. "The White Standard: Racial Bias in Leader Categorization," *Journal of Applied Psychology* 93, n. 4 (2008), p. 758-777.
17. SANDERS, R. *The Executive Decisionmaking Process: Identifying Problems and Assessing Outcomes* (Westport, CT: Quorum, 1999).
18. Veja SIMON, H. A. "Rationality in Psychology and Economics," *Journal of Business* (out. 1986), p. 209-224; e SHAFIR, E. & LEBOEUF, R. A. "Rationality," *Annual Review of Psychology* 53 (2002), p. 491-517.
19. Para uma revisão do modelo de tomada de decisões, veja BAZERMAN, M. H. & MOORE, D. A. *Judgment in Managerial Decision Making* 7. ed. (Hoboken, NJ: Wiley, 2008).
20. MARCH, J. G. *A Primer on Decision Making* (Nova York: The Free Press, 2009); e HARDMAN, D. & HARRIES, C. "How Rational Are We?" *Psychologist* (fev. 2002), p. 76-79.
21. BAZERMAN & MOORE, *Judgment in Managerial Decision Making*.
22. RUSSO, J. E.; CARLSON, K. A. & MELOY, M. G. "Choosing an Inferior Alternative," *Psychological Science* 17, n. 10 (2006), p. 899-904.
23. KAHNEMAN, D. "Maps of Bounded Rationality: Psychology for Behavioral Economics," *The American Economic Review* 93, n. 5 (2003), p. 1.449-1.475; e ZHANG, J.; HSEE, C. K. & XIAO, Z. "The Majority Rule in Individual Decision Making," *Organizational Behavior and Human Decision Processes* 99 (2006), p. 102-111.
24. Veja SIMON, H. A. *Administrative Behavior*, 4. ed. (Nova York: The Free Press, 1997); e AUGIER, M. "Simon Says: Bounded Rationality Matters," *Journal of Management Inquiry* (set. 2001), p. 268-275.
25. GIGERENZER, G. "Why Heuristics Work," *Perspectives on Psychological Science* 3, n. 1 (2008), p. 20-29; e SHAHAND, A. K.; OPPENHEIMER, D. M. "Heuristics Made Easy: An Effort-Reduction Framework," *Psychological Bulletin* 134, n. 2(2008), p. 207-222.
26. Veja KRUGLANSKI, A. W. & GIGERENZER, G. "Intuitive and Deliberate Judgments Are Based on

Common Principles," *Psychological Review* 118 (2011), p. 97–109.
27. DANE, E. & PRATT, M. G. "Exploring Intuition and Its Role in Managerial Decision Making," *Academy of Management Review* 32, n. 1 (2007), p. 33–54; e HICKS, J. A.; CICERO, D. C.; TRENT, J. C.; BURTON, M. & KING, L. A. "Positive Affect, Intuition & Feelings of Meaning," *Journal of Personality and Social Psychology* 98 (2010), p. 967–979.
28. BROWN, P. D. "Some Hunches about Intuition," *New York Times* (nov. 17, 2007), p. B5.
29. ROBBINS, S. P. *Decide & Conquer: Making Winning Decisions and Taking Control of Your Life* (Upper Saddle River, NJ: Financial Times/Prentice Hall, 2004), p. 13.
30. PLOUS, S. *The Psychology of Judgment and Decision Making* (Nova York: McGraw-Hill, 1993), p. 217.
31. McKENZIE, C. R. M.; LIERSCH, M. J. & YANIV, I. "Overconfidence in Interval Estimates: What Does Expertise Buy You," *Organizational Behavior and Human Decision Processes* 107 (2008), p. 179–191.
32. FISCHHOFF, B.; SLOVIC, P. & LICHTENSTEIN, S. "Knowing with Certainty: The Appropriateness of Extreme Confidence," *Journal of Experimental Psychology: Human Perception and Performance* (nov. 1977), p. 552–564.
33. KRUGER, J. & DUNNING, D. "Unskilled and Unaware of It: How Difficulties in Recognizing One's Own Incompetence Leads to Inflated Self-Assessments," *Journal of Personality and Social Psychology* (nov. 1999), p. 1.121–1.134; e LARRICK, R. P.; BURSON, K. A. & SOLL, J. B. "Social Comparison and Confidence: When Thinking You're Better than Average Predicts Overconfidence (and When It Does Not)" *Organizational Behavior and Human Decision Processes* 102 (2007), p. 76–94.
34. HMIELESKI, K. M. & BARON, R. A. "Entrepreneurs' Optimism and New Venture Performance: A Social Cognitive Perspective," *Academy of Management Journal* 52, n. 3(2009), p. 473–488.
35. Veja, por exemplo, SIMMONS, J. P.; LeBOEUF, R. A. & NELSON, L. D. "The Effect of Accuracy Motivation on Anchoring and Adjustment: Do People Adjust from Their Provided Anchors?" *Journal of Personality and Social Psychology* 99 (2010), p. 917–932.
36. JANISZEWSKI, C. & UY, D. "Precision of the Anchor Influences the Amount of Adjustment," *Psychological Science* 19, n. 2(2008), p. 121–127.
37. Veja JONAS, E.; SCHULTZ-HARDT, S.; FREY, D. & THELEN, N. "Confirmation Bias in Sequential Information Search after Preliminary Decisions," *Journal of Personality and Social Psychology* (abr. 2001), p. 557–571; e HART, W.; ALBARRACÍN, D.; EAGLY, A. H.; BRECHAN, I.; LINDBERG, M. & MERRILL, L. "Feeling Validated Versus Being Correct: A Meta-Analysis of Selective Exposure to Information," *Psychological Bulletin* 135 (2009), p. 555–588.

38. Veja TVERSKY, A. & KAHNEMAN, D. "Availability: A Heuristic for Judging Frequency and Probability," in KAHNEMAN, D.; SLOVIC, P. & TVERSKY, A. (eds.), *Judgment Under Uncertainty: Heuristics and Biases* (Cambridge, UK: Cambridge University Press, 1982), p. 163–178; e BUSHMAN, B. J. & WELLS, G. L. "Narrative Impressions of Literature: The Availability Bias and the Corrective Properties of Meta-Analytic Approaches," *Personality and Social Psychology Bulletin* (set. 2001), p. 1.123–1.130.
39. MORGENSON, G. "Debt Watchdogs: Tamed or Caught Napping?" *The New York Times* (dez. 7, 2009), p. 1, 32.
40. Veja STAW, B. M. "The Escalation of Commitment to a Course of Action," *Academy of Management Review* (out. 1981), p. 577–587; FAI, K.; WONG, E.; YI, M. K. & KWONG, J. Y. Y. "Understanding the Emotional Aspects of Escalation of Commitment: The Role of Negative Affect," *Journal of Applied Psychology* 91, n. 2 (2006), p. 282–297; e A. ZARDKOOHI, "Do Real Options Lead to Escalation of Commitment? Comment," *Academy of Management Review* (jan. 2004), p. 111–119.
41. STAW, B. M. "Knee-Deep in the Big Muddy: A Study of Escalating Commitment to a Chosen Course of Action," *Organizational Behavior and Human Performance* 16 (1976), p. 27–44; e SCHULZ-HARDT, S.; THUROW KRÖNING, B. & FREY, D. "Preference-Based Escalation: A New Interpretation for the Responsibility Effect in Escalating Commitment and Entrapment," *Organizational Behavior and Human Decision Processes* 108 (2009), p. 175–186.
42. WONG, K. F. E. & KWONG, J. Y. Y. "The Role of Anticipated Regret in Escalation of Commitment," *Journal of Applied Psychology* 92, n. 2 (2007), p. 545–554.
43. WONG, K. F. E.; KWONG, J. Y. Y. & NG, C. K. "When Thinking Rationally Increases Biases: The Role of Rational Thinking Style in Escalation of Commitment," *Applied Psychology: An International Review* 57, n. 2 (2008), p. 246–271.
44. Veja, por exemplo, JAMES, A. & WELLS, A. "Death Beliefs, Superstitious Beliefs and Health Anxiety," *British Journal of Clinical Psychology* (mar. 2002), p. 43–53; e HAHN, U. & WARREN, P. A. "Perceptions of Randomness: Why Three Heads Are Better than One," *Psychological Review* 116 (2009), p. 454–461.
45. Veja, por exemplo, KEYS, D. J. & SCHWARTZ, B. "Leaky Rationality: How Research on Behavioral Decision Making Challenges Normative Standards of Rationality," *Psychological Science* 2, n. 2 (2007), p. 162–180; e SIMONSOHN, U. "Direct Risk Aversion: Evidence from Risky Prospects Valued Below Their Worst Outcomes," *Psychological Science* 20, n. 6 (2009), p. 686–692.
46. MANER, J. K.; GAILLIOT, M. T.; BUTZ, D. A. & PERUCHE, B. M. "Power, Risk & the Status Quo: Does Power Promote Riskier or More Conservative

Decision Making," *Personality and Social Psychology Bulletin* 33, n. 4 (2007), p. 451–462.
47. CHAKRABORTY, A.; SHEIKH, S. & SUBRAMANIAN, N. "Termination Risk and Managerial Risk Taking," *Journal of Corporate Finance* 13 (2007), p. 170–188.
48. GUILBAULT, R. L.; BRYANT, F. B.; BROCKWAY, J. H. & POSAVAC, E. J. "A Meta-Analysis of Research on Hindsight Bias," *Basic and Applied Social Psychology* (set. 2004), p. 103–117;& WERTH, L.; STRACK, F. & FOERSTER, J. "Certainty and Uncertainty: The Two Faces of the Hindsight Bias," *Organizational Behavior and Human Decision Processes* (mar. 2002), p. 323–341.
49. BELL, J. "The Final Cut?" *Oregon Business* 33, n. 5 (2010), p. 27.
50. Esta seção é baseada em GÄRLING, T.; KIRCHLER, E.; LEWIS, A. & Van RAAIJ, F. "Psychology, Financial Decision Making, and Financial Crises," *Psychological Science in the Public Interest* 10 (2009), p. 1–47; ZALESKIEWICZ, T. "Financial Forecasts During the Crisis: Were Experts More Accurate than Laypeople?" *Journal of Economic Psychology* 32 (2011), p. 384–390; e AKERLOF, G. A. & SHILLER, R. J. *Animal Spirits: How Human Psychology Drives the Economy and Why It Matters for Global Capitalism* (Princeton, NJ: Princeton University Press, 2009).
51. WILDAVSKY, A. *The Politics of the Budgetary Process* (Boston: Little, Brown, 1964).
52. CAVANAGH, G. F.; MOBERG, D. J. & VALASQUEZ, M. "The Ethics of Organizational Politics," *Academy of Management Journal* (jun. 1981), p. 363–374.
53. Veja, por exemplo, MACHAN, T. ed., *Commerce and Morality* (Totowa, NJ: Rowman and Littlefield, 1988).
54. AMABILE, T. M. "A Model of Creativity and Innovation in Organizations," in STAW, B. M. & CUMMINGS, L. L. (eds.), *Research in Organizational Behavior*, v. 10 (Greenwich, CT: JAI Press, 1988), p. 126; e PERRY-SMITH, J. E. & SHALLEY, C. E. "The Social Side of Creativity: A Static and Dynamic Social Network Perspective," *Academy of Management Review* (jan. 2003), p. 89–106.
55. FEIST, G. J. & BARRON, F. X. "Predicting Creativity from Early to Late Adulthood: Intellect, Potential & Personality," *Journal of Research in Personality* (abr. 2003), p. 62–88.
56. WOODMAN, R. W.; SAWYER, J. E. & GRIFFIN, R. W. "Toward a Theory of Organizational Creativity," *Academy of Management Review* (abr. 1993), p. 298; GEORGE, J. M. & ZHOU, J. "When Openness to Experience and Conscientiousness Are Related to Creative Behavior: An Interactional Approach," *Journal of Applied Psychology* (jun. 2001), p. 513–524; e RIETZSCHEL, E. F.; De DREU, C. K. W. & NIJSTAD, B. A. "Personal Need for Structure and Creative Performance: The Moderating Influence of Fear of Invalidity," *Personality and Social Psychology Bulletin* (jun. 2007), p. 855–866.
57. LEUNG, A. K.; MADDUX, W. W.; GALINSKY, A. D. & CHIU, C. "Multicultural Experience Enhances Creativity," *American Psychologist* 63, n. 3 (2008), p. 169–180.
58. Esta seção é baseada em AMABILE, T. M. "Motivating Creativity in Organizations: On Doing What You Love and Loving What You Do," *California Management Review* 40, n. 1 (Outono 1997), p. 39–58.
59. BAAS, M.; DE DREU, C. K. W. & NIJSTAD, B. A. "A Meta-Analysis of 25 Years of Mood-Creativity Research: Hedonic Tone, Activation, or Regulatory Focus?" *Psychological Bulletin* 134, n. 6 (2008), p. 779–806.
60. ZHOU, J. "When the Presence of Creative Coworkers Is Related to Creativity: Role of Supervisor Close Monitoring, Developmental Feedback & Creative Personality," *Journal of Applied Psychology* 88, n. 3 (jun. 2003), p. 413–422.
61. PERRY-SMITH, J. E. "Social Yet Creative: The Role of Social Relationships in Facilitating Individual Creativity," *Academy of Management Journal* 49, n. 1 (2006), p. 85–101.
62. PARK, G.; LUBINSKI, D. & BENBOW, C. P. "Contrasting Intellectual Patterns Predict Creativity in the Arts and Sciences," *Psychological Science* 18, n. 11 (2007), p. 948–952.
63. Veja SHALLEY, C. E.; ZHOU, J. & OLDHAM, G. R. "The Effects of Personal and Contextual Characteristics on Creativity: Where Should We Go from Here?" *Journal of Management* (nov. 2004), p. 933–958; HIRST, G.; VAN KNIPPENBERG, D. & ZHOU, J. "A Cross-Level Perspective on Employee Creativity: Goal Orientation, Team Learning Behavior & Individual Creativity," *Academy of Management Journal* 52, n. 2 (2009), p. 280–293; e SHALLEY, C. E.; GILSON, L. L.; & BLUM, T. C. "Interactive Effects of Growth Need Strength, Work Context & Job Complexity on Self-Reported Creative Performance," *Academy of Management Journal* 52, n. 3(2009), p. 489–505.
64. JACKSON, T. "Cultural Values and Management Ethics: A 10-Nation Study," *Human Relations* (out. 2001), p. 1267–1302; veja também CULLEN, J. B.; PARBOTEEAH, K. P. & HOEGL, M. "Cross-National Differences in Managers' Willingness to Justify Ethically Suspect Behaviors: A Test of Institutional Anomie Theory," *Academy of Management Journal* (jun. 2004), p. 411–421.
65. CHOW HOU, W. "To Bribe or Not to Bribe?" *Asia, Inc.* (out. 1996), p. 104.
66. DIGH, P. "Shades of Gray in the Global Marketplace," *HR Magazine* (abr. 1997), p. 91.

# CAPÍTULO 7

1. Veja, por exemplo, LATHAM, G. P. & PINDER, C. C. "Work Motivation Theory and Research at the Dawn of the Twenty-First Century," *Annual Review of Psychology* 56 (2005), p. 485–516; e PINDER, C. *Work Motivation in Organizational Behavior*, 2. ed. (Londres, UK: Psychology Press, 2008).
2. WAGNER, R. & HARTER, J. K. *12: The Elements of Great Managing* (Washington, DC: Gallup Press, 2006).
3. "The 2008 Wasting Time at Work Survey Reveals a Record Number of People Waste Time at Work," Salary.com (2008), www.salary.com.
4. Veja, por exemplo, PINDER, *Work Motivation in Organizational Behavior*.
5. MASLOW, A. *Motivation and Personality* (Nova York: Harper & Row, 1954).
6. HOFSTEDE, G. "Motivation, Leadership & Organization: Do American Theories Apply Abroad?" *Organizational Dynamics* (Verão 1980), p. 55.
7. Veja, por exemplo, LAWLER III, E. E. & SUTTLE, J. L. "A Causal Correlation Test of the Need Hierarchy Concept," *Organizational Behavior and Human Performance* 7, n. 2 (1972),p. 265–287; HALL, D. T. & NOUGAIM, K. E. "An Examination of Maslow's Need Hierarchy in an Organizational Setting," *Organizational Behavior and Human Performance* 3, n. 1 (1968), p. 12–35; e RAUSCHENBERGER, J.; SCHMITT, N. & HUNTER, J. E. "A Test of the Need Hierarchy Concept by a Markov Model of Change in Need Strength," *Administrative Science Quarterly* 25, n. 4 (1980), p. 654–670.
8. WAHBA, M. A. & BRIDWELL, L. G. "Maslow Reconsidered: A Review of Research on the Need Hierarchy Theory," *Organizational Behavior and Human Performance* 15, n. 2(1976), p. 212–240.
9. KENRICK, D. T.; GRISKEVICIUS, V.; NEUBERG, S. L. & SCHALLER, M. "Renovating the Pyramid of Needs: Contemporary Extensions Built on Ancient Foundations," *Perspectives on Psychological Science* 5, n. 3 (2010), p. 292–314.
10. McGREGOR, D. *The Human Side of Enterprise* (Nova York: McGraw-HILL, 1960). Para uma análise atualizada dos construtos da Teoria X e Teoria Y veja KOPELMAN, R. E.; PROTTAS, D. J. & FALK, D. W. "Construct Validation of a Theory X/Y Behavior Scale," *Leadership and Organization Development Journal* 31, n. 2 (2010), p. 120–135.
11. HERZBERG, F.; MAUSNER, B. & SNYDERMAN, B. *The Motivation to Work* (Nova York: Wiley, 1959).
12. HOUSE, R. J. & WIGDOR, L. A. "Herzberg's Dual-Factor Theory of Job Satisfaction and Motivations: A Review of the Evidence and Criticism," *Personnel Psychology* 20, n. 4 (1967), p. 369–389; SCHWAB, D. P. & CUMMINGS, L. L. "Theories of Performance and Satisfaction: A Review," *Industrial Relations* 9, n. 4 (1970), p. 403–430; e PHILLIPCHUK, J. & WHITTAKER, J. "An Inquiry into the Continuing Relevance of Herzberg's Motivation Theory," *Engineering Management Journal* 8 (1996), p. 15–20.
13. McCLELLAND, D. C. *The Achieving Society* (Nova York: Van Nostrand Reinhold, 1961); ATKINSON, J. W. & RAYNOR, J. O. *Motivation and Achievement* (Washington, DC: Winston,1974); McCLELLAND, D. C. *Power: The Inner Experience* (Nova York: Irvington, 1975); e STAHL, M. J. *Managerial and Technical Motivation: Assessing Needs for Achievement, Power & Affiliation* (Nova York: Praeger, 1986).
14. McCLELLAND, D. C. & WINTER, D. G. *Motivating Economic Achievement* (Nova York: The Free Press, 1969); e MINER, J. B. SMITH, N. R. & BRACKER, J. S. "Role of Entrepreneurial Task Motivation in the Growth of Technologically Innovative Firms: Interpretations from Follow-up Data," *Journal of Applied Psychology* 79, n. 4 (1994), p. 627–630.
15. McCLELLAND, *Power;* McCLELLAND, D. C. & BURNHAM, D. H. "Power Is the Great Motivator," *Harvard Business Review* (mar./abr. 1976), p. 100–110; e BOYATZIS, R. E. "The Need for Close Relationships and the Manager's Job," in KOLB, D. A.; RUBIN, I. M. & MCcINTYRE, J. M. *Organizational Psychology: Readings on Human Behavior in Organizations,* 4. ed. (Upper Saddle River, NJ: Prentice Hall, 1984), p. 81–86.
16. WINTER, D. G. "The Motivational Dimensions of Leadership: Power, Achievement & Affiliation," in RIGGIO, R. E.; MURPHY, S. E. & PIROZZOLO, F. J. (eds.), *Multiple Intelligences and Leadership* (Mahwah, NJ: Lawrence Erlbaum, 2002),p. 119–138.
17. MINER, J. B. *Studies in Management Education* (Nova York: Springer, 1965).
18. Ibid.
19. DECI, E. & RYAN, R. (eds.), *Handbook of Self-Determination Research* (Rochester, NY: University of Rochester Press, 2002); RYAN, R. & DECI, E. "Self-Determination Theory and the Facilitation of Intrinsic Motivation, Social Development, and Well-Being," *American Psychologist* 55, n. 1 (2000), p. 68–78; e GAGNÉ M. & DECI, E. L. "Self-Determination Theory and Work Motivation," *Journal of Organizational Behavior* 26, n. 4 (2005), p. 331–362.
20. Veja, por exemplo, DECI, E. L.; KOESTNER, R. & RYAN, R. M. "A Meta-Analytic Review of Experiments Examining the Effects of Extrinsic Rewards on Intrinsic Motivation," *Psychological Bulletin* 125, n. 6 (1999), p. 627–668; GREGURAS, G. J. & DIEFENDORFF, J. M. "Different Fits Satisfy Different Needs: Linking Person-Environment Fit to Employee Commitment and Performance Using Self-Determination Theory," *Journal of Applied Psychology* 94, n. 2 (2009), p. 465–477; e LIU, D. CHEN, X. & YAO, X. "From Autonomy to Creativity: A Multilevel Investigation of the Mediating Role of Harmonious Passion," *Journal of Applied Psychology* 96, n. 2 (2011), p. 294–309.

21. EISENBERGER, R. & RHOADES, L. "Incremental Effects of Reward on Creativity," *Journal of Personality and Social Psychology* 81, n. 4 (2001), 728–741; e EISENBERGER, R.; PIERCE, W. D. & CAMERON, J. "Effects of Reward on Intrinsic Motivation — Negative, Neutral & Positive: Comment on Deci, Koestner & Ryan (1999)," *Psychological Bulletin* 125, n. 6 (1999), p. 677–691.
22. BURGESS, M.; ENZLE, M. E. & SCHMALTZ, R. "Defeating the Potentially Deleterious Effects of Externally Imposed Deadlines: Practitioners' Rules-of-Thumb," *Personality and Social Psychology Bulletin* 30, n. 7 (2004), p. 868–877.
23. K. M. SHELDON, A. J. ELLIOT&R. M. RYAN, "Self-Concordance and Subjective Well-being in Four Cultures," *Journal of Cross-Cultural Psychology* 35, n. 2 (2004), p. 209–223.
24. BONO, J. E. & JUDGE, T. A. "Self-Concordance at Work: Toward Understanding the Motivational Effects of Transformational Leaders," *Academy of Management Journal* 46, n. 5 (2003), p. 554–571.
25. MEYER, J. P.; BECKER, T. E. & VANDENBERGHE, C. "Employee Commitment and Motivation: A Conceptual Analysis and Integrative Model," *Journal of Applied Psychology* 89, n. 6 (2004), p. 991–1.007.
26. KAHN, W. A. "Psychological Conditions of Personal Engagement and Disengagement at Work," *Academy of Management Journal* 33, n. 4 (1990), p. 692–724.
27. www.gallup.com/consulting/52/Employee-Engagement.aspx
28. HARTER, J. K.; SCHMIDT, F. L. & HAYES, T. L. "Business-Unit-Level Relationship Between Employee Satisfaction, Employee Engagement & Business Outcomes: A Meta-Analysis," *Journal of Applied Psychology* 87, n. 2 (2002), p. 268–279.
29. CHRISTIAN, M. S.; GARZA, A. S. & SLAUGHTER, J. E. "Work Engagement: A Quantitative Review and Test of Its Relations with Task and Contextual Performance," *Personnel Psychology* 64, n. 1 (2011), p. 89–136.
30. SCHAUFELI, W. B.; BAKKER, A. B.; & Van RHENEN, W. "How Changes in Job Demands and Resources Predict Burnout, Work Engagement & Sickness Absenteeism," *Journal of Organizational Behavior* 30, n. 7 (2009), p. 893–917; CRAWFORD, E. R.; LEPINE, J. A. & RICH, B. L. "Linking Job Demands and Resources to Employee Engagement and Burnout: A Theoretical Extension and Meta-Analytic Test," *Journal of Applied Psychology* 95, n. 5 (2010), p. 834–848; e XANTHOPOULOU, D.; BAKKER,A. B.; DEMEROUTI, E. & SCHAUFELI, W. B. "Reciprocal Relationships Between Job Resources, Personal Resources & Work Engagement," *Journal of Vocational Behavior* 74, n. 3 (2009), p. 235–244.
31. RICH, B. L.; LEPINE, J. A. & CRAWFORD, E. R. "Job Engagement: Antecedents and Effects on Job Performance," *Academy of Management Journal* 53, n. 3 (2010), p. 617–635.
32. TIMS, M.; BAKKER, A. B. & XANTHOPOULOU, D. "Do Transformational Leaders Enhance Their Followers' Daily Work Engagement?" *Leadership Quarterly* 22, n. 1 (2011), p. 121–131; e WALUMBWA, F. O.; WANG, P.; WANG, H.; SCHAUBROECK, J. & AVOLIO, B. J. "Psychological Processes Linking Authentic Leadership to Follower Behaviors," *Leadership Quarterly* 21, n. 5 (2010), p. 901–914.
33. NEWMAN, D. A. & HARRISON, D. A. "Been There, Bottled That: Are State and Behavioral Work Engagement New and Useful Construct 'Wines?'" *Industrial and Organizational Psychology* 1, n. 1 (2008), p. 31–35; WEFALD, A. J. & DOWNEY, R. G. "Job Engagement in Organizations: Fad, Fashion, or Folderol," *Journal of Organizational Behavior* 30, n. 1 (2009), p. 141–145.
34. Veja, por exemplo, RICH, LEPINE & CRAWFORD, "Job Engagement: Antecedents and Effects on Job Performance"; e CHRISTIAN, GARZA & SLAUGHTER, "Work Engagement: A Quantitative Review and Test of Its Relations with Task and Contextual Performance."
35. GEORGE, J. M.; "The Wider Context, Costs & Benefits of Work Engagement," *European Journal of Work and Organizational Psychology* 20, n. 1 (2011), p. 53–59; e HALBESLEBEN, J. R. B.; HARVEY, J. & BOLINO, M. C. "Too Engaged? A Conservation of Resources View of the Relationship Between Work Engagement and Work Interference with Family," *Journal of Applied Psychology* 94,n. 6 (2009), p. 1.452–1.465.
36. LOCKE, E. A. "Toward a Theory of Task Motivation and Incentives," *Organizational Behavior and Human Performance* 3, n. 2 (1968), p. 157–189.
37. EARLEY, P. C.; WOJNAROSKI, P. & PREST, W. "Task Planning and Energy Expended: Exploration of How Goals Influence Performance," *Journal of Applied Psychology* 72, n. 1 (1987),p. 107–114.
38. Veja TUBBS, M. E.; "Goal Setting: A Meta-Analytic Examination of the Empirical Evidence," *Journal of Applied Psychology* 71, n. 3 (1986), p. 474–483; e LOCKEAND E. A.; LATHAM, G. P. "New Directions in Goal-Setting Theory," *Current Directions in Psychological Science* 15, n. 5 (2006), p. 265–268.
39. LOCKE, E. A. & LATHAM, G. P. "Building a Practically Useful Theory of Goal Setting and Task Motivation," *American Psychologist* 57, n. 2 (2002), p. 705–717.
40. IVANCEVICH, J. M. & McMAHON, J. T. "The Effects of Goal Setting, External Feedback & Self-Generated Feedback on Outcome Variables: A Field Experiment," *Academy of Management Journal* 25, n. 2 (1982), p. 359–372; e LOCKE, E. A. "Motivation Through Conscious Goal Setting," *Applied and Preventive Psychology* 5, n. 2 (1996), p. 117–124.
41. Veja, por exemplo, LATHAM, G. P.; EREZ, M. & LOCKE, E. A. "Resolving Scientific Disputes by the Joint Design of Crucial Experiments by the An-

tagonists: Application to the EREZ-Latham Dispute Regarding Participation in Goal Setting," *Journal of Applied Psychology* 73, n. 4 (1988), p. 753–772; LUDWIG, T. D. & GELLER, E. S. "Assigned Versus Participative Goal Setting and Response Generalization: Managing Injury Control among Professional Pizza Deliverers," *Journal of Applied Psychology* 82, n. 2 (1997), p. 253–261; e HARKINS, S. G. & LOWE, M. D. "The Effects of Self-Set Goals on Task Performance," *Journal of Applied Social Psychology* 30, n. 1 (2000), p. 1–40.

42. EREZ, M.; EARLEY, P. C. & HULIN, C. L. "The Impact of Participation on Goal Acceptance and Performance: A Two-Step Model," *Academy of Management Journal* 28, n. 1 (1985), p. 50–66.

43. LOCKE, E. A. "The Motivation to Work: What We Know," *Advances in Motivation and Achievement* 10 (1997), p. 375–412; e LATHAM, EREZ & LOCKE, "Resolving Scientific Disputes by the Joint Design of Crucial Experiments by the Antagonists," p. 753–772.

44. Ibid.

45. HOLLENBECK, J. R.; WILLIAMS, C. R.; & KLEIN, H. J. "An Empirical Examination of the Antecedents of Commitment to Difficult Goals," *Journal of Applied Psychology* 74, n. 1(1989), p. 18–23. Veja também WOFFORD, J. C.; GOODWIN, V. L. & PREMACK, S. "Meta-Analysis of the Antecedents of Personal Goal Level and of the Antecedents and Consequences of Goal Commitment," *Journal of Management* 18, n. 3 (1992), p. 595–615; TUBBS, M. E. "Commitment as a Moderator of the Goal-Performance Relation: A Case for Clearer Construct Definition," *Journal of Applied Psychology* 78, n. 1 (1993), p. 86–97; e BONO, J. E. & COLBERT, A. E. "Understanding Responses to Multi-Source Feedback: The Role of Core Self-Evaluations," *Personnel Psychology* 58, n. 1 (2005), p. 171–203.

46. Veja WOOD, R. E. MENTO, A. J. & LOCKE, E. A. "Task Complexity as a Moderator of Goal Effects: A Meta-Analysis," *Journal of Applied Psychology* 72, n. 3 (1987), p. 416–425; KANFER, R. & ACKERMAN, P. L. "Motivation and Cognitive Abilities: An Integrative/Aptitude-Treatment Interaction Approach to Skill Acquisition," *Journal of Applied Psychology* 74, n. 4 (1989), p. 657–690; MITCHELL, T. R.; & SILVER, W. S. "Individual and Group Goals When Workers Are Interdependent: Effects on Task Strategies and Performance," *Journal of Applied Psychology* 75, n. 2 (1990), p. 185–193; e O'LEARY-KELLY, A. M. MARTOCCHIO, J. J. & FRINK, D. D. "A Review of the Influence of Group Goals on Group Performance," *Academy of Management Journal* 37, n. 5 (1994), p. 1.285–1.301.

47. CROWN, D. F. "The Use of Group and Groupcentric Individual Goals for Culturally Heterogeneous and Homogeneous Task Groups: An Assessment of European Work Teams," *Small Group Research* 38, n. 4 (2007), p. 489–508; KURMAN, J. "Self-Regulation Strategies in Achievement Settings: Culture and Gender Differences," *Journal of Cross-Cultural Psychology* 32, n. 4 (2001), p. 491–503; e EREZ, M. & EARLEY, P. C. "Comparative Analysis of Goal-Setting Strategies Across Cultures," *Journal of Applied Psychology* 72, n. 4 (1987), p. 658–665.

48. SUE-CHAN C. & ONG, M. "Goal Assignment and Performance: Assessing the Mediating Roles of Goal Commitment and Self-Efficacy and the Moderating Role of Power Distance," *Organizational Behavior and Human Decision Processes* 89, n. 2 (2002), p. 1.140–1.161.

49. LATHAM, G. P. & LOCKE, E. A. "Enhancing the Benefits and Overcoming the Pitfalls of Goal Setting," *Organizational Dynamics* 35, n. 6, p. 332–340; L. ORDÓÑEZ, D.; SCHWEITZER, M. E.; GALINSKY, A. D. & BAZERMAN, M. "Goals Gone WILD: The Systematic Side Effects of Overprescribing Goal Setting," *Academy of Management Perspectives* 23, n. 1 (2009), p. 6–16; e LOCKE, E. A. & LATHAM, G. P. "Has Goal Setting Gone WILD, or Have Its Attackers Abandoned Good Scholarship?" *Academy of Management Perspectives* 23, n. 1 (2009), p. 17–23.

50. PERRY, S. J.; WITT, L. A.; PENNEY, L. M. & ATWATER, L. "The Downside of Goal-Focused Leadership: The Role of Personality in Subordinate Exhaustion," *Journal of Applied Psychology* 95, n. 6 (2010), p. 1.145–1.153.

51. Veja, por exemplo, SAJKOVIC, A. D.; LOCKE, E. A. & BLAIR, E. S. "A First Examination of the Relationships Between Primed Subconscious Goals, Assigned Conscious Goals &Task Performance," *Journal of Applied Psychology* 91, n. 5 (2006), p. 1172–1180; LATHAM, G. P.; STAJKOVIC, A. D. & LOCKE, E. A. "The Relevance and Viability of Subconscious Goals in the Workplace," *Journal of Management* 36, n. 1 (2010), p. 234–255; e SCHANTZ, A. & LATHAM, G. P. "An Exploratory Field Experiment on the Effect of Subconscious and Conscious Goals on Employee Performance," *Organizational Behavior and Human Decision Processes* 109, n. 1 (2009), p. 9–17.

52. "Key Group Survey Finds Nearly Half of All Employees Have No Set Performance Goals," *IPMA-HR Bulletin*(mar. 10, 2006), p. 1; HAMM, S., "SAP Dangles a Big, Fat Carrot," *Business Week* (22 maio 2006), p. 67–68; e "P & GCEO Wields High Expectations but No Whip," *USA Today* (19 fev. 2007), p. 3B.

53. Veja, por exemplo, CARROLL, S. J. & TOSI, H. L. *Management by Objectives: Applications and Research* (Nova York: Macmillan, 1973); e RODGERS, R. & HUNTER, J. E. "Impact of Management by Objectives on Organizational Productivity," *Journal of Applied Psychology* 76, n. 2 (1991), p. 322–336.

54. BANDURA, A. *Self-Efficacy: The Exercise of Control* (Nova York: Freeman, 1997).

55. STAJKOVIC, A. D. & LUTHANS, F. "Self-Efficacy and Work-Related Performance: A Meta-Analysis," *Psychological Bulletin* 124, n. 2 (1998), p. 240–261;

e BANDURA, A. "Cultivate Self-Efficacy for Personal and Organizational Effectiveness," in LOCKE, E. (ed.), *Handbook of Principles of Organizational Behavior* (Malden, MA: Blackwell, 2004), p. 120–136.
56. SALANOVA, M. LLORENS, S. & SCHAUFELI, W. B. "Yes I Can, I Feel Good & I Just Do It! On Gain Cycles and Spirals of Efficacy Beliefs, Affect & Engagement," *Applied Psychology* 60, n. 2 (2011), p. 255–285.
57. TIERNEY, P. & FARMER, S. M. "Creative Self-Efficacy Development and Creative Performance Over Time," *Journal of Applied Psychology* 96, n. 2 (2011), p. 277–293.
58. BANDURA, A. & CERVONE, D. "Differential Engagement in Self-Reactive Influences in Cognitively-Based Motivation," *Organizational Behavior and Human Decision Processes* 38, n. 1 (1986), p. 92–113.
59. BANDURA, *Self-Efficacy*.
60. RIST, R. C. "Student Social Class and Teacher Expectations: The Self-Fulfilling Prophecy in Ghetto Education," *Harvard Educational Review* 70, n. 3 (2000), p. 266–301.
61. EDEN, D. "Self-Fulfilling Prophecies in Organizations," in GREENBERG, J. (ed.), *Organizational Behavior: The State of the Science*, 2. ed. (Mahwah, NJ: Lawrence Erlbaum, 2003), p. 91–122.
62. Ibid.
63. HOLLADAY C. L. & QUIÑONES, M. A. "Practice Variability and Transfer of Training: The Role of Self-Efficacy Generality," *Journal of Applied Psychology* 88, n. 6 (2003), p. 1094–1103.
64. DIERDORFF, E. C.; SURFACE, E. A.; & BROWN, K. G. "Frame-of-Reference Training Effectiveness: Effects of Goal Orientation and Self-Efficacy on Affective, Cognitive, Skill-Based & Transfer Outcomes," *Journal of Applied Psychology* 95, n. 6 (2010), p. 1181–1191; e GROSSMAN R. & SALAS, E. "The Transfer of Training: What Really Matters," *International Journal of Training and Development* 15, n. 2 (2011), p. 103–120.
65. JUDGE, T. A.; JACKSON, C. L.; SHAW, J. C.; SCOTT B. & RICH, B. L. "Self-Efficacy and Work-Related Performance: The Integral Role of Individual Differences," *Journal of Applied Psychology* 92, n. 1 (2007), p. 107–127.
66. Ibid.
67. J. S. ADAMS, "Inequity in Social Exchanges," in BERKOWITZ, L. (ed.), *Advances in Experimental Social Psychology* (Nova York: Academic Press, 1965), p. 267–300.
68. GOODMAN, P. S. "An Examination of Referents Used in the Evaluation of Pay," *Organizational Behavior and Human Performance* 12, n. 2 (1974), p. 170–195; SCHOLL,W.; COOPER, E. A. & MCKENNA, J. F. "Referent Selection in Determining Equity Perception: Differential Effects on Behavioral and Attitudinal Outcomes," *Personnel Psychology* 40, n. 1 (1987), p. 113–127; e WILLIAMS, M. L. MCDANIEL, M. A. & NGUYEN, N. T. "A Meta-Analysis of the Antecedents and Consequences of Pay Level Satisfaction," *Journal of Applied Psychology* 91, n. 2 (2006), p. 392–413.
69. KULIK, C. T. & AMBROSE, M. L. "Personal and Situational Determinants of Referent Choice," *Academy of Management Review* 17, n. 2 (1992), p. 212–237.
70. Veja, por exemplo, WALSTER, E.; WALSTER, G. W. & SCOTT, W. G. *Equity: Theory and Research* (Boston: Allyn & Bacon, 1978); e GREENBERG, J. "Cognitive Reevaluation of Outcomes in Response to Underpayment Inequity," *Academy of Management Journal*, mar. 1989, p. 174–184.
71. GOODMAN, P. S. & FRIEDMAN, A. "An Examination of Adams' Theory of Inequity," *Administrative Science Quarterly* 16, n. 3 (1971), p. 271–288; VECCHIO, R. P. "An Individual-Differences Interpretation of the Conflicting Predictions Generated by Equity Theory and Expectancy Theory," *Journal of Applied Psychology* 66, n. 4 (1981), p. 470–481; MOWDAY, R. T. "Equity Theory Predictions of Behavior in Organizations," in STEERS, R.; PORTER, L. W. & BIGLEY, G. (eds.), *Motivation and Work Behavior,* 6. ed. (Nova York: McGraw-Hill, 1996), p. 111–131; GRIFFETH, R. W. & GAERTNER, S. "A Role for Equity Theory in the Turnover Process: An Empirical Test," *Journal of Applied Social Psychology* 31, n. 5 (2001), p. 1017–1037; e SCHEER, L. K.; KUMAR, N. & STEENKAMP, J.-B. E. M. "Reactions to Perceived Inequity in U.S. and Dutch Interorganizational Relationships," *Academy of Management* 46, n. 3 (2003), p. 303–316.
72. Veja, por exemplo, HUSEMAN, R. C.; HATFIELD, J. D. HATFIELD & MILES, E. W. "A New Perspective on Equity Theory: The Equity Sensitivity Construct," *Academy of Management Journal* 12, n. 2 (1987), p. 222–234; SAULEY, K. S. & BEDEIAN, A. G. "Equity Sensitivity: Construction of a Measure and Examination of Its Psychometric Properties," *Journal of Management* 26, n. 5 (2000), p. 885–910; e COLQUITT, J. A. "Does the Justice of One Interact with the Justice of Many? Reactions to Procedural Justice in Teams," *Journal of Applied Psychology* 89, n. 4 (2004), p. 633–646.
73. Veja, por exemplo, COLQUITT, J. A.; CONLON, D. E.; WESSON, M. J.; PORTER, C. O. L. H. & NG, K. Y. "Justice at the Millennium: A Meta-Analytic Review of the 25 Years of Organizational Justice Research," *Journal of Applied Psychology* 86, n.3 (2001), p. 425–445; SIMONS, T. & ROBERSON, Q. "Why Managers Should Care About Fairness: The Effects of Aggregate Justice Perceptions on Organizational Outcomes," *Journal of Applied Psychology* 88, n. 3 (2003), p. 432–443; e HOLTZ, B. C. & HAROLD, C. M. "Fair Today, Fair Tomorrow? A Longitudinal Investigation of Overall Justice Perceptions," *Journal of Applied Psychology* 94, n. 5 (2009),p. 1.185–1.199.

74. LEUNG, K.; TONG, K. TONG& HO, S. S. "Effects of Interactional Justice on Egocentric Bias in Resource Allocation Decisions," *Journal of Applied Psychology* 89, n. 3 (2004),p. 405–415; e FRANCIS-GLADNEY, L.; MANGER, N. R. & WELKER, R. B. "Does Outcome Favorability Affect Procedural Fairness as a Result of Self-Serving Attributions," *Journal of Applied Social Psychology* 40, n. 1 (2010), p. 182–194.
75. Veja, por exemplo, CROPANZANO, R.; STEIN, J. H. & NADISIC, T. *Social Justice and the Experience of Emotion* (Nova York: Routledge/Taylor and Francis Group, 2011).
76. SKARLICKI D. P. & RUPP, D. E. "Dual Processing and Organizational Justice: The Role of Rational Versus Experiential Processing in Third-Party Reactions to Workplace Mistreatment," *Journal of Applied Psychology* 95, n. 5 (2010), p. 944–952.
77. LEVENTHAL, G. S. "What Should Be Done with Equity Theory? New Approaches to the Study of Fairness in Social Relationships," in GERGEN, K.; GREENBERG, M. & WILLIS, R. (eds.), *Social Exchange: Advances in Theory and Research* (Nova York: Plenum, 1980), p. 27–55.
78. SHAW, J. C.; WILD, E. & COLQUITT, J. A. "To Justify or Excuse? A Meta-Analytic Review of the Effects of Explanations," *Journal of Applied Psychology* 88, n. 3 (2003), p. 444–458.
79. SKARLICKI, D. P. & FOLGER, R. "Retaliation in the Workplace: The Roles of Distributive, Procedural & Interactional Justice," *Journal of Applied Psychology* 82, n. 3 (1997), p. 434–443; & JONES, D. A. "Getting Even with One's Supervisor and One's Organization: Relationships Among Types of Injustice, Desires for Revenge & Counterproductive Work Behavior," *Journal of Organizational Behavior* 30, n. 4 (2009), p. 525–542.
80. CROPANZANO, R.; PREHAR, C. A. & CHEN, P. Y. "Using Social Exchange Theory to Distinguish Procedural from Interactional Justice," *Group & Organization Management* 27, n. 3 (2002), p. 324–351; e ROCH, S. G. & SHANOCK, L. R. "Organizational Justice in an Exchange Framework: Clarifying Organizational Justice Dimensions," *Journal of Management* 32, n. 2 (2006), p. 299–322.
81. COLQUITT, CONLON, WESSON, PORTER &NG, "Justice at the Millennium," p. 425–445.
82. GIACOBBE-MILLER, J. K.; MILLERMILLER, D. J. & VICTOROV, V. I. "A Comparison of Russian and U.S. Pay Allocation Decisions, Distributive Justice Judgments & Productivity Under Different Payment Conditions," *Personnel Psychology* 51, n. 1(1998), p. 137–163.
83. BOLINO, M. C. & TURNLEY, W. H. "Old Faces, New Places: Equity Theory in Cross-Cultural Contexts," *Journal of Organizational Behavior* 29, n. 1 (2008), p. 29–50.
84. SCOTT, B. A.; COLQUITT, J. A. & PADDOCK, E. L. "An Actor-Focused Model of Justice Rule Adherence and Violation: The Role of Managerial Motives and Discretion," *Journal of Applied Psychology* 94, n. 3 (2009), p. 756–769.
85. BARLCAY, L. J. & SKARLICKI, D. P. "Healing the Wounds of Organizational Injustice: Examining the Benefits of Expressive Writing," *Journal of Applied Psychology* 94, n. 2 (2009), p. 511–523.
86. FISCHER, R. & SMITH, P. B. "Reward Allocation and Culture: A Meta-Analysis," *Journal of Cross-Cultural Psychology* 34,n. 3 (2003), p. 251–268.
87. CHIANG, F. F. T. & BIRTCH, T. "The Transferability of Management Practices: Examining Cross-National Differences in Reward Preferences," *Human Relations* 60, n. 9 (2007), p. 1.293–1.330; LIND, A. E.; TYLER, T. R. & HUO, Y. J. "Procedural Context and Culture: Variation in the Antecedents of Procedural Justice Judgments," *Journal of Personality and Social Psychology* 73, n. 4 (1997), p. 767–780; M. GELFAND, J.; EREZ, M. & AYCAN, Z. "Cross-Cultural Organizational Behavior," *Annual Review of Psychology* 58, (2007), p. 479–514.
88. VROOM, V. H. *Work and Motivation* (Nova York: Wiley, 1964).
89. For criticism, see HENEMAN III, H. G. & SCHWAB, D. P. "Evaluation of Research on Expectancy Theory Prediction of Employee Performance," *Psychological Bulletin* 78, n. 1 (1972), p. 1–9; MITCHELL, T. R. "Expectancy Models of Job Satisfaction, Occupational Preference and Effort: A Theoretical, Methodological and Empirical Appraisal," *Psychological Bulletin* 81, n. 12 (1974), p. 1.053–1.077; e Van EERDE, W.& THIERRY, H. "Vroom's Expectancy Models and Work-Related Criteria: A Meta-Analysis," *Journal of Applied Psychology* 81, n. 5 (1996), p. 575–586. Como apoio, ver PORTER, L. W. & LAWLER III, E. E. LAWLER III, *Managerial Attitudes and Performance* (Homewood, IL: Irwin, 1968); e DONOVAN, J. J. "Work Motivation," in ANDERSON, N. et al. (eds.), *Handbook of Industrial, Work & Organizational Psychology*, v. 2 (Thousand Oaks, CA: Sage, 2001),p. 56–59.
90. VROOM chama essas três variáveis de expectativa, instrumentalidade e valência, respectivamente.
91. NOCERA, J. "The Anguish of Being an Analyst," *New York Times* (mar. 4, 2006), p. B1, B12.
92. HOUSE, R. J.; SHAPIRO, H. J. & WAHBA, M. A. "Expectancy Theory as a Predictor of Work Behavior and Attitudes: A Reevaluation of Empirical Evidence," *Decision Sciences* 5, n. 3 (1974), p. 481–506.
93. Esta seção é baseada em LANDY, F. J. & BECKER, W. S. "Motivation Theory Reconsidered," in CUMMINGS, L. L. & STAW, B.M. STAW (eds.), *Research in Organizational Behavior*, v. 9 (Greenwich, CT: JAI Press, 1987), p. 24–35.

# CAPÍTULO 8

1. HACKMAN, J. R. & OLDHAM, G. R. "Motivation Through the Design of Work: Test of a Theory," *Organizational Behavior and Human Performance* 16, n. 2 (1976), p. 250–279; e HACKMAN, J. R. & OLDHAM, G. R. *Work Redesign* (Reading, MA: ADDISON, -Wesley, 1980).
2. HACKMAN, J. R. "Work Design," in HACKMAN, J. R. & SUTTLE, J. L. (eds.), *Improving Life at Work* (Santa Monica, CA: Goodyear, 1977), p. 129.
3. Veja LOHER, B. T.; NOE, R. A.; MOELLER, N. L.; & FITZGERALD, M. P. "A Meta-Analysis of the Relation of Job Characteristics to Job Satisfaction," *Journal of Applied Psychology* 70, n. 2 (1985), p. 280–289; ZACCARO, S. J. & STONE, E. F. STONE," Incremental Validity of an Empirically Based Measure of Job Characteristics," *Journal of Applied Psychology* 73, n. 2 (1988), p. 245–252; RENTSCH, J. R. & STEEL, R. P. "Testing the Durability of Job Characteristics as Predictors of Absenteeism over a Six-Year Period," *Personnel Psychology* 51, n. 2 (1998), p. 165–190; BEHSON, S. J.; EDDY, E. R. & LORENZET, S. J. "The Importance of the Critical Psychological States in the Job Characteristics Model: A Meta-Analytic and Structural Equations Modeling Examination," *Current Research in Social Psychology* 51, n. 12 (2000), p. 170–189; e HUMPHREY, S. E.; NAHRGANG, J. D. & MORGESON, F. P. "Integrating Motivational, Social & Contextual Work Design Features: A Meta-Analytic Summary and Theoretical Extension of the Work Design Literature," *Journal of Applied Psychology* 92, n. 5 (2007), p. 1.332–1.356.
4. JUDGE, T. A.; PARK,ER, S. K.; COLBERT, A. E.; HELLER, D. & ILIES, R. "Job Satisfaction: A Cross-Cultural Review," in ANDERSON, N.; ONES, D. S. (eds.), *Handbook of Industrial, Work and Organizational Psychology*, v. 2 (Thousand Oaks, CA: Sage Publications, 2002), p. 25–52.
5. MEGLINO, B. M. & KORSGAARD, A. M. "The Role of Other Orientation in Reactions to Job Characteristics," *Journal of Management* 33, n. 1 (2007), p. 57–83.
6. PETERSON, M. F. & RUIZ-QUINTANILLA, S. A. "Cultural Socialization as a Source of Intrinsic Work Motivation," *Group & Organization Management* 28, n. 2 (2003),p. 188–216.
7. ANSBERRY, C. "In the New Workplace, Jobs Morph to Suit Rapid Pace of Change," *Wall Street Journal* (22 mar. 2002), p. A1.
8. SILVER, T. "Rotate Your Way to Higher Value," *Baseline* (mar./abr. 2010), p. 12; e SALOPEK, J. J. "Coca-Cola Division Refreshes Its Talent with Diversity Push on Campus," *Workforce Management Online* (mar. 2011),www.workforce.com.
9. ORTEGA, J. "Job Rotation as a Learning Mechanism," *Management Science* 47, n. 10 (2001), p. 1.361–1.370.
10. CHRISTINI, A. & POZZOLI, D. "Workplace Practices and Firm Performance in Manufacturing: A Comparative Study of Italy and Britain," *International Journal of Manpower* 31, n. 7 (2010), p. 818–842; KAYMAZ, K. "The Effects of Job Rotation Practices on Motivation: A Research on Managers in the Automotive Organizations," *Business and Economics Research Journal* 1, n. 3 (2010), p. 69–86.
11. HACKMAN & OLDHAM, *Work Redesign*.
12. GRANT, A. M.; CAMPBELL, E. M.; G. CHEN, COTTONE, K.; LAPEDIS, D. & LEE, K. "Impact and the Art of Motivation Maintenance: The Effects of Contact with Beneficiaries on Persistence Behavior," *Organizational Behavior and Human Decision Processes* 103, n. 1 (2007), p. 53–67.
13. GRANT, A. M.; DUTTON, J. E.; & ROSSO, B. D. "Giving Commitment: Employee Support Programs and the Prosocial Sensemaking Process," *Academy of Management Journal* 51, n. 5 (2008), p. 898–918.
14. Veja, por exemplo, GRIFFIN, R. W. "Effects of Work Redesignon Employee Perceptions, Attitudes & Behaviors: A Long-Term Investigation," *Academy of Management Journal* 34, n.2 (1991), p. 425–435; e SUBRAMONY, M. "A Meta-Analytic Investigation of the Relationship between HRM Bundles and Firm Performance," *Human Resource Management* 48, n. 5 (2009), p. 745–768.
15. PRITCHARD, R. D.; HARRELL, M. M.; DIAZ-GRANDOS, D. & M. GUZMAN, J. "The Productivity Measurement and Enhancement System: A Meta-Analysis," *Journal of Applied Psychology* 93, n. 3 (2008), p. 540–567.
16. MORGESON, F. P.; JOHNSON, M. D.; CAMPION, M. A.; MEDSKER, G. J. & MUMFORD, T. V. "Understanding Reactions to Job Redesign: A Quasi-Experimental Investigation of the Moderating Effects of Organizational Contact on Perceptions of Performance Behavior," *Personnel Psychology* 59, n. 2 (2006), p. 333–363.
17. Citado em PALMER, K. "The New Mommy Track," *U.S. News and World Report* (set. 3, 2007), p. 40–45.
18. Citado em "Flextime Gains in Popularity in Germany," *Manpower Argus* (set. 2000), p. 4; e YANADORI, Y. & KATO, T. "Work and Family Practices in Japanese Firms: Their Scope, Nature & Impact on Employee Turnover," *International Journal of Human Resource Management* 20, n. 2 (2009), p. 439–456.
19. 20 WESTCOTT, S. "Beyond Flextime: Trashing the Workweek," *Inc.* (ago. 2008), p. 30.
20. Veja, por exemplo, RALSTON,D. A. & FLANAGAN, M. F. "The Effect of Flextime on Absenteeism and Turnover for Male and Female Employees," *Journal of Vocational Behavior* 26, n. 2 (1985), p. 206–217; BALTES, B. B. BRIGGS, T. E.; HUFF, J. W.;

WRIGHT, J. A. & NEUMAN, G. A. "Flexible and Compressed Workweek Schedules: A Meta-Analysis of Their Effects on Work-Related Criteria," *Journal of Applied Psychology* 84, n. 4 (1999), p. 496–513; SHOCKLEY,K. M. &T. ALLEN, D. "When Flexibility Helps: Another Look at the Availability of Flexible Work Arrangements and Work–Family Conflict," *Journal of Vocational Behavior* 71, n. 3 (2007), p. 479–493; GRZYWACZ, J. G.; CARLSON, D. S. & SHULKIN, S. "Schedule Flexibility and Stress: Linking Formal Flexible Arrangements and Perceived Flexibility to Employee Health." *Community, Work & Family* 11, n. 2 (2008), p. 199–214; e MCNALL, L. A.; MASUDA, A. D. & NICKLIN, J. M. "Flexible Work Arrangements, Job Satisfaction & Turnover Intentions: The Mediating Role of Work-to-Family Enrichment," *Journal of Psychology* 144, n. 1 (2010), p. 61–81.

21. SHOCKLEY, K. M. & ALLEN, T. D. "Investigating the Missing Link in Flexible Work Arrangement Utilization: An Individual Difference Perspective," *Journal of Vocational Behavior* 76,n. 1 (2010), p. 131–142.

22. LaREAU, J. LaREAU, "Ford's 2 Julies Share Devotion—and Job," *Automotive News* (25 out. 2010), p. 4.

23. Society for Human Resource Management, *2008 Employee Benefits* (Alexandria, VA: Author, 2008).

24. SHELLENBARGER, S. "Two People, One Job: It Can Really Work," *The WALL Street Journal* (7 dez. 1994), p. B1.

25. "Job-Sharing: Widely Offered, Little Used," *Training* (nov. 1994), p. 12.

26. DAWSON, C. "Japan: Work-Sharing Will Prolong the Pain," *Business Week* (24 dez. 2001), p. 46.

27. SHELLENBARGER, "Two People, One Job," p. B1.

28. Veja, por exemplo, HILL, E. J.; FERRIS, M. & MARTINSON, V. "Does It Matter Where You Work? A Comparison of How Three Work Venues (Traditional Office, Virtual Office & Home Office) Influence Aspects of Work and Personal/Family Life," *Journal of Vocational Behavior* 63, n. 2 (2003), p. 220–241; WILLIAMSON, B. "Managing Virtual Workers," *Bloomberg Businessweek* (jul. 16, 2009), www.businessweek.come LAUTSCH, B. A. & KOSSEK, E. E. "Managing a Blended Workforce: Telecommuters and Non-Telecommuters," *Organizational Dynamics* 40, n. 1 (2010),p. 10–17.

29. TOZZI, J. "Home-Based Businesses Increasing," *Bloomberg Businessweek* (25 jan. 2010), www.businessweek.com.

30. Society for Human Resource Management, *2008 Employee Benefits*.

31. Veja, por exemplo, CONLIN, M. "The Easiest Commute of All," *Business Week* (12 dez. 2005), p. 78; SHELLENBARGER, S. "Telework Is on the Rise, but It Isn't Just Done from Home Anymore," WALL *Street Journal* (23 jan. 2001), p. B1; e O'KE-EFE, E. "Teleworking Grows but Still a Rarity," *Washington Post* (22 fev. 2011), p. B3.

32. CONLIN, "The Easiest Commute of All."

33. KOSSEK, E. E.; LAUTSCH, B. A.; EATON, S. C. "Telecommuting, Control & Boundary Management: Correlates of Policy Use and Practice, Job Control & Work-Family Effectiveness," *Journal of Vocational Behavior* 68, n. 2 (2006), p. 347–367.

34. STANTON, J. M. & BARNES-FARRELL, J. L. "Effects of Electronic Performance Monitoring on Personal Control, Task Satisfaction & Task Performance," *Journal of Applied Psychology* 81, n. 6 (1996), p. 738–745; e TASKIN, L. & BRIDOUX, F. "Telework: A Challenge to Knowledge Transfer in Organizations," *International Journal of Human Resource Management* 21, n. 13 (2010), p. 2503–2520.

35. Veja, por exemplo, BROTHERTON, P. "For Teleworkers, Less Is Definitely More," *T&D* 65 (mar. 2011), p. 29; e VIRICK, M.; DASILVA, N. & ARRINGTON, K. "Moderators of the Curvilinear Relation Between Extent of Telecommuting and Job and Life Satisfaction: The Role of Performance Outcome Orientation and Worker Type," *Human Relations* 63, n. 1(2010), p. 137–154.

36. WELCH, J. and WELCH, S. "The Importance of Being There," *Business Week* (abr. 16, 2007), p. 92; BARSNESS, Z. I.; DIEKMANN, K. A. & SEIDEL, M. L. "Motivation and Opportunity: The Role of Remote Work, Demographic Dissimilarity & Social Network Centrality in Impression Management," *Academy of Management Journal* 48, n. 3 (2005), p. 401–419.

37. MORGESON, F. P. & HUMPHREY, S. E. "The Work Design Questionnaire (WDQ): Developing and Validating a Comprehensive Measure for Assessing Job Design and the Nature of Work," *Journal of Applied Psychology* 91, n. 6 (2006), p. 1.321–1.339; HUMPHREY, S. E.; NAHRGANG, J. D. & MORGESON, F. P. "Integrating Motivational, Social, and Contextual Work Design Features: A Meta-Analytic Summary and Theoretical Extension of the Work Design Literature," *Journal of Applied Psychology* 92, n. 5 (2007), p. 1332–1356; e R. TAKEUCHI, LEPAK, D. P.; WANG, H. & TAKEUCHI, K. "An Empirical Examination of the Mechanisms Mediating Between High-Performance Work Systems and the Performance of Japanese Organizations," *Journal of Applied Psychology* 92, n. 4 (2007), p. 1.069–1.083.

38. Veja, por exemplo, increasing corpo crescent de literature sobre empoderamento, como ASHMOS, D. P.; DUCHON, D.; MCDANIEL Jr., R. R. & HUONKER, J. W. "What a Mess! Participation as a Simple Managerial Rule to 'Complexify' Organizations," *Journal of Management Studies* 39, n. 2 (2002), p. 189–206; SEIBERT, S. E.; SILVER, S. R. & RANDOLPH, W. A. "Taking Empowerment to the Next Level: A Multiple-Level Model of Empowerment, Performance & Satisfaction," *Academy of Management Journal*

47, n. 3 (2004), p. 332–349; M. BUTTS, M.; VANDENBERG, R. J.; DEJOY, D. M.; SCHAFFER,B. S.; & WILSON, M. G. "Individual Reactions to High Involvement Work Processes: Investigating the Role of Empowerment and Perceived Organizational Support," *Journal of Occupational Health Psychology* 14, n. 2 (2009), p. 122–136; PARK, R.; APPLEBAUM, E. & KRUSE, D. "Employee Involvement and Group Incentives in Manufacturing Companies: A Multi-Level Analysis," *Human Resource Management Journal* 20, n. 3 (2010), p. 227–243; e JONES, D. C.; KALMI, P. & KAUHANEN, A. "How Does Employee Involvement Stack Up? The Effects of Human Resource Management Policies in a Retail Firm," *Industrial Relations* 49, n. 1 (2010),p. 1–21.

39. Veja, por exemplo, SAGIE, A. & AYCAN, Z. "A Cross-Cultural Analysis of Participative Decision-Making in Organizations," *Human Relations* 56, n. 4 (2003), p. 453–473; e BROCKNER, J. "Unpacking Country Effects: On the Need to Operationalize the Psychological Determinants of Cross-National Differences," in KRAMER, R. M. & STAW, B. M. (eds.), *Research in Organizational Behavior*, v. 25 (Oxford, UK: Elsevier, 2003), p. 336–340.

40. ROBERT, C.; PROBST, T. M.; MARTOCCHIO, J. J.; DRASGOW, R. & LAWLER, J. J. "Empowerment and Continuous Improvement in the United States, Mexico, Poland & India: Predicting Fit on the Basis of the Dimensions of Power Distance and Individualism," *Journal of Applied Psychology* 85, n. 5 (2000), p. 643–658.

41. Z. X. CHEN & ARYEE, S. "Delegation and Employee Work Outcomes: An Examination of the Cultural Context of Mediating Processes in China," *Academy of Management Journal* 50, n. 1 (2007), p. 226–238.

42. HELLER, F.; PUSIC, E.; STRAUSS, G. & WILPERT, B. *Organizational Participation: Myth and Reality* (Oxford, UK: Oxford University Press, 1998).

43. Veja, por exemplo, MILLER K. L. & MONGE, P. R. "Participation, Satisfaction & Productivity: A Meta-Analytic Review," *Academy of Management Journal* (dez. 1986), p. 727–753; WAGNER III, J. A. "Participation's Effects on Performance and Satisfaction: A Reconsideration of Research Evidence," *Academy of Management Review* 19, n. 2 (1994), p. 312–330; DOUCOULIAGOS, C. "Worker Participation and Productivity in Labor-Managed and Participatory Capitalist Firms: A Meta-Analysis," *Industrial and Labor Relations Review* 49, n. 1(1995), p. 58–77; WAGNER III, J. A.; LEANA, C. R.; LOCKE, E. A. & SCHWEIGER, D. M. "Cognitive and Motivational Frameworks in U.S. Research on Participation: A Meta-Analysis of Primary Effects," *Journal of Organizational Behavior* 18, n. 1 (1997), p. 49–65; PENDLETON, A. & ROBINSON, A. "Employee Stock Ownership, Involvement, and Productivity: An Interaction-Based Approach," *Industrial and Labor Relations Review* 64, n. 1 (2010), p. 3–29.

44. DATTA, D. K.; GUTHRIE, J. P. & WRIGHT, P. M. "Human Resource Management and Labor Productivity: Does Industry Matter? *Academy of Management Journal* 48, n. 1 (2005), p. 135–145; RIORDAN, C. M.; VANDENBERG, R. J. & RICHARDSON, H. A. "Employee Involvement Climate and Organizational Effectiveness." *Human Resource Management* 44, n. 4 (2005), p. 471–488; e KIM, J.; MacDUFFIE, J. P. & PIL, F. K. "Employee Voice and Organizational Performance: Team Versus Representative Influence," *Human Relations* 63, n. 3 (2010), p. 371–394.

45. COTTON, *Employee Involvement*, p. 114.

46. Veja, por exemplo, GILMAN, M. & MARGINSON, P. "Negotiating European Works Council: Contours of Constrained Choice," *Industrial Relations Journal* 33, n. 1 (2002), p. 36–51; ADDISON, J. T. & BELFIELD, C. R. "What Do We Know About the New European Works Council? Some Preliminary Evidence from Britain," *Scottish Journal of Political Economy* 49, n. 4 (2002), p. 418–444; e KELLER, B. "The European Company Statute: Employee Involvement—and Beyond," *Industrial Relations Journal* 33, n. 5 (2002),p. 424–445.

47. COTTON, *Employee Involvement*, p. 129–130, 139–140.

48. Ibid., p. 140.

49. WHITE, E. "Opportunity Knocks & It Pays a Lot Better," WALL *Street Journal* (nov. 13, 2006), p. B3.

50. GOODMAN, P. S. & PAN, P. P. "Chinese Workers Pay for Wal-Mart's Low Prices," *Washington Post* (fev. 8, 2004), p. A1.

51. SABRAMONY, M.; KRAUSE, N.; NORTON, J. & BURNS, G. N. "The Relationship between Human Resource Investments and Organizational Performance: A Firm-Level Examination of Equilibrium Theory," *Journal of Applied Psychology* 93, n. 4(2008), p. 778–788.

52. Veja, por exemplo, MARTINEZ, B. "Teacher Bonuses Emerge in Newark," WALL *Street Journal*, (21 abr. 2011), p. A.15; e WEBER, D. "Seminole Teachers to Get Bonuses Instead of Raises," *Orlando Sentinel* (19 jan. 2011), www.orlandosentinel.com.

53. Baseado em SCHUSTER, J. R. & ZINGHEIM, P. K. "The New Variable Pay: Key Design Issues," *Compensation & Benefits Review* (mar./abr. 1993), p. 28; ABOSCH, K. S. "Variable Pay: Do We Have the Basics in Place?" *Compensation & Benefits Review* (jul.–ago. 1998), p. 12–22; e K. KUHN, M. & YOCKEY, M. D. "Variable Pay as a Risky Choice: Determinants of the Relative Attractiveness of Incentive Plans," *Organizational Behavior and Human Decision Processes* 90, n. 2 (2003), p. 323–341.

54. WYSOCKI Jr., B. "Chilling Reality Awaits Even the Employed," *The* WALL *Street Journal* (5 nov. 2001), p. A1; e KOVAC, J. C. "Sour Economy Presents Compensation Challenges," *Employee Benefit News* (1 jul. 2008), p. 18.

55. JENKINS Jr., G. D.; GUPTA, N.; MITRA, A. & SHAW, J. D. "Are Financial Incentives Related to Performance? A Meta-Analytic Review of Empirical Research," *Journal of Applied Psychology* 83, n. 5 (1998), p. 777–787; e RYNES, S. L.; GERHART, B. & PARK,S, L. "Personnel Psychology: Performance Evaluation and Pay for Performance," *Annual Review of Psychology* 56, n. 1 (2005), p. 571–600.
56. BYRNES, N. "Pain, But No Layoffs at Nucor," *Business Week* (26 mar. 2009), www.businessweek.com.
57. LEDFORD Jr., G. E. "Paying for the Skills, Knowledge & Competencies of Knowledge Workers," *Compensation & Benefits Review,* (jul./ago. 1995), p. 55–62; MURRAYAND, B.; GERHART, B. "An Empirical Analysis of a Skill-Based Pay Program and Plant Performance Outcomes," *Academy of Management Journal* 41, n. 1 (1998), p. 68–78; THOMPSON, J. R. & LeHEW, C. W. "Skill-Based Pay as an Organizational Innovation," *Review of Public Personnel Administration* 20, n. 1 (2000), p. 20–40; e SHAW, J. D.; GUPTA, N.; MITRA, A. & . LEDFORD, Jr., G. E "Success and Survival of Skill-Based Pay Plans," *Journal of Management* 31, n. 1 (2005), p. 28–49.
58. MITRA, A.; GUPTA, N. & SHAW, J. D. "A Comparative Examination of Traditional and Skill-Based Pay Plans," *Journal of Managerial Psychology* 26, n. 4 (2011), p. 278–296.
59. DIERDORFF, E. C. & SURFACE, E. A. "If You Pay for Skills, Will They Learn? Skill Change and Maintenance under a Skill-Based Pay System," *Journal of Management* 34, n. 4 (2008), p. 721–743.
60. GIANCOLA, F. "Skill-Based Pay—Issues for Consideration," *Benefits and Compensation Digest* 44, n. 5 (2007), p. 1–15.
61. CHI, N. & HAN, T. "Exploring the Linkages between Formal Ownership and Psychological Ownership for the Organization: The Mediating Role of Organizational Justice," *Journal of Occupational and Organizational Psychology* 81, n. 4 (2008), p. 691–711.
62. Veja, por exemplo, KIM, D. O. "Determinants of the Survival of Gainsharing Programs," *Industrial & Labor Relations Review* 53, n. 1 (1999), p. 21–42; "Why Gainsharing Works Even Better Today Than in the Past," *HR Focus* (abr. 2000), p. 3–5; GOMEZ-MEJIA, L. R.; WELBOURNE, T. M. & WISEMAN, R. M. "The Role of Risk Sharing and Risk Taking Under Gainsharing," *Academy of Management Review* 25,n. 3 (2000), p. 492–507; REYNOLDS, M. "A Cost-Reduction Strategy That May Be Back," *Healthcare Financial Management* (jan. 2002), p. 58–64; e DIXON, M. R.; HAYES, L. J. & STACK, J. "Changing Conceptions of Employee Compensation," *Journal of Organizational Behavior Management* 23, n. 2–3 (2003), p. 95–116; I. LEITMAN, M.; LEVIN, R.; LIPP, M. J.; SIVAPRASAD, L.; KARALAKULA-SINGAM, C. J.; BERNARD, D. S.; FRIEDMANN, P. & SHULKIN, D. J. "Quality and Financial Outcomes from Gainsharing for Inpatient Admissions: A Three-Year Experience," *Journal of Hospital Medicine* 5, n. 9 (2010), p. 501–517.
63. WELBOURNE, T. M. & FERRANTE, C. J. "To Monitor or Not to Monitor: A Study of Individual Outcomes from Monitoring One's Peers under Gainsharing and Merit Pay," *Group & Organization Management* 33, n. 2 (2008), p. 139–162.
64. BUCHKO, A. A. "The Effects of Employee Ownership on Employee Attitudes: A Test of Three Theoretical Perspectives," *Work and Occupations* 19, n. 1 (1992), 59–78; e GARRETT, R. P. "Does Employee Ownership Increase Innovation?" *New England Journal of Entrepreneurship* 13,n. 2, (2010), p. 37–46.
65. McCARTHY, D.; REEVES, E. & TURNER, T. "Can Employee Share-Ownership Improve Employee Attitudes and Behaviour?" *Employee Relations* 32, n. 4 (2010), p. 382–395.
66. PENDLETON, A. & ROBINSON, A "Employee Stock Ownership, Involvement & Productivity: An Interaction-Based Approach," *Industrial and Labor Relations Review* 64, n. 1 (2010), p. 3–29.
67. ZHANG, X.; BARTOL, K. M.; SMITH, K. G.; PFARRER, M. D. & KHANIN, D. M. "CEOs on the Edge: Earnings Manipulation and Stock-Based Incentive Misalignment," *Academy of Management Journal* 51, n. 2 (2008), p. 241–258.
68. D'ART, D. & TURNER, T. "Profit Sharing, Firm Performance, and Union Influence in Selected European Countries," *Personnel Review* 33, n. 3 (2004), p. 335–350; e KRUSE, D.; FREEMAN, R. & BLASI, J. *Shared Capitalism at Work: Employee Ownership, Profit and Gain Sharing & Broad-Based Stock Options* (Chicago: University of Chicago Press, 2010).
69. BAYO-MORIONES, A. & LARRAZA-KINTANA, M. "Profit-Sharing Plans and Affective Commitment: Does the Context Matter?" *Human Resource Management* 48, n. 2 (2009), p. 207–226.
70. WELBOURNE, T. M. & GOMEZ-MEJIA, L. R. "Gainsharing: A Critical Review and a Future Research Agenda," *Journal of Management* 21, n. 3 (1995), p. 559–609.
71. CADSBY, C. B.; SONG, F. & TAPON, F. "Sorting and Incentive Effects of Pay for Performance: An Experimental Investigation," *Academy of Management Journal* 50, n. 2 (2007), p. 387–405.
72. FONG, S. C. L. & SHAFFER, M. A. "The Dimensionality and Determinants of Pay Satisfaction: A Cross-Cultural Investigation of a Group Incentive Plan," *International Journal of Human Resource Management* 14, n. 4 (2003), p. 559–580.
73. Veja, por exemplo, BARRINGER, M. W. & MILKOVICH, G. T. "A Theoretical Exploration of the Adoption and Design of Flexible Benefit Plans: A Case of Human Resource Innovation," *Academy of Management Review* 23, n. 2 (1998), p. 305–324; D. Brown, "Everybody Loves Flex," *Canadian HR Reporter* (18 nov. 2002), p. 1; TAGGART, J. "Putting Flex Benefits Through Their Paces," *Canadian HR Reporter*

(dez. 2, 2002), p. G3; e COLE, N. D. & FLINT, D. H. "Perceptions of Distributive and Procedural Justice in Employee Benefits: Flexible Versus Traditional Benefit Plans," *Journal of Managerial Psychology* 19, n. 1 (2004), p. 19–40.
74. STEPHENS, P. "Flex Plans Gain in Popularity," *CA Magazine* (jan./fev. 2010), p. 10.
75. LOVEWELL, D. "Flexible Benefits: Benefits on Offer," *Employee Benefits* (mar. 2010), p. S15.
76. MARKHAM, S. E.; SCOTT, K. D. & McKEE, G. H. "Recognizing Good Attendance: A Longitudinal, Quasi-Experimental Field Study," *Personnel Psychology* 55, n. 3 (2002), p. 641; e PETERSON, S. J. & LUTHANS, F. "The Impact of Financial and Nonfinancial Incentives on Business Unit Outcomes over Time," *Journal of Applied Psychology* 91, n. 1 (2006), p. 156–165.
77. STAJKOVIC, A. D. & LUTHANS, F. "Differential Effects of Incentive Motivators on Work Performance," *Academy of Management Journal* 4, n. 3 (2001), p. 587. Veja também LUTHANS, F. and STAJKOVIC, A. D. "Provide Recognition for Performance Improvement," in E. LOCKE, A. (ed.), *Handbook of Principles of Organizational Behavior* (Malden, MA: Blackwell, 2004), p. 166–180.
78. SHEPHERD, L. "Special Report on Rewards and Recognition: Getting Personal," *Workforce Management* (set. 2010), p. 24–29.
79. SHEPHERD, L. "On Recognition, Multinationals Think Globally," *Workforce Management* (set. 2010), p. 26.
80. LONG, R. J. & SHIELDS, J. L. "From Pay to Praise? Non-Case Employee Recognition in Canadian and Australian Firms," *International Journal of Human Resource Management* 21, n. 8 (2010), p. 1145–1172.

## CAPÍTULO 9

1. L. R. Sayles, "Work Group Behavior and the Larger Organization," in C. Arensburg et al. (eds.), *Research in Industrial Relations* (Nova York: Harper & Row, 1957), p. 131–145.
2. McGREW, J. F.; BILOTTA, J. G. & J. DEENEY, M. "Software Team Formation and Decay: Extending the Standard Model for Small Groups," *Small Group Research* 30, n. 2 (1999), p. 209–234.
3. TUCKMAN, B. W. "Developmental Sequences in Small Groups," *Psychological Bulletin,* jun. 1965, p. 384–399; TUCKMAN, B. W. & JENSEN, M. C. "Stages of Small-Group Development Revisited," *Group and Organizational Studies,* Dez. 1977, p. 419–427; MAPLES, M. F. "Group Development: Extending Tuckmas's Theory," *Journal for Specialists in Group Work* (Outono 1988), p. 17–23; e VROMAN, K. & KOVACICH, J. "Computer-Mediated Interdisciplinary Teams: Theory and Reality," *Journal of Interprofessional Care* 16, n. 2 (2002), p. 159–170.
4. MATHIEU, J. E. & RAPP, T. L. "Laying the Foundation for Successful Team Performance Trajectories: The Roles of Team Charters and Performance Strategies," *Journal of Applied Psychology* 94, n. 1 (2009), p. 90–103; e DIERDORFF, E. C.; BELL, S. T. & BELOHLAV, J. A. "The Power of 'We': Effects of Psychological Collectivism on Team Performance Over Time," *Journal of Applied Psychology* 96, n. 2 (2011), p. 247–262.
5. GERSICK, C. J. G. "Time and Transition in Work Teams: Toward a New Model of Group Development," *Academy of Management Journal* (mar. 1988), p. 9–41; GERSICK, C. J. G. "Marking Time: Predictable Transitions in Task Groups," *Academy of Management Journal* (jun. 1989), p. 274–309; WALLER, M. J.; CONTE, J. M.; GIBSON, C. B. & CARPENTER, M. A. "The Effect of Individual Perceptions of Deadlines on Team Performance," *Academy of Management Review* (out. 2001), p. 586–600; e CHANG, A.; BORDIA, P. & DUCK, J. "Punctuated Equilibrium and Linear Progression: Toward a New Understanding of Group Development," *Academy of Management Journal* (fev. 2003), p. 106–117.
6. GERSICK, "Time and Transition in Work Teams"; e GERSICK, "Marking Time."
7. VEJARS, A. & WOODRUFF, S. "Temporal Pacing in Task Forces: Group Development or Deadline Pressure?" *Journal of Management* 23, n. 2 (1997), p. 169–187.
8. Veja PETERSON, M. F. et al., "Role Conflict, Ambiguity & Overload: A 21-Nation Study," *Academy of Management Journal* (abr. 1995), p. 429–452; e SETTLES, I. H.; SELLERS, R. M. & DAMAS Jr., A. "One Role or Two? The Function of Psychological Separation in Role Conflict," *Journal of Applied Psychology* (jun. 2002), p. 574–582.
9. Para uma revisão das pesquisas sobre normas do grupo, veja HACKMAN, J. R. "Group Influences on Individuals in Organizations," in DUNNETTE, M. D. & HOUGH, L. M. (eds.), *Handbook of Industrial & Organizational Psychology,* 2. ed., v. 3 (Palo Alto, CA: Consulting Psychologists Press, 1992), p. 235–250. Para uma discussão mais recente, veja EHRHART, M. G. & NAUMANN, S. E. "Organizational Citizenship Behavior in Work Groups: A Group Norms Approach," *Journal of Applied Psychology* (dez. 2004), p. 960–974.
10. Adaptado de GOODMAN, P. S.; RAVLIN, E. & SCHMINKE, M. "Understanding Groups in Organizations," in CUMMINGS, L. L. & STAW, B. M. (eds.), *Research in Organizational Behavior,* v. 9 (Greenwich, CT: JAI Press, 1987), p. 159.
11. MAYO, E. *The Human Problems of an Industrial Civilization* (Nova York: Macmillan, 1933); e ROETHLISBERGER, F. J. & DICKSON, W. J. *Management and the Worker* (Cambridge, MA: Harvard University Press, 1939).
12. KIESLER, C. A. & KIESLER, S. B. *Conformity* (Reading, MA: Addison-Wesley, 1969); e CIALDINI, R. B. & GOLDSTEIN, N. J. "Social Influence: Com-

pliance and Conformity," *Annual Review of Psychology* 55 (2004), p. 591–621.
13. ASCH, S. E. "Effects of Group Pressure upon the Modification and Distortion of Judgments," in GUETZKOW, H. (ed.), *Groups, Leadership and Men* (Pittsburgh: Carnegie Press, 1951), p. 177–190; e ASCH, S. E. "Studies of Independence and Conformity: A Minority of One Against a Unanimous Majority," *Psychological Monographs: General and Applied* 70, n. 9 (1956), p. 1–70.
14. BOND, R. & SMITH, P. B. "Culture and Conformity: A Meta-Analysis of Studies Using Asch's (1952, 1956) Line Judgment Task," *Psychological Bulletin* (jan. 1996), p. 111–137.
15. Veja ROBINSON, S. L. & O'LEARY-KELLY, A. M. "Monkey See, Monkey Do: The Influence of Work Groups on the Antisocial Behavior of Employees," *Academy of Management Journal* (dez. 1998), p. 658–672; BENNETT, R. J. & ROBINSON, S. L. "The Past, Present & Future of Workplace Deviance," in GREENBERG J. (ed.), *Organizational Behavior: The State of the Science*, 2. ed. (Mahwah, NJ: Erlbaum, 2003), p. 237–271; e BERRY, C. M.; ONES, D. S. & SACKETT, P. R. "Interpersonal Deviance, Organizational Deviance & Their Common Correlates: A Review and Meta-Analysis," *Journal of Applied Psychology* 92, n. 2 (2007), p. 410–424.
16. PEARSON, C. M.; ANDERSSON, L. M. & PORATH, C. L. "Assessing and Attacking Workplace Civility," *Organizational Dynamics* 29, n. 2 (2000), p. 130; veja também PEARSON, C.; ANDERSSON, L. M. & PORATH, C. L. "Workplace Incivility," in FOX, S. & SPECTOR, P. E. (eds.), *Counterproductive Work Behavior: Investigations of Actors and Targets* (Washington, DC: American Psychological Association, 2005), p. 177–200.
17. LIM, S.; CORTINA, L. M.; MAGLEY, V. J. "Personal and Workgroup Incivility: Impact on Work and Health Outcomes," *Journal of Applied Psychology* 93, n. 1 (2008), p. 95–107.
18. ROBINSON & O'LEARY-KELLY, "Monkey See, Monkey Do"; e GLOMB, T. M. & LIAO, H. "Interpersonal Aggression in Workgroups: Social Influence, Reciprocal & Individual Effects," *Academy of Management Journal* 46 (2003), p. 486–496.
19. BAMBERGER, P. & BIRON, M. "Group Norms and Excessive Absenteeism: The Role of Peer Referent Others," *Organizational Behavior and Human Decision Processes* 103, n. 2 (2007), p. 179–196; e VÄÄNÄNEN, A.; TORDERA, N.; KIVIMÄKI, M.; KOUVONEN, A.; PENTTI, J.; LINNA, A. & VAHTERA, J. "The Role of Work Group in Individual Sickness Absence Behavior," *Journal of Health & Human Behavior* 49, n. 4(2008), p. 452–467.
20. COLE, M. S.; WALTER, F. & BRUCH, H. "Affective Mechanisms Linking Dysfunctional Behavior to Performance in Work Teams: A Moderated Mediation Study," *Journal of Applied Psychology* 93, n. 5 (2008), p. 945–958.
21. EREZ, A.; ELMS, H. & FONG, E. "Lying, Cheating, Stealing: It Happens More in Groups," trabalho apresentado na European Business Ethics Network Annual Conference, Budapeste, Hungria, 30 ago. 2003.
22. ROBINSON, S. L. & KRAATZ, M. S. "Constructing the Reality of Normative Behavior: The Use of Neutralization Strategies by Organizational Deviants," in GRIFFIN, R. W. & O'LEARY-KELLY, A. (eds.), *Dysfunctional Behavior in Organizations: Violent and Deviant Behavior* (Greenwich, CT: JAI Press, 1998), p. 203–220.
23. Veja BERGER, J.; FISEK, M. H.; NORMAN, R. Z. & ZELDITCH, M. *Status Characteristics and Social Interaction: An Expected States Approach* (Nova York: Elsevier, 1977).
24. Citado em HACKMAN, "Group Influences on Individuals in Organizations," p. 236.
25. CALLISTER, R. R. & WALL Jr., J. A. "Conflict Across Organizational Boundaries: Managed Care Organizations Versus Health Care Providers," *Journal of Applied Psychology* 86, n. 4 (2001), p. 754–763; e CHATTOPADHYAY, P.; GLICK, W. H. & HUBER, G. P. "Organizational Actions in Response to Threats and Opportunities," *Academy of Management Journal* 44, n. 5 (2001), p. 937–955.
26. HEWLIN, P. F. "Wearing the Cloak: Antecedents and Consequences of Creating Facades of Conformity," *Journal of Applied Psychology* 94, n. 3 (2009), p. 727–741.
27. WIGGINS, J. A.; DILL, F. & SCHWARTZ, R. D. "On 'Status-Liability,'" *Sociometry* (abr./maio 1965), p. 197–209.
28. Veja LEVINE, J. M. & MORELAND, R. L. "Progress in Small Group Research," in SPENCE, J. T. DARLEY, J. M. & FOSS,D. J. (eds.), *Annual Review of Psychology*, v. 41 (Palo Alto, CA: Annual Reviews, 1990), p. 585–634; SILVER, S. D.; COHEN, B. P. & CRUTCHFIELD, J. H. "Status Differentiation and Information Exchange in Face-to-Face and Computer-Mediated Idea Generation," *Social Psychology Quarterly* (1994), p. 108–123; e TWENGE, J. M. "Changes in Women's Assertiveness in Response to Status and Roles: A Cross-Temporal Meta-Analysis, 1931–1993," *Journal of Personality and Social Psychology* (jul. 2001), p. 133–145.
29. SEIJTS, G. H. & LATHAM, G. P. "The Effects of Goal Setting and Group Size on Performance in a Social Dilemma," *Canadian Journal of Behavioral Science* 32, n. 2 (2000), p. 104–116.
30. SHAW, M. E. *Group Dynamics: The Psychology of Small Group Behavior*, 3. ed. (Nova York: McGraw-Hill, 1981).
31. Veja, por exemplo, COMER, D. R. "A Model of Social Loafing in Real Work Groups," *Human Relations* (jun. 1995), p. 647–667; MURPHY, S. M.; WAYNE, S. J.; LIDEN, R. C. & ERDOGAN, B. "Understanding Social Loafing: The Role of Justice Perceptions and Exchange Relationships," *Human Relations* (jan. 2003), p. 61–84; e LIDEN, R. C.; WAYNE, S. J.;

JAWORSKI, R. A. & BENNETT, N. "Social Loafing: A Field Investigation," *Journal of Management* (abr. 2004), p. 285–304.

32. MOEDE, W. "Die Richtlinien der Leistungs-Psychologie,"*Industrielle Psychotechnik* 4 (1927), p. 193–207. Veja também KRAVITZ, D. A. & MARTIN, B. "Ringelmann Rediscovered: The Original Article," *Journal of Personality and Social Psychology* (maio 1986), p. 936–941.

33. Veja, por exemplo, SHEPPERD, J. A. "Productivity Loss in Performance Groups: A Motivation Analysis," *Psychological Bulletin* (jan. 1993), p. 67–81; e KARAU, S. J. & WILLIAMS, K. D. "Social Loafing: A Meta-Analytic Review and Theoretical Integration," *Journal of Personality and Social Psychology* (out. 1993), p. 681–706.

34. HARKINS, S. G. & SZYMANSKI, K. "Social Loafing and Group Evaluation," *Journal of Personality and Social Psychology*(dez. 1989), p. 934–941.

35. GUNNTHORSDOTTIR, A. & RAPOPORT, A. "Embedding Social Dilemmas in Intergroup Competition Reduces Free-Riding," *Organizational Behavior and Human Decision Processes* 101 (2006), p. 184–199; e STARK, E. M.; SHAW, J. D. & DUFFY, M. K. "Preference for Group Work, Winning Orientation & Social Loafing Behavior in Groups," *Group and Organization Management* 32, n. 6 (2007), p. 699–723.

36. MULLEN, B. & COOPER, C. "The Relation between Group Cohesiveness and Performance: An Integration," *Psychological Bulletin* (mar. 1994), p. 210–227; PODSAKOFF, P. M.; MACKENZIE, S. B. & AHEARNE, M. "Moderating Effects of Goal Acceptance on the Relationship Between Group Cohesiveness and Productivity," *Journal of Applied Psychology* (dez. 1997), p. 974–983; e BEAL, D. J.; COHEN, R. R.; BURKE, M. J. & MCLENDON, C. L. "Cohesion and Performance in Groups: A Meta-Analytic Clarification of Construct Relations," *Journal of Applied Psychology*(dez. 2003), p. 989–1004.

37. Ibid.

38. Baseado em GIBSON, J. L.; IVANCEVICH, J. M. & DONNELLY Jr., J. H. *Organizations,* 8. ed. (Burr Ridge, IL: Irwin, 1994), p. 323.

39. STAPLES, D. S. & ZHAO, L. "The Effects of Cultural Diversity in Virtual Teams Versus Face-to-Face Teams," *Group Decision and Negotiation* (jul. 2006), p. 389–406.

40. CHI, N.; HUANG, Y. & LIN, S. "A Double-Edged Sword? Exploring the Curvilinear Relationship between Organizational Tenure Diversity and Team Innovation: The Moderating Role of Team-Oriented HR Practices," *Group and Organization Management* 34, n. 6 (2009), p. 698–726.

41. KLEIN, K. J.; KNIGHT, A. P.; ZIEGERT, J. C.; LIM, B. C. & SALTZ, J. L. "When Team Members' Values Differ: The Moderating Role of Team Leadership," *Organizational Behavior and Human Decision Processes* 114, n. 1 (2011), p. 25–36; e PARK, G. & DeSHON, R. P. "A Multilevel Model of Minority Opinion Expression and Team Decision-Making Effectiveness," *Journal of Applied Psychology* 95, n. 5 (2010), p. 824–833.

42. RIGOGLIOSO, M. "Diverse Backgrounds and Personalities Can Strengthen Groups," *Standford Knowledgebase* (15 ago. 2006), www.stanford.edu/group/knowledgebase/.

43. PHILLIPS, K. W. & LOYD, D. L. "When Surface and Deep-Level Diversity Collide: The Effects on Dissenting Group Members," *Organizational Behavior and Human Decision Processes* 99 (2006), p. 143–160; e SOMMERS, S. R. "On Racial Diversity and Group Decision Making: Identifying Multiple Effects of Racial Composition on Jury Deliberations," *Journal of Personality and Social Psychology* (abr. 2006), p. 597–612.

44. MANNIX, E. & NEALE , M. A. "What Differences Make a Difference? The Promise and Reality of Diverse Teams in Organizations," *Psychological Science in the Public Interest* (out. 2005), p. 31–55.

45. FOOTE, N.; MATSON, E.; WEISS, L. & WENGER, E. "Leveraging Group Knowledge for High-Performance Decision-Making," *Organizational Dynamics* 31, n. 2 (2002), p. 280–295.

46. Veja MAIER, N. R. F. "Assets and Liabilities in Group Problem Solving: The Need for an Integrative Function," *Psychological Review* (abr. 1967), p. 239–249; G. W. HILL, "Group Versus Individual Performance: Are N[plus]1 Heads Better Than One?" *Psychological Bulletin* (maio 1982), p. 517–539; JOHNSON, M. D. & HOLLENBECK, J. R. "Collective Wisdom as an Oxymoron: Team-Based Structures as Impediments to Learning," in LANGAN-FOX, J. C.; COOPER, L. & KLIMOSKI, R. J. (eds), *Research Companion to the Dysfunctional Workplace: Management Challenges and Symptoms* (Northampton, MA: Edward Elgar Publishing, 2007), p. 319–331; e MARTELLAND, R. F.; BORG, M. R. "A Comparison of the Behavioral Rating Accuracy of Groups and Individuals," *Journal of Applied Psychology* (fev. 1993), p. 43–50.

47. GIGONE, D. & HASTIE, R. "Proper Analysis of the Accuracy of Group Judgments," *Psychological Bulletin* (jan. 1997), p. 149–167; e BONNER, B. L.; SILLITO, S. D. & BAUMANN, M.R. "Collective Estimation: Accuracy, Expertise, and Extroversion as Sources of Intra-Group Influence," *Organizational Behavior and Human Decision Processes* 103 (2007), p. 121–133.

48. Veja, por exemplo, SWAP, W. C. and Associates, *Group Decision Making* (Novabury Park, CA: Sage, 1984).

49. JANIS, I. L. *Groupthink* (Boston: Hough, ton Mifflin, 1982); PARK, W. "A Review of Research on Groupthink," *Journal of Behavioral Decision Making* (jul. 1990), p. 229–245; CHOI, J. N. & KIM, M. U. "The Organizational Application of Groupthink and Its Limits in Organizations," *Journal of Applied Psychology* (abr. 1999), p. 297–306; e PARK, W. W. "A

Comprehensive Empirical Investigation of the Relationships Among Variables of the Groupthink Model," *Journal of Organizational Behavior* (dez. 2000), p. 873–887.
50. JANIS, *Groupthink.*
51. PARK, G. & DeSHON, R. P. "A Multilevel Model of Minority Opinion Expression and Team Decision-Making Effectiveness," *Journal of Applied Psychology* 95, n. 5 (2010), p. 824–833.
52. TURNER, M. E. & PRATKANIS, A. R. "Mitigating Groupthink by Stimulating Constructive Conflict," in De DREU, C. & VANDE VLIERT, E. (eds.), *Using Conflict in Organizations* (Londres: Sage, 1997), p. 53–71.
53. GONCALO, J. A.; POLMAN, E. & MASLACH, C. "Can Confidence Come Too Soon? Collective Efficacy, Conflict & Group Performance over Time," *Organizational Behavior and Human Decision Processes* 113, n. 1 (2010), p. 13–24.
54. Veja MAIER, N. R. F. *Principles of Human Relations* (Nova York: Wiley, 1952); JANIS, I. L. *Groupthink: Psychological Studies of Policy Decisions and Fiascoes,* 2a. ed. (Boston: Houghton Mifflin, 1982); N. RICHARDSON Ahlfinger & ESSER, J. K. "Testing the Groupthink Model: Effects of Promotional Leadership and Conformity Predisposition," *Social Behavior & Personality* 29, n. 1 (2001), p. 31–41; e SCHULTZ-HARDT, S.; BRODBECK, F. C.; MOJZISCH, A.; KERSCHREITER, R. & FREY, D. "Group Decision Making in Hidden Profile Situations: Dissent as a Facilitator for Decision Quality," *Journal of Personality and Social Psychology* 91, n. 6 (2006), p. 1.080–1.093.
55. Veja ISENBERG, D. J. "Group Polarization: A Critical Review and Meta-Analysis," *Journal of Personality and Social Psychology* (dez. 1986), p. 1.141–1.151; HALEAND, J. L.; BOSTER, F. J. "Comparing Effect Coded Models of Choice Shifts," *Communication Research Reports* (abr. 1988), p. 180–186; e BOSTER, P. W.; BIESER, M. & TUBBS, M. E. "Framing Effects and Choice Shifts in Group Decision Making," *Organizational Behavior and Human Decision Processes* (out. 1993), p. 149–165.
56. CLARK III, R. D. "Group-Induced Shift Toward Risk: A Critical Appraisal," *Psychological Bulletin* (out. 1971), p. 251–270; BRAUER, M. & JUDD, C. M. "Group Polarization and Repeated Attitude Expression: A New Take on an Old Topic," *European Review of Social Psychology* 7, (1996), p. 173–207; e BRADY, M. P. & WU, S. Y. "The Aggregation of Preferences in Groups: Identity, Responsibility & Polarization," *Journal of Economic Psychology* 31, n. 6 (2010), p. 950–963.
57. KRIZAN, Z. & BARON, R. S. "Group Polarization and Choice-Dilemmas: How Important Is Self-Categorization?" *European Journal of Social Psychology* 37, n. 1 (2007), p. 191–201.

58. A. F. Osborn, *Applied Imagination: Principles and Procedures of Creative Thinking,* 3. ed. (Nova York: Scribner, 1963). Veja também McGLYNN, R. P.; McGURK, D. V.; EFFLAND, S.; JOHLL, N. L. & HARDING, D. J. "Brainstorming and Task Performance in Groups Constrained by Evidence," *Organizational Behavior and Human Decision Processes* (jan. 2004), p. 75–87; e LITCHFIELD, R. C. "Brainstorming Reconsidered: A Goal-Based View," *Academy of Management Review* 33, n. 3 (2008), p. 649–668.
59. KERR, N. L. & TINDALE, R. S. "Group Performance and Decision-Making," *Annual Review of Psychology* 55 (2004), p. 623–655.
60. Veja DELBECQ, A. L.; Van deVEN, A. H. & GUSTAFSON, D. H. *Group Techniques for Program Planning: A Guide to Nominal and Delphi Processes* (Glenview, IL: Scott Foresman, 1975); e P. PAULUS, B. & YANG, H.-C. "Idea Generation in Groups: A Basis for Creativity in Organizations," *Organizational Behavior and Human Decision Processing* (maio 2000), p. 76–87.
61. FAURE, C. "Beyond Brainstorming: Effects of Different Group Procedures on Selection of Ideas and Satisfaction with the Process," *Journal of Creative Behavior* 38 (2004), p. 13–34.
62. VERNEY, T. P. "Role Perception Congruence, Performance, and Satisfaction," in VREDENBURGH, D. J. & SCHULER, R. S. (eds.), *Effective Management: Research and Application,* Anais do 20th Annual Eastern Academy of Management, Pittsburgh, PA (maio 1983), p. 24–27. Ibid. BEDEIAN, A. G. & ARMENAKIS, A. A. "A Path-Analytic Study of the Consequences of Role Conflict and Ambiguity," *Academy of Management Journal* (jun. 1981), p. 417–424; e PERREWE, P. L.; ZELLARS, K. L.; FERRIS, G. R.; ROSSI, A. M.; KACMAR, C. J. & RALSTON, D. A. "Neutralizing Job Stressors: Political Skill as an Antidote to the Dysfunctional Consequences of Role Conflict," *Academy of Management Journal* (fev. 2004), p. 141–152.
63. Ibid.
64. BEDEIAN, A. G. & ARMENAKIS, A. A. "A Path-Analytic Study of the Consequences of Role Conflict and Ambiguity," *Academy of Management Journal* (jun. 1981), p. 417–424; e PERREWE, P. L.; ZELLARS, K. L.; FERRIS, G. R.; ROSSI, A. M.; KACMAR, C. J. & RALSTON, D. A. "Neutralizing Job Stressors: Political Skill as an Antidote to the Dysfunctional Consequences of Role Conflict," *Academy of Management Journal* (fev. 2004), p. 141–152.
65. SHAW, *Group Dynamics.*
66. MULLEN, B.; SYMONS, C.; HU, L. & SALAS, E. "Group Size, Leadership Behavior & Subordinate Satisfaction," *Journal of General Psychology* (abr. 1989), p. 155–170.

# CAPÍTULO 10

1. Esta seção é baseada em KATZENBACH, J. R. & SMITH, D. K. *The Wisdom of Teams* (Cambridge, MA: Harvard University Press, 1993), p. 21, 45, 85; e KINLAW, D. C. *Developing Superior Work Teams* (Lexington, MA: Lexington Books, 1991), p. 3–21.
2. MATHIEU, J.; MAYNARD, M. T.; RAPP, T. & GILSON, L. "Team Effectiveness 1997–2007: A Review of Recent Advancements and a Glimpse into the Future," *Journal of Management* 34,n. 3 (2008), p. 410–476.
3. SHONK, J. H. *Team-Based Organizations* (Homewood, IL: Business One Irwin, 1992); e VERESPEJ, M. A. "When Workers Get New Roles," *Industry Week* (3 fev. 1992), p. 11.
4. BODINSON, G. & BUNCH, R. "AQP's National Team Excellence Award: Its Purpose, Value and Process," *The Journal for Quality and Participation* (primav. 2003), p. 37–42.
5. Veja, por exemplo, EREZ, A.; LePINE, J. A. & ELMS, H. "Effects of Rotated Leadership and Peer Evaluation on the Functioning and Effectiveness of Self-Managed Teams: A Quasi-experiment," *Personnel Psychology* (inv. 2002), p. 929–948.
6. Veja, por exemplo, LANGFRED, C. W. "Too Much of a Good Thing? Negative Effects of High Trust and Individual Autonomy in Self-Managing Teams," *Academy of Management Journal* (jun. 2004), p. 385–399.
7. LANGFRED, C. W. "The Downside of Self-Management: A Longitudinal Study of the Effects of Conflict on Trust, Autonomy & Task Interdependence in Self-Managing Teams," *Academy of Management Journal* 50, n. 4 (2007),p. 885–900.
8. DEVARO, J. "The Effects of Self-Managed and Closely Managed Teams on Labor Productivity and Product Quality: An Empirical Analysis of a Cross-Section of Establishments," *Industrial Relations* 47, n. 4 (2008), p. 659–698.
9. SHAH, A. "Starbucks Strives for Instant Gratification with ViaLaunch," *PR Week* (dez. 2009), p. 15.
10. FREYER, B. & STEWART, T. A. "Cisco Sees the Future," *Harvard Business Review* (nov. 2008), p. 73–79.
11. Veja, por exemplo, MARTINS, L. L.; GILSON, L. L. & MAYNARD, M. T. "Virtual Teams: What Do We Know and Where Do We Go from Here?" *Journal of Management* (nov. 2004), p. 805–835; e LEONARD, B. "Managing Virtual Teams," *HR Magazine* (jun. 2011), p. 39–42.
12. MESMER-MAGNUS, J. R.; DeCHURCH, L. A.; JIMENEZ-RODRIGUEZ, M.; WILDMAN, J. & SHUFFLER, M. "A Meta-Analytic Investigation of Virtuality and Information Sharing in Teams," *Organizational Behavior and Human Decision Processes* 115, n. 2 (2011), p. 214–225.
13. MALHOTRA, A.; MAJCHRZAK, A. & ROSEN, B. "Leading Virtual Teams," *Academy of Management Perspectives* (fev. 2007), p. 60–70; e WILSON, J. M.; STRAUS, S. S. & McEVILY, B. "All in Due Time: The Development of Trust in Computer-Mediated and Face-to-Face Teams," *Organizational Behavior and Human Decision Processes* 19(2006), p. 16–33.
14. Veja, por exemplo, HACKMAN, J. R. "The Design of Work Teams," in LORSCH, J. W. (ed.), *Handbook of Organizational Behavior* (Upper Saddle River, NJ: Prentice Hall, 1987), p. 315–342; e CAMPION, M. A.; MEDSKER, G. J. & HIGGS, C. A. "Relations between Work Group Characteristics and Effectiveness: Implications for Designing Effective Work Groups," *Personnel Psychology* (inv. 1993), p. 823–850.
15. HYATT, D. E. & RUDDY, T. M. "An Examination of the Relationship between Work Group Characteristics and Performance: Once More into the Breech," *Personnel Psychology* (Autumn 1997), p. 555.
16. Este modelo é baseado em CAMPION, M. A.; PAPPER, E. M. & MEDSKER, G. J. "Relations between Work Team Characteristics and Effectiveness: A Replication and Extension," *Personnel Psychology* (Verão 1996), p. 429–452; HYATT & RUDDY, "An Examination of the Relationship between Work Group Characteristics and Performance," p. 553–585; COHEN,S. G. & BAILEY, D. E. "What Makes Teams Work: Group Effectiveness Research from the Shop Floor to the Executive Suite," *Journal of Management* 23, n. 3 (1997), p. 239–290; THOMPSON, L. *Making the Team* (Upper Saddle River, NJ: Prentice Hall, 2000), p. 18–33; e HACKMAN, J. R. *Leading Teams: Setting the Stage for Great Performance* (Boston: Harvard Business School Press, 2002).
17. Veja STEWART, G. L. & BARRICK, M. R. "Team Structure and Performance: Assessing the Mediating Role of Intrateam Process and the Moderating Role of Task Type," *Academy of Management Journal* (abr. 2000), p. 135–148.
18. HYATT & RUDDY, "An Examination of the Relationship between Work Group Characteristics and Performance," p. 577.
19. BALKUNDI, P. & Harrison, D. A. "Ties, Leaders & Time in Teams: Strong Inference About Network Structure's Effects on Team Viability and Performance," *Academy of Management Journal* 49, n. 1 (2006), p. 49–68; CHEN, G.; KIRKMAN, B. L.; KANFER, R.; ALLEN, D. & ROSEN, B. "A Multilevel Study of Leadership, Empowerment & Performance in Teams," *Journal of Applied Psychology* 92, n. 2 (2007), p. 331–346; L. DeCHURCH, A. & MARKS, M. A. "Leadership in Multiteam Systems," *Journal of Applied Psychology* 91, n. 2 (2006), p. 311–329; SRIVASTAVA, A.; BARTOL, K. M. & LOCKE, E. A. "Empowering Leadership in Management Teams: Effects on Knowledge Sharing, Efficacy & Performance," *Academy of Management Journal* 49, n. 6 (2006), p. 1239–1251; e MATHIEU, J. E.; GILSON,

K. K. & RUDDY, T. M. "Empowerment and Team Effectiveness: An Empirical Test of an Integrated Model," *Journal of Applied Psychology* 91, n. 1 (2006), p. 97–108.
20. CARSON, J. B.; TESLUK, P. E. & MARRONE, J. A. "Shared Leadership in Teams: An Investigation of Antecedent Conditions and Performance," *Academy of Management Journal* 50, n. 5 (2007), p. 1217–1234.
21. DIRKS, K. T. "Trust in Leadership and Team Performance: Evidence from NCAA Basketball," *Journal of Applied Psychology* (dez. 2000), p. 1.004–1.012; WILLIAMS, M. "In Whom We Trust: Group Membership as an Affective Context for Trust Development," *Academy of Management Review* (jul. 2001), p. 377–396; e SCHAUBROECK, J.; LAM, S. S. K. & PENG, A. C. "Cognition-Based and Affect-Based Trust as Mediators of Leader Behavior Influences on Team Performance," *Journal of Applied Psychology*, Online First Publication (fev. 7, 2011), doi: 10.1037/a0022625.
22. Veja AIME, F.; MEYER, C. J. & HUMPHREY, S. E. "Legitimacy of Team Rewards: Analyzing Legitimacy as a Condition for the Effectiveness of Team Incentive Designs," *Journal of Business Research* 63, n. 1 (2010), p. 60–66; e BAMBERGER, P. A. & LEVI, R. "Team-Based Reward Allocation Structures and the Helping Behaviors of Outcome-Interdependent Team Members," *Journal of Managerial Psychology* 24, n. 4 (2009), p. 300–327; e PEARSALL, M. J.; CHRISTIAN, M. S. & ELLIS, A. P. J. "Motivating Interdependent Teams: Individual Rewards, Shared Rewards, or Something in Between?" *Journal of Applied Psychology* 95, n. 1 (2010), p. 183–191.
23. HIRSCHFELD, R. R.; JORDAN, M. H.; FEILD, H. S.; GILES, W. F. & ARMENAKIS, A. A. "Becoming Team Players: Team Members' Mastery of Teamwork Knowledge as a Predictor of Team Task Proficiency and Observed Teamwork Effectiveness," *Journal of Applied Psychology* 91, n. 2 (2006), p. 467–474; e RANDALL, K. R.; RESICK, C. J. & DeCHURCH, L. A. "Building Team Adaptive Capacity: The Roles of Sense-giving and Team Composition," *Journal of Applied Psychology* 96, n. 3 (2011), p. 525–540.
24. MOON, H.; HOLLENBECK, J. R.; & HUMPHREY, S. E. "Asymmetric Adaptability: Dynamic Team Structures as One-Way Streets," *Academy of Management Journal* 47, n. 5 (out. 2004), p. 681–695; ELLIS, A. P. J.; HOLLENBECK, J. R. & ILGEN, D. R. "Team Learning: Collectively Connecting the Dots," *Journal of Applied Psychology* 88, n. 5 (out. 2003), p. 821–835; JACKSON, C. L. & LePINE, J. A. "Peer Responses to a Team's Weakest Link: A Test and Extension of LePINE and Van Dyne's Model," *Journal of Applied Psychology* 88, n. 3 (jun. 2003), p. 459–475; e LePINE, J. A. "Team Adaptation and Postchange Performance: Effects of Team Composition in Terms of Members' Cognitive Ability and Personality," *Journal of Applied Psychology* 88, n. 1 (fev. 2003), p. 27–39.

25. BELL, S. T. "Deep-Level Composition Variables as Predictors of Team Performance: A Meta-Analysis," *Journal of Applied Psychology* 92, n. 3 (2007), p. 595–615; e BARRICK, M. R.; STEWART, G. L.; NEUBERT, M. J. & MOUNT, M. K. "Relating Member Ability and Personality to Work-Team Processes and Team Effectiveness," *Journal of Applied Psychology* (junho 1998), p. 377–391.
26. O'NEILL, T. A. & ALLEN, N. J. "Personality and the Prediction of Team Performance," *European Journal of Personality* 25, n. 1 (2011), p. 31–42.
27. ELLIS, HOLLENBECK & ILGEN, "Team Learning"; PORTER, C. O. L. H.; HOLLENBECK, J. R. & ILGEN, D. R "Backing Up Behaviors in Teams: The Role of Personality and Legitimacy of Need," *Journal of Applied Psychology* 88, n. 3 (jun. 2003), p. 391–403; COLQUITT, A.; HOLLENBECK, J. R. & ILGEN, D. R. "Computer-Assisted Communication and Team Decision-Making Performance: The Moderating Effect of Openness to Experience," *Journal of Applied Psychology* 87, n. 2 (abr. 2002), p. 402–410; LePINE, J. A.; HOLLENBECK, J. R.; ILGEN, D. R. & HEDLUND, J. "The Effects of Individual Differences on the Performance of Hierarchical Decision Making Teams: Much More Than G," *Journal of Applied Psychology* 82 (1997), p. 803–811; JACKSON & LePINE, "Peer Responses to a Team's Weakest Link"; e LePINE, "Team Adaptation and Postchange Performance."
28. BARRICK, STEWART, NEUBERT & MOUNT, "Relating Member Ability and Personality to Work-Team Processes and Team Effectiveness," p. 388; e HUMPHREY, S. E.; HOLLENBECK, J. R.; MEYER, C. J. & ILGEN, D. R. "Trait Configurations in Self-Managed Teams: A Conceptual Examination of the Use of Seeding for Maximizing and Minimizing Trait Variance in Teams," *Journal of Applied Psychology* 92, n. 3 (2007), p. 885–892.
29. S. E. HUMPHREY, F. P. MORGESON,&M. MANNOR, J "Developing a Theory of the Strategic Core of Teams: A Role Composition Model of Team Performance," *Journal of Applied Psychology* 94, n. 1 (2009), p. 48–61.
30. MARGERISON, C. & McCANN, D. *Team Management: Practical New Approaches* (Londres: Mercury Books, 1990).
31. WILLIAMS, K. Y. & O'REILLY III, C. A. "Demography and Diversity in Organizations: A Review of 40 Years of Research," in STAW, B. M. & CUMMINGS, L. L. (eds.), *Research in Organizational Behavior,* v. 20 (Stamford, CT:JAI Press, 1998) p. 77–140; e JOSHI, A. "The Influence of Organizational Demography on the External Networking Behavior of Teams," *Academy of Management Review* (jul. 2006), p. 583–595.
32. JOSHI, A. & ROH, H. "The Role of Context in Work Team Diversity Research: A Meta-Analytic Review," *Academy of Management Journal* 52, n. 3 (2009), p. 599–627; HORWITZ, S. K. & HORWITZ, I. B.

"The Effects of Team Diversity on Team Outcomes: A Meta-Analytic Review of Team Demography," *Journal of Management* 33, n. 6 (2007), p. 987–1015; e BELL, S. T.; VILLADO, A. J.; LUKASIK, M. A.; BELAU, L. & BRIGGS, A. L. "Getting Specific about Demographic Diversity Variable and Team Performance Relationships: A Meta-Analysis," *Journal of Management* 37, n. 3 (2011), p. 709–743.

33. SHIN, S. J. & ZHOU, J. "When Is Educational Specialization Heterogeneity Related to Creativity in Research and Development Teams? Transformational Leadership as a Moderator," *Journal of Applied Psychology* 92, n. 6 (2007), p. 1709–1721; e KLEIN, K. J.; KNIGHT, A. P.; ZIEGERT, J. C.; LIM, B. C. & SALTZ, J. L. "When Team Members' Values Differ: The Moderating Role of Team Leadership," *Organizational Behavior and Human Decision Processes* 114, n. 1 (2011), p. 25–36.

34. WATSON, W. E.; KUMAR, K. & MICHAELSEN, L. K. "Cultural Diversity's Impact on Interaction Process and Performance: Comparing Homogeneous and Diverse Task Groups," *Academy of Management Journal* (jun. 1993), p. 590–602; EARLEY, P. C. & MOSAKOWSKI, E. "Creating Hybrid Team Cultures: An Empirical Test of Transnational Team Functioning," *Academy of Management Journal* (fev. 2000), p. 26–49; e MOHAMMED, S. & ANGELL, L. C. "Surface- and Deep-Level Diversity in Workgroups: Examining the Moderating Effects of Team Orientation and Team Process on Relationship Conflict," *Journal of Organizational Behavior* (dez. 2004), p. 1.015–1.039.

35. WATSON, KUMAR & MICHAELSEN, "Cultural Diversity's Impact on Interaction Process and Performance."

36. CROWN, D. F. "The Use of Group and Groupcentric Individual Goals for Culturally Heterogeneous and Homogeneous Task Groups: An Assessment of European Work Teams," *Small Group Research* 38, n. 4 (2007), p. 489–508.

37. COUTU, D. "Why Teams Don't Work" *Harvard Business Review* (maio 2009), p. 99–105. The evidence in this section is described in THOMPSON, *Making the Team*, p. 65–67. Veja também CURRAL, L. A.; FORRESTER, R. H. & DAWSON,J. F. "It's What You Do and the Way That You Do It: Team Task, Team Size & Innovation-Related Group Processes," *European Journal of Work & Organizational Psychology* 10, n. 2 (jun. 2001), p. 187–204; LIDEN, R. C.; WAYNE, S. J. & JAWORSKI, R. A. "Social Loafing: A Field Investigation," *Journal of Management* 30, n. 2 (2004), p. 285–304; e WAGNER, J.A. "Studies of Individualism–Collectivism: Effects on Cooperation in Groups," *Academy of Management Journal* 38, n. 1 (fev. 1995), p. 152–172.

38. "Is Your Team Too Big? Too Small? What's the Right Number? *Knowledge Wharton* (jun. 14, 2006), p. 1–5.

39. HYATT & RUDDY, "An Examination of the Relationship between Work Group Characteristics and Performance"; SHAW, J. D.; DUFFY, M. K. & STARK, E. M. "Interdependence and Preference for Group Work: Main and Congruence Effects on the Satisfaction and Performance of Group Members," *Journal of Management* 26, n. 2 (2000), p. 259–279; e KIFFIN-PETERSON, S. A. & CORDERY,J. L. "Trust, Individualism & Job Characteristics of Employee Preference for Teamwork," *International Journal of Human Resource Management* (fev. 2003), p. 93–116.

40. LePINE, J. A.; PICCOLO, R. F.; JACKSON, C. L.; MATHIEU, J. E. & SAUL, J. R. "A Meta-Analysis of Teamwork Processes: Tests of a Multidimensional Model and Relationships with Team Effectiveness Criteria," *Personnel Psychology* 61 (2008), p. 273–307.

41. STEINER, I. D. *Group Processes and Productivity* (Nova York: Academic Press, 1972).

42. LePINE, J. A.; PICCOLO, R. F.; JACKSON, C. L.; MATHIEU, J. E. & SAUL, J. R. "A Meta-Analysis of Teamwork Processes: Tests of a Multidimensional Model and Relationships with Team Effectiveness Criteria"; e MATHIEU, J. E. & RAPP, T. L. "Laying the Foundation for Successful Team Performance Trajectories: The Roles of Team Charters and Performance Strategies," *Journal of Applied Psychology* 94, n. 1 (2009), p. 90–103.

43. MATHIEU, J. E. & SCHULZE, W. "The Influence of Team Knowledge and Formal Plans on Episodic Team Process — Performance Relationships," *Academy of Management Journal* 49, n. 3 (2006), p. 605–619.

44. PIETERSE, A. N.; van KNIPPENBERG, D. & Van GINKEL,W. P. "Diversity in Goal Orientation, Team Reflexivity & Team Performance," *Organizational Behavior and Human Decision Processes* 114, n. 2 (2011), p. 153–164.

45. GURTNER, A.; TSCHAN, F.; SEMMER, N. K. & NAGELE, C. "Getting Groups to Develop Good Strategies: Effects of Reflexivity Interventions on Team Process, Team Performance & Shared Mental Models," *Organizational Behavior and Human Decision Processes* 102 (2007), p. 127–142; SCHIPPERS, M. C.; DEN HARTOG, D. N. & KOOPMAN, P. L. "Reflexivity in Teams: A Measure and Correlates," *Applied Psychology: An International Review* 56, n. 2 (2007), p. 189–211; e BURKE, C. S.; STAGL, K. C.; SALAS, E.; PIERCE, L. & KENDALL,D. "Understanding Team Adaptation: A Conceptual Analysis and Model," *Journal of Applied Psychology* 91, n. 6 (2006), p. 1.189–1.207.

46. PIETERSE, A. N.; Van KNIPPENBERG, D. & Van GINKEL, W. P. "Diversity in Goal Orientation, Team Reflexivity & Team Performance," *Organizational Behavior and Human Decision Processes* 114, n. 2 (2011), p. 153–164.

47. WELDON, E. & WEINGART, L. R. "Group Goals and Group Performance," *British Journal of Social Psychology* (primav. 1993), p. 307–334. Veja também DeSHON, R. P.; KOZLOWSKI, S. W. J.; SCHMIDT, A. M.; MILNER, K. R. & WIECHMANN, D. "A Multiple-Goal, Multilevel Model of Feedback Effects on the Regulation of Individual and Team Performance," *Journal of Applied Psychology* (dez. 2004), p. 1.035–1.056.

48. TASA, K.; TAGGAR, S. & SEIJTS, G. H. "The Development of Collective Efficacy in Teams: A Multilevel and Longitudinal Perspective," *Journal of Applied Psychology* 92, n. 1 (2007), p. 17–27; JUNG, D. I. & SOSIK, J. J. "Group Potency and Collective Efficacy: Examining Their Predictive Validity, Level of Analysis & Effects of Performance Feedback on Future Group Performance," *Group & Organization Management* (set. 2003), p. 366–391; e HIRSCHFELDAND, R. R.; BERNERTH, J. B. "Mental Efficacy and Physical Efficacy at the Team Level: Inputs and Outcomes among Newly Formed Action Teams," *Journal of Applied Psychology* 93, n. 6 (2008), p. 1.429–1.437.

49. MOHAMMED, S.; FERZANDI, L. & HAMILTON, K. "Metaphor No More: A 15-Year Review of the Team Mental Model Construct," *Journal of Management* 36, n. 4 (2010), p. 876–910.

50. ELLIS, A. P. J. "System Breakdown: The Role of Mental Models and Transactive Memory on the Relationships between Acute Stress and Team Performance," *Academy of Management Journal* 49, n. 3 (2006), p. 576–589.

51. KOZLOWSKI, S. W. J. & ILGEN, D. R. "Enhancing the Effectiveness of Work Groups and Teams," *Psychological Science in the Public Interest* (dez. 2006), p. 77–124; e EDWARDS, B. D.; DAY, E. A.; ARTHUR Jr., W. & BELL, S. T. "Relationships Among Team Ability Composition, Team Mental Models & Team Performance," *Journal of Applied Psychology* 91, n. 3 (2006), p. 727–736.

52. DeCHURCH, L. A. & MESMER-MAGNUS, J. R. "The Cognitive Underpinnings of Effective Teamwork: A Meta-Analysis," *Journal of Applied Psychology* 95, n. 1 (2010), p. 32–53.

53. FARH, J.; LEE, C. & FARH, C. I. C. "Task Conflict and Team Creativity: A Question of How Much and When," *Journal of Applied Psychology* 95, n. 6 (2010), p. 1173–1180.

54. BEHFAR, K. J.; PETERSON, R. S.; MANNIX, E. A. & TROCHIM, W. M. K. "The Critical Role of Conflict Resolution in Teams: A Close Look at the Links Between Conflict Type, Conflict Management Strategies & Team Outcomes," *Journal of Applied Psychology* 93, n. 1 (2008), p. 170–188.

55. PRICE, K. H.; HARRISON, D. A. & GAVIN, J. H. "With holding Inputs in Team Contexts: Member Composition, Interaction Processes, Evaluation Structure & Social Loafing," *Journal of Applied Psychology* 91, n. 6 (2006), p. 1.375–1.384.

56. Veja, por exemplo, KIRKMAN, B. L. & SHAPIRO, D. L. "The Impact of Cultural Values on Employee Resistance to Teams: Toward a Model of Globalized Self-Managing Work Team Effectiveness," *Academy of Management Review,* July 1997, p. 730–757; e KIRKMAN, B. L.; GIBSON, C. B. & SHAPIRO, D. L. "'Exporting' Teams: Enhancing the Implementation and Effectiveness of Work Teams in Global Affiliates," *Organizational Dynamics* 30, n. 1 (2001), p. 12–29.

57. HERTEL, G.; KONRADT, U. & VOSS, K. "Competencies for Virtual Teamwork: Development and Validation of a Web-Based Selection Tool for Members of Distributed Teams," *European Journal of Work and Organizational Psychology* 15, n. 4 (2006), p. 477–504.

58. KEARNEY, E.; GEBERT, D. & VOELPEL, S. C. "When and How Diversity Benefits Teams: The Importance of Team Members' Need for Cognition," *Academy of Management Journal* 52, n. 3 (2009), p. 581–598.

59. GUTTMAN, H. M. "The New High-Performance Player," *The Hollywood Reporter* (out. 27, 2008), www.hollywoodreporter.com.

60. DeMATTEO, J. S.; EBY, L. T. & SUNDSTROM, E. "Team-Based Rewards: Current Empirical Evidence and Directions for Future Research," in STAW, B. M. & CUMMINGS, L. L. (eds.), *Research in Organizational Behavior,* v. 20 (Stamford, CT: JAI Press, 1998), p. 141–183.

61. ERICKSON, T. & GRATTON, L. "What It Means to Work Here," *Business Week* (10 jan. 2008), www.businessweek.com.

62. JOHNSON, M. D.; HOLLENBECK, J. R.; HUMPHREY, S. E.; ILGEN, D. R.; JUNDT, D. & MEYER, C. J. "Cutthroat Cooperation: Asymmetrical Adaptation to Changes in Team Reward Structures," *Academy of Management Journal* 49, n. 1(2006), p. 103–119.

63. NAQUIN, C. E. & TYNAN, R. O. "The Team Halo Effect: Why Teams Are Not Blamed for Their Failures," *Journal of Applied Psychology,* abr. 2003, p. 332–340.

64. DREXLER, A. B. & FORRESTER, R. "Teamwork — Not Necessarily the Answer," *HR Magazine* (jan. 1998), p. 55–58.

## CAPÍTULO 11

1. BERLO, D. K. *The Process of Communication* (Nova York: Holt, Rinehart & Winston, 1960), p. 30–32; veja também BYRON, K. "Carrying Too Heavy a Load? The Communication and Miscommunication of Emotion by Email," *The Academy of Management Review* 33, n. 2 (2008), p. 309–327.

2. LANGAN-FOX, J. "Communication in Organizations: Speed, Diversity, Networks & Influence on Organizational Effectiveness, Human Health & Relationships," in ANDERSON, N.; ONES, D. S.;

SINANGIL, H. K.; & VISWESVARAN, C. (Eds.), *Handbook of Industrial, Work and Organizational Psychology*, v. 2 (Thousand Oaks, CA: Sage, 2001), p. 190.

3. SIMPSON, R. L. "Vertical and Horizontal Communication in Formal Organizations," *Administrative Science Quarterly* (set. 1959), p. 188–196; WALKER, A. G. & SMITHER, J. W. "A Five-Year Study of Upward Feedback: What Managers Do with Their Results Matter," *Personnel Psychology* (Verão 1999), p. 393–424; e SMITHER, J. W. & WALKER, A. G. "Are the Characteristics of Narrative Comments Related to Improvement in Multirater Feedback Ratings Over Time?" *Journal of Applied Psychology* 89, n. 3 (jun. 2004), p. 575–581.

4. DVORAK, P. "How Understanding the 'Why' of Decisions Matters," *Wall Street Journal* (19 mar. 2007), p. B3.

5. NEELEY, T. & LEONARDI, P. "Effective Managers Say the Same Thing Twice (or More)," *Harvard Business Review* (maio 2011), p. 38–39.

6. WAGHORN, T. "How One Company Gets Its Employees Innovating," *Wall Street Journal* (15 mar. 2010), p. 1.

7. NICHOLS, E. "Hyper-Speed Managers," *HR Magazine* (abr. 2007), p. 107–110.

8. DULYE, L. "Get Out of Your Office," *HR Magazine* (jul. 2006), p. 99–101.

9. RASHOTTE, L. S. "What Does That Smile Mean? The Meaning of Nonverbal Behaviors in Social Interaction," *Social Psychology Quarterly* (mar. 2002), p. 92–102.

10. FAST, J. *Body Language* (Philadelphia: M. Evan, 1970), p. 7.

11. MEHRABIAN, A. *Nonverbal Communication* (Chicago: Aldine-Atherton, 1972).

12. HENLEY, N. M. "Body Politics Revisited: What Do We Know Today?" in KALBFLEISCH, P. J. & CODY, M. J. (eds.), *Gender, Power & Communication in Human Relationships* (Hillsdale, NJ: Lawrence Erlbaum, 1995), p. 27–61.

13. Veja, por exemplo, KURLAND, N. B. & PELLED, L. H. "Passing the Word: Toward a Model of Gossip and Power in the Workplace," *Academy of Management Review* (abr. 2000), p. 428–438; e MICHELSON, G.; VAN ITERSON, A. & WADDINGTON, K. "Gossip in Organizations: Contexts, Consequences & Controversies," *Group and Organization Management* 35, n. 4 (2010), p. 371–390.

14. VAN HOYE, G. & LIEVENS, F. "Tapping the Grapevine: A Closer Look at Word-of-Mouth as a Recruitment Source," *Journal of Applied Psychology* 94, n. 2 (2009), p. 341–352.

15. DAVIS, K. "Management Communication and the Grapevine," *Harvard Business Review* (set./out. 1953), p. 43–49.

16. ROSNOW, R. L. & FINE, G. A. *Rumor and Gossip: The Social Psychology of Hearsay* (Nova York: Elsevier, 1976).

17. BOSSON, J. K.; JOHNSON, A. B.; NIEDERHOFFER, K. & SWANN Jr., W. B. "Interpersonal Chemistry Through Negativity: Bonding by Sharing Negative Attitudes About Others," *Personal Relationships* 13 (2006), p. 135–150.

18. GROSSER, T. J.; LOPEZ-KIDWELL, V. & LABIANCA, G. "ASocial Network Analysis of Positive and Negative Gossip in Organizational Life," *Group and Organization Management* 35, n. 2 (2010), p. 177–212.

19. GATES, B. "How I Work," *Fortune* (17 abr. 2006), www.money.cnn.com.

20. BRADY, D. "*!#? the E-mail. Can We Talk?" *Business Week*(4 dez. 2006), p. 109.

21. BINNEY, E. "Is E-mail the New Pink Slip?" *HR Magazine* (nov. 2006), p. 32–33; e RUNDLE, R. L. "Critical Case: How an Email Rant Jolted a Big HMO," *Wall Street Journal* (24 abr. 2007), p. A1, A16.

22. HOURIGAN, S. "62 Trillion Spam Emails Cause Huge Carbon Footprint," *Courier Mail* (17 abr. 2009), www.news.com.au/couriermail.

23. STROSS, R. "The Daily Struggle to Avoid Burial by E-Mail," *New York Times* (21 abr. 2008), p. BU5; e RHODES, H. "You've Got Mail... Again," *Gainesville Sun* (29 set. 2008), p. 1D, 6D.

24. BYRON, C. "Carrying Too Heavy a Load? The Communication and Miscommunication of Emotion by Email," *Academy of Management Review* 33, n. 2 (2008), p. 309–327.

25. GOLEMAN, D. "Flame First, Think Later: New Clues to E-mail Misbehavior," *New York Times* (20 fev. 2007), p. D5; e KRELL, E. "The Unintended Word," *HR Magazine*(ago. 2006), p. 50–54.

26. HALL, J. E.; KOBATA; M. T. & DENIS, M. "Employees and E-mail Privacy Rights," *Workforce Management* (jun. 2010), p. 10.

27. ZEIDNER, R. "Keeping E-mail in Check," *HR Magazine* (jun. 2007), p. 70–74; "E-mail May Be Hazardous to Your Career," *Fortune* (14 maio 2007), p. 24; e GLATER, J. D. "Open Secrets," *The New York Times* (27 jun. 2008), p. B1, B5.

28. WILLIAMS, A. "Mind Your BlackBerry or Mind Your Manners," *The New York Times* (21 jun. 2009), www.nytimes.com.

29. "Survey Finds Mixed Reviews on Checking E-mail During Meetings," *IPMA-HR Bulletin* (27 abr. 2007), p. 1.

30. GURCHIEK, K. "Shoddy Writing Can Trip Up Employees, Organizations," *SHRM Online* (27 abr. 2006), p. 1–2.

31. HENNEMAN, T. "Companies Making Friends with Social Media," *Workforce Management*, (abr. 2010), p. 4.

32. LIDSKY, D. "It's Not Just Who You Know," *FAST Company* (maio 2007), p. 56.

33. "Bosses Battle Risk by Firing E-mail, IM & Blog Violators," *IPMA-HR Bulletin* (12 jan. 2007), p. 1–2; KRANTS, G. "Blogging with a Vendetta," *Workforce Week* 8, n. 25 (10 jun. 2007), www.workforce.com/section/quick_takes/49486_3.html; LEONARD, B. "Blogs Can Present New Challenges to Employers," *SHRM Online* (13 mar. 2006), p. 1–2; e GREENWALD, J. "Monitoring Communications? Know Legal Pitfalls," *Workforce Management Online* (fev. 2011), www.workforce.com.
34. AGNVALL, E. "Meetings Go Virtual," *HR Magazine* (jan. 2009), p. 74–77.
35. HUFF, C. "Staying Afloat in a Digital Flood," *Workforce Management Online* (jul. 2008), www.workforce.com.
36. RICHTEL, M. "Lost in E-mail, Tech Firms Face Self-Made Beast," *The New York Times* (14 jun. 2008), p. A1, A14; e JOHNSON, M. "Quelling Distraction," *HR Magazine* (ago. 2008), p. 43–46.
37. BRIÑOL, P.; PETTY, R. E. & BARDEN, J. "Happiness Versus Sadness as a Determinant of Thought Confidence in Persuasion: A Self-Validation Analysis," *Journal of Personality and Social Psychology* 93, n. 5 (2007), p. 711–727.
38. SINCLAIR, R. C.; MOORE, S. E.; MARK, M. M.; SOLDAT, A. S. & LAVIS, C. A. "Incidental Moods, Source Likeability & Persuasion: Liking Motivates Message Elaboration in Happy People," *Cognition and Emotion* 24, n. 6 (2010), p. 940–961; e GRISKEVICIUS, V.; SHIOTA, M. N. & NEUFELD, S. L. "Influence of Different Positive Emotions on Persuasion Processing: A Functional Evolutionary Approach," *Emotion* 10, n. 2 (2010), p. 190–206.
39. SANDBERG, J. "The Jargon Jumble," *Wall Street Journal* (24 out. 2006), p. B1.
40. MORRISON, E. W. & MILLIKEN, F. J. "Organizational Silence: A Barrier to Change and Development in a Pluralistic World," *Academy of Management Review* 25, n. 4 (2000), p. 706–725; e ASHFORTH, B. E. & ANAND, V. "The Normalization of Corruption in Organizations," *Research in Organizational Behavior* 25 (2003), p. 1–52.
41. MILLIKEN, F. J.; MORRISON, E. W. & HEWLIN, P. F. "An Exploratory Study of Employee Silence: Issues That Employees Don't Communicate Upward and Why," *Journal of Management Studies* 40, n. 6 (2003), p. 1.453–1.476.
42. TANGIRALA, S. & RAMUNUJAM, R. "Employee Silence on Critical Work Issues: The Cross-Level Effects of Procedural Justice Climate," *Personnel Psychology* 61, n. 1 (2008), p. 37–68; e BOWEN, F. & BLACKMON, K. "Spirals of Silence: The Dynamic Effects of Diversity on Organizational Voice," *Journal of Management Studies* 40, n. 6 (2003), p. 1.393–1.417.
43. SCHLENKER, B. R. & LEARY, M. R. "Social Anxiety and Self-Presentation: A Conceptualization and Model," *Psychological Bulletin* 92 (1982), p. 641–669; e WITHERS, L. A. & VERNON, L. L. "To Err Is Human: Embarrassment, Attachment, and Communication Apprehension," *Personality and Individual Differences* 40, n. 1 (2006), p. 99–110.
44. Veja, por exemplo, OPT, S. K. & LOFFREDO, D. A. "Rethinking Communication Apprehension: A Myers-Briggs Perspective," *Journal of Psychology* (set. 2000), p. 556–570; e BLUME, B. D.; DREHER, G. F. & BALDWIN, T. T. "Examining the Effects of Communication Apprehension within Assessment Centres," *Journal of Occupational and Organizational Psychology* 83, n. 3 (2010), p. 663–671.
45. Veja, por exemplo, DALY, J. A. & MCCROSKEY, J. C. "Occupational Desirability and Choice as a Function of Communication Apprehension," *Journal of Counseling Psychology* 22, n. 4(1975), p. 309–313; e RODEBAUGH, T. L. "I Might Look OK, But I'm Still Doubtful, Anxious & Avoidant: The Mixed Effects of Enhanced Video Feedback on Social Anxiety Symptoms," *Behavior Research & Therapy* 42, n. 12 (dez. 2004), p. 1.435–1.451.
46. DEPAULO, B. M.; KASHY, D. A.; KIRKENDOL, S. E.; WYER, M. M. & EPSTEIN, J. A. "Lying in Everyday Life," *Journal of Personality and Social Psychology* 70, n. 5 (1996), p. 979–995; e SEROTA, K. B.; LEVINE, T. R. & BOSTER, F. J. "The Prevalence of Lying in America: Three Studies of Self-Reported Lies," *Human Communication Research* 36, n. 1. (2010), p. 2–25.
47. DEPAULO, KASHY, KIRKENDOL, WYER & EPSTEIN, "Lying in Everyday Life"; e NAGUIN, C. E.; KURTZBERG, T. R. & BELKIN, L. Y. "The Finer Points of Lying Online: E-Mail Versus Pen and Paper," *Journal of Applied Psychology* 95, n. 2(2010), p. 387–394.
48. VRIJ, A.; GRANHAG, P. A. & PORTER, S. "Pitfalls and Opportunities in Nonverbal and Verbal Lie Detection," *Psychological Science in the Public Interest* 11, n. 3 (2010), p. 89–121.
49. AXTELL, R. E. *Gestures: The Do's and Taboos of Body Language Around the World* (Nova York: Wiley, 1991); WATSON Wyatt Worldwide, "Effective Communication: A Leading Indicator of Financial Performance — 2005/2006 Communication ROI Study," www.watsonwyatt.com/research/resrender.asp?id=w-868; e MARKELS, A. "Turning the Tide at P&G," *U.S. News & World Report* (30 out. 2006), p. 69.
50. Veja MUNTER, M. "Cross-Cultural Communication for Managers," *Business Horizons* (maio/jun. 1993), p. 75–76; e REN, H. & GRAY, B. "Repairing Relationship Conflict: How Violation Types and Culture Influence the Effectiveness of Restoration Rituals," *Academy of Management Review* 34, n. 1 (2009), p. 105–126.
51. Veja HALL, E. T. *Beyond Culture* (Garden City, NY: Anchor Press/Doubleday, 1976); ADAIR, W. L. "Integrative Sequences and Negotiation Outcome in Same – and Mixed – Culture Negotiations," *International*

*Journal of Conflict Management* 14, n. 3–4 (2003), p. 1.359–1.392; ADAIR W. L.; & BRETT, J. M. "The Negotiation Dance: Time, Culture & Behavioral Sequences in Negotiation," *Organization Science* 16, n. 1(2005), p. 33–51; GIEBELS, E. & TAYLOR, P. J. "Interaction Patterns in Crisis Negotiations: Persuasive Arguments and Cultural Differences," *Journal of Applied Psychology* 94, n. 1 (2009), p. 5–19; e KITTLER, M. G.; RYGL, D. & MACKINNON, A. "Beyond Culture or Beyond Control? Reviewing the Use of HALL's High-/Low-Context Concept," *International Journal of Cross-Cultural Management* 11, n. 1 (2011), p. 63–82.

52. ADLER, N. *International Dimensions of Organizational Behavior,* 4.ed. (Cincinnati, OH: South-Western Publishing, 2002), p. 94.
53. Veja, por exemplo, SCHULER, R. S "A Role Perception Transactional Process Model for Organizational Communication-Outcome Relationships," *Organizational Behavior and Human Performance* (abr. 1979), p. 268–291.
54. WALSH, J. P.; ASHFORD, S. J. & HILL, T. E. "Feedback Obstruction: The Influence of the Information Environment on Employee Turnover Intentions," *Human Relations* (jan. 1985), p. 23–46.
55. HELLWEG, S. A. & PHILLIPS, S. L. "Communication and Productivity in Organizations: A State-of-the-Art Review," in *Proceedings of the 40th Annual Academy of Management Conference,* Detroit, 1980, p. 188–192. Veja também BECHKY, B. A. "Sharing Meaning Across Occupational Communities: The Transformation of Understanding on a Production Floor," *Organization Science* 14, n. 3 (maio/jun. 2003), p. 312–330.

# CAPÍTULO 12

1. GEIER, J. G. "A Trait Approach to the Study of Leadership in Small Groups," *Journal of Communication* (dez. 1967), p. 316–323.
2. KIRKPATRICK, S. A. & LOCKE, E. A. "Leadership: Do Traits Matter?" *Academy of Management Executive* (maio 1991), p. 48–60; e ZACCARO, S. J.; FOTI, R. J. & KENNY, D. A. "Self-Monitoring and Trait-Based Variance in Leadership: An Investigation of Leader Flexibility Across Multiple Group Situations," *Journal of Applied Psychology* (abr. 1991), p. 308–315.
3. JUDGE, T. A.; BONO, J. E.; ILIES, R. & GERHARDT, M. W. "Personality and Leadership: A Qualitative and Quantitative Review," *Journal of Applied Psychology* (ago. 2002), p. 765–780.
4. AMES, D. R. & FLYNN, F. J. "What Breaks a Leader: The Curvilinear Relation Between Assertiveness and Leadership," *Journal of Personality and Social Psychology* 92, n. 2 (2007), p. 307–324.
5. NG, K.; ANG, S. & CHAN, K. "Personality and Leader Effectiveness: A Moderated Mediation Model of Leadership Self-Efficacy, Job Demands & Job Autonomy," *Journal of Applied Psychology* 93, n. 4 (2008), p. 733–743.
6. Esta seção é baseada em GEORGE, J. M. "Emotions and Leadership: The Role of Emotional Intelligence," *Human Relations* (ago. 2000), p. 1.027–1.055; WONG, C.-S. & LAW, K. S. "The Effects of Leader and Follower Emotional Intelligence on Performance and Attitude: An Exploratory Study," *Leadership Quarterly* (jun. 2002), p. 243–274; e ANTONAKIS, J.; ASHKANASY, N. M. & DASBOROUGH, M. T. "Does Leadership Need Emotional Intelligence?" *Leadership Quarterly* 20 (2009), p. 247–261.
7. HUMPHREY, R. H.; POLLACK, J. M. & HAWVER, T. H. "Leading with Emotional Labor," *Journal of Managerial Psychology* 23(2008), p. 151–168.
8. WALTER, F.; COLE, M. S. & HUMPHREY, R. H. "Emotional Intelligence: Sine Qua Non of Leadership or Folderol?" *Academy of Management Perspectives* (fev. 2011), p. 45–59.
9. CÔTÉ, S.; LOPEZ, P. N.; SALOVEY, P. & MINERS, C. T. H. "Emotional Intelligence and Leadership Emergence in Small Groups," *Leadership Quarterly* 21 (2010), p. 496–508.
10. LORD, R. G.; DEVADER, C. L. & ALLIGER, G. M. "A Meta-Analysis of the Relation Between Personality Traits and Leadership Perceptions: An Application of Validity Generalization Procedures," *Journal of Applied Psychology* (ago. 1986), p. 402–410; e SMITH, J. A. & FOTI, R. J. "A Pattern Approach to the Study of Leader Emergence," *Leadership Quarterly* (Verão 1998), p. 147–160.
11. STOGDILL, R. M. & COONS, A. E. (eds.), *Leader Behavior: Its Description and Measurement,* Research Monograph n. 88 (Columbus: Ohio State University, Bureau of Business Research, 1951). Esta pesquisa foi atualizada em SCHRIESHEIM, C. A.; COGLISER, C. C. & NEIDER, L. L. "Is It 'Trustworthy'? A Multiple-Levels-of-Analysis Reexamination of an Ohio State Leadership Study, with Implications for Future Research," *Leadership Quarterly* (Verão 1995), p. 111–145; e JUDGE, T. A.; PICCOLO, R. F. & ILIES, R. "The Forgotten Ones? The Validity of Consideration and Initiating Structure in Leadership Research," *Journal of Applied Psychology* (fev. 2004), p. 36–51.
12. AKST, D. "The Rewards of Recognizing a Job Well Done," *Wall Street Journal* (31 jan. 2007), p. D9.
13. JUDGE, PICCOLO & ILIES, "The Forgotten ONES ?"
14. JAVIDAN, M.; DORFMAN, P. W.; DE LUQUE, M. S. & HOUSE, R. J. "In the Eye of the Beholder: Cross Cultural Lessons in Leadership from Project GLOBE," *Academy of Management Perspectives* (fev. 2006), p. 67–90.
15. FIEDLER, F. E. *A Theory of Leadership Effectiveness* (Nova York: McGraw-Hill, 1967).

16. SHIFLETT, S. "Is There a Problem with the LPC Score in LEADER MATCH?" *Personnel Psychology* (inv. 1981), p. 765–769.
17. FIEDLER, F. E.; CHEMERS, M. M. & MAHAR, L. *Improving Leadership Effectiveness: The Leader Match Concept* (Nova York: Wiley, 1977).
18. Citado em HOUSE, R. J. & ADITYA, R. N. "The Social Scientific Study of Leadership," *Journal of Management* 23, n. 3(1997), p. 422.
19. PETERS, L. H.; HARTKE, D. D. & POHLMANN, J. T. "Fiedler's contingency Theory of Leadership: An Application of the Meta-Analysis Procedures of Schmidt and Hunter," *Psychological Bulletin* (mar. 1985), p. 274–285; SCHRIESHEIM, C. A.; TEPPER, B. J. & TETRAULT, L. A. "Least Preferred Coworker Score, Situational Control & Leadership Effectiveness: A Meta-Analysis of Contingency Model Performance Predictions," *Journal of Applied Psychology* (ago. 1994), p. 561–573; e AYMAN, R.; CHEMERS, M. M. & FIEDLER, F. "The Contingency Model of Leadership Effectiveness: Its Levels of Analysis," *Leadership Quarterly* (Verão 1995), p. 147–167.
20. HOUSE & ADITYA, "The Social Scientific Study of Leadership."
21. Veja, por exemplo, RICE, R. W. "Psychometric Properties of the Esteem for the Least Preferred Coworker (LPC) Scale," *Academy of Management Review* (jan. 1978), p. 106–118;C. SCHRIESHEIM, A.; BANNISTER, B. D. & MONEY, W. H. "Psychometric Properties of the LPC Scale: An Extension of Rice's Review," *Academy of Management Review* (abr. 1979), p. 287–290; e KENNEDY, J. K.; HOUSTON, J. M.; KORGAARD, M. A. & GALLO, D. D. "Construct Space of the Least Preferred Coworker (LPC) Scale," *Educational and Psychological Measurement* (Outono 1987), p. 807–814.
22. Veja SCHEIN, E. H. *Organizational Psychology*, 3. ed. (Upper Saddle River, NJ: Prentice HALL, 1980), p. 116–117; e KABANOFF, B. "A Critique of Leader Match and Its Implications for Leadership Research," *Personnel Psychology* (inv. 1981), p. 749–764.
23. ZHOU, X. & SCHRIESHEIM, C. A. "Supervisor–Subordinate Convergence in Descriptions of Leader–Member Exchange(LMX) Quality: Review and Testable Propositions," *Leadership Quarterly* 20, n. 6 (2009), p. 920–932; GRAENAND, G. B.; UHL-BIEN, M. "Relationship-Based Approach to Leadership: Development of Leader–Member Exchange(LMX) Theory of Leadership Over 25 Years: Applying a Multi-Domain Perspective," *Leadership Quarterly* (ver. 1995), p. 219–247; LIDEN, R. C.; SPARROWER, T. & WAYNE, S. J. "Leader–Member Exchange Theory: The Past and Potential for the Future," in FERRIS, G. R. (ed.), *Research in Personnel and Human Resource Management*, v. 15 (Greenwich, CT: JAI Press, 1997), p. 47–119; e SCHRIESHEIM, C. A.; CASTRO, S. L.; ZHOU, X. & YAMMARINO, F. J. "The Folly of Theorizing 'A' but Testing 'B': A Selective Level-of-Analysis Review of the Field and a Detailed Leader–Member Exchange Illustration," *Leadership Quarterly* (inv. 2001), p. 515–551.
24. ERDOGAN, B. & BAUER, T. N. "Differentiated Leader–Member Exchanges: The Buffering Role of Justice Climate," *Journal of Applied Psychology* 95, n. 6 (2010), p. 1104–1120; LIDEN, R. C.; WAYNE, S. J. & STILWELL, D. "A Longitudinal Study of the Early Development of Leader–Member Exchanges," *Journal of Applied Psychology* (ago. 1993),p. 662–674; WAYNE,S. J.; SHORE, L. M.; BOMMER, W. H. & TETRICK, L. E. "The Role of Fair Treatment and Rewards in Perceptions of Organizational Support and Leader–Member Exchange," *Journal of Applied Psychology* 87, n. 3 (jun. 2002), p. 590–598; e MASTERSON, S. S.; LEWIS, K. & GOLDMAN, B. M. "Integrating Justice and Social Exchange: The Differing Effects of Fair Procedures and Treatment on Work Relationships," *Academy of Management Journal* 43, n. 4 (ago. 2000), p. 738–748.
25. DUCHON, D. S.; GREEN, G. & TABER, T. D. "Vertical Dyad Linkage: A Longitudinal Assessment of Antecedents, Measures & Consequences," *Journal of Applied Psychology* (fev. 1986), p. 56–60; LIDEN, WAYNE & STILWELL, "A Longitudinal Study on the Early Development of Leader–Member Exchanges"; e M. UHL-BIEN, "Relationship Development as a Key Ingredient for Leadership Development," in MURPHY, S. E. & RIGGIO, R. E. (eds.), *Future of Leadership Development* (Mahwah, NJ: Lawrence Erlbaum, 2003) p. 129–147.
26. VECCHIO, R. & BRAZIL, D. M. "Leadership and Sex-Similarity: A Comparison in a Military Setting," *Personnel Psychology* 60 (2007), p. 303–335.
27. Veja, por exemplo, GERSTNER, C. R. & DAY, D. V. "Meta-Analytic Review of Leader–Member Exchange Theory: Correlates and Construct Issues," *Journal of Applied Psychology* (dez. 1997), p. 827–844; ILIES, R.; NAHRGANG, J. D. & MORGESON, F. P. "Leader–Member Exchange and Citizenship Behaviors: A Meta-Analysis," *Journal of Applied Psychology* 92, n. 1 (2007), p. 269–277; e CHEN, Z.; LAM, W. & ZHONG, J. A. "Leader–Member Exchange and Member Performance: A New Look at Individual-Level Negative Feedback-Seeking Behavior and Team-Level Empowerment Culture," *Journal of Applied Psychology* 92, n. 1 (2007), p. 202–212.
28. ERDOGAN, B. &T. BAUER, N. "Differentiated Leader-Member Exchanges: The Buffering Role of Justice Climate," *Journal of Applied Psychology* 95, n. 6 (2010), p. 1.104–1.120.
29. OZER, M. "Personal and Task-Related Moderators of Leader-Member Exchange Among Software Developers," *Journal of Applied Psychology* 93, n. 5 (2008), p. 1.174–1.182.
30. WEBER, M. *The Theory of Social and Economic Organization*, HENDERSON, A. M. & PARSONS, T. (trans.) (Nova York: The Free Press, 1947).

31. CONGER, J. A. & KANUNGO, R. N. "Behavioral Dimensions of Charismatic Leadership," in CONGER, J. A.; KANUNGO, R. N. & Associates (eds.), *Charismatic Leadership* (San Francisco: Jossey-Bass, 1988), p. 79.
32. CONGER, J. A. & KANUNGO, R. N. *Charismatic Leadership in Organizations* (Thousand Oaks, CA: Sage, 1998); e AWAMLEH, R. & GARDNER, W. L. "Perceptions of Leader Charisma and Effectiveness: The Effects of Vision Content, Delivery & Organizational Performance," *Leadership Quarterly* (Outono 1999), p. 345–373.
33. HOUSE, R. J. & HOWELL, J. M. "Personality and Charismatic Leadership," *Leadership Quarterly* 3 (1992), p. 81–108; DEN HARTOG, D. N. & KOOPMAN, P. L. "Leadership in Organizations," in ANDERSON, N. & ONES, D. S. (eds.), *Handbook of Industrial, Work and Organizational Psychology*, v. 2 (Thousand Oaks, CA: Sage, 2002), p. 166–187.
34. Veja CONGER, J. A. & KANUNGO, R. N. "Training Charismatic Leadership: A Risky and Critical Task," *Charismatic Leadership* (San Francisco: Jossey-Bass, 1988), p. 309–323; TOWLER, A. J. "Effects of Charismatic Influence Training on Attitudes, Behavior & Performance," *Personnel Psychology* (ver. 2003), p. 363–381; e FRESE, M.; BEIMEL, S. & SCHOENBORN, S. "Action Training for Charismatic Leadership: Two Evaluations of Studies of a Commercial Training Module on Inspirational Communication of a Vision," *Personnel Psychology* (Autumn 2003), p. 671–697.
35. RICHARDSON, R. J. & THAYER, S. K. *The Charisma Factor: How to Develop Your Natural Leadership Ability* (Upper Saddle River, NJ: Prentice HALL, 1993).
36. HOWELL, J. M. & FROST, P. J. "A Laboratory Study of Charismatic Leadership," *Organizational Behavior and Human Decision Processes* (abr. 1989), p. 243–269. Veja também FRESE, BEIMEL & SCHOENBORN, "Action Training for Charismatic Leadership."
37. SHAMIR, B.; HOUSE, R. J. & ARTHUR, M. B. "The Motivational Effects of Charismatic Leadership: A Self-Concept Theory," *Organization Science* (nov. 1993), p. 577–594.
38. DEN HARTOG, D. N.; DE HOOGH, A. H. B. & KEEGAN, A. E. "The Interactive Effects of Belongingness and Charisma on Helping and Compliance," *Journal of Applied Psychology* 92, n. 4 (2007), p. 1.131–1.139.
39. EREZ, A.; MISANGYI, V. F.; JOHNSON, D. E.; LePINE, M. A. & HALVERSON, K. C. "Stirring the Hearts of Followers: Charismatic Leadership as the Transferal of Affect," *Journal of Applied Psychology* 93, n. 3 (2008), p. 602–615. Para revisão sobre o papel da visão em liderança, veja ZACCARO, S. J. "Visionary and Inspirational Models of Executive Leadership: Empirical Review and Evaluation," in ZACCARO, S. J. (ed.), *The Nature of Executive Leadership: A Conceptual and Empirical Analysis of Success* (Washington, DC: American Psychological Association, 2001), p. 259–278; e HAUSER, M. & HOUSE, R. J. "Lead Through Vision and Values," in LOCKE, E. A. (ed.), *Handbook of Principles of Organizational Behavior* (Malden, MA: Blackwell, 2004),p. 257–273.
40. WALDMAN, D. A.; BASS, B. M. & YAMMARINO, F. J. "Adding to Contingent-Reward Behavior: The Augmenting Effect of Charismatic Leadership," *Group and Organization Studies*, dez. 1990, p. 381–394; e KIRKPATRICK, S. A. &. LOCKE, A. "Direct and Indirect Effects of Three Core Charismatic Leadership Components on Performance and Attitudes," *Journal of Applied Psychology* (fev. 1996), p. 36–51.
41. DE HOOGH, A. H. B.; DEN HARTOG, D. N. P.; KOOPMAN, L.; THIERRY, H.; VAN DEN BERG, P. T. & VAN DER WEIDE, J. G. "Charismatic Leadership, Environmental Dynamism & Performance," *European Journal of Work and Organizational Psychology* (dez. 2004), p. 447–471; HARVEY, S.; MARTIN, M. & STOUT, D. "Instructor's Transformational Leadership: University Student Attitudes and Ratings," *Psychological Reports* (abr. 2003), p. 395–402; e WALDMAN, D. A.; JAVIDAN, M. & VARELLA, P. "Charismatic Leadership at the Strategic Level: A New Application of Upper Echelons Theory," *Leadership Quarterly* (jun. 2004), p. 355–380.
42. HOUSE, R. J. "A 1976 Theory of Charismatic Leadership," in HUNT, J. G. & LARSON, L. L. (eds.), *Leadership: The Cutting Edge* (Carbondale: Southern Illinois University Press, 1977), p. 189–207; e HOUSE & ADITYA, "The Social Scientific Study of Leadership," p. 441.
43. PASTOR, J. C.; MAYO, M. & SHAMIR, B. "Adding Fuel to Fire: The Impact of Followers' Arousal on Ratings of Charisma," *Journal of Applied Psychology* 92, n. 6 (2007), p. 1.584–1.596.
44. DE HOOGH, A. H. B. & DEN HARTOG, D. N. "Neuroticism and Locus of Control as Moderators of the Relationships of Charismatic and Autocratic Leadership with Burnout," *Journal of Applied Psychology* 94, n. 4 (2009), p. 1.058–1.067.
45. COHEN, F.; SOLOMON, S.; MAXFIELD, M.; PYSZCZYNSKI, T. & GREENBERG, J. "Fatal Attraction: The Effects of Mortality Salience on Evaluations of Charismatic, Task-Oriented & Relationship-Oriented Leaders," *Psychological Sciences*(-dez. 2004), p. 846–851; e EHRHARTAND, M. G.; KLEIN, K. J. "Predicting Followers' Preferences for Charismatic Leadership: The Influence of Follower Values and Personality," *Leadership Quarterly* (ver. 2001), p. 153–179.
46. TOSI, H.; MISANGYI, L. V.; FANELLI, A.; WALDMAN, D. A. & YAMMARINO, F. J. "CEO Charisma, Compensation & Firm Performance," *Leadership Quarterly* (jun. 2004), p. 405–420.

47. Veja, por exemplo, KHURANA, R. *Searching for a Corporate Savior: The Irrational Quest for Charismatic CEOs* (Princeton, NJ: Princeton University Press, 2002); e RAELIN, J. A. "The Myth of Charismatic Leaders," *Training and Development* (mar. 2003), p. 47–54.
48. GALVIN, B. M.; WALDMAN, D. A. & BALTHAZARD, P. "Visionary Communication Qualities as Mediators of the Relationship between Narcissism and Attributions of Leader Charisma," *Personnel Psychology* 63, n. 3 (2010), p. 509–537.
49. Veja, por exemplo, BASS, B. M.; AVOLIO, B. J.; JUNG, D. I. & BERSON, Y. "Predicting Unit Performance by Assessing Transformational and Transactional Leadership," *Journal of Applied Psychology* (abr. 2003), p. 207–218; e JUDGE, T. A. & PICCOLO, R. F. "Transformational and Transactional Leadership: A Meta-Analytic Test of Their Relative Validity," *Journal of Applied Psychology* (out. 2004), p. 755–768.
50. BASS, B. M. "Leadership: Good, Better, Best," *Organizational Dynamics* (inv. 1985), p. 26–40; e SELTZER, J. & BASS, B. M. "Transformational Leadership: Beyond Initiation and Consideration," *Journal of Management* (dez. 1990), p. 693–703.
51. HINKIN, T. R. & SCHRIESCHEIM, C. A. "An Examination of 'Nonleadership': From Laissez-Faire Leadership to Leader Reward Omission and Punishment Omission," *Journal of Applied Psychology* 93, n. 6 (2008), p. 1234–1248.
52. SHIN, S. J. & ZHOU, J. "Transformational Leadership, Conservation & Creativity: Evidence from Korea," *Academy of Management Journal* (dez. 2003), p. 703–714; GARCÍA-MORALES, V. J.; LLORÉNS-MONTES,F. J. & VERDÚ-JOVER, A. J. "The Effects of Transformational Leadership on Organizational Performance through Knowledge and Innovation," *British Journal of Management* 19, n. 4 (2008), p. 299–313; e EISENBEISS, S. A.; VAN KNIPPENBERG, D. & BOERNER, S. "Transformational Leadership and Team Innovation: Integrating Team Climate Principles," *Journal of Applied Psychology* 93, n. 6 (2008), p. 1438–1446.
53. LING, Y.; SIMSEK, Z.; LUBATKIN, M. H. & VEIGA, J. F. "Transformational Leadership's Role in Promoting Corporate Entrepreneurship: Examining the CEO-TMT Interface," *Academy of Management Journal* 51, n. 3 (2008), p. 557–576.
54. ZHANG, X. & BARTOL, K. M. "Linking Empowering Leadership and Employee Creativity: The Influence of Psychological Empowerment, Intrinsic Motivation & Creative Process Engagement," *Academy of Management Journal* 53, n. 1 (2010), p. 107–128.
55. COLBERT, A.; KRISTOF-BROWN, E. A. E.; BRADLEY, B. H. & BARRICK, M. R. "CEO Transformational Leadership: The Role of Goal Importance Congruence in Top Management Teams," *Academy of Management Journal* 51, n. 1 (2008), p. 81–96.
56. ZOHAR, D. & TENNE-GAZIT, O. "Transformational Leadership and Group Interaction as Climate Antecedents: A Social Network Analysis," *Journal of Applied Psychology* 93, n. 4 (2008), p. 744–757.
57. WALUMBWA, F. O.; AVOLIO, B. J. & ZHU, W. "How Transformational Leadership Weaves Its Influence on Individual Job Performance: The Role of Identification and Efficacy Beliefs," *Personnel Psychology* 61, n. 4 (2008), p. 793–825.
58. BONO, J. E. & JUDGE, T. A. "Self-Concordance at Work: Toward Understanding the Motivational Effects of Transformational Leaders," *Academy of Management Journal* (out. 2003), p. 554–571; BERSON, Y. & AVOLIO, B. J. "Transformational Leadership and the Dissemination of Organizational Goals: A Case Study of a Telecommunication Firm," *Leadership Quarterly* (out. 2004), p. 625–646; e SCHAUBROECK, J.; LAM, S. S. K. & CHA, S. E. "Embracing Transformational Leadership: Team Values and the Impact of Leader Behavior on Team Performance," *Journal of Applied Psychology* 92, n. 4 (2007), p. 1020–1030.
59. BAUM, J.; LOCKE, R. E. A. & KIRKPATRICK, S. A. "A Longitudinal Study of the Relation of Vision and Vision Communication to Venture Growth in Entrepreneurial Firms," *Journal of Applied Psychology* (fev. 2000), p. 43–54.
60. AVOLIO, B. J.; ZHU, W.; KOH, W. & BHATIA, P. "Transformational Leadership and Organizational Commitment: Mediating Role of Psychological Empowerment and Moderating Role of Structural Distance," *Journal of Organizational Behavior* (dezembro 2004), p. 951–968; e DVIR, T.; KASS, N. & SHAMIR, B. "The Emotional Bond: Vision and Organizational Commitment Among High-Tech Employees," *Journal of Organizational Change Management* 17, n. 2 (2004), p. 126–143.
61. KELLER, R. T. "Transformational Leadership, Initiating Structure & Substitutes for Leadership: A Longitudinal Study of Research and Development Project Team Performance," *Journal of Applied Psychology* 91, n. 1 (2006), p. 202–210.
62. GONG, Y.; HUANG, J. & FARH, J. "Employee Learning Orientation, Transformational Leadership & Employee Creativity: The Mediating Role of Employee Creative Self-Efficacy," *Academy of Management Journal* 52, n. 4 (2009), p. 765–778.
63. WANG, G.; OH, I.; COURTRIGHT, S. H. & COLBERT, A. E. "Transformational Leadership and Performance Across Criteria and Levels: A Meta-Analytic Review of 25 Years of Research," *Group and Organization Management* 36, n. 2 (2011), p. 223–270.
64. LING, Y.; SIMSEK, Z.; LUBATKIN, M. H. & VEIGA, J. F. "The Impact of Transformational CEOs on the Performance of Small - to Medium-Sized Firms: Does Organizational Context Matter?" *Journal of Applied Psychology* 93, n. 4 (2008), p. 923–934.
65. SCHAUBROECK, LAM & CHA, "Embracing Transformational Leadership."

66. KIRKMAN, B. L.; CHEN, G.; FARH, J. Z.; CHEN, X. & LOWE, K. B. "Individual Power Distance Orientation and Follower Reactions to Transformational Leaders: A Cross-Level, Cross-Cultural Examination," *Academy of Management Journal* 52, n. 4 (2009), p. 744–764.
67. LIU, J.; SIU, O. & SHI, K. "Transformational Leadership and Employee Well-Being: The Mediating Role of Trust in the Leader and Self-Efficacy," *Applied Psychology: An International Review* 59, n. 3 (2010), p. 454–479.
68. WANG, X. & HOWELL, J. M. "Exploring the Dual-Level Effects of Transformational Leadership on Followers," *Journal of Applied Psychology* 95, n. 6 (2010), p. 1.134–1.144.
69. HETLAND, H.; SANDAL, G. M. & JOHNSEN, T. B. "Burnout in the Information Technology Sector: Does Leadership Matter?" *European Journal of Work and Organizational Psychology* 16, n. 1 (2007), p. 58–75; e LOWE, K. B.; KROECK, K. G. & SIVASUBRAMANIAM, N. "Effectiveness Correlates of Transformational and Transactional Leadership: A Meta-Analytic Review of the MLQ Literature," *Leadership Quarterly* (Outono 1996), p. 385–425.
70. Veja, por exemplo, BARLING, J.; WEBER, T. & KELLOWAY, E. K. "Effects of Transformational Leadership Training on Attitudinal and Financial Outcomes: A Field Experiment," *Journal of Applied Psychology* (dez. 1996), p. 827–832; e DVIR, T.; EDEN, D. & AVOLIO, B. J. "Impact of Transformational Leadership on Follower Development and Performance: A Field Experiment," *Academy of Management Journal* (ago. 2002), p. 735–744.
71. HOUSE, R. J.; JAVIDAN, M.; HANGES, P. & DORFMAN, P. "Understanding Cultures and Implicit Leadership Theories across the Globe: An Introduction to Project GLOBE," *Journal of World Business* (primav. 2002), p. 3–10.
72. CARL, D. E. & JAVIDAN, M. "Universality of Charismatic Leadership: A Multi-Nation Study," paper presented at the National Academy of Management Conference, Washington, DC (ago. 2001), p. 29.
73. BECCALLI, N. "European Business Forum Asks: Do Companies Get the Leaders They Deserve?" *European Business Forum* (2003), www.pwcglobal.com/extweb/pwcpublications.nsf/DocID/D1EC3380F-589844585256D7300346A1B.
74. Veja AVOLIO,B. J.; GARDNER, W. L.; WALUMBWA, F. O.; LUTHANS, F. & MAY, D. R. "Unlocking the Mask: A Look at the Process by Which Authentic Leaders Impact Follower Attitudes and Behaviors," *Leadership Quarterly* (dez. 2004), p. 801–823; GARDNER, W. L. & SCHERMERHORN Jr., J. R. "Performance Gains Through Positive Organizational Behavior and Authentic Leadership," *Organizational Dynamics* (ago. 2004), p. 270–281; e NOVICEVIC, M. M.; HARVEY, M. G.; BUCKLEY, M. R.; BROWN-RADFORD, J. A. & EVANS, R. "Authentic Leadership: A Historical Perspective," *Journal of Leadership and Organizational Behavior* 13, n. 1 (2006), p. 64–76.
75. TAN, C. "CEO Pinching Penney in a Slowing Economy," *Wall Street Journal* (jan. 31, 2008), p. 1–2; e CARTER, A. "Lighting a Fire Under Campbell," *Business Week* (4 dez. 2006), p. 96–101.
76. ILIES, R.; MORGESON, F. P. & NAHRGANG, J. D. "Authentic Leadership and Eudaemonic Well-being: Understanding Leader-follower Outcomes," *Leadership Quarterly* 16 (2005), p. 373–394; LEVIN, B. "Raj Rajaratnam Did Not Appreciate Rajat Gupta,'s Attempt to Leave The Goldman Board, Join' The Billionaire Circle,'" *NetNet with John Carney* (14 mar. 2011). Acesso m 26 jul. 2011, de http://www.cnbc.com/.
77. Esta seção é baseada em HOLLANDER, E. P. "Ethical Challenges in the Leader–Follower Relationship," *Business Ethics Quarterly* (jan. 1995), p. 55–65; ROST, J. C. "Leadership: A Discussion About Ethics," *Business Ethics Quarterly* (jan. 1995), p. 129–142; TREVIÑO, L. K.; BROWN, M. & HARTMAN, L. P. "A Qualitative Investigation of Perceived Executive Ethical Leadership: Perceptions from Inside and Outside the Executive Suite," *Human Relations* (jan. 2003), p. 5–37; e FULMER, R. M. "The Challenge of Ethical Leadership," *Organizational Dynamics* 33, n. 3 (2004), p. 307–317.
78. LUNSFORD, J. L. "Piloting Boeing's New Course," *Wall Street Journal* (jun. 13, 2006), p. B1, B3.
79. BURNS, J. M. *Leadership* (Nova York: Harper & Row, 1978).
80. HOWELL, J. M. & AVOLIO, B. J. "The Ethics of Charismatic Leadership: Submission or Liberation?" *Academy of Management Executive* (maio 1992), p. 43–55.
81. VAN KNIPPENBERG, D.; DE CREMER, D. & VAN KNIPPENBERG, B. "Leadership and Fairness: The State of the Art," *European Journal of Work and Organizational Psychology* 16, n. 2 (2007), p. 113–140.
82. KACMAR, K. M.; BACHRACH, D. G.; HARRIS, K. J. & ZIVNUSKA, S. "Fostering Good Citizenship Through Ethical Leadership: Exploring the Moderating Role of Gender and Organizational Politics," *Journal of Applied Psychology,* Advance Online Publication (dez. 13, 2010), doi: 10.1037/a0021872; WALUMBWA, F. O. & SCHAUBROECK, J. "Leader Personality Traits and Employee Voice Behavior: Mediating Roles of Ethical Leadership and Work Group Psychological Safety," *Journal of Applied Psychology* 94, n. 5 (2009), p. 1.275–1.286.
83. BROWN, M. E. & TREVIÑO, L. K. "Socialized Charismatic Leadership, Values Congruence & Deviance in Work Groups," *Journal of Applied Psychology* 91, n. 4 (2006), p. 954–962.
84. BROWN, M. E. & TREVIÑO, L. K. "Leader-Follower Values Congruence: Are Socialized Charismatic Leaders Better Able to Achieve It?" *Journal of Applied Psychology* 94, n. 2 (2009), p. 478–490.

85. VAN DIERENDONCK, D. "Servant Leadership: A Review and Synthesis," *Journal of Management* 37, n. 4 (2011), p. 1.228–1.261.
86. WALUMBWA, F.; HARTNELL, C. A. & OKE, A. "Servant Leadership, Procedural Justice Climate, Service Climate, Employee Attitudes & Organizational Citizenship Behavior: A Cross-Level Investigation," *Journal of Applied Psychology* 95, n. 3 (2010), p. 517–529.
87. DE CREMER, D.; MAYER, D. M.; VAN DIJKE, M.; SCHOUTEN, B. C. & BARDES, M. "When Does Self-Sacrificial Leadership Motivate Prosocial Behavior? It Depends on Followers' Prevention Focus," *Journal of Applied Psychology* 2009, n. 4 (2009), p. 887–899.
88. HU, J. & LIDEN, R. C. "Antecedents of Team Potency and Team Effectiveness: An Examination of Goal and Process Clarity and Servant Leadership," *Journal of Applied Psychology*, Online first publication (fev. 14, 2011), doi: 10.1037/a0022465.
89. NEUBERT, M. J.; KACMAR, K. M.; CARLSON, D. S.; CHONKO, L. B. & ROBERTS, J. A. "Regulatory Focus as a Mediator of the Influence of Initiating Structure and Servant Leadership on Employee Behavior," *Journal of Applied Psychology* 93, n. 6 (2008), p. 1.220–1.233.
90. MENON, T.; SIM, J.; HO-YING FU, J.; CHIU, C. & HONG, Y. "Blazing the Trail Versus Trailing the Group: Culture and Perceptions of the Leader's Position," *Organizational Behavior and Human Decision Processes* 113, n. 1 (2010), p. 51–61.
91. ROUSSEAU, D. M.; SITKIN, S. B.; BURT, R. S. & CAMERER, C. "Not So Different After All: A Cross-Discipline View of Trust," *Academy of Management Review* (jul. 1998), p. 393–404; e SIMPSON, J. A. "Psychological Foundations of Trust," *Current Directions in Psychological Science* 16, n. 5 (2007), p. 264–268.
92. Veja, por exemplo, DIRKS, K. & FERRIN, D. "Trust in Leadership: Meta-Analytic Findings and Implications for Research and Practice," *Journal of Applied Psychology* 87, n. 4 (2002), p. 611–628; JUNG, D. I. & AVOLIO, B. J. "Opening the Black Box: An Experimental Investigation of the Mediating Effects of Trust and Value Congruence on Transformational and Transactional Leadership," *Journal of Organizational Behavior* (dez. 2000), p. 949–964; e ZACHARATOS, A. BARLING, J. & IVERSON, R. D. "High-Performance Work Systems and Occupational Safety," *Journal of Applied Psychology* (jan. 2005), p. 77–93.
93. ZAND, D. E. *The Leadership Triad: Knowledge, Trust & Power* (Nova York: Oxford University Press, 1997), p. 89.
94. Baseado em HOSMER, L. T. "Trust: The Connecting Link between Organizational Theory and Philosophical Ethics," *Academy of Management Review* (abr. 1995), p. 393; MAYER, R. C.; DAVIS, J. H. & SCHOORMAN, F. D. "An Integrative Model of Organizational Trust," *Academy of Management Review* (jul. 1995), p. 709–734; e SCHOORMAN, F. D.; MAYER, R. C. & DAVIS, J. H. "An Integrative Model of Organizational Trust: Past, Present & Future," *Academy of Management Review* 32, n. 2 (2007), p. 344–354.
95. SCHAUBROECK, J. S.; LAM, S. K. & PENG A. C., "Cognition-Based and Affect-Based Trust as Mediators of Leader Behavior Influences on Team Performance." *Journal of Applied Psychology*, Advance online publication (7 fev. 2011), doi: 10.1037/a0022625.
96. DETERT, J. R. & BURRIS, E. R. "Leadership Behavior and Employee Voice: Is the Door Really Open?" *Academy of Management Journal* 50, n. 4 (2007), p. 869–884.
97. COLQUITT, SCOTT & LePINE, "Trust, Trustworthiness &Trust Propensity."
98. Comentado por Jim Collins, Citado em USEEM, J. "Conquering Vertical Limits," *Fortune* (19 fev. 2001), p. 94.
99. Veja, por exemplo, MEINDL, J. R. "The Romance of Leadership as a Follower-centric Theory: A Social Constructionist Approach," *Leadership Quarterly* (Outono 1995), p. 329–341; e SCHYNS, B.; FELFE, J. & BLANK, H. "Is Charisma Hyper-Romanticism? Empirical Evidence from New Data and a Meta-Analysis," *Applied Psychology: An International Review* 56, n. 4 (2007), p. 505–527.
100. LORD, R. G.; DEVADER, C. L. & ALLIGER, G. M. "A Meta-Analysis of the Relation between Personality Traits and Leadership Perceptions: An Application of Validity Generalization Procedures," *Journal of Applied Psychology* (ago. 1986), p. 402–410.
101. MEINDL, J. R.; EHRLICH, S. B. & DUKERICH, J. M. "The Romance of Leadership," *Administrative Science Quarterly* (mar. 1985), p. 78–102; e BLIGH, M. C.; KOHLES, J. C.; PEARCE, C. L.; JUSTIN, J. E. & STOVALL, J. F. "When the Romance Is Over: Follower Perspectives of Aversive Leadership," *Applied Psychology: An International Review* 56, n. 4 (2007), p. 528–557.
102. AGLE, B. R.; NAGARAJAN, N. J.; SONNENFELD, J. A. & SRINIVASAN, D. "Does CEO Charisma Matter?" *Academy of Management Journal* 49, n. 1 (2006), p. 161–174.
103. BLIGH, KOHLES, PEARCE, JUSTIN & STOVALL, "When the Romance Is Over."
104. SCHYNS, FELFE & BLANK, "Is Charisma Hyper-Romanticism?"
105. CASSIDY, J. "Subprime Suspect: The Rise and Fall of Wall Street's First Black C.E.O.," *New Yorker* (mar. 31, 2008), p. 78–91.
106. A. ROSETTE, S. G.; LEONARDELLI, J. & PHILLIPS, K. W. "The White Standard: Racial Bias in Leader Categorization," *Journal of Applied Psychology* 93, n. 4 (2008), p. 758–777.
107. KOENIG, A. M.; EAGLY, A. H.; MITCHELL, A. A. & RISTIKARI, T. "Are Leader Stereotypes Masculi-

ne? A Meta-Analysis of Three Research Paradigms," *Psychological Bulletin* 137, n. 4 (2011), p. 616–642.
108. VAN VUGT, M. & SPISAK, B. R. "Sex Differences in the Emergence of Leadership During Competitions Within and between Groups," *Psychological Science* 19, n. 9 (2008), p. 854–858.
109. Ibid.
110. DIONNE, S. D.; YAMMARINO, F. J.; ATWATER, L. E. & JAMES, L. R. "Neutralizing Substitutes for Leadership Theory: Leadership Effects and Common-Source Bias," *Journal of Applied Psychology*, 87 (2002), p. 454–464; e VILLA, J. R.; HOWELL,J. P.; DORFMAN, P. W. & DANIEL, D. L. "Problems with Detecting Moderators in Leadership Research Using Moderated Multiple Regression," *Leadership Quarterly* 14 (2002), p. 3–23.
111. HAMBLEY, L. A.; O'NEILL, T. A. & KLINE, T. J. B. "Virtual Team Leadership: The Effects of Leadership Style and Communication Medium on Team Interaction Styles and Outcomes," *Organizational Behavior and Human Decision Processes* 103(2007), p. 1–20; e AVOLIO, B. J. & KAHAI, S. S. "Adding the 'E' to E-Leadership: How It May Impact Your Leadership," *Organizational Dynamics* 31, n. 4 (2003), p. 325–338.
112. ZACCARO, S. J. & BADER, P. "E-Leadership and the Challenges of Leading E-Teams: Minimizing the Bad and Maximizing the Good," *Organizational Dynamics* 31, n. 4 (2003), p. 381–385.
113. NAQUIN, C. E. & PAULSON, G. D. "Online Bargaining and Interpersonal Trust," *Journal of Applied Psychology* (fev. 2003), p. 113–120.

# CAPÍTULO 13

1. KANTER, R. M. "Power Failure in Management Circuits," *Harvard Business Review* (jul.–ago. 1979), p. 65.
2. Baseado em BASS, B. M. *Bass and Stogdill's Handbook of Leadership*, 3. ed. (Nova York: The Free Press, 1990).
3. CARNEY, D. "Powerful People Are Better Liars," *Harvard Business Review* (maio 2010), p. 32–33.
4. FERGUSON, A. J.; ORMISTON, M. E. & MOON, H. "From Approach to Inhibition: The Influence of Power on Responses to Poor Performers," *Journal of Applied Psychology* 95, n. 2 (2010), p. 305–320.
5. FRENCH Jr., J. R. P. & RAVEN, B. "The Bases of Social Power," in CARTWRIGHT, D. (ed.), *Studies in Social Power* (Ann Arbor, MI: University of Michigan, Institute for Social Research, 1959), p. 150–167; RAVEN, B. J. "The Bases of Power: Origins and Recent Developments," *Journal of Social Issues*(inv. 1993), p. 227–251; e YUKL, G. "Use Power Effectively," in LOCKE, E. A. (ed.), *Handbook of Principles of Organizational Behavior* (Malden, MA: Blackwell, 2004), p. 242–247.
6. WARD, E. A. "Social Power Bases of Managers: Emergence of a New Factor," *Journal of Social Psychology* (fevereiro 2001), p. 144–147.
7. GIESSNER, S. R. & SCHUBERT, T. W. "High in the Hierarchy: How Vertical Location and Judgments of Leaders' Power Are Interrelated," *Organizational Behavior and Human Decision Processes* 104, n. 1 (2007), p. 30–44.
8. PODSAKOFF, P. M. & SCHRIESHEIM, C. A. "Field Studies of French and Raven's Bases of Power: Critique, Reanalysis, and Suggestions for Future Research," *Psychological Bulletin* (maio 1985), p. 387–411; HINKIN, T. R. & SCHRIESHEIM, C. A. "Development and Application of New Scales to Measure the French and Raven (1959) Bases of Social Power," *Journal of Applied Psychology* (ago. 1989), p. 561–567; e CARSON, P. P.; CARSON, K. D. & ROE, C. W. "Social Power Bases: A Meta-Analytic Examination of Interrelationships and Outcomes," *Journal of Applied Social Psychology* 23, n. 14 (1993), p. 1150–1169.
9. PERMAN, S. "Translation Advertising: Where Shop Meets Hip Hop," *Time* (30 ago. 2010), www.time.com.
10. VAN DIJKE, M.; DE CREMER,D. & MAYER, D. M. "The Role of Authority Power in Explaining Procedural Fairness Effects," *Journal of Applied Psychology* 95, n. 3 (2010), p. 488–502.
11. Veja, por exemplo, KIPNIS, D. & SCHMIDT, S. M. "Upward-Influence Styles: Relationship with Performance Evaluations, Salary & Stress," *Administrative Science Quarterly*(dez. 1988), p. 528–542; YUKL, G. & TRACEY, J. B. "Consequences of Influence Tactics Used with Subordinates, Peers & the Boss," *Journal of Applied Psychology* (ago. 1992), p. 525–535; BLICKLE, G. "Influence Tactics Used by Subordinates: An Empirical Analysis of the Kipnis and Schmidt Subscales," *Psychological Reports* (fev. 2000), p. 143–154; e YUKL, G. "Use Power Effectively," p. 249–252.
12. YUKL, G. *Leadership in Organizations*, 5. ed. (Upper Saddle River, NJ: Prentice HALL, 2002), p. 141–174; FERRIS, G. R.; HOCHWARTER, W. A.; DOUGLAS, C. F.; BLASS, R.; KOLODINKSY,R. W. & TREADWAY, D. C. "Social Influence Processes in Organizations and Human Resource Systems," in FERRIS, G. R. & MARTOCCHIO, J. J. (eds.), *Research in Personnel and Human Resources Management*, v. 21 (Oxford, UK: JAI Press/Elsevier, 2003), p. 65–127; e HIGGINS, C. A.; JUDGE, T. A. & FERRIS, G. R. "Influence Tactics and Work Outcomes: A Meta-Analysis," *Journal of Organizational Behavior* (mar. 2003), p. 89–106.
13. FALBE, C. M. & YUKL, G. "Consequences for Managers of Using Single Influence Tactics and Combinations of Tactics," *Academy of Management Journal* (jul. 1992), p. 638–653.
14. PETTY, R. E. & BRIÑOL, P. "Persuasion: From Single to Multiple to Metacognitive Processes," *Perspectives on Psychological Science* 3, n. 2 (2008), p. 137–147.

15. BADAL, J. "Getting a Raise from the Boss," *Wall Street Journal*(8 de jul., 2006), p. B1, B5.
16. YUKL, *Leadership in Organizations*.
17. Ibid.
18. FALBE & YUKL, "Consequences for Managers of Using Single Influence Tactics and Combinations of Tactics."
19. KRUGLANSKI, A. W.; PIERRO, A. & HIGGINS, E. T. "Regulatory Mode and Preferred Leadership Styles: How Fit Increases Job Satisfaction," *Basic and Applied Social Psychology* 29, n. 2 (2007), p. 137–149; e PIERRO, A.; CICERO, L. & RAVEN, B. H. "Motivated Compliance with Bases of Social Power," *Journal of Applied Social Psychology* 38, n. 7 (2008), p. 1921–1944.
20. FU, P. P. & YUKL, G. "Perceived Effectiveness of Influence Tactics in the United States and China," *Leadership Quarterly* (ver. 2000), p. 251–266; BRANZEI, O. "Cultural Explanations of Individual Preferences for Influence Tactics in Cross-Cultural Encounters," *International Journal of Cross Cultural Management* (ago. 2002), p. 203–218; YUKL, G.; FU, P. P. & MCDONALD, R. "Cross-Cultural Differences in Perceived Effectiveness of Influence Tactics for Initiating or Resisting Change," *Applied Psychology: An International Review* (jan. 2003), p. 66–82; e FU, P. P.; PENG, T. K.; KENNEDY, J. C. & YUKL, G. "Examining the Preferences of Influence Tactics in Chinese Societies: A Comparison of Chinese Managers in HONG Kong, Taiwan & Mainland China," *Organizational Dynamics* 33, n. 1 (2004), p. 32–46.
21. TORELLI, C. J. & SHAVITT, S. "Culture and Concepts of Power," *Journal of Personality and Social Psychology* 99, n. 4(2010), p. 703–723.
22. FU & YUKL, "Perceived Effectiveness of Influence Tactics in the United States and China."
23. HEINE, S. J. "Making Sense of East Asian Self-Enhancement," *Journal of Cross-Cultural Psychology* (set. 2003), p. 596–602.
24. FERRIS, G. R.; TREADWAY, D. C.; PERREWÉ, P. L.; BROUER, R. L. DOUGLAS, C. & LUX, S. "Political Skill in Organizations," *Journal of Management* (jun. 2007), p. 290–320; HARRIS, K. J.; KACMAR, K. M.; ZIVNUSKA, S. & SHAW, J. D. "The Impact of Political Skill on Impression Management Effectiveness," *Journal of Applied Psychology* 92, n. 1 (2007), p. 278–285; HOCHWARTER, W. A.; FERRIS, G. R.; GAVIN, M. B.; PERREWÉ, P. L.; HALL, A. T. & FRINK,D. D. " Political Skill as Neutralizer of Felt Accountability–Job Tension Effects on Job Performance Ratings: A Longitudinal Investigation," *Organizational Behavior and Human Decision Processes*102 (2007), p. 226–239; e TREADWAY, D. C.; FERRIS, G. R.; DUKE,A. B.; ADAMS, G. L. & TATCHER, J. B. "The Moderating Role of Subordinate Political Skill on Supervisors' Impressions of Subordinate Ingratiation and Ratings of Subordinate Interpersonal Facilitation," *Journal of Applied Psychology* 92, n. 3 (2007), p. 848–855.
25. ANDREWS, M. C.; KACMAR, K. M. & HARRIS, K. J. "Got Political Skill? The Impact of Justice on the Importance of Political Skills for Job Performance." *Journal of Applied Psychology* 94, n. 6 (2009), p. 1.427–1.437.
26. ANDERSON, C.; SPATARO, S. E. & FLYNN, F. J. "Personality and Organizational Culture as Determinants of Influence," *Journal of Applied Psychology* 93, n. 3 (2008), p. 702–710.
27. MINTZBERG, *Power In and Around Organizations*, p. 26. Veja também KACMAR, K. M. & BARON, R. A. "Organizational Politics: The State of the Field, Links to Related Processes, and an Agenda for Future Research," in FERRIS, G. R. (ed.), *Research in Personnel and Human Resources Management*, v. 17 (Greenwich, CT: JAI Press, 1999), p. 1–39; e FERRIS, G. R.; TREADWAY, D. C.; KOLOKINSKY, R. W.; HOCHWARTER, W. A.; KACMAR,C. J. & FRINK, D. D. "Development and Validation of the Political Skill Inventory," *Journal of Management* (fev. 2005), p. 126–152.
28. BACHARACH, S. B. & LAWLER, E. J. "Political Alignments in Organizations," in KRAMER, R. M. & NEALE, M. A. (eds.),*Power and Influence in Organizations* (Thousand Oaks, CA: Sage, 1998), p. 68–69.
29. DRORY, A. & ROMM, T. "The Definition of Organizational Politics: A Review," *Human Relations* (nov. 1990), p. 1.133–1.154; e CROPANZANO, R. S.; KACMAR, K. M. & BOZEMAN, D. P. "Organizational Politics, Justice & Support: Their Differences and Similarities," in CROPANZANO, R. S. & KACMAR, K. M. (eds.), *Organizational Politics, Justice and Support: Managing Social Climate at Work* (Westport, CT: Quorum Books, 1995), p. 1–18; e FERRIS, G. R. & HOCHWARTER, W. A. "Organizational Politics," in ZEDECK, S. (ed.), *APA Handbook of Industrial and Organizational Psychology*, v. 3 (Washington, DC: American Psychological Association, 2011), p. 435–459.
30. BUCHANAN, D. A. "You Stab My Back, I'll Stab Yours: Management Experience and Perceptions of Organization Political Behavior," *British Journal of Management* 19, n. 1 (2008), p. 49–64.
31. PFEFFER, J. *Power: Why Some People Have It—And Others Don't* (Nova York: HarperCollins, 2010).
32. DRORY & ROMM, "The Definition of Organizational Politics."
33. RIOUX, S. M. & PENNER, L. A. "The Causes of Organizational Citizenship Behavior: A Motivational Analysis," *Journal of Applied Psychology* (dez. 2001), p. 1.306–1.314; FINKELSTEIN, M. A. & PENNER, L. A. "Predicting Organizational Citizenship Behavior: Integrating the Functional and Role Identity Approaches," *Social Behavior and Personality* 32, n. 4 (2004), p. 383–398; e SCHWAR-

ZWALD, J.; KOSLOWSKY, M. & ALLOUF, M. "Group Membership, Status & Social Power Preference," *Journal of Applied Social Psychology* 35, n. 3 (2005), p. 644–665.
34. Veja, por exemplo, FERRIS, G. R.; RUSS, G. S. & FANDT, P. M. "Politics in Organizations," in GIACALONE, R. A. & ROSENFELD, P. (eds.), *Impression Management in the Organization* (Hillsdale, NJ: Lawrence Erlbaum, 1989), p. 155–156; e O'CONNOR, W. E. & MORRISON, T. G. "A Comparison of Situational and Dispositional Predictors of Perceptions of Organizational Politics," *Journal of Psychology* (maio 2001), p. 301–312.
35. FARRELL & PETERSEN, "Patterns of Political Behavior in Organizations," *Academy of Management Review* 7, n. 3(1982), p. 403–412.
36. FERRIS, G. R. & KACMAR, K. M. "Perceptions of Organizational Politics," *Journal of Management* (mar. 1992), p. 93–116.
37. Veja, por exemplo, FANDT, P. M. & FERRIS, G. R. "The Management of Information and Impressions: When Employees Behave Opportunistically," *Organizational Behavior and Human Decision Processes* (fev. 1990), p. 140–158; FERRIS, RUSS & FANDT, "Politics in Organizations," p. 147; e POON, J. M. L. "Situational Antecedents and Outcomes of Organizational Politics Perceptions," *Journal of Managerial Psychology* 18, n. 2(2003), p. 138–155.
38. FERRIS & HOCHWARTER, "Organizational Politics."
39. HOCHWARTER, W. A.; KIEWITZ, C.; CASTRO, S. L.; PERREWE, P. L. & FERRIS, G. R. "Positive Affectivity and Collective Efficacy as Moderators of the Relationship Between Perceived Politics and Job Satisfaction," *Journal of Applied Social Psychology* (maio 2003), p. 1.009–1.035; e ROSEN, C. C.; LEVY, P. E. & HALL, R. J. "Placing Perceptions of Politics in the Context of Feedback Environment, Employee Attitudes & Job Performance," *Journal of Applied Psychology* 91, n. 1 (2006), p. 211–230.
40. FERRIS, G. R.; FRINK, D. D.; GALANG, M. C.; ZHOU, J.; KACMAR, K. M. & HOWARD, J. L. "Perceptions of Organizational Politics: Prediction, Stress-Related Implications & Outcomes," *Human Relations* (fev. 1996), p. 233–266; e VIGODA, E. "Stress-Related Aftermaths to Workplace Politics: The Relationships Among Politics, Job Distress, and Aggressive Behavior in Organizations," *Journal of Organizational Behavior* (ago. 2002), p. 571–591.
41. ARYEE, S.; CHEN, Z. & BUDHWAR, P. S. "Exchange Fairness and Employee Performance: An Examination of the Relationship Between Organizational Politics and Procedural Justice," *Organizational Behavior and Human Decision Processes* (maio 2004), p. 1–14; e KACMAR, K. M. BOZEMAN, D. P.; CARLSON, D. S. & ANTHONY, W. P. "An Examination of the Perceptions of Organizational Politics Model." *Human Relations* 52, n. 3 (1999), p. 383-416.
42. KIEWITZ, C.; HOCHWARTER, W. A.; FERRIS, G. R. & CASTRO, S. L. "The Role of Psychological Climate in Neutralizing the Effects of Organizational Politics on Work Outcomes," *Journal of Applied Social Psychology* (jun. 2002), p. 1.189–1.207; e ANDREWS, M. C.; WITT, L. A. & KACMAR, K. M. "The Interactive Effects of Organizational Politics and Exchange Ideology on Manager Ratings of Retention," *Journal of Vocational Behavior* (abr. 2003), p. 357–369.
43. LABEDO, O. J. "Perceptions of Organizational Politics: Examination of the Situational Antecedent and Consequences Among Nigeria's Extension Personnel," *Applied Psychology: An International Review* 55, n. 2 (2006), p. 255–281.
44. KACMAR, BOZEMAN, CARLSON & ANTHONY, "An Examination of the Perceptions of Organizational Politics Model," p. 389.
45. Ibid., p. 409.
46. KACMAR, K. M.; BACHRACH, D. G.; HARRIS, K. J. & ZIVNUSKA, S. "Fostering Good Citizenship Through Ethical Leadership: Exploring the Moderating Role of Gender and Organizational Politics," *Journal of Applied Psychology* 96 (2011), p. 633–642.
47. ASHFORTH, B. E. & LEE, R. T. "Defensive Behavior in Organizations: A Preliminary Model," *Human Relations* (jul. 1990), p. 621–648.
48. VALLE M. & PERREWE, P. L. "Do Politics Perceptions Relate to Political Behaviors? Tests of an Implicit Assumption and Expanded Model," *Human Relations* (mar. 2000), p. 359–386.
49. LEARY, M. R. & KOWALSKI, R. M. "Impression Management: A Literature Review and Two-Component Model," *Psychological Bulletin* (jan. 1990), p. 34–47.
50. Veja, por exemplo, GARDNER, W. L. & MARTINKO, M. J. "Impression Management in Organizations," *Journal of Management* (jun. 1988), p. 321–338; BOLINO, M. C. & TURNLEY, W. H. "More Than One Way to Make an Impression: Exploring Profiles of Impression Management," *Journal of Management* 29, n. 2 (2003), p. 141–160; ZIVNUSKA, S.; KACMAR, K. M.; WITT, L. A.; CARLSON, D. S. & BRATTON, V. K. "Interactive Effects of Impression Management and Organizational Politics on Job Performance," *Journal of Organizational Behavior* (ago. 2004), p. 627–640;and BOLINO, M. C.; KACMAR, K. M.; TURNLEY, W. H. & GILSTRAP, J. B. "A Multi-Level Review of Impression Management Motives and Behaviors," *Journal of Management* 34, n. 6(2008), p. 1.080–1.109.
51. SNYDER, M. & COPELAND, J. "Self-monitoring Processes in Organizational Settings," in GIACALONE, R. A. & ROSENFELD, P. (eds.), *Impression Management in the Organization* (Hillsdale, NJ: Lawrence Erlbaum, 1989), p. 11; BOLINO & TURNLEY, "More Than One Way to Make an Impression"; e TURNLEY, W. H. & BOLINO, M. C. "Achieved

Desired Images While Avoiding Undesired Images: Exploring the Role of Self-Monitoring in Impression Management," *Journal of Applied Psychology* (abr. 2001), p. 351–360.
52. LEARY & KOWALSKI, "Impression Management," p. 40.
53. HAM, J. & VONK, R. "Impressions of Impression Management: Evidence of Spontaneous Suspicion of Ulterior Motivation." *Journal of Experimental Social Psychology* 47, n. 2 (2011), p. 466–471; e BOWLER, W. M.; J. HALBESLEBEN, R. B. & PAUL, J. R. B. "If You're Close with the Leader, You Must Be a Brownnose: The Role of Leader–Member Relationships in Follower, Leader & Coworker Attributions of Organizational Citizenship Behavior Motives." *Human Resource Management Review* 20, n. 4 (2010), p. 309–316.
54. LEBHERZ, C.; JONAS, K. & TOMLJENOVIC, B. "Are We Known by the Company We Keep? Effects of Name Dropping on First Impressions," *Social Influence* 4, n. 1 (2009), p. 62–79.
55. HALBESLEBEN, J. R. B.; BOWLER, W. M.; BOLINO, M. C. & TURNLEY, W. H "Organizational Concern, Prosocial Values, or Impression Management? How Supervisors Attribute Motives to Organizational Citizenship Behavior," *Journal of Applied Social Psychology* 40, n. 6 (2010), p. 1450–1489.
56. FERRIS, RUSS & FANDT, "Politics in Organizations."
57. BARSNESS, Z. I.; DIEKMANN, K. A. & SEIDEL, M. L. "Motivation and Opportunity: The Role of Remote Work, Demographic Dissimilarity & Social Network Centrality in Impression Management," *Academy of Management Journal* 48, n. 3(2005), p. 401–419.
58. ELLIS, A. P. J.; WEST, B. J.; RYAN, A. M. & DeSHON, R. P. "The Use of Impression Management Tactics in Structural Interviews: A Function of Question Type?" *Journal of Applied Psychology* (dez. 2002), p. 1.200–1.208.
59. STEVENS, C. K. & KRISTOF, A. L. "Making the Right Impression: A Field Study of Applicant Impression Management During Job Interviews," *Journal of Applied Psychology* 80 (1995), p. 587–606; MCFARLAND, L. A.; RYAN, A. M. & KRISKA, S. D. "Impression Management Use and Effectiveness Across Assessment Methods," *Journal of Management* 29, n. 5(2003), p. 641–661; HIGGINS, C. A. & JUDGE, T. A. "The Effect of Applicant Influence Tactics on Recruiter Perceptions of Fit and Hiring Recommendations: A Field Study," *Journal of Applied Psychology* 89, n. 4 (2004), p. 622–632; e TSAI, W. C.; CHEN, C. C. & CHIU, S. F. "Exploring Boundaries of the Effects of Applicant Impression Management Tactics in Job Interviews," *Journal of Management* (fev. 2005),p. 108–125.
60. GILMORE, D. C. & FERRIS, G. R. "The Effects of Applicant Impression Management Tactics on Interviewer Judgments," *Journal of Management* 15, n. 4 (1989), p. 557–564.
61. STEVENS & KRISTOF, "Making the Right Impression."
62. HIGGINS, C. A.; JUDGE, T. A. & FERRIS, G. R. "Influence Tactics and Work Outcomes: A Meta-Analysis," *Journal of Organizational Behavior* (mar. 2003), p. 89–106.
63. Ibid.
64. HARRIS, K. J.; KACMAR, K. M. ZIVNUSKA, S. & SHAW, J. D. "The Impact of Political Skill on Impression Management Effectiveness," *Journal of Applied Psychology* 92, n. 1 (2007), p. 278–285; e TREADWAY, D. C.; FERRIS, G. R.; DUKE, A. B.; ADAMS, G. L. & THATCHER, J. B. "The Moderating Role of Subordinate Political Skill on Supervisors' Impressions of Subordinate Ingratiation and Ratings of Subordinate Interpersonal Facilitation," *Journal of Applied Psychology* 92, n. 3 (2007), p. 848–855.
65. WESTPHAL, J. D. & STERN, I. "Flattery Will Get You Everywhere (Especially if You Are a Male Caucasian): How Ingratiation, Boardroom Behavior & Demographic Minority Status Affect Additional Board Appointments of U.S. Companies," *Academy of Management Journal* 50, n. 2 (2007), p. 267–288.
66. Veja ROMM, T. & DRORY, A. "Political Behavior in Organizations: A Cross-Cultural Comparison," *International Journal of Value Based Management* 1 (1988), p. 97–113; e VIGODA, E. "Reactions to Organizational Politics: A Cross-Cultural Examination in Israel and Britain," *Human Relations* (nov. 2001), p. 1.483–1.518.
67. LEONG, J. L. T.; BOND, M. H. & FU, P. P. "Perceived Effectiveness of Influence Strategies in the United States and Three Chinese Societies," *International Journal of Cross Cultural Management* (maio 2006), p. 101–120.
68. MIYAMOTO, Y. & WILKEN, B. "Culturally Contingent Situated Cognition: Influencing Other People Fosters Analytic Perception in the United States but Not in Japan," *Psychological Science* 21, n. 11 (2010), p. 1.616–1.622.
69. VIGODA, E. "Reactions to Organizational Politics," p. 1.512.
70. Ibid., p. 1.510.

## CAPÍTULO 14

1. Veja, por exemplo, TJOSVOLD, D. "Defining Conflict and Making Choices About Its Management: Lighting the Dark Side of Organizational Life," *International Journal of Conflict Management* 17, n. 2 (2006), p. 87–95; e KORSGAARD, M. A.; JEONG, S. S.; MAHONY, D. M. & PITARIU,A. H. "A Multilevel View of Intragroup Conflict," *Journal of Management* 34, n. 6 (2008), p. 1.222–1.252.
2. THOMAS, K. W. "Conflict and Negotiation Processes in Organizations," in DUNNETTE, M. D. & HOUGH,

L. M. (eds.), *Handbook of Industrial and Organizational Psychology*, 2. ed., v. 3 (Palo Alto, CA: Consulting Psychologists Press, 1992), p. 651–717.
3. Para uma revisão abrangente das abordagens interacionistas, veja De DREU, C. & VAN DE VLIERT, E. (eds.), *Using Conflict in Organizations* (Londres: Sage, 1997).
4. Veja JEHN, K. A. "A Multimethod Examination of the Benefits and Detriments of Intragroup Conflict," *Administrative Science Quarterly* (jun. 1995), p. 256–282; JEHN, K. A. "A Qualitative Analysis of Conflict Types and Dimensions in Organizational Groups," *Administrative Science Quarterly* (set. 1997), p. 530–557; JEHN, K. A. & MANNIX, E. A. "The Dynamic Nature of Conflict: A Longitudinal Study of Intragroup Conflict and Group Performance," *Academy of Management Journal* (abr. 2001), p. 238–251; e De DREU, C. K.W. & WEINGART, L. R. "Task Versus Relationship Conflict, Team Performance & Team Member Satisfaction: A Meta-Analysis," *Journal of Applied Psychology* (ago. 2003), p. 741–749.
5. YANG, J. & MOSSHOLDER, K. W. "Decoupling Task and Relationship Conflict: The Role of Intragroup Emotional Processing," *Journal of Organizational Behavior* 25, n. 5 (ago. 2004), p. 589–605; e GAMERO, N.; GONZÁLEZ-ROMÁ, V. & PEIRÓ, J. M. "The Influence of Intra-Team Conflicton Work Teams' Affective Climate: A Longitudinal Study," *Journal of Occupational and Organizational Psychology* 81, n. 1 (2008), p. 47–69.
6. "Survey Shows Managers Have Their Hands Full Resolving Staff Personality Conflicts," *IPMA-HR Bulletin* (nov. 3, 2006).
7. De DREU, & WEINGART, "Task Versus Relationship Conflict, Team Performance & Team Member Satisfaction."
8. FARH, J.; LEE, C. & FARH, C. I. C. "Task Conflict and Team Creativity: A Question of How Much and When," *Journal of Applied Psychology* 95, n. 6 (2010), p. 1173–1180.
9. De DREU, C. K.W. & WEST, M. A. "Minority Dissent and Team Innovation: The Importance of Participation in Decision Making," *Journal of Applied Psychology* 86, n. 6 (2001), p. 1.191–1.201.
10. BRADLEY, B. H.; POSTLEWAITE, B. E.; KLOTZ, A. C.; HAMDANI, M. R. & BROWN, K. G. "Reaping the Benefits of Task Conflict in Teams: The Critical Role of Team Psychological Safety Climate," *Journal of Applied Psychology,* Advance publication,(4 jul. 2011), doi: 10.1037/a0024200.
11. De DREU, C. K. W. "The Virtue and Vice of Workplace Conflict: Food for (Pessimistic) Thought," *Journal of Organizational Behavior* 29, n. 1 (2008), p. 5–18.
12. PETERSON, R. S. & BEHFAR, K. J. "The Dynamic Relationship Between Performance Feedback, Trust &Conflict in Groups: A Longitudinal Study," *Organizational Behavior and Human Decision Process* 92, n. 1–2 (2003), p. 102–112.
13. SHAW, J. D.; ZHU, J.; DUFFY, M. K.; SCOTT, K. L.; SHIH, H. & SUSANTO, E. "A Contingency Model of Conflict and Team Effectiveness," *Journal of Applied Psychology* 96, n. 2(2011), p. 391–400.
14. PENNY, L. M. & SPECTOR, P. E. "Job Stress, Incivility & Counterproductive Work Behavior: The Moderating Role of Negative Affectivity," *Journal of Organizational Behavior* 26, n. 7 (2005), p. 777–796.
15. K. A. JEHN, L. Greer, S. LEVINE & G. Szulanski, "The Effects of Conflict Types, Dimensions & Emergent States on Group Outcomes," *Group Decision and Negotiation* 17, n. 6 (2008), p. 465–495.
16. GLOMB, T. M. & LIAO, H. "Interpersonal Aggression in Work Groups: Social Influence, Reciprocal & Individual Effects," *Academy of Management Journal* 46, n. 4 (2003), p. 486–496; e VENKATARAMANI, V. & DALAL, R. S. "Who Helps and Harms Whom? Relational Aspects of Interpersonal Helping and Harming in Organizations," *Journal of Applied Psychology* 92, n. 4 (2007), p. 952–966.
17. FRIEDMAN, R.; ANDERSON, C.; BRETT, J.; OLEKALNS, M.; GOATES, N. & LISCO, C. C. "The Positive and Negative Effects of Anger on Dispute Resolution: Evidence from Electronically Mediated Disputes," *Journal of Applied Psychology* (abr. 2004), p. 369–376.
18. PONDY, L. R. "Organizational Conflict: Concepts and Models," *Administrative Science Quarterly* (set. 1967), p. 302.
19. Veja, por exemplo, PINKLEY, R. L. "Dimensions of Conflict Frame: Disputant Interpretations of Conflict," *Journal of Applied Psychology* (abr. 1990), p. 117–126; e PINKLEY, R. L. & NORTHCRAFT, G. B. "Conflict Frames of Reference: Implications for Dispute Processes and Outcomes," *Academy of Management Journal* (fev. 1994), p. 193–205.
20. ISEN, A. M.; LABROO, A. A. & DURLACH, P. "An Influence of Product and Brand Name on Positive Affect: Implicit and Explicit Measures," *Motivation and Emotion* (mar. 2004), p. 43–63.
21. Ibid.
22. CARNEVALE, P. J. D. & ISEN, A. M. "The Influence of Positive Affect and Visual Access on the Discovery of Integrative Solutions in Bilateral Negotiations," *Organizational Behavior and Human Decision Processes* (fev. 1986), p. 1–13.
23. THOMAS, "Conflict and Negotiation Processes in Organizations."
24. Ibid.
25. Veja BARON, R. A. "Personality and Organizational Conflict: Effects of the Type A Behavior Pattern and Self-monitoring," *Organizational Behavior and Human Decision Processes* (out. 1989), p. 281–296; VOLKEMA, R. J. & BERGMANN, T. J. "Conflict Styles as Indicators of Behavioral Patterns in Interpersonal Conflicts," *Journal of Social Psychology* (fev. 1995), p. 5–15; e RHOADES, J. A.; ARNOLD, J.; & JAY, C. "The Role of Affective Traits and Affective States in Disputants' Motivation and Behavior During

Episodes of Organizational Conflict," *Journal of Organizational Behavior* (maio 2001), p. 329–345.
26. THOMAS, "Conflict and Negotiation Processes in Organizations."
27. Veja, por exemplo, JEHN, K. A. "Enhancing Effectiveness: An Investigation of Advantages and Disadvantages of Value-Based Intragroup Conflict," *International Journal of Conflict Management* (jul. 1994), p. 223–238; PRIEM, R. L.; HARRISON, D. A. & MUIR, N. K. "Structured Conflict and Consensus Outcomes in Group Decision Making," *Journal of Management* 21, n. 4 (1995), p. 691–710; e JEHN, K. A. & MANNIX, E. A. "The Dynamic Nature of Conflict: A Longitudinal Study of Intragroup Conflict and Group Performance," *Academy of Management Journal* (abr. 2001), p. 238–251.
28. NIJSTAD, B. A. & KAPS, S. C. "Taking the Easy Way Out: Preference Diversity, Decision Strategies & Decision Refusal in Groups," *Journal of Personality and Social Psychology* 94, n. 5 (2008), p. 860–870.
29. HOFFMAN, R. L. "Homogeneity of Member Personality and Its Effect on Group Problem-Solving," *Journal of Abnormal and Social Psychology* (jan. 1959), p. 27–32; HOFFMAN, R. L. & N. MAIER, R. F. "Quality and Acceptance of Problem Solutions by Members of Homogeneous and Heterogeneous Groups," *Journal of Abnormal and Social Psychology* (mar. 1961), p. 401–407; e PITCHER, P. & SMITH, A. D. "Top Management Team Heterogeneity: Personality, Power & Proxies," *Organization Science* (jan.–fev. 2001), p. 1–18.
30. ZELLMER-BRUHN, M. E.; MALONEY, M. M.; BHAPPU, A. D. & SALVADOR, R. "When and How Do Differences Matter? An Exploration of Perceived Similarity in Teams," *Organizational Behavior and Human Decision Processes* 107, n. 1 (2008), p. 41–59.
31. Veja, por exemplo, WALL Jr., J. A. & CALLISTER, R. R. "Conflict and Its Management," *Journal of Management* 21, n. 3 (1995) p. 523–526, for evidence supporting the argument that conflict is almost uniformly dysfunctional. Veja também HINDS, P. J. & BAILEY, D. E. "Out of Sight, Out of Sync: Understanding Conflict in Distributed Teams," *Organization Science* (nov.–dez. 2003), p. 615–632.
32. JEHN, GREER, LEVINE & SZULANSKI, "The Effects of Conflict Types, Dimensions & Emergent States on Group Outcomes."
33. ZELLMER-BRUHN, MALONEY, BHAPPU & SALVADOR, "When and How Do Differences Matter?"
34. FRIED, J. "I Know You Are, But What Am I?" *Inc.* (jul.– ago. 2010), p. 39–40.
35. BEHFAR, K. J.; PETERSON, R. S.; MANNIX, E. A. & TROCHIM, W. M. K. "The Critical Role of Conflict Resolution in Teams: A Close Look at the Links between Conflict Type, Conflict Management Strategies & Team Outcomes," *Journal of Applied Psychology* 93, n. 1 (2008), p. 170–188; TEKLEAB, A. G.;
QUIGLEY, N. R. & TESLUK, P. E. "A Longitudinal Study of Team Conflict, Conflict Management, Cohesion &T eam Effectiveness," *Group and Organization Management* 34, n. 2 (2009), p. 170–205; e VAN DE VLIERT, E.; EUWEMA, M. C. & HUISMANS, S. E. "Managing Conflict with a Subordinate or a Superior: Effectiveness of Conglomerated Behavior," *Journal of Applied Psychology* 80 (1995), p. 271–281.
36. SOMECH, A.; DESIVILYA, H. S. & LIDOGOSTER, H. "Team Conflict Management and Team Effectiveness: The Effects of Task Interdependence and Team Identification," *Journal of Organizational Behavior* 30, n. 3 (2009), p. 359–378.
37. MARKUS, H. R. & KITAYAMA, S. "Culture and the Self: Implications for Cognition, Emotion & Motivation," *Psychological Review* 98, n. 2 (1991), p. 224–253; e REN, H. & GRAY, B. "Repairing Relationship Conflict: How Violation Types and Culture Influence the Effectiveness of Restoration Rituals," *Academy of Management Review* 34, n.1 (2009), p. 105–126.
38. GELFAND, M. J.; HIGGINS, M.; NISHII, L. H.; RAVER,J. L.; DOMINGUEZ, A.; MURAKAMI, F.; YAMAGUCHI, S. & TOYAMA, M. "Culture and Egocentric Perceptions of Fairness in Conflict and Negotiation," *Journal of Applied Psychology* (out. 2002), p. 833–845; e MA, Z. "Chinese Conflict Management Styles and Negotiation Behaviors: An Empirical Test," *International Journal of Cross Cultural Management* (abr. 2007), p. 101–119.
39. FU, P. P.; YAN, X. H.; LI, Y.; WANG, E. & PENG, S. "Examining Conflict-Handling Approaches by Chinese Top Management Teams in IT Firms," *International Journal of Conflict Management* 19, n. 3 (2008), p. 188–209.
40. BAZERMAN, M. H.; CURHAN, J. R.; MOORE, D. A. & VALLEY, K. L. "Negotiation," *Annual Review of Psychology* 51 (2000), p. 279–314.
41. Veja, por exemplo, AMES, D. R. "Assertiveness Expectancies: How Hard People Push Depends on the Consequences They Predict," *Journal of Personality and Social Psychology* 95, n. 6 (2008), p. 1.541–1.557; e CURHAN, J. R.; ELFENBEIN, H. A. & XU, H. "What Do People Value When They Negotiate? Mapping the Domain of Subjective Value in Negotiation," *Journal of Personality and Social Psychology* 91, n. 3 (2006), p. 493–512.
42. LEWICKI, R.; SAUNDERS, D. & BARRY, B. *Negotiation*, 6. ed. (Nova York: McGraw-Hill/Irwin, 2009).
43. MAGEE, J. C.; GALINSKY, A. D. & GRUENFELD, D. H. "Power, Propensity to Negotiate & Moving First in Competitive Interactions," *Personality and Social Psychology Bulletin* (fev. 2007), p. 200–212.
44. WILSON, E. "The Trouble with Jake," *New York Times* (15 jul. 2009), www.nytimes.com.
45. CURHAN, J. R.; ELFENBEIN, H. A. & XU, H. "What Do People Value When They Negotiate? Mapping the Domain of Subjective Value in Negotia-

tion," *Journal of Personality and Social Psychology* 91, n. 3 (2006), p. 493–512.

46. THOMAS, "Conflict and Negotiation Processes in Organizations."

47. MORGAN, P. M. & TINDALE, R. S. "Group vs. Individual Performance in Mixed-Motive Situations: Exploring an Inconsistency," *Organizational Behavior and Human Decision Processes* (jan. 2002), p. 44–65.

48. NAQUIN, C. E. "The Agony of Opportunity in Negotiation: Number of Negotiable Issues, Counterfactual Thinking, and Feelings of Satisfaction," *Organizational Behavior and Human Decision Processes* (maio 2003), p. 97–107.

49. GIACOMANTONIO, M.; De DREU, C. K. W. & MANNETTI, L. "Now You See It, Now You Don't: Interests, Issues & Psychological Distance in Integrative Negotiation," *Journal of Personality and Social Psychology* 98, n. 5 (2010), p. 761–774.

50. TEN VELDEN, F. S.; BEERSMA, B. & De DREU, C. K. W. "It Takes One to Tango: The Effect of Dyads' Epistemic Motivation Composition in Negotiation," *Personality and Social Psychology Bulletin* 36, n. 11 (2010), p. 1.454–1.466.

51. De DREU, C. K. W.; WEINGART, L. R. & KWON, S. "Influence of Social Motives on Integrative Negotiation: A Meta-Analytic Review and Test of Two Theories," *Journal of Personality and Social Psychology* (maio 2000), p. 889–905.

52. Este modelo é baseado em LEWICKI, R. J. "Bargaining and Negotiation," *Exchange: The Organizational Behavior Teaching Journal* 6, n. 2 (1981), p. 39–40.

53. CURHAN, J. R.; ELFENBEIN, H. A. & KILDUFF, G. J. "Getting Off on the Right Foot: Subjective Value Versus Economic Value in Predicting Longitudinal Job Outcomes from Job Offer Negotiations," *Journal of Applied Psychology* 94, n. 2 (2009), p. 524–534.

54. BAZERMAN, M. H. & NEALE, M. A. *Negotiating Rationally* (Nova York: The Free Press, 1992), p. 67–68.

55. LARRICK, R. P. & WU, G. "Claiming a Large Slice of a Small Pie: Asymmetric Disconfirmation in Negotiation," *Journal of Personality and Social Psychology* 93, n. 2 (2007), p. 212–233.

56. AMANATULLAH, E. T.; MORRIS, M. W. & CURHAN, J. R. "Negotiators Who Give Too Much: Unmitigated Communion, Relational Anxieties & Economic Costs in Distributive and Integrative Bargaining," *Journal of Personality and Social Psychology* 95, n. 3 (2008), p. 723–738; e DeRUE, D. S.; CONLON, D. E.; MOON, H. & WILLABY, H. W. "When Is Straightforwardness a Liability in Negotiations? The Role of Integrative Potential and Structural Power," *Journal of Applied Psychology* 94, n. 4 (2009), p. 1.032–1.047.

57. VAN KLEEF, G. A. & CÔTÉ, S. "Expressing Anger in Conflict: When It Helps and When It Hurts," *Journal of Applied Psychology* 92, n. 6 (2007), p. 1.157–1.569; BRETT, J. M.; OLEKALNS, M.; FRIEDMAN, R.; GOATES, N.; ANDERSON, C.; C. LISCO, C. "Sticks and Stones: Language, Face & Online Dispute Resolution," *Academy of Management Journal* 50, n. 1(2007), p. 85–99; e OVERBECK, J. R.; NEALE, M. A. & GOVAN, C. L. "I Feel, Therefore You Act: Intrapersonal and Interpersonal Effects of Emotion on Negotiations as a Function of Social Power," *Organizational Behavior and Human Decision Processes* 112, n. 2 (2010), p. 126–139.

58. VAN KLEEF, G. A. & C De DREU, K. W. "Longer-Term Consequences of Anger Expression in Negotiation: Retaliation or Spillover?" *Journal of Experimental Social Psychology* 46, n. 5 (2010), p. 753–760.

59. OLEKALNS, M. & SMITH, P. L "Mutually Dependent: Power, Trust, Affect & the Use of Deception in Negotiation," *Journal of Business Ethics* 85, n. 3 (2009), p. 347–365.

60. BROOKS, A. W. & SCHWEITZER, M. E. "Can Nervous Nellie Negotiate? How Anxiety Causes Negotiators to Make Low First Offers, Exit Early & Earn Less Profit," *Organizational Behavior and Human Decision Processes* 115, n. 1 (2011), p. 43–54.

61. KOPELMAN, S.; ROSETTE, A. S. & THOMPSON, L. "The Three Faces of Eve: Strategic Displays of Positive, Negative & Neutral Emotions in Negotiations," *Organizational Behavior and Human Decision Processes* 99 (2006), p. 81–101.

62. ADAIR, W. L.; OKUMURA, T. & BRETT, J. M. "Negotiation Behavior When Cultures Collide: The United States and Japan," *Journal of Applied Psychology* (jun. 2001), p. 371–385; e ADAIR, W. L.; WEINGART, L. & BRETT, J. "The Timing and Function of Offers in U.S. and Japanese Negotiations," *Journal of Applied Psychology* 92, n. 4 (2007), p. 1.056–1.068.

63. KOPELMAN, S. "The Effect of Culture and Power on Cooperation in Commons Dilemmas: Implications for Global Resource Management," *Organizational Behavior and Human Decision Processes* 108, n. 1 (2009), p. 153–163.

64. GUNIA, B. C.; BRETT, J. M.; NANDKEOLYAR, A. K. & KAMDAR, D. "Paying a Price: Culture, Trust & Negotiation Consequences," *Journal of Applied Psychology* 96, n. 4(2010), p. 774–789.

65. WATSON, C. & HOFFMAN, L. R. "Managers as Negotiators: A Test of Power Versus Gender as Predictors of Feelings, Behavior& Outcomes," *Leadership Quarterly* (primav. 1996), p. 63–85.

66. WALTERS, A. E.; STUHLMACHER, A. F. & MEYER, L. L. "Gender and Negotiator Competitiveness: A Meta-Analysis," *Organizational Behavior and Human Decision Processes* (out. 1998), p. 1–29; e STUHLMACHER, A. F. & WALTERS, A. E. "Gender Differences in Negotiation Outcome: A Meta-Analysis," *Personnel Psychology* (Autumn 1999), p. 653–677.

67. STUHLMACHER & WALTERS, "Gender Differences in Negotiation Outcome," p. 655.
68. BOWLES, H. R.; BABCOCK, L. & LEI, L. "Social Incentives for Gender Differences in the Propensity to Initiate Negotiations," *Faculty Research Working Papers Series* (Cambridge, MA: Harvard University— John F. KENNEDY School of Government, 2005).
69. KRAY, L. J.; GALINSKY, A. D. & THOMPSON, L. "Reversing the Gender Gap in Negotiations: An Exploration of Stereotype Regeneration," *Organizational Behavior and Human Decision Processes* (mar. 2002), p. 386–409.
70. SMALL, D. A.; GELFAND, M.; BABCOCK, L. & GETTMAN, H. "Who Goes to the Bargaining Table? The Influence of Gender and Framing on the Initiation of Negotiation," *Journal of Personality and Social Psychology* 93, n. 4 (2007), p. 600–613.
71. AMANATULLAH, E. T. & MORRIS, M. W. "Negotiating Gender Roles: Gender Differences in Assertive Negotiating Are Mediated by Women's Fear of Backlash and Attenuated When Negotiating on Behalf of Others," *Journal of Personality and Social Psychology* 98, n. 2 (2010), p. 256–267.
72. THOMAS, K. W. "Toward Multidimensional Values in Teaching: The Example of Conflict Behaviors," *Academy of Management Review* (jul. 1977), p. 487.

# CAPÍTULO 15

1. Veja, por exemplo, DAFT, R. L. *Organization Theory and Design*, 10. ed. (Cincinnati, OH: South-Western Publishing, 2010).
2. MALONE, T. W.; LAUBACHER, R. J. & JOHNS, T. "The Age of Hyperspecialization," *Harvard Business Review* (jul.–ago. 2011), p. 56–65.
3. HYMOWITZ, C. "Managers Suddenly Have to Answer to a Crowd of Bosses," *Wall Street Journal* (12 ago. 2003), p. B1.
4. Veja, por exemplo, "How Hierarchy Can Hurt Strategy Execution," *Harvard Business Review* (jul.–ago. 2010), p. 74–75.
5. Veja, por exemplo, GITTELL, J. H. "Supervisory Span, Relational Coordination & Flight Departure Performance: A Reassessment of Postbureaucracy Theory," *Organization Science* (jul.–ago. 2001), p. 468–483.
6. CHILD, J. & MCGRATH, R. G. "Organizations Unfettered: Organizational Form in an Information-Intensive Economy," *Academy of Management Journal* (dez. 2001), p. 1.135–1.148.
7. BROWN, B. &S. ANTHONY, D. "How P&G Tripled Its Innovation Success Rate," *Harvard Business Review* (jun. 2011), p. 64–72.
8. LEIPONEN, A. & HELFAT, C. E. "Location, Decentralization, and Knowledge Sources for Innovation," *Organization Science* 22, n. 3 (2011), p. 641–658.
9. MINTZBERG, H. *Structure in Fives: Designing Effective Organizations* (Upper Saddle River, NJ: Prentice HALL, 1983), p. 157.
10. BURNS, L. R. & WHOLEY, D. R. "Adoption and Abandonment of Matrix Management Programs: Effects of Organizational Characteristics and Interorganizational Networks," *Academy of Management Journal* (fev. 1993), p. 106–138; GALBRAITH, J. R. *Designing Matrix Organizations that Actually Work: How IBM, Procter & Gamble& Others Design for Success* (San Francisco: Jossey Bass, 2009); e KRELL, E. "Managing the Matrix," *HR Magazine* (abr. 2011), p. 69–71.
11. Veja, por exemplo, SY, T. & D'ANNUNZIO, L. S. "Challenges and Strategies of Matrix Organizations: Top-Level and Mid-Level Managers' Perspectives," *Human Resource Planning* 28, n. 1 (2005), p. 39–48; e SY, T. & COTE, S. "Emotional Intelligence: A Key Ability to Succeed in the Matrix Organization," *Journal of Management Development* 23, n. 5 (2004), p. 437–455.
12. ANAND, N. & DAFT, R. L. "What Is the Right Organization Design?" *Organizational Dynamics* 36, n. 4 (2007), p. 329–344.
13. Veja, por exemplo, MILES, R. E. & SNOW, C. C. "The New Network Firm: A Spherical Structure Built on Human Investment Philosophy," *Organizational Dynamics* (primav. 1995), p. 5–18; PESCOVITZ, D. "The Company Where Everybody's a Temp," *New York Times Magazine* (11 jun. 2000), p. 94–96; HEDBERG, B.; DAHLGREN, G.; HANSSON, J. & LOVE, N. *Virtual Organizations and Beyond* (Nova York: Wiley, 2001); CONTRACTOR, N. S.; WASSERMAN, S. & FAUST, K. "Testing Multitheoretical, Multilevel Hypotheses About Organizational Networks: An Analytic Framework and Empirical Example," *Academy of Management Review* 31, n. 3 (2006) p. 681–703; e Y. SHIN, "A Person-Environment Fit Model for Virtual Organizations," *Journal of Management*(out. 2004), p. 725–743.
14. BATES, J. "Making Movies and Moving On," *Los Angeles Times* (19 jan. 1998), p. A1.
15. DAHL, D. "Want a Job? Let the Bidding Begin," *Inc.* (mar. 2011), p. 94–96.
16. SCHRAMM, J. "At Work in a Virtual World," *HR Magazine* (jun. 2010), p. 152.
17. GIBSON, C. B. & GIBBS, J. L. "Unpacking the Concept of Virtuality: The Effects of Geographic Dispersion, Electronic Dependence, Dynamic Structure & National Diversity on Team Innovation," *Administrative Science Quarterly* 51, n. 3 (2006), p. 451–495; LATAPIE, H. M. and TRAN, V. N. "Subculture Formation, Evolution & Conflict between Regional Teams in Virtual Organizations," *The Business Review* (ver. 2007), p. 189–193; e DAVENPORT, S. & DAELLENBACH, U. "'Belonging' to a Virtual Research Center: Exploring the Influence of Social Capital Formation Processes on Member Identification in a

Virtual Organization" *British Journal of Management* 22, n. 1(2011), p. 54–76.
18. "GE: Just Your Average Everyday $60 Billion Family Grocery Store," *Industry Week* (2 maio 1994), p. 13–18.
19. Baseado em DAVIS, D. D. "Form, Function and Strategy in Boundaryless Organizations," in HOWARD, A. (ed.), *The Changing Nature of Work* (San Francisco: Jossey-BASS,1995), p. 112–138; CROSS, R. L.; YAN, A. & LOUIS,M. R. "Boundary Activities in 'Boundaryless' Organizations: A Case Study of a Transformation to a Team-Based Structure," *Human Relations* (jun. 2000), p. 841–868; e ASHKENAS, ULRICH, R. D.; JICK, T. & KERR, S. *The Boundaryless Organization: Breaking the Chains of Organizational Structure*, revisto e atualizado (San Francisco: Jossey-Bass, 2002).
20. Veja, por exemplo, WASSMER, U. "Alliance Portfolios: A Review and Research Agenda," *Journal of Management* 36,n. 1 (2010), pp 141–171; HESS, A. M. & ROTHAEMEL F. T. "When Are Assets Complementary? Star Scientists, Strategic Alliances & Innovation in the Pharmaceutical Industry," *Strategic Management Journal* 32, n. 8 (2011), p. 895–909; e ADEGBESAN, J. A. & HIGGINS, M. J. "The Intra-Alliance Division of Value Created through Collaboration," *Strategic Management Journal* 32, n. 2 (2011), p. 187–211.
21. Veja GUTHRIE, J. P. & DATTA, D. K. "Dumb and Dumber: The Impact of Downsizing on Firm Performance as Moderated by Industry Conditions," *Organization Science* 19, n. 1 (2008), p. 108–123; e De Meuse, K. P.; BERGMANN, T. J.; VANDERHEIDEN, P. A. & RORAFF, C. E. "New Evidence Regarding Organizational Downsizing and a Firm's Financial Performance: A Long-Term Analysis," *Journal of Managerial Issues* 16, n. 2 (2004), p. 155–177.
22. Veja, por exemplo, TREVOR, C. O. & NYBERG, A. J. "Keeping Your Headcount When All About You Are Losing Theirs: Downsizing, Voluntary Turnover Rates & the Moderating Role of HR Practices," *Academy of Management Journal* 51, n. 2 (2008), p. 259–276; PROBST, T. M.; STEWART, S. M.; GRUYS, M. L. & TIERNEY, B. W. "Productivity, Counterproductivity & Creativity: The Ups and Downs of Job Insecurity," *Journal of Occupational and Organizational Psychology* 80, n. 3 (2007), p. 479–497; e MAERTZ, C. P.; WILEY, J. W.; LeROUGE, C. & CAMPION, M. A. "Downsizing Effects on Survivors: Layoffs, Offshoring & Outsourcing," *Industrial Relations* 49, n. 2 (2010), p. 275–285.
23. ZATZICK, C. D. & IVERSON, R. D. "High-Involvement Management and Workforce Reduction: Competitive Advantage or Disadvantage?" *Academy of Management Journal* 49, n. 5 (2006), p. 999–1.015; TRAVAGLIONE, A. & CROSS, B. "Diminishing the Social Network in Organizations: Does There Need to Be Such a Phenomenon as 'Survivor Syndrome' After Downsizing?" *Strategic Change* 15, n. 1(2006),

p. 1–13; e KAMMEYER-MUELLER, J. D.; LIAO, H. & ARVEY, R. D. "Downsizing and Organizational Performance: A Review of the Literature from a Stakeholder Perspective," *Research in Personnel and Human Resources Management* 20 (2001), p. 269–329.
24. BURNS, T. & STALKER, G. M. *The Management of Innovation* (Londres: Tavistock, 1961); e COURTRIGHT, J. A.; FAIRHURST, G. T. & ROGERS, L. E. "Interaction Patterns in Organic and Mechanistic Systems," *Academy of Management Journal* (dez. 1989), p. 773–802.
25. Esta análise refere-se a uma abordagem de contingência do desenho da organização. Veja, por exemplo, PENNINGS, J. M. "Structural Contingency Theory: A Reappraisal," in STAW, B. M. & CUMMINGS, L. L. (eds.), *Research in Organizational Behavior*, v. 14 (Greenwich, CT: JAI Press, 1992), p. 267–309; HOLLENBECK, J. R.; MOON, H. A.; ELLIS, P. J.; WEST, B. J.; ILGEN, D. R. SHEPPARD, L.; PORTER, C. O. L. H. & WAGNER III, J. A. "Structural Contingency Theory and Individual Differences: Examination of External and Internal Person-Team Fit," *Journal of Applied Psychology* (jun. 2002), p. 599–606; e DRACH-ZAHAVY, A. & FREUND, A. "Team Effectiveness Under Stress: A Structural Contingency Approach," *Journal of Organizational Behavior* 28, n. 4 (2007), p. 423–450.
26. Esta tese de estrutura-estratégia foi proposta originalmente em CHANDLER Jr., A. D. *Strategy and Structure: Chapter in the History of the Industrial Enterprise* (Cambridge, MA: MIT Press, 1962). Para uma análise atualizada, veja AMBURGEY, T. L. & DACIN, T. "As the Left Foot Follows the Right? The Dynamics of Strategic and Structural Change," *Academy of Management Journal* (dez. 1994), p. 1.427–1.452.
27. Veja MILES, R. E. & SNOW, C. C. *Organizational Strategy, Structure & Process* (Nova York: McGraw-Hill, 1978); GALUNIC, D. C. & EISENHARDT, K. M. "Renewing the Strategy–Structure–Performance Paradigm," in STAW, B. M. &CUMMINGS, L. L. (eds.), *Research in Organizational Behavior*, v. 16 (Greenwich, CT: JAI Press, 1994), p. 215–255;e TOH, S. M.; MORGESON, F. P. & CAMPION, M. A. "Human Resource Configurations: Investigating Fit with the Organizational Context," *Journal of Applied Psychology* 93, n. 4 (2008), p. 864–882.
28. Veja, por exemplo, BLAU, P. M. & SCHOENHERR, R. A. *The Structure of Organizations* (Nova York: Basic Books, 1971); PUGH, D. S. "The Aston Program of Research: Retrospect and Prospect," in VAN DE VEN, A. H. & JOYCE, W. F. (eds.), *Perspectives on Organization Design and Behavior* (Nova York: Wiley, 1981), p. 135–166; GOODING, R. Z. & WAGNER III, J. A. "A Meta-Analytic Review of the Relationship Between Size and Performance: The Productivity and Efficiency of Organizations and Their Subunits," *Administrative Science Quarterly*

(dezembro 1985), p. 462–481; e BLUEDORN, A. C. "Pilgrim's Progress: Trends and Convergence in Research on Organizational Size and Environments," *Journal of Management* (ver. 1993), p. 163–192.
29. Veja PERROW, C. "A Framework for the Comparative Analysis of Organizations," *American Sociological Review* (abr. 1967), p. 194–208; HAGE, J. & AIKEN, M. "Routine Technology, Social Structure & Organizational Goals," *Administrative Science Quarterly* (set. 1969), p. 366–377; MILLER, C. C.; GLICK, W. H.; WANG, Y. & HUBER, G. P. "Understanding Technology-Structure Relationships: Theory Development and Meta-Analytic Theory Testing," *Academy of Management Journal* (jun. 1991), p. 370–399; e SINE, W. D.; MITSUHASHI, H. & KIRSCH, D. A. "Revisiting Burns, and Stalker: Formal Structure and New Venture Performance in Emerging Economic Sectors," *Academy of Management Journal* 49, n. 1 (2006), p. 121–132.
30. DESS, G. G. & BEARD, D. W. "Dimensions of Organizational Task Environments," *Administrative Science Quarterly* (mar. 1984), p. 52–73; GERLOFF, E. A.; MUIR, N. K. & BODENSTEINER, W. D. "Three Components of Perceived Environmental Uncertainty: An Exploratory Analysis of the Effects of Aggregation," *Journal of Management* (dezembro1991), p. 749–768; e SHENKAR, O.; ARANYA, N. & ALMOR, T. "Construct Dimensions in the Contingency Model: An Analysis Comparing Metric and Non-metric Multivariate Instruments," *Human Relations* (maio 1995), p. 559–580.
31. SPELL, C. S. & ARNOLD, T. J. "A Multi-Level Analysis of Organizational Justice and Climate, Structure & Employee Mental Health," *Journal of Management* 33, n. 5 (2007), p. 724–751; e AMBROSE, M. L. & SCHMINKE, M. "Organization Structure as a Moderator of the Relationship between Procedural Justice, Interactional Justice, Perceived Organizational Support & Supervisory Trust," *Journal of Applied Psychology* 88, n. 2 (2003), p. 295–305.
32. Veja, por exemplo, SPELL & ARNOLD, "A Multi-Level Analysis of Organizational Justice Climate, Structure & Employee Mental Health"; SHAW, J. D. & GUPTA, N. "Job Complexity, Performance & Well-Being: When Does Supplies-Values Fit Matter? *Personnel Psychology* 57, n. 4 (2004), 847–879; e ANDERSON, C. & BROWN, C. E. "The Functions and Dysfunctions of Hierarchy," *Research in Organizational Behavior* 30 (2010), p. 55–89.
33. Veja, por exemplo, PLOYHART, R. E.; WEEKLEY, J. A. & BAUGHMAN, K. "The Structure and Function of Human Capital Emergence: A Multilevel Examination of the Attraction-Selection-Attrition Model," *Academy of Management Journal* 49, n. 4 (2006), p. 661–677.
34. Veja, por exemplo, HARRIS, P. R. & MORAN, R. T. *Managing Cultural Differences*, 5. ed. (Houston, TX: Gulf Publishing, 1999).

# CAPÍTULO 16

1. Veja, por exemplo, SCHEIN, E. H. "Culture: The Missing Concept in Organization Studies," *Administrative Science Quarterly* 41, n. 2 (1996), p. 229–240.
2. Esta descrição de sete itens é baseada em O'REILLY III, C. A.; CHATMAN, J. & CALDWELL, D. F. "People and Organizational Culture: A Profile Comparison Approach to Assessing Person-Organization Fit," *Academy of Management Journal* (set. 1991), p. 487–516; e CHATMAN, J. A. & JEHN, K. A. "Assessing the Relationship between Industry Characteristics and Organizational Culture: How Different Can You Be?" *Academy of Management Journal* (jun. 1994), p. 522–553.
3. Esta visão de que haverá constância entre as percepções da cultura organizacional foi chamada de perspectiva de "integração". Para uma revisão dessa perspectiva e das abordagens conflitantes, veja MEYERSON, D. & MARTIN, J. "Cultural Change: An Integration of Three Different Views," *Journal of Management Studies* (nov. 1987), p. 623–647; e FROST, MOORE, P. J.; LOUIS, L. F.; LUNDBERG, M. R. C. C. & MARTIN, J. (eds.), *Reframing Organizational Culture* (Novabury Park, CA: Sage, 1991).
4. Veja J. JERMIER, M.; SLOCUM Jr., J. W.; FRY, L. W. & GAINES, J. "Organizational Subcultures in a Soft Bureaucracy: Resistance Behind the Myth and Facade of an Official Culture," *Organization Science* (maio 1991), p. 170–194; e LOK, P.; WESTWOOD, R. & CRAWFORD, J. "Perceptions of Organizational Subculture and their Significance for Organizational Commitment," *Applied Psychology: An International Review* 54, n. 4 (2005), p. 490–514.
5. HOFFMAN, D. A. & JONES, L. M. "Leadership, Collective Personality & Performance," *Journal of Applied Psychology* 90, n. 3 (2005), p. 509–522.
6. HSIEH, T. "Zappos's CEO on Going to Extremes for Customers," *Harvard Business Review* (jul.–ago. 2010), p. 41–45.
7. Veja, por exemplo, GORDON, G. G. & DITOMASO, N. "Predicting Corporate Performance from Organizational Culture," *Journal of Management Studies* (nov. 1992), p. 793–798; SORENSEN, J. B. "The Strength of Corporate Culture and the Reliability of Firm Performance," *Administrative Science Quarterly* (mar. 2002), p. 70–91; e ROSENTHAL, J. & M MASARECH,. A. "High-Performance Cultures: How Values Can Drive Business Results," *Journal of Organizational Excellence* (primav. 2003), p. 3–18.
8. WIENER, Y. "Forms of Value Systems: A Focus on Organizational Effectiveness and Cultural Change and Maintenance," *Academy of Management Review* (out. 1988), p. 536; e SCHNEIDER, B.; SALVAGGIO, A. N. & SUBIRATS, M. "Climate Strength: A New Direction for Climate Research," *Journal of Applied Psychology* 87 (2002), p. 220–229.

9. MOWDAY, R. T.; PORTER, L. W. & STEERS, R. M. *Employee Linkages: The Psychology of Commitment, Absenteeism, and Turnover* (Nova York: Academic Press, 1982); VANDENBERGHE, C. "Organizational Culture, Person-Culture Fit & Turnover: A Replication in the Health Care Industry," *Journal of Organizational Behavior* (mar. 1999), p. 175–184; e SCHULTE, M.; OSTROFF, C.; SHMULYIAN, S. & KINICKI, A. "Organizational Climate Configurations: Relationships to Collective Attitudes, Customer Satisfaction, and Financial Performance," *Journal of Applied Psychology* 94, n. 3 (2009), p. 618–634.

10. J. W. Grizzle, ZABLAH, A. R.; BROWN, T. J.; MOWEN, J. C. &, LEE, J. M. "Employee Customer Orientation in Context: How the Environment Moderates the Influence of Customer Orientation on Performance Outcomes," *Journal of Applied Psychology* 94, n. 5 (2009), p. 1.227–1.242.

11. BASHSHUR, M. R.; HERNÁNDEZ, A. & GONZÁLEZ-ROMÁ, V. "When Managers and Their Teams Disagree: A Longitudinal Look at the Consequences of Differences in Perceptions of Organizational Support," *Journal of Applied Psychology* 96, n. 3 (2011), p. 558–573.

12. DOLAN, S. L. & GARCIA, S. "Managing by Values: Cultural Redesign for Strategic Organizational Change at the Dawn of the Twenty-First Century," *Journal of Management Development* 21, n. 2 (2002), p. 101–117.

13. Veja O'REILLY, C. A. & CHATMAN, J. A. "Culture as Social Control: Corporations, Cults & Commitment," in STAW, B. M. &CUMMINGS, L. L. (eds.), *Research in Organizational Behavior*, v. 18 (Greenwich, CT: JAI Press, 1996), p. 157–200. Veja também PINAE CUNHA, M. "The 'Best Place to Be': Managing Control and Employee Loyalty in a Knowledge-Intensive Company," *Journal of Applied Behavioral Science* (dez. 2002), p. 481–495.

14. LING, Y.; SIMSEK, Z.; LUBATKIN, M. H. & VEIGA, J. F. "Transformational Leadership's Role in Promoting Corporate Entrepreneurship: Examining the CEO-TMT Interface," *Academy of Management Journal* 51, n. 3 (2008), p. 557–576; e MALHOTRA, A.; MAJCHRZAK, A. & ROSEN,B. Benson, "Leading Virtual Teams," *Academy of Management Perspectives* 21, n. 1 (2007), p. 60–70.

15. DENISON, D. "What Is the Difference Between Organizational Culture and Organizational Climate? A Native's Point of View on a Decade of Paradigm Wars," *Academy of Management Review* 21 (1996) p. 519–654; e JAMES, L. R.; CHOI, C. C.; KO, C. E.; MCNEIL, P. K.; MINTON, M. K.; WRIGHT, M. A. & KIM, K. "Organizational and Psychological Climate: A Review of Theory and Research," *European Journal of Work and Organizational Psychology* 17, n. 1 (2008), p. 5–32.

16. CARR, J. Z.; SCHMIDT, A. M.; FORD, J. K. & DeSHON, R. P. "Climate Perceptions Matter: A Meta-Analytic Path Analysis Relating Molar Climate, Cognitive and Affective States, and Individual Level Work Outcomes," *Journal of Applied Psychology* 88, n. (2003), p. 605–619.

17. SCHULTE, OSTROFF, SHMULYIAN&KINICKI, "Organizational Climate Configurations: Relationships to Collective Attitudes, Customer Satisfaction & Financial Performance."

18. Veja, por exemplo, BYRNE, Z. S.; STONER, J.; THOMPSON, K. R. & HOCHWARTER, W. "The Interactive Effects of Conscientiousness, Work Effort & Psychological Climate on Job Performance," *Journal of Vocational Behavior* 66, n. 2 (2005), p. 326–338; PUGH, D. S.; DIETZ, J.; BRIEF, A. P. & WILEY, J. W. "Looking Inside and Out: The Impact of Employee and Community Demographic Composition on Organizational Diversity Climate," *Journal of Applied Psychology* 93, n. 6 (2008), p. 1.422–1.428; WALLACE, J. C.; POPP, E. & MONDORE, S. "Safety Climate as a Mediator Between Foundation Climates and Occupational Accidents: A Group-Level Investigation," *Journal of Applied Psychology* 91, n. 3 (2006), p. 681–688; e EHRHART, K. H.; WITT, L. A.; SCHNEIDER, B. & PERRY, S. J. "Service Employees Give as They Get: Internal Service as a Moderator of the Service Climate-Service Outcomes Link," *Journal of Applied Psychology* 96, n. 2 (2011), p. 423–431.

19. WALLACE, J. C.; JOHNSON, P. D.; MATHE, K. & PAUL, J. "Structural and Psychological Empowerment Climates, Performance, and the Moderating Role of Shared Felt Accountability: A Managerial Perspective," *Journal of Applied Psychology* 96,n. 3 (2011), p. 840–850.

20. BEUS, J. M. S.; PAYNE, C.; BERGMAN, M. E. & ARTHUR, W. "Safety Climate and Injuries: An Examination of Theoretical and Empirical Relationships," *Journal of Applied Psychology* 95, n. 4 (2010), p. 713–727.

21. JEPPERSON, R. L. "Institutions, Institutional Effects & Institutionalism," in POWELL. W. W. & DiMAGGIO P. J. (eds.), *The New Institutionalism in Organizational Analysis* (Chicago: University of Chicago Press, 1991), p. 143–163; LANZARA, G. F. & PATRIOTTA, G. "The Institutionalization of Knowledge in an Automotive Factory: Templates, Inscriptions & the Problems of Durability," *Organization Studies* 28, n. 5 (2007), p. 635–660; e LAWRENCE, T. B.; MAUWS, M. K.; DYCK, B. & KLEYSEN, R. F. "The Politics of Organizational Learning: Integrating Power into the 4IFramework," *Academy of Management Review* (jan. 2005), p. 180–191.

22. SORENSEN, "The Strength of Corporate Culture and the Reliability of Firm Performance."

23. Veja COX Jr., T. *Cultural Diversity in Organizations: Theory, Research & Practice* (San Francisco: Berrett-Koehler, 1993), p. 162–170; GRENSING-POPHAL, L. "Hiring to Fit Your Corporate Culture," *HR Magazine* (ago. 1999), p. 50–54; e STONE, D. L.; STONE-ROMERO, E. F.; & LUKASZEWSKI, K. M. "The

Impact of Cultural Values on the Acceptance and Effectiveness of Human Resource Management Policies and Practices," *Human Resource Management Review* 17, n. 2 (2007), p. 152–165.

24. CARTWRIGHT, S. & COOPER, C. L. "The Role of Culture Compatibility in Successful Organizational Marriages," *Academy of Management Executive* (maio 1993), p. 57–70; WEBER, R. A. & CAMERER, C. F. "Cultural Conflict and Merger Failure: An Experimental Approach," *Management Science* (abr. 2003), p. 400–412; e GLEIBS, I. H.; MUMMENDEY, A. & NOACK, P. "Predictors of Change in Postmerger Identification During a Merger Process: A Longitudinal Study," *Journal of Personality and Social Psychology* 95, n. 5 (2008), p. 1.095–1.112.

25. GUMBEL, P. "Return of the Urge to Merge," *Time Europe Magazine* (13 jul. 2003), www.time.com/time/europe/magazine/article/0,13005,901030721-464418,00.html.

26. GALE, S. F. "Memo to AOL Time Warner: Why Mergers Fail—Case Studies," *Workforce Management* (fev. 2003), www.workforce.com; e W. Bock, "Mergers, Bubbles & Steve Case," *Wally Bock's Monday Memo* (20 jan. 2003),www.mondaymemo.net/030120feature.htm.

27. SCHEIN, E. H. "The Role of the Founder in Creating Organizational Culture," *Organizational Dynamics* (ver. 1983), p. 13–28.

28. SCHEIN, E. H. "Leadership and Organizational Culture," in HESSELBEIN, F.; GOLDSMITH, M. & BECKHARD, R. (eds.), *The Leader of the Future* (San Francisco: Jossey-Bass, 1996), p. 61–62.

29. Veja, por exemplo, HARRISON, J. R. & CARROLL, G. R. "Keeping the Faith: A Model of Cultural Transmission in Formal Organizations," *Administrative Science Quarterly* (dez. 1991), p. 552–582; e BOWEN, D. E. & OSTROFF, C. "The 'Strength' of the HRM System, Organizational Climate Formation & Firm Performance," *Academy of Management Review* 29 (2004), p. 203–221.

30. SCHNEIDER, B.; GOLDSTEIN, H. W. & SMITH, D. B. "The ASA Framework: An Update," *Personnel Psychology* (Inv. 1995), p. 747–773; CABLE, D. M. & JUDGE,T. A. "Interviewers' Perceptions of Person-Organization Fit and Organizational Selection Decisions," *Journal of Applied Psychology* (ago. 1997), p. 546–561; VERQUER, M. L.; BEEHR, T. A. & WAGNER, S. H. "A Meta-Analysis of Relations Between Person-Organization Fit and Work Attitudes," *Journal of Vocational Behavior* (dez. 2003), p. 473–489; e LI, W.; WANG, Y.; TAYLOR, P.; SHI, K. & HE, D. "The Influence of Organizational Culture on Work-Related Personality Requirement Ratings: A Multilevel Analysis," *International Journal of Selection and Assessment* 16, n. 4(2008), p. 366–384.

31. LEVERING, R. & MOSKOWITZ, M. "And the Winners Are...,"*Fortune* (20 jan. 2011), http://money.cnn.com/magazines/fortune/bestcompanies/2011/full_list/.

32. HAMBRICK, D. C. & MASON, P. A. "Upper Echelons: The Organization as a Reflection of Its Top Managers," *Academy of Management Review* (abr. 1984), p. 193–206; CARPENTER, M. A.; GELETKANYCZ, M. A. & SANDERS, W. G. "Upper Echelons Research Revisited: Antecedents, Elements & Consequences of Top Management Team Composition," *Journal of Management* 30, n. 6 (2004), p. 749–778 & WANG, H.; TSUI, A. S. & XIN, K. R. "CEO Leadership Behaviors, Organizational Performance & Employees' Attitudes," *The Leadership Quarterly* 22, n. 1 (2011), p. 92–105.

33. Veja, por exemplo, WANOUS, J. P. *Organizational Entry*, 2. ed. (Nova York: Addison-Wesley, 1992); CABLE, D. M. & PARSONS, C. K. "Socialization Tactics and Person-Organization Fit," *Personnel Psychology* (primav. 2001), p. 1–23; e BAUER, T. N.; BODNER, T.; ERDOGAN, B.; TRUXILLO, D. M. & TUCKER, J. S. "Newcomer Adjustment During Organizational Socialization: A Meta-Analytic Review of Antecedents, Outcomes & Methods," *Journal of Applied Psychology* 92, n. 3 (2007), p. 707–721.

34. KRANZ, G. "Training That Starts Before the Job Begins," *Workforce Management Online* (jul. 2009), www.workforce.com.

35. FELDMAN, D. C. "The Multiple Socialization of Organization Members," *Academy of Management Review* (abr. 1981), p. 310.

36. COLLINS, C. J. "The Interactive Effects of Recruitment Practices and Product Awareness on Job Seekers' Employer Knowledge and Application Behaviors," *Journal of Applied Psychology* 92, n. 1 (2007), p. 180–190.

37. KAMMEYER-MUELLER, J. D. & WANBERG, C. R. "Unwrapping the Organizational Entry Process: Disentangling Multiple Antecedents and Their Pathways to Adjustment," *Journal of Applied Psychology* 88 (2003), p. 779–794; MORRISON, E. W. "Longitudinal Study of the Effects of Information Seeking on Newcomer Socialization," *Journal of Applied Psychology* 78 (2003), p. 173–183; e WANG, M.; ZHAN, Y.; MCCUNE, E. & TRUXILLO, D. "Understanding Newcomers' Adaptability and Work-Related Outcomes: Testing the Mediating Roles of Perceived P-E Fit Variables," *Personnel Psychology* 64, n. 1 (2011), p. 163–189.

38. VAN MAANEN & SCHEIN, "Career Development," p. 59. VAN MAANEN, J. & SCHEIN, E. H. "Career Development," in HACKMAN, J. R. & SUTTLE, J. L. (eds.), *Improving Life at Work* (Santa Monica, CA: Goodyear Publishing, 1977), p. 30–95.

39. MORRISON, E. W. "Newcomers' Relationships: The Role of Social Network Ties During Socialization," *Academy of Management Journal* 45 (2002), p. 1.149–1.160.

40. BAUER, T. BODNER, N. T.; ERDOGAN, B.; TRUXILLO, D. M. & TUCKER, J. S. "Newcomer Adjustment During Organizational Socialization: A Meta-Analytic Review of Antecedents, Outcomes & Methods," *Journal of Applied Psychology* 92,n. 3 (2007), p. 707–721.
41. BOSWELL, W. R.; SHIPP, A. J.; PAYNE, S. C. & CULBERTSON, S. S. "Changes in Newcomer Job Satisfaction Over Time: Examining the Pattern of Honeymoons and Hangovers," *Journal of Applied Psychology* 94, n. 4 (2009), p. 844–858.
42. VANDENBERGHE, C.; PANACCIO, A.; BENTEIN, K.; MIGNONAC. K. & ROUSSEL, P. "Assessing Longitudinal Change of and Dynamic Relationships Among Role Stressors, Job Attitudes, Turnover Intention & Well-Being in Neophyte Newcomers," *Journal of Organizational Behavior* 32, n. 4 (2011), p. 652–671.
43. RANSDELL, E. "The Nike Story? Just Tell It!" FAST *Company* (jan.–fev. 2000), p. 44–46; e MUCCINO, A. "Exclusive Interview with Chuck Eichten," *Liquid Brand Summit Blog* (fev. 4, 2011), http://blog.liquidbrandsummit.com/.
44. BOJE, D. M. "The Storytelling Organization: A Study of Story Performance in an Office-Supply Firm," *Administrative Science Quarterly* (mar. 1991), p. 106–126; e RICKETTS, M. & SEILING, J. G. "Language, Metaphors & Stories: Catalysts for Meaning Making in Organizations," *Organization Development Journal* (Inv. 2003), p. 33–431.
45. SHIPP, A. J. & JANSEN, K. J. "Reinterpreting Time in Fit Theory: Crafting and Recrafting Narratives of Fit in Medias Res," *Academy of Management Review* 36, n. 1 (2011), p. 76–101.
46. Veja ISLAM, G. & ZYPHUR, M. J. "Rituals in Organizations: A Review and Expansion of Current Theory," *Group and Organization Management* 34, n. 1 (2009), p. 114–139.
47. MATTHEWS, V. "Starting Every Day with a Shout and a Song," *Financial Times* (2 maio 2001), p. 11; e GIMEIN, M. "Sam Walton Made Us a Promise," *Fortune* (18 mar. 2002), p. 121–130.
48. PRATT, M. G. & RAFAELI, A. "Artifacts and Organizations: Understanding Our Objective Reality," in RAFAELI A. & PRATT, M. G. *Artifacts and Organizations: Beyond Mere Symbolism* (Mahwah, NJ: Lawrence Erlbaum, 2006), p. 279–288.
49. Veja VICTOR, B. & CULLEN, J. B. "The Organizational Bases of Ethical Work Climates," *Administrative Science Quarterly* (mar. 1988), p. 101–125; DUFRESNE, R. L. "An Action Learning Perspective on Effective Implementation of Academic Honor Codes," *Group & Organization Management*(abr. 2004), p. 201–218; e ARDICHVILLI, A. J.; MITCHELL, A. & JONDLE, D. "Characteristics of Ethical Business Cultures," *Journal of Business Ethics* 85, n. 4 (2009), p. 445–451.
50. MULKI, J. P.; JARAMILLO, J. F. & LOCANDER, W. B. "Critical Role of Leadership on Ethical Climate and Salesperson Behaviors," *Journal of Business Ethics* 86, n. 2 (2009), p. 125–141; SCHMINKE, M.; AMBROSE, M. L. & NEUBAUM, D. O. "The Effect of Leader Moral Development on Ethical Climate and Employee Attitudes," *Organizational Behavior and Human Decision Processes* 97, n. 2 (2005), p. 135–151; e BROWN, M. E.; TREVIÑO, L. K. & HARRISON, D. A. "Ethical Leadership: A Social Learning Perspective for Construct Development and Testing," *Organizational Behavior and Human Decision Processes* 97, n. 2 (2005), p. 117–134.
51. MAYER, D. M.; KUENZI, M.; GREENBAUM, R.; BARDES, M. & SALVADOR, S. "How Low Does Ethical Leadership Flow? Test of a Trickle-Down Model," *Organizational Behavior and Human Decision Processes* 108, n. 1 (2009), p. 1–13.
52. SWEENEY, B.; ARNOLD, D. & PIERCE, B. "The Impact of Perceived Ethical Culture of the Firm and Demographic Variables on Auditors' Ethical Evaluation and Intention to Act Decisions," *Journal of Business Ethics* 93, n. 4 (2010), p. 531–551.
53. GRUYS, M. L.; S. STEWART, M.; GOODSTEIN, J.; BING, M. N. & WICKS, A. C. "Values Enactment in Organizations: A Multi-Level Examination," *Journal of Management* 34, n. 4 (2008), p. 806–843.
54. NELSON, D. L. & COOPER, C. L. (eds.), *Positive Organizational Behavior* (Londres: Sage, 2007); CAMERON, K. S.; DUTTON,J. E. & QUINN, R. E. (eds.), *Positive Organizational Scholarship: Foundations of a New Discipline* (San Francisco: Berrett-Koehler, 2003); e LUTHANS, F. & YOUSSEF, C. M. "Emerging Positive Organizational Behavior," *Journal of Management* (jun. 2007), p. 321–349.
55. ROBISON, J. "Great Leadership Under Fire," *Gallup Leadership Journal* (mar. 8, 2007), p. 1–3.
56. WAGNER, R. & HARTER, J. K. *12: The Elements of Great Managing* (Nova York: Gallup Press, 2006).
57. R WAGNER, R. & HARTER, J. K. "Performance Reviews Without the Anxiety," *Gallup Leadership Journal* (12 jul. 2007), p. 1–4; e WAGNER & HARTER, *12: The Elements of Great Managing*.
58. FINEMAN, S. "On Being Positive: Concerns and Counterpoints," *Academy of Management Review* 31, n. 2 (2006), p. 270–291.
59. McCarthy, D. J. & PUFFER, S. M. "Interpreting the Ethicality of Corporate Governance Decision in Russia: Utilizing Integrative Social Contracts Theory to Evaluate the Relevance of Agency Theory Norms," *Academy of Management Review* 33, n. 1 (2008), p. 11–31.
60. DVORAK, P. "A Firm's Culture Can Get Lost in Translation," *Wall Street Journal* (3 abr. 2006), p. B1, B3; KRANHOLD, K. "The Immelt Era, Five Years Old, Transforms GE," *Wall Street Journal* (11 set. 2006), p. B1, B3; e S. McCartney," Teaching Ameri-

cans How to Behave Abroad," *Wall Street Journal* (11 abr. 2006), p. D1, D4.
61. CHATMAN, J. A. "Matching People and Organizations: Selection and Socialization in Public Accounting Firms," *Administrative Science Quarterly* (set. 1991), p. 459–484; e VAN VIANEN, A. E. M. "Person-Organization Fit: The Match between Newcomers' and Recruiters' Preferences for Organizational Cultures," *Personnel Psychology* (primav. 2000), p. 113–149.

# CAPÍTULO 17

1. AUDIA, P. G. & BRION, S. "Reluctant to Change: Self-Enhancing Responses to Diverging Performance Measures," *Organizational Behavior and Human Decision Processes* 102 (2007), p. 255–269.
2. FUGATE, M.; KINICKI, A. J. & PRUSSIA, G. E. "Employee Coping with Organizational Change: An Examination of Alternative Theoretical Perspectives and Models," *Personnel Psychology* 61, n. 1 (2008), p. 1–36.
3. FORD, J. D.; FORD, L. W. & D'AMELIO, A. "Resistance to Change: The Rest of the Story," *Academy of Management Review* 33, n. 2 (2008), p. 362–377.
4. HANNAN, M. T.; PÓLOS, L. & CARROLL, G. R. "The Fog of Change: Opacity and Asperity in Organizations," *Administrative Science Quarterly* (set. 2003), p. 399–432.
5. KOTTER, J. P. & SCHLESINGER, L. A. "Choosing Strategies for Change," *Harvard Business Review* (mar.–abr, 1979), p. 106–114.
6. DUTTON, J. E.; ASHFORD, S. J.; O'NEILL, R. M. & LAWRENCE, K. A. "Moves That Matter: Issue Selling and Organizational Change," *Academy of Management Journal* (ago. 2001), p. 716–736.
7. FISS, P. C. & ZAJAC, E. J. "The Symbolic Management of Strategic Change: Sensegiving via Framing and Decoupling," *Academy of Management Journal* 49, n. 6 (2006), p. 1.173–1.193.
8. RAFFERTY, A. E. & RESTUBOG, S. L. D. "The Impact of Change Process and Context on Change Reactions and Turnover During a Merger," *Journal of Management* 36, n. 5 (2010), p. 1.309–1.338.
9. HUY, Q. N. "Emotional Balancing of Organizational Continuity and Radical Change: The Contribution of Middle Managers," *Administrative Science Quarterly* (mar. 2002), p. 31–69; HEROLD, D. M.; FEDOR, D. B. & CALDWELL, S. D. "Beyond Change Management: A Multilevel Investigation of Contextual and Personal Influences on Employees' Commitment to Change," *Journal of Applied Psychology* 92, n. 4 (2007), p. 942–951; e CUNNINGHAM, G. B. "The Relationships Among Commitment to Change, Coping with Change & Turnover Intentions," *European Journal of Work and Organizational Psychology* 15, n. 1 (2006), p. 29–45.
10. PECCEI, R.; GIANGRECO, A. & SEBASTIANO, A. "The Role of Organizational Commitment in the Analysis of Resistance to Change: Co-predictor and Moderator Effects," *Personnel Review* 40, n. 2 (2011), p. 185–204.
11. KOTTER, J. P. "Leading Change: Why Transformational Efforts Fail," *Harvard Business Review* 85 (jan. 2007), p. 96–103.
12. VAN DAM, K.; OREG, S. & SCHYNS, B. "Daily Work Contexts and Resistance to Organizational Change: The Role of Leader-Member Exchange, Development Climate & Change Process Characteristics," *Applied Psychology: An International Review* 57, n. 2 (2008), p. 313–334.
13. OREG, S. & SVERDLIK, N. "Ambivalence toward Imposed Change: The Conflict between Dispositional Resistance to Change and the Orientation toward the Change Agent," *Journal of Applied Psychology* 96, n. 2 (2011), p. 337–349.
14. FEDOR, D. B.; CALDWELL, S. & HEROLD, D. M. "The Effects of Organizational Changes on Employee Commitment: A Multilevel Investigation," *Personnel Psychology* 59(2006), p. 1–29; e FOSTER, R. D. "Resistance, Justice & Commitment to Change," *Human Resource Development Quarterly* 21, n. 1 (2010), p. 3–39.
15. OREG, S. "Personality, Context & Resistance to Organizational Change," *European Journal of Work and Organizational Psychology* 15, n. 1 (2006), p. 73–101.
16. ELIAS, S. M. "Employee Commitment in Times of Change: Assessing the Importance of Attitudes Toward Organizational Change," *Journal of Management* 35, n. 1 (2009), p. 37–55.
17. LANG, J. W. B. & BLIESE, P. D. "General Mental Ability and Two Types of Adaptation to Unforeseen Change: Applying Discontinuous Growth Models to the Task-Change Paradigm," *Journal of Applied Psychology* 94, n. 2 (2009), p. 411–428.
18. PORTER, C. O. L. H.; WEBB, J. W. & GOGUS, C. I. "When Goal Orientations Collide: Effects of Learning and Performance Orientation on Team Adaptability in Response to Workload Imbalance," *Journal of Applied Psychology* 95, n. 5 (2010), p. 935–943.
19. LEWIN, K. *Field Theory in Social Science* (Nova York: Harper & Row, 1951).
20. AUDIA, P. G.; LOCKE, E. A. & SMITH, K. G. "The Paradox of Success: An Archival and a Laboratory Study of Strategic Persistence Following Radical Environmental Change," *Academy of Management Journal* (out. 2000), p. 837–853; e AUDIA, P. G. & BRION, S. "Reluctant to Change: Self-Enhancing Responses to Diverging Performance Measures," *Organizational Behavior and Human Decision Processes* 102, n. 2 (2007), p. 255–269.
21. SORENSEN, J. B. "The Strength of Corporate Culture and the Reliability of Firm Performance," *Administrative Science Quarterly* (mar. 2002), p. 70–91.
22. AMIS, J.; SLACK, T.; & HININGS, C. R. "The Pace, Sequence, and Linearity of Radical Change," *Aca-*

*demy of Management Journal* (fev. 2004), p. 15–39; e AUTIO, E.; SAPIENZA, H. J. & ALMEIDA, J. G. "Effects of Age at Entry, Knowledge Intensity & Imitability on International Growth," *Academy of Management Journal* (out. 2000), p. 909–924.

23. KOTTER, J. P. "Leading Changes: Why Transformation Efforts Fail," *Harvard Business Review* (mar.–April 1995), p. 59–67; e KOTTER, J. P. *Leading Change* (Harvard Business School Press, 1996).

24. Para uma amostra das várias definições de CO, veja SINANGIL, H. K. & AVALLONE, F. "Organizational Development and Change," in ANDERSON, N.; ONES, D. S.; SINANGIL, H. K. &VISWESVARAN, C. (eds.), *Handbook of Industrial, Work and Organizational Psychology*, v. 2 (Thousand Oaks, CA: Sage, 2001), p. 332–335; e MARSHAK, R. J. & GRANT, D. "Organizational Discourse and New Organization Development Practices," *British Journal of Management* 19, n. 1 (2008), p. S7–S19.

25. Veja, por exemplo, LINES, R. "Influence of Participation in Strategic Change: Resistance, Organizational Commitment and Change Goal Achievement," *Journal of Change Management* (set. 2004), p. 193–215.

26. EDWARDS, J. E. & THOMAS, M. D. "The Organizational Survey Process: General Steps and Practical Considerations," in ROSENFELD, P.; EDWARDS, J. E. & THOMAS, M. D. (eds.), *Improving Organizational Surveys: New Directions, Methods, and Applications* (Novabury Park, CA: Sage, 1993), p. 3–28.

27. SCHEIN, E. H. *Process Consultation: Its Role in Organizational Development*, 2. ed. (Reading, MA: Addison-Wesley, 1988), p. 9. Veja também SCHEIN, E. H. *Process Consultation Revisited: Building Helpful Relationships* (Reading, MA: Addison-Wesley, 1999).

28. SCHEIN, *Process Consultation*.

29. DYER, W. W. G.; DYER, W. G. & DYER, J. H. *Team Building: Proven Strategies for Improving Team Performance* (Hoboken, NJ: Jossey-Bass, 2007).

30. WAGNER, U.; TROPP, L.; FINCHILESCU, G. & TREDOUX, C. (eds.), *Improving Intergroup Relations* (Nova York: Wiley-Blackwell, 2008).

31. Veja, por exemplo, FRY, R.; BARRETT, F.; SEILING, J. & WHITNEY, D. (eds.), *Appreciative Inquiry & Organizational Transformation: Reports from the Field* (Westport, CT: Quorum, 2002); BARGE, J. K. & OLIVER, C. "Working with Appreciation in Managerial Practice," *Academy of Management Review* (jan. 2003), p. 124–142; e VAN DER HAAR, D. & HOSKING, D. M. "Evaluating Appreciative Inquiry: A Relational Constructionist Perspective," *Human Relations* (ago. 2004), p. 1.017–1.036.

32. HARRINGTON, A. "Who's Afraid of a New Product?" *Fortune* (10 nov. 2003), p. 189–192; C. MANZ, C.; SHIPPER, F. & STEWART, G. L. "Everyone a Team Leader: Shared Influence at W. L. Gore and Associates," *Organizational Dynamics* 38, n. 3 (2009), p. 239–244.

33. Veja, por exemplo, KANTER, R. M. "When a Thousand Flowers Bloom: Structural, Collective and Social Conditions for Innovation in Organizations," in STAW, B. M. & CUMMINGS, L. L. (eds.), *Research in Organizational Behavior*, v. 10 (Greenwich, CT: JAI Press, 1988), p. 169–211.

34. DAMANPOUR, F. "Organizational Innovation: A Meta-Analysis of Effects of Determinants and Moderators," *Academy of Management Journal* (set. 1991), p. 557.

35. Ibid., p. 555–590; e WESTERMAN, G.; MCFARLAN, F. W. & IANSITI, M. "Organization Design and Effectiveness over the Innovation Life Cycle," *Organization Science* 17, n. 2 (2006), p. 230–238.

36. Veja MONGE, P. R.; COZZENS, M. D. & CONTRACTOR, N. S. "Communication and Motivational Predictors of the Dynamics of Organizational Innovation," *Organization Science* (maio 1992), p. 250–274; SCHEPERS, P. & VAN DENBERG, P. T. "Social Factors of Work-Environment Creativity," *Journal of Business and Psychology* 21, n. 3 (2007), p. 407–428.

37. D. L. DAY, "Raising Radicals: Different Processes for Championing Innovative Corporate Ventures," *Organization Science* (maio 1994), p. 148–172; e MULLINS, M. E.; KOZLOWSKI, S. W. J.; SCHMITT, N. & HOWELL, A. W. "The Role of the Idea Champion in Innovation: The Case of the Internet in theMid-1990s," *Computers in Human Behavior* 24, n. 2 (2008), p. 451–467.

38. HOWELL, J. M. & HIGGINS, C. A. "Champions of Change: Identifying, Understanding & Supporting Champions of Technological Innovations," *Organizational Dynamics* 19(1990), p. 40–55.

39. Veja SHANE, S.; VENKATARAMAN, S. & MACMILLAN, I. "Cultural Differences in Innovation Championing Strategies," *Journal of Management* 21, n. 5 (1995), p. 931–952.

40. TAYLOR, A. "Chrysler's Speed Merchant," *Fortune* (6 set. 2010), p. 77–82.

41. Veja, por exemplo, ARMOUR, S. "Rising Job Stress Could Affect Bottom Line," *USA Today* (29 jul. 2003), p. 1B; e SCHRAMM, J. "Work/Life on Hold," *HR Magazine* 53 (out. 2008), p. 120.

42. Adaptado de SCHULER, R. S. "Definition and Conceptualization of Stress in Organizations," *Organizational Behavior and Human Performance* (abr. 1980), p. 189. Para uma revisão atualizada das definições, veja COOPER, C. L.; DEWE, P. J. & O'DRISCOLL, M. P. *Organizational Stress: A Review and Critique of Theory, Research & Applications* (Thousand Oaks, CA: Sage, 2002).

43. Veja, por exemplo, CAVANAUGH, M. A.; BOSWELL, W. R.; ROEHLING, M. V. & BOUDREAU, J. W. "An Empirical Examination of Self-Reported Work Stress Among U.S. Managers," *Journal of Applied Psychology* (fev. 2000), p. 65–74.

44. PODSAKOFF, N. P.; LePINE, J. A. & LePINE, M. A. "Differential Challenge-Hindrance Stressor Re-

lationships with Job Attitudes, Turnover Intentions, Turnover & Withdrawal Behavior: A Meta-Analysis," *Journal of Applied Psychology* 92, n. 2 (2007), p. 438–454; e LePINE, J. A.; LePINE, M. A. & JACKSON, C. L. "Challenge and Hindrance Stress: Relationships with Exhaustion, Motivation to Learn, and Learning Performance," *Journal of Applied Psychology* (out. 2004), p. 883–891.

45. HUNTER, L. W. & S. THATCHER, M. B. "Feeling the Heat: Effects of Stress, Commitment & Job Experience on Job Performance," *Academy of Management Journal* 50, n. 4 (2007), p. 953–968.

46. WALLACE, J. C.; EDWARDS, B. D.; ARNOLD, T.; FRAZIER, M. L. & FINCH, D. M. "Work Stressors, Role-Based Performance, and the Moderating Influence of Organizational Support," *Journal of Applied Psychology* 94, n. 1 (2009), p. 254–262.

47. VAN YPEREN, N. W. & JANSSEN, O. "Fatigued and Dissatisfied or Fatigued but Satisfied? Goal Orientations and Responses to High Job Demands," *Academy of Management Journal* (dez. 2002), p. 1.161–1.171; e VAN YPEREN, N. W. & HAGEDOORN, M. "Do High Job Demands Increase Intrinsic Motivation or Fatigue or Both? The Role of Job Control and Job Social Support," *Academy of Management Journal* (jun. 003), p. 339–348.

48. DE JONGE, J. & DORMANN, C. "Stressors, Resources & Strain at Work: A Longitudinal Test of the Triple-Match Principle," *Journal of Applied Psychology* 91, n. 5 (2006), p. 1.359–1.374.

49. SCHULER, "Definition and Conceptualization of Stress," p. 200-205; e KAHN, R. L. & BYOSIERE, M. "Stress in Organizations," in DUNNETTE, M. D. & HOUGH, L. M. (eds.), *Handbook of Industrial and Organizational Psychology*, 2. ed., v. 3 (Palo Alto, CA: Consulting Psychologists Press, 1992), p. 604–610.

50. SCHAUBROECK, J.; JONES, J. R. &. XIE, J. L "Individual Differences in Utilizing Control to Cope with Job Demands: Effects on Susceptibility to Infectious Disease," *Journal of Applied Psychology* (abr. 2001), p. 265–278.

51. KIVIMÄKI, M.; HEAD, J.; FERRIE,J. E.; BRUNNER, E.; MARMOT, M. G.; VAHTERA, J. & SHIPLEY, M. J. "Why Is Evidence on Job Strain and Coronary Heart Disease Mixed? An Illustration of Measurement Challenges in the Whitehall II Study," *Psychosomatic Medicine* 68, n. 3 (2006), p. 398–401.

52. BORRITZ, M. K.; CHRISTENSEN, B.; BÜLTMANN, U.; RUGULIES, R.; LUND, T.; ANDERSEN, I; VILLADSEN, E.; DIDREICHSEN, F. & KRISENSEN, T. S. "Impact on Burnout and Psychosocial Work Characteristics on Future Long-Term Sickness Absence, Prospective Results of the Danish PUMA Study Among Human Service Workers," *Journal of Occupational and Environmental Medicine* 52, n. 10 (2010), p. 964–970.

53. STEFFY, B. D. & JONES, J. W. "Workplace Stress and Indicators of Coronary-Disease Risk," *Academy of Management Journal* 31, n. 3 (1988), p. 686–698.

54. ILLIES, R.; DIMOTAKIS, N. & DEPATER, I. E. "Psychological and Physiological Reactions to High Workloads: Implications for Well-Being," *Personnel Psychology* 63, n. 2 (2010), p. 407–463.

55. ÖRTQVIST, D. & WINCENT, J. "Prominent Consequences of Role Stress: A Meta-Analytic Review," *International Journal of Stress Management*, 13, n. 4 (2006), p. 399–422.

56. HACKMAN, J. R. & OLDHAM, G. R. "Development of the Job Diagnostic Survey," *Journal of Applied Psychology* (abr. 1975), p. 159–170; HAKANEN, J. J.; BAKKER. A. B. & JOKISAARI, M. "A 35-Year Follow-Up Study on Burnout Among Finnish Employees," *Journal of Occupational Health Psychology* 16, n. 3 (2011), p. 345–360; CRAWFORD, E. R.; LEPINE, J. A. & RICH, B. L. "Linking Job Demands and Resources to Employee Engagement and Burnout," *Journal of Applied Psychology* 95, n. 5 (set. 1995), p. 834–848; e CHUNG-YAN, G. A. "The Nonlinear Effects of Job Complexity and Autonomy on Job Satisfaction, Turnover & Psychological Well-Being," *Journal of Occupational Health Psychology* 15, n. 3 (2010), p. 237–251.

57. MEIER, L. L.; SEMMER, N. K. ; ELFERING, A. & JACOBSHAGEN, N. "The Double Meaning of Control: Three-Way Interactions between Internal Resources, Job Control & Stressors at Work," *Journal of Occupational Health Psychology* 13, n. 3(2008), p. 244–258.

58. DE CROON, E. M.; SLUITER, J. K. ; BLONK, R. W. B.; BROERSEN, J. P. J. & FRINGS-DRESEN, M. H. W. "Stressful Work, Psychological Job Strain & Turnover: A 2-Year Prospective Cohort Study of Truck Drivers," *Journal of Applied Psychology* (jun. 2004), p. 442–454; CROPANZANO, R.; RUPP, D E. & BYRNE, Z. S. "The Relationship of Emotional Exhaustion to Work Attitudes, Job Performance & Organizational Citizenship Behaviors," *Journal of Applied Psychology* (fev. 2003), p. 160–169; e DIESTEL, S. & SCHMIDT, K. "Costs of Simultaneous Coping with Emotional Dissonance and Self-Control Demands at Work: Results from Two German Samples," *Journal of Applied Psychology* 96, n. 3 (2011), p. 643–653.

59. A discussão a seguir influenciou IVANCEVICH,J. M.; MATTESON, M. T.; FREEDMAN, S. M. & PHILLIPS, J. S. "Worksite Stress Management Interventions," *American Psychologist*(fev. 1990), p. 252–261; SCHWARZER, R. "Manage Stress at Work Through Preventive and Proactive Coping," in LOCKE, E. A. (ed.), *Handbook of Principles of Organizational Behavior* (Malden, MA: Blackwell, 2004), p. 342–355; e RICHARDSON, K. M. & ROTHSTEIN, H. R. "Effects of Occupational Stress Management Intervention Programs: A Meta-Analysis," *Journal of*

*Occupational Health Psychology* 13, n. 1 (2008), p. 69–93.
60. MACAN, T. H. "Time Management: Test of a Process Model," *Journal of Applied Psychology* (jun. 1994), p. 381–391; e CLAESSENS, B. J. C.; VAN EERDE, W.; RUTTE, C. G. & ROE, R. A. "Planning Behavior and Perceived Control of Time at Work," *Journal of Organizational Behavior* (dez. 2004), p. 937–950.
61. Veja, por exemplo, LAWRENCE-ELL, G. *The Invisible Clock: A Practical Revolution in Finding Time for Everyone and Everything* (Seaside Park, NJ: Kingsland Hall, 2002); e TRACY, B. *Time Power* (Nova York: Amacom, 2004).
62. RENN, R. W.; ALLEN, D. G. & HUNING, T. M. "Empirical Examination of Individual-Level Personality-Based Theory of Self-Management Failure," *Journal of Organizational Behavior* 32, n. 1 (2011), p. 25–43; e GRÖPEL, P. & STEEL, P. "A Mega-Trial Investigation of Goal Setting, Interest Enhancement & Energy on Procrastination," *Personality and Individual Differences* 45, n. 5 (2008), p. 406–411.
63. SALMON, P. "Effects of Physical Exercise on Anxiety, Depression & Sensitivity to Stress: A Unifying Theory," *Clinical Psychology Review* 21, n. 1 (2001), p. 33–61.
64. RICHARDSON, K. M. & ROTHSTEIN, H. R. "Effects of Occupational Stress Management Intervention Programs: A Meta-Analysis," *Journal of Occupational Health Psychology* 13, n. 1 (2008), p. 69–93.
65. HAHN, V. C.; BINNEWIES, C.; SONNENTAG, S. & MOJZA, E. J. "Learning How to Recover From Job Stress: Effects of a Recovery Training Program on Recovery, Recovery-Related Self-Efficacy & Well-Being," *Journal of Occupational Health Psychology* 16, n. 2 (2011), p. 202–216; e BINNEWIES, C.; SONNENTAG, S. & MOJZA, E. J. "Recovery During the Weekend and Fluctuations in Weekly Job Performance: A Week-Level Study Examining Intra-Individual Relationships," *Journal of Occupational and Organizational Psychology* 83, n. 2 (2010), p. 419–441.
66. GREENGLASS, E. R. & FIKSENBAUM, L. "Proactive Coping, Positive Affect & Well-Being: Testing for Mediation Using Path Analysis," *European Psychologist* 14, n. 1 (2009), p. 29–39; e MIQUELON, P. & VALLERAND, R. J. "Goal Motives, Well-Being & Physical Health: Happiness and Self-Realization as Psychological Resources under Challenge," *Motivation and Emotion* 30, n. 4 (2006), p. 259–272.
67. BUTTS, M. M.; VANDENBERG, R. J.; DEJOY, D. M.; SCHAFFER, B. S. & WILSON, M. G. "Individual Reactions to High Involvement Work Processes: Investigating the Role of Empowerment and Perceived Organizational Support," *Journal of Occupational Health Psychology* 14, n. 2 (2009), p. 122–136.
68. BLUE, L. "Making Good Health Easy," *Time* (12 nov. 2009), www.time.com; e ANDREWS, M. "Americas Best Health Plans," *US News and World Report* (5 nov. 2007), p. 54–60.
69. RICHARDSON, K. M. & ROTHSTEIN, H. R. "Effects of Occupational Stress Management Intervention Programs: A Meta-Analysis," *Journal of Occupational Health Psychology* 13, n. 1 (2008), p. 69–93.
70. GOODMAN, P. S. & KURKE, L. B. "Studies of Change in Organizations: A Status Report," in GOODMAN ,P. S. (ed.), *Change in Organizations* (San Francisco: Jossey-Bass, 1982), p. 1.

# Glíndice

3M Company, 89, 339, 343, 366
20th Century Fox, 337

## A

A. T. Kearney, 353
ABB, 333
Abertura à experiência, *Dimensão da personalidade que caracteriza alguém em termos de imaginação, sensibilidade e curiosidade,* 90, 93, 103, 128, 217, 274
Abordagem soma zero, *Uma abordagem de negociação em que os ganhos obtidos por um lado vem à custa do outro lado e vice-versa,* 288
Absentismo
  comprometimento organizacional e, 52
  enriquecimento do trabalho e, 163-165
  gênero e, 29-30
  idade e, 27-28
  satisfação no trabalho e, 62
Ação profunda, *Tentar modificar os verdadeiros sentimentos com base em regras socialmente estabelecidas,* 75
Ações políticas ilegítimas, *Comportamento que viola as regras implícitas do jogo,* 287
Acomodação, *Vontade de uma das partes em um conflito de colocar os interesses do oponente acima de seus próprios interesses,* 305
Adams, J. Stacy, 151
Adequação da pessoa ao trabalho, 101-103
ADM, 36
Administração por objetivos (APO), *Programa que abrange objetivos específicos, definidos participativamente, por um período de tempo explícito, com feedback sobre o progresso das metas,* 146
Afeto negativo, *Dimensão do humor que consiste de emoções, tais como nervosismo, estresse e ansiedade na escala superior, em oposição ao relaxamento, tranquilidade e a postura na escala inferior,* 67-69

Afeto, *Ampla gama de sentimentos que as pessoas experimentam,* 67-69
Agir de forma superficial, *Esconder os sentimentos interiores e renunciar às expressões emocionais em resposta a regras de exibição,* 75
Agressividade, na cultura organizacional, 350
AirAsia, 367
Alemanha
  empregos no setor de serviços na, 12
  horário flexível na, 166
Allport, Gordon, 86
Alltel, 36
Amazon.com, 13, 328
Ambiente, *Instituições ou forças fora de uma organização que potencialmente afetam o desempenho da organização,* 344
American Airlines, 367
American Express, 2, 35, 169, 250
Ameriquest, 371
Amplitude de controle, *O número de subordinados que um gestor pode dirigir de forma eficiente e eficaz,* 331-332, 346
Ansiedade social, 244
Antropologia, *O estudo das sociedades para efeitos de aprendizagem sobre os seres humanos e suas atividades,* 5, 6,7
AOL (America Online), 355
Apelações, 281
Apelos inspiradores, 281
Apelos pessoais, 282
Apex Precision Technologies, 163
Apple, 89, 250, 258, 260, 261, 340, 343, 370
Apreensão de comunicação, *Tensão indevida e ansiedade sobre a comunicação oral, a comunicação escrita ou ambas,* 244
Aptidão numérica, capacidade intelectual, 37
Aquisições, cultura organizacional como uma barreira para, 355

Asch, Solomon, 194, 204
Ash, Mary Kay, 258
Assédio sexual, *Qualquer atividade indesejada de carácter sexual que afete o emprego do indivíduo e cria um ambiente de trabalho hostil,* 25, 30
Assumir riscos
  como traços de personalidade, 93, 96, 97
  confiança e, 270
  na cultura organizacional, 348
AT&T, 89, 169, 339, 340
Atitudes, *Declarações avaliativas, favoráveis ou desfavoráveis, relativas aos objetos, pessoas ou eventos,* 47-55, 63, 64, 70, 79, 82, 85
Auglaize Provico, 365
Austrália, postos de serviço na, 12
Autoavaliação básica, *Grau até o qual um indivíduo gosta ou não de si mesmo, se a pessoa se vê como capaz e eficaz, e se se sente no controle do seu ambiente ou sente-se impotente sobre ele; conclusões profundas que os indivíduos têm sobre as suas capacidades, competências e valores,* 93-94
Autoconcordância, *Grau até o qual as razões das pessoas para alcançar objetivos são compatíveis com seus interesses e valores fundamentais,* 142
Autoeficácia, *Crença do indivíduo de que ele é capaz de executar uma tarefa,* 106–108, 179
Automonitoramento, *Traço de personalidade que mede a capacidade do indivíduo para ajustar seu comportamento a fatores situacionais externos,* 93, 96-97, 286, 304
Autonomia, *Grau até o qual um trabalho fornece liberdade substancial e discrição ao indivíduo no agendamento do trabalho e na determinação dos procedimentos a serem utilizados na execução,* 160
Autopromoção, 283, 293, 294, 295
Autorrealização, *A força para se tornar o que uma pessoa é capaz de se tornar,* 134-135
Autorreferência no interior/exterior da organização, na teoria da equivalência, 151
Autoridade, *Direitos inerentes a uma posição gerencial de dar ordens e esperar que as ordens sejam obedecidas,* 330
Avaliação de desempenho
  tomada de decisão e, 125-126
Aversão ao risco, *Tendência a preferir um ganho certo de uma quantidade moderada a um resultado mais arriscado, mesmo que o este possa ter um retorno esperado maior,* 123, 124, 126
Aversão à incerteza, *Atributo de cultura nacional que descreve o grau até o qual uma sociedade se sente ameaçada por situações incertas e ambíguas e tenta evitá-las,* 104

## B

*Baby boomers.* Ver Diversidade da força de trabalho
Bajulação, 281, 292, 293
Bandura, Albert, 149, 150
Barganha, 314

Basex, 241
Bass, B. M., 263
BATNA, *A melhor alternativa à negociação de um acordo; o mínimo que o indivíduo deve aceitar,* 315
Bayer, 229
Bear Stearns, 370
Bell, Alexander Graham, 129
Benz, M., 57
Blockbuster, 124
Blogs, *Sites onde os registros são escritos e geralmente exibidos em ordem cronológica inversa, incluindo notícias, eventos e registros diários pessoais,* 241, 344
Boeing, 13, 262, 268, 335, 340, 366
Bomers, G. B. J., 306
Bono, J. E., 263
Bônus, *Uma maneira de recompensar funcionários por desempenho recente, ao invés vez de desempenho histórico,* 176
Booz Allen Hamilton, 357
Bowerman, Bill, 361
Brady, Tom, 280
Brainstorming, *Um processo de geração de ideias que estimula especificamente toda e qualquer alternativa, ao mesmo tempo em que impede críticas a elas,* 206
Branson, Richard, 250, 262, 356
Broadwater, Gene, 143, 144
Brynaert, Didier, 366
Bulkeley, W. M., 26
Burger King, 9
Burocracia, *Estrutura organizacional com tarefas operacionais altamente rotineiras, alcançada por especialização, regras e regulamentos muito formalizados, tarefas agrupadas em departamentos funcionais, autoridade centralizada, estreita amplitude de controle e tomada de decisão que segue a cadeia de comando,* 333, 334

## C

Cadeia de comando, *A linha contínua de autoridade que se estende do topo da organização até o mais baixo escalão e esclarece quem se reporta a quem,* 330-331
Campbell Soup Company, 267
Canadá, definição de metas no, 145
Canais formais, *Canais de comunicação estabelecidos por uma organização para transmitir mensagens relacionadas com a atividade profissional dos membros,* 228
Canais informais, *Canais de comunicação criados espontaneamente e que surgem como respostas a escolhas individuais,* 228
Capacidade mental geral (CM), *Fator geral de inteligência, como sugerido por correlações positivas entre dimensões específicas da capacidade intelectual,* 38
Capacidade, na estrutura organizacional, 344-345
Capacidades físicas, *A capacidade de executar tarefas que exigem vigor físico, destreza, força, e características semelhantes,* 39-40

Características biológicas, *Características pessoais — como a idade, gênero, etnia e tempo de casa — que são objetivos e facilmente obtidos a partir de registros de pessoal. Estas características são representativas da diversidade em nível superficial,* 26-36
Caterpillar, 13, 54, 343
Centro de pesquisas, Universidade de Michigan, 252
Centralização, *Grau até o qual a tomada de decisão é concentrada em um único ponto em uma organização,* 332, 334, 342, 346, 382
Chenault, Ken, 250
China
 gestão de conflitos na, 222
 indolência social na, 199
 padrões éticos na, 130
 táticas de poder na, 283
 tendências de atribuição na, 115
Chrysler, 213, 253, 340, 371, 383, 384
Chung Ju-Yung, 356
Chung, Doo-Ri, 312
Cialdini, R. B., 293
Cidadania, *Ações que contribuem para o ambiente psicológico da organização, tais como ajudar os outros, quando não exigido,* 18, 26, 28, 52, 53, 60, 93, 109, 143, 154, 257, 268, 269, 290, 294. *Ver também* Comportamento de cidadania organizacional (CCO)
Cisco, 2, 213
Citigroup, 89
Clima atmosférico, como fonte de emoções e humores, 72-73
Clima organizacional, *Percepções organizacionais compartilhadas que os membros têm sobre seu ambiente de trabalho e organização,* 353
Clima. *Ver* Clima organizacional
Clínica Everett, 180
Clinton, Bill, 258
Coalizões, 281
Coca-Cola, 340
Codificação, no processo de comunicação, 227
Coesividade, *Grau até o qual os membros do grupo são atraídos entre si e são motivados a permanecerem,* 189, 190, 191, 200
Cognição, no processo de conflito, 222
Colaboração, *Situação na qual as partes em um conflito desejam satisfazer plenamente as preocupações de todas as partes,* 305, 309, 319, 339
Coletivismo, *Um quadro social restrito em que as pessoas esperam que outros nos grupos de que participam cuidem deles e os protejam,* 104
Collins, Jim, 271
Comissão Americana de Oportunidades Iguais de Emprego, 32
Compartilhamento de trabalho, *Arranjo que permite que duas ou mais pessoas dividam um emprego tradicional de 40 horas por semana,* 168
Compensação
 criação de estrutura para, 173-174
 programas de remuneração variável de, 174-179
 satisfação no trabalho e, 55-59

Compensação positiva, *Tendência da maioria dos indivíduos para experimentar um humor levemente positivo no momento de rotina (quando nada em especial está acontecendo),* 69
Competição, *Desejo de satisfazer os interesses pessoais, independentemente do impacto sobre a outra parte do conflito,* 305
Complexidade, na estrutura organizacional, 344-345
Componente afetivo, *Segmento emocional ou de sentimento de uma atitude,* 47
Componente cognitivo, *Componente da atitude que se refere à crença ou opinião acerca de um objeto, pessoas ou eventos,* 47
Componente comportamental, *Intenção de se comportar de certa maneira em relação a alguém ou algo,* 48
Comportamento antissocial. *Ver* Comportamento desviante no local de trabalho
Comportamento de cidadania organizacional (CCO), *Comportamento discricionário que contribui para o ambiente psicológico e social do local de trabalho,* 52, 60. *Ver também* Cidadania
Comportamento desviante do local de trabalho, *Comportamento voluntário que viola as normas organizacionais significativas e, ao fazê-lo, ameaça o bem-estar da organização ou de seus membros. Também chamado de comportamento antissocial ou incivilidade no local de trabalho,* 63, 83, 92, 195-197
Comportamento organizacional (CO), *Campo de estudo que investiga o impacto que indivíduos, grupos e estruturas têm sobre um comportamento nas organizações, para efeitos de aplicação de tal conhecimento para melhorar a eficácia de uma organização,* 2-20
 aplicações das emoções e humores para, 79-84
 comportamento político em, 284-296
 desafios, oportunidades para, 8-16
 diferenças na negociação, 316-319
 disciplinas de, 5-7
 modelo Big Five e, 86
 tomada de decisão por, 131-132
 variáveis de contingência em, 7
Comportamento político, *Atividades que não são exigidas como parte da função formal na organização, mas que influenciam, ou tentam influenciar, a distribuição de vantagens e desvantagens dentro da organização,* 284-296
Comportamento. *Ver também* Comportamento desviante do local de trabalho; Comportamento político
 atitudes e, 49-51
 defensiva, 290-291
 ética, 16
 no processo de conflito, 306-307
 tamanho do grupo e, 198
Comportamento desviante no local de trabalho, 43, 59, 83, 195
Comportamentos defensivos, *Comportamentos reativos e protetores para evitar a ação, culpa ou mudança,* 290-291
Compreensão verbal, capacidade intelectual de, 37, 38

Comprometimento organizacional, *Grau até o qual um funcionário se identifica com determinada organização e seus objetivos e deseja se manter sendo membro dela,* 52
Compromisso, *Situação na qual cada uma das partes em conflito está disposta a desistir de alguma coisa,* 305
Compromisso e resistência à mudança, 372
Comunicação ascendente, 229
Comunicação descendente, 228-229
Comunicação interpessoal, 230
Comunicação lateral, 230
Comunicação, *A transferência e a compreensão das barreiras de significado a eficácia,* 227
  como fonte de conflito, 303
  confiança e, 271
  diferenças transculturais na, 177–179
  direção de, 228
  eletrônica, 236-241
  formas de, 230
  interpessoal, 230-233
  nas organizações, 233-245
  organizacional, e administração do estresse, 389
  processo de, 227-228
  resistência à mudança e, 372
Conant, Douglas R., 267
Conchie, Barry, 365
Confiança baseada na identificação, *Confiança baseada em uma compreensão mútua das intenções do outro e apreciação do que o outro quer e deseja,* 274
Confiança, *Uma expectativa positiva de que o outro não vai agir de maneira oportunista,* 269
  baseada em identificação, 274
  comportamento político e, 284
  em equipes, 215
Conflito administrado, 300, 302
Conflito de papéis, *Quando um indivíduo acha que o cumprimento dos requisitos de uma função pode dificultar o cumprimento de outras,* 192
Conflito de relacionamento, *Conflito com base em relações interpessoais,* 301, 302
Conflito disfuncional, *Conflito que prejudica o desempenho do grupo,* 300-301
Conflito do grupo, 200
Conflito funcional, *Conflito que apoia os objetivos do grupo e melhora o seu desempenho,* 300-301, 308
Conflito percebido, *Conscientização de uma ou mais partes da existência de condições que criam oportunidades para surgirem conflitos,* 304
Conflito sentido, *Envolvimento emocional em um conflito que cria ansiedade, tensão, frustração ou hostilidade,* 304
Conflito, *Processo que começa quando uma das partes percebe que a outra parte afetou (ou está prestes a afetar) negativamente, algo que lhe preza,* 300
  como barreira cultural à comunicação, 303
  em equipes, 221-222
Conflitos de tarefa, *Conflitos sobre o conteúdo e os objetivos do trabalho,* 301, 302

Conformidade, *Ser parte de um grupo e, portanto, evitar ser visivelmente diferente,* 194-195, 198, 202
Conotações da palavra, 243
Conselho de Educação Americano 59
Conselho dos representantes, 172
Conselhos dos trabalhadores, 172
Consenso, na teoria de atribuição, 113
Consideração, *Medida até a qual uma pessoa é suscetível a ter relações de trabalho que são caracterizadas por confiança mútua, respeito pelas ideias dos empregados e respeito pelos seus sentimentos,* 252
Consistência
  em atitude e comportamento, 49
  na teoria de atribuição, 113
Consultoria de processo (CP), *Reunião na qual um consultor ajuda um cliente a compreender eventos de processo com o qual ele tem que lidar e identificar processos que precisam de melhoria,* 379
Consulta, como tática de poder, 281
Contágio emocional, *Processo pelo qual as emoções das pessoas são causadas pelas emoções dos outros,* 82
Contexto, cultural e comunicação, 246-247
Contraprodutividade, *Ações que danificam ativamente da organização, incluindo roubo, comportar-se agressivamente com os colegas de trabalho, ou estar atrasado ou ausente,* 62
Controle do processo, 153
Cooptação, 375
Coreia, tendências de atribuição na, 114
Correlação ilusória, *Tendência das pessoas a correlacionarem dois eventos, quando na realidade não há nenhuma conexão entre eles,* 72-73
Cortina, L. M., 26
Countrywide Financial, 370-371
Criatividade, *Capacidade de produzir ideias novas e úteis,* 79, 80, 128
Cuban, Mark, 237
Cultura dominante, *Cultura que expressa os valores nucleares compartilhados pela maioria dos membros da organização,* 351
Cultura forte, *Cultura em que os valores centrais são mantidos intensamente e amplamente compartilhados,* 351
Cultura organizacional positiva, *Cultura que enfatiza a construção sobre os pontos fortes do funcionário, recompensa mais do que pune, e enfatiza a vitalidade individual e o crescimento,* 364
Cultura organizacional, *Sistema de significado compartilhado mantido por membros e que distingue a organização de outras organizações*
  e mudança, 349
  características de, 350
  clima positivo para, 253-354
  comportamento político em, 286-288
  considerações éticas para, 363-364
  criar e manter, 355-361
  funções da, 352-353

implicações globais da, 367-368
subculturas em, 351
Cultura. *Ver* Cultura organizacional
Culturas de alta influência social do contexto, *Culturas que dependem muito de informações situacionais sutis e não verbais na comunicação,* 246
Culturas de baixa influência social do contexto, *Culturas que dependem muito de palavras para transmitir significado na comunicação,* 246

## D

Deal, Justen, 237
Decisões, *Escolhas feitas entre duas ou mais alternativas,* 117
Declaração de visão, *Articulação formal da visão ou missão de uma organização,* 260
Decodificação, no processo de comunicação, 227, 228
Deficiência
 como questão de diversidade, 12
 indivíduos com, 23, 32-33
Delatores, *Os indivíduos que relatam práticas ilegais ou antiéticas dos empregadores a estranhos,* 127
Demografia organizacional, *Grau até o qual os membros de uma unidade de trabalho compartilham um atributo demográfico comum, como idade, gênero, etnia, nível de instrução ou tempo de serviço em uma organização, e o impacto desse atributo na rotatividade,* 218
Departamentalização, *Base pela qual os trabalhos são agrupados,* 329-330
Departamento de Recenseamento dos EUA, 169
Departamento de Estatísticas do Trabalho dos EUA, 166
Dependência, *Relação de B para A quando A possui algo que B deseja,* 276-277
Descongelamento, *Mudar-se para superar as pressões da resistência individual e a conformidade do grupo,* 376
Desculpas, 292
Desempenho do grupo, 43, 196, 199, 200, 208, 215, 217, 219, 255, 269, 274, 300, 307
Desempenho no trabalho
 autoavaliações básicas e, 68
 comportamento de cidadania organizacional e, 60
 definição de metas e, 143
 gênero e, 29
 necessidades de realização e, 139
 satisfação no trabalho e, 60
 traços de personalidade e, 90
Desenvolvimento do grupo, fases de, 188
Desenvolvimento intergrupal, *Esforços DO para mudar as atitudes, estereótipos e percepções que os grupos têm uns dos outros,* 380
Desenvolvimento organizacional (DO), *Conjunto de intervenções de mudança planejadas, construídas sobre valores humanísticos–democráticos, que visa a melhorar a eficácia organizacional e o bem-estar dos funcionários,* 378-381
Determinação de objetivos e metas
 compromisso de, 145

 desempenho do trabalho e, 145, 146
 implementação de, 146
 redução do estresse através, 388
 subconsciente, 146
Deutsche Bank, 362
Dia da semana, como emoção, fonte de humor, 71, 84
Diferenças culturais
 como desafio gerencial, 9
 cultura organizacional e, 367
 eficácia de equipe e, 218
 em emoções e humores, 69
 em escolhas éticas e tomada de decisão, 130
 em inovação, 382
 em valores internacionais, 103-109
 na comunicação, 245-246
 na definição de metas, 143
 na distância do poder, 108
 na gestão de conflitos, 308
 na hierarquia de necessidades, 135-136
 na indolência social, 198
 na liderança, 251, 252
 na necessidade de realização, 139
 na negociação, 317
 na percepção, 116-117
 na política organizacional, 295-296
 na satisfação no trabalho, 56-58
 nas preferências da estrutura organizacional, 347
 nas táticas de poder, 283
 no envolvimento dos trabalhadores, 171-173
 nos traços de personalidade, 92-94
Diferenciação, na teoria de atribuição, 113
Dilemas éticos, *Situações em que os membros das organizações devem definir a conduta certa e a errada,* 16, 127, 130, 267, 363
Dilemas. *Ver* Dilemas éticos
Direitos, individuais, 127
Discriminação injusta, 24, 26
Discriminação, *Percepção da diferença entre as coisas; muitas vezes, nos referimos à discriminação injusta, que significa fazer julgamentos sobre indivíduos com base em estereótipos sobre seu grupo demográfico,* 24
 formas de, 25-26
 gênero, 29-30
 idade, 27-28
 nível superficial, 24
 religiosa, 33-34
Dissonância cognitiva, *Qualquer incompatibilidade entre duas ou mais atitudes ou entre comportamento e atitudes,* 49
Dissonância emocional, *Inconsistências entre as emoções que as pessoas sentem e as emoções que elas projetam,* 74
Distância do poder, *Grau até o qual as pessoas em um país aceitam que o poder em instituições e organizações é distribuído desigualmente,* 104
Distância física, na comunicação não verbal, 232, 233
Diversidade da força de trabalho, *O conceito de que as organizações estão se tornando mais heterogêneas em termos de gênero, idade, raça, etnia, orientação sexual*

e a inclusão de outros grupos diversos, 10-11, 41. Ver também Diversidade
na força de trabalho dos Estados Unidos, 22-23
nível superficial e profundo, 23
Diversidade em nível profundo, *As diferenças de valores, personalidade e preferências de trabalho que se tornam progressivamente mais importantes para determinar a similaridade, quando as pessoas se conhecerem melhor,* 23, 201
Diversidade em nível superficial, *As diferenças nas características facilmente percebidas, tais como gênero, raça, etnia, idade ou deficiência, que não refletem necessariamente as maneiras de pensar ou sentir das pessoas, mas que podem ativar determinados estereótipos,* 23
Diversidade, *Grau até o qual os membros do grupo são semelhantes ou diferentes, um ao outro,* 200-202. Ver também Diversidade da força de trabalho
cultura organizacional como uma barreira para, 352-353
desempenho do grupo e, 43
dos membros da equipe, 218
na força de trabalho dos Estados Unidos, 22
níveis de, 23
programas eficazes para, 43-45
religiosa, nos Estados Unidos, 34-35
Domino, 13
Don Jagoda Associates, 282
Drucker, Peter, 364
Dunning, Kitty, 282

# E

Eagly, A. H., 263
Economia, como desafio gerencial, 8-9
Educação e resistência à mudança, 371-376
Efeito de halo, *Tendência a traçar uma impressão geral sobre um indivíduo, com base em uma característica única,* 116
Efeito Galateia, na teoria de autoeficácia, 149
Efeito Pigmalião, *Forma de profecia autorrealizável na qual acreditar em algo pode fazer isso tornar-se realidade,* 149
Efeito positivo D*imensão de humor consistindo de emoções positivas tais como animação, autoconfiança e alegria na ponta superior, e tédio, lentidão e cansaço na extremidade inferior,* 67-69
Efeitos de contraste, *Avaliações das características de uma pessoa que é afetada por comparações com outras pessoas recentemente encontradas, quem estão em posição mais alta ou mais baixa nas mesmas características,* 116
Eficácia da equipe, *Grau até o qual os membros de uma equipe acreditam em sua capacidade de alcançar o sucesso futuro,* 221
Eficácia, *Grau até o qual uma organização atende às necessidades de sua clientela ou consumidores no grupo de tomada de decisão,* 203

Eficiência, *Grau até o qual uma organização pode alcançar suas metas a um baixo custo,* 203
Eisner, Michael, 261
Ellison, Larry, 95, 177
Elms, H., 190
Elshafi, Motaz, 35
E-mail, 236-238
Emissores, no processo de comunicação, 227-228
Emoções exibidas, *Emoções que a organização requer que os trabalhadores mostrem e considerem adequadas em um determinado trabalho,* 75
Emoções sentidas, *Emoções reais de um indivíduo,* 75
Emoções, *Sentimentos intensos que são dirigidos a alguém ou algo*
como barreira à comunicação, 243-243
fontes de, 70-74
na negociação, 316-317
no e-mail, 236
regulação de, 78-79
visão geral de, 65-67
Empoderamento psicológico, *Crença dos funcionários no grau até o qual eles afetam seus ambientes de trabalho, sua competência, o significado de seus empregos e a autonomia percebida em seu trabalho,* 52
Empregados transgêneros, 36
Empregos
redesenhando, 162-165, 388, 389
serviço, 12
Engajamento de trabalho, *Investimento das energias físicas, cognitivas e emocionais do funcionário no desempenho no trabalho,* 142-143
Engajamento dos funcionários, *Envolvimento do indivíduo, satisfação e entusiasmo pelo trabalho que realiza,* 53
Engajamento. Consulte Engajamento de trabalho
Enriquecimento do trabalho, *Expansão vertical de postos de trabalho, a qual aumenta o grau a que o trabalhador controla o planejamento, execução e avaliação do trabalho,* 162, 163-164
Enron, 261, 267
Entonações, 231, 232, 233
Entrevistas, 294
Envolvimento dos funcionários, *Processo participativo que usa dados dos funcionários e é destinado a aumentar o comprometimento deles para o sucesso de uma organização,* 123–125, 276
Envolvimento no trabalho, *Grau até o qual uma pessoa se identifica com um trabalho, participa ativamente nele e considera o desempenho importante para a autoestima,* 52, 54, 162, 172
Equilíbrio de vida. Ver também Equilíbrio trabalho-vida
Equilíbrio trabalho-vida pessoal, 15
Equilíbrio, no conflito trabalho-vida pessoal, 14-15
Equipe, 211-214
confiança e, 274
Equipes de resolução de problemas, *Grupos de 5 a 12 funcionários do mesmo departamento que se reúnem algumas horas por semana para discutir formas*

*de melhorar a qualidade, eficiência e ambiente de trabalho,* 211
Equipes de trabalho autogeridas, *Grupos de 10 a 15 pessoas que assumem as responsabilidades de seus antigos supervisores,* 212
Equipes de trabalho, *Grupo cujos esforços individuais resultam em um desempenho que é maior que a soma das entradas individuais*
  composição de, 216-220
  criando eficazes, 214-222
  desempenho de, 214-216
  grupos de trabalho *versus*, 210-211
  implementação da mudança e, 374-375
  liderança em, 215, 219
  na cultura organizacional, 350
  preferências de membros em, 220
  quando usar, 225
  tamanho das, 219
  tipos de, 211-214
  variáveis do processo para, 220
Equipes multifuncionais, *Empregados de mesmo nível hierárquico, mas de áreas de trabalho diferentes, que se reúnem para realizar uma tarefa,* 211-212
Equipes virtuais, *Equipes que usam tecnologia de computador para unir fisicamente membros dispersos, para alcançarem um objetivo comum,* 213
Equipes. *Ver* Equipes de trabalho
Erez, A., 190
Ericsson, 362
Erro aleatório, *Tendência dos indivíduos a acreditarem que podem prever o resultado de eventos aleatórios,* 123
Erro fundamental de atribuição, *Tendência a subestimar a influência de fatores externos e superestimar a influência de fatores internos ao analisar o comportamento dos outros,* 114
Erros de percepção, *Distorções em perceber situações com base em fenômenos como viés de excesso de confiança, viés de ancoragem, viés de confirmação, viés de disponibilidade, escala de compromisso, aversão ao risco,* 118
Erros
  aleatoriedade, 123
  fundamental de atribuição, 114
  perceptiva, 117
Escala completa do modelo de liderança, *Descreve uma ampla variedade de estilos de gestão e liderança possíveis, incluindo o laissez-faire, gestão pela exceção, recompensas contingentes, consideração individualizada, estímulo intelectual, motivação inspiradora e influência idealizada,* 263-264
Escalada do comprometimento, *Um compromisso maior com uma decisão anterior, apesar de informações negativas,* 123
Escolhas éticas, *Decisões tomadas com base em critérios éticos, incluindo os resultados da decisão, os direitos das pessoas afetadas e a distribuição equitativa dos benefícios e custos,* 16, 70, 117
Escolhas. *Ver* Escolhas éticas

Escritórios virtuais, 168
Especialização do trabalho, *Grau até o qual as tarefas em uma organização são subdivididas em trabalhos separados,* 326, 327-329
Espontaneidade, 14
Estabilidade emocional, *Dimensão da personalidade que caracteriza alguém como calmo, autoconfiante, seguro (positivo) versus ou nervoso, deprimido e inseguro (negativo),* 90
Estabilidade, 28
Estabilidade, na cultura organizacional, 373
Estados Unidos
  definição de metas nos, 145
  discriminação religiosa nos, 34-35
  diversidade da força de trabalho nos, 22-23
  indolência social nos, 199
  programas de remuneração variável nos, 179
  satisfação no trabalho nos, 56
  trabalhos de serviço nos, 12
Estágio de encontro, *O estágio no processo de socialização em que um novo funcionário vê o que a organização realmente é e confronta a possibilidade de que as expectativas e a realidade possam divergir,* 359
Estereótipos, *Quando julgamos alguém com base em nossa percepção do grupo ao qual ele pertence,* 116
Estima, necessidade de, 134
Estratégia de imitação, *Estratégia que visa a mudar para novos produtos ou novos mercados somente após sua viabilidade já ter sido comprovada,* 343
Estratégia de inovação, *Estratégia que enfatiza a introdução de novos produtos e serviços importantes,* 343
Estratégia de minimização de custos, *Estratégia que enfatiza os rigorosos controles de custo, evitar a inovação desnecessária ou as despesas de marketing e o corte de preços,* 343
Estresse, *Condição dinâmica na qual um indivíduo é confrontado com uma oportunidade, uma demanda ou um recurso relacionado com desejos individuais e para os quais se considera que o resultado seja incerto e com causas e consequências importantes,* 384-389
  como emoção, fonte de humor, 73
  gestão de, 387-389
Estressores por desafio, *Estressores associados com a carga de trabalho, pressão para a finalização de tarefas e urgência de tempo,* 384
Estressores por obstáculo, *Estressores que impedem a pessoa de atingir seus objetivos (por exemplo, excesso de burocracia, política interna, confusão de responsabilidades do no trabalho),* 384
Estrutura da tarefa, *Grau até o qual as atribuições de trabalho são processadas,* 254
Estrutura de iniciação, *Medida até a qual um líder é provável de definir e estruturar o seu papel e dos subordinados na busca de realização do objetivo,* 251
Estrutura matricial, *Estrutura que cria linhas duplas de autoridade e combina departamentalização funcional e de produto,* 335-337

Estrutura organizacional, *Como as tarefas de trabalho são formalmente divididas, agrupadas e coordenadas*
  como fonte de conflito, 303-304
  elementos-chave da, 326-327
  projetos de, 337-342
Estrutura simples, *Estrutura organizacional caracterizada por um baixo grau de departamentalização, grande amplitude de controle, autoridade centralizada em uma única pessoa e pouca formalização,* 333-334
Estudo sistemático, *Olhar para as relações, na tentativa de atribuir causas e efeitos, e tirar conclusões baseadas em evidências científicas,* 4
Estudos de Hawthorne, 192-193
Estudos de estado de Ohio, 251
Ética
  emoções e, 70
  liderança e, 268, 290
  na cultura organizacional, 363-364
  no comportamento político, 301
Etnia, 30
  como questão de diversidade, 10
  equipes e, 218
  liderança e, 272
Evitação, *O desejo de evitar ou suprimir um conflito,* 305, 309, 319
Exclusão, como forma de discriminação, 26
Exemplificação, 293
Exercício, como emoção, fonte de humor, 73
Exigências, *Responsabilidades, pressões, obrigações e até mesmo as incertezas que os indivíduos enfrentam no local de trabalho,* 384-385
Expectativas dos papéis, *Como os outros acreditam que uma pessoa deva agir em dada situação,* 191
Experiência, na criatividade, 128
Explicações, 153
Expressões faciais, 232
Extroversão, *Dimensão de personalidade descrevendo alguém que é sociável, alegre e assertivo,* 90, 92, 103, 250
ExxonMobil, 9, 36, 367

# F

Facebook, 239
Factory Card & Party Outlet, 39
Fadiman, J., 135
Falta de civilidade no local de trabalho. *Ver* Comportamento desviante no local de trabalho
Fase de desempenho, *A quarta etapa no desenvolvimento do grupo, durante a qual o grupo é totalmente funcional,* 189
Fase de formação, *O primeiro estágio no desenvolvimento do grupo, caracteriza-se por muitas incertezas,* 188
Fase de dissolução, *O estágio final de desenvolvimento de grupo para grupos temporários, caracterizado por uma preocupação maior com a conclusão das atividades do que com o desempenho da tarefa,* 189
Fase de metamorfose, *O estágio no processo de socialização, durante o qual o novo funcionário sofre alterações e ajustes ao trabalho, ao grupo de trabalho e à organização,* 359
Fase de normatização, *O terceiro estágio no desenvolvimento do grupo, caracterizado por relações próximas e coesividade,* 189
Fase de confronto, *O segundo estágio de desenvolvimento do grupo, caracterizado por conflito intragrupo,* 189
Fase pré-chegada, *O período de aprendizagem no processo de socialização que ocorre antes de um novo funcionário se juntar à organização,* 358
Fator observador, na percepção, 111
Fator meta, na percepção, 113
Fator situação, na percepção, 112
Fatores de higiene, *Fatores — tais como política da empresa e administração, supervisão e salário — que, quando adequados em um trabalho, tranquilizam os funcionários. Quando esses fatores são adequados, as pessoas não ficarão insatisfeitas,* 138
Favorecimento, 292
Feedback, *Grau até o qual realizar as atividades profissionais exigidas por um trabalho resulta em o indivíduo obter informações diretas e claras sobre a eficácia de seu desempenho,* 144, 160, 247. *Ver também* Pesquisa de feedback
Feminilidade, *Um atributo da cultura nacional que indica pouca diferenciação entre papéis masculinos e femininos; uma classificação alta indica que as mulheres são tratadas como iguais aos homens em todos os aspectos da sociedade,* 104
Festinger, Leon, 49, 50
Fiedler, Fred, 253, 254-256, 262
Filtragem, *Um remetente propositadamente manipulando informações para que elas sejam vistas de modo mais favorável pelo receptor,* 242
Fiorina, Carly, 261
Flexibilidade
  desafio organizacional de, 13
  física, como capacidade física básica, 40
Fofoca, 83, 234, 235
Fong, E., 190
Força, como capacidade física básica, 40
Forças Armadas dos EUA, 89
Forças motrizes, *Forças que afastam o comportamento do status quo,* 376
Forças restritivas, *Forças que entravam o movimento a partir do equilíbrio existente,* 376
Ford Motor Company, 9, 13, 49, 168, 213, 327, 344, 361
Ford, Henry, 327, 361
Formação, 224, 273
Formalização, *Grau até o qual os postos de trabalho dentro da organização são padronizados,* 333, 352
Forstmann, Teddy, 94
Frager, R. D., 135
Frey, B. S., 57

Funcionário(s). *Ver também* Equilíbrio trabalho-vida pessoal
  cultura organizacional e, 361-363
  diversidade étnica de, 10, 11
  estresse e, 387-389
  estrutura organizacional e, 345-347
  gestão de, 8
  moral dos, 61-63
  programas de envolvimento para, 171
  programas de reconhecimento para, 180-181
  redução de pessoal e, 340-342
  resposta à política organizacional, 288-291
  satisfação, insatisfação de, 171
  seleção de, 79-80, 356socialização de, 357-358
  sistemas de recompensa para, 174
  transgêneros, 36
Funcionários hispânicos. *Ver* Diversidade da força de trabalho
Funções, *Conjunto de padrões de comportamento esperados, atribuído a alguém ocupando uma determinada posição em uma unidade social,* 218, 288
Fusões, 355
Fuzileiros navais, 357

# G

Gage, Phineas, 69-70
Gallup, 133, 143, 365
Garcia, Anne, 174
Gardner, W. L., 293
Gates, Bill, 71, 356
General Electric (GE), 146, 339
General Motors (GM), 13, 126, 340, 371
Gênero
  como questão de diversidade, 11
  diferenças na negociação, 318-319
  emoções e, 67
  equipes e, 218
  liderança e, 272
  na força de trabalho, 29-30
Gestão baseada em evidências (GBE), *As decisões gerenciais baseadas nas melhores evidências científicas disponíveis,* 4
Gestão da diversidade, *O processo e programas pelos quais os gestores tornam todos mais cientes e sensíveis às necessidades e diferenças dos outros,* 10, 41, 44, 45, 46
Gestão da impressão, *O processo pelo qual os indivíduos tentam controlar a impressão que e outros formam deles,* 192, 296
  comportamento político em, 285
  em equipes, 215, 216
Gestão de conflitos, *Uso de técnicas de resolução e estimulação para atingir o nível desejado de conflito,* 306, 308, 309
Gestão participativa, *Processo no qual subordinados compartilham um grau significativo de poder de tomada de decisões com seus superiores imediatos,* 171, 172

Gestão, cultura organizacional e, 355-357
Gestor, *Indivíduo que atinge objetivos por intermédio de outras pessoas*
  a influência de, no humor, emoções, 82
  conflito funcional e, 300
  cultura organizacional e, 372
  moral dos funcionários e, 63
  personalidade e, 109
  tomada de decisão e, 131
  valores e, 110
Giacalone, R. A., 293
Glasl, R., 306
Globalização, como desafio organizacional, 9
Gonzalez, David, 126
Górska-Kolodziejczyk, El´zbieta, 365
Greenberg, Hank, 261
Greer, Frank, 162
Grupo Admiral, 366
Grupo BMW, 9, 213, 335
Grupo(s), *Dois ou mais indivíduos, interagindo e interdependentes, que se uniram para alcançar objetivos específicos*
  classificação de, 186-188
  coesividade de, 200
  comunicação em, 233-234
  conflito em, 308
  diversidade em, 43
  fases de desenvolvimento de, 188
  motivo para juntar-se a, 187-188
  propriedades de, 191-202
  *status* no, 197-198
  tamanho de, e comportamento, 198
  temporário, 189-190
  tomada de decisão em, 202-207
Grupos de amizade, *Grupos que se formam porque os membros individuais têm uma ou mais características em comum,* 187
Grupos de comando, *Indivíduos que se reportam diretamente a um determinado gestor,* 186
Grupos de interação, *Grupos típicos nos quais os membros interagem uns com os outros cara a cara,* 207
Grupos de interesse, *Pessoas que trabalham juntas para atingir um objetivo específico com o qual cada um está preocupado,* 187
Grupos de referência, *Grupos importantes aos quais os indivíduos pertencem (ou têm esperança de pertencer) e com cujas normas têm probabilidade de estar de acordo,* 195
Grupos de tarefas, *Indivíduos que trabalham juntos para concluir uma tarefa ou trabalho,* 187
Grupos de trabalho, *Grupos que interagem basicamente para compartilhar informações e tomar decisões para ajudar cada membro a desempenhar suas funções dentro de sua área de responsabilidade,* 210
Grupos formais, *Grupos de trabalho designados pela estrutura da organização,* 186

Grupos informais, *Grupos que não são estruturados de modo formal nem determinado organizacionalmente*, 186

## H

Habilidade política, *Capacidade das pessoas para influenciar os outros a melhorarem os seus próprios objetivos*, 283-284
Habilidade, *Capacidade de o indivíduo executar as várias tarefas em um trabalho dos membros da equipe*, 216-217
    tipos de, 37-39
Habilidades de pensamento criativo, 128
Habilidades intelectuais, *Capacidade de realizar atividades mentais — pensamento, raciocínio e resolução de problemas*, 37, 70
Habilidades interpessoais, melhoria, 12-13
Habilidades. *Ver* Habilidades de pensamento criativo; Habilidades pessoais; Habilidade política
Hackman, J. R., 159, 161, 164
Hackman, Richard, 159, 161, 164
Hallmark Cards Inc., 224
Hammond, Larry, 365
Harrison, E. F., 119
Hawthorne, estudos de, 192-193
HealthSouth, 261
Heinz, H. J., 36
Hereditariedade, *Fatores determinados na concepção da composição biológica, fisiológica e psicológica inerente*, 87
Herzberg, Frederick, 136, 137, 138
Hewlett-Packard (HP), 339, 343
Hierarquia das necessidades, *A hierarquia de Abraham Maslow das cinco necessidades – fisiológica, segurança, social, estima e autorrealização — na segundo a qual, conforme cada necessidade é substancialmente satisfeita, a próxima necessidade se torna dominante*, 134-136
Histórias, 361-362
Hofstede, Geert, 103
Holland, John, 101, 102, 103
Hollywood Video, 124
Home Depot, 253
Honda, 9, 213
Horário de trabalho flexível, 165-167
House, Robert, 258
Humores, *Sentimentos que tendem a ser menos intensos do que as emoções e que não têm um estímulo contextual*, 67-69, 70-74, 129. *Ver também* Emoções
Hyundai, 356

## I

Ibish, H., 26
IBM, 35, 36, 104, 108, 169, 212, 335, 362
Idade, 11, 27-29, 73
Identidade da tarefa, *Grau até o qual uma tarefa exige a realização de uma parte identificável do trabalho*, 160

Identidade de gênero, 33, 35
Imparcialidade
    na tomada de decisão, 127
    no programa de diversidade, 43-44
    percepção, 61,153, 280-281, 296, 299
Implementação, da mudança, 374, 377
Imprevisibilidade, como desafio organizacional, 14
Incentivos.*Ver* Sistemas de recompensa
Incivilidade, como forma de discriminação, 25, 26, 196
Incompatibilidade, no processo de conflito, 302-303
Indicador tipo Myers-Briggs (MBTI), *Teste de personalidade que filtra quatro características e classifica as pessoas em um dos 16 tipos de personalidade*, 88-89
Individualismo, *Grau até o qual as pessoas preferem agir como indivíduos e não como membros de grupos e acreditam nos direitos individuais acima de tudo*, 104
Indivíduos
    ajuste de, para as organizações, 353
    como os membros da equipe, 218, 220, 222, 223-225
Indolência social, *Tendência para que os indivíduos gastem menos esforço ao trabalhar coletivamente, do que quando trabalham individualmente*, 198, 199, 200, 208, 214, 219, 220, 222, 226
Inovação, *Uma nova ideia aplicada ao iniciar ou melhorar um produto, processo ou serviço*, 13, 350, 381-384
Inspiração e criatividade, 128-129
Institucionalização, *Condição que ocorre quando uma organização assume vida própria, distante de qualquer um dos seus membros e adquire a imortalidade*, 354
Insultos, como forma de discriminação, 25
Intel, 35, 241
Inteligência emocional (IE), *Capacidade de ser autoconsciente, detectar as emoções dos outros e gerenciar sugestões e informações emocionais*, 76-79, 250-251
Intenções, *Decisões de agir de uma determinada maneira*, 304-306
Intensidade de afeto, *Diferenças individuais na intensidade com que os indivíduos experimentam suas emoções*, 71
Intensidade, 134, 306
International Paper, 365
Intimidação, como forma de discriminação, 25
Introversão, 89
Intuição, *Sentimento interior não necessariamente apoiado por pesquisa*, 4, 118, 120
Inventário de Interesses e Preferências Profissionais, 101
Investigação Apreciativa (IA), *Abordagem que procura identificar as qualidades únicas e os pontos fortes especiais de uma organização, que então podem ser desenvolvidos para melhorar o desempenho*, 381
Israel, indolência social em, 199

## J

Jake, 312
James, Lebron, 36, 280

Japão, 12, 57, 93, 108, 135, 162, 166, 246, 267
JCPenney, 267, 332
Jefferson, Thomas, 268
Jermier, J. M., 273
João Dourado, 334
Jobs, Steve, 128, 250, 258, 260, 261
Johannesen-Schmidt, M. C., 263
Judge, T. A., 58, 263
Julgamento, 112-117
Jung, Andrea, 262
Justiça distributiva, *Imparcialidade percebida da quantidade e alocação das recompensas entre os indivíduos*, 153, 154, 155, 283
Justiça interacional, *Grau percebido até o qual um indivíduo é tratado com dignidade, preocupação e respeito*, 154
Justiça organizacional, *Percepção geral do que é justo no local de trabalho, composta de justiça distributiva, processual e interacional*, 150-155
Justiça processual, *Imparcialidade percebida do processo usado para determinar a distribuição de recompensas*, 153
Justiça, percepção da, 150-151

# K

Kaiser Permanente, 237
Kamprad, Ingvar, 356
Kelleher, Herb, 261, 356
Kennedy, John F., 258, 268
Kerr, S., 273
KFC, 63
King, Martin Luther, Jr., 258, 268
Knight, Bobby, 71
Koei, 368
Kotter, John, 376-378
Kozlowski, Dennis, 261, 267

# L

Lafley, A. G., 146
Latham, G. P., 148
Lawson, Lance, 312
Lazear, Ed, 179
Lealdade, *Insatisfação expressa aguardando-se passivamente as condições melhorarem*, 59
Legitimidade, como tática de poder, 281
Lehman Brothers, 370
Lei dos Americanos com Deficiências (ADA), 32
Lescornez, Philippe, 366
Lesões, segurança no trabalho, 83-84
Levine, Julie, 168
Levitz, J., 26
Lewin, Kurt, 376-377, 396
Líder de ideias, *Pessoas que, com entusiasmo e ativamente promovem a ideia, constroem apoio, superam a resistência e asseguram-se que a inovação seja implementada*, 383

Líder orientado para a produção, *Um líder que enfatiza aspectos técnicos ou processuais do trabalho*, 252
Liderança carismática socializada, *Um conceito de liderança que afirma que os líderes transmitem valores que são centralizados no outro* versus *autocentrados e que exercem um papel de modelo de conduta ética*, 268
Liderança global e comportamento organizacional eficaz (GLOBE), 109, 252, 253, 266
Liderança não sancionada, 249
Liderança servil, *Um estilo de liderança marcado por ultrapassar o interesse pessoal do líder e, em vez disso, enfocar as oportunidades para ajudar os liderados a crescerem e se desenvolverem*, 268-269
Liderança situacional, 254-255
Liderança, *Capacidade de influenciar um grupo em direção à realização de um objetivo ou um conjunto de metas*
  carismáticos, 258-262, 268
  diferenças culturais em, 252, 266-267, 269
  em equipes, 215, 219, 222
  emoções, humores e, 67
  estilo de, 253
  ética e, 268, 290
  importância de, 249
  influências situacionais na, 253
  neutralizadores de, 273, 274
  *on-line*, 274
  servil, 268-269
  substitutos para, 274
  teoria da atribuição de, 271-273
  teoria de troca líder–liderados (LMX), 256-258
  teorias comportamentais de, 251-252
  teorias das contingências de, 253-256
  teorias do traço de, 249-251,
  transformacional, 262-267
  uso de recompensas contingentes por, 262, 263, 266
Líderes autênticos, *Líderes que sabem quem são, sabem no que acreditam e valorizam, e agem sobre os valores e crenças abertamente e imparcialmente; seus seguidores os consideram pessoas éticas*, 267
Líderes orientados para os funcionários, *Líderes que enfatizam as relações interpessoais, têm um interesse pessoal pelas necessidades dos funcionários e aceitam as diferenças individuais entre os membros*, 252
Líderes transacionais, *Líderes que orientam ou motivam seus liderados na direção de estabelecerem metas, esclarecendo suas funções e os requisitos da tarefa*, 262
Líderes transformacionais, *Líderes que inspiram os liderados a transcenderem seus próprios interesses e que são capazes de exercer um efeito profundo e extraordinário sobre os seguidores*, 262
Líderes
  autênticos, 267
  orientados para a tarefa *versus* orientados para o relacionamento, 255
  orientados para o funcionário, 252
  transacionais, 262
  transformacionais, 262

Limitação de racionalidade, *Processo de tomada de decisões através por meio da construção de modelos simplificados, que extrai as características essenciais dos problemas sem capturar toda sua complexidade,* 118-120
Linguagem, 362-363
Linguagem, como barreira à comunicação, 243
Liz Claiborne, 371
Locke, E. A., 148
Locke, Edwin, 144
L'Oréal, 128, 224
LoveMachine, 337, 338
Lowe, 367
Lutes, Lynaia, 241

# M

Machiavelli, Niccolò, 94
Macy's, 352, 371
Maestria prática, na teoria de autoeficácia, 149
Mandela, Nelson, 250
Manipulação, 375
Mão de obra, baixo custo, desafio gerencial de, 9
Maquiavelismo, *Grau até o qual um indivíduo é pragmático, mantém distância emocional e acredita que os fins podem justificar os meios,* 94
Marcchione, Sergio, 383
Marks & Spencer, 343
Martin, Al, 296
Martinko, M. J., 293
Masculinidade, *Atributo de cultura nacional, que descreve a extensão até a qual a cultura favorece papéis de realização de trabalho masculino tradicionais,* 104
Maslow, A. H., 134-136
Masterfoods, 366
MBO.*Ver* Gestão por objetivos (MBO)
McClelland, David, 139
McDaniel, Jonathan, 63
McDonald's, 9, 328, 340
McGregor, Douglas, 136
McNerney, Jim, 262, 268
Medtronic, 164
Membros da equipe, 218-219, 223-224
Memória, capacidade intelectual de, 38
Mensagens de texto (MT), *A transferência e a compreensão do significado,* 238
Mensagens instantâneas (IM), 238
Mensagens, no processo de comunicação, 227
Mentiras, como barreiras à comunicação, 244-245
Mercedes-Benz, 9
Merrill Lynch, 124, 211, 272, 340, 370
MGM, 337
Microsoft, 71, 330, 356, 367
Moby, 237
Modelo de características do trabalho, *Modelo que propõe que qualquer trabalho pode ser descrito em cinco dimensões - fundamentais: variedade de habilidades, identidade da tarefa, significância da tarefa, nível de autonomia e feedback,* 159-162, 173

Modelo de contingência de Fiedler, *Teoria de que grupos eficazes dependem de uma combinação adequada entre estilo pelo qual o líder interage com os subordinados e o grau até o qual a situação confere controle e influência ao líder,* 254-256
Modelo de desenvolvimento de grupo em cinco estágios, *Os cinco estágios distintos pelos quais os grupos passam: formação, tormenta, normalização, desempenho e interrupção,* 133
Modelo de tomada de decisões racional, *Descreve como os indivíduos devem se comportar a fim de maximizar algum resultado,* 188-189
Modelo de três componentes da criatividade, *Proposição de que a criatividade individual requer conhecimentos, habilidades de pensamento criativo e motivação intrínseca para a tarefa,* 128-130
Modelo do equilíbrio pontuado, *Conjunto de fases pelas quais grupos temporários passam, e que envolve transições entre inércia e atividade,* 189
Modelo dos Cinco Grandes Fatores (*Big Five*), *Modelo de avaliação da personalidade que abrange cinco dimensões básicas,* 89-90, 250
Modelo mecanicista, *Estrutura caracterizada por extensa departamentalização, alta formalização, uma rede de informações limitadas e centralização,* 343
Modelo orgânico, *Estrutura que é plana, utiliza equipes transfuncionais e trans-hierárquicas, tem baixa formalização, possui uma rede de informações abrangente e depende de tomada de decisão participativa,* 342
Modelos mentais, *Crenças e conhecimentos dos membros sobre como o trabalho é feito pela equipe,* 221-222
Molson Coors, 54
Montagem da equipe, *Alta interação entre os membros da equipe para aumentar a confiança e a abertura,* 380
Moral, 61-63
Morgan Stanley, 35
Motivação intrínseca para tarefa, 130, 141
Motivação, *Processo responsável pela intensidade, direção e persistência dos esforços de um indivíduo para atingir um objetivo*
 contexto de trabalho e, 170
 elementos-chave da, 159
 emoções, humores e, 79, 80-81
 esquemas de trabalho alternativo como, 165-169
 primeiras teorias de, 134-140
 programas de envolvimento do trabalhador e,171
 reconhecimento do funcionário como, 174
 teoria da definição de metas de, 143-147
 teoria da equivalência de, 150-155
 teoria da expectativa de, 155-157
 teoria da hierarquia das necessidades e, 134-136
 teoria do engajamento no emprego da, 142
Motorola, 35, 339
Movimento, *Processo de mudança que transforma a organização do status quo para um estado final desejado,* 376, 377
Movimentos corporais, 231, 232

Mudança organizacional
   criação de uma cultura para, 381-384
   gestão de, 376-381
   modelo de três passos do de Lewin para, 376-377
   plano de oito etapas de Kotter para, 377
Mudança, *Fazer coisas diferentes. Ver também* Forças de mudança organizacional para, 370
   canais, no processo de comunicação, 227
   como desafio organizacional, 13
   cultura organizacional como uma barreira para, 354
   em psicologia social, 6
   implementação de, 374
   resistência à, 371-376
Mulheres
   aumento de, na força de trabalho dos Estados Unidos, 10
   discriminação e, 29-30

# N

Narcisismo, *Tendência de ser arrogante, ter um sentimento grandioso de autoimportância, exigir admiração excessiva e ter um sentimento de posse,* 95
Nardelli, Bob, 253
Necessidade de afiliação (nAff), *Desejo por relações interpessoais amistosas e próximas,* 139
Necessidade de poder (nPow), *Necessidade de fazer os outros se comportarem de uma maneira que eles não se comportariam em outras circunstâncias,* 139
Necessidade de realização (nAch), *Força motriz para o progresso, para alcançar algo em relação a um conjunto de padrões e para se esforçar para ter sucesso,* 139
Necessidades de ordem mais baixa, *Necessidades que são satisfeitas externamente, tais como as fisiológicas e de segurança,* 135
Necessidades de ordem superior, *Necessidades que são atendidas internamente, tais como sociais, estima e necessidades de autorrealização,* 136
Necessidades fisiológicas, 135
Necessidades sociais, 135
Negligência, *Insatisfação expressa ao se permitir que as condições se agravem,* 60
Negociação distributiva, *Negociação que visa a dividir uma quantia fixa de recursos; uma situação de perdas e ganhos,* 310-313
Negociação integrativa, *Negociação que procura um ou mais estabelecimentos que possam criar uma solução com resultado satisfatório para todas as partes (win-win),* 312-313
Negociação, *Processo em que duas ou mais partes trocam bens ou serviços e tentam chegar a um acordo sobre os valores da negociação para elas,* 81-82
   diferenças culturais em, 317-318
   diferenças de gênero em, 318-319
   estratégias de negociação em, 310-313
   processo de, 314-316
Nestlé, 36
Netflix, 124
Neutralizadores, *Atributos que tornam impossível o comportamento do líder fazem qualquer diferença nos resultados do seguidor,* 273, 274
Newman's Own, 338
Nike, Inc., 358, 361
Nissan Motor Company, 36, 213, 382
Nokia, 9
Nordstrom, 351
Normas de alocação de recursos, 192
Normas de aparência, 192, 198
Normas de desempenho, 200
Normas de compromisso social, 192
Normas, *Padrões de comportamento aceitáveis que são compartilhados por membros do grupo,* 192-193, 198
Novell, 362, 367
Nucor, 176

# O

O'Donnell, Trish, 288
O'Neal, Stan, 272
Obama, Barack, 259
Objetivos na negociação, 314
Oldham, Greg, 159, 161
Oposição potencial, no processo de conflito, 302-304
Organização sem fronteiras, *Organização que visa a eliminar a cadeia de comando, ter amplitude de controle ilimitada e substituir os departamentos com por equipes autônomas,* 337, 339-340
Organização virtual, *Pequena organização nuclear que terceiriza as principais funções do negócio,* 337-339
Organizações
   comunicação em, 233-241
   restrições na tomada de decisão em, 125-126
Orientação de desempenho, no quadro GLOBE, 109
Orientação em curto prazo, *Atributo de cultura nacional que enfatiza o passado e presente, o respeito pela tradição e o cumprimento de obrigações sociais,* 104
Orientação em longo prazo, *Atributo da cultura nacional que enfatiza o futuro, frugalidade e persistência,* 104
Orientação humana, na abordagem GLOBE, 109
Orientação sexual, 33, 35
Orientação
   como atributo cultural, 104-109
   outros, como um traço de personalidade, 98
   sexual, 35
Oticon A/S, 339

# P

Pacote de benefícios flexíveis, *Plano de benefícios que permite a cada funcionário montar um pacote de benefícios adaptado individualmente a suas próprias necessidades e situação,* 179-180
País de procedência, como questão de diversidade, 11
Parceiros domésticos, como questão de diversidade, 12
Participação e resistência à mudança, 372, 373
Participação nos lucros, *Plano de incentivo de grupo baseado em uma fórmula,* 177

Participação representativa, *Sistema no qual os trabalhadores participam na tomada de decisão organizacional através de um pequeno grupo de funcionários representativos,* 172
Pearson, Jane, 150
Pensamento do grupo, *Fenômeno no qual a norma para consenso supera a avaliação realista de cursos de ação alternativos,* 203-206
Peoples Flowers, 39
PepsiCo, 344
Percepção do papel, *Visão do indivíduo de como ele deve para agir numa dada situação,* 191
Percepção de apoio organizacional, *Grau até o qual os funcionários acreditam que a organização valoriza suas contribuições e se preocupa com seu bem-estar,* 53
Percepção pessoal, 112-117
Percepção seletiva, *Qualquer característica que faça uma pessoa, objeto ou evento se destacar aumentará a probabilidade de que ele seja percebido,* 115, 242
Percepção, *Processo pelo qual indivíduos organizam e interpretam suas impressões sensoriais para dar significado ao seu ambiente*
  de função individual, 191
  de imparcialidade, 61
  de outras pessoas, 111-112
  de uma organização, 351
  diferenças culturais em, 114
  fatores que influenciam a, 111-112
  gestores e, 130
  mudança, 378
  seletiva, 115
  tomada de decisão e, 117
Pereira, Melissa, 142
Permuta, como tática de poder, 281
Persistência, na motivação, 133, 134
Personalidade proativa, *Pessoas que identificam oportunidades, mostram iniciativa, agem e perseveram até que ocorra uma mudança significativa,* 97
Personalidade, *Soma das maneiras pelas quais um indivíduo reage e interage com os outros,* 86
  autoeficácia e, 150
  como fonte de emoções e humores, 70-71
  dos membros da equipe, 217
  e adequação no emprego, 101
  gestores e, 109
  implementação da mudança e, 374
  na negociação, 316
  proativa, 97
progressão na carreira e, 42
Personalização, no processo de conflito, 304
Persuasão racional, 281
Persuasão verbal, na teoria de autoeficácia, 149
Pesquisa de feedback, *O uso de questionários para identificar discrepâncias entre percepções dos membros; segue-se uma discussão e são sugeridas soluções,* 58, 81, 379
Peterson, R., 306
Piccolo, R. F., 58

Plano de opções de compra de ações pelos funcionários (ESOP), *Plano de benefícios criado pela empresa, pelo no qual os empregados adquirem ações, muitas vezes a preços abaixo do mercado, como parte de seus benefícios,* 178
Plano de participação nos lucros, *Programa de toda organização que distribui compensação com base em alguma fórmula estabelecida, concebida em torno da rentabilidade da empresa,* 177
Plano de remuneração com base em mérito, *Plano de pagamento com base na análise de avaliação de desempenho,* 175-176
Plano de remuneração por produção, *Plano em que os empregados recebem um valor fixo para cada unidade de produção concluída,* 175
Plattner, Hasso, 146
Poder coercivo, *Base de poder que é dependente de medo dos resultados negativos daqueles que não cooperem,* 278-279, 280
Poder da especialização, *Influência baseada em habilidades especiais ou conhecimentos específicos,* 279
Poder de posição, *A influência derivada da posição estrutural formal na organização; inclui o poder de contratar, demitir, disciplinar, promover e dar aumentos de salário,* 254
Poder de recompensa, *Colaboração alcançada com base na capacidade de distribuir recompensas que os outros veem como valiosas,* 279
Poder formal, *Grupo de trabalho designado definido pela estrutura da organização,* 200
Poder legítimo, *Poder que uma pessoa recebe como resultado de sua posição na hierarquia formal de uma organização,* 278-279
Poder pessoal, *Influência derivada de características individuais,* 279-280
Poder referente, *Influência baseada na identificação com uma pessoa que tem recursos ou características pessoais desejáveis,* 280
Poder, *Capacidade que A tem de influenciar o comportamento de B para que B atue em conformidade com os desejos de A,* 139, 254, 276-284
Podsakoff, N. P., 58
Polarização do grupo, *Uma mudança no risco de decisão entre a decisão de um grupo e a decisão que um membro individual dentro desse grupo tomaria; o desvio pode ser em direção ao conservadorismo ou ao maior risco, interagindo e interdependente, que se uniram para alcançar objetivos específicos,* 205
Política mundial e mudança, 371
Política, *Quando os funcionários convertem seu poder em ação, para exercer influência, ganhar recompensas e progredir nas suas carreiras,* 284-286
Politicagem, *Quando as pessoas usam sua influência para macular os fatos em um ambiente ambíguo, para apoiar seus objetivos e interesses,* 286
Políticas discriminatórias, 25
Políticas organizacionais, *O uso do poder de afetar a tomada de decisão em uma organização; muitas*

vezes baseia-se em comportamentos egoístas e organizacionalmente não sancionados, 284-285
Ponto de resistência, na negociação, 311
Potência de equipe, 195–196
Potencial criativo, 128
Prazos, 126
Precedentes históricos e tomada de decisão, 126
Prefontaine, Steve, 361
Preocupação com os outros, traço de personalidade, 98
Pressão dos pares. *Ver* Pensamento de grupo
Pressão, como tática de poder, 281
PricewaterhouseCoopers, 362
Privacidade, no e-mail, 238
Problemas, *Discrepâncias entre o estado atual de coisas e alguns estados desejados,* 117
Processo de comunicação, *Etapas entre uma fonte e um receptor que resultam na transferência e compreensão do significado,* 227-228
Processo de conflito, *Conflito sobre como o trabalho é realizado,* 301
Processo de conflito, *Processo que tem cinco fases: potencial de oposição ou incompatibilidade, cognição e personalização, intenções, comportamento e resultados,* 302-309
Processo de seleção, empregado, 41, 46, 79, 101, 347, 356, 357, 358
Procter & Gamble (P & G), 245, 329, 332
Produtividade. *Ver também* Contraprodutividade
 comportamento ético e, 15-16
 compromisso organizacional e, 51
 confiança e, 271
 idade e, 27
Programa de desenvolvimento de liderança no varejo (RLD), 45
Programa de remuneração variável, *Plano de remuneração que baseia uma parcela da remuneração do funcionário em alguma medida de desempenho individual e/ou organizacional,* 174-178
Programas de assistência, enriquecimento do trabalho, 165
Programas de bem-estar, *Programas apoiados organizacionalmente que enfocam a condição física e mental total do trabalhador,* 389
Programas de reconhecimento, 180-181
Progressão na carreira e personalidade, 42
Projeto de trabalho, *A maneira como são organizados os elementos em uma atividade,* 159
Promoção, 55-57
Propósitos comuns, e a eficácia da equipe, 220-221
Psicologia social, *Concentra-se em influências das pessoas entre si,* 6
Psicologia, *Ciência que busca medir, explicar e, às vezes, mudar o comportamento dos seres humanos e de outros animais,* 5

## Q

Quantia fixa, *Crença de que há somente uma quantidade de bens ou serviços para ser partilhado entre as partes,* 311

Questionário a um colega de trabalho menos preferido (LPC), *Instrumento que pretende medir se uma pessoa é orientada à tarefa ou ao relacionamento,* 254
Quirk, Peter, 240

## R

Raciocínio dedutivo, capacidade intelectual de, 37, 38
Raciocínio indutivo, capacidade intelectual de, 37
Racional, *Caracterizado por fazer escolhas consistentes, maximizando o valor dentro de restrições especificadas,* 118
Racionalidade, 65, 69, 99, 118-120
Rádio corredor, *Rede de comunicação informal de uma organização,* 234-235
Radio Shack, 237
Raghavan, A., 26
Raiva, 65, 66, 67, 68, 71, 73, 74, 75, 80, 81, 82, 83, 129, 150, 151, 242, 294, 302, 304, 316, 317
Rajaratnam, Raj, 267
Raytheon, 35
Reagan, Ronald, 249, 258, 259
Realce, 293
Realização, necessidade de, 139, 140
Receptores, no processo de comunicação, 242
Recompensas contingentes, 263, 266
Recompensas extrínsecas e motivação, 141, 142, 365
Recongelar, *Estabilizar uma intervenção de mudança por forças de propulsão e restrição,* 377
Recrutamento, 41
Recursos, *Coisas dentro do controle de um indivíduo que podem ser usadas para resolver as demandas,* 385
Recursos, para a eficácia da equipe, 215
Redbox, 124
Rede em cadeia, pequenos grupos, 233
Rede em roda, pequeno grupo, 233
Rede social, 239, 240
Redes de pequenos grupos, 233-241
Redes formais de pequenos grupos, 233-234
Redução de pessoal, 340-342
Referência do outro no interior/exterior da organização, na teoria da equivalência, 151
Reflexividade, *Característica da equipe de refletir e ajustar o plano diretor, quando necessário,* 221
Regulamentos e tomada de decisão, 126
Reino Unido, postos de serviço em, 12
Relação desempenho-recompensa, 155
Relação entre as recompensas e as metas pessoais, 155
Relação esforço-desempenho, 155
Relacionamentos e resistência à mudança, 368
Relações líder-membro, *Grau de confiança, convicção e respeito que os subordinados têm por seu líder,* 254
Religião, 33-34
Religião, como questão de diversidade, 12
Remuneração baseada em habilidades, *Plano de remuneração que define os níveis de salário com base em quantas habilidades os empregados têm ou quantos trabalhos podem fazer,* 176-177
Research in Motion, 341

Responsabilidade, 199
  modelo racional de, 118
  nas organizações, 122
  percepção e, 118
  restrições organizacionais em, 125
Resultados disfuncionais, no processo de conflito, 308
Resultados funcionais, no processo de conflito, 307
Resultados, *Fatores chave que são afetados por algumas outras variáveis*
  na cultura organizacional, 358
  no processo de conflito, 307-309
Rhode, Karen, 240
Rich, B. L., 58
Ringelmann.Max, 199
Rituais, *Sequências repetitivas de atividades que expressam e reforçam os valores principais da organização,* 362
Robbins, S. P., 306
Rocco, Julie, 168
Rokeach, Milton, 100
Roosevelt, Franklin D., 249, 261
Rosedale, Philip, 337
Rosenfeld, P., 293
Ross, Susana, 165
Rotatividade de trabalho, *A mudança periódica de um funcionário de uma tarefa para outra,* 14, 163, 165
Rotatividade
  compromisso organizacional e, 51
  diversidade e, 26
  enriquecimento do trabalho e, 163
  estabilidade e, 34
  gênero e, 29
  idade e, 27
  raça, etnia e, 30-32
  satisfação no trabalho e, 62
Rubbermaid, 36
Ruído, no processo de comunicação, 228
Rumores, 235-236

## S

Safeway, 45
Sagan, Carl, 69
Saída, *Insatisfação expressa no comportamento direcionado para deixar a organização,* 59
Salavich, Brad, 36
Satisfação do cliente
  emoções e humores em, 67
  melhorar, 12
  satisfação no trabalho e, 61
Satisfação no trabalho, *Sentimento positivo sobre o trabalho, resultante de uma avaliação de suas características,* 5, 6, 18, 28, 30, 34, 39, 47-64, 73, 82, 91, 92, 94, 99, 103, 131, 137, 143, 154, 162, 166, 169, 170, 172, 173, 178, 182, 208, 212, 289, 298, 346, 347, 350, 351, 360, 386
  absentismo e, 62
  atitudes e, 51

causas de, 58
comportamento desviante no local de trabalho e, 62
desempenho no trabalho e, 60
diferenças culturais em, 57
engajamento no trabalho *versus,* 142
idade e, 27
impacto no local de trabalho, 59-63
inteligência e, 37
medição, 55-56
níveis de, 55-56
promoção e, 55, 57
rotatividade e, 62
satisfação do cliente e, 61
Schendell, Laura, 180
Schiller, Michael, 243
Schlenker, B. R., 293
Sears, 13, 332
Security Alarm, 39
Segurança
  necessidade de, 83
  no trabalho, 83
Semântica, como barreira à comunicação, 245
Sexo. *Ver* Gênero
Sharper Image, 371
Shaw, J. C., 58
Shishkin, P., 26
Significado da tarefa, *Grau até o qual uma tarefa tem um impacto substancial sobre a vida ou o trabalho de outras pessoas,* 160
Silêncio, como barreira à comunicação, 243-244
Símbolos materiais, *Objetos que servem como sinais da cultura de uma organização, incluindo o tamanho dos escritórios, regalias executivas e vestuário,* 362
Singapore Airlines, 163
Sistema de valores, *Hierarquia baseada em uma classificação de valores do indivíduo em termos de sua intensidade,* 99
Sistemas de recompensa
  comportamento político e, 288-289
  cultura organizacional e, 365
  em equipes, 216
  motivação e, 140
  para os membros da equipe, 224
  tipos de, 173-181
  tomada de decisão e, 126
Sistemas multiequipe, *Sistemas em que diferentes equipes precisam coordenar seus esforços para produzir um resultado desejado,* 215
Skilling, Jeff, 267
Smith, Fred, 356
Sobrecarga de informação, *Condição na qual o influxo de informações excede a capacidade de processamento do indivíduo,* 241
Sociabilidade, *Dimensão da personalidade que descreve alguém como de boa índole, cooperativo e confiável,* 90
Socialização aleatória, 360
Socialização coletiva, 360
Socialização da alienação, 360

Socialização de investidura, 360
Socialização fixa, 360
Socialização formal, 360
Socialização serial, 360
Socialização variável, 360
Socialização, *Processo que adapta os funcionários à cultura da organização,* 357, 358, 361, 362
Society for Human Resource Management (SHRM), 23
Sociologia, *Estudo das pessoas em relação ao ambiente social ou cultural,* 7
Solis, D., 26
Sono, como emoção, fonte de humor, 73
Southwest Airlines, 261, 344, 356
Starbucks, 2, 212
Status, *Posição ou classificação socialmente definida dada por outros aos grupos ou membros do grupo,* 197
Stewart.A., 26
Stoute, Steve, 280
Subculturas, *Miniculturas dentro de uma organização, geralmente definidas por designações do departamento e por separação geográfica,* 351
Suborno, na ética internacional, 130
Substitutos, *Atributos, tais como a experiência e o treinamento, que podem substituir a necessidade de suporte ou capacidade de um líder para criar estrutura,* 273
Subway, 39
Sun Microsystems, 169
Suttle, J. L., 164
Symantec Corporation, 181

# T

Taco Bell, 126
Tamanho
 das equipes, 219
 estrutura e organização, 343-344
 grupo, e comportamento, 198
Táticas de poder, *Maneiras pelas quais os indivíduos traduzem o poder em ações específicas,* 281-284
Técnica de grupo nominal, *Método de tomada de decisões do grupo em que indivíduos encontram-se cara a cara para reunir seus raciocínios de forma sistemática, mas independente,* 206
Tecnologia, *Maneira pela qual uma organização transforma seus processos de entrada* (inputs) *em produtos* (outputs), 344
Tempo, restrições no, 126
Tempo de trabalho, 34
Temporariedade, como desafio organizacional, 13
Tendências sociais e mudança, 371
Teoria da atribuição de liderança, *Diz que a liderança é meramente uma atribuição que as pessoas fazem sobre outros indivíduos,* 271
Teoria da atribuição, *Tentativa de determinar se o comportamento do indivíduo é causado internamente ou externamente,* 112-115

Teoria da autodeterminação, *Teoria da motivação que está preocupada com os efeitos benéficos da motivação intrínseca e os efeitos nocivos da motivação extrínseca,* 140
Teoria da definição de metas, *Diz que metas específicas e difíceis, com feedback, levam a um desempenho mais elevado,* 143
Teoria da equivalência, *Teoria que diz que os indivíduos comparam suas condições e contribuições de trabalho e os resultados com os dos outros e, então, buscam eliminar quaisquer desigualdades,* 150-155
Teoria da expectativa, *Diz que a força de uma tendência a agir de certa maneira depende da força da expectativa de que o ato será seguido por um determinado resultado e da atratividade desse resultado para o indivíduo,* 155-157
Teoria da liderança carismática, *Afirma que os seguidores fazem atribuições de habilidades de liderança heroicas ou extraordinárias quando observam certos comportamentos,* 258
Teoria da motivação e higiene. *Ver* Teoria dos dois fatores
Teoria das características de status, *Afirma que as diferenças nas características de status criam hierarquias de status dentro de grupos,* 197
Teoria das necessidades de McClelland e, 138-140
 recompensas e, 173
 sistemas de recompensa e, 154
 tarefa, 130
 teoria da autodeterminação da, 140-142
Teoria das necessidades de McClelland, *Afirma que realização, poder e afiliação são três necessidades importantes que ajudam a explicar a motivação,* 138-140
Teoria da hierarquia das necessidades, 134-136
Teoria vocacional, *Identifica seis tipos de personalidade e propõe que a adequação entre o tipo de personalidade e o ambiente ocupacional determina a satisfação e a rotatividade,* 101
Teoria de aprendizagem social, *Visão de que podemos aprender tanto pela observação quanto pela experiência direta,* 147
Teoria de avaliação cognitiva, *Versão da teoria de autodeterminação que afirma que alocar recompensas extrínsecas para o comportamento que antes tinha sido intrinsecamente gratificante tende a diminuir o nível de motivação se as recompensas forem vistas como controladoras,* 140, 158
Teoria dos dois fatores, *Relaciona fatores intrínsecos à satisfação no trabalho e fatores extrínsecos associados com insatisfação. Também chamada de teoria motivação-higiene,* 136-138
Teoria da troca líder–membro (LMX), *Apoia a criação pelos líderes de grupos de dentro e grupos de fora; subordinados com status de pertencerem ao grupo de dentro terão avaliações de desempenho mais elevadas, menos rotatividade e maior satisfação no trabalho,* 256-258
Teoria cognitiva social, 147

Teoria X, *Suposição de que os funcionários não gostam de trabalhar, são preguiçosos, não gostam de responsabilidade e devem ser forçados a desempenhar suas funções,* 136-138, 172
Teoria Y, *Suposição de que os funcionários gostam de trabalhar, são criativos, procuram a responsabilidade e podem exercer autonomia,* 136-138, 172
Teorias comportamentais de liderança, *Teorias que propõem que comportamentos específicos diferenciam os líderes dos não líderes,* 251
Teorias das contingências, 253
Teorias dos traços de liderança, *Consideram as qualidades pessoais e as características que diferenciam os líderes dos não líderes,* 253
Teorias X e Y, 136-138, 172
teoria dos dois fatores de, 136-138, 172
Teste Wonderlic de habilidade cognitiva, 38-39
Thain, John, 124
The Hartford Financial Services Group, 166
Time Warner, 355
Tom de voz, 233-236
Tomada de decisão intuitiva, *Processo inconsciente criado a partir de experiência apurada,* 120
Tomada de decisão
  durante a crise financeira de 2008, 125
  emoções, humores e, 70
  escolhas éticas e dilemas em, 127-130
  grupo, 202-207
  por indivíduos, 131
  vieses e erros em, 120-125
Toyota Motor Corporation, 213
Trabalhadores afroamericanos. *Ver* Diversidade da força de trabalho
Trabalho emocional, *A expressão, de por um funcionário, de emoções organizacionalmente desejadas durante as transações interpessoais no trabalho,* 83
Trabalho, contexto de, 170-171
Traços de personalidade, *Características presentes que descrevem o comportamento do indivíduo*
  modelo Big Five de, 89-90
  desempenho do trabalho e, 89
  diferenças culturais em, 88
  identificação de, 87
  indicador tipo Myers-Briggs (MBTI) de, 88
  maquiavélicos, 94
  narcisismo, 95
  tipologia de Holland de, 101
  tipos de, 86, 89
Tradução, 281
TRANSCO, 45
Transportation Security Administration (TSA), 61
Trump, Donald, 96
Twitter, *Serviço de rede social híbrida que permite aos usuários postar "microblogs" sobre qualquer assunto para seus assinantes,* 240
Tyco, 261, 267

## U

Ullman, Mike, 267
Unidade de comando, *Ideia de que um subordinado deve ter apenas um superior, perante quem ele é diretamente responsável,* 330, 335, 336
Universidade da Califórnia em Los Angeles (UCLA), 59
Universidade de Chicago, 128
Universidade de Michigan, Survey Research Center, 252
US Airways, 61, 367
Utilitarismo, *Sistema em que as decisões são tomadas unicamente com base em seus resultados ou consequências e para proporcionar o maior bem para o maior número de pessoas,* 127

## V

Valores fundamentais, os valores primários ou dominantes que são aceitos em toda a organização, 50, 142, 351, 356
Valores instrumentais, *Modos de comportamento preferíveis ou meios de atingir os valores terminais,* 100
Valores terminais, *Estados finais de existência desejáveis; os objetivos que uma pessoa gostaria de alcançar durante a vida,* 100
Valores, *Convicções básicas que um modo específico de conduta ou objetivo de vida é pessoalmente ou socialmente preferível a um modo de conduta ou objetivo de vida oposto ou contrário*
  importância de, 98-100
  internacional, 103-109
  gestores e, 109-110
  terminais *versus* instrumentais, 100
Van Engen, M. L., 263
Variáveis de contingência, *Fatores situacionais: variáveis que moderam a relação entre outras duas ou mais variáveis,* 7
Variáveis pessoais, como fonte de conflito, 304
Variedade de habilidades, *Grau até o qual um emprego requer uma variedade de atividades diferentes,* 159-160
Velocidade perceptiva, capacidade intelectual de, 37
Videoconferência, 240
Viés de disponibilidade, *Tendência das pessoas a julgar as coisas com base nas informações mais prontamente disponíveis a elas,* 122
Viés de ancoragem, *Tendência de nos fixarmos em uma informação como ponto de partida. Uma vez fixado esse ponto, temos dificuldade de ajuste diante de informações posteriores,* 121-122
Viés de autoconveniência, *Tendência dos indivíduos a atribuírem seus próprios sucessos a fatores internos e colocarem a culpa pelos fracassos em fatores externos,* 114
Viés de compreensão tardia, *Tendência de achar falsamente que teríamos previsto com precisão acerto o resultado de um evento depois de ele ter ocorrido,* 124

Viés de confirmação, *Tendência a procurar as informações que corroborem escolhas anteriores e desprezo de informações contraditórias,* 122
Viés para o excesso de confiança, 120-121
Vieses, 114, 120-125
Vigor físico, como capacidade física básica, 40
Visão interacionista de conflito, *Crença de que o conflito não é apenas uma força positiva em um grupo, mas também uma necessidade absoluta de um grupo para desempenhar com eficácia,* 300-301
Visão tradicional do conflito, *Crença de que todos os conflitos são prejudiciais e devem ser evitados,* 300
Visão, *Estratégia de longo prazo para alcançar uma meta ou metas,* 258-259
Visualização espacial, capacidade intelectual de, 37, 38
Volatilidade, na estrutura organizacional, 344, 345
Volkswagen, 9
Voz, *Insatisfação expressa por meio de tentativas ativas e construtivas de melhorar as condições,* 59
Vroom, Victor, 155

## W

W. L. Gore & Associados, 209, 356, 357, 381, 382
Waldock, David, 224
Walker, D., 26
Walmart, 35, 173, 174, 343, 362
Walton, Sam, 362
Warner Brothers, 337
Washington Mutual, 371
Watson, D., 71, 72
Web blog, *Site sobre uma pessoa ou empresa,* 240
Weber, Max, 258
Wegmans Food Markets, 357
Welch, Jack, 5, 261, 339
Western Electric Company, 192
Wetzel, Jim, 312
Whole Foods, 224
Wilson, Fred, 237
Woods, Tiger, 123, 129
Workforce Employment Solutions, 39
WorldCom, 13, 261

## X

Xerox, 340, 366

## Z

Zappos, 61, 351
Zeldes, Nathan, 241
Zombaria, como forma de discriminação, 25